David Rohl
Pharaonen und Propheten

David Rohl

PHARAONEN UND PROPHETEN

Das Alte Testament auf
dem Prüfstand

Aus dem Englischen von Friederike Börner,
Klaus Fritz, Karin Schuler
und Renate Weitbrecht

Droemer Knaur

Titel der Originalausgabe: A Test of Time
Originalverlag: Random House, London

Die Deutsche Bibliothek – CIP-Einheitsaufnahme
Rohl, David:
Pharaonen und Propheten: das Alte Testament auf
dem Prüfstand / David Rohl. Aus dem Engl. von
Friederike Börner … – München: Droemer Knaur, 1996
Einheitssachtitel: A Test of Time < dt. >
ISBN 3-426-26871-X

Dieses Buch wurde auf chlor- und säurefrei gebleichtem Papier gedruckt.
Die Folie des Schutzumschlages sowie der Einschweißfolie sind PE-Folien
und biologisch abbaubar.

Umschlaggestaltung: Agentur ZERO, München
Umschlagfotos: Bildarchiv Preußischer Kulturbesitz, Berlin; Archiv für Kunst und
Geschichte, Berlin
Satz: Ventura Publisher im Verlag
Reproduktionen: Gschwendtner Offsetrepro, Germering
Druck und Bindung: Druckerei Appl, Wemding
Printed in Germany
ISBN 3-426-26871-X

5 4 3 2 1

Für Ditas

Inhalt

TEIL DREI
LEGENDÄRE KÖNIGE UND CHRONIKEN

TEIL FÜNF
WEITERE FORSCHUNGSERGEBNISSE

'

TEIL SECHS
ANHANG

Geleitwort von Professor Robert S. Bianchi

1 Professor Robert Bianchi in Dschebel es-Silsila.

Wer die Entwicklung des Faches Ägyptologie im Laufe des 19. Jahrhunderts betrachtet, ist von der Einseitigkeit überrascht, mit der viele große Gelehrte jener Zeit ein einziges Ziel verfolgten. Ihr ganzes Forschen war darauf gerichtet, Belege in der Kulturgeschichte des alten Ägyptens zu finden, die von den Ereignissen des Alten Testaments berichten und somit als deren Bestätigung dienen könnten.

Jean-François CHAMPOLLION, der Entzifferer der Hieroglyphen, identifizierte Scheschonk I., den Auftraggeber eines großen Feldzugsreliefs in Karnak, mit dem biblischen Schischak, dem ägyptischen Pharao, der nach 1. Könige 14,25 f. und 2. Chronik 12,2–9 für die Plünderung des salomonischen Tempels in Jerusalem verantwortlich war. Papst GREGOR XVI., der von Champollions Forschungsergebnissen wußte, gründete 1837 das MUSEO GREGORIANO EGIZIO im Vatikan, weil er meinte, die Gläubigen würden durch die Betrachtung der ägyptischen Funde zu einem tieferen Verständnis der Bibel gelangen. Und auch für die Engländer war die Aussicht, in Ägypten archäologische Belege für die Historizität der Bibel zu finden, ein wichtiges Motiv für die Gründung des Egyptian Exploration Fund (heute Society) im Jahre 1882. Die Ägyptologie galt traditionell als das Fenster, das sich auf die biblische Landschaft hin öffnet. Auch heute noch ist es gängige Lehre und Anschauung, den Aufenthalt der Israeliten in Ägypten und die Erzählungen um den Patriarchen Josef in die Zeit der 18. Dynastie (1539–1295 v. Chr.) zu datieren, während Moses und der Auszug aus Ägypten in der Zeit der 19. Dynastie (1295–1186 v. Chr.) angesiedelt werden. Dieses saubere chronologische Schema hat viele Befürworter in wissenschaftlichen und religiösen Kreisen wie auch in der breiten Öffentlichkeit.

In den letzten Jahren hat sich allerdings eine gewisse Skepsis breitgemacht, wenn es um die historischen Fakten der Erzählungen aus den Büchern Genesis, Exodus und Josua geht, und auch in bezug auf die späteren Bücher des Alten Testaments wie Richter, Samuel und die frühen Passagen aus den Büchern der Könige und der Chronik werden heute Zweifel laut. Einige Wissenschaftler – darunter auch manche Theologen – betrachten die frühen Bücher der Bibel heute als größtenteils fiktive Erzählungen, vor allem, weil es ihrer Meinung nach spätere Sammlungen sind, die erst nach dem BABYLONISCHEN EXIL zusammengestellt wurden und deren Verfasser nur noch eine vage Vorstellung von den lange zurückliegenden Zeiten hatten, die Gegenstand ihrer Schilderung sind.

Offenbar trennt eine tiefe Kluft jene Menschen, die die biblischen Geschichten für bare Münze nehmen, von denen, die ihnen jede historische Wirklichkeit abspre-

CHAMPOLLION: 1790–1832.

GREGOR XVI.: früher der Kamaldulensermönch Bartolomeo Alberto Cappellari.

MUSEO GREGORIANO EGIZIO:: »Das Ägyptische Museum Gregors.«

BABYLONISCHES EXIL: Das Exil der Israeliten in Babylonien begann 587 und endete um 539 v. Chr.

ZWEITE ZWISCHENZEIT: Die Zeit der
13. bis 17. Dynastie zwischen dem
Mittleren und dem Neuen Reich. Sie
wird traditionell auf die Zeit zwischen
1759 und 1539 v. Chr. datiert.

NEUES REICH: Die Zeit der 18. bis
20. Dynastie, traditionelle Datierung
1539–1069 v. Chr.

GEEINTES KÖNIGREICH: Die Zeit von
der Gründung des israelitischen
Königreichs unter Saul über die Regierungen Davids und Salomos bis zur
Reichsspaltung und Teilung des Staates
in die rivalisierenden Königreiche Israel
und Juda unmittelbar nach dem Tod
Salomos.

chen. In dieser Situation polarisieren sich die Meinungen schnell, und zwischen »blindem Glauben« und »wissenschaftlichem Skeptizismus« bleibt wenig Raum für Kompromisse. Wie kann ein Forscher die beiden verfeindeten Lager versöhnen?

Den Versuch zu einer solchen Versöhnung hat David Rohl mit diesem Buch unternommen. Rohl fordert eine kritische Überprüfung des Materials – der vom Spaten der Archäologen zutage geförderten Funde und der Belege aus der schriftlichen Überlieferung – und liefert einige verblüffende Ergebnisse. Er beschreibt die Probleme der letzten beiden Jahrhunderte archäologischer Forschung in Ägypten und im Heiligen Land, die nur wenige bestätigende Zeugnisse für die biblischen Traditionen ergaben, während sich die Widersprüche häuften. Rohls Lösung ist einfach: Die Archäologen haben zwar an den richtigen Plätzen nach Belegen für die Erzählungen der Bibel gesucht, aber sie haben sich in der Epoche geirrt. Er setzt die Ereignisse, die am Ende des Buches Genesis und am Anfang des Buches Exodus beschrieben werden, in eine ganz andere Zeit, als es sonst üblich geworden ist. So können der Aufenthalt im Land von Goschen und der Auszug aus Ägypten mit guten Gründen im frühen 2. Jahrtausend v. Chr. – nach der ägyptischen Zeitrechnung in der ZWEITEN ZWISCHENZEIT – angesiedelt werden, als viele Menschen aus Vorderasien im östlichen Nildelta lebten.

Viele Ägyptologen, die sich vor allem mit den erhaltenen Texten und ihrer historischen Interpretation beschäftigen, sind ebenfalls der Meinung, daß der Strom vorderasiatischer/kanaanäischer Völker nach Ägypten und die anschließende Besetzung des Deltas die einzigen historischen Ereignisse sind, die man in einen sinnvollen Bezug zu den Geschichten um Moses und Josef setzen kann. Im Kontext des NEUEN REICHES, in dem sie heute gesehen werden, kann man sie dagegen kaum verstehen.

Biblische Archäologen haben gewisse Schwierigkeiten, wenn sie erklären sollen, warum die materielle Kultur des israelitischen GEEINTEN KÖNIGREICHS, die bisher in die Eisenzeit IIA (etwa 1000–900 v. Chr.) datiert wird, nicht die in der Bibel beschriebene Pracht der Königreiche Davids und Salomos widerspiegelt. Rohl dagegen stellt fest, daß bestimmte Schichten aus der Späten Bronzezeit (etwa 1350 bis 1250 v. Chr.) genau diesen Vorstellungen entsprechen.

Wenn die Ära der königlichen Helden Israels also möglicherweise in die letzten Abschnitte der Späten Bronzezeit zurückverlegt werden muß, dann könnten die früheren Ereignisse, von denen das Schlußkapitel des Buches Genesis und das Buch Exodus berichten, mit guten Gründen in die Zeit der späten 12. Dynastie (die Josefsgeschichte) beziehungsweise in die der 13. Dynastie (Aufenthalt und Fronknechtschaft in Ägypten) datiert werden. Aus dieser Zeit wurden in der Stadt Auaris die deutlichsten Spuren vorderasiatischer/kanaanäischer Besiedlung überhaupt in Ägypten gefunden.

Ich bin mir darüber im klaren, daß die Neudatierung, wie sie David Rohl im vorliegenden Buch vorschlägt, eine Provokation darstellt und wahrscheinlich von vielen Traditionalisten zurückgewiesen wird. Auch mir selbst bleiben Zweifel. Ich

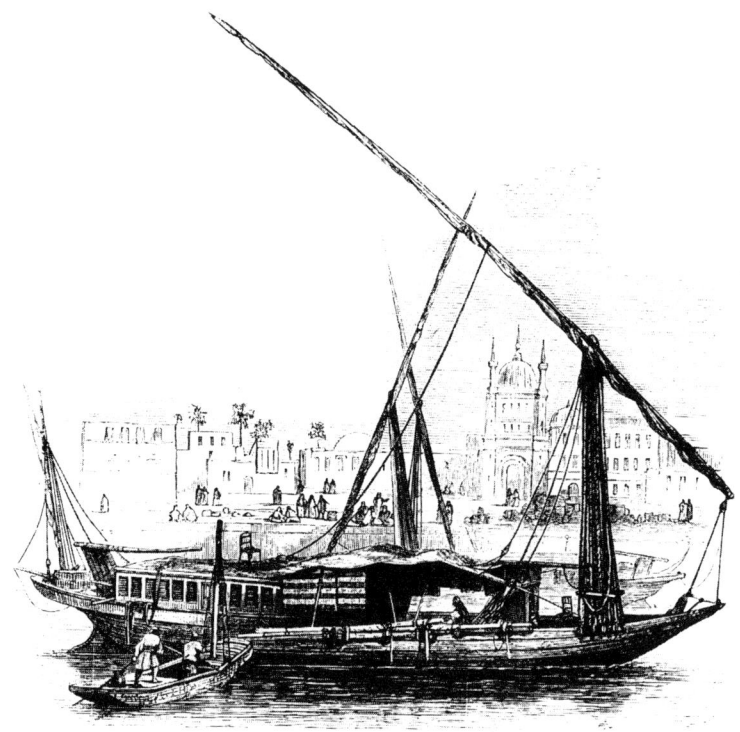

2 Darstellung einer »Dahabija«. Das komfortable, sehr vornehme Transportmittel der ersten Touristen, die Ägypten im 19. Jahrhundert besuchten, ist mit den modernen Nil-Kreuzfahrtschiffen vergleichbar. Mit einem solchen Schiff unternahm Amelia Edwards ihre berühmte Tausend-Meilen-Reise den Nil hinauf.

habe einige methodologische Einwände, die auch andere Wissenschaftler erheben könnten, sofern sie die Gültigkeit von Rohls Schlußfolgerungen hinterfragen. Doch die Prägnanz seiner Hypothese, die Unterstützung, die er von den Text-Experten bekommt, und der stupende Vorschlag, in der Geschichte Israels die Zeit des Vereinigten Königreichs in die Späte Bronzezeit zurückzuverlegen, sind überzeugend. Diese Elemente führen geradewegs zum Patriarchen Josef.

Rohl hat die Theorie der Neuen Chronologie aus seiner ägyptologischen Forschung heraus entwickelt. Er kam zu dem Schluß, daß die ägyptische DRITTE ZWISCHENZEIT, die allgemein zwischen 1069 und 644 v. Chr. angesetzt wird, kürzer war als der traditionelle historische Rahmen glauben machen will. Viele seiner Belege sind schlagend. An der Architektur der Königsgräber in Tanis zum Beispiel läßt sich offenbar ablesen, daß die 21. und die 22. Dynastie zeitgleich und nicht nacheinander herrschten. Allein schon diese Beobachtung spricht für die Verkürzung der Epoche der Dritten Zwischenzeit – eine Verkürzung, die ich auch aus verschiedenen Gründen, die nicht zum Themenbereich dieses Buch gehören, befürworte.

Da die Chronologie Ägyptens im Laufe der Jahre zum wichtigsten Hilfsmittel für die Datierung anderer Kulturen der antiken Welt geworden ist, hat Rohls Revision der Dritten Zwischenzeit enorme Auswirkungen auf unsere historische Deutung dieser Kulturen. Dieses Buch konzentriert sich auf eine solche Kultur – das Volk Israel – von ihrer Entstehung in Ägypten unter Josef und Moses bis zu ihrem kulturellen Höhepunkt unter der Regierung des Königs Salomo.

DRITTE ZWISCHENZEIT: Die Zeit der 21. bis 25. Dynastie zwischen dem Neuen Reich und der Spätzeit. Sie wird traditionell auf die Zeit zwischen 1069 und 664 v. Chr. datiert.

Rohl fördert bei seiner Überprüfung der archäologischen Belege im Licht seiner Neuen Chronologie oft überraschende Ergebnisse zutage. Sie liefern uns eine völlig neue kulturelle und historische Umgebung für die Erzählungen des Alten Testaments über Josef, Moses, Josua, Saul, David und Salomo.

Provozierend? Ja, durchaus. Rohl ist sicher der erste, der zugibt, daß seine Vorschläge die Ägyptologie, die Archäologie des Nahen Ostens und die Bibelwissenschaft auf den Kopf stellen, womöglich auch noch andere verwandte Forschungsfelder. Allerdings hat er die ägyptische Chronologie nicht einfach zerschlagen und die Scherben liegenlassen, auf daß sie ein anderer wieder zusammensetzen möge, wie es im Moment in der Wissenschaft so Mode ist. Er war vielmehr mutig genug, ein neues, revolutionäres historisches Modell zu entwickeln und es den kritischen Augen seiner Kollegen zu unterbreiten. Ich hoffe, daß sie bereit sein werden, seine Herausforderung in einer lebhaften und offenen Debatte anzunehmen.

Robert Steven Bianchi
New York

Osymandias

Einen traf ich, fern aus antikem Land
Der sprach: Zwei Beine, steinern, riesig, stumpflos
Stehn in der Wüste … Nahbei, halb im Sand
Liegt ein zerbrochnes Antlitz, dessen Runzeln
Kommandolächeln, kalten Hohn und Lauern
Erzähln, sein Bildner las die Züge gut
Die, aufgepreßt auf Totes, überdauern
Die formende Hand und das Herz, das sie trug:
Und auf dem Sockel ist dies eingemeißelt:
»Ich heiß Osymandias, Königskönig:
Seht, Mächtige, mein Werk an, und verzweifelt!«
Nichts sonst ist übrig. Rings um den Verfall
Des kolossalen Wracks, glatt, einsam, eben
Strecken sich Sande grenzenlos und kahl.

Percy Bysshe Shelley (1792–1822)

Vorwort

Eine sengende Nachmittagssonne stand über der Stadt der Toten. Vernünftige Menschen wie die FELLACHEN von SCHECH ABD EL-GURNA hielten in ihren kühlen Lehmziegelhäusern eine Siesta vor dem Abendessen. Die Teerstraßen, die die Wüstennekropole von West-Theben im Zickzack durchziehen, verwandelten sich in eine schwarze, Blasen werfende Suppe, so drückend heiß war dieser ungewöhnlich schwüle ägyptische Sommer. Nur gelegentlich flitzte ein Taxi hin und her auf der Suche nach Touristen, die nach einem anstrengenden morgendlichen Besuch im Tal der Könige hier am Westufer des Nils gestrandet waren.

Schwer behangen mit zwei großen Fotoapparaten, stand ich am Touristeneingang des verfallenen Ramesseums – des von Ramses II. erbauten Totentempels. Auf dem Busparkplatz waren keine Besucher zu sehen, und es schien so, als hätte ich das Gelände ganz für mich allein. Sollte ich die schlafende, in eine GALABIYA gehüllte Gestalt im Wärterhäuschen stören, um meine Karte vorzuzeigen, oder einfach leise im Labyrinth der Ruinen hinter der Absperrung verschwinden? Ich beschloß, den alten Torwächter des Ramesseums seinen Träumen zu überlassen.

Nach einem kurzen Fußweg gelangte ich in den zweiten Innenhof. Während ich mich mühsam die Kolonnade der mächtigen OSIRIS-PFEILER Ramses' des Großen entlangschleppte, war ich in Gedanken schon bei einem ganz anderen Teil des Geländes. Die kopflosen Riesen, die das Heiligtum im Inneren des Tempels bewachten, blieben in ihrer majestätischen Erhabenheit ungerührt, als wieder einmal ein exzentrischer englischer Ägyptologe in ihrem willkommenen Schatten hin und her lief.

Ich ging an »Osymandias« vorbei, dem gestürzten Koloß, der Shelley zu seinem Gedicht inspiriert hat, und stieg in den ersten Innenhof hinab. Dieser Teil des Tempels gehört nicht zum üblichen Touristenprogramm, weil es dort für Laien tatsächlich nur wenig Interessantes zu sehen gibt. An diesem einsamen Ort gehen das fruchtbare Niltal und das Wüstenplateau ineinander über. Akazien und struppige Büschel Elefantengras umhüllen das zerfallene Gebäude des PYLON. Mein Ziel war die Rückseite des nördlichen Pylonturmes, wo ich einen ganz bestimmten

5 Eine kolossale Osiris-Statue im Ramesseum. Im Hintergrund der Hügel, auf dem Schech Abd el-Gurna liegt.

FELLACHE: Ägyptischer Bauer.

SCHECH ABD EL-GURNA: Das größte Dorf am Westufer, gegenüber von Luxor.

GALABIYA: Langes Gewand aus Baumwolle.

OSIRIS-PFEILER: Pfeilerstatue in Form des Osiris, des mumifizierten Gottes der Unterwelt.

PYLON: Griech. für »Tor«. Zwei monumentale Türme, die den Eingang zu einem ägyptischen Tempel flankieren.

3 Gegenüber: Der gestürzte Koloß Ramses' II., der Shelley zu seinem Gedicht »Osymandias« inspirierte. Links an Ramses' Schulter ist die berühmte Szene der Schlacht von Kadesch dargestellt, die im fünften Regierungsjahr des Pharaos stattfand.

4 Links: Ein ägyptischer Soldat eskortiert drei Kriegsgefangene. Vom ersten Pylon des Ramesseums (Feldzug des achten Regierungsjahres Ramses' II.).

SYROPALÄSTINA: Das Gebiet des heutigen Syriens, des nördlichen Iraks, des Libanons, Israels, Palästinas und des Westjordanlands.

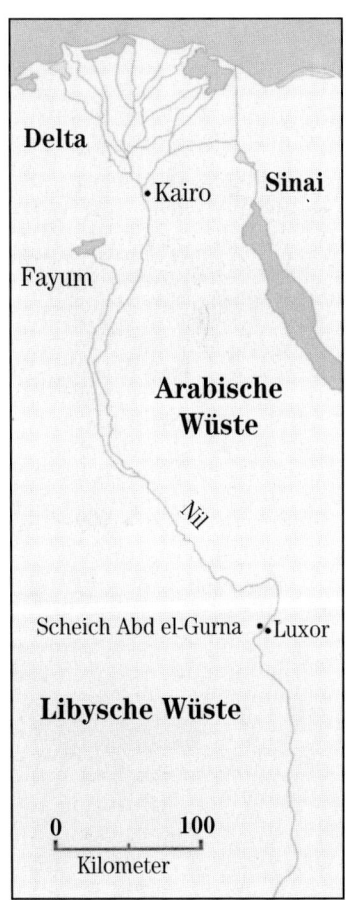

Delta

•Kairo   Sinai

Fayum

Arabische
Wüste

Nil

Scheich Abd el-Gurna •Luxor

Libysche Wüste

0   100
Kilometer

7 Das Niltal mit den wichtigsten geographischen Angaben, darunter die Lage des Dorfes Schech Abd el-Gurna bei

verwitterten Sandsteinblock zu finden hoffte. Ich wollte die als Flachrelief gemeißelte Szene auf diesem Block fotografieren – eine Szene von besonderer Bedeutung für die Theorie, die ich in den letzten zehn Jahren entwickelt hatte. Diese auf den ersten Blick so unscheinbar wirkende Steinplatte war für mich ein entscheidendes Teil des Puzzles, das helfen sollte, die biblischen Geschichten wieder auf die Bühne der Weltgeschichte zurückzubringen. Ich war zum Tempel des Ramses gekommen, um Jerusalem zu suchen.

Obwohl diese schattige Senke nur etwa hundert Meter von den stärker besuchten Teilen des Ramesseums entfernt liegt, ist sie sehr ruhig und abgeschieden. Man hört nur ab und zu ein Blätterrascheln in den Zweigen und das Flüstern der Sandwirbel, die der Sommerwind vor sich her treibt.

Nachdem ich mein Ziel erreicht hatte, setzte ich mich auf einen herabgestürzten Steinblock, um die Umgebung in Augenschein zu nehmen. Vor mir ragte die bis zur Spitze schräg ansteigende ockerfarbene Front des zerfallenen Pylon empor. Irgendwann einmal hatte ein Erdbeben im Gebiet von Theben diesen schönsten Tempel verwüstet. Durch die gewaltige Erschütterung war Osymandias gestürzt und der obere Teil des Pylon in sich zusammengefallen. Nur die unteren Steinlagen waren stehengeblieben.

Ich hatte mich wie ein närrischer Mensch der heißen Mittagssonne ausgesetzt, weil ich wußte, daß die Sonnenstrahlen erst nachmittags das Relief erreichen würden, um das es mir vor allem ging. Vor zwei Uhr liegt die Westfront des Pylonen immer im Schatten. Erst am frühen Nachmittag beginnt sie ihre Geheimnisse zu lüften. Nur wenige Minuten nach meiner Ankunft war die Steinmetzarbeit, die den Feldzug Ramses' II. nach SYROPALÄSTINA zeigt, in das warme Licht der ägyptischen Sonne getaucht. Die sorgfältig gearbeitete Szene hob sich in scharfem Relief vom Hintergrund ab. Etwa eine Stunde später würden die feinen Details schon nicht mehr zu sehen sein, verloren für einen weiteren Tag, während RE, der ägyptische Sonnengott, sich unerbittlich dem Horizont im Westen näherte. Ich hatte nur wenig Zeit, Fotos zu machen und das Relief näher zu untersuchen.

Als ich an diesem schwülen Nachmittag im Mai 1983 an dem Torbau emporschaute, schien es mir, als habe der Block über die Jahrhunderte hinweg geduldig auf meinen Besuch gewartet. Seit dem Erdbeben thronte der Stein sehr wacklig auf dem obersten Rand der noch stehenden Mauerschichten. Eine weitere Erschütterung der Erde an jenem verhängnisvollen Tag, und er wäre für alle Zeiten in dem chaotischen Haufen von Sandsteinblöcken begraben worden, die einst die obere Hälfte des Tores gebildet hatten. Doch er stand noch, zwar nicht mehr in seiner ursprünglichen Position, aber immer noch so, daß ich die Fotos machen konnte, die ich als Beweis brauchte.

Der Block ist ein Eckstein des Pylon-Nordturms mit zwei sichtbaren Außenflächen und einem breiten gerundeten Wulst, der sich vertikal an der ganzen Kante entlang fortsetzt. Nur die nach Westen ausgerichtete Seite trägt ein Relief. Es bildet einen Teil einer großen, fein gearbeiteten Szene, die den Feldzug Ramses' nach Syrien

8 Der Nordturm des Pylonen am Eingang zum ersten Innenhof des Ramesseums. Oben der Sandsteinblock, der sehr wacklig auf dem Rand der Ruine liegt.

9 Der erste Pylon des Ramesseums, des großen Totentempels Ramses' II., in Theben.

– sch

– a

– l

– m

RAMSES II.: Dritter König der 19. Dynastie, Regierungszeit 1279–1213 v. Chr.

NEUES REICH: 18. bis 20. Dynastie, 1539–1069 v. Chr.

und Palästina im Frühling seines achten Regierungsjahres darstellt. RAMSES II. war einer der berühmten Pharaonen des NEUEN REICHES, einer Zeit, in der Ägypten ein nördliches »Reich« in Palästina besaß. Dieser Feldzug, die vielleicht bedeutendste und erfolgreichste Militäraktion des jungen Königs, ist auch auf den Wänden anderer Tempel in Ägypten verewigt, aber in den meisten Fällen sind die Namen der von Ramses eroberten Städte beschädigt, verwittert oder wie am Tempel von Luxor hinter späteren islamischen Mauern verschwunden. Hier am Ramesseum dagegen sind die Reliefs relativ gut erhalten und die Stadtnamen leicht zu lesen.

Um zwei Uhr hatte der Sonneneinfall einen günstigen Winkel erreicht, und ich begann allmählich die horizontalen Reihen von Darstellungen befestigter Städte zu erkennen, dazwischen jeweils Gruppen von Gefangenen aus diesen Städten, die in Fesseln von den Soldaten Ramses' II. nach Ägypten gebracht wurden (siehe Illustration S. 17).

Ich näherte mich dem Block, so weit ich konnte. Obwohl ich noch etwa fünf Meter unterhalb des Reliefs stand, konnte ich durch das Teleobjektiv meiner Kamera allmählich den Hieroglyphentext erkennen, der in der Mitte der dargestellten Festung verlief. Vor Anstrengung, das schwere Teleobjektiv bei der drückenden

10 Detail des »Schalem«-Blockes mit den Umrissen einer Festung im Flachrelief und der in der Mitte vertikal verlaufenden Textkolumne, die übersetzt lautet: »Die Stadt, die der König im Jahr 8 plündern ließ – Schalem«.

Hitze in einer sehr unangenehmen Position zu halten, geriet ich ins Schwitzen, und der Sucher des Fotoapparates beschlug immer wieder, während ich mein Ziel anvisierte. Glücklicherweise ließ sich der Text dadurch leichter entziffern, daß er mit einer ganz bekannten Standardformel begann: »Die Stadt, die der König im Jahr 8 plündern ließ.« Dann folgte der Name der Stadt. Hier war die Inschrift etwas

11 Unten: West-Theben vom anderen Flußufer bei Luxor aus.

stärker verwittert als im oberen Teil, aber ich konnte immer noch die Hierogly-
phenzeichen »sch-a-l-m« ausmachen.

Dieser Besuch der Ruinenstätte hatte das Ergebnis meiner Forschungen in der
Bibliothek der Egypt Exploration Society in London bestätigt. Die Stadt, deren
Plünderung offenbar einen Höhepunkt des Palästina-Feldzuges Ramses' II. in sei-
nem achten Regierungsjahr darstellte, hieß »Salem« – der älteste bekannte Name
der Heiligen Stadt Jerusalem, der in Genesis 14,18, im Psalm 76,3 und im Hebräer-
brief 7,1 und 7,2 erwähnt wird. Der später entstandene und bekanntere Namen
»Jeruschalajim« (hebräisch für Jerusalem) setzt sich aus dem SEMITISCHEN Wort
Jer für »Gründung« oder »Stadt« und dem Namen der frühen lokalen Gottheit –
Salem – zusammen und heißt übersetzt also soviel wie »Gründung« oder »Stadt des
(Gottes) Salem«. Meine Suche nach Jerusalem in den Ruinen des Ramses-Tempels
war von Erfolg gekrönt.

Ich machte meine Fotos. Dann verließ ich, zufrieden mit der Arbeit dieses Nachmittags, das glühendheiße Westufer und ließ mich über den Nil setzen, um mich
bei einem FRAULAH-SAFT an der Bar meines Hotels in Luxor von den Strapazen zu
erholen.

Wir dürfen nie vergessen,
daß wir es mit einer jahrtausendealten Kultur zu tun haben,
von der nur wenige Überbleibsel auf uns gekommen sind.
Was so stolz als ägyptische Geschichte ausgegeben wird,
ist wenig mehr als eine Restesammlung.

Sir Alan Gardiner, 1961

Einleitung

Haben die großen Ereignisse, von denen in den ältesten Teilen der Bibel die Rede ist, wirklich stattgefunden, oder sollen wir die biblischen Erzählungen als eine Sammlung allegorischer Volkssagen betrachten? Einfacher gefragt: Ist das Alte Testament Geschichtsschreibung oder Legende?

> Wenn wir bedenken, wie leicht die Historizität nicht nur von Personen wie David oder Salomo, sondern auch von Ereignissen in der Regierungszeit eines Hiskia oder Josia in Frage zu stellen ist, … muß … jedes historiographische Unternehmen, das versucht, eine Geschichte Palästinas im späten 2. oder frühen 1. Jahrtausend v. Chr. unter direkter Benutzung biblischer und außerbiblischer Quellen zu schreiben, grundsätzlich zweifelhaft, ja geradezu lachhaft erscheinen.[1]

Das sind die Worte von Thomas L. Thompson, Professor an der Universität Kopenhagen, einer Kapazität auf dem Gebiet der Bibelwissenschaft. Seine Grundthese, die er in seinem Buch *The Early History of the Israelite People from the Written and Archaeological Sources* darlegt, lautet, daß das Alte Testament eine im 2. Jahrhundert v. Chr. geschriebene Sammlung fiktiver Geschichten sei und daß es daher (in seinen Worten) »ganz und gar müßig« sei, diese Geschichten mit Hilfe archäologischer Funde belegen zu wollen. Das ist, zusammengefaßt, der Ansatz, der als »Kopenhagener Schule« der BIBELEXEGESE bekanntgeworden ist: Das Alte Testament ist als historische Quelle ohne jeden Wert.

Was steht hinter dieser voreingenommenen Meinung von der Bibel als Geschichtswerk? Wenn man alle Schichten der Forschungsdiskussion, die das Thema über Jahre hinweg eher verdunkelt haben, abträgt, stößt man schließlich auf ein grund-

BIBELEXEGESE: Die Deutung und Auslegung der Heiligen Schrift.

12 Seite 23: der zweite Innenhof des Ramesseums am Westufer des Nils in Theben.

13 Die verfallenen Überreste des neunten Pylonen in Karnak auf einer Aufnahme aus dem letzten Jahrhundert.

FRÜHDYNASTISCHE EPOCHE
1.–2. Dynastie

ALTES REICH
3.–6. Dynastie

ERSTE ZWISCHENZEIT
7.–10. Dynastie

MITTLERES REICH
11.–12. Dynastie

ZWEITE ZWISCHENZEIT
13.–17. Dynastie

NEUES REICH
18.–20. Dynastie

DRITTE ZWISCHENZEIT
21.–25. Dynastie

SPÄTZEIT
26.–31. Dynastie

PTOLEMÄISCHE ZEIT

14 Die Grundstruktur der ägyptischen Geschichte, eingeteilt in neun Hauptepochen und 32 Dynastien.

sätzliches Problem für alle, die die Bibel für eine historische Quelle halten: Die in den letzten beiden Jahrhunderten durchgeführten Grabungen in Ägypten und in der LEVANTE haben keine greifbaren Beweise für die historische Wahrheit der ältesten biblischen Erzählungen geliefert. Es gibt praktisch keine archäologischen Zeugnisse für die traditionelle Geschichte des israelitischen Volkes, wie sie in den Büchern Genesis, Exodus, Josua, Richter, Samuel, Könige und Chronik überliefert ist. Es sieht so aus, als hätten die Israeliten aus irgendeinem Grund überhaupt keine archäologischen Spuren in den alten biblischen Landen hinterlassen. Moses und die Israeliten packten einfach ihre Sachen, verließen Ägypten in der Regierungszeit Ramses' II. im 13. Jahrhundert v. Chr. und zogen in den Sinai. Dann verschwinden sie auf wunderbare Weise etwa vier Jahrhunderte lang aus der Geschichte, um erst in den Feldzugsinschriften der assyrischen Könige des 9. Jahrhunderts wieder aufzutauchen. Wohin verschwanden sie? Nach Darstellung der Bibel ließen sie sich in Palästina nieder, wo sie schließlich unter Saul, David und Salomo, den großen Herrschergestalten der Zeit des Vereinigten Königreichs, eine Nation zu bilden begannen. Allerdings gibt es unter den archäologischen Funden in Palästina praktisch nichts, das dieses epische Abenteuer irgendwie belegen könnte. Und auch ihr jahrhundertelanger Aufenthalt im Land der Pharaonen hat nicht die geringste Spur im Tal oder Delta des Nils hinterlassen. Kein Wunder also, daß die kritischen Bibelwissenschaftler und ihre Kollegen, die im Nahen Osten arbeitenden Archäologen, die Erzählungen des Alten Testaments kaum als echte »Geschichtsschreibung«, sondern eher als »Überlieferungen« auffassen.

Als gläubiger Christ, Jude oder Moslem hat man vielleicht keine Zweifel an der historischen Genauigkeit des Alten Testaments, den Erzählungen der TENACH oder der Parallelüberlieferung im Koran. Der absolute Glaube dient in diesem Fall als Waffe gegen die kritische Bibelwissenschaft. Wer jedoch wie ich keinen speziellen religiösen Glauben als Rückhalt hat und vorrangig an der historischen Wahrheit interessiert ist, braucht unbedingt archäologische Zeugnisse dafür, daß die Vorgänge, von denen die Bibel berichtet, tatsächlich stattgefunden haben und daß Personen wie Josef, Moses, Saul, David und Salomo wirklich vor drei- oder viertausend Jahren auf dieser Erde gewandelt sind. Das Fehlen solcher Beweise ist der eigentliche Grund für den Skeptizismus, der heute auf einigen Gebieten der Bibelwissenschaft vorherrscht.

Vielleicht sollte ich also erklären, wie dieses Buch zustande kam und was der eigentliche Auslöser für meine Suche nach einer plausiblen Verbindung zwischen den archäologischen Funden und dem historischen Kern der biblischen Geschichten war.

Wie Edwin Thiele, eine Autorität auf dem Gebiet der Datierung der biblischen Geschehnisse, einmal gesagt hat, ist »die Chronologie das Rückgrat der Geschichte«[2], und alle Historiker stimmen darin überein, daß das Fleisch der Geschichtsschreibung auf einem soliden chronologischen Skelett ruhen muß.

Meine Forschungen zur Chronologie der ägyptischen DRITTEN ZWISCHENZEIT begannnen 1973 im Jahr der Veröffentlichung eines bemerkenswerten Buches, geschrieben von einem der führenden Ägyptologen unserer Zeit. Professor Kenneth Kitchens *The Third Intermediate Period in Egypt*[3] war der Initialfunke für meine mehr als zwanzigjährige Beschäftigung mit diesem Thema, das mich bis heute nicht losgelassen hat. Im Jahre 1977 war ich dann durch die Untersuchung des in diesem Buch veröffentlichten historischen Materials zu einem Schluß gekommen, der erhebliche Auswirkungen auf die Chronologie und Geschichte der gesamten antiken Welt vor dem 7. Jahrhundert v. Chr. hat. Meiner Ansicht nach haben nämlich die Ägyptologen einen künstlich erweiterten Zeitrahmen für die Dritte Zwischenzeit konstruiert, der sehr viel großzügiger angelegt ist, als es die vorhandenen archäologischen und schriftlichen Zeugnisse erlauben. Diese Entdeckung wird, wie ich glaube, die Arbeit vieler Wissenschaftler auf den verschiedensten Gebieten beeinflußen, weil die ägyptische Chronologie die eigentliche Grundlage unserer Datierung der vorchristlichen Zeit bildet. Darauf möchte ich im folgenden näher eingehen.

Das singuläre Ereignis der Geburt Christi (gemeinhin auf das »Jahr Null« datiert) ist der feste Ausgangspunkt für unser Datierungssystem »nach Christus«. Was aber, wenn wir ein Geschehen *vor* der Geburt Christi zeitlich bestimmen sollen? Natürlich geben wir diesem Geschehen eine Datierung »vor Christus« oder »vor unserer Zeitrechnung«. Aber wie setzen wir eigentlich dieses Datum »vor Christus« fest? Welche Methoden benutzt die Wissenschaft, um genau zu bestimmen, wie viele Jahre vergangen sind, seit Pharao Ramses II. die heroische Schlacht bei KADESCH gewann oder seit Tutanchamun im Tal der Könige begraben wurde? Natürlich konnten die Schreiber und Beamten jener Zeit nicht in die Zukunft sehen, sie konnten nicht festlegen, wie viele Jahre noch bis zur Geburt Christi vergehen würden. Wie datierten sie also? Sie benutzten ein System, das in der Forschung als Datierung nach Regierungsjahren bekannt ist, das heißt, sie datierten alle Geschehnisse nach den Regierungsjahren der jeweils herrschenden Monarchen. So wissen wir aus ägyptischen Inschriften, daß die Schlacht bei Kadesch im fünften Regierungsjahr Ramses' II. stattfand und daß der junge König Tutanchamun im neunten Jahr seiner Herrschaft oder kurz danach starb (das neunte ist sein letztes belegtes Regierungsjahr). Ebenso erfahren wir aus der Bibel, daß der Tempel Salomos in Jerusalem im fünften Jahr des Königs Rehabeam von Juda von einem ägyptischen König namens Schischak seiner Schätze beraubt wurde (1. Könige 14,25–26 und 2. Chronik 12,2–9) – ein Ereignis, auf das wir noch zurückkommen werden.

So weit, so gut. Wie aber können die Wissenschaftler ganz genau festlegen, daß die Schlacht bei Kadesch im Jahre 1275 v. Chr. stattfand, König Tutanchamun im Jahr 1327 v. Chr. starb und Salomos Tempel 925 v. Chr. geplündert wurde? Ganz simpel dargestellt, rechnen die Historiker die Zahl der Regierungsjahre rückwärts von der Geburt Christi bis zu dem Ereignis, das sie datieren wollen, zusammen. Geschichte ist allerdings niemals so einfach, denn man muß bei dieser Rechnung viele andere

KADESCH: Heutiger Name Tell Nebi Mend. Eine große Stadt in einer strategisch günstigen Lage am Orontes in Syrien im Osten der Senke zwischen Homs und Tripoli.

PARALLELDYNASTIE: Mehrere Königsdynastien regieren zur selben Zeit.

INTERREGNUM (Plural *Interregna*):
Lat. »Zwischenregierung«, d. h. die Zeit,
in der die Nachfolge unterbrochen und
kein König inthronisiert ist.

SPÄTE BRONZEZEIT: Etwa 1550–1150
v. Chr.

Faktoren im Auge behalten – Faktoren wie Mitregentschaften, PARALLELDYNASTIEN und INTERREGNA. Aber allgemein geht man so vor, daß man die Regierungszeiten zwischen zwei festgelegten Ereignissen zusammenzählt und bestimmte andere gut datierbare historische Querverweise, sogenannte Synchronismen, zwischen den verschiedenen antiken Kulturen benutzt, um einen chronologischen Rahmen zu bilden, in den dann die einzelnen historischen Ereignisse situiert werden können. Wenn also die Rekonstruktion dieses Rahmens fehlerhaft wäre, gliche das ganze große Gebäude der vorchristlichen Geschichte einer Filmkulisse – einem künstlichen Gebilde, das nur auf den ersten Blick realistisch aussieht.

Wie können wir also *wissen*, ob die Historiker eine verläßliche Struktur aufgebaut haben, in der wir die Lebensdaten von Ramses II. oder Tutanchamun sicher festlegen können? Genaugenommen können wir nur unterstellen, daß sie wissen, wie sie vorgehen. Ebenso haben auch die heutigen Wissenschaftler auf den Zeitrahmen vertraut, den ihre Vorgänger ihnen lieferten. Die neuere Forschung läßt jedoch vermuten, daß in den wichtigen Anfangsjahren der Erforschung der antiken Welt fundamentale Fehler bei der Berechnung der noch heute allgemein akzeptierten Chronologie gemacht wurden.

Mit meinem Buch möchte ich zeigen, daß die »traditionelle« Chronologie fehlerhaft ist und daß die einzige wirkliche Lösung für die entstandenen archäologischen Probleme darin besteht, die ganze Konstruktion niederzureißen und noch einmal von den Fundamenten aus mit dem Neuaufbau zu beginnen.

Bei meiner intensiven Beschäftigung mit Professor Kitchens Buch über die Chronologie der Dritten Zwischenzeit entdeckte ich buchstäblich Tausende von einzelnen Daten, die wie ein großes, zusammengesetztes Puzzle das allgemein anerkannte historische Bild des Ägypten des 1. Jahrtausends v. Chr. liefern. Die Dritte Zwischenzeit reicht zurück in die Epoche zwischen 1070 und 664 v. Chr. und umfaßt damit vier Jahrhunderte, die die gut belegbare Chronologie der persischen und griechisch-römischen Zeitsysteme mit den großen bronzezeitlichen Kulturen des antiken Nahen Ostens verbinden. Zwischen diesen beiden sehr verschiedenen Welten liegt eine Zeit des historischen Chaos. Zu Beginn der Epoche erlebten die mächtigen Königreiche der SPÄTEN BRONZEZEIT ihren Niedergang und gerieten schließlich völlig in Vergessenheit.[4] Es ist kaum überraschend, daß den auf diese Epoche spezialisierten Forschern bei der Datierung eines so dunklen und wirren Zeitalters Fehler unterlaufen sind.

Sobald ich Kitchens Puzzle genauer betrachtete, fand ich Teile, die einfach nicht zusammenpaßten. (Andere Wissenschaftler kamen zu ähnlichen Ergebnissen.)[5] Außerdem entdeckte ich einige Grundannahmen zur Struktur der Dritten Zwischenzeit, die meiner Meinung nach nicht auf korrekten historischen Methoden gründeten. Diese Annahmen waren keine Erfindungen von Professor Kitchen, sondern entstammten einer Tradition von mehr als acht Generationen ägyptologischer Forschung. Kitchen hatte zum erstenmal alle Belege und Lehrmeinungen in einer großen Monographie zusammengefaßt, und ironischerweise hatte gerade diese Zusammenschau die grundlegenden Probleme der Chronologie der Dritten Zwischenzeit offengelegt. Besonders wichtig war dabei, daß auch er von einer Grundannahme ausging, die ihm von früheren Forschergenerationen tradiert worden war – daß nämlich Scheschonk I., der Gründer der 22. Dynastie der ägyptischen Könige, identisch sei mit Schischak, dem Pharao, der nach Darstellung der Bibel Salomos Tempelschatz geraubt hatte. Diese entscheidende Gleichsetzung war in Gelehrtenkreisen seit den Zeiten Champollions, des »Vaters der Ägyptologie«, nicht mehr ernsthaft in Frage gestellt worden.

Es ist ganz offensichtlich, daß die beiden Nationen Ägypten und Israel eng verbunden waren und es auch immer sein werden. Eigentlich sollte es relativ einfach sein, eine gemeinsame Geschichte dieser Nachbarstaaten mit all ihren Wechselbeziehungen zu erarbeiten. Leider sind jedoch die archäologischen Zeugnisse des frühen Israel stumm, denn an den ausgegrabenen Monumenten finden sich praktisch keine historischen Inschriften. Deshalb liefern sie keine Bestätigung für den chronologischen Rahmen der biblischen Erzählungen. Um wenigstens etwas Licht in die frühe israelitische Geschichte zu bringen, haben die Forscher aus naheliegenden Gründen auf Ägypten zurückgegriffen, das so reich an zeitgenössischen Texten ist. Eine offensichtliche Namensgleichheit hier oder der Bericht über einen ägyptischen Feldzug dort wurden im 19. Jahrhundert mit viel Enthusiasmus aufgegriffen und blieben wohlgehüteter Besitzstand vieler Bibelhistoriker. So bilden diese wenigen Synchronismen zwischen Ägypten und Israel die Basis für das ganze Gebäude der ägyptischen wie auch der biblischen Chronologie. Indem die Historiker zeitgenössische ägyptische Berichte mit Ereignissen aus der Bibel verbanden, konstruierten sie eine Chronologie mit einigen Fixpunkten, die dann das archäologische Umfeld für die wichtigeren Personen der Bibel festlegt. Die Gleichsetzung von Schischak und Scheschonk ist ein solcher Schlüsselsynchronismus.

Im ersten Teil des Buches werde ich die Grundlagen der von Kitchen verwendeten Chronologie überprüfen und zeigen, daß er sich bei seiner Rekonstruktion der Chronologie der Dritten Zwischenzeit um mehrere Jahrhunderte vertan hat. Ist diese fundamentale Fehlinterpretation der archäologischen Belege erst einmal geklärt, drängen sich einige sehr erstaunliche Schlußfolgerungen für die Bibelwissenschaft auf. Meine eigenen Versuche, die Chronologie der Dritten Zwischenzeit zu entwirren, haben mich auf den Spuren Mose und der Israeliten aus Ägypten heraus in die Welt der Archäologie der Levante und der kritischen Bibelwissenschaft geführt. Zwar habe ich meine gemütliche Ägyptologen-Existenz nicht ganz gegen meinen Willen aufgegeben, aber der Leser sollte wissen, daß ich ursprünglich nicht angetreten war, das heute allgemein übliche Verständnis der biblischen Geschichte in Frage zu stellen. Die Zweifel entstanden erst, als ich im Zuge meiner Forschungen zur Dritten Zwischenzeit zwangsläufig auch diesen Nebenaspekt betrachtete. Ich habe kein religiös motiviertes Ziel – ich bin einfach ein Historiker auf der Suche nach einer bestimmten historischen Wahrheit.

In meinem Buch beschreibe ich diese Suche. Es ist eine Entdeckungsreise, die dem

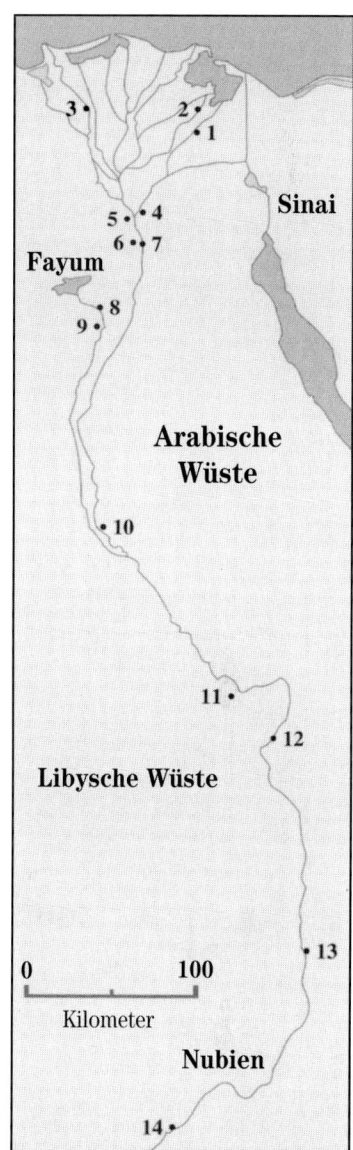

15 Die wichtigsten antiken Stätten in Ägypten:

1. Auaris/Pi-Ramesse	2. Tanis
3. Sais	4. Heliopolis
5. Gise	6. Sakkara
7. Memphis	8. Hawara
9. Herakleopolis	10. Amara
11. Abydos	12. Theben
13. Elephantine	14. Abu Simbel

Leser geistige Anstrengung abverlangt, ihn aber auch mit anregenden Erkenntnissen belohnt. Auf dieser Reise, die immer weiter in die Geschichte zurückgeht, werden historische Persönlichkeiten vor unser geistiges Auge treten, die in der Bibel als Salomo, David und Saul erscheinen – die israelitischen Herrscher der Zeit des Geeinten Königreichs. Dann tut sich jenes Gelobte Land auf, das von Josua und den zwölf Stämmen in Besitz genommen wurde, und schließlich, in einem weiteren Schritt zurück in die Vergangenheit, erschließen sich die kulturellen Hinterlassenschaften der Israeliten bei ihrem Auszug aus Ägypten. Dort eröffnen sich verlockende Aussichten für den wißbegierigen Leser. Er kann auf den staubigen Straßen zwischen den Häusern der Nachkommen Jakobs umherwandern und in ihre Höfe blicken, wo Lehmöfen zum Brotbacken, Kornsilos und die Tonziegelgewölbe ihrer Gräber zu sehen sind. Wenn der in diesem Buch vorgeschlagene Zeitrahmen in etwa der historischen Realität entspricht, können wir die Spuren des Aufenthalts der Israeliten in Ägypten ohne weiteres in der Archäologie des östlichen Nildeltas erkennen. Die Massengräber für die Opfer der letzten furchtbaren Plage, mit der Ägypten gestraft wurde, liegen dann zu unseren Füßen. Ebenso die Überreste der Lagerstadt, die mit dem Schweiß der israelitischen Sklaven während der Zeit der Fronknechtschaft gebaut wurde. Schließlich kommen wir auch an das ägyptische Grab des Patriarchen Josef. Dort, vor der Kultstatue des Wesirs von Ägypten in seinem bunten Rock, werden wir das Ende unserer Entdeckungsreise erreichen. Ehe unsere Expedition beginnt, brauchen wir jedoch das nötige Hintergrundwissen. Am Anfang soll daher ein kurzer Abriß der ägyptischen Geschichte stehen, dem diesmal noch die traditionelle Chronologie zugrunde gelegt ist.

Eine kurze Geschichte Ägyptens unter den Pharaonen

Das pharaonische Ägypten umspannt einen Zeitraum von fast dreitausend Jahren – um die Hälfte länger als das christliche Zeitalter. Man stelle sich vor: Schon als ALEXANDER der Große im Jahre 332 v. Chr. am Fuß der Großen Pyramide haltmachte, hatte dieses rätselhafte Monument, das der göttlichen Macht eines ägyptischen Herrschers geweiht war, mehr als zweitausend Jahre lang seinen Schatten über die Nekropole von Gise geworfen!
Während dieser langen Zeitspanne existierte im Niltal eine Kultur von bemerkenswerter Homogenität. Die Kontinuität der religiösen Vorstellungen und der politischen Herrschaft wurde nur selten durchbrochen. Der lebensspendende Strom, der jedes Jahr fruchtbaren Schlamm auf die Äcker schwemmte, gab den Ägyptern Anstoß, die Vorstellung eines ewigen Kreislaufs und der Wiedergeburt zu entwickeln, die alle Facetten ihres Lebens durchdrang. Die Mysterien der Schöpfung, des Todes und der Auferstehung der Götter und die Vorstellungen von göttlicher Geburt und königlicher Bestimmung hatten ihre Ursprünge in den natürlichen Kreisläufen der ägyptischen Lebensordnung. Die gottgleichen Pharaonen verwendeten für ihre

16 Seth, Gott des Chaos und Herr der Wüste. Hier ist er in Form des seltsamen Seth-Tieres dargestellt, das möglicherweise einen Hund darstellen soll. Man findet ihn auch als Nilpferd oder in menschlicher Gestalt, die die Tracht und den gehörnten Helm des asiatischen Gottes Baal trägt, mit dem er zeitweise gleichgesetzt wurde. Museum Kairo.

MANETHO: Ein aus Sebennytos stammender Hoherpriester in Heliopolis. Er wurde von den frühen Ptolemäern (3. Jh. v. Chr.) damit beauftragt, eine Geschichte Ägyptens zu schreiben. Seine ursprüngliche Darstellung existiert nicht mehr, aber Josephus zitiert Auszüge daraus in seinem Werk *Contra Apionem*. Außerdem haben sich überarbeitete Fassungen in Form von Königslisten in den Werken der frühen christlichen Chronographen Africanus und Eusebius erhalten.

MENES: Legendärer Gründer der 1. Dynastie. Es gibt zwei historisch belegte Könige, die Anspruch auf diese Ehre erheben: Narmer und Horus-Aha, wobei der letztere unter den Ägyptologen jetzt immer mehr Anhänger findet.

ZWEI LÄNDER: Der Ausdruck bezeichnet vorrangig die Reiche Ober- und Unterägypten. Die traditionelle Grenze lag bei Memphis nahe Kairo. Er ist jedoch auf viele andere Bereiche anwendbar: Die Lebenden/die Toten, Himmel/Erde, Körper/Geist usw.

Bauten unvergänglichen Stein, um diese göttliche Ordnung für die Ewigkeit zu bewahren. Generationen von Priestern verwalteten die großen Kultzentren, deren Anfänge sich in grauer Vorzeit verlieren. Die Verbindung aber zwischen den Göttern des Himmels und der Erde und dem ägyptischen Volk stellte der göttliche Pharao her.

Die Überlieferung – hauptsächlich in Form einer Pharaonengeschichte, die im 3. Jahrhundert v. Chr. von einem ägyptischen Priester namens MANETHO geschrieben wurde – berichtet, daß MENES, Gründer der 1. Dynastie und geistiger Vorfahre aller Pharaonen bis hin zu Alexander, der erste König war, der die weiße und die rote Krone von Ober- und Unterägypten trug. Häufig wird angenommen, daß Menes ursprünglich ein König von Oberägypten (dem Gebiet des Niltals) war, der das nördliche Königreich von Unterägypten (das Delta) eroberte und so zum erstenmal die ZWEI LÄNDER vereinigte.

Der dunklen Erinnerung an die Frühdynastische Epoche unter Menes und seinen direkten Nachfahren, der 1. und 2. Dynastie zwischen etwa 2920 und 2650 v. Chr., folgte das Zeitalter der Pyramiden, in dem die Pharaonen erstmals mit dem Sonnengott Re in Verbindung zu treten versuchten, indem sie leuchtendweiße

SARKOPHAG: Griech. »Fleischesser«. Der steinerne Behälter, in dem der mumifizierte Körper des Toten begraben wurde (zu unterscheiden vom hölzernen Sarg).

Kalksteinmonumente errichten ließen, die den Himmel entlang des »Horizonts der Ewigkeit« – der Grenzlinie zwischen Fruchtland und Libyscher Wüste – durchbrachen. Lange nachdem die Könige des Alten Reiches, der 3. bis 6. Dynastie zwischen etwa 2650 und 2150 v. Chr., diese Welt verlassen hatten, bewahrten sie sich mit diesen mächtigen Gebilden ihre göttliche Magie. Aus ihren granitenen SARKOPHAGEN heraus wirkten sie magisch auf das bekannte Universum ein, am Schnittpunkt der beiden Welten der Ordnung (dem schwarzen, fruchtbaren Land im Niltal) und des Chaos (dem unbewohnten roten Land der Wüste) – den Sphären der Lebenden und der Toten.

Das Schwarze Land (ägypt. *Kemet*), wie die Ägypter selbst ihre Heimat nannten, war der Wohnsitz des Horus, des lebenden Königs, und seiner göttlichen Mutter Isis. Das Rote Land (ägypt. *Deschret*), die riesige Wüste, die das Niltal umschließt, war das Reich der Gefahr und des Unheils, regiert von Seth (ägypt. *Set Sutech*), dem überaus mächtigen Gott des Chaos. Seiner Natur gemäß versucht das Chaos unablässig, die leicht verletzlichen Grenzen der Weltordnung zurückzudrängen. Seit Urzeiten war es in den meisten Teilen der antiken Welt die heilige Pflicht des »magischen« Königs, seine Untertanen vor lebensbedrohlichen Dürrezeiten, Mißernten und Hungersnöten zu schützen. In Ägypten waren die frühen Herrscher keine »Regenmacher«, wohl aber hielt man sie verantwortlich für das Eintreten der alljährlichen Nilschwemme. Seit unvordenklichen Zeiten brachte der Strom regelmäßig das Wasser zur Bewässerung des Schwarzen Landes und mit ihm den fetten, schwarzen Schlamm, so daß der Ackerboden vom natürlich angelagerten Salz

17 Statuengruppe aus Rosengranit, die die Funktion des Pharaos (in diesem Fall Ramses III.) verdeutlicht. Rechts von ihm steht Horus, Gott der Ordnung und des Königtums, links Seth, der Gott des Chaos und der fremden Länder. Der Pharao wird nicht nur als derjenige dargestellt, der diese beiden Mächte vereint, sondern auch als Ausgleich zwischen den Welten des Chaos und der Ordnung. Museum Kairo.

befreit und die Felder mit wertvollen Nährstoffen versorgt wurden. Dieses jährlich wiederkehrende beeindruckende Wunder machte das Schwarze Land im Gegensatz zu der unfruchtbaren und öden Welt jenseits seiner Grenzen zu einer sicheren Zufluchtsstätte.

Seit der vordynastischen Epoche war es die wichtigste Aufgabe des lebenden Pharaos, sich Seths Drängen entgegenzustellen und die beiden Welten einigermaßen im Gleichgewicht zu halten. Diese Vorstellung des »Gleichgewichts«, die der Pharao in seiner Majestät personifiziert, wird mit dem ägyptischen Wort *maat* bezeichnet, das wiederum meist etwas unbeholfen mit dem Begriff »göttliche Wahrheit« übersetzt wird.

Es gab Zeiten, in denen die Autorität des Pharaos durch kraftloses oder unkluges Regieren geschwächt wurde. Dann griff die Welt des Chaos schnell auf die geordnete Lebensweise des ägyptischen Volkes über, und das Gleichgewicht kippte zugunsten Seths. Wenn sich diese Zeiten des Chaos in die Länge zogen, zerfiel der ägyptische Staat in kleinere Königreiche, die von rivalisierenden lokalen Dynasten beherrscht wurden. Die Gelehrten des 19. Jahrhunderts nannten solche chaotischen Zeitabschnitte »Zwischenzeiten«, ein Begriff, der sich heute in der Literatur etabliert hat. Insgesamt gab es wohl drei solche Zwischenzeiten. Sie wurden bis vor kurzem als kulturelle Einschnitte in der ägyptischen Geschichte betrachtet, die die großen »Reichs«-Epochen voneinander trennten. Obwohl unsere Vorstellung von

19 Kultstatue König Djosers, gefunden in der Anlage seiner Stufenpyramide in Sakkara. Museum Kairo.

20 Gegenüber: Statue König Chefrens aus der 4. Dynastie. Der Pharao wird geschützt vom Falkengott Horus, der Gottheit des Königtums. Museum Kairo.

FAIJUM: Natürliches fruchtbares Becken westlich des Nils, etwa 90 km südlich von Kairo.

einem kulturellen Niedergang in diesen Zwischenzeiten sich durch die jüngste archäologische Forschung allmählich ändert, bleibt der regelmäßige Zusammenbruch des Großstaates eine historische Tatsache. Und sobald man die Entwicklung des alten Ägypten aus einer gewissen Entfernung betrachtet, erkennt man sehr schnell die natürlichen Kreisläufe der ägyptischen Kultur.

Die historischen Ereignisse des Alten Reiches sind schwer zu fassen, weil nur sehr wenige Inschriften mit »historischer« Aussagekraft erhalten geblieben sind. Was wir besitzen, sind große steinerne Denkmäler, die von der Macht und Größe einiger herausragender Herrscher zeugen. Aus der 3. Dynastie kennen wir Djoser und seinen verehrten Architekten Imhotep, den Erbauer der Stufenpyramide von Sakkara, des ersten steinernen Monumentalbaus der Weltgeschichte. In der 4. Dynastie folgen dann Cheops, Chefren und Mykerinos, die drei Pharaonen der mächtigen Pyramiden von Gise, das einzige der Sieben Weltwunder der Antike, das heute noch existiert. Und schließlich ist auch die erstaunliche vierundneunzigjährige Regierungszeit des Pharao Pepi II. aus der 6. Dynastie ein Meilenstein in der Geschichte des Alten Reiches.

Nach dem »Hoch« des Alten Reiches folgt ein erstes »Tief«, die Erste Zwischenzeit (etwa 2150 bis 1986 v. Chr.)[6]. Das Ende des Zeitalters der großen Pyramiden war anscheinend mit einem dramatischen Klimawechsel im antiken Nahen Osten verbunden. Die daraus resultierenden Dürreperioden, die offensichtlich mit einer Serie größerer Erdbeben einhergingen[7], ließen die mächtigen Stadtstaaten der Frühen Bronzezeit in der Levante zusammenbrechen und führten Flüchtlingsströme aus Asien nach Ägypten. Unter der Wucht ihres Ansturms zerfiel das Schwarze Land in zahlreiche kleine Königreiche wie vor der Vereinigung Ägyptens unter Menes. Damals existierten zeitgleich mindestens zwei Königslinien, eine im FAIJUM (die 9. und 10. Dynastie, etwa 2135 bis 1986 v. Chr.) und die andere in Theben (die 11. Dynastie, etwa 2080 bis 1937 v. Chr.). Unter diesen beiden mächtigen Herrscherfamilien entspann sich ein Kampf um die Vorherrschaft im Niltal mit einer Serie von Militärexpeditionen. Nach einem Jahrhundert der Auseinandersetzungen siegten die Truppen Thebens unter der kraftvollen Führung Mentuhoteps II. Wieder einmal, wie schon zu Beginn der überlieferten Geschichte der Pharaonen, hatten die oberägyptischen Könige es geschafft, Nordägypten zu erobern.

Mentuhoteps Sieg bedeutet den Auftakt der zweiten großen Vereinigung der Zwei Länder und die Wiedergeburt der Pharaonen-Kultur, die als das Mittlere Reich (Mitte der 11. bis Ende der 12. Dynastie, 1986 bis 1759 v. Chr.) in die Geschichte einging. Die Denkmäler dieser zweiten »Reichs«-Zeit sind nicht ganz so spektakulär wie die des Alten Reiches. In der Mitte der 12. Dynastie begannen die Pharaonen, königliche Pyramiden aus Lehmziegeln erbauen zu lassen, die dann nur mit Kalkstein verkleidet wurden. Auch die Bildsprache, die auf die halbgöttliche Natur des Pharaos hinweist, ist im allgemeinen zurückhaltender. Auf dem Gebiet der Künste erreicht Ägypten dennoch zu dieser Zeit einen neuen Höhepunkt: exquisit

1. bis 12. Dynastie nach der traditionellen Chronologie

FRÜHDYNASTISCHE EPOCHE

ALTES REICH

1. Dynastie (2920 – 2770)	3. Dynastie		5. Dynastie	
Menes (= Aha)	Sanacht (= Nebka?)	2650 – 2630	Userkaf	2465 – 2458
Djer	Netjerichet (Djoser)	2630 – 2611	Sahure	2458 – 2446
Uadji	Sechemchet	2611 – 2603	Neferirkare Kakai	2446 – 2426
Dewen (Udimu)	Chaba	2603 – 2599	Schepseskare Ini	2426 – 2419
Anedjib	Huni	2599 – 2575	Raneferef	2419 – 2416
Semerchet			Niuserre Isi	2416 – 2392
Kaa			Menkauhor	2396 – 2388
			Djedkare (Asosi)	2388 – 2356
			Wenis (Unas)	2356 – 2323

2. Dynastie (2770 – 2650)	4. Dynastie		6. Dynastie	
Hetepsechemui	Snofru	2575 – 2551	Teti	2323 – 2291
Raneb	Chufu (Cheops)	2551 – 2528	Pepi I. (Merire)	2289 – 2255
Ninetjer	Radjedef	2528 – 2520	Merenre Nemtjemsaf	2255 – 2246
Peribsen	Chafre (Chefren)	2520 – 2494	Pepi II. (Neferkare)	2246 – 2152
Chasechemui	Menkaure (Mykerinos)	2490 – 2472		
	Schepseskaf	2472 – 2467		

ERSTE ZWISCHENZEIT

7. und 8. Dynastie (2150 – 2135)

9. und 10. Dynastie (2135 – 1986)

(Herakleopoliten)

11. Dynastie

Mentuhotep I.	2080 – 2074
Antef I. (Sehertaui)	2074 – 2064
Antef II. (Wahanch)	2064 – 2015
Antef III. (Nachtnebtepnefer)	2015 – 2007
Mentuhotep II. (Nebhepetre)	2007 – 1986

MITTLERES REICH

11. Dynastie (Forts.)

Mentuhotep II. (Nebhepetre)	1986 – 1956
Mentuhotep III. (Seanchkare)	1956 – 1944
Mentuhotep IV. (Nebtauire)	1944 – 1937

12. Dynastie

Amenemhet I. (Sehetepibre)	1937 – 1908
Sesostris I. (Cheperkare)	1917 – 1872
Amenemhet II. (Nubkaure)	1875 – 1840
Sesostris II. (Chacheperre)	1842 – 1836
Sesostris III. (Chakaure)	1836 – 1817
Amenemhet III. (Nimaatre)	1817 – 1772
Amenemhet IV. (Maacherure)	1772 – 1763
Nofrusobek (Sobekkare, Königin)	1763 – 1759

21 Totenkult-Statue Mentuhoteps II. aus seinem Totentempel in Deir el-Bahari. Museum Kairo.

HERODOT: Griechischer Historiker und Reisender, der Ägypten etwa 445 v. Chr. besuchte.

AUARIS: Die alte ägyptische Stadt Haware (*Hutwaret*) beim heutigen Dorf Tell ed-Daba.

gearbeiteter Schmuck, Reliefs und Statuen sind hier ebenso zu nennen wie eine reiche, von menschlicher Erfahrung gesättigte Literatur. Gegen Ende der 12. Dynastie werden die Könige selbst in einer weniger stilisierten Form dargestellt, ihre Gesichter zeigen jetzt eine gerunzelte Stirn, Falten und heruntergezogene Mundwinkel, die wohl ihre strenge Autorität deutlich machen sollen. Einige Ägyptologen haben diesen Wandel als einen Hinweis darauf interpretiert, daß der Pharao sich jetzt stärker um das weltliche Wohl seiner Untertanen kümmerte. Manche Belege deuten darauf hin, daß Ägypten gegen Ende der 12. Dynastie unter einer längeren Hungersnot litt, was beim König große Besorgnis um das Wohlergehen seines Volkes ausgelöst haben muß.[8] Der berühmteste Herrscher aus der Zeit des Mittleren Reiches ist Pharao Amenemhet III., der fünfundvierzig Jahre lang regierte. Er ist der mythische König Moeris bei HERODOT, der Konstrukteur eines Bewässerungssystems für die Nilwasser-Reservoirs im Gebiet von Faijum und der Erbauer des legendären ägyptischen Labyrinths neben seiner Pyramide bei Hawara.

Mit dem Aufkommen der 13. Dynastie und vielleicht auch aufgrund der Hungersnot glitt Ägypten wieder in eine Epoche des Chaos ab, die heute als Zweite Zwischenzeit bezeichnet wird (13. bis 17. Dynastie, 1759 bis 1539 v. Chr.). Mochte die Fassade der pharaonischen Herrschaft anfangs noch gewahrt bleiben, so ist es doch aus einem bis heute nicht geklärten Grund Tatsache, daß sich die meisten Herrscher im Durchschnitt nur fünf Jahre auf dem Thron halten konnten. Viele waren mit ihren Vorgängern nicht verwandt, und einige trugen eindeutig ausländische Namen. Dieser schnelle Wechsel weist auf eine mangelnde Stabilität der monarchischen Institutionen hin. Erst nach einer ganzen Reihe kurzer Regierungen setzte sich *maat* wieder durch: Eine kurze Dynastie (etwa 1696–1641 v. Chr.) mit den Herrschern Neferhotep I., Sobekhotep IV., Sobekhotep V., Iaib und Eje gelangt an die Macht. Aber schon bald darauf setzt sich der Niedergang des Königtums fort. Innerhalb weniger Jahrzehnte verlieren die Pharaonen die Herrschaft über Nubien, das von der 12. Dynastie erobert worden war, und über Unterägypten.

Etwa seit der Mitte der 13. Dynastie scheint es im Nildelta mehrere Königreiche gegeben zu haben. Eine solche Königslinie könnte Manethos 14. Dynastie gewesen sein; einige archäologische Funde deuten darauf hin, daß sie von der im östlichen Delta gelegenen Stadt AUARIS aus regierte.[9]

Bisher ist es nicht gelungen, der Geschichte der Zweiten Zwischenzeit mit Hilfe zuverlässiger archäologischer Zeugnisse mehr Substanz zu verleihen. Die Wissenschaftler sind deshalb wieder einmal vor allem auf die überlieferten Berichte Manethos angewiesen.[10] Er berichtet von einer überraschenden Invasion von »Völkern unbekannter Rasse«, die unter der Regierung des Königs »Tutimaos«, des Pharaos Dedumose der 13. Dynastie, in das Nildelta einfielen, Memphis eroberten und einen großen Teil Ägyptens besetzten. Die ägyptische Bevölkerung dürfte ihnen kaum Widerstand geleistet haben, »nachdem die *Herrscher* des Landes bezwungen worden waren«. Die Fremden zogen marodierend durch das Schwarze

Land, machten Tempel dem Erdboden gleich und brannten Städte erbarmungslos nieder. Diesmal gewannen die Jünger des Seth wirklich die Oberhand über die Mächte der Ordnung.

Die Anführer des barbarischen Invasionsheeres etablierten sich schließlich als eine neue Pharaonendynastie, die von ihrer Hochburg Auaris aus regierte. Einer von ihnen baute (nach einer Überlieferung aus der frühen 18. Dynastie[11]) in der Stadt einen Tempel für Seth. Manetho nennt diese 15. Dynastie die der »Hyksos«, ein Begriff, den er selbst mit »Hirtenkönige« übersetzt.

Inzwischen hatten sich die einheimischen Pharaonen, die letzten Nachfahren der geschwächten 13. Dynastie, in den Süden Ägyptens nach Theben zurückgezogen. Von diesem Stützpunkt aus konnten sie schließlich das Vordringen der Invasoren stoppen und so ein echtes, wenn auch nur sehr begrenztes, einheimisches Königtum retten.

Nach mehr als einem Jahrhundert Fremdherrschaft über das untere Niltal und das Delta gelang es der thebanischen 17. Dynastie endlich, den Feind aus dem Norden aus dem Tal zu vertreiben und die Anführer in ihrer befestigten Hochburg Auaris einzuschließen. Der junge König AHMOSE konnte die Hyksos dann auch aus dem Delta nach Palästina und in die Küstenebenen zurückdrängen. Nach der dreijährigen Belagerung ihrer letzten großen Bastion Scharuhen in der Nähe von Gasa wurden die Hyksos schließlich überwältigt, die rachelüsternen ägyptischen Truppen plünderten ihre letzte Festung und brannten sie bis auf die Grundmauern nieder.

Ahmoses Sieg über die Hyksos läutete die zweite große Renaissance der ägyptischen Kultur ein – das Neue Reich, die 18., 19. und 20. Dynastie zwischen 1539 und 1069 v. Chr. Als dynamische Antwort auf das Trauma der Fremdherrschaft folgte eine schnelle Ausweitung der pharaonischen Militärmacht. Die Herrscher der frühen 18. Dynastie schufen innerhalb kurzer Zeit ein großes nördliches Reich in Palästina und Syrien. Damit verschafften sie sich vor allem wirtschaftliche Vorteile, zusätzlich dienten diese Landstriche auch als Pufferzone, um möglichen Invasoren aus Anatolien und Mesopotamien frühzeitig entgegentreten zu können. Diese Politik scheint tatsächlich so lange funktioniert zu haben, bis die ägyptische Hegemonie in der Levante gegen Ende der 20. Dynastie schließlich zerfiel. Die Ägypter vermochten das nördliche Reich am Ende der Neuen Zeit nicht mehr zu halten, worauf der assyrische König Assarhaddon im Jahre 671 v. Chr. nach Ägypten einbrach. Sieben Jahre später ließ sein erbarmungsloser Nachfolger Assurbanipal Theben plündern.

Bis zu diesem schicksalhaften Tag in der Mitte des 7. Jahrhunderts wurde Ägypten von Pharaonen sehr unterschiedlicher Herkunft regiert. Zuerst finden wir wieder eine Familie aus Theben – die 18. Dynastie –, die die Doppelkrone von Ober- und Unterägypten trägt. Sie waren direkte Nachkommen der 17. Dynastie. Viele Könige dieser neuen Herrscherfamilie sind erwähnenswert, aber in diesem Abriß seien nur drei besonders interessante Persönlichkeiten herausgestellt.

22 Die hölzerne *Ka*-Statue des Königs Awibre Hor aus der 13. Dynastie. Museum Kairo.

AHMOSE: 18. Dynastie, Regierungszeit 1539–1514 v. Chr.

23 Kolossaler bemalter Kalksteinkopf der Königin Hatschepsut, der Tochter Thutmosis' I., Gattin Thutmosis' II. und Tante Thutmosis' III. Museum Kairo.

DIODORUS SICULUS: Griechischer Historiker aus Sizilien, der im 1. Jahrhundert v. Chr. ein Werk über einige Epochen der ägyptischen Geschichte schrieb.

24 Echnaton, Nofretete und eine Tochter des Königs bei der Anbetung Atons.

25 Gegenüber: Porträt des Tutanchamun – wahrscheinlich der jüngere Bruder Echnatons – auf seinem innersten, aus purem Gold gefertigten Sarg. Museum Kairo.

Wenige Generationen nach dem im modernen Ägypten beliebtesten Pharao, dem Befreier Ahmose, tritt ein neuer König namens Thutmosis III., der »Napoleon des alten Ägypten«, in das Rampenlicht der Geschichte und beginnt seinen energisch und mit langem Atem geführten Angriff auf die Stadtstaaten des Nahen Ostens. Er unternimmt diese Militäraktionen nicht schon zu Beginn seiner langen Regierungszeit, sondern erst in den letzten dreißig Jahren, als er selbst bereits ein reifer Mann ist. Den Thron hat er schon als Kind bestiegen, doch seine ehrgeizige Tante, Königin Hatschepsut, ernennt sich selbst zur Regentin und übt zwischen seinem siebten und einundzwanzigsten Lebensjahr die eigentliche Macht in Ägypten aus. In dieser Zeit wird der junge Thutmosis III. von den Anhängern der Königin politisch an den Rand gedrängt. Nach dem Tod Hatschepsuts vernichtet ihr Neffe ihre Reliefs und Inschriften in einem systematischen Racheakt. Lange von der Macht ferngehalten, ist Thutmosis III. endlich Alleinherrscher und kann seine eigenen politischen Ziele in Angriff nehmen.

Gegen Ende der 18. Dynastie besteigt die vielleicht umstrittenste Gestalt der pharaonischen Geschichte den Thron des Schwarzen Landes. Bei der Krönung trägt der neue Herrscher noch einen für die 18. Dynastie typischen Namen, Amenophis, aber von seinem vierten Regierungsjahr an ist er bekannt als Echnaton (»Aton wohlgefällig«). Er ist ein Philosoph, ein revolutionärer Denker, der nur noch einem Gott huldigt – Aton, symbolisiert in der Sonnenscheibe. Er beseitigt die traditionellen Staatskulte zugunsten seines Gottes Aton und gilt deshalb als der erste Monotheist der Welt. Seine religiöse Revolution schlägt nach einer kurzen, zumindest in den Anfängen prächtigen Blütezeit fehl. Die späteren Ägypter schmähen ihn als Häretiker.

Tutanchamun, der kurz nach Echnaton an die Regierung kommt, stirbt früh und ohne Erben. Die königliche Linie der 18. Dynastie endet mit ihm, und das Königtum geht in die Hände zweier früherer Beamten über – Eje und Haremhab. Danach übernimmt eine Familie von Militärs, vielleicht Nachkommen einer Verbindung zwischen den Hyksos und einer ägyptischen Linie, die Herrschaft, die bei Manetho als 19. Dynastie gezählt wird. Sie regiert vom östlichen Delta, wahrscheinlich direkt von Auaris aus. Diese neue Herrscherfamilie gründet eine Hauptstadt und eine Königsresidenz namens Pi-Ramesse (»Das Haus des Ramses«) am Platz der alten Hyksos-Stadt. Der berühmteste Pharao der Dynastie ist der allmächtige Ramses der Große, der »Herrscher der Herrscher«. Später, in klassischer Zeit, geht er als der legendäre König Sesostris (Herodot[12]) oder Sesoosis (DIODORUS SICULUS[13]), der Eroberer der alten Welt, in die Geschichte ein. Im Buch Exodus dagegen wird ihm die Rolle des Schurken zugewiesen, weil die Historiker den Auszug der Israeliten aus Ägypten in seine lange Regierungszeit gelegt haben. Dieser letzte sagenhafte ägyptische König und Kriegsheld wird in unserem Buch eine wichtige Rolle spielen, ebenso wie einige andere Herrscher, die in diesem kurzen Überblick über die Kultur der Pharaonen erwähnt wurden. Dem Tod Ramses' II. folgt eine kurze Zeit der politischen Wirren, die wohl zumindest teilweise auf einen Nachfolgestreit

13. bis 20. Dynastie nach der traditionellen Chronologie

ZWEITE ZWISCHENZEIT

13. Dynastie	15. Dynastie (1633 – 1525)	17. Dynastie (1606 – 1539)

In etwa 63 Jahren 21 Könige, dann

Neferhotep I.	1696 – 1685	6 »Hyksos«-Könige aus der Levante	15 (?) thebanische Könige
Sihathor	1685 – 1685	Salitis (Schalek?)	(gleichzeitig mit der 15. Dynastie);
Sobekhotep IV.	1685 – 1678	Bnon	die drei letzten waren:
Sobekhotep V.	1678 – 1674	Apachnan (Khyan)	Tao I. (?) (Senachtenre)
Iaib	1674 – 1664	Iannas (Ianassi, Sohn des Khyan)	Tao II. (Sekenenre)
Eje (Merneferre)	1664 – 1641	Apophis (Auserre Apopi)	Kamose (Uadjcheperre)

danach in etwa 20 Jahren
weitere 9 Könige

Assis (Chamudi?)

NEUES REICH

14. Dynastie

76 (?) Kleinkönige, die gleichzeitig mit den Herrschern
der zweiten Hälfte der 13. Dynastie regierten

18. Dynastie

Ahmose (Nebpehtire)	1539 – 1514
Amenophis I. (Djoserkare)	1514 – 1493
Thutmosis I. (Aacherperkare)	1493 – 1481
Thutmosis II. (Aacherperenrenre)	1481 – 1479

16. Dynastie

32 Hyksos(?)-Kleinkönige, die gleichzeitig mit den Herrschern
der 15. und 17. Dynastie regierten

Thutmosis III. (Mencheperre)	1479 – 1425
Hatschepsut (Maatkare, Königin)	1473 – 1458
Amenophis II. (Aacheprure)	1427 – 1392
Thutmosis IV. (Mencheprure)	1392 – 1382
Amenophis III. (Nebmaatre)	1382 – 1344
Amenophis IV./Echnaton (Nefercheprure)	1352 – 1336
Neferneferuaten (Anchcheperure)	
(= Nofretete, Königin)	1341 – 1337
Semenchkare (Anchcheprure)	1337 – 1336
Tutanchamun (Nebchprure)	1336 – 1327
Eje (Chepercheprure)	1327 – 1323
Haremhab (Djosercheprure)	1323 – 1295

19. Dynastie

Ramses I. (Menpehtire)	1295 – 1294
Sethos I. (Menmaatre)	1294 – 1279
Ramses II. (Usermaatre setepenre)	1279 – 1213
Merenptah (Baenre hotephirmaat)	1213 – 1203
Amenmesse (Menmire)	1203 – 1200
Sethos II. (Usercheprure setepenre)	1200 – 1194
Siptah (Achenre setepenre)	1194 – 1188
Tausret (Satre meriamun, Königin)	1188 – 1186

20. Dynastie

Sethnacht (Userchaure meriamun)	1186 – 1184
Ramses III. (Usermaatre meriamun)	1184 – 1153
Ramses IV. (Hekamaatre setepenamun)	1153 – 1147
Ramses V. (Usermaatre secheperenre)	1147 – 1143
Ramses VI. (Nebmaatre meriamun)	1143 – 1136
Ramses VII. (Usermaatre setepenre meriamun)	1136 – 1129
Ramses VIII. (Usermaatre meriamun)	1129 – 1126
Ramses IX. (Neferkare setepenre)	1126 – 1108
Ramses X. (Chepermaatre setepenre)	1108 – 1099

innerhalb der ausgedehnten königlichen Familie zurückzuführen ist (Ramses hatte angeblich mehr als zweihundert Nachkommen).

Die 20. Dynastie beginnt mit der Wiederherstellung der Ordnung unter König Sethnacht und seinem Sohn Ramses III. In seinem achten Regierungsjahr schlägt Ramses III. einen Invasionsversuch der »Seevölker« zurück. Hinter diesem Namen verbirgt sich ein Bündnis ägäischer und anatolischer Völkerschaften, die wahrscheinlich aufgrund eines weiteren verheerenden Klimaumschwungs, der schon über Jahrzehnte hinweg für Mißernten und Dürreperioden im Norden gesorgt hat, in großer Zahl aus ihren Siedlungsgebieten in der Levante nach Ägypten einwandern. Obwohl sich Ramses III. rühmt, die Eindringlinge zurückgeschlagen zu haben, geht innerhalb etwa einer Generation das nördliche Reich mit allen seinen wertvollen Handelsverbindungen verloren. Und auch die reichen Goldminen im oberen Nubien, die von den Pharaonen der 18. und 19. Dynastie erschlossen worden waren, müssen wieder aufgegeben werden, weil die Ägypter in diesem Gebiet keine glaubwürdige militärische Präsenz zeigen können. Der aus diesen beiden Quellen fließende Reichtum Ägyptens versiegt schnell. Gegen Ende der 20. Dynastie klammern sich eine Reihe unbedeutender Pharaonen, die sich alle Ramses nennen, an ihr schwankendes Königtum. Sie regieren in Pi-Ramesse, der alten Hauptstadt der Ramessiden, aber sie sind nur noch Schatten ihres berühmten Vorgängers Ramses des Großen. Die Bronzezeit neigt sich ihrem Ende zu.

Mit dem Tod des letzten dieser unfähigen Herrscher der 20. Dynastie, Ramses XI., findet die große Zeit des Neuen Reiches ein klägliches Ende. Sogar das Tal der Könige wird Schauplatz unwürdiger Grabplünderungen und offizieller »Suchaktionen« nach wertvollen Metallen, Grabbeigaben und dem Schmuck der Pharaonen. Die Könige der folgenden zwei Dynastien haben keinen Zugang zu den Quellen des Reichtums des Neuen Reiches, und so verlegen sie sich darauf, alles, was sie für ihr eigenes Begräbnis brauchen, von ihren Vorgängern zu stehlen. Bei diesem Sakrileg verstecken sie sich unter dem Deckmantel einer religiösen Restauration. Die königlichen Insassen der großen unterirdischen Kammern im Tal der Könige werden aus ihren Gräbern geholt, ihres Schmucks beraubt und in zwei geheimen Lagern gestapelt, wo ihnen der ewige Frieden sicher sein soll!

Mit der Dritten Zwischenzeit, der 21. bis 25. Dynastie in der Zeit zwischen 1069 und 664 v. Chr., kommen wir zu meinem Spezialgebiet und Professor Kitchens Buch.

Die Epoche beginnt mit dem Aufstieg zweier unabhängiger Herrscherlinien, die beide als 21. Dynastie bezeichnet werden – die Taniten, die von TANIS, der neuen Hauptstadt im östlichen Delta, aus regieren, und die Priesterkönige des oberägyptischen Theben. Beide Linien scheinen in relativer Harmonie miteinander gelebt zu haben, wobei die Priesterkönige die Vorherrschaft der nördlichen Paralleldynastie anerkannten.

Etwa ein Jahrhundert später kommt eine mächtige neue Königslinie libyscher Herkunft auf den Thron. Diese 22. Dynastie (945 bis 715 v. Chr.) beginnt mit dem König Scheschonk I., der in seinen Aufzeichnungen von der ersten Militärexpedi-

27 Ein gefangener Häuptling der Peleset (Philister), der zum Bündnis der Seevölker gehörte. Medinet Habu.

26 Gegenüber: Schiefer-Statue Thutmosis' III. (18. Dynastie). Museum Luxor.

TANIS: Ägypt. *Djanet*, das biblische Zoan.

28 Die Göttin »Siegreiches Theben« schleppt gefangene Häuptlinge (mit den Namen ihrer Städte unter ihnen) zur rituellen Auspeitschung vor Scheschonk I. Bubastiden-Portal, Karnak.

29 Statuette des Königs Osorkon III. aus der 23. Dynastie. Ein seltenes Beispiel für das große handwerkliche Können im Ägypten des 8. Jahrhunderts v. Chr. Der König stößt ein Modellboot vom Ufer ab, dessen Bug abgebrochen ist. Neuere Belege zeigen, daß König Osorkon III. niemand anderes war als Prinz Osorkon, der Hohepriester des Amun, der im langen Bürgerkrieg 835 bis 797 v. Chr. gegen die thebanische Dynastie kämpfte. Museum Kairo.

31 Gegenüber: Statue des Königs Osorkon I. aus der 22. Dynastie, gefunden in Byblos im Libanon. Louvre, Paris.

REHABEAM: König von Juda, Regierungszeit 930 – 913 v. Chr.

KARNAK: Das Nationalheiligtum des Reichsgottes Amun-Re und die größte Tempelanlage in Ägypten.

30 Kopf einer Statue des kuschitischen Königs Taharka aus der 25. Dynastie. Museum Kairo.

tion nach Palästina seit der Herrschaft Ramses' III. im Jahre 1172 v. Chr. berichtet. Scheschonks Einfall in Palästina wird in der Forschung gleichgesetzt mit dem Feldzug von »Schischak, dem König von Ägypten«, von dem das Erste Buch der Könige und das Zweite Buch der Chronik berichten. Dort steht, daß Schischak »gegen Jerusalem« zog und im fünften Regierungsjahr von Salomos Sohn REHABE-AM die Schätze des Jahwe-Tempels plünderte. Dieses Ereignis wird nach der allgemein anerkannten, von Edwin Thiele entworfenen Chronologie der Könige von Juda und Israel auf das Jahr 925 v. Chr. datiert.[14]

Etwa in der Mitte der 22. Dynastie tritt eine rivalisierende Königslinie auf – die 23. Dynastie (818 bis 720 v. Chr.). Ihre Mitglieder erobern die Macht in Südägypten, und es entspinnt sich ein langer Krieg zwischen der Deltamonarchie der 22. Dynastie und ihren von Theben aus operierenden Rivalen. Von diesem Konflikt erfahren wir aus der Chronik des Prinzen Osorkon, des Sohns König Takelots II. Er ist der Befehlshaber der ägyptischen Armee und der Hohepriester des Amun in Theben, doch wenige Jahre nach seinem Amtsantritt vertreiben ihn die rebellierenden Truppen aus KARNAK und setzen ihren eigenen König und Hohenpriester ein. Osorkon widmet die nächsten zwanzig Jahre seines Lebens dem Ziel, Theben zurückzuerobern und der 22. Dynastie wieder die politische Kontrolle über das Gebiet zu beschaffen.

Letztendlich bringen jedoch erst eine Invasion des Königs von Kusch (des heutigen Sudan) und die kuschitische 25. Dynastie eine gewisse Stabilität in die ägyptischen Verhältnisse. Die politische Situation in Ägypten ist undurchschaubar, als König Pianchi[15] von den oberen Regionen des Nils aus nach Norden zieht, um eine von

21. bis 26. Dynastie nach der traditionellen Chronologie

DRITTE ZWISCHENZEIT (DATIERUNG NACH KITCHEN)

Tanitische 21. Dynastie	
Smendes (Hedjcheperre setepenre)	1069 – 1043
Amenemnesut (Neferkare hekaweset)	1043 – 1039
Psusennes I. (Aacheperre setepenamun)	1039 – 991
Amenemope (Usermaatre setepenamun)	993 – 984
Osorkon der Ältere (Aacheperre setepenre)	984 – 978
Siamun (Netjercheperre setepenamun)	978 – 959
Psusennes II. (Titcheprure setepenre)	959 – 945

22. Dynastie	
Scheschonk I. (Hedjcheperre setepenre)	945 – 924
Osorkon I. (Sechemcheperre setepenre)	924 – 889
Scheschonk II. (Hekacheperre setepenre)	890 – 889
Takelot I. (Hedjcheperre setepenre)	889 – 874
Osorkon II. (Usermaatre setepenre)	874 – 850
Harsiese (Hedjcheperre setepenamun)	870 – 860
Takelot II. (Hedjcheperre setepenre)	850 – 825
Scheschonk III. (Usermaatre setepenre/amun)	825 – 773
Pimui (Usermaatre setepenre/amun)	773 – 767
Scheschonk V. (Aacheperre setepenre)	767 – 730
Osorkon IV. (Aacheperre setepenamun)	730 – 715

24. Dynastie	
Tefnacht (Schepsesre)	727 – 720
Bakenranef (Wahkare)	720 – 715

25. Dynastie	
Alara	780 – 760
Kaschta (Maatre)	760 – 747
Pianchi (oder Pije) (Usermaatre/Sneferre)	747 – 716
Schabako (Neferkare)	716 – 702
Schebitko (Djedkaure)	702 – 690
Taharka (Nefertemchure)	690 – 664
Tanutamun (Bakare)	664 – 656

SPÄTZEIT
26. Dynastie

Ameris (nubischer Gouverneur)	715 – 695
Tefnacht II.	695 – 688
Nekauba	688 – 672
Necho I. (Mencheperre)	672 – 664
Psammetich I. (Uahibre)	664 – 610
Necho II. (Uhemibre)	610 – 595
Psammetich II. (Neferibre)	595 – 589
Apries (Haaibre)	589 – 570
Amasis (Chnumibre)	570 – 526
Psammetich III. (Anchkaenre)	526 – 525

Thebanische 21. Dynastie	
Herihor (als Hoherpriester des Amun, dann König)	1080 – 1074
Pianch (als HPA)	1074 – 1070
Pinodjem I. (als HPA)	1070 – 1055
Pinodjem I. (als König)	1054 – 1032
Masaharta (als HPA)	1054 – 1046
Djedchonsefanch (als HPA)	1046 – 1045
Mencheperre (als HPA, dann König)	1045 – 992
Smendes II. (als HPA)	992 – 990
Pinodjem II. (als HPA)	990 – 969
Psusennes III. (als HPA)	969 – 945

23. Dynastie	
Petubastis I. (Usermaatre setepenamun)	818 – 793
Iuput I. (Vornamen unbekannt)	804 – 803
Scheschonk IV. (Usermaatre meriamun)	793 – 787
Osorkon II. (Usermaatre setepenamun)	787 – 759
Takelot III. (Usermaatre setepenamun)	764 – 757
Rudjamun (Usermaatre setepenamun)	757 – 754
Iuput II. (Usermaatre setepenamun)	754 – 720
Scheschonk VI. (Uasneterre setepenre)	720 – 715

Die traditionellen Chronologien für Ägypten und Israel

Späte Vordynastische Epoche	
Frühdynastische Epoche	
Altes Reich	
Erste Zwischenzeit	
Mittleres Reich	
Zweite Zwischenzeit	
Neues Reich	
Dritte Zwischenzeit	
Späte Zeit	
Ptolemäische Zeit	
Römische Zeit	

2920 v. Chr. = 1. RJ Aha (Menes?)
Aha/Menes

2649 v. Chr. = 1. RJ Sanacht
Djoser

Cheops

Pepi II.

2150 v. Chr. = Ende der 6. Dynastie

1986 v. Chr. = 21.RJ Mentuhotep II.

Amenemhet III.
1759 v. Chr. = 1. RJ Wegaf

Hyksos-Dynastie
1525 v. Chr. = 14. RJ Ahmose

Thutmosis III.
Echnaton
Ramses II.
Ramses III.
1069 v. Chr. = 1. RJ Smendes

Scheschonk I.

Taharka
664 v. Chr. =1. RJ Psammetich I.

Psammetich I.

Amasis
Darius I.
Nektanebos
304 v. Chr. =1. RJ Ptolemaios Soter I.

Ptolemaios I.
Kleopatra VII.
30 v. Chr. = 1. RJ Augustus

Prinz Tefnacht von Sais im westlichen Delta angezettelte Revolte niederzuschlagen. Der kuschitische Herrscher hat anscheinend Theben schon eingenommen, aber der Rest des Landes ist in mehrere Königreiche aufgesplittert. Die große Basaltstele, die von Pianchis Eroberung des Niltals in seinem zwanzigsten Regierungsjahr (728 v. Chr.) berichtet, nennt auch die Namen von vier weiteren Pharaonen, die zur gleichen Zeit herrschten, sowie zahlreicher Anführer, die verschiedene Teile des Landes regierten.

Mehr als sechzig Jahre lang beherrscht die 25. Dynastie die politische Landschaft im Niltal, bis schließlich Assarhaddon, der König von Assyrien, Ägypten im Jahre 671 v. Chr. erobert. Damit beginnt die kurze Zeit der assyrischen Fremdherrschaft. Der kuschitische Pharao Taharka, der in Theben residiert, versucht mehrmals, das Joch der Assyrer abzuschütteln, indem er Rebellionen im Norden schürt, aber schließlich verliert der neue assyrische König Assurbanipal im Jahre 664 v. Chr. die Geduld mit ihm und seinem jungen Mitregenten Tanotamun und entsendet eine Armee stromaufwärts nach Theben. Der brutale assyrische Angriff bricht jeden Widerstand. Die Kuschiten fliehen Richtung Süden und werden im Schwarzen Land nie wieder gesehen. Die Assyrer verwüsten Theben, rauben die Tempelschätze und richten ein Blutbad unter der Bevölkerung an. Von diesem Trauma erholt sich die majestätische heilige Stadt nie wieder; der Ruhm ihrer eineinhalb Jahrtausende währenden Geschichte schwindet langsam, das »hunderttorige Theben« zerfällt und wird Legende.

Während der späteren Jahre der 25. Dynastie hatte nach der Rebellion von Prinz Tefnacht eine neue Herrscherfamilie aus dem westlichen Delta ihre Ansprüche angemeldet. Die saitinischen Könige, so genannt nach ihrer Hauptstadt Sais, waren Vasallen der Kuschiten-Pharaonen und später der Assyrer. Jetzt konnten sie nach dem Tod des letzten Kuschiten-Königs endlich die Macht in Ägypten übernehmen, denn wenige Jahre nach der Verwüstung Thebens ist Assurbanipal gezwungen, seine Truppen aus dem Süden des Nahen Ostens zurückzuziehen, um das Kernland seines assyrischen Reiches vor der aufstrebenden Macht der von Nebukadnezzar II. geführten Neubabylonier zu schützen. Psammetich I., der vierte Herrscher der saitischen 26. Dynastie, hatte seinem ausländischen Herrn seit seiner Thronbesteigung im Jahre 664 gedient. Als sich die Assyrer 656 zurückzogen, ließen sie den König von Sais als in ganz Ägypten anerkannten Herrscher zurück.

Mit der Regierung Psammetichs I. erreichen wir die Spätzeit der ägyptischen Geschichte, die 26. bis 30. Dynastie in der Zeit zwischen 664 und 332 v. Chr. In dieser Epoche wechseln einheimische und Fremdherrschaft einander ab. Der »Renaissance« der 26. Dynastie (664 bis 525 v. Chr.) folgt die Besetzung des Niltals und des Deltas durch die Perser unter ihrem »verrückten« König Kambyses (27. Dynastie, 525 bis 404 v. Chr.). Diese erste Zeit persischer Herrschaft endet mit dem kurzen Wiederaufleben einer einheimischen Regierung, die nur etwas mehr als ein halbes Jahrhundert Bestand hat (28. bis 30. Dynastie, 404 bis 343 v. Chr.). In dieser Zeit beginnen die Könige Nektanebos I. und II. mit der Restaurierung

33 Ein Mosaik des 1. Jahrhunderts n. Chr. aus Neapel, das Alexander den Großen bei der Schlacht von Issos darstellt, in der er die Armee des persischen Großkönigs Darius III. im Oktober 333 v. Chr. besiegt.

zahlreicher Kultstätten wie etwa der Tempel von Karnak und Luxor und der heiligen Nekropole der Apisstiere in Sakkara. Dann fallen die Perser wieder in Ägypten ein und besetzen noch einmal das Niltal – dieses Mal jedoch nur für elf Jahre.

Die Niederlagen Darius' III. gegen Alexander den Großen von Makedonien in den Jahren 334 bis 330 v. Chr. setzen der persischen Herrschaft über den Nahen Osten ein Ende. Der junge Eroberer errettet Ägypten aus der Tyrannei der Perser, wird als der Sohn des Zeus-Ammon anerkannt und als Pharao inthronisiert. Doch schon mit dem frühen Tod Alexanders zerfällt das große Reich, das er selbst in den wenigen Jahren zwischen 334 und 323 geschaffen hatte, in drei politische Einflußzonen. Nach dem Tod der direkten Erben Alexanders, Philippos Arrhidaios und Alexander IV., besteigt Ptolemaios Soter (I.), ein früherer General Alexanders, den ägyptischen Thron.

Damit beginnt die Ptolemäische Zeit (304 bis 30 v. Chr.), die mit dem allseits bekannten tragischen Selbstmord der Königin Kleopatra VII. und dem Mord an Cäsarion oder Ptolemaios XV., ihrem von Julius Cäsar gezeugten Sohn, endet. Dieser junge halb griechische, halb römische König auf dem Pharaonenthron ist der letzte in einer langen und berühmten Ahnenreihe, der ein unabhängiges pharaonisches Reich im Niltal regiert.

Mit der unfreiwilligen Aufnahme des Schwarzen Landes in das große Römische Reich enden dreitausend Jahre ägyptischer Geschichte. Das Land ist nicht länger ein souveräner Staat, sondern gehört praktisch zum Privatbesitz des römischen Kaisers. Eine erstaunliche königliche Kultur hat schließlich mit der Ermordung eines unschuldigen Knaben, des Erben der beiden ägyptischen Länder und des

Römischen Reiches, ihren plötzlichen und dramatischen Schlußpunkt erreicht. Nur drei Jahrzehnte später wird Jesus Christus geboren.

〰

Nach diesem kurzen Überblick über die wichtigsten Ereignisse der ägyptischen Geschichte scheint es sinnvoll, einen ähnlichen Durchgang durch die im Alten Testament überlieferte Geschichte der Israeliten anzuschließen.

Ein kurze Geschichte Israels

Wo einsetzen mit der Geschichte Israels? Was ist noch Sage, wo hebt die reale Geschichte an? Zu Beginn dieser Einleitung habe ich bereits davon gesprochen, daß der Punkt, an dem Mythologie in Geschichte übergeht, immer später angesetzt worden ist. Heute treten einflußreiche Wissenschaftler sogar dafür ein, die Geschichte Israels erst nach dem Salomonischen Zeitalter beginnen zu lassen, als die Könige der getrennten Reiche Juda und Israel zum erstenmal in den zeitgenössischen Aufzeichnungen anderer Kulturen auftauchen. Dieses Buch soll vor allem dazu beitragen, die Historizität der frühen »Überlieferungen« Israels zu belegen, damit die in den Erzählungen des Alten Testaments wichtigen Ereignisse aus den Tiefen des Mythos wieder ans Licht der Geschichte kommen.

Nur zur Erinnerung möchte ich an dieser Stelle einen kurzen Überblick über die zeitliche Abfolge der Ereignisse geben, wie sie in den Büchern Genesis bis Zweites Buch der Chronik dargestellt ist. Ich beginne mit Abraham, dem ersten Patriarchen (Genesis 11,26 ff.).

Der junge Abraham verläßt MESOPOTAMIEN mit seinem Vater Terach. Nach einer langen Zeit der Wanderung läßt er sich schließlich im zentralen Bergland von Kanaan (dem heutigen Westjordanland) nieder. Während seiner frühen Reisen knüpft er Verbindungen zur Stadt Haran in Nordsyrien. Aufgrund dieser Beziehungen kamen im Laufe der Jahre sehr viele Bräute für die israelitischen Männer aus dieser Region. Zu Lebzeiten Abrahams zerstörte eine große Naturkatastrophe Sodom und Gomorra (Genesis 19,23–26). Schon vorher hatte eine schwere Hungersnot die Bevölkerung der Levante dezimiert und Abraham gezwungen, Zuflucht in Ägypten zu suchen (Genesis 12,10–20).

Die Linie der Patriarchen setzt sich fort mit Isaak, dem Sohn Abrahams, der einer Opferung durch die Hand des eigenen Vaters nur knapp entging. Der gestrenge Gott Abrahams (EL ELION/EL SCHADAI) hatte ein Menschenopfer gefordert, um die Treue seines Schützlings zu prüfen (Genesis 22,1–19). Die Opferung des Erstgeborenen war zu jener Zeit durchaus üblich, und es gibt in der gesamten antiken Welt archäologische Zeugnisse für diese Praxis. Isaak war der Vater Jakobs, der wiederum zwölf Söhne hatte, deren zweitjüngster Josef war.

MESOPOTAMIEN: Griech. »Zwischen den Strömen«. Das Land im Einzugsgebiet der beiden Ströme Euphrat und Tigris (heute Irak, nordöstliches Syrien und östliche Türkei).

EL ELION/EL SCHADAI: »Der Höchste«, »Der allmächtige Gott«.

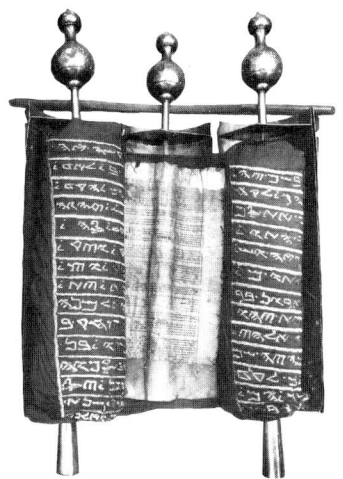

34 Eine Thorarolle mit dem Text der Fünf Bücher Mose.

MIDIANITER: Bewohner des Landes Midian in Nordwestarabien am Golf von Akaba.

POTIFAR: Vielleicht ägypt. *Petepre*.

WESIR: Arabisches Wort, gleichbedeutend mit »Erster Minister« – von den Ägyptologen zur Bezeichnung des »Siegelbewahrers des Königs« (Chetenu-biti), des höchsten Beamten im Königreich, verwendet.

ASENAT: Vielleicht ägypt. *Iusenat*.

HELIOPOLIS: Griech. »Stadt der Sonne« – Zentrum des Sonnenkultes in Ägypten (ägypt. *Iunu*), nördlich von Kairo.

GOSEN: Biblischer Name für ein Gebiet im östlichen Delta (ägypt. *Kesan*).

Die Josefsgeschichte ist aus literarischer Sicht ein Höhepunkt des Alten Testaments. Sie beginnt mit der Eifersucht seiner Brüder und ihrem Versuch, ihn zu beseitigen (Genesis 37). Sie verkaufen Josef an eine Gruppe von MIDIANITISCHEN Kaufleuten, die mit ihrer Karawane auf dem Weg nach Ägypten sind. Diese wiederum verkaufen ihn dort in die Knechtschaft. Inzwischen tauchen die Brüder seinen bunten Rock in das Blut einer Ziege, bringen ihn Jakob und berichten, daß Josef von einem Raubtier getötet und gefressen worden sei. Der siebzehnjährige Josef wird Diener im Haushalt des POTIFAR, des Obersten der Leibwache, und steigt bald zum unentbehrlichen Verwalter seines Besitzes auf, bis er die Aufmerksamkeit der liebeshungrigen Frau des Potifar erregt. Josef weist ihre Avancen zurück, worauf sich die Frau an ihm rächt, indem sie ihm sexuelle Belästigungen vorwirft. Wie es das Gesetz verlangt, wird er für dieses Vergehen ins Gefängnis geworfen.

In der Haft freundet sich Josef mit zwei Hofbeamten, dem königlichen Mundschenk und dem Hofbäcker, an, die nach einem nicht näher bezeichneten Vergehen in den Kerker geworfen worden waren. Josef sagt ihnen die Zukunft richtig voraus, indem er ihre Träume deutet, und der Mundschenk berichtet einige Zeit nach seiner Entlassung und Rückkehr in den Palast dem Pharao von den Wahrsagekünsten des jungen Hebräers. Der Pharao ist durch einen immer wiederkehrenden Traum beunruhigt: Er sieht sieben fette Kühe aus den Wassern des Nils steigen und danach sieben magere Kühe, die die fetten fressen (Genesis 41). Josef deutet den Traum als eine siebenjährige Zeit des Überflusses in Ägypten, gefolgt von sieben Jahren der Hungersnot. Den König beeindruckt diese Deutung, er ernennt Josef zum WESIR von Ägypten und gibt ihm insbesondere den Auftrag, Vorsorge für die vorausgesehene Hungersnot zu treffen. Der neue, aus Vorderasien stammende Wesir, jetzt dreißig Jahre alt, nimmt die Planung und Anlage großer Getreidevorräte in den Jahren des Überflusses auf sich und bringt gleichzeitig Ägyptens Landwirtschaft ganz in die Hand der Zentralregierung. Sobald die Hungersnot beginnt, müssen die Menschen des Niltals, Bauern und Adlige gleichermaßen, die nicht auf die Warnungen Josefs gehört hatten, ihre Landrechte an den Pharao verkaufen, um im Gegenzug Nahrungsmittel aus den Kornspeichern des Palastes zu bekommen (Genesis 47,20). Josef bewahrt Ägypten also nicht nur vor den schlimmsten Folgen der Hungersnot, sondern stärkt auch die Macht des Pharaos und damit seinen eigenen Einfluß als zweitmächtigster Mann im Staate. Vor Beginn der Hungersnot hatte Josef ASENAT, die Tochter des Hohenpriesters Potifera von HELIOPOLIS geheiratet, die ihm zwei Söhne gebar – Manasse und Efraim.

Josefs Belohnung für seinen Einsatz zum Schutz Ägyptens ist ein königlicher Erlaß, der es den Glaubensgenossen des Wesirs erlaubt, sich im östlichen Nildelta anzusiedeln, wo sie vor der auch in der Levante wütenden schrecklichen Hungersnot bewahrt werden. Nach einigen Treffen mit seinen älteren Brüdern, bei denen Josef sie für ihre einstige Missetat gegen ihn bestraft, ist Jakob endlich wieder mit seinem Lieblingssohn vereint. Die Israeliten lassen sich in dem Gebiet von GOSEN nieder. Am Anfang sind es nicht einmal hundert (Genesis 46,26–27[16], aber innerhalb weniger Generationen vermehren sich die Israeliten so stark, daß »das Land von ihnen wimmelte« (Exodus 1,7). Inzwischen ist Jakob schon gestorben, sein Leichnam wird einbalsamiert und in einem ägyptischen Grab beigesetzt (Genesis 50,26). Sein letzter Wille lautet, die Israeliten sollten, sofern sie Ägypten wieder verlassen, seinen Sarg mitnehmen und ihn im Gelobten Land begraben.

In späterer Zeit macht das schnelle Bevölkerungswachstum der Israeliten den Pharaonen zunehmend Sorgen, und schließlich ergreift einer von ihnen Maßnahmen gegen die bedrohliche Situation. Er versklavt die Israeliten und befiehlt, alle männlichen Neugeborenen zu töten. In diesem Klima der Bedrückung und Furcht wird Moses geboren. Seine Mutter legt ihn in einen Binsenkorb und setzt ihn auf dem Nil aus. Eine Pharaonentochter, die selbst keine Kinder bekommen kann, findet den Neugeborenen, nimmt ihn an Kindes Statt an und zieht ihn im Palast des Pharaos als einen ägyptischen Prinzen groß.

Später wird sich Moses über seine wahre Herkunft klar und möchte sich seinem eigenen Volk anschließen. Er tötet einen Ägypter, der einen israelitischen Sklaven geschlagen hatte, und flieht aus Todesfurcht ins Exil, um dem Zorn des Pharaos zu entgehen. Seine Reise führt ihn in den Sinai und in das Zelt des Jetro, eines midianitischen Priesters, dessen älteste Tochter Zippora er heiratet. An diesem Punkt der Geschichte begegnen wir zum erstenmal dem Gott des Moses, der sich in mancher Hinsicht stark von El, dem Gott der Patriarchen, unterscheidet (Exodus 3). Dieser gewandelte Gott offenbart sich Moses mit den Worten »Ich bin, der ich bin«. Der Gott des Moses ist JAHWE, der eine Gott der Israeliten und der Jehova der christlichen Kirchen. Wie der ägyptische Seth ist er ein Gott der Wüste und der Wildnis. Von ihm bekommt Mose die Anweisung, nach Ägypten zurückzukehren und das auserwählte Volk Jahwes aus der Fronknechtschaft in das Gelobte Land zu führen.

Der jetzt schon ältere Moses geht nach Ägypten zurück und tritt vor den Pharao, doch der ägyptische König verweigert den Abzug des versklavten Volkes, und so beginnt der Machtkampf zwischen dem Führer der Israeliten und dem starrsinnigen Pharao. Zehn Plagen kommen über Ägypten, und die letzte, der Tod aller Erstgeborenen, zwingt den König schließlich zur Kapitulation (Exodus 12,29–34). Moses führt sein Volk in den Sinai, wo er auf dem BERG HOREB die Zehn Gebote von Jahwe empfängt (Exodus 20). Vierzig Jahre der Wanderungen schließen sich an, bis Moses stirbt und auf dem BERG NEBO begraben wird, von dem aus man das Jordantal und das Gelobte Land auf der anderen Seite des Flußes überschauen kann (Deuteronomium 34).

So endet die Geschichte des Exodus, und es beginnt die Epoche der Landnahme. Josuas Truppen starten ihren Angriff auf KANAAN mit der Eroberung JERICHOS. Sie haben dabei die Unterstützung Jahwes, der die unüberwindlichen Festungsmauern der Stadt zum Einsturz bringt (Josua 6). Die israelitischen Soldaten klettern über die zerfallenen Mauern direkt in die Hochburg ihrer Feinde und richten ein Blutbad unter der wehrlosen Bevölkerung Jerichos an. Alle Männer, Frauen und

JAHWE: Hebräisch für Jehova, den Gott Mose und der Israeliten; wahrscheinlich Ja-ho-wa ausgesprochen.

BERG HOREB: Allgemein gleichgesetzt mit dem Gebel Musa (»Berg Mose«) im Sinai, manchmal jedoch auch mit dem Vulkan Horeb im antiken Midian (Nordwestarabien).

BERG NEBO: Östlich des Jordan nahe der Nordwestküste des Toten Meeres im heutigen Jordanien.

KANAAN: Der biblische (und ägyptische) Name für die südliche Levante (in der Bibel meist mit den tiefer liegenden Regionen gleichgesetzt).

JERICHO: Eine der ältesten Städte der Welt, westlich des Jordan am Südende des Jordantals.

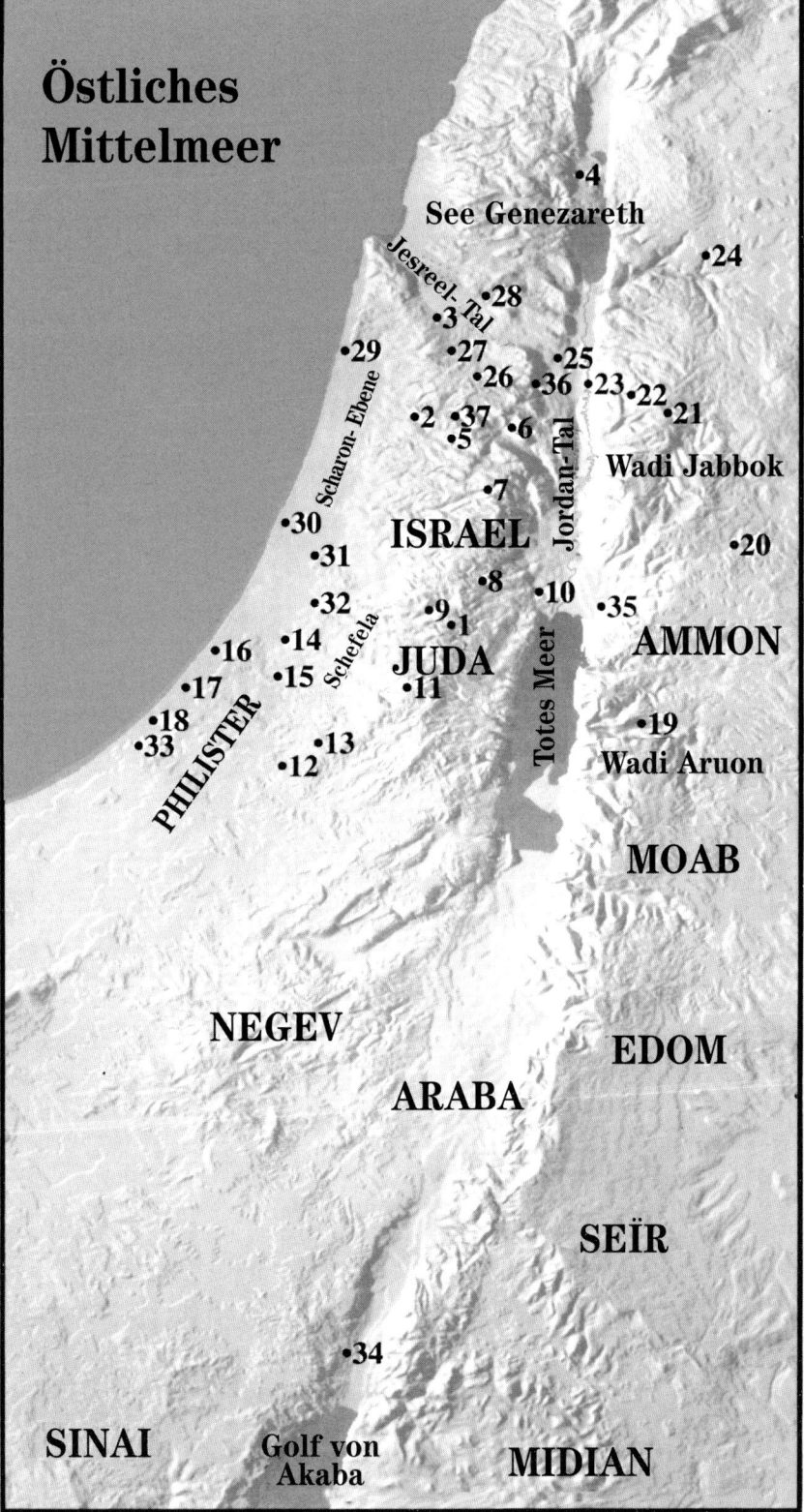

35 Reliefkarte von Palästina mit den wichtigsten geographischen Regionen und Städten, die im vorliegenden Buch eine Rolle spielen.

ISRAELITISCHE STÄDTE/
KULTSTÄTTEN

1. Jerusalem | 2. Samaria
3. Megiddo | 4. Hazor
5. Sichem | 6. Tirza
7. Schilo | 8. Geba
9. Gibeon | 10. Jericho
11. Hebron | 12. Lachisch
13. Bet-Schemsch

STÄDTE DER PHILISTER

14. Ekron | 15. Gat
16. Aschdod | 17. Aschkelon
18. Gaza

TRANSJORDANISCHE STÄDTE

19. Dibon | 20. Rabat-Ammon
21. Jabesch-Gilead | 22. Mahanajim
23. Pella | 24. Aschtarot

KANAANÄISCHE STÄDTE

25. Bet-Schean | 26. Gina
27. Tanaach | 28. Schunem
29. Dor | 30. Joppe
31. Afek | 32. Geser
33. Scharuhen

34. Kupferminen | 35. Berg Nebo
von Timna
36. Berg Gilboa | 37. Berg Ebal

Östliches Mittelmeer

•4
See Genezareth
•24
Jesreel-Tal
•28
•3
•27 •25
•29 •26 •36 •23 •22 •21
Scharon-Ebene
•2 •37 •6
•5
Wadi Jabbok
•7
•30 ISRAEL •20
•31
•8 Jordan-Tal
•32 •10
•9 •35
•16 •14 •1
•17 •15 Schefela JUDA AMMON
•18 •11
•33 Totes Meer
•12 •13 •19
PHILISTER Wadi Aruon

MOAB

NEGEV
EDOM
ARABA

SEÏR

•34

SINAI Golf von MIDIAN
Akaba

Kinder werden niedergemacht, bis auf Rahab und ihre Familie – die Prostituierte hatte zuvor den israelitischen Spionen Unterschlupf gewährt. Die Stadt wird bis auf die Grundmauern niedergebrannt, ihr Gebiet bleibt auf Jahrhunderte hinaus verflucht und verlassen.

Dann zerstören die Israeliten Ai und zahlreiche andere Städte im Bergland und in der SCHEFELA, bevor sie auf den Höhepunkt ihres Eroberungsfeldzuges zusteuern, den Angriff auf die mächtige Stadt HAZOR. Jabin, der König von Hazor, wird getötet und die Stadt durch Feuer vernichtet (Josua 11,10–11).

Am Ende ihrer Militärexpedition versammeln sich die Israeliten in SICHEM, vor dem TEMPEL DES BAAL-BERITH (»Herr des Bundes«). Josua stellt einen großen Stein auf, und vor diesem Monolithen geloben die israelitischen Stämme ihre ewige Treue zu Jahwe, dem Gott des Moses und Befreier aus der ägyptischen Fronknechtschaft (Josua 24).

Wir gelangen nun zur Zeit der Richter, in der die israelitischen Stämme um die Unabhängigkeit und Einheit in ihrer neuen Heimat kämpfen. Ihr Hauptfeind ist dabei der Bund der fünf Philisterstädte der Küstenebene, Gat, Aschkelon, Gaza, Aschdod und Ekron. Dabei ist ein Zwischenfall in dieser langen Zeit der Auseinandersetzungen besonders erwähnenswert, weil wir in einem späteren Kapitel auf ihn zurückkommen werden. Einige Generationen nach dem ersten Bund in Sichem wählen sich die Bürger der Stadt einen König namens Abimelech (Richter 9). Seine dreijährige Regierung ist so brutal und tyrannisch, daß die Einwohner von Sichem sich schließlich gegen ihren grausamen König auflehnen. Abimelech beschließt, die Bürger der Stadt zu vernichten und sendet seine Truppen gegen sie aus. In ihrer Panik suchen die Sichemiten Zuflucht im großen MIGDOL-Tempel der Stadt, vor dem der israelitische Bund geschlossen worden war. Daraufhin befiehlt Abimelech, der die befestigte CELLA dieses heiligen Ortes nicht einnehmen kann, den Tempel in Brand zu setzen, und alle tausend Flüchtlinge kommen in den Flammen um. Später findet der König sein Ende bei einem Angriff auf Tebez, als eine Frau von der Burgmauer aus einen Mühlstein auf ihn wirft und ihm den Schädel zertrümmert (Richter 9,50–57).

Nachdem einige große israelitische Frauen und Männer wie Debora Gideon, Jiftach und andere ihr Richteramt ausgeübt haben und der Druck der Philister immer stärker wird, beginnt die Zeit Sauls und Davids. Die Israeliten wollen nicht länger gespalten und ohne erbliche Führung sein. Daher bitten sie den letzten Richter, Samuel, ihnen »wie allen Völkern« einen König zu wählen, der über sie herrschen soll, und der Prophet salbt den Anführer der Benjaminiten, Saul, zum ersten König von ganz Israel (1. Samuel 8–10). Sobald Saul an der Regierung ist, organisiert er eine Revolte gegen die Übermacht der Philister in der Region. Sein Sohn, der tapfere Krieger Jonathan, erschlägt den Vogt der Philister, der in Geba seinen Sitz hat, und Sauls Männer lassen das Widderhorn erklingen, damit alle Israeliten wissen, daß der Aufstand begonnen hat (1. Samuel 13). Der Kampf um die Macht in der Region gipfelt in der Schlacht von GILBOA, einem Berg, von dem aus man das

SCHEFELA: Das Hinterland der südlichen Küstenebene Palästinas, bestehend aus den niedrigen Vorgebirgen des zentralen Berglandes.

HAZOR: Eine der größten Städte der Mittleren und Späten Bronzezeit in der Levante, nördlich des Sees Gennesaret.

SICHEM: Eine kleine Stadt im Norden des zentralen Berglandes nahe der heutigen Stadt Nablus.

TEMPEL DES BAAL-BERITH: »Tempel des Herrn des Bundes«.

MIGDAL: Ein großer, befestigter Turm. Der Begriff wird auch benutzt, um eine turmähnliche Tempelform zu beschreiben, wie sie in der Mittleren Bronzezeit üblich war.

CELLA (hebr. Hechal): Der Hauptraum des Tempels.

GILBOA: Ein Bergkamm, von dem aus man das Jesreel-Tal zwischen den Städten Taanach und Bet-Schean überblicken kann.

JESREEL-TAL: Auch bekannt als Ebene von Esdrelon (besonders seine nördliche Hälfte). Es verbindet das Jordan-Tal mit der Mittelmeerküste bei Akko.

Die traditionelle Chronologie Israels

PATRIARCHENZEIT

Abraham	ca. 1800
Isaak	ca. 1770
Jakob	ca. 1720
Josef	ca. 1650

AUFENTHALT IN ÄGYPTEN

Israeliten kommen nach Goschen	ca. 1640
Josefs Tod	ca. 1580
Zeit der Fronknechtschaft beginnt	ca. 1295
Exodus	ca. 1250
Landnahme	ca. 1210
Bund von Sichem	ca. 1200

RICHTERZEIT

Otniël	ca. 1180
Debora	ca. 1120
Gideon	ca. 1100
Abimelech	ca. 1080
Jiftach	ca. 1060
Samuel	ca. 1040

GEEINTES KÖNIGREICH

Saul	1030–1010
David	1010– 970
Salomo	970– 930

GETRENNTE KÖNIGREICHE

ISRAEL		JUDA	
Jerobeam I.	930–909	Rehabeam	930–913
Nadab	909–908	Abija	913–910
Bascha	908–885	Asa	910–869
Ela	885–884	Joschafat	869–848
Simri	885–884	Joram	848–841
Tibni	884–880	Ahasja	841–841
Omri	880–873	Atalja	841–835
Ahab	873–853	Joasch	835–796
Ahasja	853–852	Amazja	796–767
Joram	852–841	Asarja (Usija)	767–739
Jehu	841–813	Jotam	739–731
Joahas	813–798	Ahas	731–715
Joasch	798–781	Hiskija	715–686
Jerobeam II.	781–753	Manasse	686–642
Secharja	753–752	Amon	642–640
Schallum	752–752	Joschija	640–609
Menahem	752–741	Joakas	609–609
Pekachja	741–739	Jojakim	609–598
Pekach	739–731	Jojachin	598–597
Hoschea	731–722	Zidkija	597–586

JESREEL-TAL überblicken kann. Saul und seine drei ältesten Söhne werden getötet (1. Samuel 28–31). Die Reste der geschlagenen israelitischen Armee fliehen über den Jordan, die verbündeten Philister feiern ihren Sieg und stellen die enthaupteten Körper Sauls und seiner erschlagenen Söhne auf den Stadtmauern von Bet-Schean zur Schau.

In den Jahren seiner tüchtigen, aber unglücklichen Regierung hatte der König einen jungen Krieger namens David gefördert (1. Samuel 16–27). Später jedoch ließ er ihn für vogelfrei erklären, denn durch seine Ehe mit der Tochter Sauls, Michal, war David ein potentieller Anwärter auf den Thron geworden, und Saul empfand die wachsende Beliebtheit seines Schwiegersohns unter den Israeliten bald als eine direkte Bedrohung seiner eigenen Herrschaft. David flieht mit seinen Anhängern in die Wildnis des südlichen Berglandes, bevor er Sauls Feind, dem König von Gat, seine Dienste anbietet.

Nach dem Tod Sauls auf dem Berg Gilboa wird David als Vasall der Philister Herrscher von Hebron, doch während der nächsten sieben Jahre wendet er sich immer stärker gegen seine Herren und wird zu einer noch größeren Bedrohung ihrer Macht in Kanaan, als ihr alter Feind Saul es je war. Der zweite Versuch, die Unabhängigkeit der Israeliten durchzusetzen, erreicht seinen Höhepunkt mit Davids Einnahme Jerusalems, der jebusitischen Enklave, die sich seit der Landnahme der Herrschaft durch die zwölf Stämme entzogen hatte. Zu Beginn des 1. Jahrtausends v. Chr. wird Jerusalem die Stadt Davids und bleibt die wichtigste israelitische Hauptstadt bis zu ihrer Eroberung und anschließenden Zerstörung durch die Babylonier im Jahre 587 v. Chr.

David setzt die Kriege gegen die Feinde Israels verstärkt fort und macht sein Königreich im 10. Jahrhundert v. Chr. zu einem der mächtigsten Staaten in der Levante. Seinem Sohn Salomo, der ihm auf dem Thron folgt, ist eine lange, friedliche Regierung mit relativer politischer Stabilität vergönnt. Unter diesem letzten König der Zeit des geeinten Königreiches erreichen die Kultur und der Reichtum Israels einen Höhepunkt. Das Reich Salomos repräsentiert mit seinen reich geschmückten Palästen und dem Jahwe-Tempel in Jerusalem eine Blütezeit der israelitischen Kunst. Israel wird zu einer kosmopolitischen Nation, was besonders an dem starken Einfluß fremder Händler und Künstler deutlich wird. Salomo heiratet eine ägyptische Prinzessin und läßt ihr einen Palast in Jerusalem errichten. Sein Ansehen als reicher Handelsfürst wächst mit jedem Jahr, das sein Volk in uneingeschränkter Sicherheit und Wohlstand verlebt. Der Ruhm seiner Herrschaft reicht so weit, daß sogar die Königin des fernen Saba dem israelitischen König einen Besuch abstattet.

Wie so oft nach langen stabilen Regierungen folgt in den Jahren nach Salomos Tod eine Phase des Zerfalls. In der Zeit des Schismas spaltet sich Israel in zwei rivalisierende Königreiche. Im Süden bleibt Rehabeam, dem Sohn Salomos, das Rumpfreich Juda, zu dem immerhin auch die alte Hauptstadt Jerusalem gehört. Im Norden sammeln sich die übrigen israelitischen Stämme um einen neuen Führer,

36 Gegenüber: Der Stein von Moab, gefunden bei Diban in Jordanien. Die Inschrift berichtet von Ereignissen aus der Regierungszeit Meschas und seines Vaters (beide Könige von Moab). Erwähnt werden Omri und Ahab von Israel (9. Jh. v. Chr.). Louvre, Paris.

Jerobeam, der mit Salomo verfeindet gewesen war und bis zum Tod des alten Königs in Ägypten Zuflucht gefunden hatte. Jetzt wird Jerobeam zum Herrscher des neuen Staates Israel mit der Hauptstadt Sichem.

Im fünften Regierungsjahr Rehabeams (925 v. Chr.) hören wir von dem erfolgreichen Feldzug Schischaks, des Königs von Ägypten, gegen die Städte Judas. Nachdem Schischak viele befestigte Städte Rehabeams eingenommen hat, steht er vor den Toren Jerusalems und fordert die Kapitulation des Königs von Juda. Um zu verhindern, daß er Jerusalem dem Erdboden gleichmacht, liefert man ihm alle Schätze des Palastes und des von Salomo errichteten Tempels aus, die er nach Ägypten verschleppt. Für dieses Ereignis der israelitischen Geschichte haben wir zum erstenmal eine »Bestätigung« durch externe Quellen, denn die Forschung hat den auf einem großen Relief festgehaltenen Feldzug des Pharaos Scheschonk I. aus der 22. Dynastie mit Schischaks Angriff auf Jerusalem gleichgesetzt.

Von der Mitte des 9. Jahrhunderts an ist es nicht mehr nötig, sich bei der Datierung biblischer Ereignisse allein auf ägyptische Parallelen zu verlassen, denn für diese Zeit ist die israelitische Chronologie durch andere, vor allem mesopotamische Quellen belegbar. So berichtet der König Salmanassar III. von Assyrien im Jahre 853 v. Chr., daß König Ahab von Israel an der Schlacht von Karkar teilgenommen habe. Später, etwa 825 v. Chr., läßt derselbe assyrische Herrscher eine Tributzahlung Jehus, des Königs von Israel, auf seinem »Schwarzen Obelisken« darstellen. Und auf dem Stein von Moab (etwa 840 v. Chr.) finden wir eine unabhängige Bestätigung für die Kriege zwischen dem Königreich von Moab jenseits des Jordans und dem »Haus Omris« von Israel (2. Könige 3,4–27).

Ich möchte diese kurze Zusammenfassung der israelitischen »Geschichte« mit der Einnahme der beiden Hauptstädte der Zeit der getrennten Königreiche beschließen. Die Stadt Samaria, die in der Regierungszeit Omris die neue Hauptstadt des Nordreiches Israel geworden war, wird im Jahre 722 v. Chr. von den Assyrern erobert. Der letzte König Israels, Hosea, wird gefangengenommen. Das Südreich Juda kann sich ein weiteres Jahrhundert lang gegen die Assyrer behaupten, muß sich jedoch dann schließlich der neuen Großmacht im Nahen Osten, den Babyloniern unter Nebukadnezzar, geschlagen geben. Jerusalem fällt im Sommer 587 v. Chr., sein König Zidkija muß die Hinrichtung seiner Söhne mit-

37 Mit dem Beginn des assyrischen Reiches finden wir erste Hinweise auf die Könige von Israel und Juda in außerbiblischen Quellen. Kolossale Stiere mit Menschenköpfen aus dem Palast Sargons II. in Chorsabad. Louvre, Paris.

KYRUS: Erster König Persiens, Regierungszeit 559–529 v. Chr.

DAN: Früherer Name Lajisch. Die Stadt
liegt am Fuße der südlichen Ausläufer
des Berges Hermon in Nordisrael.

ansehen, bevor er selbst geblendet wird. Der Großteil der Bevölkerung Judas wird
nach Babylonien verschleppt (2. Könige 25,11) und bleibt dort bis zur Eroberung
Babylons durch den Perserkönig KYRUS im Jahre 539 v. Chr. Danach dürfen die
Verbannten nach Jerusalem zurückkehren, um ihre von Nebukadnezzars Armee
zerstörte Stadt und den Jahwe-Tempel wiederaufzubauen.

Wir müssen uns vor Augen halten, daß die Bibelwissenschaft wie jede andere
Wissenschaft stets in Bewegung ist. Wir leben heute in aufregenden Zeiten. Bei
Besuchen auf archäologischen Fundstätten im Nahen Osten habe ich den Eindruck
gewonnen, daß uns demnächst eine Welle neuer Entdeckungen bevorsteht, und ich
gehe davon aus, daß diese Entdeckungen die Ergebnisse meiner Forschungen
bestätigen werden. Schon während der Arbeit an diesem Buch ist ein neuer Beleg
ans Licht gekommen, der die frühe Geschichte des israelitischen Königtums er-
hellt. Das israelische Grabungsteam, das am Tell DAN arbeitet, hat ein Stelenfragment mit einer aramäischen Inschrift freigelegt, die »das Haus Davids« erwähnt.
Das paßt kaum zu Professor Thompsons These, daß die Zeit des frühen israelitischen Königtums nur in Mythos und Legende existiert habe. Seine zu Beginn dieser
Einleitung zitierte Aussage erscheint jetzt etwas voreilig. Die Inschrift ist auf das

39 In den dreißiger Jahren fanden
amerikanische Archäologen bei Ausgrabungen in der berühmten Stadt Megiddo
ein Siegel aus Jaspis mit der Inschrift
»Eigentum des Schema, Knecht des
Jerobeam«. König Jerobeam II. regierte
in Israel zwischen 781 und 753 v. Chr.
Das Original des Siegels ist nicht mehr
vorhanden, aber eine Kopie wird im
Israel-Museum aufbewahrt.

»… mein Vater kam herauf … und mein Vater starb, er ging zu [seinem Schicksal … Is]rael, das einst zum Land meines Vaters gehörte … Ich [kämpfte gegen Israel?] und Hadad ging vor mir … mein König. Ich erschlug ihrer X Fußsoldaten, ich vernichtete Y Streitwagen und brachte 2000 Reiter zu Fall … der König von Israel. Und [ich] schlug den König des Hauses David. Und ich gab … ihr Land … andere … […herrschten über Israel] belagerten …«

9. Jahrhundert v. Chr. datiert worden – also lange Zeit, bevor das Alte Testament nach dem babylonischen Exil niedergeschrieben wurde.[17] Aber wir haben bisher noch keine weiteren archäologischen Belege für die Regierungszeit Davids und Salomos, und die zerbrochene Tafel von Dan wurde nicht in einem datierbaren Zusammenhang gefunden, sondern als ein anscheinend wiederverwendetes Bruchstück in einer späteren Pflasterung. Deshalb sind wir nicht in der Lage, die archäologische Schicht zu datieren, in der die Originalstele errichtet wurde. Monumentale Grundmauern in den Städten Megiddo, Geser und Hazor, die früher der Bautätigkeit Salomos zugeschrieben wurden, haben sich im Laufe der Jahre als verschiedenen archäologischen Epochen zugehörig erwiesen, die mehrere Jahrhunderte umfassen.[18] Auch das sogenannte »Salomonische Tor« in Megiddo wird nicht mehr in die Zeit Salomos datiert, obwohl das Schild davor den Touristen immer noch erklärt, daß sie vor einem Tor »aus der Zeit Salomos« stehen.

Trotz dieser Enttäuschungen hoffen viele Menschen weiterhin, daß Zeugnisse ans Licht kommen werden, die die Existenz Davids, Salomos und sogar der noch früheren großen Führer Israels wie Josef und Moses bestätigen. Ich denke, daß es nicht nötig ist, länger auf solche Zeugnisse zu warten. Wir müssen das archäologische Material, das uns schon zur Verfügung steht, nur aus der neuen Perspektive einer korrigierten ägyptischen Chronologie betrachten.

Es ist auffällig, daß im Vergleich zur »Kurzen Geschichte Ägyptens unter den Pharaonen«, die den ersten Teil dieser Einleitung bildet, für den Abriß der Geschichte Israels nur sehr wenige Kunstwerke und Inschriften als Illustration herangezogen werden konnten. Hier liegt kurzgefaßt auch der neue Ansatz in diesem Buch, denn es ist genau dieser Mangel an archäologischen Quellen – insbesondere vor dem 9. Jahrhundert v. Chr. –, der zur Mythologisierung der biblischen Geschichte geführt hat. Ein anderer sehr beunruhigender Faktor ist, daß archäologische Verbindungen zwischen Ägypten und Israel weitgehend fehlen, obwohl es sich um Nachbarstaaten handelt und die Bibel voll ist von Berichten über Ereignisse, bei denen sie in ihrer geschichtlichen Entwicklung miteinander in Berührung kamen. Wir dürfen also vermuten, daß unser heutiges Verständnis der Beziehung zwischen dem alten Ägypten und dem alten Israel irgendwo einen Fehler aufweist.

Die traditionellen Chronologien für Ägypten und Israel

Späte Vordynastische Epoche	
	2920 v. Chr.
Frühdynastische Epoche	
	2649 v. Chr.
Altes Reich	
	2150 v. Chr.
Erste Zwischenzeit	
	1986 v. Chr.
Mittleres Reich	
	1759 v. Chr.
Zweite Zwischenzeit	
	1525 v. Chr.
Neues Reich	
	1069 v. Chr.
Dritte Zwischenzeit	
	664 v. Chr.
Späte Zeit	
	304 v. Chr.
Ptolemäische Zeit	
	30 v. Chr.
Römische Zeit	

1800 v. Chr.

1640 v. Chr.

1210 v. Chr.

1012 v. Chr.
930 v. Chr.

586 v. Chr.

486 v. Chr.

Zeit der Patriarchen
Aufenthalt und Schuldknechtschaft in Ägypten
Wanderungen
Landnahme
Richter
Vereinigtes Königreich
Geteiltes Königreich
Babylonisches Exil/ Gefangenschaft

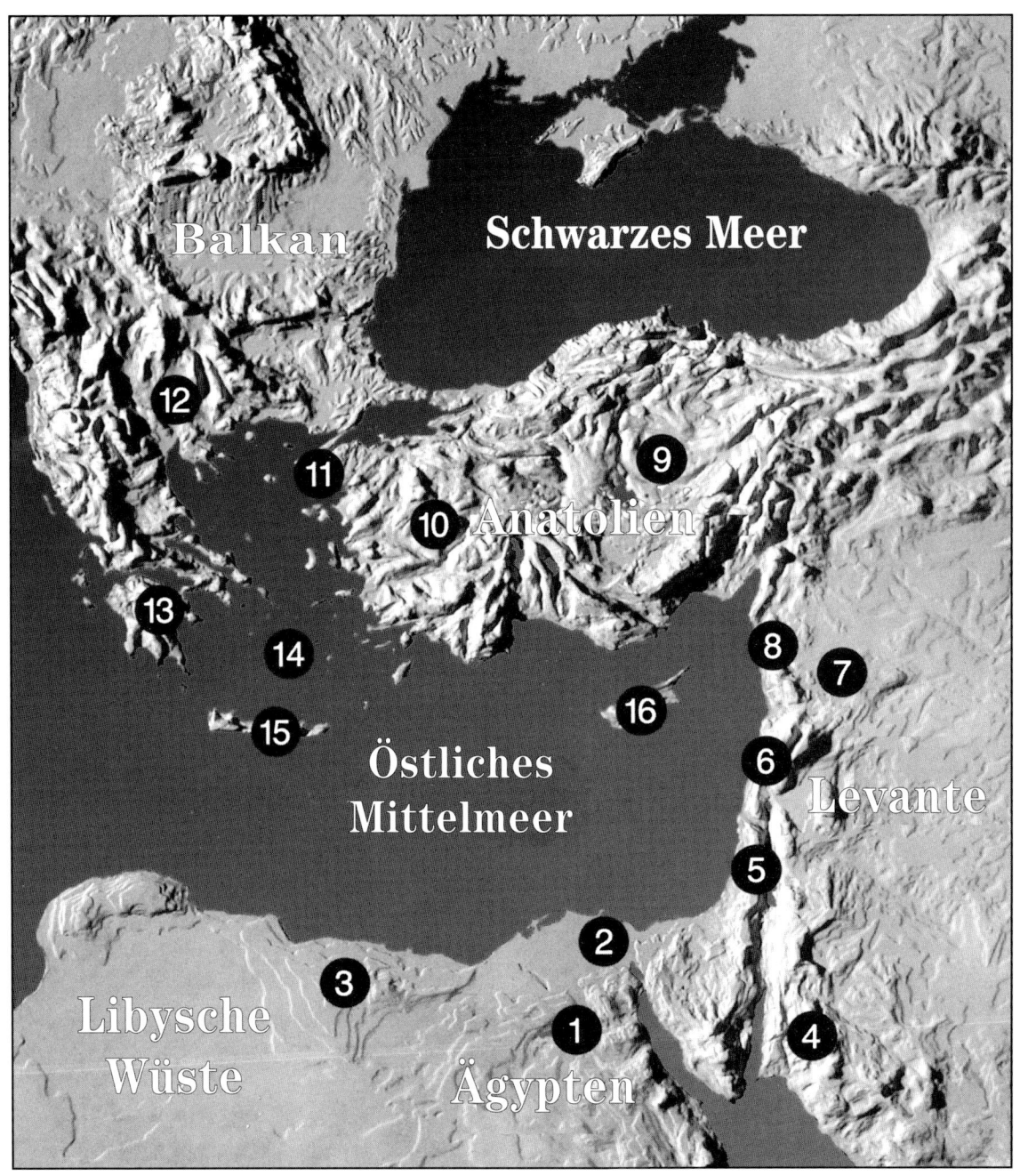

Die politische Geographie um Ägypten und Israel

1 – Men-nefer/Memphis (Hauptstadt Ägyptens); 2 – Auaris/Pi-Ramses/Goschen u. Tanis; 3 – Libyen (Tjehe-nu?); 4 – Midian; 5 – Kanaan u. Israel; 6 – Phönizien u. Byblos; 7 – Amurru/amoritische Königreiche u. Aram-Damaskus; 8 – Ugarit; 9 – Hatti/hethitisches Reich; 10 – Arsawa; 11 – Wilusa/Troja; 12 – Mazedonien; 13 – Mykene; 14 – Thera/Santorin; 15 – Knossos/Kreta; 16 – Alaschia/Zypern

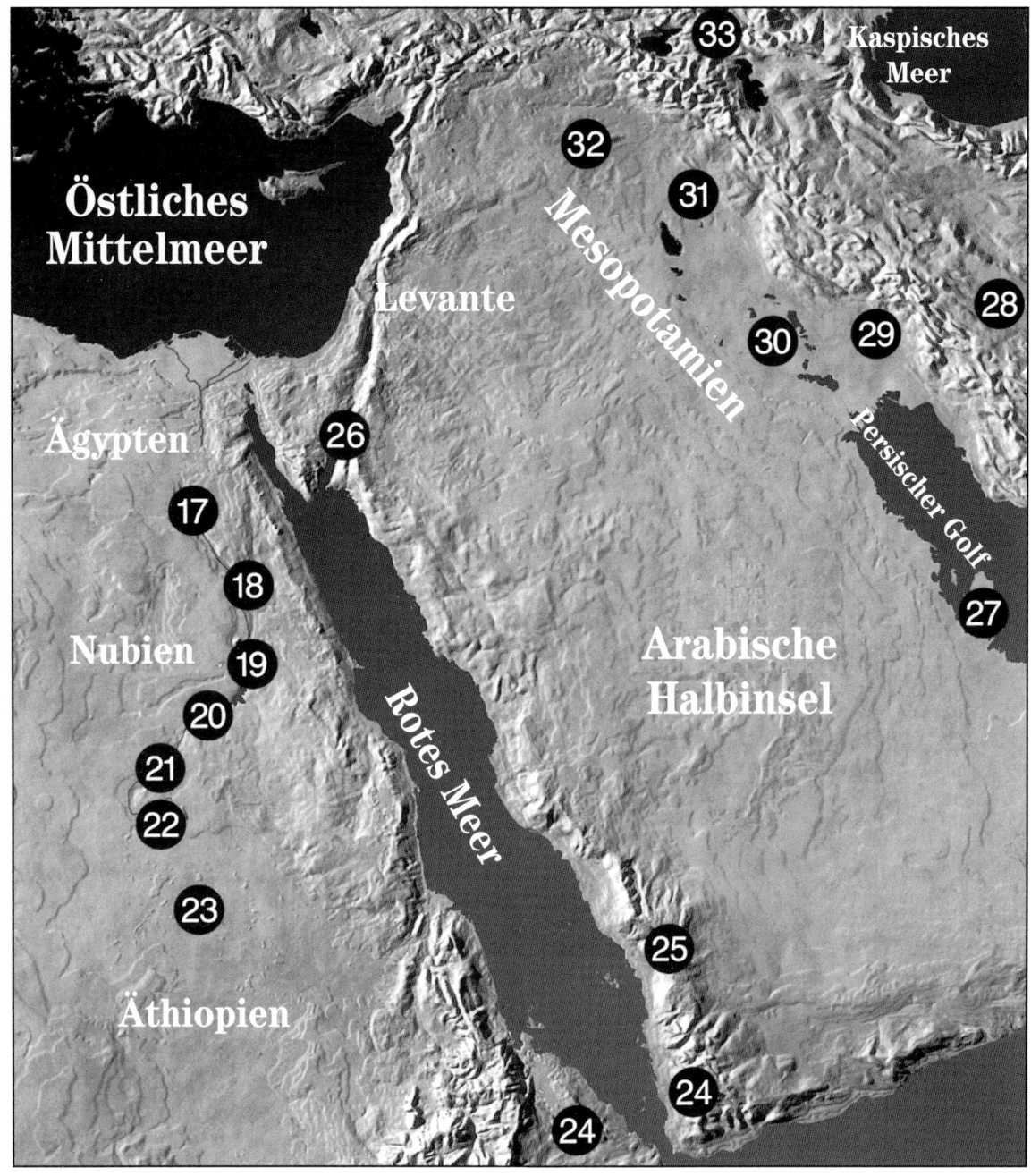

Die politische Geographie um Ägypten und Israel

17 – Achet-Aton/Tell-el-Amarna; 18 – Theben/Luxor; 19 – Abu/Elephantine/Assuan; 20 – Abu Simbel;
21 – ägyptische Festungen am 2. Katarakt; 22 – Kusch/Kerma; 23 – Napata/Äthiopien/Meroe; 24 – Punt (»auf
beiden Seiten«); 25 – Scheba; 26 – Esion-geber (König Salomos Hafen); 27 – Dilmun; 28 – Persien; 29 – Elam;
30 – Karduniasch/Babylonien; 31 – Assyrien; 32 – Mitanni/Naharain; 33 – Urartu/Ararat

Eine Bemerkung zur Methode

43 Eine Inschrift in Keilschrift, die (unter anderem) von der Eroberung Jerusalems durch Nebukadnezzar II. berichtet. Der »Taylor-Zylinder«, British Museum, London.

An dieser Stelle möchte ich einige methodologische Probleme ansprechen. Bisher habe ich den Begriff »Geschichte« immer gebraucht, um eine Reihe von tatsächlichen Ereignissen in ihrer chronologischen Abfolge zu beschreiben. Das Wort hat jedoch eine umfassendere Bedeutung, deren man sich unbedingt bewußt sein sollte. Das Rohmaterial der historischen Forschung sind nicht einfach die verfügbaren archäologischen und schriftlichen Quellen, sondern vielmehr die *Deutungen*, die die Gelehrten, von diesen Quellen ausgehend, entwickeln. Geschichtsschreibung ist ein wissenschaftlicher Diskurs, dessen Erfolg auf seiner *vernünftigen Argumentation* beruht. Ob irgendeine historiographische Schrift Anerkennung erlangt, hängt davon ab, ob sie die Deutungen einzelner historischer Belege in einer Erzählung zusammenführt, die mit unseren Auffassungen von der Vergangenheit in Einklang steht.

In Erwiderung auf die Argumente anderer Wissenschaftler habe ich oft auf das »Ockhamsche Messer« zurückgegriffen – auf das Prinzip, daß die Geschichtsschreibung nicht die Existenz von Menschen oder Ereignissen postulieren sollte, die nicht historisch direkt belegbar sind. Wenn wir zum Beispiel heute ein altes Königsgrab finden, das ausschließlich für das Begräbnis eines bestimmten Königs mit Reliefs geschmückt und mit Inschriften versehen wurde, können wir nicht beweisen, daß nicht früher im selben Grab bereits ein anderer König bestattet wurde. Warum aber sollten wir ein solches früheres Begräbnis annehmen? Die Antwort lautet, daß wir ohne direkte Belege nicht von dieser Annahme ausgehen dürfen (vgl. *Kapitel drei*).

Meiner Meinung nach ist es sicherlich möglich und vertretbar, eine Geschichte der Israeliten zu schreiben, die auf einer Auswertung der archäologischen Funde und der erzählenden Texte basiert. Ich bin bereit, die Erzählungen des Alten Testaments als eine ebenso wertvolle Quelle für die alte Geschichte zu akzeptieren wie jedes andere antike Zeugnis. Darin unterscheidet sich mein Ansatz von dem etwa Thomas L. Thompsons. Ich kann dafür die folgenden Argumente anführen:

> *Alle* antiken Texte sind von Menschen geschrieben und verkörpern deshalb die Vorstellungen, Hoffnungen und Traditionen einer bestimmten Kultur. Sie sind daher auch anfällig für Irrtümer und Auslassungen, für politische Parteinahme und fehlerhafte Abschriften.
>
> Ein Interpret eines Textes (d.h. ein Historiker) kann die Gültigkeit einer »historischen« Aussage des Textes nur beurteilen, indem er die Details der Aussage mit anderen, unabhängigen Belegen oder auch mit archäologischen Zeugnissen vergleicht und sie so überprüft. Wenn eine bestimmte Deutung der Aussage sich in bezug zum Gesamtbild der Belege als sinnvoll erweist, wird sie zu einer »historischen Tatsache« und kann in einer historischen Darstellung eingesetzt werden.

Das Alte Testament ist eine Sammlung überlieferter Texte. Es ist zumindest zum Teil die Geschichte eines Volkes. Ob es »historische Tatsachen« enthält, kann man nur herausfinden, wenn man die gleichen Kriterien wie bei anderen alten Texten anwendet. Wenn Deutungen anderer, unabhängiger Texte und archäologischer Funde mit den glaubhaften und nichtallegorischen Elementen der Erzählungen übereinstimmen, ist man als Historiker berechtigt, diese Elemente in seine Geschichtsdarstellung zu übernehmen.

Das Anliegen dieses Buches ist es, ganz eindeutig zu beweisen, daß die Erzählungen des Alten Testaments durchaus zu dem kulturellen Hintergrund passen, den die Archäologie Ägyptens und der Levante offengelegt hat – sobald man nur die richtige Chronologie verwendet.

Wahrscheinlich werden diejenigen, die wie Professor Thompson denken, meinen Ansatz für »fundamentalistisch« halten und meine Darstellung als reines Märchenbuch abtun. Für solche eingefleischten Skeptiker habe ich mein Buch freilich auch nicht geschrieben. Ich möchte unterhalten wie Herodot mit seinen Geschichten über die Griechen. Ich glaube jedoch fest, daß die Geschichte, die ich zu erzählen habe, sich in diesem Sinn nicht von den Geschichten der konventioneller denkenden Wissenschaftler unterscheidet. Sogar das Standardwerk zu allen Themen, die mit der alten Welt zu tun haben, *The Cambridge Ancient History*, repräsentiert nur die übereinstimmende Meinung der Gelehrten, die sich, wie man glaubt, in ihrer jeweiligen Disziplin besonders gut auskennen; es repräsentiert nicht die Vergangenheit an sich. Geschichtswissenschaft ist keine einfache, einzelne Wirklichkeit, sondern eine komplexe, immer wieder neu zu überdenkende Antwort auf die Zeugnisse unserer eigenen Vergangenheit.

Bevor sich der Leser nun auf Entdeckungsreise begibt, möchte ich noch auf ein paar praktische Hilfestellungen hinweisen, die dieses Buch bietet.

Ich habe verschiedene Formen von Anmerkungen gemacht, um zusätzlich zum Haupttext weitere Informationen zu bieten. Angaben zum Quellenmaterial, zu Büchern und anderen Dokumenten finden sich im Anmerkungsteil am Schluß des Buches. Man beachte, daß die Hochzahlen im Text für jedes Kapitel neu durchnumeriert sind. Zusätzlich sind auf den breiten Rändern der Seiten Marginalien zu finden, die dem Leser vielleicht nicht vertraute Worte und Ausdrücke erklären und auch Gedächtnisstützen zur zeitlichen Einordnung der verschiedenen Könige (also ihre jeweiligen Regierungsdaten und Dynastien) liefern.

Bis zu dem Teil des Buches, der sich mit der Korrektur der ägyptischen Chronologie befaßt – ein notwendiges Unternehmen, wenn man die Historizität der Bibel offenlegen will –, habe ich die Daten benutzt, die Kenneth Kitchen für die Pharaonen der 11. bis 25. Dynastie errechnet hat. Für die 1. bis 10. Dynastie habe ich die Daten benutzt, die John Baines und Járomír Malek in ihrem *Weltatlas der alten Kulturen/Ägypten* liefern. Die beiden Datierungssysteme passen nicht ganz zueinander, denn Baines und Malek gehen von etwas höheren Jahreszahlen aus als Kitchen. Da Kitchen jedoch meines Wissens nach bisher keine Zahlen zu den früheren Dynastien vorgelegt hat, kann ich seine Angaben nicht durchgängig verwenden. Für die biblische Chronologie habe ich mich für die Zeit vom Babylonischen Exil bis zurück zur Regierung Salomos auf die heute allgemein anerkannten Daten aus Edwin Thieles *The Mysterious Numbers of the Hebrew Kings* gestützt. Wenn jetzt zusätzlich die korrigierten Daten in der Diskussion auftauchen, kann es manchmal ein bißchen kompliziert werden. Um Mißverständnisse soweit wie möglich auszuschließen, habe ich in den Teilen des Buches, in denen ich auch neu errechnete Daten benutze, die »orthodoxe« oder »traditionelle« Datierung von Kitchen, Baines und Malek mit einem OC (für orthodoxe Chronologie) vor dem Datum gekennzeichnet, die korrigierten Daten, die ich vorschlagen möchte, dagegen mit einem NC (für neue Chronologie). Damit werden hoffentlich alle Unklarheiten ausgeräumt.

Es gehört bei der Abfassung eines »populärwissenschaftlichen« Buches zu den schwierigsten Dingen, zu entscheiden, was hineingehört und was wegfallen muß. Ich hoffe, daß ich den richtigen Mittelweg gefunden habe und daß der Leser sich sein abschließendes Urteil über die hier dargestellten Forschungsergebnisse nicht aufgrund einzelner, vielleicht in diesem Rahmen nicht vollständig ausgeführter Argumente, sondern auf der Basis der gesamten Theorie bilden wird.

Teil eins
Die Rätsel der Pharaonen

Die wichtigsten Unstimmigkeiten in
der ägyptischen Chronologie

»Die Wände sind mit Stelen bedeckt,
man tritt auf Statuetten in allen Farben,
auf Vasen, auf Fragmente hölzerner Sarkophage.
All das ist in einer solch furchtbaren Unordnung,
daß ich beim ersten Anblick keine Hoffnung hatte,
jemals irgend etwas klar zu erkennen.«

Auguste Mariette, 1852

64

1

Die Suche nach Apis

Die Entdeckung

Am 2. Oktober 1850 kam Auguste MARIETTE, ein neunundzwanzigjähriger Franzose im Dienst der Abteilung für ägyptische Altertümer des Louvre, nach Kairo, um dort für das Museum KOPTISCHE, äthiopische und syrische Manuskripte anzukaufen.

Während sich die Verhandlungen mit dem unkooperativen koptischen Patriarchen in die Länge zogen, beobachtete Mariette, daß seit kurzem kleine Sphingen aus Kalkstein auf dem Antiquitätenmarkt auftauchten – sehr gut verkäufliche Stücke, die innerhalb kürzester Zeit in den Privatsammlungen reicher Bürger in Kairo oder Alexandria verschwanden. Seine Nachforschungen ergaben, daß sie alle aus dem Geschäft eines italienischen Händlers namens Fernandez stammten. Unter Einsatz all seiner Überredungskünste entlockte Mariette Fernandez schließlich das Geständnis, daß die Sphingen vor kurzem aus SAKKARA, der alten Nekropole von Memphis, geborgen worden waren. Diesen Hinweis scheint Mariette in seinen ersten Tagen in Kairo im Hinterkopf behalten zu haben, und vielleicht war es auch der Auslöser für die plötzliche Änderung seiner Pläne. Er verließ nämlich Kairo und wurde damit, wie sich später zeigen sollte, der erste große Ägyptologe und Ausgräber der Geschichte.

Die warmen Oktobertage des Jahres 1850 verstrichen, ohne daß die Verhandlungen über die koptischen Manuskripte vorangekommen wären. So hatte Mariette auf einmal sehr viel freie Zeit. Eines Abends besuchte er die Zitadelle des Saladin oberhalb der Stadt und genoß die großartige Sicht auf die Pyramiden von Gise, die sich in der Ferne über dem Dunstschleier der Kairoer Altstadt erhoben. Mariette war an einem Wendepunkt seines Lebens angelangt:

> … es herrschte eine überwältigende Stille. Zu meinen Füßen lag die Stadt. Über sie hatte sich ein dicker, schwerer Nebel gelegt, der alle Häuser bis zum Giebel hinauf bedeckte. Aus dieser tiefen See ragten dreihundert Minarette empor wie Masten einer untergegangenen Flotte. Ganz weit weg, im Süden, konnte man die Palmwälder ausmachen, die sich aus den zerfallenen Ruinen von Memphis erheben. Im Westen standen die Pyramiden, in das Gold und glühende Rot des Sonnenuntergangs getaucht. Die Aussicht war großartig, so überwältigend schön, daß es beinahe weh tat. Der Moment war entscheidend. Vor meinen Augen lagen Gise, Abusir, Sakkara, Dahschur, Mit-Rahina. Mein Lebenstraum nahm Gestalt an. Dort drüben, sozusagen in Reichweite, war die

KOPTISCH: Die alte ägyptische Sprache, wie sie in der Zeit des frühen Christentums geschrieben wurde. Dabei benutzte man sowohl einheimische wie griechische Schriftzeichen. Der Begriff wird auch verwendet, um die ursprüngliche christliche Kirche in Ägypten und Äthiopien zu bezeichnen.

44 Seite 63: Eine Galerie in den Großen Grüften des Serapeums in Sakkara, in der ein riesiger Sarkophagdeckel lag. Hinter dem Deckel sieht man die Nischen, in denen früher die Apis-Stelen standen.

SAKKARA: Am westlichen Wüstenrand etwa 25 Kilometer südlich von Kairo. Der moderne Dorfname, der auch die Ausgrabungsstätte bezeichnet, stammt wahrscheinlich von der alten ägyptischen Ortsgottheit des Gebiets, Sokar.

46 Die Wüstennekropole von Sakkara markiert den westlichen »Horizont der Ewigkeit« des Niltals mit der berühmten Stufenpyramide des Djoser, die sich über der Mitte des Wüstenplateaus erhebt. Aufnahme von den Ruinen des Königspalastes in Memphis aus.

MASTABA: Abgeleitet von einem arabischen Wort, das »Bank« bedeutet. Ein großes Rechteck aus Lehmziegeln, oft mit einer Fassade geschmückt, das den Überbau für die typischen Gräber der frühdynastischen Zeit und des Alten Reiches bildet.

ganze Welt der Gräber, Stelen, Inschriften und Statuen. Was soll ich noch sagen? Am nächsten Tag mietete ich ein paar Maultiere für mein Gepäck, und einen Esel für mich selbst; ich hatte ein Zelt gekauft, ein paar Kisten mit Vorräten, alles, was für eine Reise in die Wüste nötig war, und am 20. Oktober 1850 schlug ich mein Zelt am Fuß der Großen Pyramide auf …[1]

Eine Woche später hatte Mariette sein Quartier einige Kilometer weiter das Niltal hinauf nach Sakkara verlegt, in die beeindruckende Wüstennekropole im Westen der alten pharaonischen Hauptstadt Memphis.

Sakkara flößt dem Besucher auch heute noch große Ehrfurcht ein, nicht so sehr durch die Größe oder Pracht seiner Denkmäler, von denen die meisten nach ägyptischen Maßstäben ziemlich unspektakulär sind, sondern durch die Zeitlosigkeit und Einsamkeit der umliegenden Wüstenlandschaft. Trotz der umfangreichen Grabungen, die seit Mariettes Ankunft in der ganzen Nekropole vorgenommen wurden, hat man immer wieder das Gefühl, daß unter dem Sand und Schutt noch viel mehr zu entdecken ist. Im Laufe der Jahre haben die Ägyptologen Gräber aus allen Epochen der ägyptischen Geschichte freigelegt, von den aus Lehmziegeln gebauten niedrigen »königlichen« MASTABAS der 1. Dynastie[2] bis zu den großen, in den Stein gehauenen Schächten der Saiten- und Perserzeit. Nur zwei der vier riesigen Grabanlagen aus der Zeit der 3. Dynastie, die unter dem Sand der westlichen Wüste in Sakkara entdeckt wurden, sind gründlich untersucht worden, und zwar die des Djoser und die des Sechemchet. Die anderen bewahren ihre Geheimnisse immer noch hartnäckig, und sogar die Namen der Könige, die sie bauten, sind unbekannt. Neun Pyramidengräber der Pharaonen wurden entdeckt und geöffnet, aber es gibt buchstäblich noch Tausende von nichtköniglichen Gräbern, die den

DIE SUCHE NACH APIS

weichen Kalkstein unter dem Sand durchlöchern. Die Dichte der Bestattungen ist erstaunlich; ältere Gräber wurden regelmäßig wieder für spätere Begräbnisse benutzt. Sehr oft legen die Archäologen Grabschächte aus der Zeit des Neuen Reiches frei, die bis oben hin mit Särgen aus der Spätzeit angefüllt sind. In Sakkara gab es mehr Bestattungen als an jedem anderen Ort Ägyptens. Man muß sich vor Augen halten, daß diese Nekropole zum antiken Memphis gehörte, dem Hauptverwaltungszentrum Ägyptens über fast zweitausend Jahre hinweg.

In Sakkara sollte Mariette Anfang des Jahres 1851 eine der wichtigsten Entdeckungen der Ägyptologie machen. Bei seinen Wanderungen zwischen den Grabhügeln und Bodensenken des Ruinenfeldes von Sakkara stieß er auf den Kopf eines Sphinx, der nördlich der Stufenpyramide des Djoser aus dem Sand ragte. Mariette erkannte, daß der Sphinx denjenigen glich, die er in Kairo und Alexandria gesehen hatte, aber hier hatte er das Glück, einen in situ zu finden. Ihm half seine klassische Bildung, die er sich während seiner Schultage am Collège de Boulogne

47 Drei der Serapeums-Sphingen aus der Zeit Nektanebos' I., von Mariette entlang der antiken Allee zum Tempel des Apis gefunden. Heute bewachen sie den großen Treppenaufgang zu den oberen ägyptischen Galerien des Louvre-Museums.

SERAPIS: Gräko-römische Form der ägyptischen Doppelgottheit Usir-Hapu (Osiris-Apis).

PTAH: Stadtgott von Memphis, dargestellt in Menschengestalt mit einer blauen Kappe.

HEB SED: Das Jubiläumsfest des regierenden Königs, bei dem er sich einem rituellen Königsmord unterzieht, dem eine wunderbare Wiedergeburt folgt. Das erste Heb-Sed-Fest eines Königs findet normalerweise in seinem dreißigsten Regierungsjahr statt und wird dann alle drei Jahre wiederholt.

angeeignet hatte, denn sogleich kamen ihm die Worte STRABONS, des augusteischen Geographen und Reisenden, wieder ins Gedächtnis:

Auch ein SERAPISTEMPEL ist dort [in Memphis] an einem sehr sandigen Orte, so daß vom Winde Sandhügel aufgeworfen werden, von denen wir die Sphingen teils bis zum Kopf verschüttet, teils halb bedeckt sahen, woraus man auf die Gefahr schließen konnte, wenn einen zum Tempel Gehenden ein Wirbelwind überfiel.[3]

Sofort heuerte Mariette eine Gruppe von dreißig Dorfbewohnern an, um den Wüstensand wegzuschaffen. Am 1. November 1850 begannen die Arbeiter mit ihren Schaufeln den über Jahrhunderte hinweg angewehten Sand zu entfernen, der den von Strabon beschriebenen Weg zum heiligen Begräbnisfeld der Apisstiere verdeckte.

Der Apisstier war in Ägypten seit alters her verehrt worden, weil der Stier ein mächtiges Symbol der Fruchtbarkeit und Stärke und daher auch des Königtums war. Apis war die physische Verkörperung des PTAH, der Hauptgottheit von Memphis. Aber er war auch eine Manifestation des Nilstromes und des Hapi, des Gottes der Nilschwemme. Der Apisstier nahm am großen HEB-SED-Jubiläum des Königs teil, bei dem er in einem zeremoniellen Lauf neben dem Pharao herlief. Hier repräsentierte er eine der drei lebenden Verkörperungen des ägyptischen Königs in der Tierwelt (neben dem Falken und dem Löwen). Wenn Apis starb, wurde er, wie auch der König, zu Osiris, dem Gott der Toten, und bekam ein prunkvolles Begräbnis in Sakkara. Es konnte immer nur jeweils einen lebenden Apis geben. Nach seinem Tod machten sich die Priester von Memphis auf die Suche nach der

48 Der »Apis-Lauf« der Königin Hatschepsut, dargestellt auf einem Quarzit-Block ihres Jubiläumsschreins in Karnak, heute im Freilichtmuseum Karnak. Die Heb-Sed-Riten gehen auf eine sehr frühe Zeit zurück und beinhalteten Rituale, die die Macht des Pharaos verjüngen sollten.
Der König mußte seine neue Stärke beweisen, indem er bestimmte Kraftproben in einem großen Hof lieferte, der speziell für das Heb Sed aufgebaut wurde. Zu einer dieser Zeremonien gehörte anscheinend auch ein Lauf mit dem Apisstier rund um den Hof.

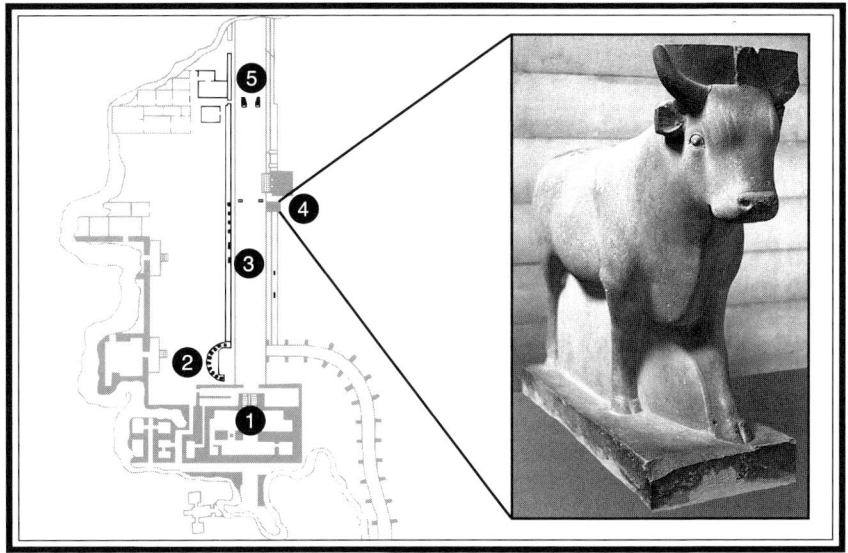

49 Plan des Dromos-Bezirks mit dem Tempel Nektanebos' II. (1), dem Stibadeion (2), dem Dromos (3), der Kammer der Apis-Statue (4) und dem Eingangstor (5), durch das die abschüssige Rampe in die Gewölbe führt.

USCHEBTI: Figurine, meist in Menschengestalt, die dem Verstorbenen mit ins Grab gelegt wird, um ihm im Jenseits zu dienen.

HELLENISTISCHE ZEIT: Von der Eroberung Alexanders im Jahre 332 v. Chr. bis zur römischen Besetzung Ägyptens im Jahre 30 v. Chr.

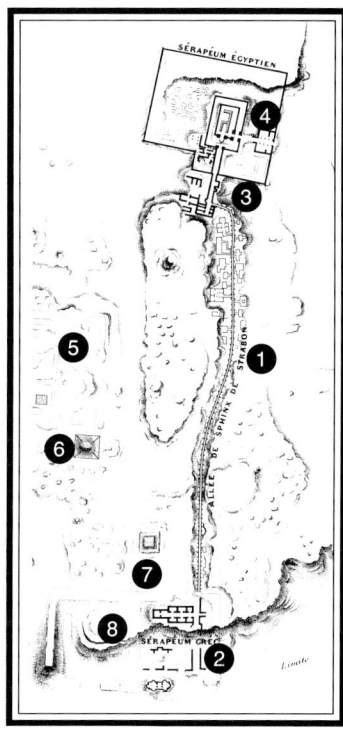

50 Mariettes Karte des Serapeums. Sie zeigt die lange Straße der Sphingen (1), die vom Sakkara-Plateau (2) zum Dromos (3) und dem Tempel des Serapeums (4) führt. Außerdem sind der nördliche Teil des Baukomplexes der Stufenpyramide König Djosers (5), die Pyramiden von Userkaf (6) und Teti (7) und der Bezirk des Anubeions (8) zu sehen.

Reinkarnation des gerade gestorbenen Apis. Sie mußten ein neugeborenes Kalb finden, das besondere Kennzeichen trug, die es als wiedergeborenen Gott auszeichneten: ein umgekehrtes weißes Dreieck auf der Stirn, auf den Schultern weiße Flecken in Form eines Geiers, auf dem Rücken in Form eines Falken, ein buschiger Schwanz und ein wie ein Skarabäus geformter Fleck auf der Zunge. Schließlich wurde das junge Kalb in einem Triumphzug zum »Sitz des Apis« geführt, der im Bezirk des großen Ptah-Tempels in Memphis lag. Während seiner durchschnittlich achtzehn Lebensjahre empfing der Stier, geschmückt, wie es sich für einen ägyptischen Gott gehörte, regelmäßig Bittsteller an seinem »Fenster der Erscheinung«. Wenn er starb, erhielt er ein »königliches« Begräbnis. Die große Totenprozession zog entlang des Wüstenplateaus, das Memphis überragte, zum Serapeum. Dort wurden die sterblichen Überreste des Apis zusammen mit Weihestelen der Beamten und Grabbeigaben wie zum Beispiel USCHEBTI-Figurinen in den unterirdischen Gewölben beigesetzt. Der Apiskult bestand bis in die HELLENISTISCHE ZEIT, dann wurde er zum sehr beliebten Kult des Serapis umgestaltet.

Nach einigen arbeitsreichen Tagen hatte Mariettes kleines Team eine lange Allee mit einhundertvierunddreißig Sphingen aus der Zeit Nektanebos' I. freigelegt, die nach Westen aus dem bebauten Gebiet in die Libysche Wüste hinausführte. Weil er überzeugt war, hier den Prozessionsweg gefunden zu haben, der nach Darstellung der klassischen Texte in das Serapeum führte, drängte Mariette darauf, die Arbeiten fortzuführen, obwohl ihm das Geld ausging. Er wollte sein Ziel erreichen, bevor er gezwungen war, gegenüber seinen Arbeitgebern in Paris Erklärungen über sein Vorgehen abzugeben.

An einem Punkt der Allee fanden sich plötzlich keine Sphingen mehr – anfangs sehr zu Mariettes Enttäuschung. Aber es dauerte nicht lange, bis die Entdeckung eines weiteren Sphinx, der im rechten Winkel zu den anderen stand, die Arbeiter

51 Eines der wenigen Originalfotos von
Mariettes Grabungen am Serapeum 1851.
(1) Gepflasterter Dromos; (2) Stibadeion; (3) Straße der Sphingen (nach
rechts); (4) Kammer der Apis-Statue;
(5) Eingang zu den unterirdischen
Gewölben; (6) Mariettes Haus.

52 Gegenüber (oben): Die große Galerie
der Großen Grüfte kurz nach der Entdek-
kung im Jahre 1851. Stich aus dem Buch
Le Sérapéum de Memphis, veröffentlicht
von Maspero.

53 Gegenüber (unten): Die große Galerie im Jahre 1985.

STIBADEION: ein griechisches Wort mit
der ursprünglichen Bedeutung »runde
Matte«.

DROMOS: Griech. für »gepflasterte
Straße«.

zum sogenannten STIBADEION[4] führte, einem Halbkreis von griechischen Statuen, unter denen sich auch Darstellungen der großen Dichter und Philosophen der hellenistischen Zeit befanden. Hier waren so berühmte Gestalten wie Pindar, Platon, Protagoras und Homer versammelt, um über den Prozessionsweg zum großen Kultzentrum, dem Serapeum, zu wachen. Direkt östlich des Stibadeion legten die Arbeiter bald die Reste eines von Nektanebos II. gebauten Tempels frei, dessen Inschriften zeigten, daß das Gebäude tatsächlich dem Kult des Serapis geweiht war. Jetzt war sich der junge Franzose sicher, daß er der richtigen Spur folgte, und so trieb er die Arbeiter zur Eile an. Als er wieder Richtung Westen graben ließ, kam dort eine andere Straße zum Vorschein, die jedoch gepflastert war und im Norden wie im Süden durch eine niedrige, behauene Mauer begrenzt wurde. Steinstatuen von Tieren, Vögeln und Menschen waren auf den Mauern auf beiden Seiten dieses DROMOS aufgestellt worden, und unter den Pflastersteinen, die Mariette auf der Suche nach dem Eingang in das Serapeum entfernte, fanden sich Hunderte von bronzenen Stierstatuetten. In einer kleinen Kapelle auf der Nordseite des Dromos entdeckte Mariette eine hervorragend gearbeitete lebens-große Statue eines Apiskalbes – ein Meisterwerk aus der Spätzeit der ägyptischen Geschichte (siehe vorige Seite). Die Museumsleitung in Paris hatte inzwischen von den Aktivitäten ihres Angestellten in Sakkara erfahren, aber man war dort so erfreut über die Entdeckungen, daß man überhaupt nicht daran dachte, Mariette

zu tadeln, sondern im Gegenteil weitere dreißigtausend Francs zur Verfügung stellte, um seine Ausgrabungen zu fördern.

Am 12. November 1851, ein Jahr nach Beginn der Ausgrabungen, betrat Auguste Mariette endlich die Grabgewölbe des Serapeums, nachdem er ein Pylon-Tor und eine Umfassungsmauer freigelegt hatte, die die Überreste des eigentlichen Apis-Tempels aus der Spätzeit umschlossen.[5]

Die lange abschüssige Eingangsrampe des Serapeums führte den Ausgräber zu einem großen Tor. Hinter diesem beeindruckenden Portal der heiligen Stiere tat sich vor ihm ein Labyrinth auf, das von Riesen gebaut zu sein schien. Lange unterirdische Galerien mit Tonnengewölben erstreckten sich in die Dunkelheit. Sie führten in Abständen immer wieder zu gewaltigen Grabkammern, die entweder der Länge nach oder aber im rechten Winkel zur Gewölbeachse angeordnet waren. In dem Teil, den Mariette später die »Großen Grüfte« nannte, fanden sich Kam-

54 Ein massiver Granitsarkophag, abgestellt in einer der Hauptgalerien der Großen Grüfte. Stich aus dem Buch *Le Sérapéum de Memphis*, veröffentlicht von Maspero.

DIE SUCHE NACH APIS

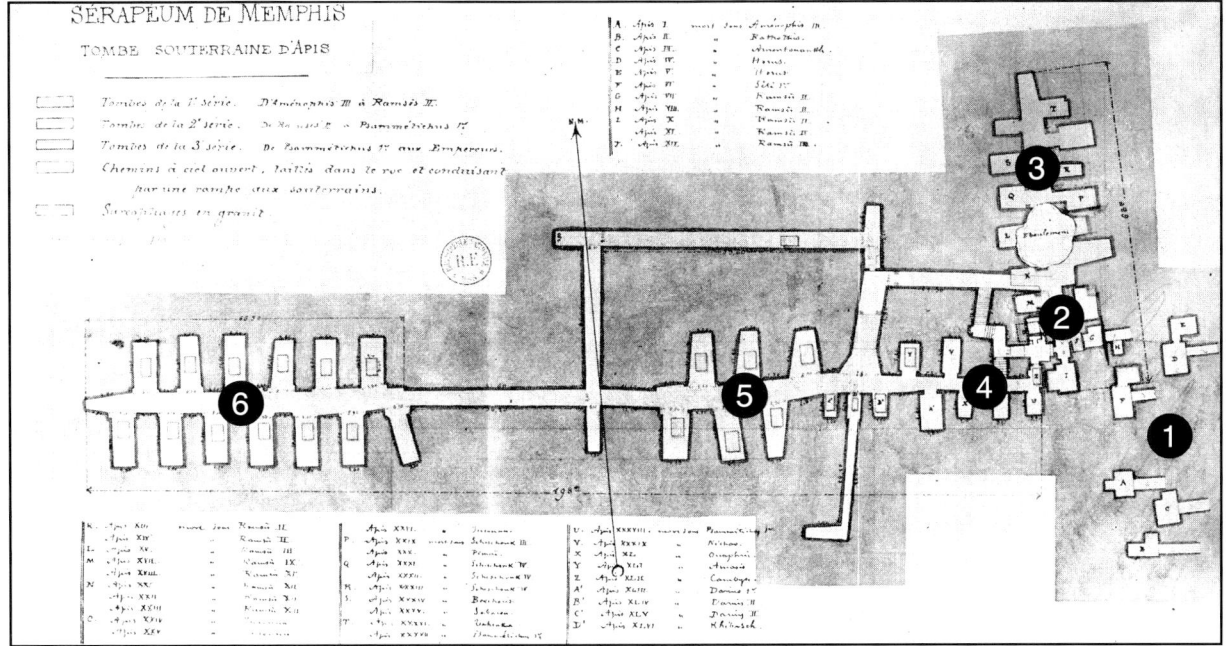

mern mit massiven Granit- oder Basaltsarkophagen, von denen einige bis zu siebzig Tonnen wogen.[6] Alle waren schon in der Antike ausgeraubt worden.

Übriggeblieben waren Hunderte von STELEN, die entweder im Schutt in den Korridoren lagen oder in Wandnischen standen. Diese Votivstelen waren ursprünglich von Priestern des Ptah, von Arbeitern, die die Gräber des Apis ausgehoben hatten, oder von Beamten, die für das Begräbnis des heiligen Stiers zuständig waren, in den Gewölben aufgestellt worden. Manchmal war auch eine königliche Stele in die Wand eingelassen worden, die die Grabkammer des Apis verschloß. Die Spender, die ihre Stelen im Grab des Apis aufstellten, hofften wohl darauf, daß OSIRIS-APIS ihre Bitten und Gebete schon vor ihrer eigenen Reise in die Unterwelt besonders wohlwollend aufnehme. Deshalb wiesen die Stelen Weiheformeln an den Gott auf und waren manchmal nach den Regierungsjahren des Herrschers datiert, in dessen Regierung der jeweilige heilige Stier begraben worden war. Diese Daten liefern den Wissenschaftlern zusätzliche Belege für die chronologische Abfolge und die Regierungsdauer der Pharaonen vom Begräbnis des Apis im 52. Regierungsjahr Psammetichs I. (des ersten Königs der 26. Dynastie) bis zur Regierung Ptolemaios' VII., der von 170 bis 163 v. Chr. und dann, nach einigen Jahren im Exil, wieder von 145 bis 116 v. Chr. herrschte. Die Hinweise, die Mariette von den Stelen der Großen Grüfte ablas, stützten die Datierungen und die Abfolge der Könige, die Manetho, der ägyptische Priester aus der Zeit Ptolemaios' I., festgehalten hatte, und trugen dazu bei, die Geschichte Ägyptens vom Jahr 610 v. Chr. (dem 52. Regierungsjahr Psammetichs) an mit einer Genauigkeit von etwa einem Jahr zu datieren.

Aber Auguste Mariette sollte in diesem denkwürdigen Jahr 1851 noch weitere

STELE: Griech. »stehender Stein«. Bezeichnung für beschriftete Steintafeln. Eine Stele kann nicht nur im Diesseits als Grenzstein dienen, sondern in diesem Kontext auch die Grenze zwischen den Welten der Lebenden und der Toten markieren.

55 Mariettes Originalplan der unterirdischen Gewölbe des Serapeums. Der Komplex kann in sechs große Abteilungen aufgegliedert werden.
1. Die Einzelgräber von Amenophis III. bis Ramses II. (30. Regierungsjahr).
2. Die Abteilung der Ramessiden in den Kleineren Grüften.
3. Die Abteilung der Dritten Zwischenzeit in den Kleineren Grüften.
4. Die Abteilung der 26. Dynastie in den Großen Grüften.
5. Die Abteilung der Spätzeit in den Großen Grüften.
6. Die ptolemäische Abteilung in den Großen Grüften.

OSIRIS-APIS: Der ägyptische Gott der Toten in Gestalt eines heiligen Stiers.

Entdeckungen machen. Am östlichen Ende der Hauptgalerie der Oberen Gewölbe fand er ein weiteres unterirdisches Netz von Galerien und Kammern, das noch früher, von der Mitte der 19. Dynastie an bis zur Dritten Zwischenzeit, entstanden war. Er gab diesem Teil des Serapeums die Bezeichnung »Kleinere Grüfte« und begann am 11. Februar 1852 damit, die Gräber dieser Apisstiere zu räumen.

Wie in den Großen Grüften entdeckte Mariette auch hier zahlreiche geweihte Grabstelen – insgesamt zweihundertachtunddreißig –, aufgestellt in Nischen in den Wänden des von Süden nach Norden führenden Hauptganges oder wahllos zu Haufen gestapelt an seinen beiden Enden; einige besonders interessante Stücke waren in die teilweise versiegelten Trennwände der Gräber selbst eingelassen. Die auf den Stelen dieses Teils der Gewölbe festgehaltenen Daten hätten wahrscheinlich sehr viel zur Klärung der Chronologie der 19. bis 25. Dynastie beitragen können, doch es sollte leider anders kommen. Mangelhafte Ausgrabungstechniken, historische Fehldeutungen und schlichtweg Pech führten zur Entstehung einer bis heute unsicheren Chronologie.

Vom archäologischen Standpunkt aus betrachtet, waren die Ausgrabungen in den Kleineren Grüften beinahe eine Katastrophe. Die Wissenschaft hat heute nur wenige Anhaltspunkte dafür, wie viele Apisbeisetzungen Mariette genau gefunden und über welche Belege er, für seine Zuordnung der einzelnen nach Regierungsjahren datierten Beisetzungen zu den jeweiligen Gräbern, verfügt hat. Solche Informationen wurden nie veröffentlicht, und Mariettes Grabungstagebuch, das dieses wichtige Material enthielt, ist seit über einem Jahrhundert verschwunden (siehe unten). Die Wissenschaftler müssen sich deshalb fast ganz auf Mariettes einfachen Plan des Serapeums (dessen Original in der Bibliothèque Nationale in Paris aufbewahrt wird[7]) verlassen, um die Lage der Apisbeisetzungen und ihre Anordnung festzulegen. Wir können nur hoffen, daß er genau gearbeitet hat.

Es ist eigentlich nicht überraschend, daß die exakte ursprüngliche Lage vieler Funde aus den Kleineren Grüften unklar bleibt. Das Durcheinander, das Mariette empfing, als er in diese früheren Apisgewölbe eindrang, wird in seiner eigenen, sehr lebendigen Beschreibung deutlich:

> Die Wände sind mit Stelen bedeckt, man tritt auf Statuetten in allen Farben, auf Vasen, auf Fragmente hölzerner Sarkophage. All das ist in einer solch furchtbaren Unordnung, daß ich beim ersten Anblick keine Hoffnung hatte, jemals irgend etwas klar zu erkennen.[8]

Die Ausgrabungen in den Kleineren Grüften zogen sich von Februar bis April hin. Eine weitere kurze Grabungsperiode Ende August und September 1852 führte zur Entdeckung einer nahe gelegenen dritten Gruppe einzelner Grabkammern für die Apisstiere, die zwischen der Regierungszeit Amenophis' III. und dem sechzehnten Regierungsjahr Ramses' II. gestorben waren.

Mariette glaubte, das Serapeum jetzt vollständig erforscht zu haben, und wandte

56 Eine der riesigen Kanopen des Apisstiers, der während der Regierung Haremhabs beigesetzt wurde. Louvre, Paris.

sich auf der Suche nach Gräbern anderen Gebieten der Nekropole von Sakkara zu. Er selbst hat nie wieder in den Gewölben der heiligen Stiere gearbeitet. Eine umfangreiche Sammlung von etwa achthundert Stelen wurde in den Louvre transportiert, wo sie sich noch heute befindet. Sie ist immer noch nicht vollständig aufgenommen, aber man ist jetzt dabei, diese Arbeit zu leisten. Die Masse der übrigen vierhundert Stelen wurde im BULAK-MUSEUM in Kairo untergebracht, wo die meisten durch Überschwemmungen beim starken Nilhochwasser von 1878 zerstört wurden. Nur dreißig überstanden die Katastrophe und wurden in die Museen von Kairo und Alexandria gebracht, wo sie auch heute noch zu finden sind.[9] Auguste Mariette legte in seiner langen und glanzvollen Karriere mehr als zwanzig weitere Fundstellen in Ägypten frei. Die ägyptische Regierung ernannte ihn zum Generaldirektor des neu eingerichteten EGYPTIAN ANTIQUITIES SERVICE (EAS) (Verwaltung ägyptischer Altertümer), der die pharaonischen und islamischen Hinterlassenschaften vor Plünderern schützen und der Nachwelt die Funde der Ausgräber bewahren sollte. Mariettes vielleicht größte Leistung aber war die Gründung jenes beeindruckenden Schatzhauses, das heute als Ägyptisches Museum in Kairo bekannt ist. Bis vor kurzem wurde das Serapeum kaum noch einmal genauer untersucht. Während die Großen Grüfte schon kurz nach ihrer Entdeckung für Besucher geöffnet wurden, verdeckte angewehter Sand bald den Eingang in die Kleineren Grüfte und ließ ihn schließlich völlig verschwinden. Deshalb blieb das Innere dieser früheren Begräbnisstätte beinahe so, wie Mariette sie 1852 verlassen hatte. Heute sind Professor Mohamed Ibrahim Aly und sein Archäologenteam vom Supreme Council of Antiquities (der ehemaligen Egyptian Antiquities Organisation) dabei, die Kleineren Grüfte noch einmal auszugraben. Während der ersten beiden Grabungsperioden haben sie schon zahlreiche bedeutende Funde gemacht, darunter weitere dreiundsiebzig Stelen, die Mariettes Arbeiter einfach übersehen hatten.[10]

In diesem Teil des 1852 schon einmal freigelegten Apisgrabes kam das erste unserer archäologischen Rätsel ans Tageslicht – der erste Hinweis darauf, daß irgendein Fehler in der modernen Deutung der ägyptischen Chronologie steckt.

Das Puzzle

Im April 1986 flog ich nach Kairo, weil ich gehört hatte, daß die Egyptian Antiquities Organisation (EAO) dabei war, die Kleineren Grüfte des Serapeums wieder freizulegen. Am Morgen des 15. April stand ich am Rand des Wüstenplateaus in Sakkara und wartete auf den Direktor der dortigen Verwaltung. Der Ausblick nach Osten über das Niltal war überwältigend mit seinem grünen Meer von schlanken Dattelpalmen, das sich bis zu den in weiter Ferne zu sehenden antiken Kalksteinbrüchen von TURA hinzog. Am Tag zuvor hatte ich mit Mohamed Ibrahim Aly telefoniert, und er hatte freundlicherweise zugestimmt, mir die gerade laufenden

BULAK-MUSEUM: Das erste ägyptologische Museum in Kairo; Vorgänger des Ägyptischen Museums.

EAS: Später »Egyptian Antiquities Organisation« (EAO) und heute umbenannt in »Supreme Council of Antiquities«.

TURA: Ein Gebiet etwa 30 Kilometer südlich von Kairo am Ostufer des Nils. Die antiken Steinbrüche dort lieferten den feinsten Kalkstein für die monumentalen Denkmäler Ägyptens. Der von hier stammende Stein ist vor allem berühmt, weil er für die glatte, glänzende Verkleidung verwendet wurde, die einst die Pyramiden von Gise schmückte.

57 Professor Mohamed Ibrahim Aly, Ausgräber des Serapeums und früherer Direktor von Sakkara.

58 Der große Einschnitt, der zum Eingang der Kleineren Grüfte des Serapeums hinunterführt. Sie wurden im 30. Regierungsjahr Ramses' II. (1250 v. Chr.) eingeweiht. Die ersten drei Stufen der ursprünglichen Treppe, die zu diesen früheren Gewölben hinunterführte, kann man oben auf dem Bild erkennen, die übrigen wurden in der Zeit der 26. Dynastie entfernt, um den Zugang zu den neuen Großen Grüften freizumachen, mit deren Bau nach dem 20. Regierungsjahr Psammetichs I. (644 v. Chr.) begonnen worden war. Dieser Eingang liegt in der linken Wand des Einschnitts (von der Kamera aus gesehen), während der Eingang zu den Kleineren Grüften direkt unterhalb des Standpunkts der Kamera ist.

Arbeiten seines Grabungsteams am Serapeum zu zeigen. Die Minuten vergingen, und ich saß auf den Stufen zum schattigen Hof der EAO-Büros und stellte mir vor, was ich in den nächsten Stunden zu sehen bekommen würde. Während meiner mehrjährigen Beschäftigung mit dem Thema war ich zu dem Schluß gekommen, daß die Kleineren Grüfte viele Geheimnisse für sich behalten hatten – Geheimnisse, die über ein Jahrhundert lang geduldig auf die Methoden und die Technologie der modernen Archäologie gewartet hatten.

Gegen acht Uhr erblickte ich am südlichen Horizont einen Jeep, der die Wüstenpiste entlangraste und dabei große Staubwolken in die Luft wirbelte. Das Fahrzeug kam vor den Verwaltungsgebäuden zum Stehen, und ihm entstieg der Direktor von

Sakkara. Nach dem üblichen ägyptischen Begrüßungstee, an den sich zahllose Unterschriften unter verschiedenste Dokumente und Papiere anschlossen, erhob sich Mohamed hinter seinem Schreibtisch und sagte, es sei jetzt Zeit, den Fortgang der morgendlichen Arbeiten in Sakkara zu inspizieren. Da die Ausgrabungen erst kürzlich begonnen hatten und noch nichts veröffentlicht worden war, wurde ich höflich gebeten, meine Fotoapparate im Büro zu lassen, und so habe ich keine Bilder von jenem bemerkenswerten Morgen im April 1986, als ich als erster westlicher Besucher nach Mariette die Kleineren Grüfte der heiligen Apisstiere betrat.

Wir beide, der ägyptische Archäologe und der englische Ägyptologe, gingen an den Überresten von Mariettes Grabungshaus vorbei den Hang hinab und erreichten bald den Rand eines tiefen vertikalen Einschnitts in den Fels der Nekropole von Sakkara. Als ich in diesen Eingang zur Unterwelt hinabschaute, schlug mir ein wahres Inferno entgegen.

In ohrenbetäubendem Lärm und in Staubwolken gehüllt, huschten unzählige Männer in weißen Galabiyas hin und her, SAMBILS voller Sand und Schutt zwischen Nacken und Schulter geklemmt. An einem Ende des engen Hohlwegs sah man ein dunkles rechteckiges Loch – den Eingang zu den lange vergessenen Kleineren Grüften des Apis. Mohamed wies mir den Weg über eine wacklige Leiter, die steil hinab auf den Grund der von Menschen geschaffenen Schlucht führte. Die mit der Überwachung betrauten EAO-Inspektoren eilten aus der Dunkelheit der Gewölbe hervor, um ihren Direktor und seinen Gast zu begrüßen.

Die nächsten beiden Stunden verbrachten wir damit, Mohameds Funde zu begutachten und den Teil der Gewölbe anzuschauen, der schon vom Schutt befreit worden war. Schon auf den ersten dreißig Metern der Hauptgalerie und in den drei ersten freigelegten Kammern waren verschiedene neue Entdeckungen zutage gekommen. Man hatte Zeugnisse für eine bisher nicht belegte Stierbestattung aus der Zeit der 25. Dynastie sowie zahlreiche Votivgaben gefunden, darunter sehr schöne Uschebtis mit Apiskopf. Noch wichtiger ist allerdings die Entdeckung eines verborgenen Eingangs in eine Grabkammer, nach der Mariette gesucht, die er aber nicht gefunden hatte. Man hofft, daß man im Zuge der weiteren Freilegung Licht in Mariettes Funde bringen kann, um so das Problem, auf das ich nun zu sprechen komme, ein für allemal zu lösen.

Chaos und Konfusion

Als Mariette mit den Grabungsarbeiten in Sakkara begann, war er erst Ende Zwanzig und ohne jede archäologische Erfahrung. Damals war die Freilegung von Gräbern und die Aufnahme der Funde in situ noch eine sehr primitive Angelegenheit. Erst im 20. Jahrhundert wurde die Archäologie zu einer anspruchsvolleren exakten Wissenschaft. Ein moderner Ägyptologe, der die Ausgrabungen am Sera-

SAMBILS: Körbe aus dem Gummi alter Autoreifen, die von den Arbeitern benutzt werden, um den Abraum der Grabung zu den Schutthalden zu transportieren.

59 Der geräumte Teil der Kleineren Grüfte nach Norden hin am Ende der Grabungsperiode 1986. Links ist die Eingangstür zu den Gewölben und dahinter der halb freigeräumte Eingang zu Kammer 7 zu sehen. Rechts (im Osten) vom Hauptkorridor sieht man den Eingang zu Kammer 3 mit ihrer originalen Verschlußmauer, die teilweise noch in situ steht. Hinter der Leiter ist der Hauptkorridor wegen der herabgestürzten Decke noch nicht begehbar. Die Bruchsteinmauer haben die Ausgräber errichtet, um zu verhindern, daß der Schutt aus diesem Versturz wieder in den freigeräumten Teil der Kleineren Grüfte rutscht.

peum untersucht, muß deshalb annehmen, daß sich Ungenauigkeiten in den archäologischen Bericht über das Serapeum eingeschlichen haben, der schließlich (postum) in den achtziger Jahren des letzten Jahrhunderts veröffentlicht wurde. Aber leider ist die Lage in Wirklichkeit noch viel konfuser. Mariette, der seine Arbeiten in anderen Teilen Ägyptens fortsetzte, schickte sein unschätzbares Grabungstagebuch, in dem er die im Serapeum gemachten Funde mit ihrer genauen Herkunft verzeichnet hatte, an den Louvre, wo Eugène Grébaut, der spätere Leiter des Ägyptischen Museums in Kairo, es sich 1882 »auslieh«. (Grébaut war später berüchtigt für seinen schroffen Stil und seinen wenig ehrlichen Umgang mit anderen Ägyptologen. 1892 trat er schließlich von der Leitung des Kairoer Museums zurück und kehrte auf seine Professur an der Sorbonne zurück.) Die Ausleihe von Mariettes »Journal des Fouilles« an diesen berüchtigten Gelehrten wurde ein großer Verlust für die Archäologie, denn es tauchte nie wieder auf.[11]

Wie schon erwähnt, wurde der wichtigste archäologische Bericht über das Serapeum erst 1882 veröffentlicht. Gaston Maspero, der neue Leiter der Verwaltung der Ägyptischen Altertümer, stellte ihn nach Mariettes Tod zusammen. Er mußte sein Buch *Le Sérapéum de Memphis* mit Hilfe des vom Entdecker hinterlassenen unvollständigen Manuskripts publizieren – eine undankbare Aufgabe, die die

DIE SUCHE NACH APIS

schon vorhandenen Ungenauigkeiten der von Mariette eingesetzten archäologischen Methoden nur noch verschlimmern konnte.

Erst 1968 erschien schließlich der erste Band eines umfassenden Katalogs der im Serapeum gefundenen Stelen, der die Funde enthält, die der Zeit von der späten 18. bis zur frühen 26. Dynastie zugewiesen werden.[12] Dieser erste Band behandelt die Stelen der Einzelgräber und der Kleineren Grüfte, während die Entdeckungen der Großen Grüfte immer noch einer Veröffentlichung harren. Die Autoren des neuen Katalogs haben viele Stelen anderen Dynastien zugeordnet als Mariette oder Maspero, die sie in der Originalpublikation offensichtlich falsch datiert hatten.[13]

60 Die Apis-Stele Nr. 31 (»Pasenhor-Stele«) ist ein typisches Monument dieser Art. Mariette fand die Stele am Nordende der Gewölbe am 26. Februar 1852. Der Apis, dem die Inschrift geweiht ist, starb im 37. Regierungsjahr König Scheschonks V. (730 v. Chr.), Louvre.

Die Stelen

Der 1968 erschienene *Catalogue des Stèles du Sérapéum de Memphis* enthält Beschreibungen von 251 Stelen. Die ersten 13 davon stammen aus den Einzelgräbern außerhalb der Hauptgewölbe. Von den übrigen 238 können etwa fünfzig Prozent sicher bestimmten Königen zugewiesen werden, und eine noch kleinere Prozentzahl weist genaue Jahreszahlen aus der Regierungszeit jener Herrscher auf. Der Rest der Stelen kann mit Hilfe von Techniken der vergleichenden Analyse in einem größeren Zeitrahmen nur grob datiert werden. Dabei kann der Inhalt der Inschriften und der Stil des Weihetextes gewisse Hinweise darauf geben, wann eine bestimmte Stele gestiftet wurde.[14]

Die Mehrzahl der Stelen hat einen abgerundeten Oberteil, in den eine Szene des Apiskults eingemeißelt oder aufgemalt wurde, je nach Rang und Reichtum des Stifters. In den unteren Teil der Stele wurde der Weihetext geschrieben, der den Stifter und manchmal eine kurze Genealogie nennt. Wie schon erwähnt, verzeichnet ein geringer Teil der wichtigeren Stelen auch den Namen des Königs, das Jahr, in dem der Stier begraben wurde, und in einigen Sonderfällen auch das Datum der INTHRONISATION als heiliges Tier und sein Lebensalter (siehe Abb. gegenüber).[15]

Mit Hilfe der Weihestelen und anderer Fundobjekte wie etwa beschrifteter Krüge können wir eine Liste der Pharaonen erstellen, in deren Regierungszeit Apisbegräbnisse stattfanden. Es scheint also vergleichsweise einfach zu sein, aus dem zusammengetragenen Material eine Chronologie für die Zeit aufzustellen, in der die Kleineren Grüfte genutzt wurden. Freilich, Archäologie und Geschichtsschreibung sind nie so einfach!

Ein bisher nicht erklärbarer Aspekt der Funde in den Kleineren Grüften ist das völlige Fehlen von Stelen aus der Zeit der 21. und der ersten Hälfte der 22. Dynastie. Von den 311 Stelen, die in den Kleineren Grüften gefunden wurden (einschließlich der 73 kürzlich freigelegten), kann nicht eine einzige Inschrift den Königen von Smendes bis Takelot I. zugewiesen werden – ein Zeitraum von wahrscheinlich etwa

INTHRONISATION: Die Erwählung des jungen Apiskalbes als die lebende Verkörperung des Gottes Ptah.

Die typischen chronologischen Angaben von Stelen der Kleineren Grüfte

Die Apis-Stelen 21 und 22 geben folgende historische Informationen wieder:

Stele Nr.

21

Die Stele wurde gestiftet vom Großfürsten der MESCHWESCH Pediese, dem Sohn des Großfürsten der Ma Takelot, dem Sohn des Hohenpriesters, Prinzen und Großen Ersten Fürsten Seiner Majestät *(iry-pat wer tepy en-hemef)* Scheschonk, dem Sohn von König Osorkon merjamun.
Der Tod des Apis-Stiers trat ein im 28. Regierungsjahr von König Usermaatre setepenamun Scheschonk meriamun Si-Bast.
(Das Inthronisationsdatum des Apis-Stiers ist nicht angegeben.)
(Das Todesjahr des Stiers wird auch nicht angegeben.)

Stele Nr.

22

Die Stele wurde gestiftet vom Größten der Handwerker *(wer kherep hemut)*, Setem-Priester im Haus von Ptah *(setem em-per Ptah)*, Großfürst der Meschwesch *(wer aa en-na-Meshwesh)* Pediese, Sohn von (gleicher Titel) Takelot.
(Nach Ansicht der Ägyptologen ist dieser Pediese, der Sohn des Takelot, der Großfürst der Meschwesch, der die Stele 21 gestiftet hat.)
Dieser Apis wurde im 28. Regierungsjahr von König Usermaatre setepenre Scheschonk meriamun nach dem Tod seines Vorgängers (der in Stele Nr. 21 aufgezeichnet wurde) inthronisiert. (Die Epitheta »setepenamun« und »setepenre« können in dieser Zeit ausgetauscht werden; die Hinzufügung von »Si-Bast« in Scheschonks KARTUSCHE ist scheinbar willkürlich; zweifellos handelt es sich hier um denselben König, der normalerweise Scheschonk III. genannt wird.)
Der Apis starb im 2. Regierungsjahr von König Usermaatre setepenamun Pimui im Alter von 26 Jahren.
Aus diesen Informationen können wir schließen, daß Pimui den Thron 25 Jahre nach dem 28. Regierungsjahr von Scheschonk III. bestiegen hat und daß diese Monarchen vier bzw. drei Generationen

Verzeichnis der in den Kleineren Grüften belegten Apis-Bestattungen

Apis-Bestattungen in den Kleineren Grüften, für die es archäologische Zeugnisse gibt

1. Ramses II. (30. Regierungsjahr) – Stele 5
2. Ramses II. (??. Regierungsjahr) – Mariettes Zuschreibung
3. Ramses II. (??. Regierungsjahr) – Mariettes Zuschreibung
4. Ramses II. (55. Regierungsjahr?) – Grafitto in der Kammer K?
5. Ramses II. (??. Regierungsjahr) – Mariettes Zuschreibung
6. Ramses-Siptah (??. Regierungsjahr) – Inschrift auf Tongefäß
7. Ramses III. (??. Regierungsjahr) – Mariettes Zuschreibung
8. Ramses VI. (??. Regierungsjahr) – Inschrift auf Tongefäß
9. Ramses IX. (??. Regierungsjahr) – Inschrift auf Tongefäß
10. Ramses XI. (30. Regierungsjahr) – Mariettes Zuschreibung
11. Ramses XI. (30. Regierungsjahr) – Mariettes Zuschreibung
12. Ramses XI. (30. Regierungsjahr) – Mariettes Zuschreibung
13. Takelot I. (??. Regierungsjahr) – Inschrift auf Sockel (Stele 19)
14. Osorkon II. (23. Regierungsjahr) – Stele 18
15. Scheschonk III. (28. Regierungsjahr) – Stele 21
16. Pimui (2. Regierungsjahr) – Stele 22
17. Scheschonk V. (11. Regierungsjahr) – Stele 27
18. Scheschonk V. (37. Regierungsjahr) – Stele 31
19. Bakenranef (6. Regierungsjahr) – Stele 91
20. Taharka? (4. Regierungsjahr) – Stele 129[17]
21. Taharka (14. Regierungsjahr) – neu entdeckte Stele[18]
22. Taharka (24. Regierungsjahr) – Stele 125
23. Psammetich I. (21. Regierungsjahr) – Stele 192

Insgesamt 23 Bestattungen in 606 Jahren (nach der traditionellen Chronologie).

MESCHWESCH: Ein Stamm von der libyschen Mittelmeerküste.

KARTUSCHE: Das Oval, das den Königsnamen umschließt.

195 Jahren. In einem so langen Zeitraum hätten mindestens zehn oder elf Begräbnisse stattfinden können. (Das Durchschnittsalter der Stiere liegt bei 18 Jahren.[16]) Also sollten wir zahlreiche Stelen oder andere Inschriften mit den Namen der Könige dieser Epoche besitzen – aber bisher wurden noch keine gefunden.

Abgesehen vom völligen Fehlen von Stelen aus der Zeit der 21. Dynastie gibt es einen weiteren Hinweis darauf, daß die Chronologie der Dritten Zwischenzeit problematisch ist. Dieses Problem läßt sich in sechs Punkten zusammenfassen:

1. Die Archäologie der Kleineren Grüfte umfaßt eine Zeitspanne, die mit der Bestattung eines Apis im 13. Regierungsjahr Ramses' II. beginnt, das traditionell auf das Jahr 1250 v. Chr. datiert wird.[19] Sie endet mit dem Begräbnis des Apisstieres, der im 20. Regierungsjahr Psammetichs I. starb. Diese letzte Bestattung, nach der die Kleineren Grüfte geschlossen wurden, datiert man traditionell in das Jahr 664 v. Chr.[20]

2. Die Ausgrabungen in den Kleineren Grüften brachten Belege für höchstens 23 Apis-Bestattungen.

3. Die Lebensdauer eines Apisstieres betrug im Durchschnitt 18 Jahre.

4. Wenn wir die 22 Zeitabschnitte von jeweils 18 Jahren, die zwischen dem Begräbnis des ersten Apis und dem des letzten liegen, miteinander multiplizieren, erhalten wir eine Zahl von 396 Jahren, in denen in den Kleineren Grüften Beisetzungen stattfanden. Diese Zahl basiert auf dem archäologischen Material.

5. In der traditionellen Chronologie dagegen ergibt eine einfache Berechnung (1250 minus 644) der in Frage stehenden Zeitspanne eine Dauer von 606 Jahren.

6. Das ist deutlich länger, als es die unvoreingenommene Interpretation der archäologischen Funde vermuten läßt. Es ergibt sich eine Diskrepanz von 210 Jahren!

61 Eine der Stiftungsstelen für Apis, die Professor Mohamed Ibrahim Aly in den Kleineren Grüften neu entdeckt hat. Die Inschrift ist auf das 37. Regierungsjahr Scheschonks V. datiert. Museum Kairo.

Wie kann es zu so stark voneinander abweichenden Zahlen kommen? Um eine Antwort darauf zu finden, müssen wir uns auf die Könige der 21. und frühen 22. Dynastie konzentrieren, deren Namen, wie oben erwähnt, verdächtigerweise in den archäologischen Zeugnissen aus den Kleineren Grüften fehlen. In letzter Zeit wurden zwei Vorschläge für die Lösung des Rätsels gemacht. Einmal wurde vermutet, daß es Apisbegräbnisse gab, die nach den Regierungen dieser Könige datiert wurden, daß sie aber an einem anderen Ort stattgefunden haben müssen. Meiner Ansicht nach ist dies eine in sich nicht schlüssige Hypothese, wenn man die offensichtliche Kontinuität der Begräbnisse in den Kleineren Grüften bedenkt. Wer diese Hypothese aufstellt, muß greifbare Belege für Begräbnisse liefern, die nach diesen zehn Herrschern datiert sind, und er muß außerdem erklären, warum die Könige seit Osorkon II. wieder auf den Begräbnisplatz in den Kleineren Grüften zurückgegriffen haben, der dann noch mindestens weitere zweihundert Jahre benutzt wurde.[21] Die zweite Erklärung ist sicherlich eher haltbar: Sie beruht auf der Annahme, daß der Begräbniskult tatsächlich in einer politisch instabilen Epoche

Die Kleineren Grüfte des Serapeums

1. Ramses II. (2 Apis-Stiere – nach dem 30. Regierungsjahr)
2. Ramessiden und späte Dritte Zwischenzeit
3. Ramessiden (einschl. Siptah?)
4. Ramses II. (um 55. RJ)
5. Ramses III.
6. Ramses IX. (?)
7. Ramses XI. (3 oder 5 Apis?)
8. Aufgegebener Durchgang?
9. Takelot I. (14. RJ) (?) und Osorkon II. (23. RJ)
10. Scheschonk III. (28. RJ) und Pimui (2. RJ)
11. Scheschonk V. (11. RJ)
12. Scheschonk V. (37. RJ)
13. Bakenranef (6. RJ) und Schabaka (2. RJ?)
14. Taharka (4. RJ) und Taharka (14. RJ)
15. Taharka (24. RJ)
16. Psammetich I. (21. RJ)
17. Tiefer gelegener Raum mit drei nicht identifizierten Apis
18. Psammetich I. (52. RJ) – in den Großen Grüften

Abteilung der Dritten Zwischenzeit in den kleineren Grüften

Eingangsrampe der Großen Grüfte

Große Grüfte

eingestürztes Dach

Grüfte der Ramessiden

62 Plan der Kleineren Grüfte mit Mariettes Lokalisierung der Apis-Bestattungen, bezogen auf die Regierungszeiten der Pharaonen von Ramses II. bis zu Psammetich I.

MUTTER DES APIS: Die Kuh, die den designierten Apisstier gebar. Seit der Spätzeit bekam auch sie ein Ehrenbegräbnis in der Nekropole von Sakkara.

63 Ein Mitglied des Grabungsteams am Eingang zu Kammer (7) über der tiefer liegenden Kammer (17), die noch immer Mariettes drei unberührte (?) Apisbestattungen enthält.

eine Zeitlang aufgegeben wurde. Eine Parallele dazu findet sich vielleicht in den Ergebnissen der Grabungen, die Professor Harry Smith in den Gewölben der MUTTER DES APIS unternahm. Dort wurden für die Jahre zwischen 486 und 393 v. Chr. keine Bestattungen gefunden – ein Zeitraum von 93 Jahren, oder anders gerechnet fünf fehlende Kühe.

Aber können wir nicht vielleicht zu einer besseren Lösung kommen, die sich allein aus der Archäologie des Serapeums ableitet, ohne Ereignisse zu postulieren, für die es keine direkten Belege gibt? Eine solche Lösung könnte sich aus einer seltsamen Entdeckung ergeben, die Mariette in den letzten Monaten seiner Grabung in den Kleineren Grüften machte.

Eine verborgene Kammer

Wie schon erwähnt, scheint Mariette gegen Ende seiner Grabungsarbeiten ein noch tiefer liegendes Gewölbe entdeckt zu haben. Es befand sich neben Kammer 7, die die Apisbestattungen der späten 20. Dynastie enthielt. Mariette mußte seine

82   DIE SUCHE NACH APIS

64 Der eingebrochene Teil der Kleineren Grüfte, der im Moment noch den Zugang zum nördlichen, aus der Dritten Zwischenzeit stammenden Teil der Hauptgalerie versperrt. In Anbetracht der wichtigen Funde, die während der Grabungsperiode von 1986 im Südteil der Gewölbe gemacht wurden, darf davon ausgegangen werden, daß hinter dieser Barriere aus Sand und Schutt viele interessante und vielleicht entscheidende Hinweise auf die Chronologie der Dritten Zwischenzeit zu finden sind.

Versuche, den Boden des tiefer liegenden Gewölbes zu erreichen, wegen der dort herrschenden schlechten Luft und dem ständig nachlaufenden Sand aufgegeben, und bis heute ist es nicht freigelegt worden. Ich lasse hier Mariette selbst zu Wort kommen und die Schwierigkeiten beschreiben, denen er sich gegenübersah:

Bei den Aufräumarbeiten in der Kammer, in der die fünf vorher erwähnten Apisstiere eingeschlossen waren, deuteten bestimmte Hinweise darauf hin, daß es unterhalb der ersten Kammer noch eine zweite geben könnte. Der Boden war an einer Stelle eingesunken und hatte einen Schacht mit einem Hohlraum darunter freigegeben, in den ich hinabstieg. Diese neue Kammer war bis zum Gewölbe gefüllt. Mit einer Kerze in jeder Hand kroch ich vorwärts, mit dem Rücken an der Decke und dem Bauch im Sand. Die Hitze war erdrückend und die Luft so dünn, daß die Kerzen erloschen. Ich mußte zurück und die Erforschung unseres neuen Fundes für diesen Tag beenden. Am nächsten Tag ließ ich den Sand mit Hilfe unserer normalen Grabungsausrüstung durch den vertikalen Schacht entfernen. Wir stellten jedoch schnell fest, daß die Wände, die eigentlich die zerfallenden Gewölbe stützen sollten, auf dem gleichen Sand gebaut waren und das Unternehmen zum Scheitern verurteilt war. Als Ergebnis der Operation konnten wir jedoch festhalten, daß das tiefer liegende Gewölbe mit drei Apisstieren belegt war; ihre Gräber, die mit der gleichen Nachlässigkeit errichtet worden waren wie die in der oberen Kammer, lieferten die einzigen Daten, auf die ich mich stützen kann, wenn ich den Bau dieser Kammer auf eine Zeit nahe dem Apisbegräbnis unter Ramses XIV. [nach heutiger Terminologie Ramses XI.] datiere. Sogar die Tür zur tieferen Kammer bleibt unbekannt. Mit größerem Aufwand und mehr Beharrlichkeit hätten wir vielleicht Ergebnisse erzielt, die den Einsatz gerechtfertigt hätten. Jedenfalls vermute ich, daß die drei neuen Apisstiere zur 21. Dynastie gehören.[22]

Könnte diese verborgene Kammer die Ruhestätte der »fehlenden« Stiere aus der frühen Dritten Zwischenzeit sein, wie Mariette selbst vermutete? Doch auch wenn seine drei Begräbnisse Teil des Apiskultes der frühen Dritten Zwischenzeit gewesen sein sollten, »fehlen« immer noch neun Stiere. Gehören Mariettes drei Stiere zur 21. Dynastie, oder sind sie vielleicht die fehlenden Apisstiere der frühen 22. Dynastie? Das Rätsel kann ganz offensichtlich durch diese faszinierende Entdeckung oder mögliche Entdeckung, um genauer zu sein, nicht vollständig gelöst werden, da die Zuordnung der noch unberührten Apisgräber erst noch auf Mohamed Aly und sein Grabungsteam der EAO wartet. Aber was auch immer dabei herauskommt, es bleibt eine Diskrepanz von wenigstens 160 Jahren zwischen der traditionellen Chronologie und den historischen Schlußfolgerungen, die aus Mariettes Entdeckungen im Serapeum gezogen werden können.

Wenn das die einzige Unstimmigkeit wäre, könnten wir wohl darüber hinweggehen. Doch als ich im Jahre 1986 meine Pilgerfahrt zum Serapeum unternahm, hatten meine sonstigen Forschungen mich schon darauf gebracht, daß es eine unerwartete Lösung für das Rätsel der »fehlenden« Apisstiere gab.

1 Die archäologischen Zeugnisse aus den Kleineren Grüften des Serapeums legen nahe, daß die Dritte Zwischenzeit von den Historikern künstlich verlängert worden ist.

»Damals wurde von einem Grab geflüstert,
das man am Westufer gefunden hatte – ein wunderschönes Grab
mit allen nur erdenklichen Schätzen.«

Amelia Edwards, 1874

2

Das Geheimnis der Pharaonen

Von der Entdeckung des geheimen Königsgrabs durch die Gebrüder Abd er-Rassul gibt es keinen authentischen Bericht aus erster Hand. Die folgende Schilderung greift auf verschiedene Quellen zurück, unter anderem auf die archäologischen Berichte Masperos[1], Kommentare zeitgenössischer Autoren[2], zusammenfassende Darstellungen späterer Wissenschaftler[3] und Gespräche mit den Nachkommen der Familie Abd er-Rassul, die noch immer im Dorf Gurna ansässig ist.

Die Entdeckung

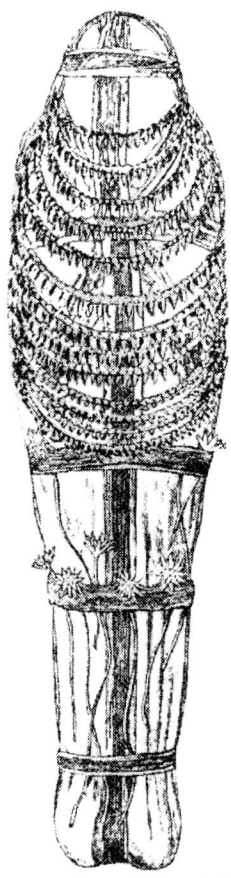

Achmed Abd er-Rassul nahm immer die Abkürzung, wenn er vom Haus seines Vaters – ein großes, aus weißgewaschenen Nilschlammziegeln gebautes Haus in einem Dorf, wo seine Vorfahren schon vor Jahrhunderten lebten – zum Tal der Könige ging. Der anstrengende Aufstieg, der heute AGATHA-CHRISTIE-PFAD genannt wird, ist für Menschen mit Höhenangst nicht zu empfehlen. Wer jedoch klettergewandt ist, gelangt über einen steilen, schmalen Weg südlich von DER EL-BAHRI schnell an die Spitze des Kalksteinhanges, der das BIBAN EL-MULUK, das Tor der Könige, überragt. Der kürzeste Weg zu den Pharaonengräbern auf dem großen Berg MERETSEGER im Westen beginnt hinter der Anhöhe, auf der Schech Abd el-Gurna liegt – ein weißer Kalksteinbuckel, durchlöchert von den Gräbern der Adligen, die Theben während des Neuen Reiches für die ägyptische Krone verwalteten. Achmeds Dorf breitete sich am Fuß dieses Totenhügels aus. Die Häuser standen auf Gräbern, die in den Stein gehauen worden waren und nun als Keller für die Lagerung von Vorräten und »Wertsachen« dienten, von denen viele bei den ursprünglichen Besitzern der Gräber konfisziert worden waren. Unter den ägyptischen Dörfern des 19. Jahrhunderts war diese verschachtelte Ansammlung baufälliger Häuser wohl die beste Bleibe, die sich Grabräuber wünschen konnten.

Achmed war schon oft über den steil am Abgrund entlangführenden Pfad emporgestiegen. An diesem Frühlingsmorgen im Jahre 1871 richtete sich seine Aufmerksamkeit aus irgendeinem Grund auf die schattige Nische, die ein natürlicher Felsenkamin in den Talkessel des Steilabbruchs des Libyschen Wüstengebirges zeichnete. Von seinem hohen Aussichtspunkt auf dem Kamm konnte Achmed den Spalt sehen, der bis zu einem schmalen Sims am Fuß des Kamins hinunterreichte. Er erkannte sofort, daß die Lage ideal war für ein weiteres großartiges Grab, wie es in Theben viele gab – und dieses wartete noch auf seine Entdeckung.

Achmed lief zurück ins Dorf hinunter, um seinen Brüdern zu berichten, was er gesehen hatte. Drei der Rassul-Brüder, Mohamed, Achmed und Hussein, griffen

66 Mumie von Ramses II. wie sie im geheimen Königsgrab gefunden wurde. Die Priester der 21. Dynastie hatten sie wieder eingewickelt.

67 Gegenüber: Sarg der Königin Maatkare. Er wurde in der Bestattungskammer des Hohenpriesters des Amun Pinodjem gefunden. Museum Kairo.

AGATHA-CHRISTIE-PFAD: benannt nach der Publikation ihres Buchs *Rächende Geister*.

DER EL-BAHRI: Großer Talkessel, in dem die Terrassentempel von Mentuhotep II., Hatschepsut und Thutmosis III. liegen. Der alte ägyptische Name war Djoser (»heilig«).

BIBAN EL-MULUK: »Tor der Könige«, d. h. das Tal der Könige.

MERETSEGER: Die Schlangengöttin – »Die die Stille liebt«. Sie ist Beschützerin der königlichen Nekropole in Theben-West, die von den dortigen Bewohnern el-Gurn genannt wird.

68 Das Dorf Schech Abd el-Gurna mit dem Tal des geheimen Königsgrabes (zwischen den beiden hohen Bergausläufern) und dem Talkessel von Der el-Bahri (rechts) am Fuße der westlichen kargen Felsen.

nach Schaufeln, Schilfkörben und einem langen geknoteten Seil und machten sich auf den Weg zu dem einsamen Tal am Fuß des Abhanges. Wenig später waren sie an dem Felsspalt angelangt.

In ein paar Minuten hatten sie den vom Wind angewehten Sand und den Schutt weggeräumt, der den Boden des Loches bedeckte. Der Rand eines in den Fels gehauenen Schachtes wurde sichtbar. Die Brüder brauchten allerdings noch viele Stunden, ehe sie in zwölf Meter Tiefe den Boden des grob herausgearbeiteten Schachtes freigegraben hatten. In der Nordwand fanden sie ein niedriges, versiegeltes Tor, und sobald sie anfingen, die Wand aus Kalksteinblöcken abzutragen, die ihnen den Zugang zum Grab versperrte, entwich aus der Dunkelheit auf der anderen Seite die warme, trockene Luft, die zuletzt die Totenpriester vor fast dreitausend Jahren geatmet hatten.

Nachdem der letzte Steinblock entfernt war, traten die Brüder in einen niedrigen, einen Meter hohen Korridor. Hier standen dicht an dicht hölzerne Särge. Vorsichtig drückten sie sich an vier großen Mumiensärgen vorbei, und während sie sich den Weg ins Unbekannte bahnten, stießen sie mit den Füßen immer wieder kleinere Grabbeigaben um, die, unsichtbar im schwachen Licht, überall verstreut lagen. Nach etwa siebeneinhalb Metern erreichten sie eine Biegung, von der aus der Weg im rechten Winkel in östlicher Richtung in die Dunkelheit führte. Ab hier konnten sie wieder aufrecht stehen. Hussein zündete eine Fackel an, dann drangen sie tiefer in das Grab vor. In diesem zweiten, längeren Korridor kamen sie an weiteren Särgen vorbei, bis sie schließlich eine Treppe erreichten, die steil abwärts führte. Links von diesem Treppenschacht befand sich eine kleine Kammer, die bis zur Decke mit mehr als zwanzig mumienförmigen Särgen zugestellt war, von denen viele die URAEUS-Schlange am Kopfende trugen. Hussein schwang seine Fackel im weiten Bogen über der makabren Szenerie. Die Brüder drängten vorwärts, sie stiegen immer tiefer hinab, gingen einen dritten Korridor am anderen Ende der Stufen entlang und erreichten schließlich eine große Grabkammer. Die Rassuls waren jetzt beinahe achtzig Meter vom Eingang des Grabes entfernt.

Hier fanden sie zehn weitere Mumiensärge, vollgestopft mit allem möglichen Bestattungszubehör. In der Mitte des Raumes lag ein wundervoll bemalter Sarg in Menschengestalt. Achmed hebelte den Deckel vorsichtig auf und legte einen zweiten inneren Sarg frei, der offensichtlich einer Frau gehörte. In ihm befand sich eine kleine, sehr fest gewickelte Mumie, die mit einem ockerfarbenen Leichentuch bedeckt war. Neben dem Leichnam lag eine große, ausgezeichnet erhaltene Papyrusrolle. Mohamed griff nach diesem großartigen Fund und ließ ihn in der tiefen Innentasche seiner schwarzen Galabiya verschwinden.

Die drei Männer machten sich daran, verschiedene andere Särge in der Kammer aufzustemmen und aus jedem die heilige Papyrusrolle zu entfernen. Obwohl sie wußten, daß unter den Hüllen der Mumien weitere Schätze auf sie warteten, hatten

69 Tal des geheimen Königsgrabes. Der von Achmed Abd er-Rassul im Jahre 1871 entdeckte Eingang zum Grab wird durch den Pfeil angezeigt. Der Agatha-Christie-Pfad schlängelt sich am linken Ausläufer zur Spitze des Felsens hoch.

URAEUS: Symbol des Schlangengottes
Wadjet, das an der Stirnseite von Königs-
kronen und sonstigem Kopfschmuck befestigt wurde. Mythologisch gesehen
sollte es den König schützen, indem es
mögliche Angreifer mit Flammen an-
fauchte.

EGYPT EXPLORATION FUND: gemeinsam von Amelia Edwards, Reginald Poole
und Sir Erasmus Wilson 1882 gegründet.

71 Amelia Edwards (1831–1892).

die Brüder Hemmungen, den langen Schlaf der Toten zu stören. Mit der ersten
Beute seiner großen Entdeckung in der Tasche, trat Achmed als erster wieder den
Rückweg an, gefolgt von seinen Brüdern, die sich ebenfalls beeilten, stolpernd und
rutschend diesem furchteinflößenden Ort zu entkommen und in die Welt der
Lebenden zurückzugelangen.

Nur dreiundzwanzig Jahre nach Mariettes aufsehenerregenden Entdeckungen in
Sakkara kam der gelehrten Welt der zweite wichtige Hinweis zur Kenntnis, der bei
unserer Suche eine Rolle spielen wird. Im Frühjahr 1874 unternahm Mrs. Amelia
Edwards, eine Romanautorin, die bald zur treibenden Kraft bei der Gründung des
britischen EGYPT EXPLORATION FUND (später Society) werden sollte, ihre berühmte
Tausend-Meilen-Reise den Nil aufwärts von Alexandria bis zum zweiten Katarakt
in Nubien. Auf dem Weg zu ihrem Ziel im Süden legte sie nur kurze Pausen an den
archäologisch interessanten Stätten ein, aber auf der Rückreise in den Norden
Richtung Mittelmeer ließ sie sich, wie es damals üblich war, mehr Zeit bei der
Erkundung des Nils. Schließlich erreichte sie im März 1874 zum zweitenmal die
Kleinstadt Luxor (die Stätte des antiken Theben), wo sie mehrere Wochen blieb.
Schon wenige Stunden nachdem ihre DAHABIYA vor dem Tempel von Luxor angelegt
hatte, spürte Amelia Edwards die Aufregung und Spannung, die in Luxor unter der
Oberfläche dieser sonst so trägen Stadt am Ostufer des Nils herrschte:

Damals wurde von einem Grab geflüstert, das man am Westufer gefunden
hatte – ein wunderschönes Grab mit allen nur erdenklichen Schätzen. Natürlich hatte keiner diese Schätze mit eigenen Augen gesehen. Niemand wußte,
wer sie gefunden hatte und wo sie versteckt waren. Aber einige Araber hüllten
sich in eine feierliche Verschwiegenheit, ein paar Besucher setzten einen
wissenden Blick auf, und die staatlichen Beamten legten eine aufgeschreckte
Wachsamkeit an den Tag, die gleichsam nach Geheimnis roch.[4]

Während der letzten drei Jahre vor Amelia Edwards' Reise den Nil hinauf waren zahlreiche ungewöhnliche ägyptische Antiquitäten auf den einschlägigen Märkten im Mittleren Osten aufgetaucht, ohne daß man irgend etwas über ihre Herkunft erfahren konnte. Zwei Papyrusrollen bester Qualität, die ursprünglich für das Begräbnis einer Königin der 21. Dynastie namens HENTTAUI hergestellt worden waren, hatte man Mariette bei einem Besuch in Suez verkauft. Mrs. Edwards wurde während ihres Aufenthalts in Luxor eine Papyrusrolle angeboten mit der dazugehörigen Mumie als Zugabe! Tagelang zogen sich die Verhandlungen über die Höhe des Bakschisch für ein solches Reiseandenken hin, bis zwei andere englische Damen auf Nilkreuzfahrt, die Schwestern Brocklehurst, sich einmischten und, wie Mrs. Edwards bitter notiert, »den Papyrus samt der Mumie für eine horrende Summe« kauften. Nachdem die Damen diesen gruseligen Schatz von unbekannten Bewohnern Schech Abd el-Gurnas gekauft und ihn an Bord ihrer Dahabiya verladen hatten, setzten sie Segel Richtung Kairo. Noch vor Ende des Tages begann jedoch die Mumie, die ihr Grab erst vor kurzem verlassen hatte, in der erbarmungslos sengenden Sonne zu verwesen. Und so fand der Leichnam des »Verblichenen« sein bedauernswertes Ende im dicken, schwarzen Schlamm des Stromes an der großen Biegung bei Kena nördlich von Luxor. Mrs. Edwards und ihre Reisegesellschaft mußten sich mit ein paar hübschen, blauglasierten Uschebti-Figurinen und einer Sammlung von Statuetten und Vasen begnügen. Den Inschriften nach gehörten auch diese Kleinodien derselben königlichen Familie aus der 21. Dynastie wie die zwei Papyri der Königin Henttaui.

1876, zwei Jahre nach Amelia Edwards' Rückkehr nach England, gelangte ein Grabpapyrus einer anderen königlichen Dame der 21. Dynastie – der Königin NUDJMET – nach Beirut. Dort, im »Paris des östlichen Mittelmeeres«, bot ein Händler namens Antoun Wardi den Einkäufern der reicheren Museen in Westeuropa Abschnitte der dreißig Meter langen Rolle an. (Heute befinden sich die Stücke im British Museum, im Louvre in Paris und im Ägyptologischen Museum in München.) Im selben Jahr verkaufte Wardi auch einen Papyrus des PINODJEM II., eines HOHENPRIESTERS DES AMUN, an General Archibald Campbell, während gleichzeitig Uschebtis des Hohenpriesters in den Antiquitätengeschäften der europäischen Hauptstädte auftauchten. Ganz offensichtlich hatte jemand heimlich eine wichtige Entdeckung in den Bergen des Westufers bei Luxor gemacht und ein bisher unbekanntes Königsgrab oder sogar eine ganze Reihe von Gräbern freigelegt. Die ägyptische Altertümerverwaltung hielt entschiedenes Handeln für das Gebot der Stunde, um den Schuldigen auf die Spur zu kommen.

Jetzt betreten zwei neue Charaktere die Bühne. Da sich Mariette Paschas Leben seinem Ende näherte, sahen die französischen Diplomaten in Kairo die dringende Notwendigkeit, einen »Kronprinzen« aufzubauen, der die Leitung der Altertümerverwaltung übernehmen sollte, wenn der große Gründervater einmal das Heft aus der Hand geben mußte. Ihre Wahl fiel auf Professor Gaston Maspero vom Collège de France in Paris, der 1881 mit einem Postdampfer im Hafen von Alexandria

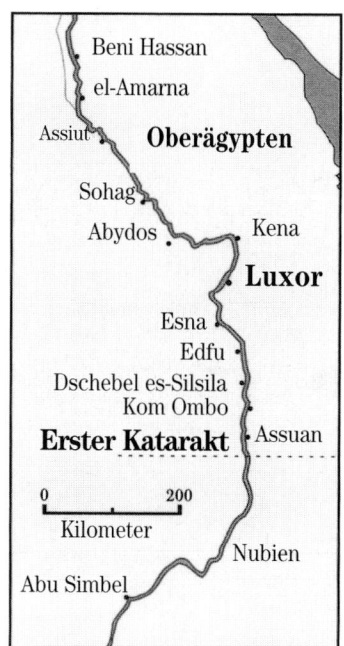

72 Die wichtigsten Städte und archäologischen Fundorte in Oberägypten und in Nubien.

DAHABIYA: Segelboot, das speziell für Reisen auf dem Nil entwickelt wurde. Die Räumlichkeiten waren in der Regel mit allem nötigen Komfort für den westlichen Reisenden ausgestattet.

DUATHATHOR-HENTTAUI: Große Königsgemahlin von Pinodjem I., dem Hohenpriester von Amun, in Karnak. Er ernannte sich selbst zum König von Theben während der ersten Hälfte der 21. Dynastie.

NUDJMET: Frau von Herihor, dem ersten »Priesterkönig« der thebanischen 21. Dynastie.

73 Das Haus des Vizekonsuls Mustafa Aga, das in die große Kolonnade des Tempels von Luxor gebaut worden war. Aufnahme aus dem Jahr 1862. Das Haus steht nicht mehr, nachdem Ende des letzten Jahrhunderts der Tempel ausgegraben wurde.

HOHERPRIESTER DES AMUN, PINODJEM II.: 21. Dynastie, Regierungszeit 990–969 v. Chr.

Emil BRUGSCH: 1827–1894.

ankam, um seinen Posten als Direktor der neu gegründeten École Française du Caire (heute bekannt als das Institut Français d'Archéologie Orientale) anzutreten. Innerhalb weniger Wochen wurde er Vizedirektor der Altertümerverwaltung. In der Zwischenzeit bekam der deutsche Forscher Emil BRUGSCH die Leitung des Ägyptischen Museums im Kairoer Bulak-Viertel übertragen. Mariette, der jetzt mit dem Tode rang, hatte ihn einige Jahre zuvor zu seiner rechten Hand gemacht. In den Wochen nach Masperos Ankunft in Kairo arbeiteten Brugsch und seine Kollegen eine Strategie aus, wie das geheimnisvolle Grab zu finden sei. Ihr Plan sah vor, einen Geheimagenten nach Luxor zu senden. Er sollte Interesse an Schwarzmarktantiquitäten zeigen, die aus der thebanischen Nekropole auf der anderen Seite des Flusses kamen. Für diese gefährliche Aufgabe wählte Brugsch Charles Edwin WILBOUR – einen privatisierenden amerikanischen Geschäftsmann, der damals achtundvierzig Jahre alt war. Der Amerikaner kam am 21. Januar in Luxor an.

Die britische Vizekonsularbehörde in Oberägypten war seit rund vierzig Jahren in den Händen eines Arabers türkischer Abstammung mit Namen Mustafa Aga Ayat. Wilbour hatte schnell herausgefunden, daß dieser beliebte Mann, der in der Umgebung als großzügiger Gastgeber von Ausländern (auch aus Königshäusern) galt, im Zentrum des illegalen Handels mit Antiquitäten stand. Es gab Gerüchte, daß die Schätze aus dem geheimen Grab am westlichen Ufer durch ihn auf den ausländischen Antiquitätenmarkt kamen. Aga konnte aufgrund seines konsularischen Status nicht selbst wegen der illegalen Transaktionen verfolgt werden, doch man konnte die Ägypter, die ihm die Kunstwerke beschafften, festnehmen und verhören – wenn Wilbour bei seinen Geschäften mit Mustafa Aga die Schuldigen erwischen würde.

Schon bald hatte er eine Möglichkeit, sie zu entlarven. Er spazierte durch die

HYPOSTYLEN-HALLE im Tempel von Karnak, als ein einheimischer Dragoman ihn ansprach. Er lud ihn in ein Haus am Westufer ein, wo »er etwas sehen könne, was ihn gewiß interessieren werde«. Am nächsten Tag kam er frühmorgens zu einem großen weißgewaschenen Haus, das auf der Hügelseite von Schech Abd el-Gurna lag. Ein Mann, sehnig und flink wie eine Bergziege – es war der uns schon bekannte Achmed Abd er-Rassul –, begrüßte den Amerikaner und bot ihm nach ägyptischer Tradition zunächst eine Tasse Tee an. Dann holte er aus einem Hinterraum eine Papyrusrolle. Der Spion von der Altertümerverwaltung erkannte sofort, daß er auf einer heißen Spur war, als er den älteren der Rassul-Brüder den Raum betreten sah. Er wußte, daß Mohamed Abd er-Rassul in Mustafa Agas beeindruckender Villa arbeitete, die in die verfallenen Kolonnaden des Tempels von Luxor gebaut war. Das Netz zog sich über den Grabräubern und ihren Komplizen zusammen.

Wilbour schickte ein Telegramm nach Kairo. Maspero, der seit Mariettes Tod am 19. Januar Direktor der Altertümerverwaltung war, machte sich sofort auf in Richtung Süden. Am 3. April kam er mit dem eben ernannten stellvertretenden Kurator des Ägyptischen Museums Emil Brugsch in Luxor an. Wilbour erstattete den beiden ausführlich Bericht, und der zweite Teil des Plans wurde in Angriff genommen. Sie brachten Achmed Abd er-Rassul noch am selben Tag auf den verwaltungseigenen Dampfer »Nimro Hadacher«. Die gründliche Befragung dauerte lange, doch Achmed war Maspero überlegen. Dieser »rechtschaffene Bürger« von Gurna leugnete weiterhin, etwas über das Grab zu wissen, und beteuerte seinen guten Ruf, den er in seinem Heimatdorf und in ganz Luxor habe. Wie konnte ein Ägypter mit tadellosem Ansehen in ein so schändliches Vergehen wie Grabraub verwickelt sein? Die Männer von der Altertümerverwaltung konnten dem gerissenen Rassul kein Ge-

74   Charles Edwin Wilbour (1833–1896).

HYPOSTYLEN-HALLE: Eine Halle mit Säulen, die einen Papyrussumpf symbolisieren, der das Urwasser vom festen Boden trennt. Dahinter steht die Vorstellung des mythologischen Landes, auf dem der Gott seine ersten Schöpfungsakte vollzog.

75   Das »Weiße Haus« – der Familiensitz der Familie Abd er-Rassul. Zur Zeit wohnt in diesem Haus Scheich Hussein (am Eingang sitzend), der Enkel von Mohamed Abd er-Rassul.

76 Der grob gehauene Schacht des
geheimen Königsgrabes.

ständnis entwinden und mußten ihn schließlich laufenlassen. Er kehrte zurück
über den Fluß in die Sicherheit von Gurna.

Einige Tage später wurden Achmed und sein Bruder Hussein jedoch von der
örtlichen Polizei verhaftet und nach Kena gebracht. Dort wurden sie vom Provinz-
gouverneur Daoud Pascha »vernommen«. Diesmal ging es nicht so höflich zu wie
bei der Befragung durch die europäischen Gelehrten. Daouds Männer hatten
andere, weniger subtile Methoden. Stundenlang wurden die Rassuls vom MUDIR
Daoud »mit dessen üblicher Strenge« eindringlich befragt. Dabei wurde auch die
BASTONADE angewendet. Doch die Brüder gaben ihr Geheimnis immer noch nicht
preis. Achmed und Hussein, der durch die Folter eine Verkrüppelung davontrug,
wurden zwei Monate lang ins Gefängnis gesteckt. Auf das inständige Bitten der
Dorfältesten wurden sie schließlich freigelassen. (Später zeigte sich, daß die
Rassuls mit ihren Einkünften aus dem Grabraub viele Familien in Gurna unter-
stützt hatten – durch ihre Großzügigkeit waren sie zu Helden geworden.)

Einige Wochen vergingen, doch obwohl eine Verurteilung verhindert werden konnte, standen die Dinge für die Familie Rassul nicht gut. Wie für eng miteinander
verbundene fellachische Gemeinschaften üblich, spielte das Bedürfnis »Gesicht zu
wahren« vor allem unter den älteren Männern der Sippe eine wichtige Rolle.

DAS GEHEIMNIS DER PHARAONEN

Achmed war nach seiner triumphalen Rückkehr nach Gurna der Ansicht, daß ihm und seinem jüngeren Bruder für das Leiden, das sie durch die Behörden in Kena hatten erdulden müssen, eine Entschädigung zustehe. Da das Oberhaupt der Familie, Mohamed, ungeschoren davongekommen war, war es nach Achmeds Auffassung nur recht und billig, ihm und Hussein als Ausgleich einen größeren Anteil an dem Diebesgut zuzugestehen. Zwischen den fünf Brüdern entstand ein wilder und lang andauernder Streit, bei dem das ganze Dorf in Aufruhr geriet.

Anfang Juni kehrte Maspero nach Paris zurück, während Brugsch in Kairo blieb. In dieser Zeit ging Mohamed Abd er-Rassul heimlich zu Daoud Pascha in Kena und plauderte alles aus: Er gestand offen ein, daß seine Familie in die illegalen Geschäfte mit Mustafa Aga verwickelt war. Sein Ansehen im Dorf wahrte er dadurch, daß er ein Versprechen erwirkte: Er würde der Bestrafung entgehen, wenn er die Behörden zum Ort des geheimen Königsgrabes führen würde. (Später erhielt die Familie von der ägyptischen Altertümerverwaltung zum Dank für Mohameds Hilfe sogar fünfhundert Pfund Sterling.) Schließlich wurde die Wahrheit, oder zumindest ein Teil, über die Entdeckung des Grabes offenbart – zunächst der Behörde in Kena, dann erhielt Brugsch in Kairo ein Telegramm. Dieser kam mit zwei Kollegen – Madame Thadeos Matafian und Achmed Effendi KAMAL – am 4. Juni in Luxor an. Zwei Tage später, am 6. Juni 1881, brachte der einstige Grabschänder Mohamed den deutschen Gelehrten Brugsch und seine Begleiter mit dem WEKIL des Gouverneurs zu dem einsamen Ort südlich von Der el-Bahri. Brugsch wurde mit einem Seil in den Schacht hinuntergelassen und schickte sich an, die Entdeckung seines Lebens zu machen.

> Für mich war es erregend, den Pharao zu finden. Gewiß, ich war bis an die Zähne bewaffnet, und meine treue Flinte hing mir geladen über der Schulter. Doch ich konnte nur meinem Kairoer Assistenten Achmed Effendi Kamal trauen. Die Einheimischen hätten mich liebend gern beseitigt, wenn wir allein gewesen wären; schließlich wußten alle nur zu gut, daß ich sie ihrer sicheren Einkommensquelle berauben würde. Doch ich zeigte keine Anzeichen von Furcht und ließ mich in meinem Tun nicht beirren. Nachdem der Schacht geräumt war, begab ich mich hinunter und begann mit der Erforschung des unterirdischen Ganges.[5]

Der erste, der nach fast dreitausend Jahren in der Lage war, die Bewohner dieser Galerie zu identifizieren, tastete sich an die vier Särge im niedrigen Eingangsbereich heran. Immer wieder blieb er im Halbdunkeln stehen, um die schwungvolle Hieroglyphenschrift zu entziffern, die mit schwarzer Tinte auf die Sargdeckel geschrieben war. Einen Meter vom Eingang entfernt sah er einen großen, weißgewaschenen anthropoiden Sarg eines Priesters mit Namen Nebseni; dann einen noch größeren Mumiensarg, der »an den Stil der 17. Dynastie erinnerte« (der weibliche Leichnam wurde später als Königin Inhapi identifiziert). Danach kam

BASTONADE: Prozedur, bei der die nackten Fußsohlen mit einem Stock geschlagen werden.

KAMAL: 1849–1923.

WEKIL: Arab. für »Stellvertreter«.

MUDIR: Arab. für »Chef« oder »Anführer«.

77 Die Mumie eines unbekannten Mannes, die sich im Sarg von Nebseni befand. Dieser Sarg wurde als letzter im geheimen Königsgrab bestattet. Museum Kairo.

der Sarg der Königin Henttaui. Nun fiel Brugschs Blick auf das freundlich lächeln-
de Antlitz, das in den vierten Sarg geschnitzt war. Er entzifferte die Kartusche, die
direkt unter den gefalteten Armen gezeichnet war. In den deutlichen schwarzen
Hieroglyphen – die innerhalb von zwei Ovalen oberhalb des alten ägyptischen
Zeichens für Gold standen – las er den Namen des Leichnams im vierten Sarg:
»König Menmaatre Sethos merenptah.«
Die Bedeutung dieses Augenblicks wurde dem bescheidenen deutschen Gelehrten
schlagartig bewußt. Welche Gunst war ihm zuteil geworden! Ausgerechnet er war
der erste Ägyptologe, der die sterblichen Überreste von König Sethos I. entdeckte,
einer der größten Kriegspharaonen des Neuen Reiches, Erbauer des wunderbaren
Totentempels von Abydos und Vater von »Ramses dem Großen«, dem biblischen
Pharao der Bedrückung und des Exodus.
Brugsch und Achmed Kamal drangen weiter in das Grab vor; in einem kleinen
Raum neben dem Treppenschacht stießen sie bald auf etwas Außergewöhnliches.
Der Bericht, den Brugsch von diesem denkwürdigen Tag in dem geheimen Königs-
grab anfertigte, läßt immer noch seine Erregung spüren.

> Bald stießen wir auf Särge mit Grabbeigaben aus Porzellan, Gefäßen aus Metall
> und Alabaster, Stoffen und unbedeutenderen Schmuckstücken. Dann machte
> der Korridor einen Bogen, und wir erblickten Mumiensärge in bisher nicht
> gekannter Zahl. Als sich meine Verblüffung gelegt hatte, machte ich mich an
> die Untersuchung, so gut das im Flackerschein meiner Fackel möglich war.
> Diese Särge enthielten die Mumien von königlichen Männern und Frauen. Und
> das war noch nicht alles. Ich eilte meinem Begleiter davon und kam in eine
> weitere Kammer – und dort fand ich, an die Wände gelehnt oder auf dem Boden
> abgesetzt, eine noch größere Anzahl von Särgen von außergewöhnlicher Größe
> und enormem Gewicht. Auf ihrer goldüberzogenen, polierten Oberfläche spie-
> gelte sich so deutlich mein erregtes Gesicht wider, daß es mir schien, als schaue
> ich meinen eigenen Vorfahren ins Angesicht. Das goldene Antlitz auf dem Sarg
> der liebenswürdigen Königin Nefertari schien mich wie eine alte Bekannte
> anzulächeln.

Die Grabkammer bot einigen der mächtigsten Könige und Königinnen der Alten
Welt Schutz. Hier waren die sterblichen Überreste von Pharao Ahmose – der die
verhaßten fremdländischen Hyksosherrscher der 15. Dynastie vertrieb und das
Neue Reich begründete. Neben ihm der vergöttlichte Amenophis I., der Schutzheilige der königlichen Nekropole, der von den Ägyptern nach seinem Tod als Gott
verehrt wurde. Hier lag auch Thutmosis III. – der Napoleon des pharaonischen
Ägyptens – und schließlich Ramses II., der Herrscher der Herrscher, der legendäre
König und Eroberer. Brugsch beleuchtete mit seiner Fackel ein Etikett nach dem
anderen. Achmed Kamal notierte in seinem Notizbuch alle Namen: König Sekenenre Taa-ken, die großen Königinnen der 18. Dynastie Ahhotep und Ahmose-Nefer-

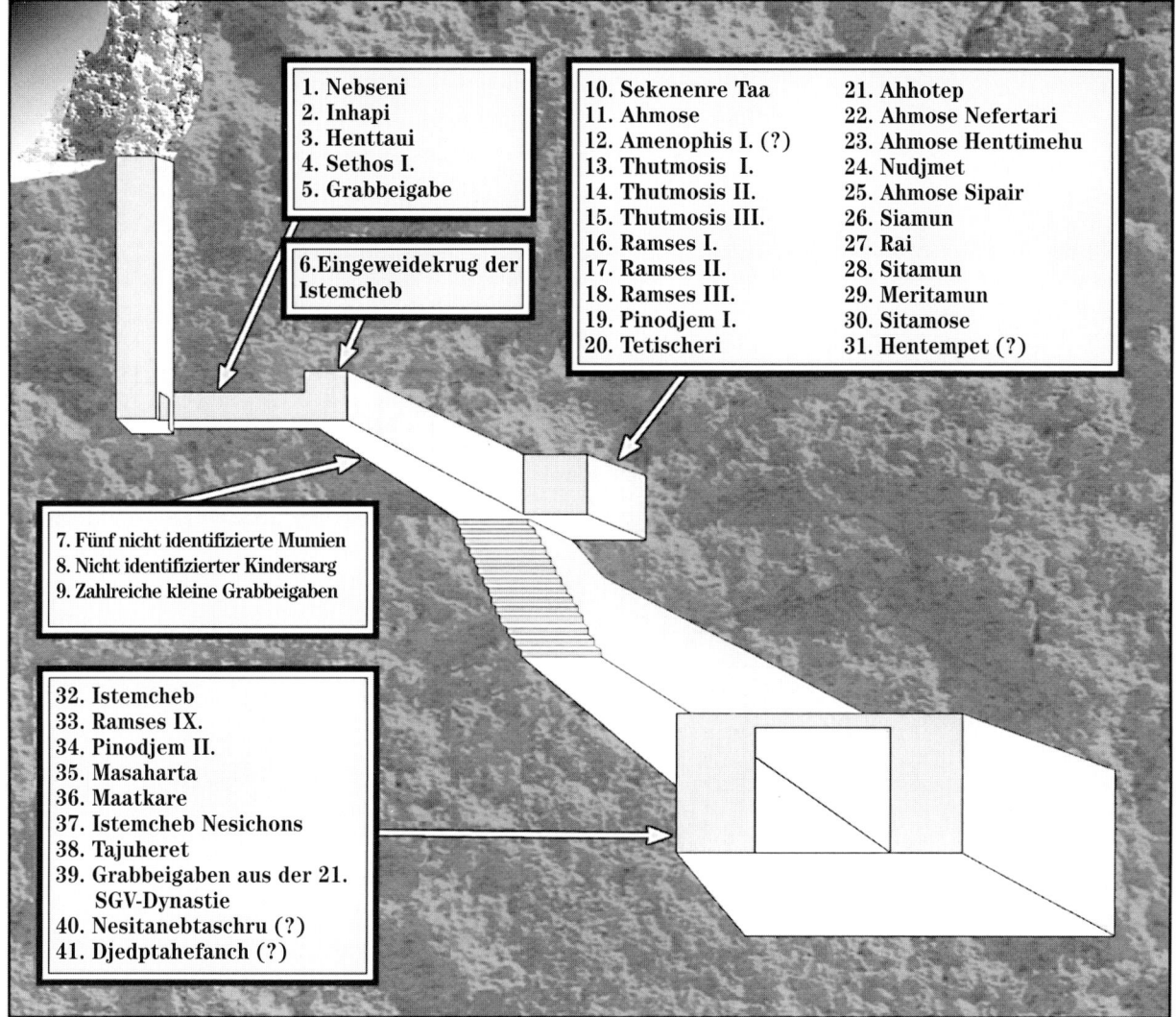

1. Nebseni
2. Inhapi
3. Henttaui
4. Sethos I.
5. Grabbeigabe

6.Eingeweidekrug der Istemcheb

10. Sekenenre Taa
11. Ahmose
12. Amenophis I. (?)
13. Thutmosis I.
14. Thutmosis II.
15. Thutmosis III.
16. Ramses I.
17. Ramses II.
18. Ramses III.
19. Pinodjem I.
20. Tetischeri

21. Ahhotep
22. Ahmose Nefertari
23. Ahmose Henttimehu
24. Nudjmet
25. Ahmose Sipair
26. Siamun
27. Rai
28. Sitamun
29. Meritamun
30. Sitamose
31. Hentempet (?)

7. Fünf nicht identifizierte Mumien
8. Nicht identifizierter Kindersarg
9. Zahlreiche kleine Grabbeigaben

32. Istemcheb
33. Ramses IX.
34. Pinodjem II.
35. Masaharta
36. Maatkare
37. Istemcheb Nesichons
38. Tajuheret
39. Grabbeigaben aus der 21.
    SGV-Dynastie
40. Nesitanebtaschru (?)
41. Djedptahefanch (?)

tari, Prinz Siamun, die Pharaonen Thutmosis I., Thutmosis II., Ramses I., Ramses III. und Pinodjem I. – alle warteten sie geduldig auf ihre Wiedergeburt in der Moderne.

Brugsch überfiel ein Schauder, gegen den er sich nicht zu wehren vermochte. Er hastete kopflos zum Eingangsschacht zurück und schnappte nach Luft. Erst nach einer halben Stunde und nachdem er viel kaltes Wasser getrunken hatte, konnte er sich wieder an die Arbeit machen. Gemeinsam mit seinem Assistenten überwand er die Hindernisse im Eingangsbereich ein zweites Mal und drang nun noch tiefer ins Grab vor. Sie gingen an dem kleinen Nebenraum vorbei und kamen in die Hauptgrabkammer. Hier sahen sie, wie die Rassuls bei ihren Besuchen im Königsgrab gewütet hatten. Schnell entdeckten sie in dieser großen Kammer die Mumien und Grabbeigaben der Familie des Hohenpriesters des Amun Pinodjem II. und die

78 Isometrische Darstellung des geheimen Königsgrabes nach einer Beschreibung von TT 320. Die lokale Zuordnung der Mumien ist spekulativ, doch sie basiert auf Berichten von Zeitgenossen.

79 Die noch nicht ausgewickelte Mumie von Amenophis I.

REIS: Arab. für »Chef« – in diesem Fall der Lotse eines Nildampfers.

80 Der geweißte Sarg von Sethos I. Museum Kairo.

Mumien der Hofdamen Istemcheb, Maatkare und Istemcheb-Nesychons, von Ramses IX. und den Hohenpriestern Masaharta und Pinodjem II. selbst. Nach zwei Stunden hatten die Ägyptologen ihre erste, oberflächliche Untersuchung beendet und kehrten wieder ans Tageslicht zurück.

Nun kam es darauf an, das Königsgrab so schnell wie möglich zu räumen, bevor die Bewohner von Gurna womöglich wieder Mut faßten und sich gegen die Wegnahme ihres Erbes wehrten. Brugsch bewachte die Nacht über mit einigen Polizisten den Eingang zum Grab. Ein Laufbursche wurde losgeschickt, um in Luxor Hilfe zu holen. Am nächsten Morgen kam REIS Mohamed, der nubische Lotse vom Dampfer des Museums, mit Madame Matafian zum Versteck; Daouds Männer rekrutierten dreihundert verärgerte männliche Bewohner von Schech Abd el-Gurna für künftige Hilfeleistungen.

Reis Mohamed wurde nach unten in den Schacht geschickt, damit er den Abtransport der Särge überwachte. Brugsch und seine Mitarbeiter zeichneten die Funde auf, als sie aus der Unterwelt hinauf ans Tageslicht kamen. Unten im Tal, auf flachem Grund, wurden sie alle aufgestellt und identifiziert. Dann wurden sie in Segeltuch eingewickelt und von den Zwangsrekrutierten auf Schultern zum Nil getragen. (Einige Särge waren so groß und schwer, daß es ein Dutzend Männer brauchte, um sie anzuheben.) Der Transport der Särge und Sarkophage dauerte achtundvierzig Stunden, und es wurde Tag und Nacht durchgearbeitet.

Am 15. Juni lief das Schiff des Museums mit seiner königlichen Fracht Richtung Kairo aus. Während der Raddampfer sich gemächlich Richtung Norden bewegte, säumten schwarze Gestalten die Ufer des großen Stromes – wehklagende Frauen, die sich die Haare rauften, und Männer, die mit ihren Gewehren in die Luft schossen: Die ägyptischen Fellachen gaben den Königen und Königinnen, die vor vielen Generationen ihre Vorfahren regiert hatten, das letzte Geleit.

Maspero kehrte einige Monate später nach Ägypten zurück und besichtigte das inzwischen leergeräumte Königsgrab. Bei dieser Gelegenheit enstand dort vor dem Felsspalt über dem Schacht ein offizielles Foto von ihm, Brugsch und den drei Rassul-Brüdern; zuvor waren sie in den Grabkammern gewesen. Am nächsten Tag wurde Mohamed Rassul zum Aufseher über die Ausgrabungen der Altertümerverwaltung in der Nekropole von Theben ernannt; er konnte seine Vorgesetzten gebührend zufriedenstellen, als er (im Jahre 1891) innerhalb des Der-el-Bahri-Tempels der Königin Hatschepsut ein weiteres großes Versteck mit Mumien (aus der Zeit der thebanischen Priester) entdeckte. Achmed Abd er-Rassul lebte bis zu seinem Tod im Jahre 1918 weiterhin am westlichen Ufer und verdiente damit sein Geld, daß er Touristen seine ungewöhnliche Geschichte erzählte. Mohamed überlebte seinen Bruder; er starb 1926 in ehrwürdigem Alter. Seine Nachkommen leben immer noch in Gurna: die Männer – jetzt mit dem Titel Scheich geehrt – leiten einige baufällige Hotels und Pensionen in der Nähe der Sehenswürdigkeiten. Scheich Hussein Abd er-Rassul, der Inhaber der Ramesseum-Pension, erinnert sich noch daran, wie sein Großvater ihm einen Job als »Korbjunge« bei den Ausgrabungen durch Howard Carter im Tal der Könige beschaffte. Voller Stolz zeigt er ein gerahmtes Foto von sich im Alter von vierzehn, auf dem er eine königliche Kette von Tutanchamun trägt, die 1923 bei der Mumie des jungen Königs gefunden wurde.

81 Scheich Hussein Abd er-Rassul.

Das Puzzle

Mit dem Auswickeln der königlichen Mumien konnte erst im Mai 1886 begonnen werden, doch dann war die Arbeit innerhalb von zwei Monaten beendet. Die Untersuchung wurde von Maspero und dem britischen Anatomen Sir Grafton Elliot Smith – dem größten Mumienspezialisten jener Zeit – geleitet.

Wie schon beschrieben, hatte Brugsch auf einer Reihe von Königssärgen mit Tinte geschriebene Vermerke entdeckt. In der ruhigeren Atmosphäre des Museums fanden die Kuratoren und Konservatoren noch andere Texte, darunter weitere Vermerke auf Särgen und sogar auf den Mumienbinden selbst.

Diese Texte erzählten die Geschichte der Verlegung der königlichen Mumien von ihren früheren Gräbern im Tal der Könige in die zeitweilige Unterbringung im Grab der Königin Inhapi, das sich hoch über dem königlichen Wadi befand. Die Verlegung fand am Tag 17 des Monats IV der Winterzeit im 10. Regierungsjahr des Königs Siamun statt – des fünften Herrschers der 21. Dynastie. Die Leichname blieben drei Tage lang in Inhapis Grab; dann wurden sie am Tag der Bestattung des Hohenpriesters des Amun Pinodjem II. in dessen Grab gebracht. Pinodjem hatte ein in den Fels gehauenes Grab aus der 18. Dynastie erworben, das er zu einer Begräbnisstätte für seine Familie ausgebaut hatte. Bei seinem Tod während der Herrschaft Siamuns lagen dort schon einige Familienmitglieder bestattet.

Die Totenpriester vom Westufer und die Beamten in Karnak auf der anderen Seite des Flusses hatten sich für eine gewagte Strategie entschieden, um die Mumien aus der königlichen Nekropole zu retten. Die »HÄUSER DER EWIGKEIT« waren ständig durch Grabräuber bedroht. Die Priester entwickelten daher während der siebzig Tage dauernden Einbalsamierungszeit ihres verstorbenen Herrn einen raffinierten Plan. Die Bestattung von Pinodjem sollte das Versteck der königlichen Mumien verschleiern. Die gewöhnlichen Bewohner Thebens (auch die potentiellen Grabräuber) hatten sicher das Kommen und Gehen in der westlichen Nekropole bemerkt, doch glaubten sie, all das hänge mit der Bestattung des Hohenpriesters des Amun zusammen. Die Leichname der Pharaonen des Neuen Reiches wurden dann direkt nach dem öffentlichen Begräbnis in den Schacht von Pinodjems Familiengrab abgelassen, die letzten wahrscheinlich mitten in der Nacht. Die Tarnung glückte. Heute wissen wir, daß das geheime Königsgrab fast dreitausend Jahre lang unentdeckt blieb; so wurden die Körper der königlichen Vorfahren Ägyptens für die Ewigkeit gerettet.

Für uns ist an dieser Geschichte wichtig, daß Pinodjems Bestattung im 10. Regie-

HAUS DER EWIGKEIT: *hut neheh* (ägypt.) – königliches Grab, in dem die verstorbenen Monarchen bis in Ewigkeit bleiben sollten.

82 Wiederhergestellte Kopie (durch den Autor) des Originalfotos, das 1891 am geheimen Königsgrab aufgenommen wurde. Das Negativ dieses berühmten Fotos ist schon seit langem verloren, doch eine computergestützte Rekonstruktion ist möglich aufgrund einer Radierung, die damals für die Reproduktion in Zeitungen hergestellt wurde. Maspero sitzt rechts auf dem Felsen, der dunkel gekleidete Brugsch steht am Rand des Schachtes und schaut nach unten. Der vorderste der drei Rassul-Brüder (in weiß) ist Achmed, links von ihm steht Mohamed und rechts Hussein.

rungsjahr von Siamun nach der traditionellen Chronologie auf das Jahr 969 v. Chr. datiert wird und daß die königlichen Mumien gegen Ende der 21. Dynastie in Pinodjems Grab verlegt wurden.

83 Sarg, in den die Priester, die das Verstecken der königlichen Mumien organisierten, den Leichnam von Ramses II. legten. Museum Kairo.

DAS GEHEIMNIS DER PHARAONEN

So weit, so gut. Die Wanderungen der königlichen Mumien können durch die verschiedenen Vermerke, die mit ihrer Wiederbestattung verbunden sind, belegt werden. Doch im Jahre 1886 warf eine Entdeckung alle Erkenntnisse über den Haufen. Während eine unbedeutendere Mumie aus dem königlichen Sammelgrab untersucht wurde – die des Zweiten Propheten des Amun, Djedptahefanch, des Schwiegersohns von Pinodjem II. –, fanden die Museumsmitarbeiter auf der Mumienbinde, in die der Leichnam eingewickelt war, mit Tinte beschriebene Etiketten. Der Haupttext gab an, wann die Leinenbinden hergestellt worden waren:

> Königliches Leinen, das der König von Ober- und Unterägypten, Herr der beiden Länder, Hedjcheperre, Sohn des Re, Herr der Erscheinung, Scheschonk merjamun für seinen Vater Amun (im) Jahre 10 machte.

Auf einem zweiten Schildchen war das 11. Regierungsjahr vermerkt – wahrscheinlich desselben Königs.

Der libysche Pharao Hedjcheperre Scheschonk I. war der Gründer der 22. Dynastie; als sein 11. Regierungsjahr gilt allgemein das Jahr 935 v. Chr. Folglich wurde der Leichnam von Djedptahefanch im 11. Regierungsjahr von König Scheschonk eingewickelt – vierunddreißig Jahre, nachdem das königliche Sammelgrab verschlossen worden war –, denn die Mumie des Zweiten Propheten wurde ja schließlich im

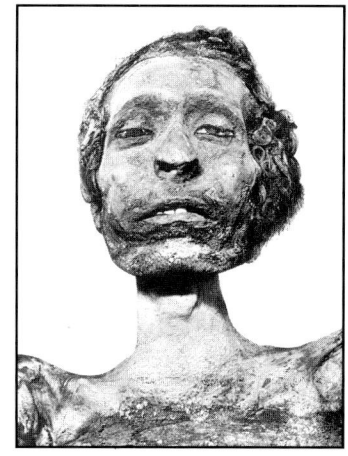

84 Die außergewöhnlich lebensechte Mumie von Djedptahefanch läßt den Schluß zu, daß er mit rund vierzig Jahren gestorben ist. Museum Kairo.

Das Größenproblem

86 Der Eingangskorridor des königlichen Sammelgrabs hat eine Ausdehnung von höchstens 1,15 m × 1,40 m. Der Sarg Sethos' I. ist der größte der vier Särge, die dort stehen; am Fußende ist er mit 0,73 m × 0,82 m am größten. Djedptahefanchs Sarg mißt an der breitesten Stelle 0,65 m × 0,76 m. Die Abbildung zeigt, daß es unmöglich ist, den Sarg von Djedptahefanch durch den ersten Korridor zu tragen, wenn jener von Sethos (und die drei anderen) schon an ihrem Platz stehen. Djedptahefanch muß in dem Grab bestattet worden sein (im 11. Regierungsjahr von Scheschonk I.), bevor die vier Särge am Eingang standen und somit vor dem 10. Regierungsjahr von Siamun, in dem Sethos I. dorthin gebracht wurde.

Sarg	Max. Breite	Max. Höhe	Länge
Nebseni	0,52 m	0,63 m	1,97 m
Inhapi	0,74 m	0,70 m	2,39 m
Henttaui	0,71 m	0,53 m	2,15 m
Sethos I.	0,73 m	0,82 m	2,15 m
Djedptahefanch	0,65 m	0,76 m	1,99 m

Breite des Korridors = 1,15 Meter

Höhe des Koritors = 1,40 Meter

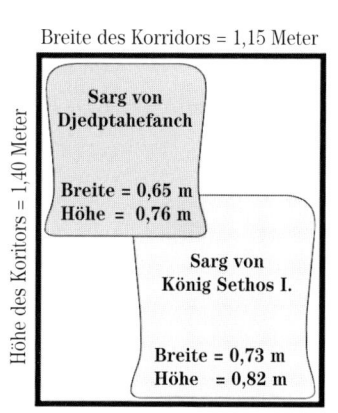

Sarg von Djedptahefanch

Breite = 0,65 m
Höhe = 0,76 m

Sarg von König Sethos I.

Breite = 0,73 m
Höhe = 0,82 m

85 Vermerk auf dem Sarg von Sethos I., der vom 10. Regierungsjahr des Pharao Siamun spricht. Museum Kairo.

Wie Diebe in der Nacht

Während der 21. Dynastie führten die Priester und Beamten des alten Theben umfassende Restaurierungsmaßnahmen an den königlichen Mumien durch, die während der vorangegangenen Jahre im Gefolge von Wirren und Streitereien entweiht worden waren. Zu diesem »frommen« Akt gehörte auch die Verlegung der Mumien von ihren ursprünglichen Grabstätten im Tal der Könige. Einige wurden in den Totentempel von Ramses III. nach Medinet Habu, andere nur bis zum leeren Grab von Ramses IX., das sich im Tal selbst befand, gebracht. An diesen beiden »Werkstätten« wurden alle wertvollen Materialien (Blattgold, Halbedelsteine) zur Wiederverwendung von den Särgen entfernt. Jene Mumien, die von den antiken Grabräubern (im Gegensatz zu diesen amtlichen Plünderern!) entweiht worden waren, reparierte man notdürftig und wickelte sie neu ein. Dann wurden sie wieder im geheimen königlichen Sammelgrab beigesetzt (heute bezeichnet als TT 320). Vermerke auf den Särgen berichten von diesen komplizierten Manövern. Die Notizen auf den Särgen von Ramses I., Sethos I. und Ramses II. waren von besonderem Interesse.

Der damalige Schreiber begann seinen Text auf dem Deckelkasten des Sarges von Ramses II. folgendermaßen:

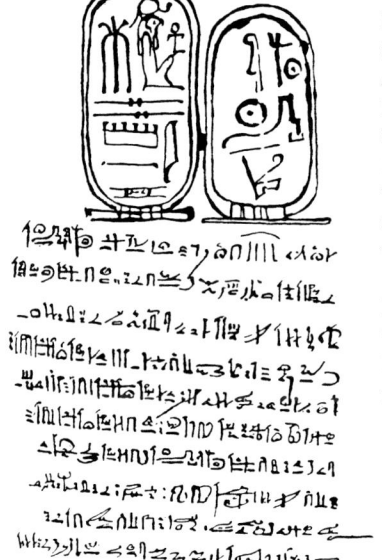

> Jahr 10, 4. (Monat von) Peret, (Tag) 17. Tag, an dem König Usermaatre setepenre, der Große Gott, aus seinem Grab des Königs Menmaatre Seti-mer(en)ptah geholt wurde, auf daß er auf die Anhöhe der Inhapi, welche ein Großer Platz (d. h. ein königliches Grab) ist, gebracht werden kann …

Dann werden die Namen und Titel der Beamten aufgeführt, die an dieser Operation teilnahmen:

1. Anchefenamun (Prophet des Amun-Re), Sohn von Baky;
2. Nesepakaschuti (Gottesvater des Amun-Re, Schreiber, Erster Beamter), Sohn des Bakenchons;
3. Djedchonsefanch (Gottesvater des Amun, Vorsteher des Schatzhauses);
4. Iufenamun (Dritter Prophet des Amun);
5. Wennefer (Gottesvater des Amun), Sohn von Montuemwaset.

87 Hinweis, der mit schwarzer Tinte auf den Sarg von Ramses II. geschrieben wurde.

Nun wird eine Äußerung der Göttin Mut wiedergegeben, durch die wir ein weiteres interessantes Detail über die Lage dieser »Anhöhe der Inhapi« erfahren:

Danach sagte Mut – diejenige, die über den Großen Platz (d. h. das Tal der Könige) herrscht: »Wem es unter meiner Fürsorge gutging, der erlitt auch keinen Schaden, als er aus seinem Grab geholt und auf die Anhöhe der Inhapi gebracht wurde, die ein Großer Platz ist (d. h. ein königliches Grab), wo auch König Amenophis ruht.«

Aus diesem Text erfahren wir, daß Anchefenamun und seine vier Kollegen (denen zweifelsohne eine Reihe von Nekropolenarbeitern halfen) den Leichnam von Ramses II. aus dem Grab seines Vaters Sethos holten. Sie brachten ihn auf den Berg in ein anderes Grab, das unter dem Namen »Anhöhe der Inhapi« bekannt ist (Inhapi ist eine Königin aus der frühen 18. Dynastie, vielleicht die Große Königsgemahlin von König Amenophis I.). In diesem Grab, das hoch über dem Tal der Könige liegt, »ruhte« schon der Körper von Amenophis I. Weitere, fast identische Hinweise, waren auf die Särge von Ramses I. und Sethos I. geschrieben, nur waren bei ihnen die eigenen Kartuschen durch die von Ramses II. ersetzt worden. Alle drei Särge trugen dasselbe Datum: den siebzehnten Tag des vierten Monats der Winterszeit im 10. Regierungsjahr von König Siamun (wobei auf dem Sarg von Sethos der entscheidende Hinweis dafür gegeben wird, unter wessen Herrschaft der Plan durchgeführt wurde). Also wurden die drei Pharaonen der 19. Dynastie – Großvater, Vater und Sohn – an diesem Tag im zehnten Jahr der Herrschaft des fünften Pharaos der 21. Dynastie auf die Anhöhe der Inhapi gebracht. Doch hiermit sind wir noch nicht am Ende. Auf der oberen Sarghälfte von Ramses II. war noch ein weiterer Hinweis:

> Jahr 10, 4. (Monat von) Peret, (Tag) 20. Tag, an dem der Gott an seinen Platz gebracht wurde, damit er im Haus der Ewigkeit, in dem König Amenophis pahatjenamun ist, ruhen kann in Leben, Heil, Gesundheit; geschehen durch den Gottesvater des Amun, Vorsteher des Schatzhauses, Djedchonsefanch; (und) den Gottesvater des Amun, seinen Dritten Propheten, Iufenamun, den Sohn des Nesepakaschuti; (und) den Gottesvater des Amun Wennefer, den Sohn des Montuemwaset; (und) den Gottesvater des Amun …

88 Grafitto, das Gaston Maspero unten am Schacht des geheimen Königsgrabes links von der Tür fand.

Folglich war Ramses am zwanzigsten Tag, also nur zweiundsiebzig Stunden nach der ursprünglichen Verlegung der Mumie in das Grab der Inhapi, wieder unterwegs – diesmal in das Haus der Ewigkeit (d. h. das Grab), »in dem Amenophis (I.) *ist*«. Für diese Vorgänge gibt es nur eine plausible Erklärung: Wenn man davon ausgeht, daß Ramses' Mumie drei Tage zuvor *schon* in die »Anhöhe der Inhapi, wo Amenophis ruht«, gebracht worden war, kann sich dieser Hinweis nicht auf *dasselbe* Grab beziehen. Der Leichnam von Amenophis muß in den dazwischenliegenden Tagen zu einem neuen Versteck gebracht worden sein; die Mumien seiner königlichen Erben Ramses II., Sethos I. und Ramses I. folgten ihm innerhalb von Stunden. Wohin gelangten sie? Die Lösung dieses Rätsels entdeckte Gaston Maspero bei seinem Besuch in Luxor im Jahre 1881. Der Direktor der Altertümerverwaltung bemerkte unten im Schacht des Sammelgrabs am linken Türpfosten des Grabeingangs ein langes Grafitto. Maspero fotografierte die Inschrift und übersetzte sie nach seiner Rückkehr in Kairo[6]:

Jahr 10, 4. (Monat von) Peret, (Tag) 20. Tag der Bestattung von Osiris, dem Hohenpriester des Amun-Re, König der Götter, Großen Vorsteher des Heeres, Kommandanten Pinodjem, (durchgeführt) von dem Gottesvater von Amun, dem Vorsteher des Schatzhauses Djedchonsefanch …

Wieder folgt eine Liste der Beamten, die neben Djedchonsefanch die Bestattung überwachten:

1. Nesepakaschuti (Gottesvater des Amun, Schreiber des Heeres, Erster Aufseher);
2. [Iuf]enamun (Prophet des Amun);
3. Wennefer (Gottesvater des Amun);
4. Bakenmut (Königlicher Schreiber am Platz der Wahrheit);
5. Pediamun (Vorsteher der Arbeiter);
6. Amenmose (Vorsteher der Arbeiter);
7. Pediamun (Gottesvater des Amun, Vorsteher der Geheimnisse), Sohn des Anchefenchons.

89 Etikett auf dem Sargdeckel von Ramses II.

Maspero erkannte, wie wichtig der neue Text für die Datierung der Wiederbestattung der königlichen Mumien war.

Das Datum unten im Schacht des Sammelgrabs (Jahr 10, 4. Monat von Peret, Tag 20) entsprach genau jenem auf dem Etikett des Sarges, wo die Verlegung von Ramses II. an »den Platz, an dem Amenophis ist«, festgehalten wurde.

Zudem hatten dieselben Beamten – Djedchonsefanch, Iufenamun und Wennefer – Dienst, ebenso wie Nesepakaschuti (der für die erste Verlegung Ramses' II. aus dem Grab seines Vaters im Tal der Könige verantwortlich war).

Und außerdem hatte Brugsch Amenophis I., Ramses I., Sethos I. und Ramses II. in den geheimen Grabkammern vorgefunden, die die Rassul-Brüder entdeckt hatten und an deren Eingang der Bestattungstext von Pinodjem niedergeschrieben worden war.

Nun war folgendes klar: Der Hinweis auf einen Transfer, der sich auf dem Sargdeckel von Ramses II. befand und von dem eine Kopie auf Sethos' Sarg war, belegte die Verlegung der frühen Herrscher der 19. Dynastie in das Sammelgrab am Tag der Bestattung des Hohenpriesters Pinodjem II. Die Mumien der anderen Könige und Königinnen des Neuen Reichs wurden in den Tagen unmittelbar vor der Bestattung versteckt. Dann muß das Grab verschlossen worden sein, bis im Jahre 1871 die Brüder Abd er-Rassul die Ruhe der Pharaonen wieder störten. Das zehnte Jahr des König Siamun, in dem das Grab endgültig geschlossen wurde, wird von den Ägyptologen auf das Jahr 969 v. Chr. datiert.

90 Das Grab der Königin Inhapi, in dem die königlichen Mumien auf ihrem Weg vom Tal der Könige zum geheimen Königsgrab zeitweilig gelagert wurden, ist immer noch nicht eindeutig identifiziert worden. Dennoch bestehen zwingende Gründe dafür, daß es sich hierbei um das Grab im Tal der Könige (KV 39) handelt, das am oberen Ende des Tals liegt (1).[7] Erstens wurde in Inhapis Grab auch Amenophis I. bestattet; Papyrus Abbott läßt mehrere Schlüsse über die Lage des Pharaonengrabes zu: (a) es befindet sich nördlich vom »Haus des Amenophis vom Garten«, d. h. eines Tempels von Amenophis, den ich als den Terrassentempel dieses Königs in Der el-Medine identifizieren würde (Amenophis war der Schutzheilige der Siedlung der Arbeiter); (b) das Grab liegt knapp 55 Meter unterhalb seiner *ahay* (ägypt. für »Schranke« oder »Kontrollpunkt«[8]). Meiner Meinung nach handelt es sich hierbei um die »Zwischenstation« am Rücken des Passes, wo der Bergpfad in das königliche Wadi hinabführt (2). Mit großer Wahrscheinlichkeit war dies der Kiosk, an dem die Arbeiter zur Schicht eintrafen und ihre Werkzeuge aufbewahrten (3). Wenn man an dieser Stelle des alten Pfades von der Arbeiterstadt zum Tal der Könige steht, befindet man sich genau nördlich vom Terrassentempel des Amenophis und blickt auf den Eingang des einzigen Grabs im Oberen Tal – KV 39.

Die neuesten Ausgrabungen von Dr. John Rose haben gezeigt, daß KV 39 ein Doppelgrab ist, auf das folglich die Beschreibung des Etiketts über die »Anhöhe der Inhapi, in der Amenophis ruht«, paßt. Dies ist bisher das einzige Grab mit zwei Kammern. Dr. Rose fand auch eine Reihe von kleinen Schmuckplättchen, auf die mit schwarzer Tinte die Kartuschen des Neuen Reiches gezeichnet waren. Sind das Erkennungsetiketten, die einst an den königlichen Särgen hingen und während des nächtlichen Transports in das Sammelgrab auf den Boden von KV 39 gefallen sind?

KV 39 könnte mit großer Wahrscheinlichkeit das verlorene Grab von Amenophis I. sein. Es befindet sich direkt unter der natürlichen Pyramide des Meretseger (4), an der Spitze des Tals der Könige. Aufgrund seiner Bauweise wurde es wohl zu Beginn der 18. Dynastie errichtet, weshalb es sehr wahrscheinlich ist, daß es als erstes Grab in den Fels des Tals der Könige gehauen wurde. Diese Ruhestätte würde gut zu dem König passen, der zum Schutzheiligen der Nekropole Theben wurde und der das großartige Konzept für das Tal der Könige und seine geweihte Gebirgspyramide entwarf.

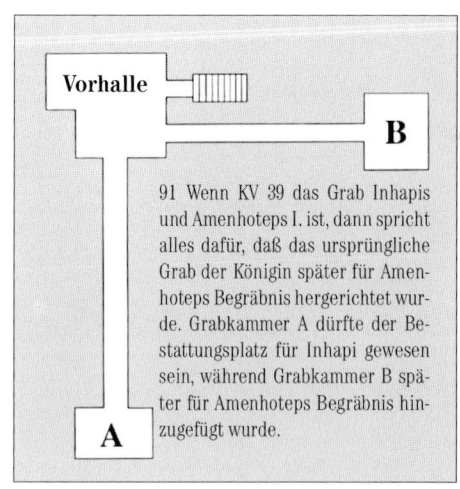

91 Wenn KV 39 das Grab Inhapis und Amenhoteps I. ist, dann spricht alles dafür, daß das ursprüngliche Grab der Königin später für Amenhoteps Begräbnis hergerichtet wurde. Grabkammer A dürfte der Bestattungsplatz für Inhapi gewesen sein, während Grabkammer B später für Amenhoteps Begräbnis hinzugefügt wurde.

92 Gegenüber (oben): Das obere Tal der Könige mit dem Grab KV 39.

93 Gegenüber (unten): Einfacher Plan von KV 39 mit der Lage der doppelten Grabkammer.

Inneren des Grabes gefunden. Wie war das möglich? War das Versteck der großen Pharaonen tatsächlich für die Bestattung eines Tempelbeamten in Karnak geöffnet worden? Das schien recht unwahrscheinlich, doch war es die einzig mögliche Erklärung, die sich den Wissenschaftlern damals bot. Seither wird angenommen, daß das königliche Sammelgrab während der Herrschaft von König Siamun nicht endgültig verschlossen wurde, sondern erst zwei Generationen später in den ersten Jahren der 22. Dynastie. Anderen Erklärungen wurde bisher keine große Aufmerksamkeit geschenkt.

Dabei wurde die ganze Zeit über ein wichtiger Faktor übersehen. Wie konnten die Priester den Sarg von Djedptahefanch durch den verstellten Eingangsbereich tragen, wenn er erst Jahrzehnte nach der Verlegung der königlichen Mumien bestattet wurde? Wie berichtet, standen in dem niedrigen (1,40 Meter) Gang vier Särge, als Brugsch ihn betrat. Auf dem letzten (von Sethos I.) war ein Vermerk angebracht, daß der Leichnam des Königs im 10. Regierungsjahr dorthin gebracht worden war. In Anbetracht der Größe dieser Särge[6] und der Enge im Gang war ein solches Unternehmen nicht durchführbar. Die Träger hätten den Sarg von Djedptahefanch nicht in den hinteren Teil des Grabes bringen können.[10]

Djedptahefanchs Bestattung muß deshalb *vor* der Beisetzung von Sethos I. im 10. Regierungsjahr von Siamun stattgefunden haben. Hierfür drängt sich nur eine wirkliche Erklärung auf: Das 11. Regierungsjahr von Scheschonk I. muß vor dem 10. Regierungsjahr von Siamun gewesen sein.

Die Folgerung aus diesem Argument leuchtet sofort ein. Wenn Siamun der sechste

König der 21. Dynastie und Scheschonk I. der erste König der 22. Dynastie war, dann können die beiden Dynastien nicht so aufeinanderfolgen, wie das laut der üblichen Chronologie für die Dritte Zwischenzeit gewesen sein soll. Die historischen Tatsachen der Bestattungen im geheimen Königsgrab verlangen, daß die beiden Dynastien, zumindest zeitweise, gleichzeitig verliefen.

2 Die Bestattung von Djedptahefanch im geheimen Königsgrab belegt, daß die 21. und 22. Dynastie nicht chronologisch aufeinanderfolgen, wie bisher angenommen, sondern teilweise zeitgleich abliefen.

Im folgenden Kapitel besichtigen wir das Ruinenfeld von San el-Hagar – der alten Stadt Tanis –, dem Zoan aus dem Alten Testament. Die Untersuchungen werden zeigen, daß meine These der historischen Realität entspricht.

95 Der äußere Sarg des Zweiten Propheten von Amun Djedptahefanch. Museum Kairo.

94 Luftaufnahme des Dorfes Schech Abd el-Gurna mit dem Weißen Haus (siehe Pfeil).

96 Gegenüber (oben): Der Talkessel von Der el-Bahri mit den Tempeln von Hatschepsut, Thutmosis III. und Mentuhotep II. Das geheime Königsgrab befindet sich auf der anderen Seite des Kalksteingebirges hinter den Tempeln.

97 Gegenüber (unten): Der Felskessel mit dem geheimen Königsgrab. TT 320 befindet sich unten rechts am äußersten Felseinschnitt, in der tiefsten Schattenpartie.

Farbtafeln

116

Die Königsgräber von San

Die Entdeckung

San el-Hagar – »San der Steine« – ist wohl der einsamste Ort, den man sich vorstellen kann. Von der Hauptstraße nach Ismailia zweigt bei der Provinzhauptstadt FAKUS die Straße ins östliche Delta ab und führt Richtung Norden ans Mittelmeer. Nach rund eineinhalb Stunden Fahrt geht das saftige Grün der Felder des Deltas allmählich in das Graubraun versalzten Ödlands über. Fast ohne daß man es gewahr wird, taucht plötzlich eine lang hingezogene Hügelkette am Horizont auf. Doch diese Hügel sind nicht natürlich; so weit das Auge von der holprigen Teerstraße ostwärts blickt, erstrecken sich die Überreste der einst mächtigen Stadt San – des biblischen ZOAN –, das von den griechischen Schriftstellern, die Ägypten in klassischer und hellenistischer Zeit bereisten, »Tanis« genannt wurde.

Auf mich übt San el-Hagar immer noch eine große Faszination aus. Viele Stunden habe ich an diesem Ort, der in mancher Hinsicht an eine Marslandschaft erinnert, im Staub verbracht und darüber nachgesonnen, was wohl im Boden unter meinen Füßen verborgen liegt. Untersuchungen haben ergeben, daß das alte Tanis nahezu tausend Jahre bewohnt war – vom Beginn der 21. Dynastie (1069 v. Chr.) bis zur Herrschaft des AUGUSTUS. Von da an war die Stadt Wind und Wetter und dem Zahn der Zeit preisgegeben. Rund zwei Jahrtausende lang bevölkerten die Ebene um den

FAKUS: Phacusa (griech.), Pa-Kesan (ägypt.) = »Goschen« aus dem Buch Genesis.

ZOAN: Tsoan (hebr.), Djanet (ägypt.), Tjanni (kopt.).

AUGUSTUS: 30 v. Chr – 14 n. Chr.

98 Die Ruinen des großen Amuntempels von San el-Hagar/Tanis.

PIERRE MONTET: 1885–1966.

BYBLOS: griechischer Name der Hafenstadt Gubla (akkad.), Kepen (ägypt.),
Dschubail (arab.).

99 Bereich des Ersten Pylon im Amuntempel von Tanis mit der königlichen
Nekropole im Vordergrund. Der stehende
Obelisk (1) zeigt, wo einst der Pylon
stand. Links davon befindet sich das
Grab Scheschonks III. (2), die Grab-
komplexe von Psusennes I. (3) und
Osorkon II. (4) sind im Vordergrund in
der Mitte.

ausgedehnten Grabhügel nur Beduinen, die zeitweilig hier siedelten, und umher-
streifende Wildschweinrudel. Die Fellachen, die seit der Mitte des letzten Jahrhunderts nordwestlich des Grabhügels in dem kleinen Dorf San ansässig sind, haben
kein leichtes Leben.

In San empfängt uns eine ganz fremde Welt. Den Besucher umgibt noch immer der
Hauch einer Zeit, die es in anderen Teilen Ägyptens nicht mehr gibt: die Zeit
Napoleons und seines Expeditionskorps, dem neben Soldaten auch Gelehrte und
Künstler angehörten; auch die Zeit der frühen Erkundungsreisen den Nil hinauf,
wie es Amelia Edwards getan hat, oder die heroischen Tage eines Flinders Petrie,
der im Winter 1884 hier einsam und auf eigene Faust Ausgrabungen machte.
Obwohl in Tanis in den letzten eineinhalb Jahrhunderten, seit Mariette hier als
erster 1858 sein Zelt aufschlug, (mit Unterbrechungen) archäologisch gearbeitet
wurde, spürt man noch immer etwas von den romantischen Anfängen der Ägyptologie mit ihren zerbrochenen Obelisken und Kolossalstatuen Ramses' des Großen,
durch die der Betrachter wie durch einen versteinerten Wald schreitet. Hier deutet
noch nichts auf herausgeputzte Sehenswürdigkeiten für Touristen, wie es sonst an
den archäologischen Stätten des Niltals üblich geworden ist.

Nach Mariette kam in den späten 20er Jahren unseres Jahrhunderts ein anderer
französischer Archäologe nach San el-Hagar. Pierre MONTET hatte zuvor nördlich
von Beirut an der Küste des heutigen Libanon die Reste der alten phönizischen
Stadt BYBLOS ausgegraben. Sein Archäologenteam hatte zwischen 1921 und 1924
dort Entdeckungen gemacht, die auf enge politische und kulturelle Verbindungen

zwischen Ägypten und den Herrschern von Byblos während des späten Alten Reichs und des Mittleren Reichs schließen ließen.

Montet (damals Professor an der Universität Straßburg) war nach San el-Hagar im östlichen Nildelta gekommen, weil er hoffte, in den weitläufigen Resten des alten Tanis archäologische Zeugnisse für die Beziehungen zwischen der Levante und Ägypten zu finden. Dies hätte seine Funde aus dem Byblos der MITTLEREN BRONZE-ZEIT bestätigen und bereichern können.[1] Tatsächlich wurden seine Ausgrabungen eine ägyptologische Sensation – allerdings für eine ganz andere Epoche.

Montet machte sich zusammen mit seiner Frau und vier Kollegen im Winter 1929 in Tanis an die Arbeit. In den folgenden zehn Jahren legten die Franzosen, unterstützt von zahlreichen Arbeitern aus dem Dorf San, den Haupttempel von Tanis frei, der dem Gott AMUN geweiht war. Im Jahr 1939, am Vorabend des Zweiten Weltkriegs, war es dann soweit: In der südwestlichen Ecke der großen Einfriedungsmauer, hinter der der heilige Bezirk des Amun lag, legten Arbeiter am 25. Februar ein »Pflaster« aus mächtigen Sandsteinen frei. Schlug man mit einem Stock darauf, gab es ein dumpfes Geräusch, was auf einen darunterliegenden Hohlraum schließen ließ. Nach zwei Tagen Räumarbeit konnte Montet das Grab des Königs Osorkon II. (Grab I) betreten:

Genau um zwei Uhr hatte ich die Erde und Steine, die den Eingang versperrten,

100 Der wichtigste Bereich der königlichen Nekropole (abgesehen von dem Grab Scheschonks III., das sich weiter links befindet): (1) Grab I von Osorkon II., (2) Grab II von Pimui, (3) Grab III von Psusennes I., (4) Grab IV von Amenemope, (5) Grab VI, unbekannter Leichnam, (6) südwestliche Ecke des Ersten Hofes des Amuntempels, (7) zentraler Bereich des Tempels.

MITTLERE BRONZEZEIT: Von der zweiten Hälfte der 11. Dynastie bis zum Beginn der 18. Dynastie, ungefähr 2000–1550 v. Chr.

AMUN: »Der Verborgene«, Reichsgott des Neuen Reiches, dessen wichtigstes Kultzentrum in Theben war.

101 Die Hauptkammer des Grabes I mit dem mächtigen Granitsarkophag Osorkons II., der fast den ganzen Raum ausfüllt.

102 Deckel des Granitsarkophags von Harnacht. Damit der Sarg in den auf der Westseite noch verbliebenen Raum in der Grabkammer seines Vaters paßte, wurden die ursprünglich vorhandenen Füße weggemeißelt.

weggeräumt und ging nun hinunter in eine quadratische Kammer, deren Wände mit Figuren und Hieroglyphen bedeckt waren. Von dort kam ich in eine weitere Kammer mit einem mächtigen, aus dem Boden herausragenden Sarkophag, der drei Viertel des Raumes einnahm. Der Name auf der Kartusche lautete Osorkon … Alle waren außer sich vor Freude. Ich ließ Hassaneins Männer mit allen verfügbaren Karren kommen, um diese einzigartige Begräbnisstätte so schnell wie möglich freizulegen. Ihre Entdeckung belohnte uns reichlich für die Mühen der letzten Jahre.[2]

Zu dem Komplex unterirdischer Räume, den Montet am 27. Februar 1939 betrat, gehörten mehrere Königsgräber. In der aus Granitblöcken gemauerten Hauptgrabkammer (Bestattung 3 – siehe S. 125) befand sich der mächtige Sarkophag Osorkons II., in dem die Skelette eines Mannes und einer Frau lagen – vermutlich die des Pharaos und seiner Gemahlin. Ihr Grab war irgendwann in der Vergangenheit geplündert worden. Eingelassen in die Rückwand der Grabkammer des Königs war der kleine mumienförmige Quarzitsarkophag seines zehnjährigen Sohns – des Amun-Hohenpriesters Harnacht. Dessen Grab blieb unbeschädigt, da die Räuber den Sarkophagdeckel nicht anheben konnten, weil er bei der Bestattung des jungen Priesters in die Wandnische gerammt worden war.
In der Vorkammer (Bestattung 12) stand ein weiterer großer Granitsarkophag. Er war leer; schon in der Antike war sein Inhalt geplündert worden.
Zum Komplex gehörten noch zwei Nebenräume. Im ersten war das Grab des Königs Hedjcheperre Takelot (Bestattung 1). In den fünfzig Jahren nach Montets Entdeckung wurde dieser Pharao immer für Takelot II., den Sohn und Nachfolger Osorkons II. gehalten; inzwischen gibt es zwingende Beweise dafür, daß es sich um die sterblichen Überreste von Osorkons Vater, Takelot I., handelt[3] Der zweite Neben-

raum (Kammer C, die Montet zuerst betrat) war leer, doch die Wände waren geschmückt mit Reliefdarstellungen, die König Osorkon II. beim Vollzug von Ritualen aus dem Totenbuch zeigen.

An allen übrigen Wänden des Grabkomplexes fanden sich ähnliche Reliefs von König Osorkon II. in seinem Leben nach dem Tod. Das Grab war wohl ursprünglich das »Haus der Ewigkeit« des Pharaos der 22. Dynastie Usermaatre Osorkon (II); die anderen dort bestatteten Personen waren nahe Familienangehörige oder spätere Herrscher derselben Dynastie, für die das Grab in Beschlag genommen worden war (der leere Sarkophag der Bestattung 12).

Nachdem die Umgebung von Osorkons Grab von Trümmern und Sand geräumt war, kam eine zweite große Gruft zum Vorschein. Offensichtlich waren hier keine Grabräuber eingedrungen. Am 17. März stieg Montet über den Eingangsschacht in

103 Ausschnitt der nördlichen Innenwand von Kammer C (siehe S. 125) in Grab I. In der Szene überreicht Osorkon II. Osiris, dem Totengott, ein Geschenk. Die Kartuschen des Königs sind vor seinem Kopf abgebildet. Die Blöcke, auf die dieses Relief gemeißelt wurde, sind Teil der äußeren Nordwand von Grab I. Diese wurde teilweise abgetragen, um die südliche Erweiterung von Grab III zu ermöglichen. Der gesamte Reliefschmuck in Grab I gehört zu Osorkon II.; es gibt keine Hinweise auf frühere Reliefs, so daß man die Hypothese, daß das Grab von einem Herrscher der 21. Dynastie angelegt sein könnte, verwerfen muß.

FAYENCE: Oberbegriff für glasierte Töpferware.

KANOPEN: Vier große Gefäße, in denen die Eingeweide der Mumie aufbewahrt wurden.

LIBYSCHE ZEIT: üblicherweise die 22. bis 24. Dynastie.

105 Die goldene Totenmaske des Königs Scheschonk II. Museum Kairo.

das Grab des Königs Aacheperre Psusennes I. (Grab III) hinab; später sprach er von einem »Tag der Wunder, die allesamt *Tausendundeiner Nacht* würdig gewesen wären«. Er folgte einem kurzen, niedrigen Korridor und kam zu einer kleinen Grabkammer, wo rechter Hand ein ungewöhnlicher Sarg seine Aufmerksamkeit erregte. Ein silberner Adlerkopf krönte den Sarg, der auf einem Steinsockel ruhte. Ringsum waren Hunderte Uschebti-Figuren aus blauer FAYENCE zu sehen. In einer anderen Ecke standen drei Gruppen von KANOPEN; an der Wand lehnte ein großes Terrakottagefäß. Nach genauerer Untersuchung fand man in dem Sockel zwei zerbrochene Holzsärge, in denen die zerfallenen Knochen der königlichen Leichname lagen. Zwischen diesen beiden unbekannten Leichen war ein silberner Sarg mit der Mumie des Königs Hekacheperre Scheschonk II., eines bis dahin unbekannten Pharaos der LIBYSCHEN ZEIT. Der Sarg des neu entdeckten Scheschonk wurde im Beisein von König Faruk am 21. März 1939 geöffnet. Die sterblichen Überreste der beiden anderen königlichen Personen konnten erst vor kurzem identifiziert werden: Eine genaue Untersuchung der Inschriften auf den Uschebti-Figuren ergab, daß es sich um die beiden Könige Netjercheperre Siamun und Tjetcheperre Har-Psusennes II. handelte.

Montet kroch dann linker Hand durch eine Öffnung in der Kammerwand und entdeckte einen leeren, nie verwendeten Sarkophag, der für einen Sohn Aacheperre Psusennes', Prinz Anchefenmut, vorgesehen war. Bis heute ist nicht bekannt, warum der Prinz den von seinem Vater eingerichteten Bestattungsort nicht in Anspruch nahm (Bestattung 6).

Am 1. September 1939 brach in Europa der Krieg aus, doch Montet setzte seine Arbeit fort. Er suchte die versteckte Grabkammer Psusennes' I., des ursprünglichen Besitzers, dessen Inschriften die Wände des kleinen Vorraumes mit den drei schon entdeckten Bestattungen schmückten. Am 16. Februar 1940 wurde ein Teil der westlichen Mauer des Vorraumes abgerissen. Zum Vorschein kamen zwei große

Granitblöcke, die die Eingänge zu zwei weiteren Grabkammern versperrten. Der rechte Block wurde zuerst weggeräumt, und vor Montets Augen tat sich das unversehrte Grab des Königs Psusennes (Bestattung 5) auf: da gab es Kanopen aus Alabaster, eine Sammlung von vierhundert Uschebtis, Gold- und Silbergefäße in allen Formen und Größen und einen prächtigen Sarkophag aus rötlichem Granit, den der Herrscher der 21. Dynastie aus dem Grab des Merenptah im Tal der Könige hatte entwenden lassen. Dieser kostbare Schrein umschloß einen kleineren anthropoiden Sarg aus schwarzem Granit, der, geschützt von einem silbernen Sarg, die sterblichen Überreste des Pharaos barg. Die kostbare Totenmaske aus purem Gold zeigte ein freundlich lächelndes Antlitz – ein Bild größter Zuversicht, das die Wirren seiner Herrschaft Lügen strafte.

Nach der Räumung der Grabkammer des Psusennes wurde (am 16. April) der Granitblock vor dem zweiten Eingang entfernt; dahinter verbarg sich das unversehrte Grab eines anderen Pharaos der 21. Dynastie – des wenig bekannten Königs Amenemope (Bestattung 4). Das Grab war nicht so reich ausgestattet wie das Psusennes' I., doch Montet und sein Mitarbeiterstab entdeckten Kanopen, goldene und silberne Libationsgefäße, ein Alabastergefäß, das aus dem Grab Sethos' I. im Tal der Könige stammte, einen weniger kunstvollen Sarkophag, der von einem Adligen der 19. Dynastie übernommen worden war und in dem sich die stark verfallene Mumie des Königs befand. Dieser trug eine grobgearbeitete goldene Totenmaske, die wohl seinem Porträt entsprach. Montet konnte feststellen, daß Kammer und Sarkophag ursprünglich für die Königin Mutnedjmet, die Gemahlin Psusennes' I., bestimmt gewesen war; doch aus unbekannten Gründen wurde König Amenemope in der Grabkammer der Königin bestattet.

Während derselben Ausgrabungskampagne wurden in der tanitischen Königsnekropole weitere vier Gräber gefunden: Die Gräber II und VI trugen

107 Inschrift (im Rahmen) am Eingang von Grab I. Sie bestätigt, daß der Grabkomplex Osorkons II. von seiner Mutter Kapes für den König erbaut wurde.

keine Inschriften und waren bis auf einige Überreste leer. Das Grab IV war eine kleine Grabstätte mit einem Sarkophag, der die Kartuschen des Königs Amenemope trug (dort sollte er wahrscheinlich ursprünglich bestattet werden). Grab V war das aus zwei Kammern bestehende Grab des Königs Scheschonk III.

Anfang Mai 1940 wurden alle Schätze aus dem Grabkomplex des Psusennes nach Kairo ins Ägyptische Museum gebracht, wo sie seitdem in der Nähe der Sammlung des Tutanchamun ausgestellt sind.

Montet kehrte am 10. Mai 1940 nach Paris zurück, um das Kriegsende abzuwarten – die Kampfhandlungen in Nordafrika verhinderten die weitere Arbeit in San. 1945 kam er zurück und war bei der Aufklärung des letzten großen Geheimnisses der Königsnekropole von Tanis beteiligt.

An der französischen Expedition nahm diesmal auch Alexandre Lézine teil. Der neue Architekt des Archäologenteams untersuchte die Gräber im ganzen und erkannte schnell, daß das bisher entdeckte Innere des Grabkomplexes König Psusennes' nicht den Außenmaßen des Gesamtbauwerks entsprach. In der südöstlichen Ecke war noch Platz für einen weiteren Raum, doch vom Vorraum aus konnte man keinen Eingang erkennen. Durch weitere Ausgrabungen, bei denen eine der gewaltigen Abdeckplatten aus Sandstein abgeräumt wurde, fand man eine versteckte Kammer mit dem unversehrten Grab des Generals Wendjebaendjed, dem Befehlshaber der ägyptischen Armee. Der General, ein enger Vertrauter des Königs, war dadurch besonders geehrt worden, daß er in der Nähe seines Herrn und Meisters bestattet wurde. Auch hier wurden unermeßliche Reichtümer gefunden.[4]

Das Puzzle

Als Alexandre Lézine seine Untersuchungen der königlichen Begräbnisstätte in Tanis begann, fielen ihm an der Architektur der Gesamtanlage sofort einige verblüffende Merkmale auf. Dies führte ihn zu der Annahme, daß der Grabkomplex Psusennes' I. nach dem Osorkons II. gebaut worden war. Das aber widersprach der üblichen Chronologie, nach der Aacheperre Psusennes I. 991 v. Chr. starb und die Regierungszeit Usermaatre Osorkons II. hunderteinundvierzig Jahre später im Jahre 850 v. Chr. endete. Die archäologischen Funde in Tanis und die gängige Chronologie der Historiker waren unvereinbar.

Die Chronologie der Bauwerke in den Königsgräbern von Tanis ist ein recht kompliziertes Thema. Wir müssen uns dennoch ausführlich damit auseinandersetzen, wenn wir den historischen Tatsachen, die hinter den Erzählungen des Alten Testaments stehen, auf die Spur kommen wollen.

108 Gegenüber: Plan des Grabkomplexes mit den Gräbern I, II und III (nach Montet und Lézine); die Ziffern stehen für die Bestattungsorte.

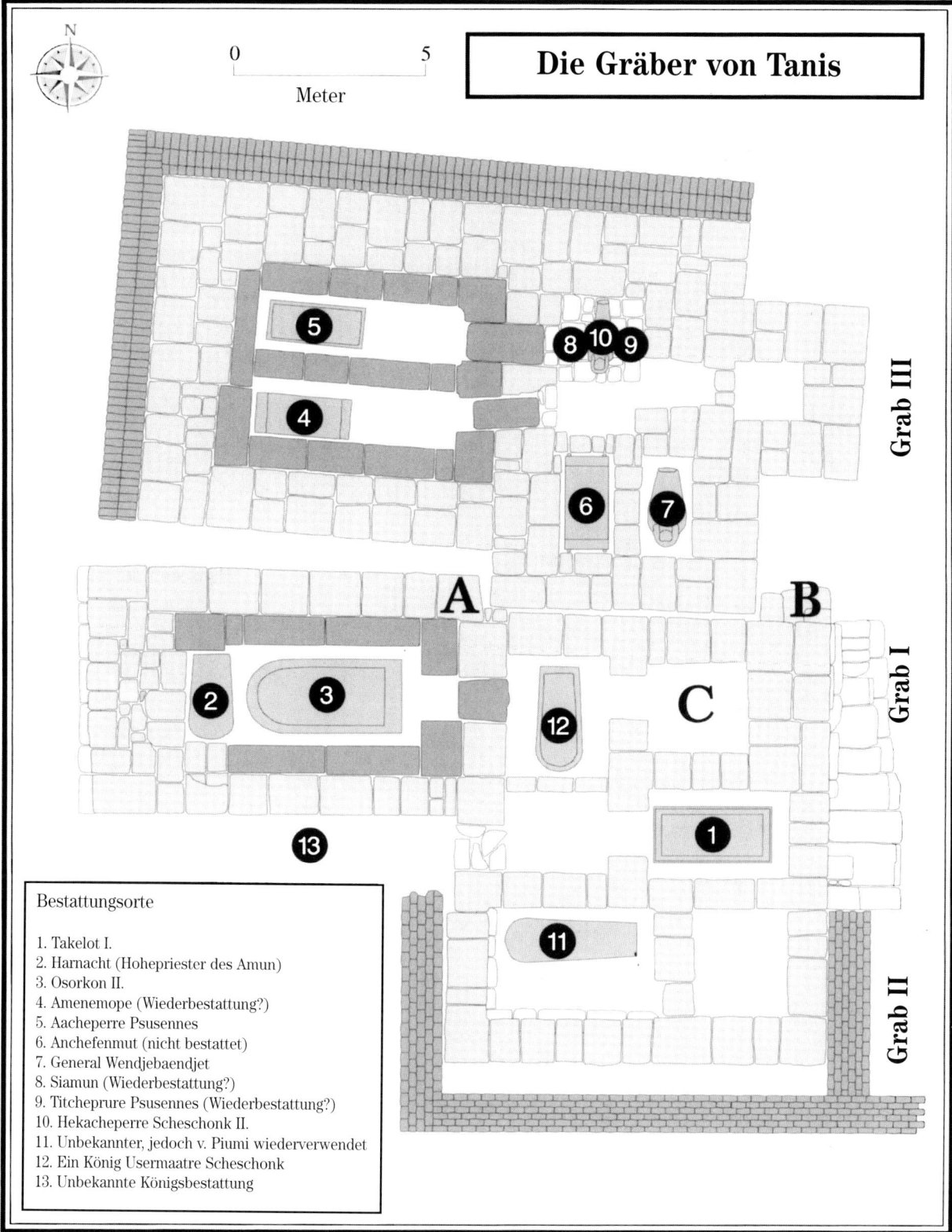

Die Gräber von Tanis

0 ————— 5
Meter

N

A

B

C

Grab I

Grab II

Grab III

Bestattungsorte

1. Takelot I.
2. Harnacht (Hohepriester des Amun)
3. Osorkon II.
4. Amenemope (Wiederbestattung?)
5. Aacheperre Psusennes
6. Anchefenmut (nicht bestattet)
7. General Wendjebaendjet
8. Siamun (Wiederbestattung?)
9. Titcheprure Psusennes (Wiederbestattung?)
10. Hekacheperre Scheschonk II.
11. Unbekannter, jedoch v. Piumi wiederverwendet
12. Ein König Usermaatre Scheschonk
13. Unbekannte Königsbestattung

109 Die abgetragene Mauer von Grab I, mit Blick nach Westen aufgenommen. Der Aufbau von Grab III (rechts) wurde zur Verdeutlichung leicht schattiert.

Die abgetragene Mauer

Das erste, was Montet und Lézine auffiel, war der merkwürdige Berührungspunkt zwischen den Gräbern Osorkons (Grab I) und Psusennes' (Grab III). Betrachten wir den Bereich, der auf dem Plan zwischen A und B liegt. Die südliche Mauer von Grab III, an der sich die beiden später erbauten Grabkammern von Wendjebaendjed und Anchefenmut befinden (Bestattung 6 und 7), scheint in die nördliche Außenmauer der Vorkammer und der Kammer C von Osorkons Grabkomplex hineinzuragen. Wenn man die traditionelle Chronologie zunächst beiseite läßt, scheint der Sachverhalt klar zu sein: Wenn ein Teil von Grab I abgerissen wurde, um den Plan zugunsten von Grab III zu ändern, dann muß Grab III (Psusennes') nach Grab I (Osorkons) gebaut worden sein. Doch Psusennes hat, wie schon festgestellt, sein Grab über ein Jahrhundert vor dem Regierungsantritt Osorkons erbaut – immer nach der traditionellen Chronologie.

Montet und Lézine mußten für dieses Rätsel eine Lösung finden. Wohl noch am überzeugendsten klang ihr Argument, Grab I habe tatsächlich schon bestanden, als Psusennes Grab III bauen ließ, doch Osorkon sei nicht der ursprüngliche Erbauer des Grabs. Osorkon habe Grab I von seinem ursprünglichen Benutzer aus der 21. Dynastie usurpiert – möglicherweise von Smendes, dem Vorgänger Psusennes' I. Problematisch ist nur, daß die Existenz eines früheren Erbauers schwer zu belegen ist. Selbst Lézine mußte zugeben, daß diese »Lösung« nicht in sich schlüssig war:

> Die Innendekoration [von Grab I] stammt aus der Zeit Osorkons II. Dieser König hat nirgends die Kartuschen eines Vorgängers herauskratzen lassen, um sie durch seine eigenen zu ersetzen. Man könnte deshalb den Schluß ziehen, Osorkon habe dieses Grab erbaut.[5]

110 Ausschnitt der nordöstlichen Ecke von Grab I, der zeigt, wie die Grabmauer abgetragen wurde. Die Blöcke umgaben die südliche Mauer von Grab III. Offenbar wurde der Block in der südöstlichen Ecke von Grab III (1) absichtlich um einen Block von Grab I (2) herum abgetragen, um die beiden Bauwerke eng aneinanderzuschließen (siehe Konturlinie).

Zudem gibt eine Inschrift[6] in der Vorkammer an, daß Grab I auf Anweisung der Königin KAPES als Geschenk für ihren Sohn, König Osorkon, erbaut wurde.[7] Montets und Lézines Hypothese vom »ursprünglichen Grab« wackelt also schon, bevor wir uns überhaupt mit weiteren Argumenten befassen.

Die Archäologen hatten im Grab keine schriftlichen Hinweise auf die Existenz eines früheren Königs gefunden, bestanden aber weiterhin darauf, daß Osorkon II. später als Psusennes I. gelebt haben *mußte*. Deshalb sahen sie sich zu folgender Argumentation genötigt[8]: Die ursprüngliche Ausführung von Grab I war von Osorkon bis auf die Grundmauern abgerissen worden; darauf war dann das neue Grab

KAPES: Gemahlin Takelots I.

111 Nahaufnahme der abgetragenen Mauer, Blick nach Osten. Grab I (Osorkon) ist auf der rechten und Grab III (Psusennes) auf der linken Seite (schattiert). Die Linien deuten an, welchen Bereich das Dach von Grab III wahrscheinlich eingenommen hatte, bevor die französischen Archäologen sich 1945 Zugang zur Kammer Wendjebaendjeds verschafften. Dieser Raum wurde entweder durch eine steinerne Dachplatte oder Schlammziegel ausgefüllt, damit zwischen den beiden Gräbern eine ebene Fläche entstand.

112 Im Fackelschein taucht ein Dämon aus der Unterwelt auf, der in die Vorkammer von Grab III (Psusennes I.) eingemeißelt wurde.

PALIMPSEST: palimpsestos (griech.) »wieder abgeschabt«.

gebaut worden, so daß die Innenmauern mit Darstellungen des Pharaos der 22. Dynastie geschmückt werden konnten. Folgende Fragen erheben sich sogleich:

(a) Wozu diente dieser Aufwand? Osorkon hätte einfach die Kartuschen des ursprünglichen Besitzers abschleifen und durch seine eigenen Kartuschen ersetzen lassen können. Dieses Verfahren, den Stein wie ein PALIMPSEST mehrmals zu überschreiben, ist immer dann in der ägyptischen Geschichte zu beobachten, wenn ein Pharao die Denkmäler seines Vorgängers usurpieren wollte.

(b) Warum hätte Osorkon sein Grab ausgerechnet an demselben Platz erbauen lassen sollen, wenn er es auf dem freien Platz in der Nähe hätte tun können? Das hätte ihm einige Schwierigkeiten mit dem Grab des Psusennes erspart. Es wäre auch einfacher gewesen, den Bau abzureißen und mit dem Material in der Nähe einen neuen zu errichten. Wenn man an genau derselben Stelle ein zweites Bauwerk plant, müssen alle Steinblöcke an einem anderen Ort gelagert werden, bis alles abgetragen ist, erst dann kann mit dem neuen Bau begonnen werden – ein doppelter Aufwand.

(c) Nehmen wir einmal an, die Theorie von Montet und Lézine ist richtig. Dann muß Osorkon die ursprünglichen Steinblöcke des Grabes zur Wiederverwendung einfach umgedreht haben, so daß die Fläche mit den Inschriften nach außen zeigte und die Innenwand für seine eigenen Reliefs frei war. (Auch dieses Verfahren wurde beim Bau ägyptischer Denkmäler häufig angewandt.) Doch an Grab I findet man an der Außenmauer keine Anzeichen für ursprüngliche Inschriften aus der 21. Dynastie.

(d) Auf dem Plan ist an Punkt B deutlich zu erkennen, daß die östliche Mauer im Vergleich zur übrigen Mauer zwischen A und B nach Norden vorspringt. Warum

113 Nahaufnahme der abgetragenen Mauer, Blick nach Westen. Schattierung und Linien deuten an, wo die Nordwand von Grab I ursprünglich stand.

hätte Osorkon die östliche Mauer seines Grabes so aufbauen sollen? Sie hat so keine architektonische oder bauliche Funktion. Dieser Vorsprung ist nur damit zu erklären, daß die Nordwand von Grab I abgetragen (nicht wiederaufgebaut) werden mußte, damit Grab III erweitert werden konnte. Die Merkwürdigkeit hätte dann eine einfache Erklärung: Die nordöstliche Ecke blieb stehen, weil ihr Abriß nicht nötig war. Darüber hinaus spricht diese Erklärung für den praktischen Sinn der Nekropolenarbeiter, die die Nordwand von Grab I abtrugen: Die vorspringende Mauer verhinderte, daß Sand in den Graben eindrang.

114 Die beiden Eingänge zu den Grabkammern von Grab III: rechts Psusennes und links Amenemope. Der Eingang zu letzterem wurde modifiziert, nachdem der Bauplan während der Ausführung geändert worden war.

BREITBEIL: Werkzeug, einer Hacke ähnlich, das zum Umgraben oder Abhobeln verwendet wurde. Es gibt Breitbeile in allen Größen und Formen, und sie werden auch heute noch im Nahen Osten verwendet. Das Breitbeil wurde auch durch das Schriftzeichen *setep* dargestellt, das die Bedeutung von »Wahl« oder »gewählt« hat.

Alle aufgeführten Punkte zeigen, daß das Abtragen der Nordmauer von Grab I geschah, nachdem Osorkon in seinem Grabkomplex bestattet worden war. Osorkon hat Grab I nicht von einem früheren Herrscher der 21. Dynastie übernommen, und er hat das Grab nicht hunderteinundvierzig Jahre nach der Anlage von Grab III neu aufgebaut. Die Bauleute Psusennes' I. bearbeiteten mit ihren Meißeln und BREIT-BEILEN eine Mauer, die schon immer zu dem Grab Osorkons II. gehört hatte.

Der von Lézine veröffentlichte Bericht zum Bau von Grab I löst das Problem der abgetragenen Mauer nicht zufriedenstellend und hinterläßt den Eindruck, als sei sein Verfasser nicht wirklich von der Theorie des »usurpierten Grabes« überzeugt. In der Zwischenzeit konnte auch die neuerliche archäologische Untersuchung der Begräbnisstätte von Tanis durch Philippe Brissaud (den derzeitigen Direktor der französischen Mission in Tanis) die bestehenden Unstimmigkeiten nicht beseitigen.[9]

Eine Planänderung

Wir haben die abgetragene Mauer von außen genau betrachtet, nun sollten wir uns auch mit dem Inneren des Grabes III befassen. Über eine wacklige alte Leiter gelangt man nach unten in den Eingangsschacht, von wo ein niedriger Gang in die Vorkammer von Psusennes' Grab führt. Geradeaus liegen die beiden Öffnungen zu den Grabkammern von Amenemope (links) und Psusennes (rechts). Weiter rechts ist die Nische, in der der silberne Sarg von Hekacheperre Scheschonk liegt (mit den beiden verwesten Begleitern), und auf der linken Seite der Vorkammer ist die quadratische Öffnung in der Mauer, die zum Grab Anchefenmuts führt. Der leere Sarkophag steht noch immer dort und nimmt fast den gesamten Raum ein. Dieser Teil des Grabkomplexes macht den Eindruck, als sei alles auf engem Raum zusammengepfercht worden.

Wir sollten uns nun den Korridor, der zur Grabkammer mit dem Sarkophag des Königs Psusennes (Bestattung 5) führt, genauer ansehen: Er steht genau im rechten Winkel zu der Nord-Süd-Achse der Vorkammer. Wie sieht das beim Korridor zu König Amenemopes Grabkammer (Bestattung 4) aus? Vorkammer und Durchgang bilden offensichtlich keinen rechten Winkel, wie es zu erwarten gewesen wäre – statt dessen ist der Korridor etwas nach Süden verschoben, so daß ein

115 Der ursprüngliche Grundriß von Grab III (links), wie es ohne die Veränderungen auf der Südseite aussehen würde.

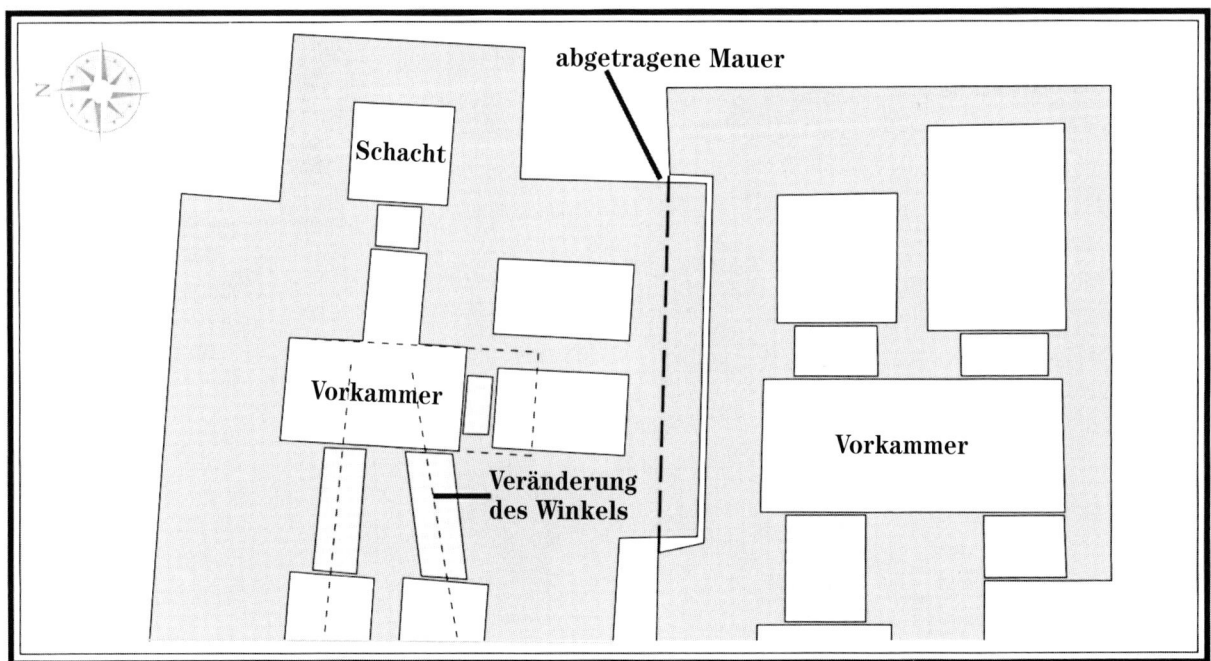

abgetragene Mauer

Schacht

Vorkammer

Veränderung
des Winkels

Vorkammer

116 Die östliche Hälfte von Grab III: dargestellt ist die Änderung des Winkels zwischen den Eingangsbereichen der beiden Hauptkammern. Die gestrichelte Linie zeigt, wie der Vorraum aussah, bevor die beiden zusätzlichen Grabkammern im Süden hinzugefügt wurden.

Winkel von rund 80° entsteht. Warum wurde diese Veränderung im Eingangsbereich von Amenemopes Grabkammer vorgenommen?

Hierzu müssen wir uns klarmachen, in welcher Reihenfolge die verschiedenen Abschnitte von Grab III gebaut wurden. Die beiden Nebenkammern (Bestattungen 6 und 7), die südlich an den Eingangsbereich grenzen, scheinen nachträglich hinzugefügt worden zu sein, nachdem die beiden Hauptkammern (Bestattungen 4 und 5) schon fertiggestellt waren. Sie gehörten nicht zum ursprünglichen Entwurf der Grabanlage. Die Nordmauer von Grab I wurde abgetragen, und die Veränderungen in Grab III waren notwendig, weil die Grabkammern 6 und 7 hinzugefügt wurden. Dabei wurde auch die Grundfläche des Vorraumes im Süden verkleinert. Somit mußte der Winkel des Durchgangs zu Amenemopes Grabkammer verändert werden; der Eingang wurde nach Norden in den jetzt kleineren Vorraum verschoben. Die Abbildungen 115 und 116 stellen den ursprünglichen Grundriß und die erfolgte Veränderung gegenüber.

Die Tatsache, daß eine Anpassung nötig war, bringt eine weitere Hypothese ins Spiel: Sollte die Veränderung an Grab III – derentwegen ein Teil der angrenzenden Mauer von Grab I abgerissen werden mußte – nicht zu Psusennes' Lebzeiten vorgenommen worden sein, sondern zu einem Zeitpunkt, nachdem Osorkon sein eigenes Grab gebaut hatte? Damit wären alle Unstimmigkeiten mit einem Schlag gelöst. Leider ist auch diese Erklärung nicht haltbar. Montet hat in dem unversehrten Grab von General Wendjebaendjed (Bestattung 7) Beigaben gefunden, die zeigen, daß der General ein Zeitgenosse König Psusennes' war. Zu den Schätzen aus der Grabkammer gehört eine Silberplatte mit folgender Widmung:

Der König von Ober- und Unterägypten, Aacheperre setepenamun, Sohn des Re, Pasebachaenniut meriamun (d.h. Psusennes I.). Als königliche Gabe an den Vorsteher im Haus von Chons in Theben, Neferhotep, den *hem-netjer*-Priester von Chons, den Kommandanten des Heeres, den Vorsteher der Bogenschützen des Pharaos, den Vorsteher der *hem-netjer*-Priester aller Gottheiten; Wendjeba-endjed, dem Gerechtfertigten, im Haus des Osiris, des Herrn von Busiris.[10]

Aufgrund dieses Zitats können wir höchstens annehmen, daß die zusätzliche Grabkammer in Grab III innerhalb einer Generation nach der Bestattung des Psusennes angebaut wurde – nicht später. Doch dann bleibt immer noch mehr als ein Jahrhundert zwischen der Erweiterung von Grab III und dem Bau von Grab I durch Osorkon. Die chronologischen Unstimmigkeiten bleiben also.

117 Silberplatte Wendjebaendjeds. Die Inschrift besagt, daß er unter König Aacheperre Psusennes lebte. Museum Kairo.

Der Tempelpylon

Wir können Montets und Lézines Hypothese von einem »früheren Grab« durch ein weiteres archäologisches Merkmal vollständig widerlegen. Dazu ist wichtig, welche Ereignisse beim Bau von Psusennes' Grab aufeinanderfolgten. Für die weitere Erörterung des strittigen Sachverhalts nehmen wir an, daß im Süden der Anlage schon ein königliches Grab (Grab I) existiert. Die Nekropolenarbeiter haben gerade eine große, tiefe Baugrube ausgehoben, die an die Nordseite von Grab I angrenzt (siehe Abb. 121). Dann errichten sie aus Schlammziegeln entlang der Nord- und Westseite des Aushubs eine Stützmauer, die verhindern soll, daß bei einem möglichen Einsturz Sand eindringt. Jetzt ist die Grube an drei Seiten sauber abgeschlossen, an der offenen Ostseite befindet sich die abfallende Rampe, über die die Steinblöcke für Grab III leicht befördert werden können. Sie beginnen mit dem Bau der beiden Hauptgrabkammern (einer für den König, der anderen für die Königin). Als erstes werden die äußeren Kalksteinblöcke von innen an der Stütz-mauer plaziert; dann werden die Grabkammern selbst mit Granitsteinen verklei-det. Da wird plötzlich der ganze Plan umgestoßen: Auf Anweisung des Königs sollen für seinen Sohn Prinz Anchefenmut und seinen ergebenen Diener General Wen-djaebendjed zwei weitere Grabkammern angelegt werden.

Man kann sich vorstellen, wie der Bauleiter und sein Polier diskutiert haben, wo die beiden neuen Kammern gebaut werden sollten. Schließlich kommen sie auf die Lösung, ein großes Segment von Grab I fortzunehmen und die gewünschte Erwei-terung in die Südseite von Psusennes' Grab hineinzubauen. Doch warum? Wäre es nicht viel leichter gewesen, die Erweiterung auf der Nordseite der Vorkammer zu errichten? Damit hätte man sich viel Arbeit ersparen können. Irgend etwas muß die Bauleute davon abgehalten haben. Existierte bereits ein anderer Bau auf der Nordseite, als Psusennes die Erweiterung der Grabanlage befahl? Um das zu klären, müssen wir wieder zu den französischen Ausgrabungen des Jahres 1940 zurückkehren.

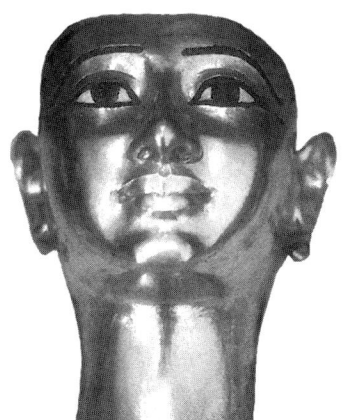

118 Die goldene Totenmaske des Generals Wendjebaendjed. Museum Kairo.

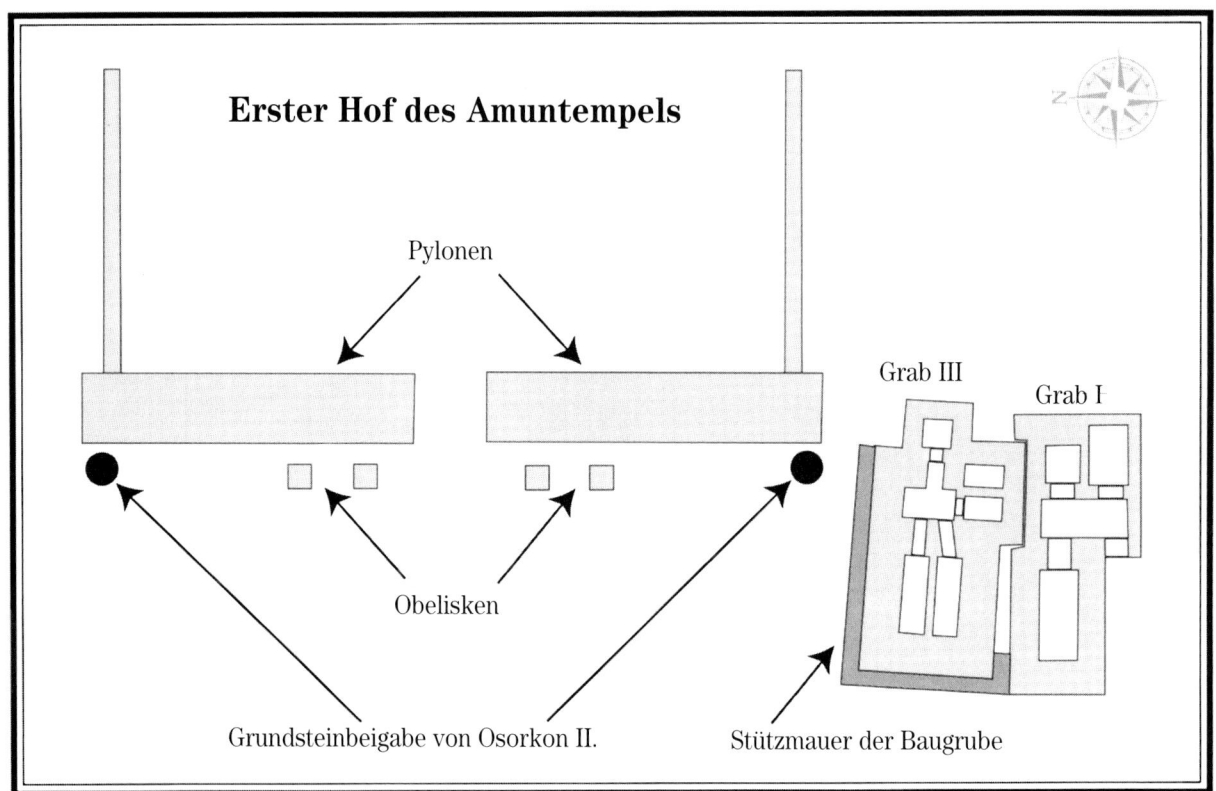

Erster Hof des Amuntempels

Pylonen

Grab III

Grab I

Obelisken

Grundsteinbeigabe von Osorkon II.

Stützmauer der Baugrube

119 Vereinfachtes Schema der angenommenen Lage des Ersten Pylon im Verhältnis zur königlichen Nekropole.

KALKSTEINBRENNEN: Kalkstein wurde zur Gewinnung von Kalk für die Zementindustrie verwendet, die die Städtebauer des 1. Jahrtausends n. Chr. versorgte. Tanis mit seinen reichen Vorräten an sauber zugeschnittenen Kalksteinblöcken lag an der Mündung des tanitischen Nilarms. Von hier war es nicht weit zum Mittelmeer und zu den Seehandelswegen in die Ballungsräume der römischen und später der islamischen Welt. Tanis wurde deshalb lange und intensiv als »Steinbruch« genutzt.

KALIFENREICH: Vom Kalifen Omar bis zum Aufstieg von Achmed Ibn Tulun, also den Dynastien der Omaijaden und der Abbasiden.

Kurz nachdem Montets Team das Grab von König Psusennes entdeckt hatte, stießen sie in einer flachen Sandgrube unter einer ein Meter dicken Schlammziegelmauer auf eine Grundsteinbeigabe. Die Mauer stand nur ungefähr einen Meter von der nördlichen Stützmauer der Grube entfernt, in der das Grab von Psusennes war. Diese Mauer und eine fünfundachtzig Meter nördlicher stehende ähnliche Mauer waren die Reste der Nord- und Südmauer des großen Ersten Hofes des Amuntempels, zwischen denen früher der Erste Pylon stand. Leider wurden alle Kalksteinblöcke, aus denen einst diese imposante Fassade erbaut wurde, von KALKSTEINBRENNERN wegtransportiert. Unter römischer Herrschaft und später während des KALIFENREICHES beuteten sie die Ruinen in Tanis als »Steinbruch« aus.[11] Die Kalkbrenner ließen jedoch die Obelisken und mächtigen Granitstatuen zurück, da diese für sie ohne Nutzen waren. Sie standen noch vor den zerstörten Resten der alten Fassade, so daß wir sicher sein können, daß der große Eingang in den Ersten Hof genau in der Mitte der von Montet ausgegrabenen Schlammziegelmauern lag. Folglich lag die südwestliche Ecke des Tempelhofes nur einen Meter entfernt von der Baugrube für Psusennes' Grab – der Tempelhof war somit das Bauwerk, das den Bau zweier zusätzlicher Gräber nördlich der Vorkammer von Grab III verhinderte. Wenn wir davon ausgehen, daß dies die tatsächliche Ausgangssituation für Psusennes' Bauleute war, gibt es auch eine plausible Erklärung für die Stützmauer aus Lehmziegeln an der Nord- und Westseite des Grabens. Die zusammengepreßten

132   DIE KÖNIGSGRÄBER VON SAN

Sandmassen unterhalb des Tempels durften nicht in die Baugrube rutschen. Ohne die Schlammziegelmauer wäre die Südmauer des Hofes unterminiert worden und die große Fassade hätte einstürzen können. Dieses Risiko wollten Psusennes' Bauleute nicht eingehen.

Jetzt wird verständlich, warum der für den Umbau verantwortliche Leiter einen Teil des älteren Grabes I abtragen ließ, um das neue Grab des Königs nach Norden hin zu erweitern. Doch wer ließ den Ersten Hof des Amuntempels in Tanis errichten?

Als Montet unter der nördlichen und südlichen Hofmauer die Grundsteinbeigabe entdeckte, bargen die Gruben zahlreiche kleine Fayencebecher und -täfelchen mit den Kartuschen Osorkons II. – des in Grab I bestatteten Pharaos. Folglich war Osorkon der Erbauer des Ersten Hofes des großen Amuntempels in Tanis. Damit haben wir die Lösung für unser Ausgangsproblem: Grab III wurde erbaut, nachdem Osorkon sein Grab I errichtet hatte. Folgendes muß sich damals abgespielt haben:

> Psusennes beschloß seinen eigenen Grabkomplex um zwei Kammern zu erweitern, nachdem er mit dem Bau der Hauptgrabkammern von Grab III begonnen hatte.
> Er konnte die zusätzlichen Kammern nicht auf der Nordseite anlegen lassen, weil dort schon der Erste Hof des Amuntempels stand, der von Osorkon II. erbaut worden war.

120 Der Abstand zwischen der Schlammziegelmauer (A), die möglicherweise die südwestliche Ecke des Amuntempels war, und der ganz ähnlichen Stützmauer (B), die das Eindringen von Sand in die Baugrube von Grab III verhindern sollte (und somit das Unterminieren des Ersten Pylon). Brissaud argumentiert aufgrund von Untersuchungen der Ziegelgröße, Mauer A könne später als Grab I erbaut worden sein. Möglicherweise hat er recht, gleichwohl bleibt die Tatsache der Grundsteinbeigaben Osorkons II. bestehen. Diese belegen, daß der König der 22. Dynastie an dieser Stelle einen Pylon oder eine Hofmauer erbauen ließ.

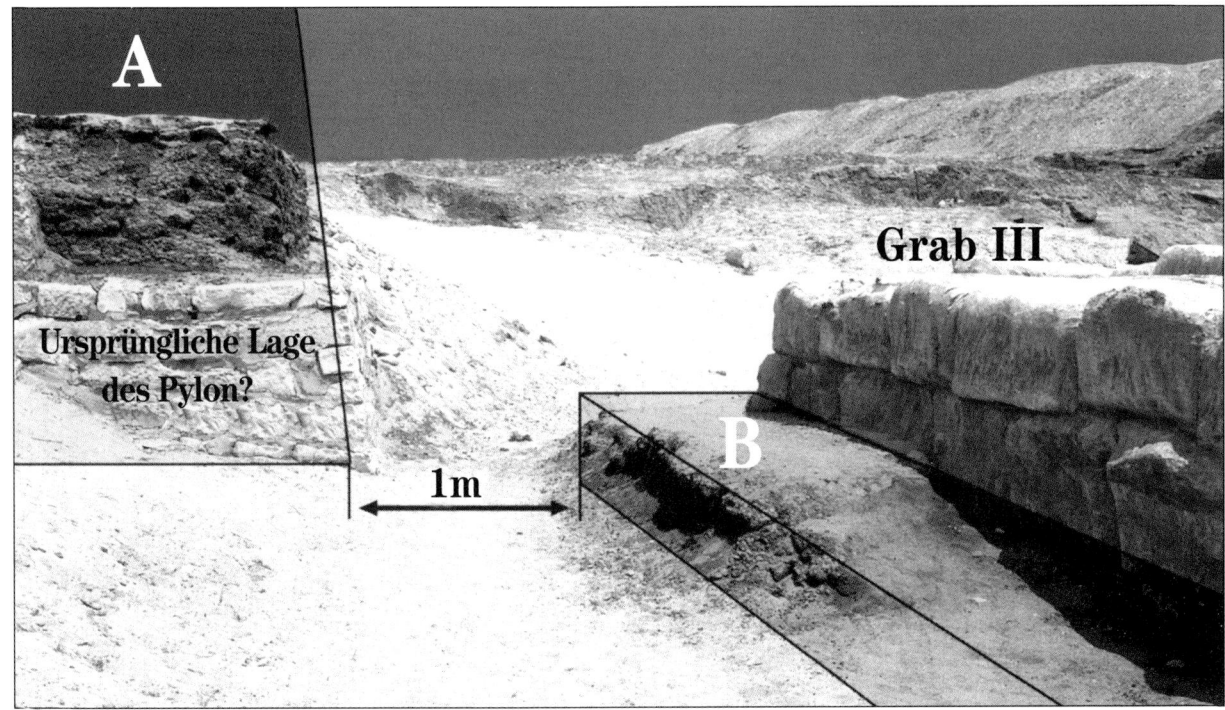

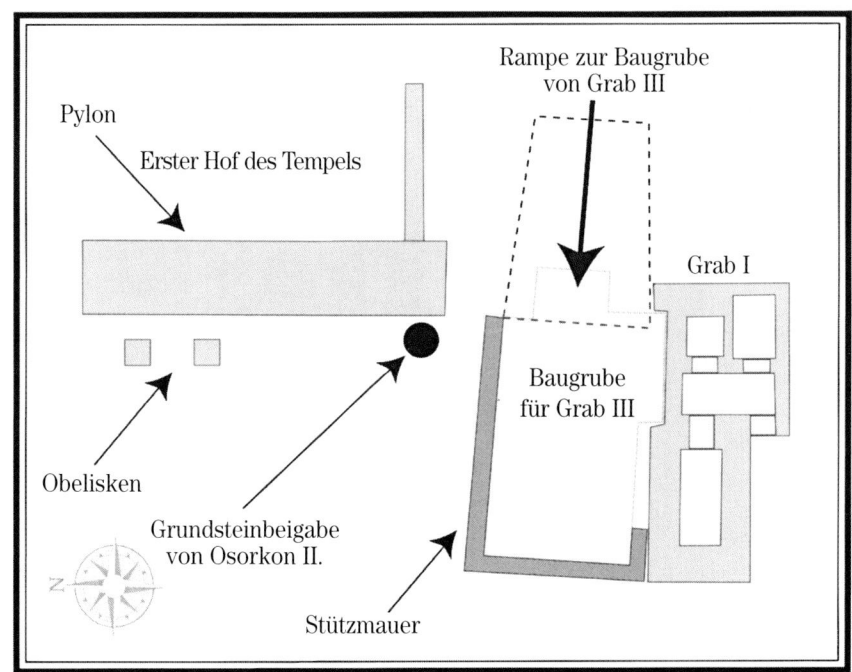

Daraus folgt, daß Psusennes I., ein König der 21. Dynastie, bei seinen Bauvorhaben an der Nord- und Südseite durch Bauwerke der 22. Dynastie eingeschränkt wurde. Das Argument, südlich von Grab III habe ein früheres Grab aus der 21. Dynastie gestanden, löst unser Problem auch nicht, wenn man die Tempelmauer mitberücksichtigt.

Das Argument scheint unabweisbar: Osorkon II. (22. Dynastie) ließ sich sein Grab beim Amuntempel anlegen, bevor Psusennes I. (21. Dynastie) mit dem Bau seines eigenen Grabes im Tempelbezirk von Tanis begann. Folglich kann König Osorkon II. nicht hunderteinundvierzig Jahre nach König Psusennes I. gestorben sein, wie allgemein angenommen. Die traditionelle Chronologie der Dritten Zwischenzeit ist mindestens um diese Anzahl von Jahren zu korrigieren.

3 Die Bestattung von König Osorkon II. in Tanis fand vor der Bestattung von König Psusennes I. statt. Wenn man davon ausgeht, daß erstgenannter ein König der 22. Dynastie war und letztgenannter ein König der 21. Dynastie, bestätigen die archäologischen Funde von Tanis, daß die beiden Dynastien während eines beträchtlichen Zeitraumes gleichzeitig herrschten. Die Reihenfolge der beiden Bestattungen weist darauf hin, daß die Dritte Zwischenzeit um mindestens hunderteinundvierzig Jahre kürzer angesetzt werden muß.

Teil zwei

Die Lösung des gordischen Knotens

Wie sinnvoll ist die ägyptische Chronologie?

4

Für Gott und Vaterland

124 Blick vom Isis-Tempel in Dendera. Champollion besuchte ihn zum erstenmal nachts beim Schein des Mondes.

Nach jahrelanger Auseinandersetzung mit Professor Kitchens Buch, bei der es vor allem um die eben diskutierten Abweichungen ging, kam ich 1979 zu dem Schluß, daß die Prämissen, auf denen die Gelehrten des 19. und 20. Jahrhunderts die ägyptische Chronologie aufgebaut hatten, fehlerhaft waren. Doch wie war es dazu gekommen? Worin lagen die Gründe für diesen möglicherweise weitreichenden Irrtum? Zur Klärung dieser Fragen müssen wir nochmals kurz zu den Anfängen der Altertumsforschung zurückkehren – zu der Zeit von Champollion, Mariette und Maspero und der folgenden Generation mit Heinrich SCHLIEMANN (dem Entdecker von Troja und Mykene), Flinders PETRIE (dem Vater der »ägyptischen Archäologie«) und Arthur EVANS (dem Begründer der wissenschaftlichen Beschäftigung mit der minoischen Kultur und dem Ausgräber von Knossos).

125 Seite 137: Zeichnung von C. R. Cockerell, von 1839 bis 1859 Professor für Architektur in London; sie zeigt, daß im 19. Jahrhundert das alte Ägypten als Vorläufer der größten architektonischen Errungenschaften der Menschheit bewundert wurde.

Ein viktorianisches Melodrama

Das Viktorianische Zeitalter spielte eine bedeutsame Rolle in der Entwicklung der modernen westlichen Welt. Die Großmächte hatten ihren Zenit erreicht, und die Europäer vertrauten darauf, in Zukunft all die Territorien zu beherrschen, die sie vermessen und kartiert hatten. Das war das Zeitalter der Abenteuer und Entdeckungen, der verwegenen (und oft leichtsinnigen) Helden wie David LIVINGSTONE und General Charles GORDON von Khartum. Afrika und der Nahe Osten bildeten die neuen Grenzen des geographischen und historischen Wissens, das seinen Ursprung in der zurückliegenden vorklassischen Vergangenheit hatte.

Das 19. Jahrhundert war auch das Zeitalter der großen Universalgelehrten. Ihre Interessen spannten sich von Horizont zu Horizont, und bei der Verfolgung ihrer geistigen Ziele bewegten sie sich mühelos in den verschiedensten wissenschaftlichen Disziplinen. Die Altertumsforscher kannten oft ein halbes Dutzend alter Sprachen und Schriften – von denen einige erst kurz zuvor entschlüsselt worden waren.

Im Gefolge der Feldzüge Napoleons nach Nordafrika und Palästina machten in den ersten Jahren des 19. Jahrhunderts die Gelehrten des Kaisers ihre europäischen Zeitgenossen auf die erstaunliche Welt des alten Ägyptens aufmerksam. Während des ganzen Jahrhunderts wurden aufgrund der zahlreichen archäologischen Missionen in die Region (aus Frankreich, Großbritannien, Deutschland, Österreich und Italien) viele aufsehenerregende Entdeckungen gemacht. Ausgräber und Abenteurer überfluteten den gesamten Nahen Osten; von den Tälern des Euphrat und Tigris im Norden bis zum zweiten Katarakt des Nils im südlichen Nubien

SCHLIEMANN: 1822–1890.

PETRIE: 1853–1942.

EVANS: 1851–1941.

LIVINGSTONE: 1813–1873.

GORDON: 1833–1885.

126 Napoleon Bonaparte.

DACIER: 1742–1833.

127 Kupferstich des Sphinx von Gise aus Napoleons *Description de l'Égypte*, die 1809 veröffentlicht wurde.

gruben sie alte Paläste, Tempel und Grabstätten aus. Die Schätze der großen Pharaonenkultur des Niltals erreichten per Schiff die europäischen Hauptstädte – bestimmt für nationale Museen und Privatsammlungen reicher Kunstkenner.

Eine Zeitlang nahmen sich Mystiker und Okkultisten der merkwürdigen, geheimnisvollen Hieroglyphen an, die an einen bizarren Zoo erinnerten und die Beutestücke aus dem Land der Pharaonen schmückten. Mit Romanzen und melodramatischen Ergüssen wurden den Göttern der esoterischen Weisheit die merkwürdigsten Übersetzungen dargeboten. Doch 1822 behauptete ein junger Franzose, Jean-François Champollion, die Hieroglyphenschrift entziffert zu haben: In seiner berühmten »Lettre à M. Dacier« (Baron Bon Joseph DACIER) zeigte er, daß die Schrift der alten Ägypter im wesentlichen eine phonetische Schreibweise ist, die auf einem Alphabet mit nur 26 Hauptzeichen basiert.[1] Von da an blieben diese rätselhaften kleinen Bilder nicht mehr den Dilettanten überlassen, sondern waren fest in der Hand der Gelehrten. Buchstäblich Tausende von alten religiösen und historiographischen Texten konnten nun gelesen werden, und die ersten Übersetzungen waren nach rund einem Jahrzehnt an allen Stätten der europäischen Wissenschaft und Gelehrsamkeit im Umlauf. Diese Flut von Erkenntnissen regte die Gelehrten schnell an, gemeinsam ein Gerüst der Geschichte des alten Ägyptens aufzustellen.

Zu diesem Zeitpunkt – dem Beginn der Zusammenstellung der ägyptischen Chronologie – wurde der erste große Fehler gemacht. Es ist leicht zu verstehen, wie dies geschehen konnte – man muß sich nur die erste Seite des *Memorandum and Articles of Association* des 1891 von Amelia Edwards gegründeten Egypt Explora-

tion Fund anschauen, um einen der Haupteinflüsse zu erkennen, die die neue Disziplin der Ägyptologie beherrschten. Dort heißt es ausdrücklich, zu den Zielen des Fonds gehöre es auch, Forschungen und Ausgrabungen zu fördern, die »ein neues Licht auf die Erzählungen des Alten Testaments werfen«.

Der gebildete viktorianische Gentleman war vor allem das Produkt einer moralistischen Gesellschaft. Er mußte als aufrecht und wohltätig gelten; eine zentrale Rolle spielten Familie, sonntäglicher Gottesdienst und solide Kenntnisse der biblischen Geschichte und der christlichen Gebote – alles in allem das, was wir heute noch als »gutbürgerliche Werte« bezeichnen. Den Kern der Erziehung eines europäischen Kindes bildeten die biblischen Geschichten, und auch im Leben eines Erwachsenen tauchten sie immer wieder auf – beim regelmäßigen Bibellesen in der guten Stube oder in der Predigt beim sonntäglichen Gottesdienst. Dem entsprach in der jüdischen Gemeinde die Vertrautheit aller Mitglieder mit der Thora und dem MIDRASCH, der Auslegung der Bibel. Es konnte also gar nicht ausbleiben, daß die Suche nach archäologischen Quellen für die Erzählungen des Alten Testaments die Ausgrabungen und Untersuchungen der Ägyptologen prägte – schließlich war Ägypten das Land, das laut biblischer Auskunft in der frühen Geschichte des Volkes Israel eine prägende und entscheidende Rolle gespielt hatte. Dieses Bedürfnis, in Ägypten die Bibel zu »finden«, erklärt auch, warum die ersten Ausgrabungen des Egypt Exploration Fund vor allem im Nildelta stattfanden. Edwards' Komitee wählte nicht zufällig Stätten aus, an denen Ramses-Stadt und Pitom vermutet wurden – die Vorratslager, die die Israeliten nach Exodus 1,11 während ihrer Knechtschaft in Ägypten bauen mußten.[2]

Wonach suchten die britischen Archäologen? Sicherlich hofften sie, Zeugnisse für die »Kinder Israel« selbst zu finden, doch ebenso wichtig war es, Ramses-Stadt und Pitom durch Inschriften an den Stätten zu identifizieren und gleichzeitig zu bestätigen, welcher ägyptische König diese großen Bauwerke erbauen ließ. Es handelte sich um Ramses II., der sofort mit dem Pharao der Bedrückung gleichgesetzt wurde.

128 Hieroglypheninschrift aus dem Tempel von Sethos I. in Abydos.

Ramses und Ramses-Stadt

Die erste Prämisse, auf der die Grundlagen der Chronologie der Alten Welt aufgebaut wurden, lautet folgendermaßen:

> Ramses II. war der Pharao der Bedrückung. Unter seiner Herrschaft waren die Israeliten in Ägypten in der Schuldknechtschaft.

Betrachten wir jetzt genauer, welche Argumentation hinter dieser Prämisse steckt. Zunächst sehen wir, wie sie entstand, nach einer weitergehenden Analyse, inwiefern sie der genauen Prüfung nicht standhält. Folgende Punkte können angeführt werden:

MIDRASCH: Abhandlungen und Kommentare, die im Mittelalter von den Rabbinern verfaßt wurden, als Ergänzung zum Studium der Thora.

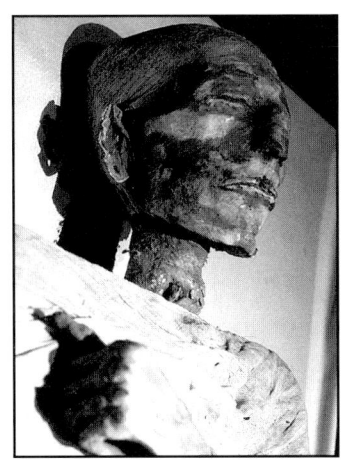

129 Die Mumie des Merenptah, von dem man wegen der im Körper gefundenen Salzkristalle zunächst annahm, er sei im Roten Meer ertrunken. (Heute weiß man, daß es von einem Übermaß an Einbalsamierungssalzen herrührt.) Museum Kairo.

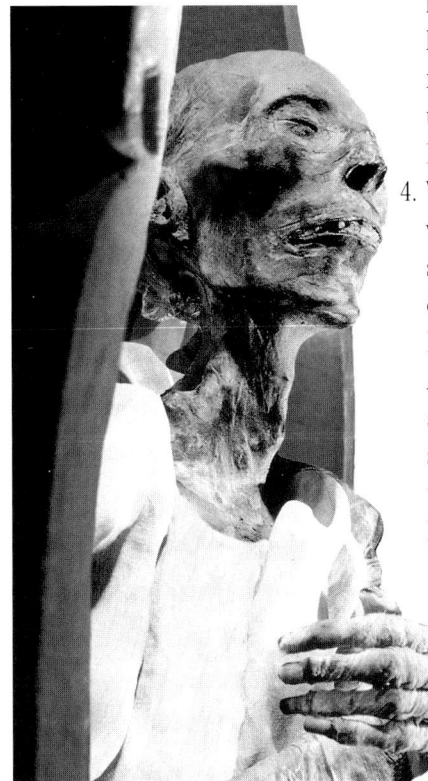

130 Die respektgebietende Mumie von Ramses dem Großen, der im hohen Alter von rund 85 Jahren starb. Museum Kairo.

1. Die Gelehrten des 19. Jahrhunderts waren von der jüdisch-christlichen Welt geprägt, die fest in der biblischen Tradition verankert war. Nach Napoleons Feldzug im Nahen Osten öffnete sich der Westen diesem Teil der Alten Welt. Dabei konnte es nicht ausbleiben, daß die jüdisch-christliche Gesellschaft des 19. Jahrhunderts gefühlsmäßig dazu neigte, die Wahrheit der Erzählungen des Alten Testaments durch archäologische Funde in Ägypten und Palästina zu erhärten.

2. Durch Champollions Entzifferung der Hieroglyphen zeigte sich, daß der Name eines Pharaos öfter als jeder andere auf den Inschriften ägyptischer Denkmäler erwähnt wurde. Die Namen, Titel und Taten von Ramses II. fanden sich überall – auf Denkmälern, die größer und eindrucksvoller waren als alles, was seinen Vorgängern oder Nachfolgern gehörte (abgesehen von den riesigen Pyramiden von Gise). Im 19. Jahrhundert wurde er wegen seiner aufsehenerregenden Vollkommenheit anerkennend »Ramses der Große« genannt. Dieser mächtige Pharao der 19. Dynastie erbaute in seiner langen Herrschaft viele Städte und Tempel im Delta. Am wichtigsten ist jedoch die Gründung einer neuen Hauptstadt in diesem Gebiet, die er Pi-Ramesse – »Haus des Ramses« – nannte.

3. Im ersten Kapitel des Buches Exodus steht, daß nach dem Tode des Wesirs Josef in Ägypten ein »neuer König an die Macht [kam], der Josef nicht gekannt hatte«. Die Ägypter setzten dann über die Israeliten, die unter Josefs Führung nach Ägypten gekommen waren, »Fronvögte« ein, »um sie durch schwere Arbeit unter Druck zu setzen«. Und »sie mußten für den Pharao die Städte Pitom und Ramses bauen« (Exodus 1,8–11).

4. Wenn wir die Punkte eins, zwei und drei miteinander verknüpfen, müssen wir – wie die Gelehrten des 19. Jahrhunderts – zu dem Schluß kommen, daß Ramses II. die Israeliten versklavte und sie zwang, seine neue Hauptstadt im östlichen Delta – das biblische Ramses – zu bauen. Den Namen »Pharao der Bedrückung« mußte der arme Ramses schon immer tragen, zusammen mit Attributen wie »größenwahnsinnig« oder »autokratischer Despot«. Er wurde in absentia angeklagt und für schuldig befunden. So überrascht es kaum, daß er seit der Entdeckung seiner Bauwerke vor zweihundert Jahren in der Regel unter »schlechter Presse« zu leiden hatte. Die Gelehrten des 19. Jahrhunderts hatten Ramses eine Rolle zudiktiert; folglich machten sie seinen direkten Nachfolger, König Merenptah, zum Pharao des Exodus. In jüngster Zeit wurde der Beginn der israelischen Sklaverei um einige Jahre in die Herrschaft von Sethos I. (dem Vater von Ramses II.) vorverlegt, so daß der Exodus während der langen Herrschaft von Ramses II. selbst stattgefunden hätte.[3]

Bis jetzt leuchtet es ein, wie die Gelehrten zu ihren Schlußfolgerungen kamen. Doch im Alten Testament finden wir anderes »historisches« Material, das diese anscheinend direkte Verbindung von Bibel und ägyptischer Geschichte untergräbt. Dieses Material stand auch

131 Der Arm einer Kolossalstatue Ramses' II., die einst vor dem großen Tempel von Pi-Ramesse stand. Er befindet sich heute in einem Weizenfeld in der Nähe des Dorfes Kantir im östlichen Delta.

den damaligen Wissenschaftlern schon zur Verfügung, doch sie gingen darüber hinweg zugunsten der oberflächlich betrachtet reizvollen chronologischen Gleichzeitigkeit, die oben beschrieben wurde. Die folgenden Angaben wurden einfach als »Anachronismen« abgetan.

5. Laut dem Ersten Buch der Könige (6,1–2) fand der Auszug aus Ägypten 480 Jahre vor der Erbauung des ersten Tempels von Jerusalem statt. Der Bau des ersten Tempels, der Jahwe geweiht war, wurde im vierten Jahr der Herrschaft König Salomos begonnen. Im 19. Jahrhundert ging man davon aus, Salomo habe Ende des 11. Jahrhunderts v. Chr. geherrscht; die meisten modernen Bibelwissenschaftler datieren anders: Danach begann die Herrschaft um 971 v. Chr. und die Errichtung des Tempels ungefähr 968 v. Chr.[4] In jedem Fall fand der Auszug dann – entsprechend den biblischen Angaben – im 15. Jahrhundert v. Chr. statt (ungefähr 1447 v. Chr. nach modernen Berechnungen). Die Ägyptologen hatten schon in der Mitte des letzten Jahrhunderts herausgefunden, daß die 67 Jahre andauernde Herrschaft von Ramses II. in das 13. Jahrhundert fiel (die moderne Forschung geht in der Regel von den Jahren 1279 bis 1213 v. Chr. aus[5]). Somit differieren das biblische Datum für die Errichtung der Vorratslager von Ramses und das Datum der Ägyptologen für die Erbauung von Pi-Ramesse um zweihundert Jahre.

6. Doch selbst wenn man unterstellt, daß Ramses II. tatsächlich der Pharao der Bedrückung (und des Exodus) war und daß die Israeliten seine neue Hauptstadt Pi-Ramesse erbauten, so würden wir im Alten Testament keine früheren Hinweise auf einen Ort namens »Ramses« erwarten. Außerdem kann es vor dem Großvater von Ramses II., Ramses I. (ungefähr 1295 v. Chr.) keinen weiteren Herrscher mit Namen Ramses gegeben haben. Der königliche Name Ramses ist mit der 19. Dynastie verbunden. Vorher gab es diesen Ortsnamen nicht; die

132 Ramses II. im hohen Alter. Memphis.

REDAKTOR: Der letzte Bearbeiter der kanonischen Texte des Alten Testaments.

Jahre v. Chr.	Israeliten	Ägypter
1900	Jakob (?) Josef (?)	12. Dynastie
1850		Sesostris III.
1800		Amenemhet III.
1750		
1700	Jakob (?) Josef (?)	13. Dynastie
1650		Hyksos-Zeit
1600	Aufenthalt in Ägypten	
1550		
1500		Ahmose
1450	Moses	Thutmosis III.
1400	Exodus Landnahme	
1350		Amenophis III.
1300		Echnaton Haremhab
1250		Ramses II.
1200	Richter	Merenptah
1150		Ramses III.
1100		
1050	Saul	21. Dynastie
1000	David	
950	Salomo	Siamun
900	Rehabeam	22. Dynastie Scheschonk I.
850		
800		

133 Übliche Chronologie des Alten Testaments: links nach den Angaben der Bibel, rechts nach den Lebensdaten, die den wichtigsten ägyptischen Pharaonen zugeschrieben werden.

ägyptischen Königsstädte wurden nach ihren königlichen Gründern benannt. Folglich wurde Ramses-Stadt von König Ramses erbaut. Doch in Genesis 47,11 ist zu lesen, daß Josef, nachdem er Wesir von Ägypten geworden war, »seinen Vater und seine Brüder [ansiedelte]«. Er »wies ihnen Grundbesitz in Ägypten zu, im besten Teil des Landes, im Gebiet von Ramses, wie der Pharao verfügt hatte«. Sollten die Israeliten also im »Gebiet von Ramses« siedeln, bevor der erste König Ramses den Thron bestiegen hatte? Die Gelehrten entgegneten auf diesen Einwand, der Name »Ramses« sei anachronistisch. Anders gesagt: Der biblische REDAKTOR habe das »Gebiet von Ramses« hinzugefügt, damit die zeitgenössischen Leser die Gegend leichter als das östliche Delta identifizieren konnten – dafür bot sich am besten der Name an, den die Region in den letzten 500 Jahren hatte, seitdem die Stadt Pi-Ramesse gegründet worden war. Doch gemach! Wenn das »Gebiet von Ramses« in Genesis 47,11 ein Anachronismus war, warum sollte dann der Name »Ramses« in Exodus 1,11 nicht auch ein solcher Anachronismus sein – er hätte doch auch für die jüdischen Leser des 6. Jahrhunderts v. Chr. »hinzugefügt« werden können? Das entspricht in etwa folgender Situation: Man schaut in eine moderne Enzyklopädie und liest, daß die Römer den Ärmelkanal überquerten und ungefähr im Jahre 50 n. Chr. das südliche Großbritannien eroberten und daß Kaiser Hadrian schließlich im Jahre 120 n. Chr. bei York eine Garnison der sechsten Legion errichtete. Das ist uns alles völlig klar, doch wir dürfen nicht vergessen, daß der Ärmelkanal im 2. Jahrhundert n. Chr. den lateinischen Namen *Litus Saxonicum* hatte und daß die römische Stadt, die an der Stelle des heutigen York lag, *Eboracum* hieß (der heutige Name der Stadt wurde von »Yorvic« abgeleitet – der wikingischen Stadt, die dort erst im 9. Jahrhundert n. Chr. entstanden war).[6] Würden wir die Soldaten der Sechsten Legion und König Alfred den Großen zu Zeitgenossen machen, nur weil wir in einem Buch gelesen haben, daß die Römer York befestigt haben? Sicherlich nicht. Warum sollten wir also ohne weiteres annehmen, daß Ramses II. der Pharao der Bedrückung war, nur weil laut dem Buch Exodus die Israeliten die Vorratslager von Ramses gebaut haben? Es ist gut möglich – wenn wir an unser Beispiel des »römischen York« denken –, daß die Israeliten an derselben Stelle eine frühere Stadt bauten, die im 6. Jahrhundert v. Chr. schon unter den Ruinen von Pi-Ramesse begraben war. Der biblische Redaktor bezog sich auf diese Stadt natürlich unter dem Namen, der seinen Zeitgenossen am geläufigsten war – »Ramses« (dieser Teil des Deltas wurde bis ins 4. Jahrhundert n. Chr. so bezeichnet[7]). Mit dieser früheren Stadt, die unter Pi-Ramesse begraben liegt, werden wir uns noch beschäftigen, wenn wir nach archäologischen Zeugnissen für den Aufenthalt der Israeliten in Ägypten suchen.

Wie konnten nun die Gelehrten über diese mißlichen Probleme hinweggehen? Zunächst schlugen sie vor, die Erwähnung der 480 Jahre im Ersten Buch der Könige (6,1–2) sei eine ungefähre Zeitangabe, der eine Summe von Generationen zugrunde liege: Einer biblischen Generation (hebr. *dôr* bedeutet »Zeitspanne«[8]) würden vierzig Jahre entsprechen, und vierhundertachtzig lasse sich genau durch vierzig teilen. Folglich ging man davon aus, daß die tatsächliche Zeitspanne zwölf Generationen betrug ($12 \times 40 = 480$). Wie dem auch sei, die Behauptung, die Hebräer hätten als Dauer einer biologischen Generation (von der Geburt des Vaters bis zur Geburt des ältesten überlebenden Sohnes) vierzig Jahre angesetzt, basiert auf einer recht zweifelhaften Argumentation: In Josua 5,6 steht geschrieben: »Denn vierzig Jahre lang wanderten die Israeliten durch die Wüste. Schließlich war das ganze Volk, alle Krieger, die aus Ägypten ausgezogen waren, umgekommen.« Somit hatte Jahwe der Generation, die während des Exodus Ägypten verlassen hatte, nicht gestattet, ins Gelobte Land zu ziehen. Folglich, so wird argumentiert, entsprach in den Augen des biblischen Volkes eine Generation vierzig Jahren. Aber der Zusammenhang von Josua 5,6 zeigt doch eher, daß es vierzig Jahre dauerte, bis die *Erwachsenen*-Generation *ausgestorben* war – was nicht das gleiche ist wie eine biologische Generation (Geburt bis Geburt), sondern eher die Zeitspanne vom Beginn des Mannesalters bis zum Tod. Tatsächlich wird an keiner Stelle der Bibel behauptet, eine Generation betrage vierzig Jahre. Diese Vorstellung ist eine Erfindung der Bibelwissenschaftler.

Natürlich wissen wir alle, daß eine Generation kürzer als vierzig Jahre ist – genaugenommen rund fünfundzwanzig Jahre. Also entsprechen zwölf Generationen tatsächlich einer Zeitspanne von dreihundert Jahren ($12 \times 25 = 300$). Wenn man nun zum Gründungsjahr des Tempels von Salomo (968 v. Chr.) 300 Jahre addiert, wird 1268 v. Chr. zum Jahr des Exodus. Nach Ansicht der Wissenschaftler des 19. Jahrhunderts bewies dieses Datum den Zusammenhang von Ramses II. und den letzten Jahren des Aufenthaltes der Kinder Israel in Ägypten. Wie schon erwähnt stellen einige Wissenschaftler, darunter Kitchen selbst, aufgrund der heute anerkannten Regierungsdaten von Ramses II. (1279 bis 1213 v. Chr.) eine neue Datierung auf. Danach fällt die erste Zeit der Bedrückung in die Herrschaft Sethos' I., während sein Sohn Ramses II. die neue Rolle als Pharao des Auszugs bekommt.[9]

Am Ende der Übung sind von den 480 Jahren zwischen dem Auszug aus Ägypten und dem vierten Jahr der Herrschaft König Salomos auf wundersame Weise nur noch 300 Jahre geblieben.

Trotz allem ist dieses Kunststück wohl vergeblich, denn wir müssen auch den Vers Richter 11,26 in Betracht ziehen, der für die Zeitspanne von 480 Jahren zu sprechen scheint. An dieser Stelle verhandelt der israelitische Richter Jiftach mit dem König der Ammoniter. Er bezieht sich auf die Zeit, in der die Israeliten in Heschbon

Jahr v.Chr.	Israeliten	Ägypter
1800		
1750		13. Dynastie
1700		
1650		Hyksos-Zeit
1600	Jakob Josef	
1550		Ahmose
1500		Thutmosis III.
1450	Aufenthalt in Ägypten	
1400		Amenophis
1350		Echnaton
1300		Haremhab
1250	Moses	Ramses II.
1200	Exodus Landnahme	Merenptah
1150		Ramses III.
1100	Richter	
1050	Saul	21. Dynastie
1000	David	
950	Salomo	Siamun 22. Dynastie
900	Rehabeam	Scheschonk I.
850		
800		

134 Revidierte Chronologie des Alten Testaments nach dem Synchronismus Ramses II./Pi-Ramses.

und Aroër siedelten, bevor sie ins Gelobte Land einzogen – anders ausgedrückt, rund vierzig Jahre zuvor fand der Auszug aus Ägypten statt (die Jahre des Wanderns im Sinai sind beendet). Jiftach gibt an, daß zwischen dieser Ansiedlung in Transjordanien und seiner eigenen Zeit 300 Jahre liegen. Jiftach – einer der letzten Richter, die über die israelitischen Stämme herrschten, bevor sie ihren ersten König Saul salbten – wird normalerweise auf Ende des 12. Jahrhunderts v. Chr. datiert (zwischen ungefähr 1130 und 1110 v. Chr.).[10] Wenn wir für unsere Berechnung das Jahr 1120 annehmen, dann die 300 Jahre aus Richter 11,26 und die vierzig Jahre der Wanderung addieren, erhalten wir als Jahr des Auszugs ungefähr 1460 v. Chr. Dies bekräftigt das aus dem Ersten Buch der Könige (6,1–2) abgeleitete Jahr 1447 und bestätigt somit die Zeitspanne von 480 Jahren. Da 300 weder durch vierzig noch durch zwölf teilbar ist und deshalb nicht wie die Zahl 480 manipuliert werden konnte, haben die biblischen Chronologen beschlossen, diese Angabe von Jiftach zu ignorieren.

4 Es gibt keinen zwingenden Beweis dafür, daß Ramses II. der biblische Pharao der Bedrückung oder des Auszugs war. Die Erwähnung der Vorratsstadt Ramses, auf der diese Gleichsetzung basiert, ist vermutlich nur anachronistisch.

»Schischak, der König von Ägypten,
zog also gegen Jerusalem.
Er raubte die Schätze des Tempels und
die Schätze des königlichen Palastes
und nahm alles weg,
auch die goldenen Schilde,
die Salomo hatte anfertigen lassen.«

2 Chronik 12,9

5

Die vier großen Säulen

136 Ausschnitt aus der großen Stele des Assarhaddon: Taharka und Abimilku, König von Tyrus, flehen um ihr Leben vor der aufragenden Figur des assyrischen Königs.

135 Seite 147: Gefesselte Sklaven auf dem Feldzugsrelief Scheschonks I. in Karnak.

Inzwischen sollte deutlich geworden sein, daß die ägyptische Chronologie großen Einfluß auf die Diskussion über die Historizität der biblischen Geschichten ausübt. Die Pharaonenkultur gibt den zeitlichen Rahmen ab, nach dem die archäologischen Schichten in Palästina, in denen nach Belegen für das alttestamentliche Geschehen gesucht wird, eingeordnet werden. Wird beispielsweise in dem Ruinenhügel einer Stadt ein Kult- oder Gebrauchsgegenstand mit der Kartusche Ramses' II. gefunden, so ist diese Schicht – nach der traditionellen Chronologie – auf das 13. Jahrhundert zu datieren. Wenn die Ägyptologen aber Ramses in das 10. Jahrhundert vordatieren müßten, würde diese Schicht nicht mehr der Zeit vor dem Exodus, sondern der Regierungszeit Salomos zugeordnet werden. Als Folge hiervon würde König Salomo statt in einer kulturell kümmerlichen Periode wie der Eisenzeit nun in der hochentwickelten Späten Bronzezeit situiert werden. Ganz offensichtlich können die historischen Israeliten erst dann ihren Platz im archäologischen Umfeld des Nahen Ostens erhalten, wenn die ägyptische Chronologie präzise definiert worden ist.

Die Datierung der Pharaonenkultur basierte bisher auf einigen Schlüsselereignissen; auf den ersten Blick sind sie miteinander verflochten und bekräftigen sich gegenseitig. Vier große Säulen stützen das chronologische Gebäude Ägyptens; deren Standhaftigkeit wollen wir nun überprüfen.

Die Plünderung von Theben

Die erste dieser Säulen ist zweifellos ein gesichertes historisches Datum – und soll in dieser Arbeit auch nicht in Frage gestellt werden. In einem Rachefeldzug schickte der assyrische König ASSURBANIPAL 664 v. Chr. ein Heer nach Ägypten und ließ die heilige Stadt Theben plündern. (Unter der Führung von Pharao Taharka hatten die Ägypter gegen die assyrische Besetzung ihres Landes revoltiert.) Das geschichtliche Datum 664 v. Chr. wird durch ein ganzes Netzwerk von Daten belegt, die aus verschiedenen unabhängigen Quellen stammen, darunter BEROSSOS, Manetho, den assyrischen und babylonischen Chroniken, den Apisstelen und den ägyptischen Herrschaftsdaten auf Denkmälern. Wir können ohne Einschränkung feststellen, daß dieser entscheidende Zeitpunkt in der ägyptischen Chronologie unser erster wirklicher Fixpunkt in der Geschichte ist.

ASSURBANIPAL: Regierungszeit 669–627 v. Chr.

BEROSSOS: Ein babylonischer Priester. Er schrieb drei Bücher über die babylonische Geschichte, für die er die Archive des Baal-Tempels in Babylon verwendete. Seine Bücher, in Griechisch verfaßt, waren in Griechenland und Rom bekannt. Wie bei Manetho sind von seinem Werk nur Auszüge in den Schriften von Josephus, Eusebius und Syncellus bekannt. Seine Schaffensperiode lag etwa um 260 v. Chr.

137 Jean-François Champollion.

BUBASTIDEN-PORTAL: Tor, das von den Königen der 22. Dynastie errichtet und geschmückt wurde. Nach Meinung Manethos ist Bubastis deren Hauptstadt gewesen.

138 Die südliche Außenmauer der Hypostylen-Halle in Karnak: links das Bubastiden-Portal (in der Mitte des diagonalen Schattens); das Feldzugsrelief Scheschonks I. befindet sich unmittelbar rechts vom Tor.

Schischak und Scheschonk

Entsprechend der Gleichsetzung von Pi-Ramesse und der biblischen Ramsesstadt fanden die Bibelwissenschaftler des 19. Jahrhunderts und ihre Kollegen, die neue Zunft der Ägyptologen, eine weitere chronologische Verbindung zwischen Ägypten und der Bibel. Einmal mehr zeigte sich, daß diese Gelehrtengeneration tief in den biblischen Texten verwurzelt war. Die Verbindung schien die von ihnen erdachte Chronologie zu bestätigen, die auf der Gleichsetzung von Ramses dem Großen mit dem Pharao der Bedrückung beruhte.

Im Jahre 1828 machte Champollion schließlich gemeinsam mit seinem Begleiter Professor Ippolito Rosellini von der Universität Pisa seine erste (und einzige[1]) Reise nach Ägypten. Endlich sah er die imposanten Inschriften der Tempel und Grabstätten und konnte die Worte der Pharaonen und Götter an Ort und Stelle dokumentieren.

So stand Champollion selbst vor der Triumphszene von König Hedjchepere Scheschonk I., die in die Südfassade des BUBASTIDEN-PORTAL in Karnak eingemeißelt ist. Auf der rechten Seite konnte er die schwachen Umrisse des Pharaos erkennen – er trägt die große weiße Krone von Oberägypten, hebt den rechten Arm und hält in der geballten Hand den königlichen Krummstab, mit dem er im nächsten Augen-

blick die Köpfe der gefesselten Gefangenen zerschmettern wird. Auf der linken Seite der Mauer stehen die königliche Figur des Amun, des Gottes von Karnak, und unter ihm die Göttin »Siegreiches Theben«. Beide ziehen in Richtung des Königs Reihen aneinandergebundener, ovaler Namensringe, auf denen sich die Köpfe gefangener Häuptlinge befinden. Jeder Name ist von einem krenelierten Rahmen umgeben, der die Form einer Festungsbalustrade hat; sie symbolisiert eine Stadtmauer. Die Hieroglyphen innerhalb der Ringe geben die Namen der Städte wieder, die König Scheschonk bei seinem Feldzug nach Palästina im 20. Regierungsjahr erobert hat.[2]

Champollion begann nun, die Städtenamen zu lesen: Ajalon, …, Gibeon, Mahanajim, …, Bet-Schean, Schunem, Taanach, Megiddo – sie alle waren aus dem Alten Testament bekannt. Dann kam er zum Namensring 29 und las folgende Zeichen: *y-w-d-h-m-l-k*. War das möglich? Er vokalisierte die Konsonanten (die alten Ägypter schrieben keine Vokale): *Iouda-ha-malek* – »Juda« (hebr. *Yehud*) und »das Königreich« (hebr. *ka-malcûth*).[3] Hatte Pharao Scheschonk das Königreich Juda erobert? Natürlich hatte er! Wie das Erste Buch der Könige (14,25–26) und das Zweite Buch der Chronik (12,2–9) bestätigen, marschierte der ägyptische König Schischak im 5. Regierungsjahr von König REHABEAM, dem Sohn Salomos, in Juda

139 Die ersten drei Reihen der Städtelisten des Feldzugs Scheschonks I.: Der Name Yadhamelek befindet sich in dem Rahmen rechts unten; ein Pfeil (links in der Mitte) zeigt die Stelle, an der Jerusalem hätte erwähnt werden müssen, wenn Scheschonk mit Schischak gleichzusetzen wäre.

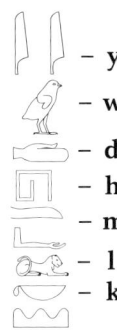

– y
– w
– d
– h
– m
– l
– k

REHABEAM: König von Juda, Regierungszeit 931–913 v. Chr.

ein und raubte alle Schätze des Jahwe-Tempels zum Ausgleich dafür, daß er Jerusalem nicht plünderte. Champollion war begeistert: Er hatte eine weitere entscheidende chronologische Beziehung zwischen den Ereignissen der Bibel und der Geschichte der Pharaonen gefunden. Von diesem Augenblick an wurde Scheschonk I., der Begründer der 22. Dynastie, gleichgesetzt mit dem biblischen König Schischak, der im 5. Regierungsjahr Rehabeams den Tempel Salomos plünderte. Dieses Ereignis wurde – nach der biblischen Chronologie – auf die erste Hälfte des 10. Jahrhunderts v. Chr. datiert.

Die Bücher der Könige und die Bücher der Chronik gehen auf chronologische Zusammenhänge zwischen den Regierungszeiten von Königen Israels und Judas zur Zeit der GETRENNTEN REICHE ein. Unter Berücksichtigung assyrischer Chroniken, in denen die hebräischen Herrscher aufgeführt werden, konnten die Wissenschaftler aus diesen Angaben eine mit hoher Wahrscheinlichkeit korrekte biblische Chronologie für die Zeit nach Salomo erstellen. Die scharfsinnigen Untersuchungen des amerikanischen Bibelchronologen Edwin Thiele[4] ergaben, daß die Daten des Alten Testaments um fünfzig Jahre zu kürzen sind: Das 5. Regierungsjahr Rehabeams fällt nun auf das Jahr 925 v. Chr. Das 20. Regierungsjahr Scheschonks I. fällt auf dasselbe Jahr, sein erstes Regierungsjahr (und somit die Gründung der 22. Dynastie) auf das Jahr 945 v. Chr. Damit stand die zweite große Säule der ägyptischen Chronologie.

SÄULE ZWEI Scheschonk I., der Gründer der 22. Dynastie, ist mit dem biblischen Schischak, dem »König von Ägypten«, gleichzusetzen, der nach dem Ersten Buch der Könige (14,25–26) und dem Zweiten Buch der Chronik (12,2–9) nach Jerusalem zog und im 5. Regierungsjahr Rehabeams den Tempel Salomos plündern ließ. Nach der allgemein anerkannten biblischen Chronologie von Edwin Thiele fand das Ereignis im Jahr 925 v. Chr. statt.

Wieder einmal schienen die ägyptischen Denkmäler den Bericht der Bibel zu bestätigen. Freilich, wenn wir uns die Inschrift zu Scheschonks Feldzug genauer anschauen, bricht das gesamte Bauwerk zusammen.

Erstens machte Champollion einen gravierenden Fehler, als er den Namensring 29 als *Iouda-ha-malek* (»Königreich Juda«) las. Schon im Jahre 1888 legte Wilhelm Max-Müller dar[5], daß der Ring 29 als *Yad-ha-melek* gelesen werden muß, was wörtlich übersetzt »Hand des Königs« bedeutet und als »Denkmal« oder »Stele des Königs« verstanden werden muß. Anders gesagt, es handelt sich um einen Ort in Palästina, an dem ein unbekannter Herrscher eine Gedenkstele aufgestellt hatte.

Zweitens zeigt die geographische Lage dieses Yadhamelek, wie voreilig Champollion bei seiner Interpretation war.[6] Aufgrund der Anordnung der Liste muß sich der Ort im nördlichen Israel befinden, also außerhalb der Grenzen Judas; der Namensring 29 kann daher nicht mit »Königreich Juda« übersetzt werden.

140 Namensring 29: Die Hieroglyphen ergeben das Wort »Yadhamelek«.

Was wissen wir aus den entsprechenden Bibelpassagen über den Feldzug Schischaks?

> Salomo suchte nun Jerobeam zu töten. Doch dieser machte sich auf und floh nach Ägypten zu Schischak, dem König von Ägypten. Dort blieb er bis zum Tod Salomos (1 Könige 11,40).

Im letzten Regierungsjahr Salomos wurde JEROBEAM, der Sohn Nebats, zu einer Bedrohung für den Thron. Als Salomo ihm nach dem Leben trachtete, floh Jerobeam nach Ägypten, wo er vom Pharao Schischak beschützt wurde. Er heiratete sogar die Schwester der ägyptischen Königin. Nach Salomos Tod kehrte Jerobeam nach Israel zurück und wurde zum König der zehn Nordstämme ernannt. REHABEAM, Salomos ältester Sohn und legitimer Nachfolger, herrschte nur noch über ein Rumpfreich – das Königreich Juda mit den beiden Stämmen Juda und Benjamin. Jerobeam machte Sichem zu seiner Hauptstadt, während Rehabeam Jerusalem behielt. Diese Teilung des israelitischen Königreiches (die bis zum Fall von Samaria im Jahre 722 v. Chr. andauerte) ist in wissenschaftlichen Kreisen als »Schisma« oder »die getrennten Reiche« bekannt.

JEROBEAM I.: König von Israel, herrschte 931 – 910 v. Chr.

> Rehabeam blieb in Jerusalem. Er baute Städte in Juda zu Festungen aus. Er baute aus: Betlehem, Etam, Tekoa, Bet-Zur, Socho, Addullam, Gat, Marescha, Sif, Adorajim, Lachisch, Aseka, Zora, Ajalon und Hebron, die alle in Juda und Benjamin lagen, lauter Festungen. Er machte die Festungen stark, setzte Befehlshaber über sie ein und legte Vorräte an Nahrungsmitteln, Öl und Wein in ihnen an. In jede einzelne Stadt brachte er Schilde und Lanzen. So machte er sie sehr stark. Rehabeam herrschte über Juda und Benjamin (2 Chronik 11,5 – 12).

Warum wurde Rehabeam von der Befestigung dieser fünfzehn Städte so sehr in Anspruch genommen? Welche Gefahr fürchtete er für sein kleines Bergkönigreich? Sicherlich fühlte er sich von seinem neuen Nachbarn im Norden bedroht; doch die Festungen bildeten einen Bogen um den Westen und Süden Judas. Kam die Bedrohung also aus dem Süden? Die folgende Passage aus dem Zweiten Buch der Chronik ist hierzu von entscheidender Bedeutung:

> Als er aber seine Herrschaft gefestigt und er stark geworden war, fiel er mit ganz Israel vom Gesetz des Herrn ab. Im fünften Jahr des Königs Rehabeam zog Schischak, der König von Ägypten, gegen Jerusalem, da sie dem Herrn untreu geworden waren. Er kam mit zwölfhundert Wagen und sechzigtausend Wagenkämpfern. Zahllos war das Kriegsvolk, das mit ihm aus Ägypten kam: Libyer, Sukkijiter und Kuschiter. Er eroberte die Festungen in Juda und rückte vor Jerusalem (2 Chronik 12,1 – 4).

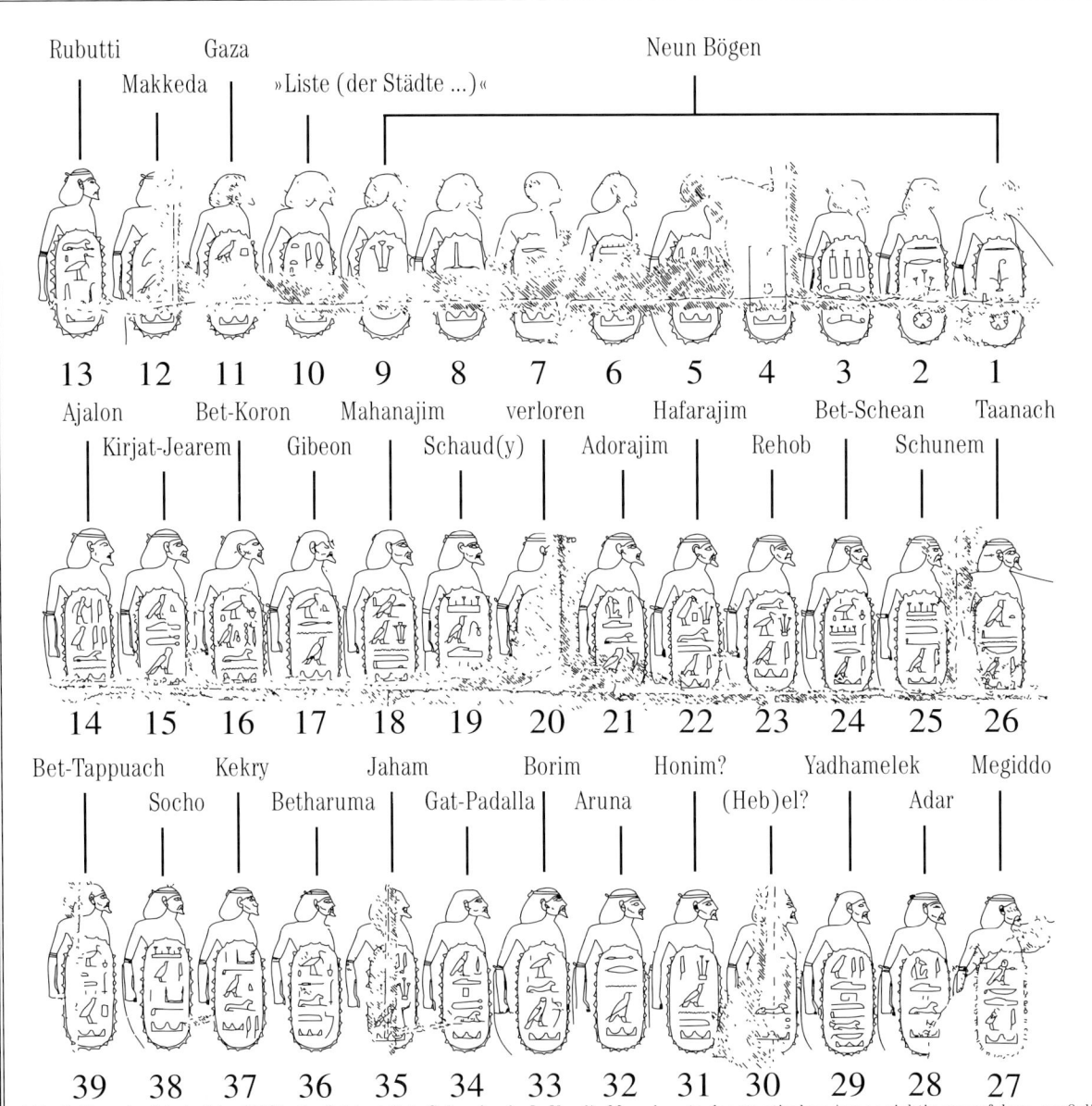

Rubutti Gaza   Neun Bögen

Makkeda »Liste (der Städte ...)«

| 13 | 12 | 11 | 10 | 9 | 8 | 7 | 6 | 5 | 4 | 3 | 2 | 1 |

Ajalon Bet-Koron Mahanajim verloren Hafarajim Bet-Schean Taanach

Kirjat-Jearem Gibeon Schaud(y) Adorajim Rehob Schunem

| 14 | 15 | 16 | 17 | 18 | 19 | 20 | 21 | 22 | 23 | 24 | 25 | 26 |

Bet-Tappuach Kekry Jaham Borim Honim? Yadhamelek Megiddo

Socho Betharuma Gat-Padalla Aruna (Heb)el? Adar

| 39 | 38 | 37 | 36 | 35 | 34 | 33 | 32 | 31 | 30 | 29 | 28 | 27 |

141   Reihen eins bis drei der Städte der Feldzugsliste Scheschonks I.: Um die Marschroute der ägyptischen Armee richtig zu verfolgen, muß die Inschrift boustrophedon gelesen werden (d. h. von rechts nach links, dann von links nach rechts und wieder von rechts nach links usw.). Der Feldzug beginnt mit den traditionellen Feinden Ägyptens, den sogenannten »Neun Bögen« (1–9). Dann trägt ein einzelner Namensring den einleitenden Satz »Liste der Städte (…)«. Der eigentliche Feldzug beginnt mit Gaza (11); die Truppen durchqueren die Schefela (12–14) und erklimmen über den Ajalonpaß den Zentralkamm Palästinas bis nach Bet-Horon und Gibeon. Dann folgt eine große Lücke in der Darstellung, denn die nächste Stadt ist erst Mahanajim auf der anderen Seite des Jordans (18). Das Gros von Scheschonks Heer marschiert im Jordantal weiter Richtung Norden bis nach Bet-Schean (24), wo er westwärts ins Jesreel-Tal zieht. Dann folgen die beiden größeren Städte Taanach (26) und Megiddo (27), die am Ende der zweiten bzw. am Anfang der dritten Reihe stehen (Beleg dafür, daß bustrophedon gelesen werden muß). Danach wird eine Reihe von Städten im westlichen Jesreel-Tal unterworfen, worauf die Armee den Kamm des Karmel über den Arunapaß überquert und weiter durch die Scharon-Ebene Richtung Süden nach Ägypten zieht. Die anderen Reihen der Städteliste stellen den Weg einer zweiten Streitmacht dar, die die Städte im Jabboktal (in Transjordanien), das zentrale Hügelland von Efraim (Sichem und Tirza) und eine Reihe von Festungen im Negev, südlich von Juda, unterwerfen sollte. In der Liste wird nur eine Stadt erwähnt, die den Angaben zufolge zum Königreich Juda gehört (Ajalon).

142 Ausschnitt aus der zweiten Reihe der Feldzugsliste Scheschonks I. Der Pfeil zeigt, wo die Stadt Jerusalem stehen müßte (zwischen Gibeon, links, und Mahanajim, rechts), wenn Scheschonks Feldzug mit dem des Schischak aus 1 Könige 14,25–26 und 2 Chronik 12,2–9 gleichzusetzen wäre.

Schischaks Armee war gewaltig und bestand aus fremden Söldnern und ägyptischen Truppen. Unter diesen »zahllosen« Fremden waren auch Kuschiten – Soldaten aus dem kriegerischen Königreich von Kusch, das im oberen Gebiet der großen Nilbiegung bei Dongola zwischen dem dritten und vierten Katarakt (im heutigen Sudan) lag. Diese mächtige Streitmacht konnte Rehabeams Festungen leicht überwältigen und stand rasch vor den Toren der Hauptstadt des Südreiches.

> Schischak, der König von Ägypten, zog also gegen Jerusalem. Er raubte die Schätze des Tempels und die Schätze des königlichen Palastes und nahm alles weg, auch die goldenen Schilde, die Salomo hatte anfertigen lassen (2 Chronik 12,9).

Ohne Hoffnung auf Rettung öffnete Rehabeam die Tore Jerusalems und erlaubte den Ägyptern, alle Schätze des Königreiches, die von seinen Vorgängern David und Salomo stammten, mitzunehmen. Als Gegenleistung für diese Geste der Unterwerfung zog Schischak weiter; Jerusalem wurde zwar bestraft, aber nicht zerstört.

Diese grundlegenden Tatsachen können dem biblischen Bericht entnommen werden. Nun wollen wir sehen, was wir aus der am Bubastiden-Portal in Karnak befindlichen Städteliste, die den Feldzug Pharao Scheschonks I. während seines 20. Regierungsjahrs beschreibt, ableiten können.

Die Liste scheint den Verlauf des Feldzugs korrekt wiederzugeben. Insgesamt besteht sie aus zehn Reihen mit Namensringen. Die Reihen VI bis X beschreiben einen zweiten Feldzug in die Wüste NEGEV südlich von Juda, der unsere Fragestellung nicht betrifft. Uns interessieren nur die Reihen I bis V, alles in allem rund fünfundsechzig Namen.

Wir lesen die Reihen von Namensringen BUSTROPHEDON, d. h. von rechts nach links, dann eine Reihe tiefer von links nach rechts, dann die nächste Reihe von rechts nach links, usw. Die Reihe I beginnt rechts mit den Namen der »Neun Bögen« – den »traditionellen Feinden« Ägyptens (Nummer 1 bis 9); nach einem einleitenden

NEGEV: das weitläufige unfruchtbare Ödland zwischen der Ebene von Philistäa und dem Wadi al-Araba südlich des Toten Meeres.

BUSTROPHEDON: (griech.) »in der Art der Ochsenkehre (beim Pflügen)«.

Satz (Nr. 10) beginnt der Feldzug selbst mit der Nennung von G[aza], Makkeda und Rubuti (Nr. 11, 12 und 13). Die beiden letztgenannten Städte befinden sich in der Schefela – dem Hügelland zwischen der Küstenebene und dem Gebirgsmassiv des zentralen Berglandes von Palästina. Offensichtlich waren die Truppen Scheschonks von Gaza an der Küste aufgebrochen und zogen nach Norden ins Landesinnere.

In der zweiten Reihe finden wir ganz links Ajalon (Nr. 14). Die Ägypter beabsichtigten, entlang einer Straße, die in der Nähe von Ajalon beginnt und auf den zentralen Kamm führt, ins Hochland vorzustoßen. An siebzehnter Stelle steht Gideon. Wenn Scheschonk als der biblische Schischak identifiziert werden soll,

143 Die Feldzugsroute Scheschonks I. auf einer Karte Palästinas mit den von Rehabeam befestigten Städten, die angeblich von König Schischak von Ägypten eingenommen wurden. Die Stoßrichtung des Feldzugs galt dem Königreich Israel und dem Negev; das Eindringen in das Königreich Juda wurde vermieden.

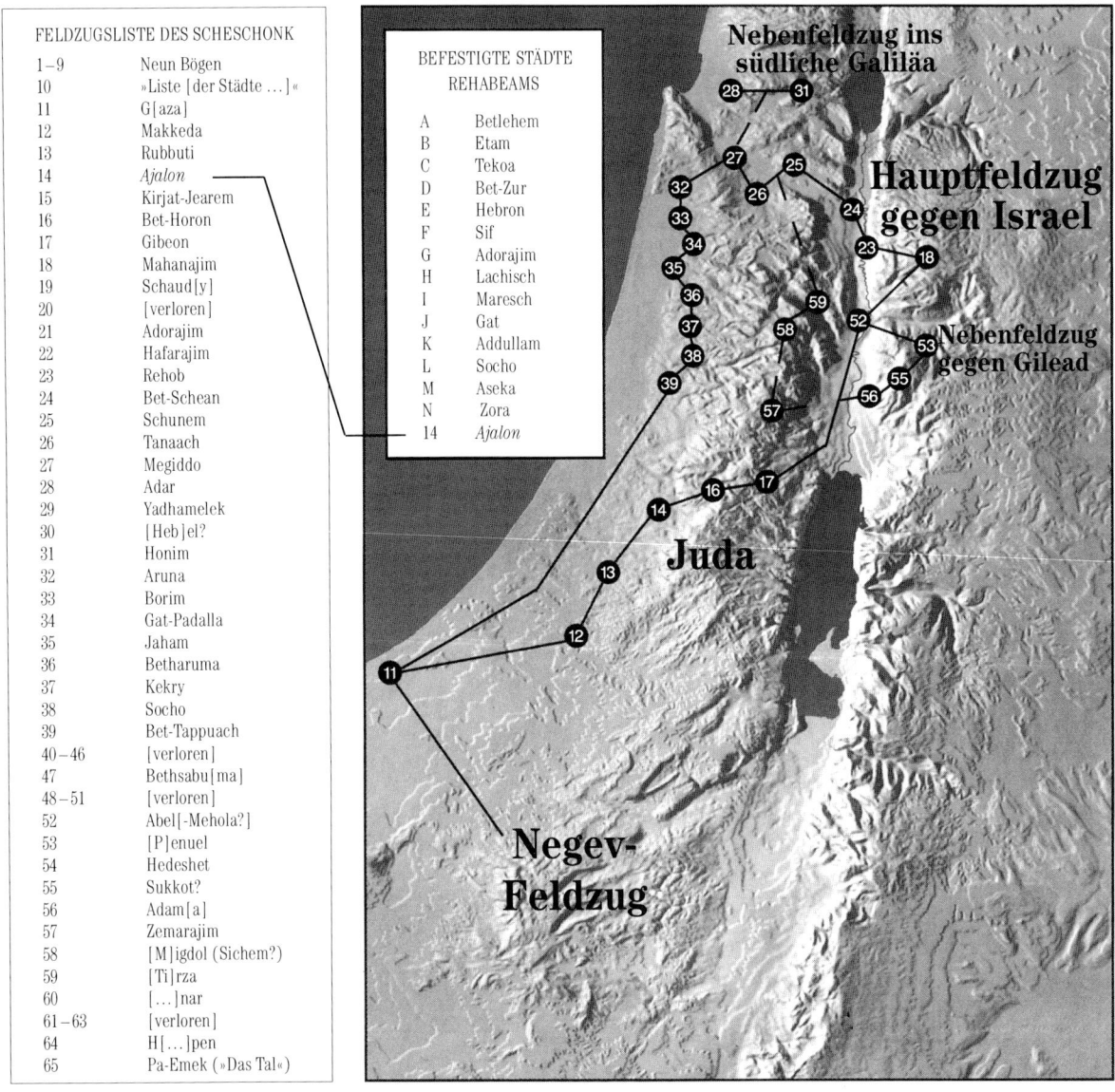

FELDZUGSLISTE DES SCHESCHONK

1–9	Neun Bögen
10	»Liste [der Städte …]«
11	G[aza]
12	Makkeda
13	Rubbuti
14	*Ajalon*
15	Kirjat-Jearem
16	Bet-Horon
17	Gibeon
18	Mahanajim
19	Schaud[y]
20	[verloren]
21	Adorajim
22	Hafarajim
23	Rehob
24	Bet-Schean
25	Schunem
26	Tanaach
27	Megiddo
28	Adar
29	Yadhamelek
30	[Heb]el?
31	Honim
32	Aruna
33	Borim
34	Gat-Padalla
35	Jaham
36	Betharuma
37	Kekry
38	Socho
39	Bet-Tappuach
40–46	[verloren]
47	Bethsabu[ma]
48–51	[verloren]
52	Abel[-Mehola?]
53	[P]enuel
54	Hedeshet
55	Sukkot?
56	Adam[a]
57	Zemarajim
58	[M]igdol (Sichem?)
59	[Ti]rza
60	[...]nar
61–63	[verloren]
64	H[...]pen
65	Pa-Emek (»Das Tal«)

BEFESTIGTE STÄDTE REHABEAMS

A	Betlehem
B	Etam
C	Tekoa
D	Bet-Zur
E	Hebron
F	Sif
G	Adorajim
H	Lachisch
I	Maresch
J	Gat
K	Addullam
L	Socho
M	Aseka
N	Zora
14	*Ajalon*

Nebenfeldzug ins südliche Galiläa

Hauptfeldzug gegen Israel

Nebenfeldzug gegen Gilead

Juda

Negev-Feldzug

müßte der nächste Ort Jerusalem sein, doch statt dessen finden wir Mahanajim (Nr. 18) vor – eine Stadt in Transjordanien. Jerusalem wird gar nicht erwähnt! In Reihe II werden einige Städte des Jordantals (Nr. 19 bis 23) aufgeführt, ihnen folgen Bet-Schean, Schunem und Taanach (Nr. 24, 25 und 26). Reihe II beginnt rechts mit Megiddo (Nr. 27), und in der Folge werden Orte in der Umgebung genannt (darunter auch Yadhamelek). Die Reihe endet mit Socho und Bet-Tappuach in der Scharon-Ebene, die sich schon wieder an der Küste südlich des Karmelgebirges befinden. Reihe IV ist aufgrund starker Verwitterung vollkommen zerstört, doch lassen die Namen aus Reihe V, von denen die meisten im Jordantal und auf dem zentralen Kamm der Berge von Israel liegen, die Annahme zu, daß die Reihen IV und V den Weg einer zweiten Streitmacht wiedergeben, die sich im Jordantal von der Hauptarmee trennte und bei Megiddo wieder zu ihr stieß.

Offensichtlich marschierte das Gros der ägyptischen Armee über das zentrale Bergland hinunter ins Jordantal, dann zum östlichen Anfang des Jesreel-Tals und weiter westwärts bis zum Kamm des Karmel; danach zog es an der Küste entlang heimwärts Richtung Süden. Eine zweite untergeordnete Streitmacht besetzte das Gebiet des Nordreiches, und eine dritte zog in den Negev. Der Hauptfeldzug betraf nicht das Königreich Juda, sondern zog an der nördlichen Grenze entlang. Nur eine der Städte, die als von Rehabeam befestigt erwähnt werden, gehört zu den eroberten – die übrigen vierzehn werden überhaupt nicht erwähnt. Die wirklichen Ziele des Feldzugs von Scheschonk waren das Jordantal, das Jesreel-Tal und der Negev. Wenn Scheschonk I. mit dem biblischen Schischak gleichzusetzen wäre, warum hat er dann seinen Verbündeten Jerobeam in Israel angegriffen und gleichzeitig peinlich vermieden, in das Gebiet dessen Feindes, König Rehabeam, einzudringen? Hier geht alles durcheinander: Schischak greift Juda an und plündert in Jerusalem den Jahwe-Tempel, Scheschonk greift Israel an und erwähnt Jerusalem in den Aufzeichnungen seines Feldzuges nicht als eine der eroberten Städte; Schischak ist mit Israel verbündet und unterwirft Juda, während Scheschonk Israel unterwirft und die Konfrontation mit Juda vermeidet. Können wir da immer noch behaupten, der Palästinafeldzug Scheschonks I. sei mit jenem von Schischak, der in den Büchern der Könige und der Chronik erwähnt wird, identisch?

Wir stehen hier vor einem grundlegenden methodologischen Problem: Die Forscher untermauern die ägyptische Chronologie mit einem biblischen Synchronismus. Sie akzeptieren ohne weiteres die Namensgleichung Scheschonk = Schischak und behaupten, der Feldzug im 20. Regierungsjahr Scheschonks I. und Schischaks Angriff gegen Jerusalem seien ein und dasselbe. Auf diese Weise werden die offensichtlichen Widersprüche zwischen den beiden Quellen mißachtet. Wer biblische Angaben sowohl für die Chronologie Ägyptens als auch für den stratigraphischen Rahmen der levantinischen Archäologie nutzt, darf nicht willkürlich bestimmte Teile des historischen Materials aus der biblischen Quelle ignorieren, nur weil sie nicht zur eigenen Theorie passen. Wenn es sich hier um einen verläßlichen historischen Synchronismus handeln würde, müßten die Tatsa-

Beginn der Dritten Zwischenzeit: 1069 v. Chr.

21. Dynastie
Die Daten der 21. Dynastie werden zurückgerechnet vom Jahr 945 v. Chr. (d. h. dem ersten Regierungsjahr Scheschonks I.). Unter Berücksichtigung von Herrschaftsdaten aus zeitgenössischen Texten und Manethos Darstellung wird als erstes Regierungsjahr des Dynastiebegründers Smendes das Jahr 1069 v. Chr. errechnet.

22. Dynastie
20. Regierungsjahr Scheschonks I. = 925 v. Chr. mit Hilfe des biblischen Synchronismus' von 1 Könige (14,25 – 26) und 2 Chronik (12,2 – 9).

23. Dynastie
Die 23. Dynastie überschneidet sich mit der 22. durch eine Doppelregentschaft. Dies geht aus einem Text aus Karnak hervor, in dem die Pegelstände der alljährlichen Nilschwelle verzeichnet sind. Da die Jahre mit dem Namen der regierenden Pharaonen bezeichnet wurden, bedeuten zwei Namen für einen Pegelstand, daß es sich um Doppelregentschaft handelt: Scheschonk III. (22. Dynastie) und Petubastis I. (23. Dynastie) waren Zeitgenossen.

24. Dynastie

25. Dynastie
Als Ende der 25. Dynastie gilt das Jahr 664 v. Chr. – die Plünderung Thebens durch Assurbanipals Truppen. Anhand von Herrschaftsdaten von Denkmälern wird der Beginn der Dynastie um 716 v. Chr. angesetzt.

Ende der Dritten Zwischenzeit : 664 v. Chr.

144 Grundstruktur der Dritten Zwischenzeit nach der traditionellen Chronologie von Kenneth Kitchen.

Die Namen Scheschonk und Schischak

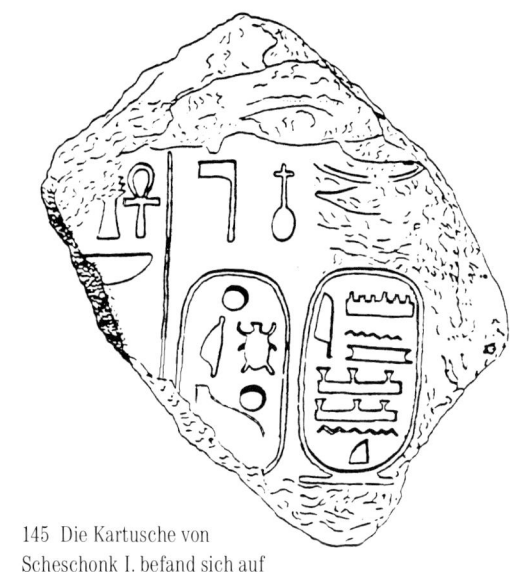

145 Die Kartusche von Scheschonk I. befand sich auf einem Stelenfragment aus Megiddo. Die Hieroglyphen des Königsnamens lauten Sch-sch-n-k.

Der Name Scheschonk wird in ägyptischen Hieroglyphen normalerweise *Sch-sch-n-k*, manchmal auch *Sch-sch-k* ohne »n« geschrieben. Die zweite Form scheint somit genau dem biblischen Namen Schischak zu entsprechen. Dennoch wird der Name auf den wenigen Denkmälern in Palästina, auf denen er gefunden wurde, immer mit »n« geschrieben. Darüber hinaus gibt ein zeitgenössischer Text in ostsemitischer (akkadischer) Keilschrift den Namen Scheschonk als *Susink* wieder – also mit »n« und der üblichen Transposition des ägyptischen »sch« zu semitischem »s«. Dies zeigt deutlich, daß das »n« zur Aussprache des Königsnamens gehörte, auch unter der semitischsprachigen Bevölkerung des Nahen Ostens. Insofern kann man den biblischen Namen Schischak nicht einfach mit Scheschonk gleichsetzen. Tatsächlich ist es bei der Hieroglyphenschrift üblich, nicht alle Laute anzugeben, die ein Wort ausmachen; die Schrift ist Teil der Denkmalskunst und als solche eher von ästhetischen Prinzipien als reiner Phonetik geprägt. Mit anderen Worten: der Wegfall des »n« hat etwas mit der Form der Inschrift, nicht aber mit der Aussprache des Namens Scheschonk zu tun.

chen aus beiden Quellen, die angeblich ein und dasselbe historische Ereignis wiedergeben, in wesentlichen Punkten übereinstimmen. Doch so wie die Dinge liegen, widersprechen sich die Quellen. Das Vertrauen auf diesen Schlüsselsynchronismus ist unangebracht und das daraus resultierende chronologische Eckdatum höchst zweifelhaft.

Wie groß das Vertrauen in diesen Synchronismus ist, geht aus einer Behauptung Professor Kitchens hervor. Um den Beginn der 25. Dynastie festzulegen, addiert Kitchen zum sicheren Fixpunkt 664 v. Chr. (dem Tode Taharkas) die höchstmögliche Regierungsdauer der kuschitischen Pharaonen. So erhält er einen Zeitpunkt zwischen 716 und 712 v. Chr. als erstes Regierungsjahr Schabakos, des Gründers der Dynastie.[7] Dann spielt Kitchen den für die traditionelle Chronologie entscheidenden Bezug auf die Bibel aus, um die Chronologie der Dritten Zwischenzeit zu belegen:

Mehr als zwei Jahrhunderte früher, d. h. ungefähr 945–924 v. Chr., kann die 21 Jahre andauernde Regierungszeit des Gründers der 22. Dynastie, Scheschonk I., angesetzt werden. *Dafür sprechen erstens sein Synchronismus mit der detaillierten Chronologie von Juda und Israel*, die selbst eng mit einer gesicherten assyrischen Chronologie verbunden ist ... *und zweitens die Reihe der wohlbekannten Regierungszeiten seiner Nachfolger, die den Zeitraum von 924–716/712 v. Chr. fast gänzlich ausfüllen* ...[8] [Hervorhebung durch den Verfasser]

Beachtenswert ist, daß die Regierungsjahre der Nachfolger Scheschonks I. einen Zeitraum »ausfüllen« sollen, dessen Dauer nur auf dem biblischen Synchronismus von Scheschonk I. (= Schischak) und Rehabeam basiert, der wiederum durch die biblische Chronologie von Edwin Thiele datiert wurde. Kein Wunder, daß Kitchen die Beziehung zwischen Scheschonk und Rehabeam als »entscheidenden Synchronismus« bezeichnet![9]

EPAGOMENEN: (griech.) Die fünf Ergänzungstage am Schluß des ägyptischen Kalenders.

Der Ebers-Kalender

Die dritte große Säule der allgemein anerkannten Chronologie wird von einem merkwürdigen Verfahren namens »Sothisdatierung« abgeleitet. Ich werde zunächst genau erklären, worum es sich dabei handelt, und dann zeigen, wie damit traditionell die Herrschaftsdaten von Ramses II. und Scheschonk I. berechnet wurden.

Vor dem Bau des Assuanhochdamms in den sechziger Jahren hatte der Nil in den Hochsommermonaten die Uferregion überflutet und das fruchtbare Schwarze Land zwischen den beiden Wüstenplateaus der Sahara und der Arabischen Wüste überschwemmt.[10]

Die Ursache für die alljährliche Nilüberschwemmung sind die frühsommerlichen Regenfälle im Abessinischen und Äthiopischen Hochland tief im Süden, wo Blauer Nil und Atbara entspringen. Die starken Regengüsse und die Schneeschmelze auf den hohen Gipfeln haben die Erosion der Gesteins- und Bodenschicht dieser Bergregionen zur Folge. Die Schlammassen werden in den Hauptstrom des Nils bei Khartum (Blauer Nil) und ed-Damar (Atbara) hinuntergespült, von wo sie nach Norden fließen, bis sie Mitte Juli Ägypten erreichen. Innerhalb von Wochen werden die hohen Ufer des Nils durchbrochen, und die schlammige, fruchtbare Flut bedeckt die Felder. Dabei wird der Schlamm durchgespült und schädliche Salze ausgewaschen; die Vorräte des Landes an schwarzem Schlamm, der wertvolle Nährstoffe enthält, werden aufgefüllt. Ende September hat der Strom schon seinen Höchststand überschritten, und das Wasser weicht allmählich wieder zurück. Kurze Zeit später werden die Felder bepflanzt, und im späten Frühjahr oder frühen Sommer ist mit einer reichen Ernte zu rechnen. Dann beginnt der landwirtschaftliche Kreislauf von neuem.

Auf dieser, alljährlich sich wiederholenden Nilüberschwemmung basierte das Jahr im alten Ägypten: Es war in drei Jahreszeiten – *Achet* (Überschwemmung), *Peret* (Saatzeit) und *Schemu* (Trockenheit) – eingeteilt. Die Jahreszeiten wiederum hatten jeweils vier Monate zu 30 Tagen, die aus drei Wochen zu 10 Tagen bestanden. Zwölf Monate hatten also insgesamt nur 360 Tage, so daß die Ägypter fünf Ergänzungstage oder EPAGOMENEN hinzufügten, damit ihr bürgerlicher Kalender die benötigten 365 Tage pro Jahr hatte. Für uns ist nun entscheidend, daß die Ägypter versäumten, alle vier Jahre einen Schalttag einzuführen, damit die Erde beim jährlichen Umkreisen der Sonne wieder an den gleichen Ausgangspunkt gebracht

146 Eine künstlerische Ansicht der Nilüberschwemmung bei den Memnon-
kolossi in Theben, wie sie vor dem Bau
des britischen Assuan-Staudamms zu
Beginn des 20. Jahrhunderts noch zu
beobachten war.

SIRIUS: Der Hundsstern, im ägyptischen
Pantheon vertreten durch die Göttin
Sopdet, die Vorbotin des neuen Jahrs.

HELIAKISCHER AUFGANG: Das Erscheinen eines Himmelskörpers am Horizont
kurz vor Sonnenaufgang.

wird. Die Ägypter hatten also die genaue Dauer des astronomischen Jahres (365,25
Tage) nicht berechnen können, weshalb ihr Kalender alle vier Jahre um einen Tag
hinter dem Naturjahr zurückblieb. Das wollen wir uns nun genauer ansehen.

Die Priester, die mit der Beobachtung der Gestirne betraut waren, hatten schon
sehr früh entdeckt, daß der Beginn der Überschwemmungszeit von einem astronomischen Ereignis angekündigt wurde. Am 21. Juli (nach modernem Kalender) geht
der Hundsstern oder SIRIUS, der am Himmel über Ägypten nach der Venus (Sonne
und Mond ausgeschlossen) der hellste Stern ist, HELIAKISCH beim Morgengrauen
auf. Die Ägypter setzten den Hundsstern mit der Göttin Sopdet gleich – der Sothis
der Griechen (daher auch der Begriff Sothisdatierung).

Allerdings ist der heliakische Aufgang von Sopdet oder Sothis nicht jeden Tag zu
beobachten, denn durch die Bewegung der Erde auf ihrer Umlaufbahn verändert
sich der Beobachtungspunkt auf unserem Planeten in Relation zu den festen
Positionen der Sterne. Aus diesem Grund scheint es, als würden die Sterne des
Universums in einem Bogen durch den Nachthimmel ziehen (wegen der Rotation
der Erde), und zudem, als würde sich die Stelle, an der sie auf- und untergehen,
verschieben (die Erde ändert ihre Stellung im Sonnensystem). Während einer
Zeitspanne von siebzig Tagen geht Sothis erst auf, wenn die aufgehende Sonne das
Dunkel des Nachthimmels bereits verscheucht hat, so daß der Sternaufgang nicht
beobachtet werden kann. Der heliakische Aufgang Sopdets findet also dann statt,

DIE VIER GROSSEN SÄULEN

wenn die Göttin nach ihrer unsichtbaren Periode zum erstenmal wieder gesehen werden kann. Dann ist der Sonnenaufgang so spät, daß Sothis für einen kurzen Augenblick sichtbar ist. Die Priester bemerkten, daß dieses flüchtige Ereignis den Beginn der Überschwemmung ankündigte. Deshalb wurde Sothis zum Boten der Nilüberschwemmung (symbolisiert durch den Gott Hapi), und ihr erstes zaghaftes Auftauchen in der Morgendämmerung kennzeichnete den Beginn des bürgerlichen Kalenders – den ersten Tag des ersten Monats von Achet. Wann diese Kalenderzählung festgelegt wurde, ist nicht bekannt, doch das Verfahren wurde wahrscheinlich frühestens im Alten Reich verwendet.

Nach Einführung des Kalenders dürfte in den ersten Generationen noch alles gut gelaufen sein, doch früher oder später mußte sich die fehlende Berücksichtigung des Vierteltages pro Jahr bemerkbar machen: Der offizielle Kalender hinkte hinter dem natürlichen astronomischen Jahr hinterher. Nach vier Jahren ging Sothis einen Tag später heliakisch auf – erst am zweiten Tag des ersten Monats von Achet. Vier Jahre später war es dann schon der dritte Tag und noch einmal acht Jahre später der fünfte Tag des Monats usw. Nach vierzig Jahren (rund zwei Generationen) kam dieses Aschenputtel des Himmels zehn Tage zu spät zum Ball – was immer noch nicht so tragisch war, aber die Priester sicherlich in Erstaunen versetzt haben muß. Doch 800 Jahre später dürften die Ägypter kopfgestanden haben: Achet (normalerweise die Überschwemmungsphase) fiel in die Zeit der Saatzeit! Erst nach 1461 Jahren ging Sothis wieder am ersten Tag des ersten Monats von Achet heliakisch auf, und der Kalender entsprach damit wieder dem natürlichen Jahr. Dieser Zyklus von 1461 Jahren wird »Sothisperiode« genannt.

Doch inwiefern hilft uns das bei der Datierung des Neuen Reiches und damit der Regierungszeit von Pharao Ramses II.? Ungefähr im Jahr 238 n. Chr. schrieb Censorinus anläßlich des 49. Geburtstags seines Patrons Quintus Caerellius ein Werk mit dem Titel *De Die Natali* (»Über die Geburtstage«). Er berichtet, daß im Jahr 139 der Hundsstern am ersten Tag des Monats Thot (d. h. des ersten Monats von Achet – von den Ägyptern auch Techy genannt) aufging, der nach dem römischen Kalender dem zwölften Tag vor den Kalenden des August entsprach. Dieser Information können wir entnehmen, daß Sothis am ersten Tag des ägyptischen Kalenders (am 21. Juli) heliakisch aufging – anders gesagt, zu Beginn der Sothisperiode, als der ägyptische Kalender genau mit dem natürlichen Sonnenjahr übereinstimmte. Wenn eine Sothisperiode 139 n. Chr. begann, muß die vorherige im Jahre 1321 v. Chr. (1461 Jahre früher[11]) und die nochmals frühere im Jahre 2781 v. Chr. angefangen haben. Wenn nun ein zeitgenössischer Text vorläge, in dem der heliakische Aufgang von Sothis datiert und dem Regierungsjahr eines Pharaos zugeordnet wird, könnte man dieses Jahr leicht durch die Vorgabe der Sothis-Daten in die absolute Zeit einordnen. Genau das geschah in den siebziger Jahren des 19. Jahrhunderts, als ein solcher Kalender in Theben gefunden (und von Georg EBERS erworben) wurde. Dieser »Ebers-Kalender« konnte dem 9. Regierungsjah Amenophis' I. zugeordnet werden; er belegte, daß Sothis am neunten Tag des dritten

147 Der Gott Hapi, die Gottheit der jährlichen Überschwemmung: Gezeigt werden seine beiden Seiten als Gott des Oberen und Unteren Ägyptens durch die Verschlingung der Pflanzenembleme der beiden Länder (Lilie und Papyrus) im symbolischen Akt der Vereinigung *(sema-taui)*. Abu Simbel.

GEORG EBERS: 1837–1898. Professor für Ägyptologie in Leipzig.

Monats von Schemu aufgegangen war. Der große Kalenderforscher Richard Parker berechnete im Jahre 1950 anhand der Sothis-Daten das Jahr 1542 v. Chr. (von Memphis als Beobachtungspunkt ausgehend). Somit wird der Beginn des Neuen Reiches auf das Jahr 1575 datiert.[12]

Die Beobachtung des heliakischen Aufgangs wurde in jüngster Zeit um 25 Jahre verschoben, da unter den Forschern die einhellige Meinung vorherrscht, die Beobachtung habe eher in Theben (wo der Papyrus gefunden wurde) als in Memphis stattgefunden.[13] Die beiden Orte liegen auf unterschiedlichen Breitengraden, so daß auch der heliakische Aufgang der Sothis nicht am selben Tag zu sehen ist. Im südlicheren Theben ist sie aufgrund der Erdkrümmung einen Tag früher zu sehen. Insofern gilt heute das Jahr 1517 v. Chr. als das 9. Regierungsjahr Amenophis' I., und der Beginn der 18. Dynastie (Regierungsantritt von Ahmose I., dem Vater Amenophis') wird auf das Jahr 1550 v. Chr. datiert. Somit haben wir die dritte Hauptsäule der traditionellen Chronologie.

> SÄULE DREI: Der Beginn des ägyptischen Neuen Reiches kann auf die Mitte des 16. Jahrhunderts datiert werden (1550 v. Chr.) – mit Hilfe des sothischen Datums aus dem Papyrus Ebers, wonach 1517 v. Chr. das 9. Regierungsjahr Amenophis' I. war.

148 Amenophis I., Schutzheiliger und Gott der Nekropole in Theben-West. Museum Turin.

Das Monddatum von Ramses II.

Auch die vierte Säule fußt auf astronomischen Beobachtungen. Wenn man alle von Denkmälern bekannten Regierungszeiten der Könige der 18. Dynastie als Grundlage nimmt (und dabei den Beginn der Dynastie auf das Jahr 1550 v. Chr. datiert), ergibt sich als Anfang der 19. Dynastie der Beginn des 13. Jahrhunderts v. Chr. (1295 v. Chr.).

149 Gegenüber (oben): Der Tempelberg in Jerusalem – Ort des von Salomo erbauten Jahwe-Tempels, dessen Schätze 925 v. Chr. von Schischak geraubt wurden.

150 Gegenüber (unten): Blick von den nördlichen Abhängen des Gilboa in das Jesreeltal in Richtung Osten – das Hauptziel des Feldzugs Scheschonks I.

Papyrus Leiden I 350 (verso von Seite III, Zeile 6) wird auf das 52. Regierungsjahr Ramses' II. datiert. Er gibt die Dauer einer Reihe von Monaten an, gemessen nach dem Mondzyklus (der zweiten Art von Kalender, die in Ägypten verwendet wurde). Im Gegensatz zu den immer dreißigtägigen Monaten des bürgerlichen Kalenders variiert hier die Monatsdauer zwischen neunundzwanzig und dreißig Tagen – je nachdem, wieviel Zeit zwischen den Beobachtungen des Neumonds vergangen ist. Die Abfolge von kurzen und langen Mondmonaten innerhalb eines Jahres wiederholt sich alle fünfundzwanzig Jahre – dann kann die gleiche Abfolge beobachtet werden. Aufgrund astronomischer Rückrechnungen kann das 52. Regierungsjahr von Ramses nur im Jahr 1278, 1273, 1228 oder 1203 v. Chr. gewesen sein – unter der Voraussetzung, daß die 19. Dynastie wirklich in das 13. Jahrhundert fällt. Die Regierungsdaten von den Denkmälern lassen die Annahme zu, daß die 18. Dynastie rund 250 Jahre gedauert hat.

Folglich muß die 19. Dynastie ungefähr 1300 v. Chr. begonnen haben, da die 18. Dynastie nach den Hinweisen aus dem Papyrus Ebers 1550 v. Chr. begonnen hat. Ramses I. hat nur ein Jahr lang geherrscht, und sein Sohn Sethos I. regierte mindestens elf Jahre. Deshalb kann Ramses II. nicht vor 1288 v. Chr. den Thron bestiegen haben. Weder das Jahr 1278 noch 1253 können also sein 52. Regierungsjahr gewesen sein. Weiterhin waren die Gelehrten der Ansicht, das Jahr 1203 sei dann doch zu spät und würde außerdem, wenn man darauf einginge, die Herrschaft von Sethos I. zu sehr verlängern, was den Quellen aus Inschriften widerspräche. (Man konnte nur ein 11. Regierungsjahr finden.[14]) Somit bleibt nur noch das Jahr 1228 v. Chr. als 52. Regierungsjahr Ramses' II. übrig – wonach die Thronbesteigung des Pharaos der Bedrückung 1279 v. Chr. stattfand.

SÄULE VIER: Ramses II. trat im Jahre 1279 v. Chr. seine Herrschaft über Ägypten an, weil ein Monddatum aus Papyrus Leiden I 350 bestätigt, daß sein 52. Regierungsjahr genau auf das Jahr 1228 v. Chr. fällt.

Diese feinabgestimmte Datierung der 19. Dynastie bildet eine der wichtigsten Stützen der ägyptischen Chronologie, nach der sich wiederum große Teile der Archäologie des Alten Orients richten.

DIE VIER SÄULEN:
1 Die Plünderung von Theben durch die Assyrer im Jahre 664 v. Chr. = 1. Regierungsjahr Psammetichs I.
2 Der Palästinafeldzug des Jahres 925 v. Chr. im 20. Regierungsjahr Scheschonks = Schischak (nach 1 Könige 14,25–26 und 2 Chronik 12,2–9).
3 Ahmoses Regierungsantritt im Jahre 1550 v. Chr. (ermittelt aufgrund des heliakischen Sothisaufgangs im Jahre 1517 v. Chr. = 9. Regierungsjahr Amenophis' I.).
4 Der Regierungsantritt Ramses' II. im Jahre 1279 v. Chr. (ermittelt aufgrund des 52. Regierungsjahrs = Jahr 1228 nach Monddatum).

Die Chronologie des alten Ägypten ruht also offensichtlich auf vier mächtigen Säulen, ohne die im weiteren auch die Chronologien des mykenischen Griechenland, des minoischen Kreta, des hethitischen Anatolien, der levantinischen Stadtstaaten der Späten Bronzezeit und vor allem des vorsalomonischen Israel in der Luft hängen würden. Dennoch möchte ich den Beweis antreten, daß sie nicht so stark sind, wie sie scheinen.

Wichtig ist zunächst, daß die Datierung der vierten Säule von Säule drei und zwei abhängt, wobei erstere von Sothis-Daten abgeleitet und letztere mit Hilfe der Bibel hergeleitet wurde. Ich habe argumentiert, daß die Gleichsetzung von Scheschonk und Schischak fragwürdig ist und deshalb nicht zur Bestimmung der ägyptischen

Der Papyrus-Ebers-Kalender

1 Jahr 9 unter der Regierung des Königs von Ober- und Unterägypten Djoserkare, der ewig lebt;

2 Neujahrsfest, Monat III von Schemu, Tag 9, Aufgang der Sopdet (= Sothis);

3 Techy, Monat IV von Schemu, Tag 9, Aufgang der Sopdet;

4 Menchet, Monat I von Achet, Tag 9, Aufgang der Sopdet;

5 Huther, Monat II von Achet, Tag 9, Aufgang der Sopdet;

6 Kaherka, Monat III von Achet, Tag 9, Aufgang der Sopdet;

7 Schefbedet, Monat IV von Achet, Tag 9, Aufgang der Sopdet;

8 Rekeh (1.), Monat I von Peret, Tag 9, Aufgang der Sopdet;

9 Rekeh (2.), Monat II von Peret, Tag 9, Aufgang der Sopdet;

10 Renutet, Monat III von Peret, Tag 9, Aufgang der Sopdet;

11 Chonsu, Monat IV von Peret, Tag 9, Aufgang der Sopdet;

12 Chentechtai, Monat I von Schemu, Tag 9, Aufgang der Sopdet;

13 Ipet, Monat II von Schemu, Tag 9, Aufgang der Sopdet.

Abbildung 151 ist ein Faksimile des Ebers-Kalenders, der in der hieratischen Schrift von rechts nach links geschrieben wurde. Insgesamt besteht er aus dreizehn Zeilen: der ersten Zeile mit dem Regierungsdatum »Jahr 9«, dem Pränomen und den Titeln des Königs und den weiteren zwölf Zeilen, die für die einzelnen Monate stehen. Rechts daneben die Übersetzung des Kalenders. In Zeile eins steht die Jahresangabe und der Thronname des Königs. Beide werden nicht in Frage gestellt, da sie im hieratischen Original deutlich lesbar sind. Die zweite Zeile gibt folgendes wieder:

> Das Neujahrsfest (ägypt. *heb wepet-renpet*) fand statt am neunten Tag des Monats III der Jahreszeit Schemu (des neunten Jahres), als der Stern Sopdet (d. h. Sothis) aufging (was sinngemäß bedeutet »heliakisch aufging«).

Die übrigen elf Zeilen beginnen mit dem Monatsnamen, gefolgt von der Nummer des Monats (I bis IV), der Jahreszeit und dem Tag (immer der neunte). In den Zeilen 3, 5, 6, 7, 9, 10, 11 und 13 steht immer ein Punkt, wo in Zeile 2, 4, 8 und 12 die Jahreszeit angegeben wird. Diese Punkte stehen offensichtlich für Ditozeichen. Also muß Zeile 3 als Monat IV von Schemu gelesen werden, Zeilen 5, 6 und 7 als Monate II, III und IV von Achet und Zeilen 9, 10 und 11 als Monate II, III und IV von Peret. Die Zeile 13 muß als Monat II von Schemu gelesen werden. Das versteht sich von selbst. Doch wie ist dann die Spalte von Punkten zu verstehen, die unter der Wendung »Aufgang der Sopdet« (ägypt. *peret Sopdet*) steht? Mit Sicherheit handelt es sich hierbei auch um ägyptische Ditozeichen, die den Leser auffordern, die »obige Wendung zu wiederholen«. Mit anderen Worten, alle Zeilen des Dokuments von 2 bis 13 werden mit der Wendung »Aufgang der Sopdet« abgeschlossen. Nun wissen wir aber, daß der Sothis-Aufgang naturgesetzlich nur einmal im Jahr zu beobachten ist. In welchem Monat fand er also wirklich statt? Theoretisch kann es in jedem der zwölf Monate gewesen sein. Doch was bedeutet die Wendung »Neujahrsfest« in Zeile 2? Hierzu muß man wissen, daß die Forscher in jüngster Zeit vorgeschlagen haben, daß die Pharaonen im Neuen Reich eine neue Form des Jahres eingeführt haben: das »Regierungsjahr«. Es begann mit dem Tag der Krönung des Königs. Professor Ulrich Luft hat dargelegt[15], daß das Datum »Tag 9, Monat III von Schemu« aus dem Papyrus Ebers tatsächlich der Krönungstag Amenophis' I. ist. Folglich ist der »wepet-renpet«-Tag im 9. Regierungsjahr des Amenophis ein Jahrestag der Krönung, der den Beginn des Kalenders nach Regierungsjahren kennzeichnet. Tatsächlich scheint es ein »günstiges«, vielleicht vorher bestimmtes Datum gewesen zu sein, vorausgesetzt, daß es der neunte Tag des dritten Monats der dritten Jahreszeit des neunten Jahres war. Luft behauptet weiter, daß »der Ebers-Kalender der verfehlte Versuch war, das bürgerliche Jahr durch das Regierungsjahr zu ersetzen«.[16]

Chronologie des 1. Jahrtausends v. Chr. verwendet werden kann. Entsprechend wird die Chronologie der zweiten Hälfte des 2. Jahrtausends nur durch den Kalender mit den Sothis-Daten des Papyrus Ebers gestützt. Deshalb wollen wir uns nun das Dokument genauer ansehen, um zu klären, ob wir daraus wirklich ableiten können, daß das 9. Regierungsjahr Amenophis' I. das Jahr 1517 v. Chr. war.

Der Text zu Abbildung 151 auf Seite 165 beschreibt detailliert, welche Fragen sich für die Forscher bezüglich des Papyrus Ebers stellen. Im wesentlichen gibt es zwei Probleme: 1. Die Kennzeichnung »Aufgang der Sothis« (d. h. heliakischer Aufgang) wird bei jedem Monat des Kalenders erwähnt – doch ein heliakischer Aufgang kann nur einmal im Jahr stattfinden. 2. Das Neujahrsfest fällt mit dem Jahrestag von Amenophis' Thronbesteigung zusammen. Das legt die Vermutung nahe, daß das Datum »Jahr 9, dritter Monat der dritten Jahreszeit, neunter Tag« nichts mit der tatsächlichen Beobachtung eines heliakischen Aufgangs des Sirius zu tun hat.

Wenn dieses merkwürdige Dokument soviel Durcheinander schafft und zu Kontroversen Anlaß gibt, ist es kaum verwunderlich, daß angesehene Ägyptologen wie die Professoren Jürgen von Beckerath[17], Wolfgang Helck[18], Erik Hornung[19], Ulrich Luft[20], Winfried Barta[21] und Jacques Janssen[22] das sogenannte »Sothis-Datum« aus dem Papyrus Ebers als Grundlage für die ägyptische Chronologie in Frage stellen. Ich kappe daher das Tau vom lange verwendeten, nun aber rostig und unsicher gewordenen Anker mit einer abschließenden Erklärung von Professor Manfred Bietak, dem Vorstand des Instituts für Ägyptologie der Universität Wien:

> Das Gerüst der Herrschaftsdaten aus Inschriften ist zusammen mit den genealogischen Daten so stabil geworden, daß man von sicheren Fixpunkten mit vertretbarer Fehlertoleranz zurückrechnen kann. Die Chronologie des Neuen Reiches hängt deshalb nicht mehr vom Sothis-Datum aus dem 9. Regierungsjahr Amenophis' I. ab, das unsicher ist und nicht mehr verwendet werden sollte.[23]

---

5 Von den vier chronologischen Stützen der ägyptischen Geschichte ist nur die Säule eins – die Plünderung Thebens durch die Assyrer im Jahre 664 v. Chr. – solide. Säule zwei – der Synchronismus von Schischak und Scheschonk – ist historisch nicht zu halten; der Wert von Säule drei – das Sothis-Datum aus dem Ebers-Kalender – wird von vielen anerkannten Ägyptologen in Frage gestellt; und Säule vier – das 52. Regierungsjahr Ramses' II. nach den Monddaten– hängt ganz von Säule drei ab. In der Chronologie Ägyptens gibt es also vor 664 v. Chr. keine sicheren Daten.

6

Wege zu einer Neuen Chronologie

Bevor wir uns auf die Suche nach den historischen Israeliten begeben und bevor wir uns der vorklassischen Zeit der Menschheitsgeschichte zuwenden – der langen Bronze- und Eisenzeit mit ihren Mythen und Legenden –, sollen noch einmal alle bisher vorgebrachten Argumente zusammengefaßt werden.

Zum Stand der Argumentation

In Teil eins sind drei chronologische Unstimmigkeiten beschrieben worden. Sie zeigen, daß das chronologische Gerüst der Dritten Zwischenzeit des alten Ägypten nicht im Lot ist. Diese Epoche liegt zwischen der gesicherten Chronologie der Spätzeit und der früheren (und deshalb weniger sicheren) Chronologie des Neuen Reichs. Nur wenn wir die Gesamtdauer der Dritten Zwischenzeit eindeutig bestimmen, können wir auch die Ereignisse der Bronze- und Eisenzeit genau datieren.

Die Zahl der bestatteten Apisstiere, die Mariette bei der Ausgrabung des Serapeums zutage förderte, spricht dafür, daß in der traditionellen Chronologie die Dauer der Dritten Zwischenzeit zu lang bemessen wurde.

Als Brugsch die Funde des geheimen Königsgrabes in Deir el-Bahri sondierte, entdeckte er eine Mumie, die im 11. Regierungsjahr Scheschonks I., des Gründers der 22. Dynastie, eingewickelt wurde – fünfunddreißig Jahre nach der Versiegelung des Sammelgrabes im 10. Regierungsjahr Siamuns (eines Pharaos, der in der Mitte der 21. Dynastie regiert hat). Auch hier war der traditionellen Chronologie einiges durcheinandergeraten. Die Vorstellung, daß Scheschonk I. einige Jahre vor Siamun regierte, schien uns das Problem am ehesten zu lösen. Dann müssen die Könige der 21. und 22. Dynastie jedoch teilweise gleichzeitig geherrscht haben.

Die Altertümer der königlichen Begräbnisstätte in Tanis, die von Montet ausgegraben wurden, schienen die Hypothese der gleichzeitig herrschenden Dynastien zu bestätigen. Dann aber fallen die Regierungszeiten der beiden Pharaonengeschlechter für mindestens hunderteinundvierzig Jahre zusammen, denn Funde von der Nekropole in Tanis belegen, daß Osorkon II., der fünfte Herrscher der 22. Dynastie, vor Psusennes I., dem zweiten Herrscher der 21. Dynastie, begraben wurde.

Alle drei Unstimmigkeiten zeigen uns, daß die von den Historikern gegenwärtig verwendete Chronologie der Dritten Zwischenzeit überdehnt und künstlich verlängert wurde. Eine grundlegende Revision der zeitlichen Ausdehnung dieser Epoche ist daher dringend nötig.

In Teil zwei wurde den Gründen nachgegangen, wie es zu dieser überdehnten

3150 v. Chr.
FRÜHE BRONZEZEIT I

2850 v. Chr.
FRÜHE BRONZEZEIT II

2600 v. Chr.
FRÜHE BRONZEZEIT III

2300 v. Chr.
ÜBERGANG FRÜHE ZU
MITTLERER BRONZEZEIT

2150 v. Chr.
MITTLERE BRONZEZEIT I

2000 v. Chr.
MITTLERE BRONZEZEIT II A

1750 v. Chr.
MITTLERE BRONZEZEIT II B

1550 v. Chr.
SPÄTE BRONZEZEIT I

1400 v. Chr.
SPÄTE BRONZEZEIT IIA

1300 v. Chr.
SPÄTE BRONZEZEIT II B

1200 v. Chr.
EISENZEIT I A

1150 v. Chr.
EISENZEIT I B

1000 v. Chr.
EISENZEIT II A

900 v. Chr.
EISENZEIT II B

800 v. Chr.
EISENZEIT II C

600 v. Chr.

152 Chronologische Übersicht über die archäologische Epocheneinteilung und ihre Daten nach der traditionellen Chronologie.

WEGE ZU EINER NEUEN CHRONOLOGIE

Chronologie kommen konnte. Das ausschlaggebende Moment war wohl das Bedürfnis der Gelehrten des 19. Jahrhunderts, in Ägypten Belege für die alttestamentliche Überlieferung zu finden. So wurde Ramses II. zum Pharao der Bedrückung gemacht, weil man zwischen Pi-Ramesse (der Hauptstadt Ramses' im Delta) und den Vorratslagern von Ramses (die im Buch Exodus erwähnt werden) eine historische Verbindung zu sehen glaubte. Dieser Bezug stand jedoch auf wackeliger Grundlage, denn er beruhte auf dem subjektiven Herausfiltern von Anachronismen aus dem Alten Testament. Möglicherweise bauten die Israeliten *an der Stelle* von Pi-Ramesse eine Stadt, doch sie haben nicht zwangsläufig die Hauptstadt und Residenz Ramses' II. erbaut. Tatsächlich stimmen die biblischen Daten des Exodus (1447 v. Chr.) und die Daten der 19. Dynastie (1295 bis 1186 v. Chr.) überhaupt nicht überein. Die Beziehung zwischen Ramses II. und der Fronknechtschaft des israelischen Volkes war nur eine Illusion, für die es keine archäologischen Zeugnisse gab. Die Ägyptologen des vergangenen Jahrhunderts hinterließen uns noch ein weiteres festes Datum der ägyptischen Chronologie, das seinen Grund in ihrer Fixierung auf die Erzählungen des Alten Testaments hatte. Champollion hatte den biblischen Schischak mit Scheschonk I. gleichgesetzt, weil das 20. Regierungsjahr des letzteren mit dem 5. Regierungsjahr von Rehabeam in Verbindung gebracht wurde. Dieses war von den Bibelchronologen auf das Jahr 925 v. Chr. datiert worden. Demnach begann die 22. Dynastie im Jahre 945 v. Chr. (erstes Regierungsjahr Scheschonks I.). Der Beginn der 21. Dynastie wurde dann aufgrund von Herrschaftsdaten aus Inschriften und anderen Texten auf das Jahr 1069 v. Chr. datiert. Im weiteren konnten wir mitverfolgen, daß mit den Herrschaftsdaten der Pharaonen der Dritten Zwischenzeit die Zeitspanne vom Beginn der Dritten Zwischenzeit im Jahre 1069 bis zur Plünderung Thebens durch Assurbanipals Soldaten im Jahre 664 v. Chr. – dem frühesten gesicherten Datum in der ägyptischen Geschichte – »aufgefüllt« wurde. Doch es erwies sich im Fortgang der Untersuchung, daß die Gleichsetzung von Scheschonk I. mit Schischak nicht zu halten ist. Die Angaben, die man aus den beiden Quellen – der Feldzugsliste von Karnak und dem Ersten Buch der Könige und dem Zweiten der Chronik – ableiten kann, stimmen überhaupt nicht überein, und der Vergleich der beiden Gesamtstrategien der Feldzüge zeigt, daß sich diese gänzlich widersprechen. Bei einem solch zweifelhaften Synchronismus kann das Ergebnis schwerlich als methodisch fundiert gelten – zumal davon die gesamte Chronologie der ägyptischen Dritten Zwischenzeit abhängt. Wir konnten auch sehen, daß das Sothis-Datum aus dem Ebers-Kalender von vielen Ägyptologen in Frage gestellt wird. Der Beginn des Neuen Reiches (1. Regierungsjahr von Ahmose) kann also nur errechnet werden, indem man für die Pharaonen der 18., 19. und 20. Dynastie die höchstmöglichen Regierungszeiten ansetzt und, wie Bietak festgestellt hat, »von sicheren Fixpunkten mit vertretbarer Fehlertoleranz« zurückrechnet. Da jedoch der »sichere Fixpunkt« 925 v. Chr. (Scheschonk = Schischak) in Wirklichkeit unsicher ist, müssen wir auf das Jahr 664 v. Chr. als dem (nun frühesten) gesicherten Datum in der ägyptischen Geschichte zurück-

154 Ramses II. und die Thora – untrennbar miteinander verbunden? Vieles spricht dafür, daß der junge, tatkräftige Pharao nicht für die Fronknechtschaft der Israeliten in Ägypten verantwortlich war. Doch wenn er nicht der historische Pharao der Bedrückung und des Exodus war, spielte er dann zu einer anderen Epoche der Erzählungen des Alten Testaments eine wichtige Rolle? Diese berühmte Statue des jungen Ramses ge-hört zu den Meisterwerken des Turiner Museums.

153 Gegenüberliegende Seite: Kolossalstatue Ramses' II. aus rötlichem Granit. Sie steht heute vor dem Eingangstor der Einfriedungsmauer des Amun-Tempels in Tanis. Ursprünglich für einen Pharao des Mittleren Reiches gemacht, wurde sie von Ramses usurpiert, um seine neue Hauptstadt Pi-Ramesse zu schmücken. Während der frühen Dritten Zwischenzeit wurde sie nach Tanis gebracht.

21. DYNASTIE: 1069–945 v. Chr.
Überlappung mit der vorherigen
Dynastie = 0 Jahre.

22. DYNASTIE: 945–715 v. Chr.
Überlappung mit der vorherigen
Dynastie = 0 Jahre.

23. DYNASTIE: 818–715 v. Chr.
Überlappung mit der vorherigen
Dynastie = 103 Jahre.

25. DYNASTIE: 780–656 v. Chr.
Überlappung mit der vorherigen
Dynastie = 65 Jahre.

26. DYNASTIE: 715–525 v. Chr.
Überlappung mit der vorherigen
Dynastie = 59 Jahre.

greifen – das wiederum auf der anderen Seite des chronologischen Morasts mit Namen »Dritte Zwischenzeit« liegt.

Da so viele Zweifel an der tatsächlichen Dauer der Dritten Zwischenzeit bestehen, bleibt den Wissenschaftlern nichts anderes übrig, als das große Gebäude der ägyptischen Chronologie abzureißen und die Rekonstruktion von Grund auf neu zu beginnen. Als Basis sollten archäologische und schriftliche Quellen dienen, die im letzten Jahrhundert, als die Grundlagen der traditionellen Chronologie geschaffen wurden, noch nicht zur Verfügung standen. Solche rückblickende Einsichten sind von hohem Nutzen für die Rekonstruktion, wie die Teile eins und zwei dieses Buches gezeigt haben. Eine Möglichkeit, die Dauer der Dritten Zwischenzeit zu kürzen, besteht darin, größere Überlappungszeiträume zwischen den fünf Dynastien der Epoche anzunehmen. Für den späteren Teil der Dritten Zwischenzeit wird diese Erklärung von den Wissenschaftlern schon akzeptiert: die 25. DYNASTIE und die frühe 26. DYNASTIE gelten als gleichzeitig; die zweite Hälfte der 22. DYNASTIE verlief zeitgleich mit der sogenannten 23. DYNASTIE. Auch in der frühen Dritten Zwischenzeit gibt es Anzeichen für dynastische Kopräsenz. Ein Geschlecht der Könige der 21. DYNASTIE regierte von Tanis aus, und gleichzeitig herrschte ein »königlicher« Seitenzweig in Theben. Die Vorstellung, daß die 21. und die 22. Dynastie gleichzeitig herrschten, weicht also von den damaligen politischen Normen nicht ab.

Eine genealogische Brücke zur Vergangenheit

Wir verfügen noch über weitere Quellenmaterialien zur Bestimmung der tatsächlichen Dauer der Dritten Zwischenzeit. Damals war es üblich, daß die ältesten Söhne und Erben Denkmäler (in der Regel Statuen) zu Ehren ihrer verstorbenen Väter aufstellen ließen. Diese Denkmäler weisen ausnahmslos Hieroglypheninschriften auf, die die Abstammung der Vorfahren des Stifters – zum Teil über mehr als zehn Generationen – wiedergeben. In den meisten Fällen sind die Genealogien für die Chronologie von geringer Bedeutung, denn diese früheren Generationen können selten mit einem zeitgenössischen herrschenden Monarchen in Zusammenhang gebracht werden. Insofern können wir durch das Zählen der Generationen, mit dem wir den Zeitabstand zwischen dem Stifter und seinem Vorfahren ermitteln, nicht den Abstand zu einem königlichen Vorfahren errechnen. Doch es gibt drei (und meines Wissens nach nur diese drei) ausführliche Genealogien, die eine wichtige Beziehung zu verschiedenen Pharaonen des Neuen Reiches herstellen. Als solche bieten sie nicht nur eine Alternative zur Bestimmung der Dauer der frühen Dritten Zwischenzeit, sondern auch zur Festlegung des Jahrhunderts, in dem Ramses II. im Schwarzen Land herrschte. Die drei Genealogien sind:

1. Die Graffito-Genealogie von Chnemibre im Wadi Hammamat;
2. Die Statuen-Genealogie von Nespaherenhat im Ägyptischen Museum von Kairo;
3. Die Memphis-Genealogie der Hohenpriester des Ptah, jetzt in Berlin.

An dieser Stelle sei nur die erste der drei Genealogien analysiert, um die Möglich-keiten dieses Datierungswerkzeugs zu zeigen. Für die beiden anderen wird der Leser auf den Anhang B verwiesen. Zuvor muß Klarheit über die durchschnittliche Länge einer Generation bestehen, damit die Ahnenlisten eine chronologische Bedeutung erhalten.

Leider stehen uns keine Daten über die in der Antike übliche Zeitspanne von der Geburt des Vaters bis zur Geburt des ältesten Sohnes zur Verfügung – ein Umstand, mit dem bei historischen Hypothesen zu rechnen ist.[1] Uns stehen zahlreiche Informationen über die Regierungszeiten der Herrscher der damaligen Zeit zur Verfügung. Das entspricht natürlich nicht genau einer biologischen Generation, doch ähnelt sich beides aus naheliegenden Gründen – wenn wir davon ausgehen, daß es sich in der Regel um die Nachfolge vom Vater auf den Sohn handelt. Eine genaue Untersuchung der gut dokumentierten Dynastien der Antike (siehe Tabelle in Anhang B) ergibt eine durchschnittliche Regierungszeit von siebzehn Jahren. Wenn wir diese Zahl auf zwanzig aufrunden (wodurch die Nachfolge von Brüdern und Usurpationen berücksichtigt werden[2]) und sie als unser Zeitmaß für eine Generation verwenden, kommen wir der geschichtlichen Wahrheit nahe genug, um annähernde Daten zu berechnen. (Auch Kenneth Kitchen und Maurice Bierbrier – die beiden bekannten britischen Forscher zur Chronologie der altägyptischen

155 Die Schiefersteinbrüche im Wadi Hammamat – dort befindet sich die Genealogie der königlichen Bauleiter (angezeigt durch den Rahmen).

156 Der Text, mit dem die Genealogie der königlichen Bauleiter gekennzeichnet wird. In der obersten Zeile sieht man deutlich das Datum »Jahr 26, vierter Monat von Schemu unter dem König von Ober- und Unterägypten Darius, der ewig lebt«. Der Name Chnemibre steht oben in der dritten Spalte von rechts in einer mit zwei Federn geschmückten Kartusche. (Der königliche Bauleiter wurde während der Herrschaft von Pharao Chnemibre Amasis geboren und bekam den Vornamen des Königs als Namen – samt der königlichen Kartusche!)

157 Chnemibre und die Göttin Hathor, die Schutzgöttin des Wüstengebirges der Toten.

Geschichte – gehen bei ihren genealogischen Berechnungen von Generationen mit einer Länge von zwanzig Jahren aus.[3]) In Anbetracht der vielen Unwägbarkeiten bei genealogischen Daten sollte man bedenken, daß alle Daten aus dem in Rede stehenden Abschnitt eine Streubreite von + – 20 Jahren haben.

Nach diesen methodischen Vorüberlegungen wenden wir uns nun den konkreten chronologischen Inschriften zu. Wer sie mit eigenen Augen sehen will, muß der alten Straße durch die Arabische Wüste folgen, die von Koptos am Nil in die Hafenstadt Kosseir am Roten Meer führt. Die Straße, die das Niltal mit den Seehandelswegen nach Ostafrika und Mesopotamien verbindet, verläuft im tiefen Wadi Hammamat, das sich sein Bett durch das Kalksteinplateau gegraben hat. Auf halber Wegstrecke erreicht der Reisende eine Kette tiefschwarzer Berge. Hier bauten die Ägypter den feinkörnigen Schiefer ab, mit dem sie die prachtvollen Statuen der Pharaonen schufen. Südlich des Wüstenpfades ragt solch ein Schieferfelsen fast senkrecht in die Höhe; Generationen von Arbeitern haben ihn in tausend Facetten geschnitten. Der ganze Felsen ist übersät mit den Inschriften der Steinhauer und ihrer Aufseher. Unsere besondere Aufmerksamkeit soll dabei einer ganz bestimmten Inschrift gelten, die sich hoch auf einem schmalen, abfallenden Gesims befindet.

Rechts neben der eigentlichen Inschrift steht eine kurze Kennzeichnung, die das

DIE GENEALOGIE DER KÖNIGLICHEN BAULEITER
496 – Chnemibre = 26. Regierungsjahr Darius' I.
516 – Ahmose-saneit – geboren während der Herrschaft des Amasis?
536 – Anch-Psammetich – geboren während der Herrschaft Psammetichs II.?
556 – Wahibre-teni – geboren während der späten Herrschaft Psammetichs I.?
576 – Nestefnut
596 – Tjaenhebu
616 – Nestefnut
636 – Tja(en)hebu
656 – Nestefnut
676 – Tja(en)hebu
696 – Nestefnut
716 – Tja(en)hebu
736 – Haremsaf
756 – Mermer (?)
776 – Haremsaf – gleichz. mit Scheschonk I. (trad. Chron. ca. 935 v. Chr.)
796 – Amunherpamescha
816 – Pepy
836 – Name verloren
856 – May
876 – Nefermenu
896 – Wedjachons
916 – Bakenchons
936 – Rahotep – frühe Regierungszeit Ramses' II. (trad. Chron. ca. 1270 v. Chr.)

158 Blick auf die gesamte Genealogie der königlichen Bauleiter in den Steinbrüchen von Wadi Hammamat. Rechts unten befindet sich die »Kennzeichnung« mit dem Datum der Inschrift (26. Regierungsjahr Darius' I.). Links unten ist die kleine Szene zu sehen, in der Chnemibre vor Hathor steht; in der Mitte darüber, zweispaltig, die eigentliche Genealogie. Die Inschrift beginnt in der linken Spalte oben (von rechts nach links zu lesen); nach unten werden die Generationen immer älter. Deshalb stehen die beiden Haremsafs (hervorgehoben) unten in der ersten Spalte. Die Genealogie wird oben in der rechten Spalte fortgesetzt. Ungefähr auf halber Höhe steht der königliche Bauleiter und Wesir der 19. Dynastie Rahotep. Die Inschrift ist erstaunlich gut erhalten; daher verfängt auch nicht der Einwand, irgendwelche »Generationen« seien durch Erosion verlorengegangen.

DARIUS I.: König von Persien, Regierungszeit 521 – 486 v. Chr.

Dokument auf das 26. Regierungsjahr des persischen Königs, DARIUS I., datiert. Der Verfasser der Inschrift ist der königliche Bauleiter Chnemibre, Sohn des Ahmosesaneit. Für das 26. Regierungsjahr Darius' I. kann mit Sicherheit das Jahr 496 v. Chr. angegeben werden (da es später als unser Schlüsseljahr 664 v. Chr. ist). Chnemibres Inschrift erstreckt sich über sage und schreibe zweiundzwanzig Generationen bis zum eindeutig bezeugten Wesir Rahotep, der in der ersten Hälfte der Herrschaft Ramses' II. gelebt hat.[4] Wir können also die ungefähre Regierungzeit von Ramses dem Großen errechnen, indem wir zweiundzwanzig Zwanzig-Jahr-Generationen zurückrechnen.

Aus dieser langen Genealogie ergibt sich als Beginn der Herrschaft Ramses' II. annähernd das Jahr 936 v. Chr. Dieses Datum wurde von einer Genealogie abgelei-

159 Stele 100 am Westufer bei Dschebel es-Silsila. Die Inschrift wird auf das 21. Regierungsjahr Scheschonks I. datiert und erwähnt den königlichen Bauleiter Haremsaf.

tet, die mit Sicherheit aus dem Jahr 496 v. Chr. (= 26. Regierungsjahr Darius' I.) stammt – einem Datum, das von allen Forschern anerkannt wird. Zwei Schlüsse dürfen daraus gezogen werden.

1. Die traditionelle Chronologie, nach der Ramses II. auf das 13. Jahrhundert datiert wird (Beginn der Herrschaft 1279 v. Chr.), muß erheblich angezweifelt werden. Nach diesem Datum müßte eine Generation mehr als fünfunddreißig Jahre dauern (1279 v. Chr. – 495 v. Chr. = 784 Jahre : 22 Generationen = 35,64 Jahre pro Generation). Ist die Annahme einer solchen Generationslänge wissenschaftlich haltbar, wenn die durchschnittliche Lebenserwartung in der Antike rund dreißig Jahre betrug?[5]
2. Wir können sicher sagen, daß es sich bei dem königlichen Bauleiter Haremsaf (in der Genealogie auf etwa 776 v. Chr. datiert) um den Beamten handelt, dessen Sohn die Inschrift der »Stele 100« von Hedjcheperre Scheschonk I. im

imyr kat tjaty Haremsaf
»Vorsteher aller Arbeiten, Wesir, Haremsaf«.

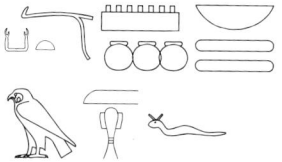

imyr kat menu neb tawy Haremsaf
»Vorsteher aller Arbeiten an den Denkmälern des Herrn der beiden Länder, Haremsaf«.

161 Ausschnitt aus der Stele 100 von Dschebel es-Silsila: Die Hieroglyphen stehen für den Namen und die Titel von Haremsaf. Links kann man das Datum der Inschrift lesen: »Jahr 21, 2. Monat von Schemu« in der Regierungszeit Scheschonks I. – des Erbauers des Bubastiden-Portals von Karnak.

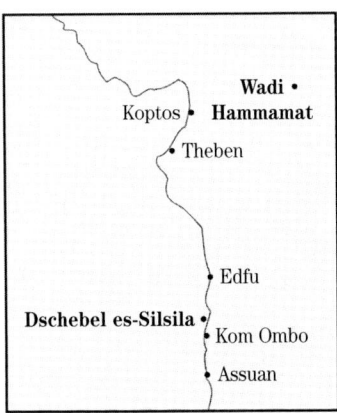

162 Die Lage der Steinbrüche im Wadi Hammamat und bei Dschebel es-Silsila.

Steinbruch Dschebel es-Silsila veranlaßte. Die Inschrift gibt Anweisungen zum Schneiden von Sandsteinblöcken für den Bau des Bubastiden-Portals und des Großen Hofes in Karnak.[6] Nach der Neuen Chronologie wurde die Stele 100 etwa im Jahre 795 v. Chr. behauen, nach der traditionellen im Jahre 925 v. Chr. Im Anhang A wird auf die Datierung von Scheschonk I. genauer eingegangen.

Beide Beobachtungen zusammengenommen ergeben, daß durch die Sicht der traditionellen Chronologie zwischen Ramses II. und Scheschonk I.[7] ein Defizit von bis zu zehn Generationen entsteht und daß gleichzeitig im Zeitraum zwischen Scheschonk I. und Darius I. weitere acht Generationen fehlen.[8] Dieses Phänomen wird in der Forschung meistens damit erklärt, daß der Schreiber aufgrund von HAPLOGRAPHIE Generationen von Vorfahren hat wegfallen lassen.[9] Doch sollte Chnemibre wirklich zweimal denselben Fehler gemacht haben?

Soll man sich darüber wundern, daß in den beiden anderen Genealogien, die im Anhang B diskutiert werden, auch wieder das Phänomen der Haplographie bemüht werden muß? Nach der traditionellen Chronologie fehlen in der Nespaherenhat-Genealogie zwischen Merenptah und Osorkon I.[10] acht Generationen, in der Memphis-Genealogie sind es bis zu sechs zwischen der späten 19. Dynastie und dem Anfang der 21. Dynastie.

Können *alle drei* Genealogien in so hohem Maße fehlerhaft sein? Historiker, die bereit sind, sich diesem Problem zu stellen, müssen entweder zu dem Schluß kommen, daß alle drei Genealogien falsch aufgezeichnet wurden (wobei zu bedenken ist, daß es die *einzigen* Genealogien sind, die die Dritte Zwischenzeit mit der 19. Dynastie in Verbindung bringen) oder daß die traditionellen Daten für das Neue Reich – vor allem bei Ramses II.– um eine beachtliche Anzahl von Jahren von der Realität abweichen.

> **6** Die Genealogie der königlichen Bauleiter, die im Wadi Hammamat gefunden wurde, bestätigt, daß die unter dem Namen Dritte Zwischenzeit bekannte Epoche gedehnt wurde. Weiterhin zeigen alle drei Genealogien, die eine Verbindung zum Neuen Reich herstellen, daß die Übergangsphase von der späten 19. Dynastie zur frühen Dritten Zwischenzeit um mehr als ein Jahrhundert gekürzt werden muß.

Fassen wir noch einmal unseren Kenntnisstand am Ende des zweiten Teils des vorliegenden Buches zusammen. Die Neue Chronologie hat ergeben, daß Ramses II. im 10. Jahrhundert zu situieren ist – rund dreihundertfünfzig Jahre später als nach der traditionellen Chronologie. Somit gehören die archäologischen Quellen Palästinas, die mit der späten 18. und frühen 19. Dynastie – der Späten Bronzezeit II – in Verbindung gebracht wurden, zur historischen Periode des frühen israelitischen Königreiches, der Epoche Davids und Salomos.

Wie schon aufgezeigt, kann diese Verkürzung der Chronologie durch die Überlappung der 21. und 22. Dynastie erreicht werden. Dennoch muß auch die Abfolge der

HAPLOGRAPHIE: unabsichtliches Weglassen eines Wortes, einer Silbe oder eines Buchstabens beim Schreiben.

WEGE ZU EINER NEUEN CHRONOLOGIE

Herrscher, die nach Manetho zur 20. Dynastie gehören, angepaßt werden, wenn die Genealogien als wirklich zutreffend gelten sollen. Die Chronologie der 20. Dynastie ist so komplex, daß meine Vorschläge zu ihrer Revision den Rahmen dieses Buches gesprengt hätten. Ich habe eine Chronologie skizziert, doch sind weitere Untersuchungen nötig, bevor die 20. Dynastie zu dem neuen Modell hinzugenommen werden kann – zumal die Dynastie auf unterschiedliche Weise rekonstruierbar ist. In diesem Kapitel sind lediglich die äußeren Zwänge zur Sprache gekommen, die diese Rekonstruktion veranlassen. Dabei haben sich Genealogien als sichere Brücke zur 19. Dynastie erwiesen, die dann nicht mehr zum 13. Jahrhundert v. Chr. – wie nach der traditionellen Chronologie –, sondern zum 10. oder 9. Jahrhundert gehört.

Bei einer komplexen Argumentation wie dieser ist es immer heikel, zu entscheiden, was in die eigentliche Darstellung und was in den Anmerkungs- oder Anhangteil gehört. Obendrein unterliege ich bei der Erörterung dieses Punktes formalen Einschränkungen, die sich aus der Tatsache ergeben, daß diese Argumentation Teil meiner Dissertation ist, die weitere Forschungsergebnisse und eine ausführliche Erörterung meines Versuchs enthält, die ägyptische Chronologie zu revidieren.[11] Insofern wäre es verfrüht, jetzt mehr als eine allgemeine Übersicht des neuen Chronologie-Modells der Dritten Zwischenzeit zu skizzieren, der Grundlage der hier vorgestellten historischen Gesamtübersicht. Der Anhang in Teil fünf enthält komplexes Material, aus dem hervorgeht, wie die Neue Chronologie der Dritten Zwischenzeit aussehen könnte. Jene Leser, die noch mehr wissen möchten, können sich zunächst mit dem Anhang befassen, bevor sie sich Teil drei zuwenden.

163 Folgende Seite: der große westliche Sandsteinsteinbruch bei Dschebel es-Silsila.

Teil drei
Legendäre Könige und Chroniken

Ägypten und die Zeit des
geeinten Königreichs in Israel

»O vollkommener Gott; …
O Gott voll Kraft, der gegen Hunderttausende kämpft;
O starker, vielschwänziger Stier, der mit Macht vereint
Und die Aufrührer auf den Bergen zermalmt,
So daß sie in ihre Täler heimkehren wie die Söhne von Feiglingen;
Mögest du sie niedermetzeln,
So daß deine Feinde sich zerstreuen,
O König, Mächtiger des Krummsäbels,
Usermaatre-setepenre Ramesses-merjamun.«

Südwand der Großen Halle, Abu Simbel

164 Seite 179: Zwei der kolossalen
Ramses-Statuen in der Großen Halle des
Tempels von Abu Simbel.

7

Der historische Schischak

Die Vorbereitung auf unsere Reise in die Zeit des Alten Testaments war lang und gewissenhaft. Ich hielt es für nötig, vor dieser Reise eine solide Argumentationsgrundlage zu schaffen, auf die wir unsere erneute Suche nach dem geschichtlichen Kern der Bibel gründen können. Nun aber, so scheint mir, sind wir für das große Abenteuer gerüstet.

165 Links: Der Name Schischak, wie er
in frühem Hebräisch geschrieben worden
wäre.

Eine neue Datierung für Ramses den Großen

Den Genealogien zufolge sehen wir Ramses den Großen gegen Ende des 10. Jahrhunderts auf dem Thron – zu jener Zeit, in der Rehabeam König von Juda wird und der Jahwe-Tempel in Jerusalem durch die Truppen des Pharaos geplündert wird, der in der biblischen Tradition den Namen Schischak trägt. Könnte es also sein, daß Schischak, auch wenn das eine kühne Vermutung sein mag, kein anderer war als Ramses II., jener Herrscher, der üblicherweise als der Pharao der Bedrückung und des Exodus gilt?

Haben wir eine historische Quelle, aus der die Plünderung Jerusalems durch Ramses II. hervorgeht? In der Tat scheint es eine solche Quelle zu geben. Der Leser erinnert sich sicherlich noch an meine Expedition am Anfang dieses Buches, die nach Theben führte, um dort den wackeligen Block auf der Spitze des nördlichen Pylon des Ramesseums zu fotografieren. Auf dem Block ist der folgende Text zu lesen:

> Die Stadt, welche der König (Ramses II.) im Jahre 8 plündern ließ (ägypt.: *chefa*[1]) – Schalem

Schalem war der alte Name der Stadt Jerusalem – tatsächlich bedeutet »Jerusalem« soviel wie »Stadt (oder Gründung) von Schalem«.[2] Wir sind durch die Neue Chronologie zu der Auffassung gelangt, daß es Ramses, nicht Scheschonk war, der einen Feldzug gegen die Hauptstadt von Rehabeams Bergkönigreich führte. Dieses Ereignis fand der Inschrift im Ramesseum zufolge im 8. Regierungsjahr des Pha-

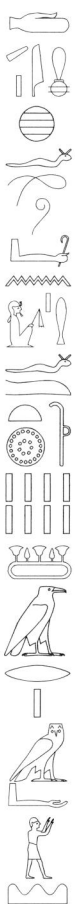

166 Vollständiger Hieroglyphentext des
Schalem-Blocks.

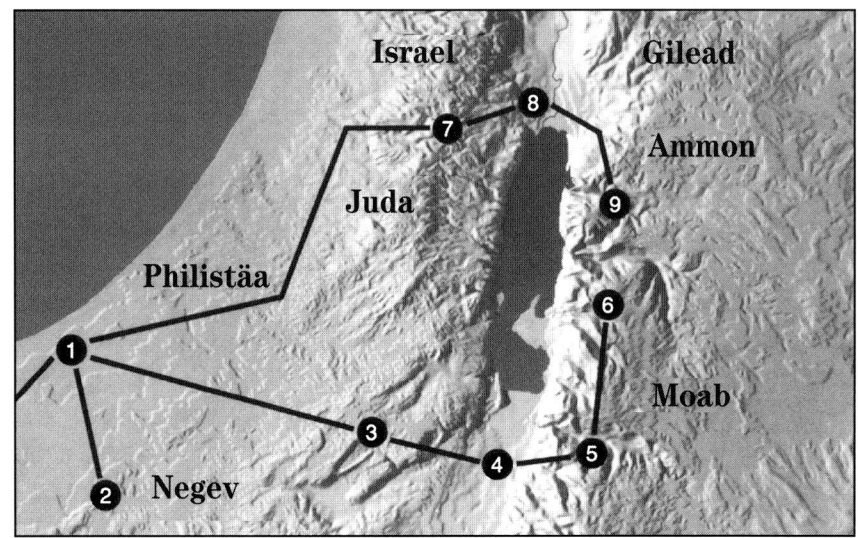

167 Der Feldzug Ramses' II. im 8. Regierungsjahr, wie er von Kenneth Kitchen aufgrund der Untersuchung ramessidischer Kriegsreliefs dargestellt wird. Die Zahlen verweisen, nach dem unten angeführten Kitchen-Zitat, auf die Orte entlang des Vormarschs der verschiedenen Angriffsspitzen. Die Gebietsnamen entsprechen der Zeit nach dem Zerfall des Salomonischen Reiches.

raos statt – und wir können es außerdem anhand Thieles biblischer Chronologie auf 925 v. Chr. datieren. Professor Kitchen, der eine detaillierte Untersuchung aller Kriegsreliefs über Ramses II. durchgeführt hat, bestätigt, daß Ramses nach Jerusalem vorstieß.

> … Im nächsten Frühjahr, der Wende zu seinem achten Herrschaftsjahr … nahm Ramses die Dinge selbst in die Hand. In kürzester Zeit hatte er Gaza (1) erreicht … Eine schnelle Heersäule trieb die Schosu (Beduinen) nach Osten zurück, ganz hinaus aus Kanaan (2). Dann nahm sich Ramses das östliche Palästina vor. Unter Führung des höchsten Prinzen Amen-hir-chopschef … stieß die schnelle Heersäule durch die Berge des Negev (3), über den Senkungsgraben südlich des Toten Meeres (4) und hinauf ins Land der Edomiter vor, deren Siedlungen er eroberte. Dann schwenkten die Streitkräfte des Prinzen nach Norden ein, durchquerten die tiefe Schlucht des Zered und erreichten das Kernland von Moab, wo sie sich entlang der traditionellen »Königsstraße« zur Eroberung von Butartu (Raba Batora) aufmachten (6). *Gleichzeitig rückte Ramses mit seinen Truppen im Uhrzeigersinn heran und vollendete die Zangenbewegung. Er drang über den zentralen Gebirgskamm von Kanaan vor, passierte Jerusalem (7),* überquerte den Jordan, ließ Jericho (8) und das nördliche Ende des Toten Meeres hinter sich und schlug bei Dibon zu (9). Er nahm diese Siedlung und wandte sich dann nach Süden durch das Arnontal, um schließlich wieder mit Prinz Amen-hir-chopschef zusammenzutreffen.[3] [Hervorhebung von mir.]

168 Relief auf der Südseite des Eingangs zum großen Tempel Ramses' II. in Abu Simbel. Es zeigt kuschitische Gefangene, von denen viele für die großen Armeen der Pharaonen der 19. Dynastie rekrutiert wurden.

Kitchen hat anhand der Reliefs zum Feldzug im 8. Regierungsjahr festgestellt, daß Ramses ins zentrale Bergland Judas eindrang und Jerusalem erreichte. Während

DER HISTORISCHE SCHISCHAK

Scheschonk I. keinen Sieg über Jerusalem verzeichnete, zog Ramses nach Juda hinauf und plünderte die Stadt Schalem. Ramses verfügte auch über die Ressourcen, um ein sehr großes Heer auszurüsten, in der Größenordnung von »... zwölfhundert Streitwagen und sechzigtausend Wagenkämpfern. Zahllos war das Kriegsvolk, das mit ihm aus Ägypten kam: Libyer, Sukkijiter und Kuschiter« (2 Chronik 12,3). Es mangelt nicht an Belegen, daß Ramses fremde Söldner für sein Heer anwerben ließ, da Ägypten während seiner Herrschaft das Gebiet der Libyer wie das der Kuschiter unterworfen hatte. Daß sich Scharen von Kuschitern unter den Streitkräften von Ramses dem Großen befanden, ist keine abwegige Vorstellung, doch bezweifle ich, daß dies auch unter Scheschonk I. der Fall gewesen wäre, eines Deltakönigs libyschen Ursprungs, der keine politische oder militärische Herrschaft über die Gebiete von Kusch jenseits von Nubien ausübte.

Jerusalem in Abu Simbel?

Die Hegemonie Ramses' II. über Nubien und Kusch wird höchst beeindruckend dargestellt durch den großen, in den Fels gebauten Tempel von Abu Simbel. Auf Befehl des Königs wurde im südlichen Nubien aus einer steilen Felswand am Nilufer ein ehrfurchtgebietendes Monument seiner Macht herausgeschlagen. Je-

169 Der große Tempel von Abu Simbel.

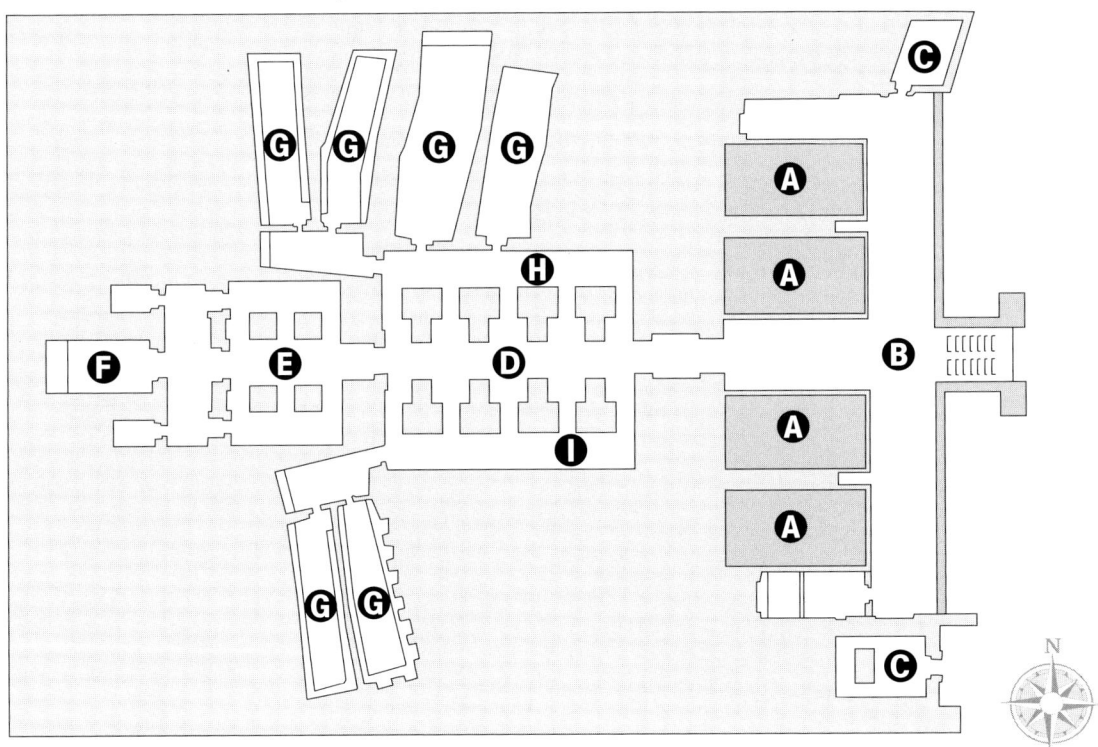

170 Plan des großen, in den Fels ge-
hauenen Tempels von Abu Simbel:
(A) Ramses-Sitzkolosse; (B) Terrasse;
(C) Kapellenschreine; (D) Haupthalle
mit Osiris-Pfeilern; (E) innere Halle;
(F) Allerheiligstes; (G) Lagerräume;
(H) Reliefs zur Schlacht von Kadesch;
(I) Darstellung eines Angriffs Ramses' II.
gegen eine Stadt auf dem Berge
(möglicherweise Jerusalem).

KASED KHEIR: »Einem wahren Kurs
folgend« (arab.).

der, der von Kusch aus ins südliche Reich fuhr, konnte sich dem majestätischen
Anblick der vier mächtigen, einundzwanzig Meter hohen kolossalen Sitzbilder des
Pharaos nicht entziehen, die mit nach Osten gewandtem Gesicht in die Wüste
schauten.

Ich war neun Jahre alt, als ich zum erstenmal nach Ägypten kam. Diese früheste
Erfahrung prägte sich unauslöschlich in mein Gedächtnis ein, wenn auch im Lauf
der Zeit viele Einzelheiten verblaßt sind. Ich erinnere mich allerdings lebhaft an
meine erste Begegnung mit Ramses in Abu Simbel.

Meine Mutter und ich waren die Strecke von Kairo nach Assuan auf dem eleganten
Schaufelraddampfer KASED KHEIR hinaufgefahren. Das Schiff hatte früher König
Faruk gehört, war aber im Gefolge der Revolution und des Sturzes der Monarchie
im Jahr 1952 von der neuen ägyptischen Regierung beschlagnahmt worden.

Der Dampfer erreichte den Staudamm südlich von Assuan (der Hochdamm wurde
erst 1970 fertiggestellt). Wir fuhren in die lange Reihe der Schleusen ein, die unser
altehrwürdiges, mahagonigetäfeltes Schiff über den ersten Katarakt hinaus nach
Süden trugen. Nach zwei langen Tagen auf dem Schiff, vorbei an den weißgestri-
chenen Häusern der nubischen Dörfer, an der Festungsstadt Kasr Ibrim auf ihrem
hohen Felssockel, an Nilkrokodilen, die sich auf den Sandstränden räkelten,
erreichten wir schließlich, lange nach Einbruch der Nacht, die dunklen Klippen
von Abu Simbel.

Am nächsten Tag, kurz vor der Morgendämmerung, ging ich die Laufplanke der »Kased Kheir« hinunter und betrat den Sandstrand am Fuß eines schattigen Berges. Auf der anderen Seite des Stromes, über den Wüstenbergen im Osten, brach allmählich ein kühler, gelber Lichthof hervor. Als ich schweigend vor dem Ziel meines ersten ägyptischen Abenteuers stand, kroch ein dünner, schwarzer Schatten auf den Eingang des großen Tempels zu – und wies mich ins Innere des Heiligtums. Die ersten Strahlen der aufgehenden Sonne berührten nun den Sandsteinfelsen, und die gewaltigen Kolosse glühten rubinrot auf. Ramses lächelte zufrieden von seinem luftigen Aussichtspunkt herab.

Die Sonnenstrahlen leuchteten mir nun den Weg hinein ins Allerheiligste. Ich näherte mich den vier sitzenden Göttern des inneren Schreins, deren Gesichter vom Lebenshauch des Sonnengottes erglühten. Was für ein überwältigendes Erlebnis für ein neunjähriges Kind, das eine elfhundert Kilometer weite Reise den längsten Strom der Erde hinauf hinter sich hatte! Einige Augenblicke blickte ich in die gleichmütigen Gesichter von Ptah, Amun-Re, Ramses selbst und Re-Harachte, bevor ich in die große Säulenhalle zurückkehrte, um den Rest des Tempels zu erforschen.

Hinter den überwältigenden Osiris-Pfeilern nördlich der Achse des Haupttempels war die militärische Großtat aus Ramses' 5. Regierungsjahr dargestellt – die berühmte »Schlacht von Kadesch« –, in der der jugendliche Pharao eigenhändig (oder vielmehr mit Hilfe des Amun-Re) durch Mut und Tatkraft im letzten Augenblick noch eine drohende Niederlage abgewendet und den Sieg davongetragen hatte. Sein »Sieg« über die nördliche Koalition unter Führung des Hethiterkönigs

RE-HARACHTE: »Die Sonne (Re) und der Falke (Horus) des Horizonts« (ägypt.).

OSIRIS: Der verstorbene König in Gestalt von Osiris, des Gottes der Unterwelt.

KADESCH: Kadesch am Orontes in Syrien, nördlich des Bekaa-Tales.

171 Der Orontes mit Tell Nabi Mand (das alte Kadesch) im Hintergrund.

DER HISTORISCHE SCHISCHAK

Muwattali brachte die entscheidende Wende, nachdem die Vorausbataillone der ägyptischen Armee zunächst dezimiert worden waren. Ramses hatte an jenem Tag triumphiert, doch alle nördlichen Stadtstaaten waren auf die Seite der Hethiter getreten, so daß der Pharao den nördlichen Teil des alten ägyptischen Reiches nicht mehr länger halten konnte. Mochte er also die Schlacht gewonnen haben, so verlor er doch den Krieg, den er geführt hatte, um Amurru (das alte Syrien) nicht in den Machtbereich der Hethiter fallen zu lassen. Ramses verbrachte einen Großteil der nächsten fünf Jahre seiner Herrschaft mit der Sicherung des südlichen Teils des Nordreiches. In mehreren siegreichen Feldzügen schlug er die Aufstände nieder, die auf die prekäre Situation in seinem fünften Regierungsjahr gefolgt waren.

Damals als Neunjähriger beeindruckte mich das Durcheinander von Körpern auf der Schlachtdarstellung von Abu Simbel nicht besonders. Für einen Historiker gibt es hier viel zu studieren und zu deuten, doch irgendwie gelingt es der komplexen Erzählung in einem Dschungel von Vignetten nicht, das Heldentum jener Stunden widerzuspiegeln. Ich wandte mich ab und ging über die Hauptachse des Tempels auf die gegenüberliegende (südliche) Seite der Halle zu. Hier fand ich eine Szene, die sich wohltuend vom Wirrwarr der anderen Schlachtdarstellung abhob – ein Bild von heroischer Einfachheit, das jeden jungen Freund der ägyptischen Kultur ansprechen mußte.

In der Mitte der hohen, weißen Wand steht Pharao Ramses, eine prächtige Gestalt, aufrecht auf seinem goldenen Streitwagen, der von einem Gespann stolzer Hengste gezogen wird. Der König hat die Zügel seiner vorpreschenden Streitrosse fest um die Hüften geschlungen, damit er in voller Fahrt mit dem Bogen schießen kann. Hinter dem Kampfwagen des Pharaos folgen drei junge Prinzen, die von ihren eigenen Wagenlenkern in die Schlacht gefahren werden. Vor dem König ragt auf steilem Berg eine große Zitadelle oder befestigte Stadt auf. Deren Bewohner, in typisch »kanaanitischen« Gewändern, flehen Ramses an, sie und ihre Familien zu verschonen. Ein Belagerungsbanner flattert über der Mauerkrone. Unten im Tal flieht ein Hirte, sein Vieh vor sich hertreibend. Vor dem Festungstor fleht eine vornehme Frau auf Knien um die Gnade des Königs. Niemand in der Stadt wehrt sich gegen den anstürmenden König; Waffen sind nicht zu sehen. Hoch oben auf der Mauer bietet ein Mann mit einem langen, »kanaanitischen« Bart ein Weihrauchfaß als Friedensgabe für Ramses an. Diese Stadt erlebt eine erbärmliche Niederlage, und ihre Bürger bitten den ägyptischen König, ihr die Zerstörung zu ersparen. Leider wird ihr Name nicht genannt, und das Jahr des Feldzugs ist ebenfalls nicht festgehalten.

Ich war von dieser lebendigen Darstellung immer beeindruckt. Bei jenem ersten Besuch in Abu Simbel war ich hingerissen von der Prägnanz und dramatischen Bewegung dieses Bildes. Der Text, der zwischen dem Kampfwagen und der belagerten Stadt eingraviert ist, lautet wie folgt:

172 Gegenüber (oben): Der große Tempel von Abu Simbel aus der Luft.

173 Gegenüber (unten): Südwand der Großen Halle von Abu Simbel. Die Darstellung zeigt Ramses II. beim Angriff gegen eine befestigte Stadt auf einem Berg.

174 Der »Schlüsselbewahrer« von Abu Simbel.

O vollkommener Gott; O Gott des Amun, der zur Tat schreitet; O Gott des Krummsäbels, der seine Armee schützt; O Kämpfer und Kraftvoller, behende und sicher auf seinem Kampfwagen – wie der Gott von Theben; O Gott voll Kraft, der gegen Hunderttausende kämpft; O starker, vielschwänziger Stier, der mit Macht vereint und die Aufrührer auf den Bergen zermalmt, so daß sie in ihre Täler heimkehren wie die Söhne von Feiglingen; mögest du sie niedermetzeln, so daß deine Feinde sich zerstreuen, O König, Mächtiger des Krummsäbels, Usermaatre-setepenre Ramesses-merjamun.

Hier geht es um einen Feldzug im Bergland von Palästina. Die Stadt auf dem Berg ist der Höhepunkt dieses Feldzugs. Sie kapituliert kampflos. Könnte dies eine wirklichkeitsnahe Darstellung der Einnahme und Unterwerfung Jerusalems im 5. Regierungsjahr des Königs Rehabeam sein? Ist der steile Abhang unterhalb der Festungsmauern die Klippe an der Ostseite der Stadt Davids, wo sie ins Kidrontal abfällt? Könnte der bärtige Mann, der das Weihrauchfaß anbietet, König Rehabeam selbst sein? Und könnte die vornehme Frau vor den Toren der Stadt die gealterte Witwe Salomos sein – eine Pharaonentochter? Der Feldzug nach Palästina in Ramses' 8. Regierungsjahr hatte das Ziel, einen Aufstand niederzuschlagen, der offenbar durch ägyptische Niederlagen in Syrien drei Jahre zuvor entfacht worden

175 Ein Hirte flieht in Panik vor dem Kampfwagen des Pharaos.

176 Die Stadt auf dem Berge, möglicherweise Jerusalem, abgebildet auf der Südwand der Großen Halle von Abu Simbel. Im Tal unterhalb der Stadt flieht ein Hirte in panischer Angst; am Tor der Festung flehen zwei Bewohner um Gnade; auf der Mauerkrone bietet der Herrscher der Stadt Ramses ein Weihrauchfaß als Friedensgabe an; hinter ihm hält eine vornehme Frau ihr Kind.

war. War die Befestigung der fünfzehn judäischen Städte durch Rehabeam im Süden und Westen seines Bergkönigreichs Teil dieser Aufstandsbewegung in Palästina? Ehe wir das Für und Wider dieser Hypothesen abwägen, wollen wir die wichtigsten Merkmale des Feldzugs im Jahr 8 zusammenfassen.

- Ramses berichtet von der Plünderung einer Stadt namens Schalem auf den Reliefs über den Feldzug im Jahre 8.
- Die Untersuchung von Kitchen zum Palästinafeldzug im Jahr 8 führte ihn zu dem Schluß, daß Ramses in das judäische Bergland vordrang und Jerusalem erreichte (was »Stadt« oder »Gründung von Schalem« bedeutet).
- Der Neuen Chronologie für Ägypten zufolge (die bisher unabhängig von den biblischen Datierungen erstellt wurde) herrscht Ramses II. im späten 10. und frühen 9. Jahrhundert v. Chr., während die Einnahme Jerusalems auf der Basis von Edwin Thieles Chronologie für die Könige Israels und Judas auf das späte zehnte Jahrhundert datiert wird.

Wir müssen nun den Namen »Schischak« ins Auge fassen und fragen, ob er auf irgendeine Weise mit Ramses II. in Verbindung gebracht werden kann.

Waschmuaria Riamaschescha

Dieser Zungenbrecher ist das, was die alten Hethiter für »Usermaatre Ramesses« aufschrieben, den Vor- und Nachnamen von Ramses II.

Nach der Schlacht von Kadesch tobte fünfzehn Jahre lang ein gewaltiger politischer Kampf zwischen Ägypten und dem Hethiterreich um die Herrschaft über die levantinischen Stadtstaaten. Schließlich, nachdem sie sich abgekämpft und zu einer Waffenpause durchgerungen hatten, stimmten die beiden Parteien einem dauerhaften Frieden und der Teilung der Vasallengebiete von AMURRU zu. Dieser Vertrag, den die Heirat des Pharaos mit einer Tochter des neuen hethitischen Königs Hattusili III. besiegelte, wurde in Ramses' 21. Regierungsjahr unterzeichnet. Zum Glück für die Historiker ist sowohl die ägyptische Abschrift des Vertrags (auf einer Stele in Karnak eingraviert) als auch die hethitische Version (in HATTUSA gefunden) erhalten geblieben. Die ägyptische Version ist natürlich in monumentalen Hieroglyphen verfaßt, während die hethitische in KEILSCHRIFT auf einer Lehmtafel festgehalten ist. Wir können tatsächlich von Glück reden, über ein Dokument dieses seltenen Typs zu verfügen, das uns in die Lage versetzt, ein Ereignis, das schon in ägyptischen Hieroglyphen festgehalten ist, aus einer anderen Perspektive und in einer anderen Sprache zu betrachten.

Die traditionelle Hieroglyphenschrift hat nun die Eigenart, daß der volle Name des Königs, den Ägyptologen als »USERMAATRE-SETEPENRE RAMESSES-MERJAMUN« formulieren, für die Zeitgenossen Ramses' und die fremden Gesandten, die mit dem Hof des Pharaos zu tun hatten, wie Kauderwelsch geklungen hätte. In der hethitischen

177 Der Hieroglyphentext, dem zufolge Ramses' Angriff auf die unbenannte Stadt zu einem Feldzug im Bergland von Palästina gehörte.

AMURRU: Ägyptische Bezeichnung für das Gebiet in Syrien, in dem die biblischen Amoriter lebten.

HATTUSA: Hauptstadt des hethitischen Stammlandes – das heutige Bogazkale in der Zentraltürkei.

KEILSCHRIFT: Schrift, deren Zeichen mit einem keilförmigen Griffel in feuchten Ton gedrückt werden und in unterschiedlicher Anordnung Silben bilden. Die Sprache dieser Schrift ist meist Akkadisch.

USERMAATRE-SETEPENRE RAMESSES-MERJAMUN: Mächtig ist die göttliche Ordnung von Re – Auserwählter Res, Re hat ihn geboren – Geliebter des Amun.

178 Ausschnitt aus der hethitischen Abschrift des Vertrags zwischen Ramses II. und Hattusili. Es handelt sich um akkadische Keilschrift.

179 Der Totentempel Ramses' III. in Medinet Habu vom »Tempel der Erleichterung« aus gesehen. Der erste Pylon des Haupttempels befindet sich ganz links; in der Mitte die Totenkapellen der Priesterköniginnen der späten Dritten Zwischenzeit; rechts das Hohe Tor mit den erhalten gebliebenen steinernen Innenwänden des Haremgebäudes, wo die Sese-Inschrift noch heute zu erkennen ist.

ERSCHEINUNGSFENSTER: In den ägyptischen Königspalästen und Tempeln gibt es ein vorspringendes Fenster, an dem der Pharao »erscheinen« kann, um die Huldigungen seiner Untertanen entgegenzunehmen.

Abschrift des Friedensvertrages hielten die Schreiber des Königs, mit einem schwierigen fremden Namen konfrontiert, den Titel des ägyptischen Vertragsunterzeichners als »Waschmuaria-schatepnaria Riamaschescha-maiamana« fest. Übrigens ist bemerkenswert, daß die hethitischen Schreiber die ägyptische Hieroglyphe »s« in Keilschrift mit »sch« transkribierten (zum Beispiel, indem sie »wasch« und »schatep« für »user« und »setep« schrieben).[4] Dies mag zunächst verwirrend, doch ist offensichtlich, daß die semitischen Schreiber Westasiens häufig das ägyptische »s« durch »sch« ersetzten und umgekehrt. Ein klares Beispiel für dieses Phänomen ist der ägyptische Name Scheschonk, der in Keilschrift als Susink(u)[5] wiedergegeben wird, was zeigt, daß die »offensichtliche Ähnlichkeit« der Namen Scheschonk und Schischak mehr Schein als Wirklichkeit sein könnte.

Nun war es in Ägypten, wie auch sonst in der Alten Welt, durchaus gängig, Namen abzukürzen – wie wir dies heute auch tun. Das galt nicht nur für die einfachen Leute, sondern auch für die großen Herrscher. So haben wir »Spitznamen« wie »Ameny« für Pharao Amenophis I. (»Die Prophezeiungen von Neferti«[6]), »Pul« für König Tiglat-Pileser III. von Assyrien (2 Könige 15,19 und 1 Chronik 5,26) und »Ululaya« für einen anderen assyrischen König, dessen offizieller Name Schalmaneser war (babylonische Königsliste A[7]). Kann es also sein, daß »Schischak« nicht für den ägyptischen Namen »Scheschonk« (akk. *Susinku*) steht, wie in der herkömmlichen Chronologie behauptet wird, sondern ein Hypokoristikum (eine gebräuchliche Kurzform) für den ganzen Namen von Ramses II. ist?

Um die Geheimnisse des biblischen Namens »Schischak« zu enträtseln, machen wir zunächst einen kleinen Spaziergang von der Schalem-Inschrift im Ramesseum nach Süden zu dem befestigten Tor, das in den Totentempel von Ramses III. in Medinet Habu führt. Wir passieren die beiden imposanten Türme des Hohen Tors und das ERSCHEINUNGSFENSTER, von dem aus Ramses die Huldigungen seiner Untertanen entgegennahm, und wenden uns scharf nach links – als ob wir zum TEMPEL DER ERLEICHTERUNG wollten, der sich in der südöstlichen Ecke des Geländes von Medinet Habu befindet. Nach ein paar Schritten südwärts halten wir an und wenden uns um. Vor uns erhebt sich steil in den Himmel die südliche Außenfassade des Torturms.

An diesen massiven Steinbau schloß sich an dessen nördlichen und südlichen Außenwänden ein mehrstöckiges Gebäude an, das den königlichen Harem beherbergte. Leider ist heute nur noch sehr wenig von diesem Haremsgebäude übrig, denn es war aus Lehmziegeln gebaut, und die Mauern wurden im Laufe der Jahrhunderte von den SEBACHIN Ziegel für Ziegel abgetragen.

Halten wir einen Moment inne. Wenn der Harem Ramses' III. einst am Hohen Tor angebaut war, dann schmückten die heute bruchstückhaften Reliefs auf dessen Sandsteinmauern ursprünglich die Innenwände sehr privater Gemächer im Anwesen des Königs. So sind zwar andere Haremsszenen durch die Plünderungen der Sebachin unwiederbringlich verlorengegangen, doch einige der sehr intimen, in Stein geschnittenen Bilder, welche die Gemächer der Hofdamen schmückten, sind erhalten geblieben. Man findet solche Szenen äußerst selten – tatsächlich sind die Reliefs von Medinet Habu, von denen wir gleich eines im Detail erörtern werden, die einzigen Exemplare ägyptischer Haremsdarstellungen, die uns überliefert sind. Das in Rede stehende Relief ist stark beschädigt. Angesichts seiner exponierten Lage, oben an der Südwand des Hohen Tores, überrascht dies kaum. Allerdings ist das entscheidende kleine Stück Hieroglyphenschrift immer noch sehr gut lesbar. Die Gestalten des sitzenden Ramses' III. und dreier Prinzessinnen, die von links auf ihn zugehen, können nur aus der Nähe erkannt werden, doch wurden sie in den großartigen Foliobänden akkurat festgehalten, die im Anschluß an eine epigraphi-

TEMPEL DER ERLEICHTERUNG: Die Toiletten!

SEBACHIN: Kleinbauern, die alte Lehmbauten abtragen und das Material zur Anreicherung des Bodens verwenden.

Zum Haupttempel

»Erscheinungsfenster« des Königs

»Sese« – Inschrift in einem Privatgemach im ersten Stock

Zum Kai des Tempelkanals

180 Plan des sandsteinernen Hohen Tors (dunkelgrau) mit dem Harem Ramses' III. (hellgrau), der mit Lehmziegeln an die nordwestliche und die südöstliche Außenmauer angebaut war. Das Haremgebäude ist zerstört – abgetragen von den Sebachin.

DER HISTORISCHE SCHISCHAK

sche Untersuchung der Tempel von Medinet Habu durch das Chicago Oriental Institute entstanden sind.[8] Der Text zwischen dem König und seinen Töchtern hat zwei Teile. Die Kartuschen auf der rechten Seite, vor dem Kopf des Königs, liefern die offiziellen, »monumentalen« Namen und Titel des Ramses – den Thronnamen (Usermaatre-merjamun) und den Geburtsnamen (Ramses-NETJERHEKAIUNU) –, wobei die Hieroglyphen nach links gerichtet sind. Die vier Hieroglyphenspalten auf der linken Seite sind nach rechts ausgerichtet – und geben daher die gesprochenen Worte der Prinzessin wieder. Sie lauten:

[Für] deinen KA, *Ss*, den König, den Göttlichen, [...] und die Sonne für die ganze Erde. Mögest du Jubiläen feiern wie ATUM, möge deine Macht wie CHEPRI sein – kraftvoll für viele Jahre[9] des Lebens von RE im Himmel.

Der Name *Ss* (vorerst können wir ihn als »Sese« aussprechen) ist von einer Kartusche umrandet und bezieht sich offensichtlich auf die sitzende Figur des Ramses auf der rechten Seite der Darstellung. Also nannten die Töchter Ramses' III. ihren Vater »Sese« – eine abkürzende Form des vollen Namens Ramses. Sese war schon lange vor der 19. Dynastie gebräuchlich. Schon im Alten Königreich gab es Personen mit diesem Namen, und er blieb während des Mittleren und Neuen Reichs in regelmäßigem (wenn auch nicht allgemeinem) Gebrauch.[10] Zumeist handelte es sich um einen Spitznamen, doch er wurde auch eine anerkannte Abkürzung des vollen Namens Ramses sowohl bei Königen als auch bei gemeinen Leuten. (Die andere Abkürzung für Ramses war »Mose« oder »Mes«.)

Bisher habe ich den Namen mit »Sese« vokalisiert, doch gingen wir fehl in der Annahme, er sei von den Alten so ausgesprochen worden. Man wird leicht von den formelhaften Übersetzungen der Ägyptologen irregeführt, die der Konvention folgen, den Buchstaben »e« einzufügen, wenn sie das alte Ägyptisch vokalisieren. Dies soll nur die Aussprache der Konsonantenketten erleichtern, die in den Hieroglypheninschriften enthalten sind. So lesen wir etwa »Amenhetep« oder »Amenhotep« für die hieroglyphische Konsonantengruppe *Imnhtp,* die in Keilschrift wiederum mit »Amanhatpi« wiedergegeben wird. Von den vielen Beispielen, die die AMARNA-BRIEFE liefern, verdeutlichen die Thronnamen von Amenophis III. und Echnaton dieses Problem am besten. In der Keilschrift, einer Silbenschrift, der Amarna-Korrespondenz tauchen sie als »Nibmuaria« und »Naphurria« auf, doch die Ägyptologen ziehen es vor, die hieroglyphischen Namensfassungen in der ihnen üblichen Aussprache als »Nebmaatre« und »Neferchepure« wiederzugeben.

Um noch mehr über die höchst interessante Abkürzung von Ramses herauszufinden, müssen wir uns nun einem anderen Dokument zuwenden, dem Papyrus Anastasi I, ein satirischer Brief, den ein Schreiber an seinen Kollegen richtete. Hier haben wir es mit Hori zu tun, der viel über Palästina weiß und sich über seinen unerfahrenen Kollegen Amenemopet lustig macht, weil dieser kaum Ahnung von den nördlichen Gebieten des ägyptischen Reiches hat.[11] Der Papyrus wird auf die

181 Gegenüber (oben): Südwestwand des Hohen Tors in Medinet Habu mit der stark verwitterten Darstellung, welche die Sese-Kartusche enthält.

182 Gegenüber (unten): Linienzeichnung derselben Szene, aus der die Positionen des Königs und seiner Töchter hervorgehen.

183 Die Hieroglyphen, die das Hypokoristikum »Sese« bilden, bestehen aus zwei Tuchballen (s + s) und, als Determinativ, einem Herrscher im Schneidersitz mit einem Dreschflegel in der Hand, Zeichen dafür, daß es sich um einen Königsnamen handelt.

NETJERHEKAIUNU: »Gott und Herrscher von On« = Heliopolis, nordöstlich von Kairo.

KA: Meist als »Geist« einer Person gedeutet, im Gegensatz zu Ba, der »Seele«.

ATUM: Der Schöpfergott (in Menschengestalt), dessen Tempel in Heliopolis stand.

CHEPRI: Skarabäuskäfer-Gott, der die aufgehende Sonne darstellt.

RE: Der große Sonnengott von Heliopolis, gleichbedeutend mit Atum.

AMARNA-BRIEFE: Korrespondenz zwischen den levantinischen Herrschern und den ägyptischen Pharaonen der Amarna-Zeit. Die Briefe in Form von Lehmtafeln wurden um die Jahrhundertwende in Tell el-Amarna gefunden.

184 Die Hieroglyphen, die das Hypo-koristikum *Sysw* bilden, bestehen eben-falls aus zwei Tuchballen (s + s) sowie einem Paar Schrägstrichen, die den Konsonanten »y« bilden, und schließlich der Schilfpflanze, die für »sw« steht, mit einem abschließenden Vokalanzeiger.

Kurt SETHE: 1869–1934.

SERABIT EL-CHADEM: Region der Tür-kisminen im westlichen Sinai, wo die Ägypter der Göttin Hathor, »Herrin des Türkis«, einen Tempelschrein bauten.

PYRAMIDION: Abschlußstein auf der Spitze einer Pyramide.

späte 19. Dynastie datiert und spiegelt die politische Situation während der langen Regierungszeit Ramses' II. wider. Die folgenden Auszüge sind für unsere Forschun-gen zum Namen »Sese« von beträchtlichem Interesse:

Wie sieht es aus, dieses Simyra von *Sysw*?

Komm, ich erzähle Dir etwas aus fernen Landen, auch von der Festung des Horus. Ich beginne für Dich mit dem Anwesen des *Sysw*!

Komm nun mit ins Gebiet des Uto von *Sysw*! – in die Festung von Usermaatre, Leben, Reichtum, Gesundheit!

»Simyra von *Sysw*« war der ägyptische Hafen Sumer in Nordsyrien (wurde mit dem Tell Kazel identifiziert[12]), der nach Ramses II. benannt wurde, allerdings nicht anhand seines offiziellen, sondern seines abgekürzten Namens, woraus hervorgeht, daß dieser im ägyptischen Nordreich durchaus gebräuchlich war – zumindest unter den Ägyptern.

Von Beginn meiner Untersuchung an schien es wahrscheinlich, daß der Name *Sysw* (für Ramses II.) im Papyrus Anastasi eine zweite Variante des hieroglyphischen Hypokoristikums »Sese« war, das in Medinet Habu (für Ramses III.) benutzt wird. Tatsächlich wurde diese Vermutung schon 1904 von dem großen deutschen Gelehr-ten Professor Kurt SETHE von der Berliner Universität geäußert.[13] Viele Jahre lang besaß ich kein handfestes Material, um schlüssig zu zeigen, daß die beiden Namen dieselbe Bedeutung hatten. Dann, im November 1993, kam Bob Porter, mein Forscherkollege am University College London, mit dem fehlenden Glied in der Kette: einem Fayencekelch aus dem Tempel der Hathor in SERABIT EL-CHADEM im Sinai. Seine wenigen Bruchstücke waren schon 1906 von Petrie gefunden wor-den[14], aber erst 1992 konnten sie zusammengesetzt werden.[15] An der Außenwand des Kelches verläuft ein Band von Hieroglyphen, die mit schwarzer Tinte in das Fayencegefäß eingraviert sind. Sie geben den Titel des Königs Usermaatre-setepen-re als *Ssw* an und liefern damit das Zwischenstück von *Sysw* und dem hieroglyphi-schen *Ss*.

Schließlich stieß ich 1994 auf das PYRAMIDION eines Höflings namens Merjamun Ramessu, der im Kaiserlichen Kunsthistorischen Hofmuseum in Wien ausgestellt ist.[16] Auf zwei Seiten gibt die hieroglyphische Inschrift den Namen des Verstorbe-nen als »Merjamun Ramessu« an. Auf der Ostseite erscheint er als »Usermaatre-se-tepenre Merjamun Ramessu«. Doch auf der Westseite lesen wir einfach *Ssy*. Dieser Mann wurde offenbar nach dem herrschenden Pharao benannt, Usermaatre-sete-penre Ramesses-merjamun (Ramses II.), also haben wir mit *Ssy* ein weiteres Hypokoristikum von Ramses. Warum sollte derselbe Name aber auf verschiedene Weise geschrieben werden? Die einfachste Erklärung ist folgende:

Ss – die Form des Namens in Medinet Habu – ist die streng hieroglyphische Version des Wortskeletts.

DER HISTORISCHE SCHISCHAK

Ssw, Ssy und *Sysw* – die vollständigeren Formen des Namens – bilden den Versuch, die Position der Vokale im ägyptischen Wort anzugeben. Bei den ägyptischen Schreibern war es allgemein üblich, zu diesem Zweck die Konsonanten *y* und *w* als »Vokalanzeiger« zu verwenden.

Leider bieten ägyptische Schriften nur selten genaue Hilfen, wie ein Name von den Alten vokalisiert wurde, doch die volleren Formen des Namens *Ss* lassen vermuten, daß jedem »s« ein Vokal unbestimmter Qualität folgte. Fassen wir zusammen, was wir bisher über die abgekürzten Namensformen von Ramses II. und Ramses III. erfahren haben:

Äyptische Texte zeigen über mehrere Jahrhunderte hinweg, daß es einen als *Ss*, *Sysw* oder *Ssy* geschriebenen Namen gab, der im Neuen Reich offenbar als Hypokoristikum für den Königsnamen Ramses verwendet wurde. Dieser gebräuchliche Name, der auf verschiedene Weise geschrieben wurde, stand für Ramses II. wie für Ramses III.

Wir wissen nicht sicher, wie der abgekürzte Name vokalisiert wurde, doch er muß etwa »Sesy«, »Sesa«, »Sysu« oder »Sysa« ausgesprochen worden sein.

Doch damit sind wir noch nicht am Ende! Ich habe oben erwähnt, daß die akkadische Schreibweise für Ramses im Vertrag mit den Hethitern Riamaschescha war und daß das hieroglyphische »s« in der Regel als »sch« in Keilschrift dargestellt wurde. Die Probleme, denen sich die Hethiter gegenübersahen, wenn sie den ägyptischen Namen in ihrer eigenen Schrift wiedergeben wollten, waren verwandt mit jenen, die der biblische Redaktor hatte, der uns den Namen Schischak übermittelte. Es gibt viele Stellen in der Bibel, wo das ägyptische »s« (hebr. *sin*) mit »sch« wiedergegeben wird (hebr. *schin*).[17] Das ägyptische »Askelan« ist das biblische »Aschkelon« (und das arabische »salam« das hebräische »schalom«), und so geht es auch mit dem biblischen Namen »Schischak«. Man sollte annehmen, er gehe auf ein ägyptisches Original wie etwa »Sisak« zurück.

Welche Schlußfolgerungen sind daraus zu ziehen? Zunächst hatten wir eine offenbar überzeugende Gleichsetzung des biblischen Schischak mit dem ägyptischen König Scheschonk I. Doch dann sahen wir, wie das historische Szenario, das durch diese Gleichsetzung geschaffen wurde, unter der Last einer ganzen Reihe von Widersprüchen zusammenbrach, so daß am Ende nichts übrigblieb als die oberflächliche Ähnlichkeit der Namen Schischak und Scheschonk. Dann erfuhren wir auch noch, daß der Name Scheschonk in Keilschrift als Susink(u) wiedergegeben wurde – wie zu erwarten war angesichts der gängigen Verwandlung des ägyptischen »sch« in das semitische »s«. Dieselbe Logik gilt daher auch für den biblischen Namen Schischak, der eine Wiedergabe des ägyptischen Namens Sysa vorstellt. Die historische Quellenlage (und die Notwendigkeit einer neuen Chronologie) legt den Schluß nahe, daß Pharao Schischak aus 1 Könige und 2 Chronik Ramses II. war. Die

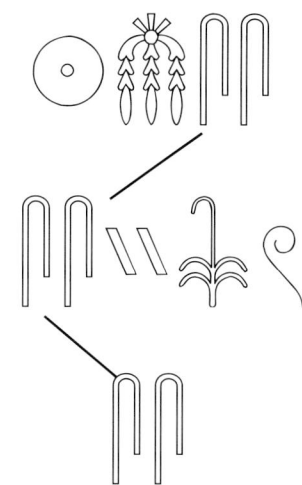

185 Die Entwicklung des Hypokoristikums für die Ramessiden: von Rames-ses über Ses-sy-sa (Ramses II.) zu Ses (Ramses III.).

186 Eine in Nimrud gefundene Elfenbeintafel, vielleicht ein Beutestück aus einem assyrischen Feldzug nach Palästina oder Phönizien. »[Sie] legte … Schminke auf ihre Augen, schmückte ihr Haupt und schaute durch das Fenster hinab … Sie warfen sie herunter, und Isebels Blut bespritzte die Wand und die Pferde, die sie zertraten. [Jehu sagte:] Auf der Flur von Jesreel werden die Hunde das Fleisch Isebels fressen. Die Leiche Isebels soll wie Mist auf der Flur Jesreels liegen …« (2 Könige 9,30–37)

187 Die »Aschkelon-Wand« in Karnak, die Außenseite der Westmauer der »Cour de la Cachette«, die sich zwischen dem Haupttempel und Pylon VII auf der Nord-Süd-Achse der Anlage von Karnak befindet.

Kurzform seines Namens – *Sysw* (vielleicht als Sysa vokalisiert – und von daher Schischa[k] im Hebräischen) – war die ursprüngliche Namensform, die Jahrhunderte später als »Schischak« in das Corpus eines fremden Textes eingeschlossen wurde.

Die letzte Runde des »Namensspiels« besteht darin, das abschließende »k« (hebr. *qoph*) in Schischak zu erklären, welches im ägyptischen Original nicht vorkommt. Die beste Erklärung ist, daß sich der biblische Redaktor häufig auf Wortspiele einläßt, besonders, wenn er sich mit fremden Namen abgibt. Dies geschieht normalerweise, um jene mit Hohn zu überschütten, die nicht dem Weg Jahwes folgen. So ist zum Beispiel die ursprüngliche Schreibweise des berühmten Namens Isebel (der phönizischen Frau des Königs Ahab) auf einem zeitgenössischen Skarabäus als Yzebel festgehalten, was »[Baal] ist Prinz« bedeutet. Der Redaktor allerdings verwandelt dies in Ayzebel, mit der Bedeutung »Wo ist das Miststück (d. h. Baal)«. Tat der Redaktor dasselbe mit dem ägyptischen Namen Sysa? Wenn ja, hat er ein treffendes Wortspiel gewählt, denn der Name Schischak kann vom hebräischen Namen Schaschak abgeleitet werden, der »Angreifer« oder »jener, der zermalmt (mit dem Fuß oder dem Wagenrad)« – ein überaus sprechendes Synonym für Ramses den Großen, der »die Aufrührer auf den Bergen zermalmt«.[18]

Es sollte an dieser Stelle betont werden, daß die Argumente für die Gleichsetzung von Ramses II. mit Schischak nicht auf der Ähnlichkeit zwischen dem Hypokoristikum des Königs und dem biblischen Namen beruhen (wie bei der Gleichung Scheschonk = Schischak in der traditionellen Chronologie – möglicherweise ein Ablenkungsmanöver). Vielmehr gibt es Hinweise darauf, daß Ramses *tatsächlich*

DER HISTORISCHE SCHISCHAK

188 Die hebräischen Formen der Namen (a) Isebel, (b) Ayzebel, (c) Schyschak und (d)) Schaschak, wie sie in der Schrift vor dem Exil ausgesehen hätten. Der hebräische Text wird von rechts nach links gelesen.

einen Feldzug in das Bergland von Juda unternahm und, Kitchen zufolge, Jerusalem erreichte. Sie beruhen vor allem auf dem Feldzugsrelief im Ramesseum, wo erklärt wird, daß Ramses im achten Jahr seiner Regierung eine Stadt namens Schalem eroberte, was sich meiner Argumentation zufolge auf die Niederlage des Königs Rehabeam in dessen 5. Regierungsjahr und auf die Plünderung der Schätze von Salomos Tempel in Jerusalem bezieht. Ich identifiziere Ramses II. mit dem biblischen Schischak vor allem aufgrund archäologischer und historischer Argumente.

7 Die offenbare Ähnlichkeit zwischen dem biblischen Namen Schischak und dem Pharaonennamen Scheschonk ist irreführend. Andererseits mag der Name seinen Ursprung im Hypokoristikum von Ramses II. haben (»Sysa« – Äquivalent für das hebräische »Schischa[k]«) – dem einzigen Pharao, von dem bekannt ist, daß er einen Sieg über Jerusalem (= Schalem) aufgezeichnet hat.

Ramses II. und Israel

Um das letzte Teil des Schischak-Puzzles einzufügen, müssen wir nach Karnak zurückkehren. Nur fünfzig Meter vom Bubastiden-Portal und der Feldzugsliste Scheschonks I. befindet sich eine weitere bedeutsame historische Inschrift, die als »Aschkelon-Wand« bekannt ist. Jahrelang wurde sie als ein Feldzugsrelief von Ramses II. betrachtet, dessen Werke sich in diesem Teil Karnaks häufen. In den siebziger Jahren allerdings machte ein junger amerikanischer Ägyptologe, der an der epigraphischen Aufnahme Thebens im Auftrag des Chicago Oriental Institute mitarbeitete, eine glänzende Entdeckung. Frank Yurco untersuchte noch einmal die stark zerfallenen Reliefs der »Aschkelon-Wand«, als ihm schlagartig ein wichtiger Zusammenhang zwischen diesen Szenen in Karnak und der berühmten »Israel-Stele« von Merenptah aufging, die im Museum von Kairo aufbewahrt ist.[19]
Die Verbindung läßt sich anhand einer Reihe von Beobachtungen nachweisen, die wiederum am besten in tabellarischer Form aufgeführt werden.

189 Die weltberühmte »Israel-Stele« des Merenptah enthält die einzige Erwähnung Israels im gesamten Korpus der erhaltenen ägyptischen Texte. Museum Kairo.

190 Das Relief zeigt den Angriff Ramses' II. mit dem Kampfwagen (nach rechts gerichtet) auf die Stadt Aschkelon. Die Bewohner stürzen ihre ältesten Söhne über die Festungsmauern in den Tod, als Opfergabe zur Besänftigung ihrer Götter (siehe die Geschichte der Belagerung Moabs in 2 Könige 3,27). Im Gegensatz zur namenlosen Stadt von Abu Simbel leisten die Bewohner von Aschkelon dem ägyptischen Angriff energischen Widerstand.

- Die Israel-Stele ist auf das 5. Regierungsjahr von Merenptah datiert, des Nachfolgers von Ramses II.

- Obwohl der Großteil des langen Textes einem Verteidigungskrieg gegen marodierende Libyer gilt, stellt das Ende dieses Triumphgedichts, das die politische Weltsicht unter der Herrschaft von Merenptah zusammenfaßt, den historisch wichtigsten Abschnitt dar.

- In diesem Abschnitt werden acht fremde Staaten und Völker erwähnt, mit denen Ägypten im Krieg stand: (1) Tjehenu (Libyen); (2) Hatti (die Hethiter); (3) Pa-Kanaan (Palästina); (4) Aschkelon; (5) Geser; (6) Jenoam; (7) Israel; und (8) Hurru (Syrien).

- Yurco vermutete, daß die Erwähnung von Aschkelon in der Strophe in Zusammenhang stehen könnte mit der Schlacht gegen die Stadt Aschkelon, wie sie in Karnak dargestellt ist. Daraufhin verglich er die gesamte Wand, von der die Schlachtdarstellung nur ein Teil ist, mit dem mittleren Abschnitt der »Israel-Stele« und stieß auf eine verblüffende Übereinstimmung.

- Die »Aschkelon-Wand« umfaßt vier Schlachtszenen in zwei Abteilungen auf jeder Seite der Inschrift von Ramses' Friedensvertrag mit den Hethitern. (1) Das untere rechte Segment zeigt einen breitbeinig auf dem Kampfwagen stehenden Pharao beim Angriff auf eine befestigte Stadt. Diese Stadt wird im Begleittext Aschkelon genannt. (2) Im unteren linken Segment wird ein anderer Angriff auf eine Stadt dargestellt, diesmal aber geht der Pharao zu Fuß. Der Name der Stadt ist verschwunden. (3) Im Segment oben links wird eine dritte Stadt Ziel eines Angriffes, und wiederum ist wegen des schlechten Zustands des Reliefs die Identität der Stadt nicht bekannt. (4) Im rechten oberen Segment sind nur wenige Blöcke am Fuß der Darstellung erhalten. Sie zeigen eine Schlacht, in welcher der Pharao eine Gruppe von Asiaten angreift.

Die Position des königlichen Pferdegespanns – viel weiter links als in der Aschkelon-Darstellung unmittelbar darunter – macht deutlich, daß in der vierten Szene keine Stadt abgebildet war: dafür gab es einfach keinen Platz.

- Yurco zog daraus die Schlußfolgerung, daß es sich hier um eine bildhafte Darstellung des mittleren Abschnitts des Triumphgedichts der »Israel-Stele« handelt. Auf den Wänden von Karnak waren Schlachten gegen drei Städte dargestellt sowie eine vierte Szene, die den kämpfenden Pharao im offenen Land zeigt. Da die Stadt Aschkelon sowohl im Triumphgedicht als auch auf dem Kriegsrelief vorkommt, müssen die beiden namenlosen Städte Geser und Jenoam sein. Die vierte Szene wiederum dürfte die einzige Darstellung in der ägyptischen Kunst sein, auf der Israeliten gegen einen ägyptischen Pharao kämpfen.

- Yurco untersuchte noch einmal genau die sehr stark abgetragenen Kartuschen, die sich auf die Darstellung von »Geser« beziehen, und kam zu dem Schluß, daß der ursprüngliche Name (der von Amenmesse als auch von Sethos II. überschrieben wurde) Merenptah und nicht Ramses II. lautete. Gewappnet mit dieser gut begründeten Verknüpfung zur »Israel-Stele« erklärte er daraufhin im Jahr 1977, daß die »Aschkelon-Wand« nicht Ramses II., sondern Merenptah zuzuschreiben sei.

Dies ist im Kern Frank Yurcos Meisterstück archäologischer Detektivarbeit, doch ich glaube, daß seine letzte Schlußfolgerung hinsichtlich der Identität des siegreichen Pharaos noch Fragen aufwirft. Die Frage, welcher Pharao gegen Israel kämpfte, ist offensichtlich entscheidend für die Situierung Schischaks im Rahmen der neuen Chronologie. Ich muß daher zeigen, daß die bisher verbreitete Ansicht,

191 Vereinfachte Skizze der Darstellungen auf der »Aschkelon-Wand« mit ihren fünf Grundelementen: dem Friedensvertrag mit den Hethitern; den drei Schlachtszenen um die Städte; schließlich die Schlachtszene im offenen Land, das als Israel gedeutet wurde. Die hellgraue Schattierung stellt die erhaltenen Blöcke der Mauer dar.

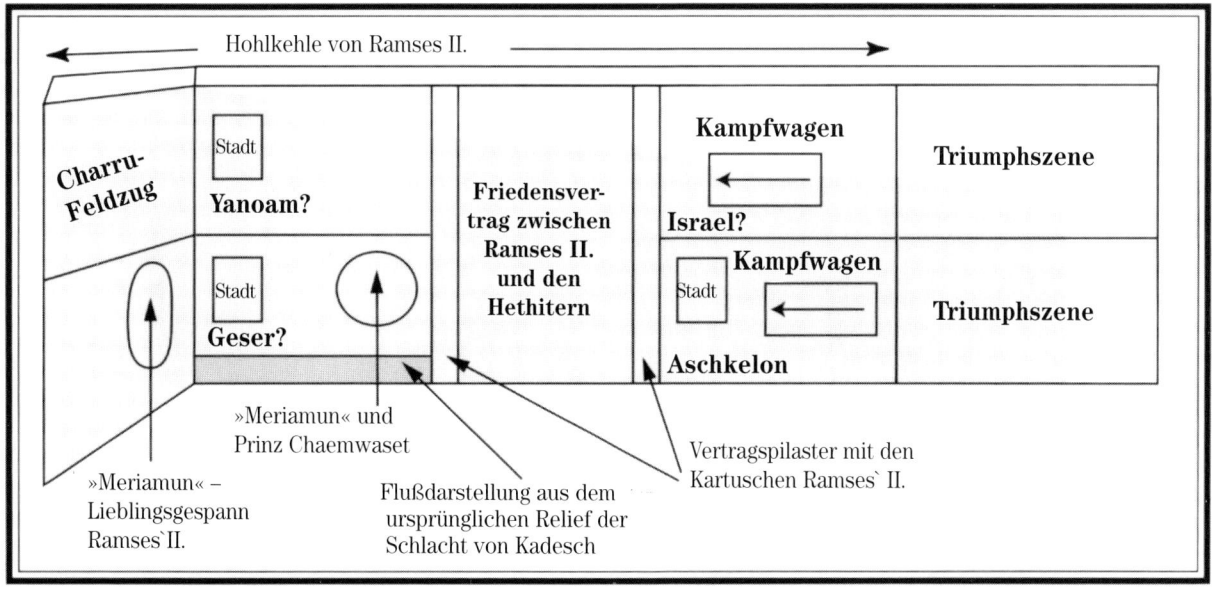

wonach Ramses II. der Auftraggeber für diese Reliefdarstellungen sei, tatsächlich zutrifft und daß Yurco zu weit geht, wenn er die Schlachtszenen Merenptah zuschreibt. Zugunsten von Ramses II. lassen sich folgende Belege aufführen[20]:

Der Mittelteil der »Aschkelon-Wand« enthält den Vertrag mit den Hethitern, datiert auf das 21. Regierungsjahr Ramses' II., und die BANDEAU-Inschrift unter der HOHLKEHLE enthält die Kartuschen Ramses' II. Daraus läßt sich schließen, daß er die Mauer erbauen und zumindest einen Teil davon schmücken ließ. Außerdem wurde der Vertrag nach dem Bau der Mauer eingeritzt, da die Pilaster, die den Text einrahmen, bündig mit der Maueroberfläche sind, die auf beiden Seiten des Vertragstextes sorgfältig abgeschliffen wurde, um den Eindruck zu erzeugen, die Pilaster seien eigenständige Blöcke. Dies läßt vermuten, daß die Mauer vor dem 21. Regierungsjahr von Ramses II. gebaut wurde, jedoch die abschließende Ausschmückung mit den Szenen auf beiden Seiten danach stattfand (auf den gewölbten Teilen der Mauer gibt es keinen Verlust an Schnittiefe).

Die beiden Segmente rechts vom Hethitervertrag (unten Aschkelon und oben »Israel«) sind die ursprünglichen Gravuren auf der Wand. Es gibt keine Hinweise darauf, daß es unter den heute sichtbaren Reliefs jemals andere gegeben hat.

Andererseits können unter der Oberfläche der »Geser«-Darstellung (links unten vom Vertragstext) die schwachen Umrisse von Pferdegespannen und ein zickzackförmiges Flußmuster ausgemacht werden. Wir wissen von der angrenzenden südlichen Außenwand des GROSSEN SÄULENSAALS, daß ein dort eingravierter asiatischer Feldzug Ramses' II. (möglicherweise im Jahr 8) ein ursprüngliches Relief der Schlacht von Kadesch überdeckt, auf dem Reihen von

192 Karnak: Abschrift des Vertrags zwischen Ramses II. und Hattusili III.

BANDEAU: Eine Reihe oder Spalte aus Hieroglyphen zur Einrahmung einer Darstellung.

HOHLKEHLE: Auskragende Abschlußblöcke als Mauerbekrönung.

GROSSER SÄULENSAAL: Stellt den Ursumpf aus der Mythologie des alten Ägypten dar.

193 Detail aus der Szene, die den König beim Angriff auf eine befestigte Stadt zeigt. Nach Yurco soll es sich um den Feldzug gegen Geser handeln, der im Triumphgedicht der Israel-Stele erwähnt wird. Auf dem unteren Teil des Reliefs ist die ursprüngliche Gravur der Kadesch-Schlacht anhand der Zickzacklinien zu erkennen, die das Wasser des Orontes darstellen.

DER HISTORISCHE SCHISCHAK

194 Ein weiteres Detail aus der »Geser«-Schlachtszene. Hier ist Prinz Chaemwese zu sehen (der andernorts als Sohn Ramses' II. belegt ist), wie er das Pferdegespann des Königs führt, während der König selbst die Festung zu Fuß angreift. Der Name des Gespanns – »Merjamun«, die Lieblingspferde des Königs – ist über den Pferderücken eingraviert. Eine in Tanis gefundene Inschrift berichtet über einen Feldzug Ramses' II. gegen Geser. Der Name Maacha erscheint auch auf einem Fragment, und diese Stadt liegt in der Nähe von Jenoam.[21] Jenoam wiederum wird ebenfalls in der Feldzugsliste von Ramses II. im Tempel von Luxor erwähnt. Ramses führte also Krieg sowohl gegen Geser als auch gegen Jenoam.

Pferdekampfwagen und der Fluß Orontes eine wichtige Rolle spielen. Es liegt daher auf der Hand, daß sich das ursprüngliche Kadesch-Relief einst um die Mauer herum erstreckte bis hin zum linken Rand des Vertragstextes. Die verblaßten Gravuren der Pferde und Wasserzacken, die auf der »Geser«-Darstellung noch sichtbar sind, bilden einen Teil der Schlacht von Kadesch. Also hatte Ramses II. ursprünglich zumindest ein Drittel der gesamten »Aschkelon-Wand« schmücken lassen.

Yurco, der erkannte, daß die Wandseite rechts vom Vertragstext immer nur eine Reliefschicht getragen hat, behauptet aufgrund des Zusammenhangs mit der Israel-Stele, daß sie Merenptah zuzuschreiben sei. Doch wenn dies der Fall wäre, hätte Ramses, der den Bau errichten und die linke Seite dekorieren ließ, den Rest der Wand ungeschmückt gelassen. Wie kann man – nach allem, was wir über Ramses den Großen wissen – ernsthaft die These aufstellen, daß er eine kahle Wand hinterließ, die dann sein Nachfolger ausschmücken konnte? Daß ihm die Zeit ausging, kommt nicht in Frage, da er mehr als sechsundsechzig Jahre herrschte (wenn auch die Wand nach dem 21. Regierungsjahr, dem Jahr des Hethitervertrags, ausgeschmückt worden sein muß).

Zwei andere vielsagende Hinweise zugunsten von Ramses als Urheber der Inschriften befinden sich auf der Darstellung von »Geser«. Dort sehen wir, daß der Pharao von seinem Kampfwagen herabgestiegen ist, um den Angriff gegen die Stadt zu führen. Sein Pferdegespann wird von einem seiner Söhne geführt. Die Inschrift über dem Kopf des Prinzen lautet: »Der königliche Sohn seines Leibes, Chaemwese, wahrhaftig.« Chaemwese war der vierte Sohn Ramses' II. und sein berühmtester Nachfahre. Gegenwärtig gibt es keinen Beleg dafür, daß Merenptah einen Sohn namens Chaemwese gehabt hätte. Außerdem wird das

195 Ausschnitt aus der Darstellung der Schlacht von Dapur im Ramesseum; Ramses II. greift mit seinem prächtigen Kampfwagen die syrische Stadt an.

196 Vergrößerung der Hieroglyphen, die den Namen des Lieblingsgespanns Ramses' II. wiedergeben – »Merjamun«.

von Chaemwese geführte Pferdegespann als »Das erste große Pferdegespann seiner Majestät – Merjamun« bezeichnet. Der Rest der Inschrift ist stark beschädigt, doch Yurco will die Kartusche Merenptahs ausgemacht haben, die von seinen beiden Nachfolgern überschrieben worden sein soll. Die Kartuschen sind so häufig abgeschliffen und neu graviert worden, daß wir kaum sicher davon ausgehen können, Merenptahs Name sei der ursprüngliche gewesen. Ich bin von Yurcos Argumenten nicht überzeugt, wonach die Namen Ramses' II. niemals auf dieser Wand eingraviert waren – vor allem wenn man bedenkt, daß sie einst eine Darstellung der Schlacht von Kadesch trug. Hingegen wissen wir sicher, daß »Merjamun« als Name eines von Ramses II. bevorzugten Pferdegespanns gut bekannt ist. Tatsächlich wird dasselbe Gespann auf den Reliefs zum asiatischen Feldzug abgebildet, die unmittelbar an die »Aschkelon-Wand« angrenzen, sowie in der Darstellung im Ramesseum, die den Pharao beim Angriff auf die Stadt Dapur zeigt. Ich glaube, es wäre ein allzu unwahrscheinlicher Zufall, daß Merenptah nicht nur einen gleichnamigen (aber sonst nicht dokumentierten) Sohn, sondern auch ein gleichnamiges (aber ebenfalls nicht dokumentiertes) Pferdegespann besessen haben sollte.

Schließlich ist es nötig, eine breitere Perspektive einzunehmen. Yurco verwendet für seine Argumentation nur die vier Elemente des mittleren Abschnitts des Triumphgedichts. Wenn wir die Darstellung als Ganzes nehmen, fällt uns sogar noch etwas Interessanteres ins Auge. Die betreffende Passage lautet:

Die Prinzen sind zu Boden gestreckt und rufen: »Friede!« Keiner hebt das

Haupt unter den Neun Bögen. Zerstörung ist für Tjehenu; Hatti ist befriedet; geplündert ist Pa-Kanaan mit allem Schlechten; gefangen geführt ist Aschkelon; gepackt ist Geser, Jenoam ist vernichtet; Israel ist verwüstet – es hat keinen Nachwuchs mehr; Charru ist zur Witwe geworden für Ägypten. Alle Länder sind befriedet. Wer unruhig war, wurde gefesselt.

Gehen wir nun zusammen durch den Großen Säulensaal in Karnak, um die Feldzugsreliefs von Sethos I. und Ramses II. zu betrachten. Wir beginnen in der nordwestlichen Ecke, wo wir auf dem oberen Segment den Feldzug Sethos' I. gegen die Libyer sehen können (»Zerstörung ist für Tjehenu«). Darunter befindet sich das Segment, das Sethos' Feldzug gegen die Hethiter in Syrien darstellt (»Hatti ist befriedet«). Wenn wir entlang der nördlichen Außenwand nach Osten gehen, finden wir die Darstellungen der Feldzüge Sethos' gegen die Schasu Südpalästinas und eines Angriffs auf Pa-Kanaan (»geplündert ist Pa-Kanaan mit allem Schlechten«). Wir durchqueren den großen Säulensaal in südlicher Richtung und erreichen die Wand mit dem Hethitervertrag. Rechts vom Vertragstext befindet sich das Segment, in dem die Einnahme von Aschkelon festgehalten ist (»gefangen geführt ist Aschkelon«), zur Linken des Vertragstexts folgt eine weitere Stadt unter Belagerung (»gepackt ist Geser«) und darüber eine dritte (»Jenoam ist vernichtet«). Über der Aschkelon-Szene ist eine Schlacht in offener Landschaft abgebildet (»Israel ist verwüstet – es hat keinen Nachwuchs mehr«). Schließlich ist entlang

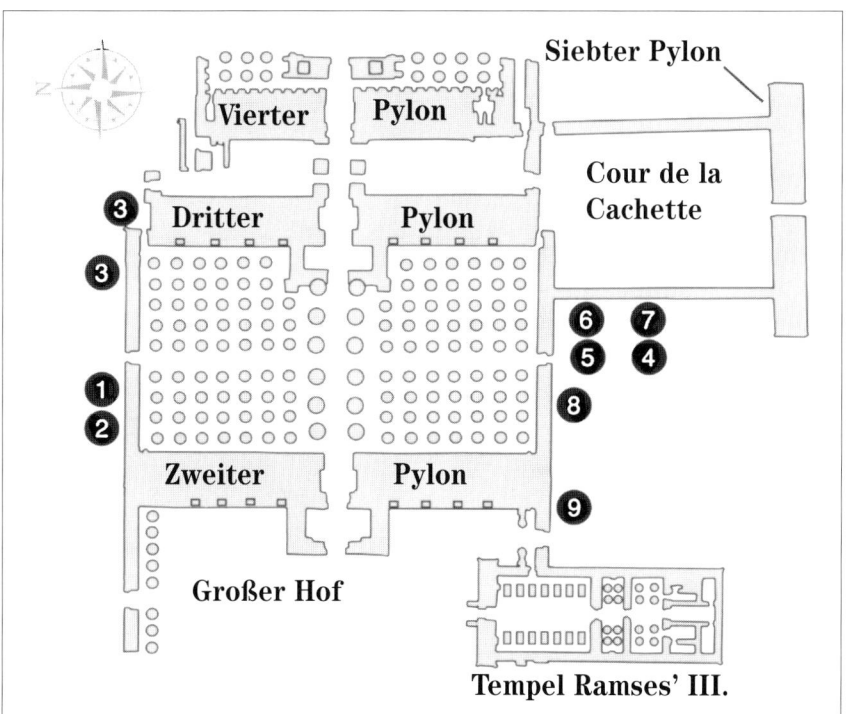

197 Anordnung der Reliefs um die Große Säulenhalle in Karnak.

1 Sethos' I. Krieg gegen das Land Tjehenu (Libyen).
2 Sethos' I. Krieg gegen die Stadt Kadesch und die Koalition der Hethiter.
3 Sethos' I. Feldzug gegen die Schasu von Kanaan, insbesondere gegen die Stadt Pa-Kanaan.
4 Schlacht von Aschkelon.
5 Schlacht von Geser(?).
6 Schlacht von Jenoam(?).
7 Schlacht gegen Israel(?).
8 Ramses' II. Feldzug gegen Charru (Syrien).
9 Schoschenks I. Feldzugsrelief (einige Zeit nach der Komposition des Triumphgedichts auf der Israel-Stele fertiggestellt).

198 Ausschnitt aus einem »Israel-Block« im oberen Segment der Aschkelon-Wand in Karnak. Links fällt ein israelitischer Krieger, von einem Pfeil Pharaos getroffen, zu Boden; rechts davon steht ein anderer Israelit im knöchellangen Gewand – eine Kleidung, die gewöhnlich von Städtebewohnern getragen wurde; rechts außen läßt ein verschrecktes Streitroß der Israeliten erschöpft den Kopf hängen. Keines der beiden letztgenannten Details stimmt mit den Verhältnissen zur Zeit des Moses oder des Josua überein. Bis zur Epoche des Großreichs waren die Israeliten in erster Linie nomadisierende Hirten und keine Städtebewohner; die Kriegführung mit Kampfwagen wurde erst zur Zeit Salomos eingeführt. Wenn die Szene eine Schlacht gegen Israel darstellen soll, dann müßte diese während oder nach der Herrschaft Salomos stattgefunden haben.

der gesamten südlichen Außenwand des großen Säulensaals der asiatische Krieg Ramses' II. (Jahr 8?) dargestellt, zu dem ein langwieriger Feldzug in Syrien gehörte (»Charru ist zur Witwe geworden für Ägypten«). Das Gesamtbild ist vollständig und genau. Der letzte Abschnitt der »Israel-Stele« ist kein Bericht über Merenptahs eigene militärische Leistungen, sondern ein Blick auf die internationalen Verhältnisse während seiner Herrschaftszeit. Was der König sah, wenn er den nördlichen Schauplatz der ägyptischen Militäroperationen betrachtete, war eine Welt, die von seiner Dynastie unterworfen worden war. Die auf der »Israel-Stele« aufgezählten Leistungen sind nicht Merenptahs persönliche Erfolge, vielmehr hatte er sie dem dynamischen Wirken seines Vaters und seines Großvaters zu verdanken.

Eben das ist der Punkt. Der alt gewordene Merenptah, der kaum mehr tun konnte, als Ägypten gegen die Angriffe libyscher Stämme zu verteidigen und vielleicht einen von der Stadt Geser angeführten Aufstand niederzuschlagen (daher sind seine Kartuschen über denen Ramses' II. in der Geser-Darstellung eingeschnitten)[22], sonnte sich im Abglanz des Ruhms der mächtigeren Vorgänger. Seine Dynastie hinterließ den Ägyptologen die meisten erhaltenen Königslisten, worin sich der »Geschichtssinn« der Ramessiden spiegeln mag. Seine Dynastie rühmte sich selbst der Leistung, nach dem Fiasko von Amarna das nördliche Reich wiedergewonnen zu haben. Merenptah erfand kein Lügengespinst, als er den Text in Auftrag gab, der den letzten Abschnitt seiner »Israel-Stele« enthielt. Wenn Merenptah von seinem Thronpodium im Palast von Pi-Ramesse – der mit farbenprächtigen Kacheln geschmückt war, die gefangene Aufstandsführer aus dem ägyptischen Reich zeigten – den Blick nach Norden schweifen ließ, betrachtete er in Wirklichkeit die politischen Leistungen der 19. Dynastie.

DER HISTORISCHE SCHISCHAK

Israelitische Kampfwagen auf der Aschkelon-Wand

199 Seitenverkleidung des Kampfwagens von Thutmosis IV., der in seinem Grab im Tal der Könige gefunden wurde. Abgebildet ist der König, wie er mit dem Kampfwagen die asiatischen Feinde angreift. Unter den Hufen seines Pferdegespanns flieht ein gegnerischer Kampfwagen zu den eigenen Linien; dessen Pferde blicken somit in dieselbe Richtung wie die des Königs.

200 Ausschnitt aus den »Israel-Blöcken« der Aschkelon-Wand. Hier, unter den Hufen des pharaonischen Pferdegespanns, ist ein fliehender Kampfwagen des Gegners dargestellt – wie in der Schlachtdarstellung mit Thutmosis IV. (und auch sonst vielerorts). Wenn diese Blöcke eine Schlacht gegen Israel darstellen, wie Yurco behauptet, dann hatten diese Israeliten Kampfwagen in den Streitkräften und waren also mit ihrem Einsatz im Krieg vertraut.

Abschließend möchte ich noch ein Argument in die Debatte um die »Aschkelon-Wand« werfen, das der traditionellen Chronologie einen weiteren, wenn nicht den fatalen Stoß versetzt. Die Feldzugsdarstellung, die Yurco als die der Schlacht gegen Israel identifiziert hat (ganz gleich, ob sie nun auf Ramses oder Merenptah zurückgeht), stellt ein beträchtliches Problem für die traditionelle Datierung des Exodus dar. Unter den Pferden des pharaonischen Kampfwagens kann man einen viel kleineren Streitwagen erkennen, der zu einem fliehenden gegnerischen Feldherrn gehört. Dies ist ein typisches ikonographisches Versatzstück, das immer wieder in ägyptischen Schlachtenszenen auftaucht – der mächtige König, der seine Feinde unter den Hufen der vorpreschenden Pferdegespanne zermalmt. Doch einen Augenblick! Ist dies nicht im herkömmlichen Schema die Zeit, zu der Moses die Israeliten aus Ägypten hinausführt? Selbst wenn wir annehmen, daß Ramses II. nicht nur der Pharao der Bedrückung, sondern auch der des Exodus war und daß die »Israel«-Szene Merenptah und nicht seinem Vater zuzuordnen ist, kann es sich bestenfalls um die Zeit der Eroberung des Gelobten Landes handeln und nicht um einen späteren Zeitpunkt. Wie kommt es nun, daß die Israeliten in Kampfwagen umherfahren? Es gibt keinerlei Hinweise darauf, daß sie vor der Zeit Salomos Kampfwagen besaßen.[23] Vielmehr zeigt ihre Militärstrategie während der Landnahme und in der Richterzeit, daß sie diese Form der Militärtechnik noch nicht kannten.[24] Daß ein Kampfwagen im »Israel«-Zyklus von Karnak auftaucht, ist ein glatter historischer Widerspruch im traditionellen Zeitschema. Im Gegensatz zu diesem offensichtlichen Problem für die traditionelle Datierung des Exodus handelt es sich der Neuen Chronologie zufolge um eine Periode der israelitischen Geschichte, die dem Aufbau einer großen Kampfwagenstreitmacht durch Salomo unmittelbar folgt.

Salomo beschaffte sich Wagen und Besatzung dazu. Er hatte vierzehnhundert Wagen und zwölftausend Mann als Besatzung und brachte sie in die Wagenstädte sowie in die Umgebung des Königs nach Jerusalem. (1 Könige 10,26)

Die »Israel-Stele« und die »Aschkelon-Wand« fügen sich ein in die historische Rekonstruktion, die wir unternommen haben. Es war Ramses II., der die Gravur der Szene befahl, die einen Angriff gegen die israelitische Streitmacht darstellt. Dieser Feldzug war ein Vorspiel zur Belagerung Jerusalems. Die Bibel sagt uns, daß Schischak auf dem Weg hinauf nach Rehabeams Jerusalem die Prinzen Israels besiegte und Judas befestigte Städte einnahm (2 Chronik 12,1–11).

8 Die Hinweise von den monumentalen Reliefs, den Artefakten und sonstigen Quellen der altägyptischen Geschichte deuten darauf hin, daß sich hinter der Gestalt des biblischen Schischak, des Eroberers von Jerusalem, der Pharao Ramses II. verbirgt.

So verhielt es sich mit dem Frondienst:
König Salomo hatte Fronarbeiter ausgehoben zum Bau des Tempels,
seines Palastes, des Millo und der Mauern von Jerusalem,
Hazor, Megiddo und Geser ... dazu [baute Salomo] alle Vorratsstädte,
die ihm gehörten,
die Städte für die Wagen und ihre Mannschaften
und was er sonst in Jerusalem,
auf dem Libanon und im ganzen Bereich
seiner Herrschaft zu bauen wünschte.

1 Könige 9,15–20

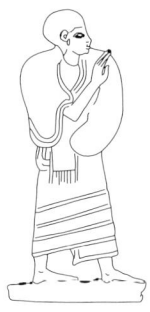

8

Das Zeitalter Salomos

201 Seite 207: Die Stadt Megiddo im Jesreel-Tal – eine der Königsstädte Salomos, wo er der Bibel zufolge größere Bauten errichten ließ.

202 Links: Eine Priestergestalt mit Betschal und langem Umhang (auf einem in Hazor entdeckten spätbronzezeitlichen Relief). In der Mitte eine geflügelte Sonnenscheibe auf dem berühmten Elfenbeintäfelchen, das im Megiddo der Späten Bronzezeit gefunden wurde.

OFIR: Vermutlich der indische Subkontinent.

HIRAM: Entspricht dem phönizischen Namen Ahiram.

D ie Bibel schildert uns die Herrschaft König Salomos als den kulturellen Höhepunkt des Volkes Israel. Unter seiner Regierung (ca. 971 bis 931 v. Chr.) lebte Israel im Frieden mit der Welt. Der Name Salomo, mit dem wir uns auf den dritten Herrscher Israels beziehen, bedeutet in der Tat »friedliebend« (das hebräische *Schelomoh* ist aus *Schalom* – »Frieden« – abgeleitet)[1] und wurde dem König wahrscheinlich lange nach seiner Zeit verliehen, um den politischen Charakter dieser Periode der israelitischen Geschichte zum Ausdruck zu bringen (1 Könige 5,18).

In der Ära Salomo wurden (über Land und auf dem Seeweg) weitgespannte Handelsnetze geknüpft zwischen den Lieferanten von Rohstoffen und Fertigwaren wie OFIR und Ägypten auf der einen und den levantinischen Stadtstaaten auf der anderen Seite, wobei Israel als Mittler auftrat (1 Könige 9,26–10,29). Handwerker strömten ins Land, die zur Weiterverarbeitung der exotischen Rohstoffe gebraucht wurden; aber auch Luxusgüter wurden eingeführt. Jerusalem und die anderen Städte Israels erlebten einen wirtschaftlichen Aufschwung und erneuerten sich. Salomo warb phönizische Handwerker aller Sparten an, darunter Bauleute, Bronzeschmiede und Holzfäller, und HIRAM, der König von Tyrus, gewährte sie ihm. Sie machten sich an den Bau von Palästen für den Herrscher Israels und seine ägyptische Gemahlin und verwandelten Jerusalem in eine wahrhaft königliche Metropole. Auf dem Felsen oberhalb Jerusalems wurde der Tempel Jahwes erbaut, während die alte jebusitische Stadt durch eine riesige Plattform erweitert wurde, die das bebaubare Land um den Kamm des engen »Ofel-Bergs« herum vergrößerte. Diese mit Steinen aufgefüllte Terrasse wird als Millo (»Auffüllung«) bezeichnet; ihr Bau wurde 1 Könige 9,15,24 und 11,27 zufolge in den mittleren Jahren von Salomos Herrschaft begonnen.

Wer den biblischen Text liest, in dem die Ära Salomo als kultureller Höhepunkt des frühen Königreiches Israel erscheint, sollte eigentlich erwarten, daß durch die archäologische Forschung beträchtliches Material aus dieser Zeit zutage kommt, das auf Salomos Reichtum und die internationale Öffnung Israels verweist, immer vorausgesetzt, der biblische Bericht wurzelt tatsächlich in historischen Tatsachen. In der traditionellen Chronologie wird Salomo auf die Eisenzeit II A datiert, wie sie

SB II A –	Echnaton
	Haremhab
	1300 v. Chr.
SB II B –	Ramses II.
	MOSES
	1200 v. Chr.
EZ I A –	JOSUA
	FRÜHE RICHTER
	1150 v. Chr.
EZ I B –	SPÄTE RICHTER
	SAUL
	1000 v. Chr.
EZ II A –	DAVID
	SALOMO
	900 v. Chr.
EZ II B	

203 Ungefähre Einordnung wichtiger biblischer Gestalten und Pharaonen im Rahmen der archäologischen Epocheneinteilung nach der traditionellen Chronologie.

In der alten Stadt Byblos finden sich
viele schöne Steinbauten aus der Frühen
Bronzezeit – etwa der Tempel der Obelisken (Hintergrund Mitte). Hier gibt es
auch in den Fels gehauene Königsgräber
aus der Mittleren und Späten Bronzezeit
sowie den Tempel der Balat Gubla und
den von Archäologen so genannten
L-förmigen Tempel (im Vordergrund) –
beide aus der Späten Bronzezeit.

von den Archäologen bezeichnet wird. Entsprechend haben zwei führende Autori-
täten der Archäologie Palästinas diese Periode beschrieben. In der Diskussion um
die sogenannten salomonischen Städte der Eisenzeit II A schreibt Professor James
Pritchard von der Pennsylvania University:

> … die sogenannten Städte Megiddo, Geser und Hazor sowie Jerusalem selbst
> waren in Wirklichkeit eher Dörfer … Dort standen verhältnismäßig kleine
> öffentliche Gebäude und schlecht gebaute Behausungen mit Lehmböden. Die
> Funde zeigen eine materielle Kultur, die selbst nach den Maßstäben des alten
> Nahen Ostens nicht als verfeinert oder luxuriös bezeichnet werden kann …
> Die »Pracht« des Salomonischen Zeitalters ist provinziell und entschieden
> glanzlos, doch das Erste Buch der Könige läßt genau das Gegenteil vermuten.[2]

Kathleen KENYON: 1906–1978.

Kathleen KENYON war gleichermaßen verblüfft von der Armut, wie sie in der
Eisenzeit II A herrschte:

> Direkte Zeugnisse für den Reichtum und die Herrlichkeit des salomonischen
> Hofes hat die Archäologie nicht beibringen können. Sie hat gezeigt, daß die
> Kultur außerhalb der Hauptstadt keineswegs ein sehr hohes Niveau gehabt hat
> und daß in die Augen fallende Anzeichen für eine wirtschaftliche Blüte nicht
> vorhanden waren … Salomos Betätigung als Handelsfürst – ein besonderer
> Aspekt seiner verschiedenen Neuerungen, über den uns die Bibel unter-
> richtet – ist selbst an Plätzen, die die besten Grabungsergebnisse brachten,
> archäologisch kaum greifbar. Gegenstände, bei denen es sich unverkennbar um
> Importe handelt, haben sich in Schichten dieser Periode in Palästina selbst
> fast gar nicht gefunden.[3]

Es gibt keine prächtigen Gebäude, keine schönen, mit Edelsteinen und Einlagen geschmückten Gerätschaften, kein Gold, kein Silber oder Elfenbein und keine Anzeichen für einen blühenden internationalen Handel. Bei einem Vergleich der archäologischen Quellen mit dem biblischen Bericht führt die traditionelle Chronologie wiederum zu einem negativen Ergebnis.

Wenn wir uns dem Phönizien der Frühen Eisenzeit zuwenden, um Hinweise auf die berühmte phönizische Handwerkskunst der Steinbearbeitung zu entdecken, finden wir keinerlei Zeugnisse der sogenannten ASCHLAR-Bautechnik – genaugenommen überhaupt keine monumentalen Steingebäude! Der israelische Archäologe Professor Yigael SHILOH von der Hebräischen Universität Jerusalem stellt fest:

ASCHLAR: Gebrochener und behauener Stein.

Yigael SHILOH: 1937–1988.

STRATA: Plural von Stratum – eine archäologische Schicht oder Belegungsphase.

> In den Grabungsstätten, die immer wieder untersucht wurden – wie Sidon oder Byblos – wurde bisher kein nennenswertes Material aus der Eisenzeit zutage gefördert. Im Licht der archäologischen Funde gibt es heute keine Möglichkeit, die Existenz einer klaren Verbindung zwischen der Aschlar-Bautechnik Judas und Israels und dem Phönizien der Eisenzeit zu beweisen.[4]

Archäologische Forschungen im Libanon und im syrischen Küstengebiet (dem alten Phönizien) haben keine Hinweise auf monumentale Steinbauten zwischen dem Ende der Bronzezeit (traditionelle Chron. ca. 1150 v. Chr.) und dem Beginn des hellenistischen Zeitalters (um 332 v. Chr.) erbracht. Nach der traditionellen Chronologie müssen die Geschichten von Salomo – dem großen Bauherrn – und seinem Verbündeten Hiram von Tyrus durchweg Übertreibungen oder gar reine Erfindungen sein.[5]

9	Der kulturelle Reichtum der Ära Salomo, wie er in 1 Könige und 2 Chronik beschrieben wird, spiegelt sich nicht in den archäologischen Funden aus dem Palästina der Eisenzeit, die nur als Periode allgemeiner Armut in der Kulturgeschichte der Levante beschrieben werden kann. Wie sieht es aber aus, wenn wir Salomo gemäß unserer Neuen Chronologie einordnen – in der er nun ein Zeitgenosse Haremhabs und Sethos' I. in Ägypten wäre?

Eine Stadt Salomos – Megiddo VIII

Bei der Datierung einer archäologischen Grabungsstätte anhand der in verschiedenen Tiefenschichten oder STRATA gefundenen Töpferwaren läßt sich mit hinreichender Sicherheit angeben, welche Gebäude der Späten Bronzezeit II A (SB II A) und welche der Späten Bronzezeit II B (SB II B) entstammen.[6] Schichten, die Gefäße aus der SB II A enthalten, gehen auf die Zeit zurück, in der die Pharaonen Amenophis III. bis Haremhab in Ägypten herrschten. Wenn hingegen Gefäße aus der SB II B zusammen mit archäologischen Überresten gefunden werden, bedeutet dies, daß die entsprechende Schicht (oder das Stratum) bewohnt war, als in

SB II A –	(Haremhab) SALOMO Megiddo VIII
	930 v. Chr.
SB II B –	(Ramses II.) GETRENNTE KÖNIGREICHE Megiddo VII B-A
	820 v. Chr.
EZ I A –	Megiddo VI
	800 v. Chr.
EZ I B –	Megiddo V B
	790 v. Chr.
EZ II A –	Megiddo V A/IV B (Jerobeam II.)

205 Zuordnung der Megiddo-Strata zu den Epochen des israelitischen Königreichs nach der Neuen Chronologie.

206 Blick auf den Bereich des nördlichen Stadttors von Megiddo mit dem Tor aus Stratum VIII (1), das nur wenige Meter östlich und unterhalb des Tors aus Stratum V A/IV B liegt (2). Links ein Teil des Palastes aus Stratum VIII (3) mit einer Basalttreppe (4), die zum Eingangshof führt.

OMRI: Regierungszeit 873–853 v. Chr.

AHAB: Regierungszeit 880–873 v. Chr.

Yigael YADIN: 1917–1984.

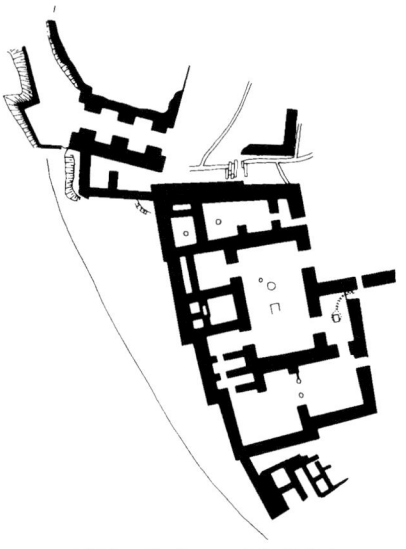

207 Das Stadttor und der Palast aus dem Stratum VIII von Megiddo.

208 Eine mit Löwen und geflügelten Sphingen geschmückte Elfenbeinkiste aus dem spätbronzezeitlichen Palast von Megiddo. Rockefeller-Museum, Jerusalem.

Ägypten die 19. Dynastie herrschte (den letzten Teil der Regierungszeit Haremhabs am Ende der 18. Dynastie möglicherweise eingeschlossen).

Nach dem Ersten Buch der Könige 9,15 baute Salomo an den Städten Jerusalem, Megiddo, Hazor und Geser. Wenden wir uns nun einer der wichtigsten Städte Salomos zu – Megiddo im Jesreel-Tal – und schauen wir, welche Funde neben Töpferwaren aus SB II A und SB II B (der archäologischen Phase, die nach der Neuen Chronologie der Zeit Salomos entspricht) gemacht wurden. Stratum VII B »verweist auf die letzte große Periode materiellen Reichtums im Megiddo der Bronzezeit«[7] und entspricht der Stadt zu Zeiten Ramses' II. und Merenptahs in Ägypten. Das ältere Stratum VIII stellt eine lange Phase der Stadt dar, zu der die Amarnazeit und die Herrschaft Haremhabs gehörten (möglicherweise bis hin zur Regierungszeit Sethos' I.).[8] So können wir Salomo entweder in die letzte Phase von Megiddo VIII einordnen oder in die frühe Phase von Megiddo VII B. Stratum VII A geht auf die erste eisenzeitliche Ansiedlung in Megiddo zurück und entspräche der Herrschaft von OMRI und AHAB in Israel und von Ramses III. in Ägypten.

Die relative Armut des früheisenzeitlichen Megiddo haben wir bereits vermerkt. Nun können wir im Kontrast dazu den großen Reichtum und den kosmopolitischen Charakter der Stadt in der Späten Bronzezeit verdeutlichen, indem wir die hervorstechenden Merkmale der Strata VIII und VII B anführen:

1. Der Palast aus der Späten Bronzezeit (Stratum VIII, auch während Stratum VII B gebraucht): Der Bau ist fünfzig Meter lang und hat zwei Meter dicke Mauern. Ein Torweg führt den Besucher in einen großen, gepflasterten Innenhof, der auf drei Seiten von Palasträumen umgeben ist. Die größte Halle (möglicherweise der Thronsaal) verfügt über einen imposanten Portikus, der von zwei Basaltsäulen flankiert wird. Ein Raum ist mit Seemuscheln gepflastert und hat in der Mitte ein rechteckiges Becken – offensichtlich ein Badezimmer.

2. Ein Königsschatz, gefunden in Raum 3100 des Palasts: Dieser herrliche Schatz bestand aus Goldgefäßen, Schmuck unterschiedlicher Stilrichtungen, darunter Gold- und Lapislazulikolliers sowie aus einer Sammlung von Elfenbeintafeln.

3. Die Elfenbeinsammlung in der Schatzkammer des Palasts: Die Sammlung von Elfenbeinarbeiten zählte über zweihundert Exemplare. Die handwerkliche Ausführung wird als »Höhepunkt der kanaanitischen Kunst«[9] beschrieben. Der Fund wurde auf Stratum VII B datiert. Eine noch größere Sammlung, die in der Schatzkammer des Palastes in dem jüngeren Stratum VII A (ein Umbau des Gebäudes aus VII B) gefunden wurde, wird ebenfalls der historischen Periode von Stratum VII B zugeschrieben und als »Überbleibsel« aus dem Megiddo der Bronzezeit bezeichnet. Nach Meinung von Professor Yigael YADIN von der Hebräischen Universität Jerusalem stellt »der Vorrat an Elfenbeinarbeiten, vor allem Tafeln, die größte und reichhaltigste Sammlung geschnitzten Elfenbeins aus Kanaan dar, die je [in Palästina] gefunden wurde«.[10]

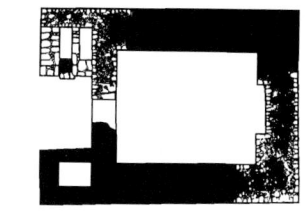
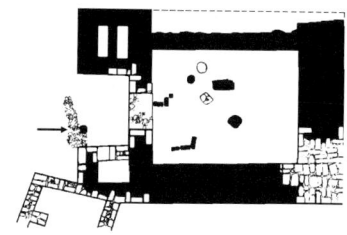

209 Tempel 2048 in der Phase von Stratum VIII (oben) und später von Stratum VII B (unten).

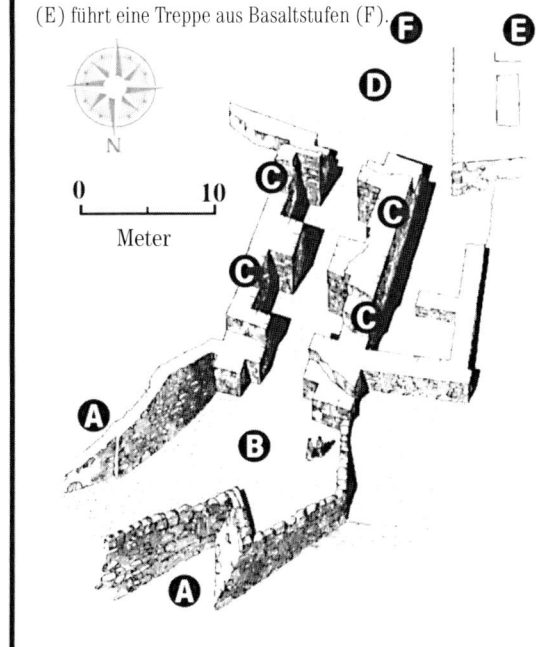

210 Isometrische Zeichnung des dreigliedrigen Eingangstores der Stadt Megiddo aus dem Stratum VIII. Der Zugang zum Tor wird zu beiden Seiten von Mauern abgeschirmt (A) und führt über einen gepflasterten Weg (B); das Tor selbst ist auf jeder Seite mit drei Pfeilern versehen, die vier innere Nischen bilden (C); hinter dem Tor öffnet sich ein Hof (D); zum Palast rechts (E) führt eine Treppe aus Basaltstufen (F).

Das Tor von Megiddo VIII

211 Das Tor von Megiddo Stratum VIII (Blick von Norden in die Stadt) ist aus stattlichen (gesägten) Aschlar-Blöcken erbaut, die auf einer einzigen dünnen Lage aus Basalttafeln ruhen. Die vordere und die hintere Außenmauer des Tores bestehen aus drei Lagen Aschlar-Blöcken, über denen eine Entlastungsschicht aus losen Kieselsteinen folgt, die mit einem Zedernholzbalken abgedeckt ist (dieser wurde eingefügt, um den Bau vor Erdbebenschäden zu schützen). Über dem Balken setzen sich die Aschlar-Lagen fort. Genau diese Bautechnik wurde nach 1 Könige 7,9 – 12 beim Bau der Tempel und Paläste in der Zeit Salomos angewandt:

> Alle diese Bauten waren vom Grund bis zu den Gesimsen aus wertvollen Steinen ausgeführt, die in der Größe von Quadern an der Innen- wie Außenseite mit der Säge zugeschnitten waren … Der große Hof war rings von einer Mauer aus drei Lagen Quadern und einer Lage Zedernbalken umgeben; ebenso der innere Hof um das Haus des Herrn und der Hof um die Palasthalle.

212 Elfenbeintäfelchen, vermutlich von der Seitenlehne eines Stuhls, mit der Darstellung eines König und seiner Gemahlin, die von Höflingen bedient werden. Aus dem Elfenbeinschatz des spätbronzezeitlichen Megiddo. Rockefeller-Museum.

CELLA: Hauptraum eines Tempels.

4. Das dreigliedrige Eingangstor zur Stadt: Das schöne Aschlar-Tor, gleich östlich vom Palast, wird üblicherweise auf Stratum VIII datiert.

5. Migdol-Tempel 2048: Der große Tempel (nun durch eine Ausgrabung zerstört) hatte einen einzigen großen Innenraum, der elf mal zehn Meter maß, und drei Meter dicke Außenwände. Zwei massive Türme flankierten den Eingang mit einem Säulenpaar im Portikusbereich. Von dort ging es in die große CELLA. Der Zeitpunkt des Tempelbaus ist umstritten – er könnte älter sein als Stratum VIII[11] – doch kam es während VII B und VII A sicher zu einer Reihe von Umbauten, etwa zur Errichtung der Portikussäulen.

Aus dieser eindrucksvollen Reihe von Funden wird ersichtlich, daß Megiddo seinen kulturellen Zenit während der Späten Bronzezeit II A und II B erreichte – genau jene Periode, der wir in der Neuen Chronologie die israelitischen Könige von David bis Ahab zugeordnet haben.

Es wäre gewiß lehrreich, sich einige Luxusgegenstände aus dem Megiddo der SB II genauer anzuschauen und auch ein oder zwei Beispiele der Architektur und sie mit dem zu vergleichen, was wir aus den Schilderungen des Alten Testaments über Salomos Herrschaft wissen.

Als Salomo den Tempel Jahwes in Jerusalem baute, ließ er zwei Säulen errichten, welche den Eingang zur Cella des Gebäudes flankierten. Sie wurden Jachin und Boas genannt (1 Könige 7,15–22). Tempel 2048 in Megiddo hat ebenfalls ein Säulenpaar, das den Eingang bewacht – Jachin und Boas von Megiddo. Salomo heiratete die Tochter des Pharaos (1 Könige 3,1), und daher könnte man erwarten, daß ägyptische Einflüsse in gewissem Grade den künstlerischen Geschmack des salomonischen Hofes prägten. Der Blick auf einige Elfenbeinarbeiten aus dem Palast von Megiddo der SB II zeigt eine Reihe ägyptischer Motive, darunter Papyruspflanzen, Lilien und Lotosblüten (die Pflanzenmotive Ober- und Unterägyptens) sowie Palmen und geflügelte Sphingen. Die berühmteste Elfenbeinarbeit aus Megiddo ist ein Täfelchen mit der Darstellung einer Palastszene aus dem Palästina der Späten Bronzezeit. Es weist eine ganze Reihe höchst interessanter Elemente auf, doch möchte ich zunächst das Gesamtbild beschreiben. Rechts die Ankunft des Königs mit seinem Kampf-

213 Detail vom Sarkophag Ahirams, des Stadtfürsten von Byblos. Man sieht den spätbronzezeitlichen Herrscher auf einem Thron sitzen, der von geflügelten Sphingen oder Cherubim flankiert wird. Museum von Beirut.

Eine salomonische Bautechnik aus dem Israel und Phönizien der Späten Bronzezeit

214 Links: Detail des Tors von Megiddo aus dem Stratum VIII. Zu sehen sind an der Vorderseite drei Lagen aus Aschlar-Blöcken, die auf einem Basaltfundament ruhen. Über der dritten Lage aus Aschlar-Blöcken haben die Archäologen die Entlastungsschicht mit einer Abdeckung aus einheimischem Zedernholz restauriert (nicht mit dem ursprünglichen Zedernholz, das schon lange verrottet ist). Diese Bautechnik wurde der Bibel zufolge von Salomo und seinen phönizischen Handwerkern eingesetzt. Das Megiddo-Tor, das üblicherweise Salomo zugeschrieben wird (Stratum V A/IV B), weist hingegen die Entlastungsschicht zwischen der vierten und der fünften Aschlar-Lage auf. Nach der Neuen Chronologie wäre es einem späteren König Israels in der Zeit der getrennten Reiche zuzuordnen – vielleicht Jerobeam II.

215 Unten: Die äußere Mauer des Palasts von Ugarit aus der Späten Bronzezeit zeigt wiederum genau dieselbe architektonische Eigentümlichkeit. In der revidierten Chronologie stammt dieser Palast Nikmaddus II. aus derselben Zeit wie die Paläste und Tempel Salomos in Jerusalem und Megiddo. Ebendiese kunstfertige Bautechnik suchte Salomo beim phönizischen König Hiram. Ugarit gehörte zum Handelsnetz der phönizischen Stadtstaaten in der Bronzezeit, in der auch Salomo regierte.

Entlastungsschicht

wagen, vor dem er gefangene SCHASU hertreibt; in der Mitte bietet sich ein intimeres Bild desselben Herrschers, der hier auf dem Thron sitzt, während die Königin und ein Leierspieler vor ihm stehen; links, hinter dem König, warten zwei Höflinge dem königlichen Paar auf. Greifen wir nun die Darstellungselemente heraus, die als ägyptisch gedeutet werden könnten. Erstens befindet sich über dem Pferdegespann eine geflügelte Sonnenscheibe; zweitens bietet die Königin ihrem Gemahl eine Lotosblume an; und drittens sitzt der König auf einem Thron, zu dessen Seiten geflügelte Sphingen (d. h. Löwen mit Menschenköpfen) Wache halten. Drei Tauben umkreisen den Monarchen – ein wohlbekanntes Friedensmotiv. Salomo heiratete eine ägyptische Prinzessin; er ließ sich »einen großen Thron aus Elfenbein« anfertigen, der zu beiden Seiten von »Löwen« bewacht wurde (1 Könige 10,18–20); sein traditioneller Name bedeutet »friedliebend«. Könnte es sich hier um eine Darstellung König Salomos und seiner ägyptischen Gemahlin handeln?

> **10** Salomo war kein Herrscher der Eisenzeit II A, sondern regierte im letzten Jahrhundert der Späten Bronzezeit. Der kulturelle Zenit der Periode des Großreichs in der israelitischen Geschichte (10. Jahrhundert v. Chr.) spiegelt sich in den archäologischen Funden von Megiddo VIII bis VII B wider.

Der Millo von Jerusalem

Neben dem Jahwe-Tempel und dem Königspalast war der Millo von Jerusalem die bedeutendste bauliche Leistung Salomos. Seine Fertigstellung nahm den größten Teil der zweiten Regierungshälfte in Anspruch (1 Könige 9,15 und 11,27). Das hebräische Wort Millo bedeutet »Auffüllung«, worunter ein massives Terrassensystem zu verstehen ist, das aus steinernen Stützmauern bestand, die mit Geröll aufgefüllt wurden. Dieses Terrassensystem vergrößerte die Baufläche innerhalb der alten Davidsstadt entlang ihrer östlichen Steilhänge und schuf Platz für eine wachsende Bevölkerung in den Mauern der neuen Hauptstadt.

Im Jahr 1961 begann Kathleen Kenyon ihre siebenjährigen Ausgrabungen an den östlichen Steilhängen der Jerusalemer Altstadt. Deren südlicher Ausläufer, zwischen dem Kidron- und dem Tyropoion-Tal, ist der älteste Teil der Ansiedlung und der Ort der JEBUSITISCHEN und davidischen Stadt, die von den biblischen Schreibern die »Davidsstadt« oder die »Burg Zion« genannt wird. Das kleine, auf seinem Berg recht zusammengedrängte frühe Jerusalem wurde zur Residenz der Herrscher des Großreichs Israel und, nach der Spaltung, des Königreichs Juda. Kenyon suchte archäologische Zeugnisse für diese wichtige Periode in der Geschichte Jerusalems und insbesondere Hinweise auf die berühmte Königsstadt Salomos.

Kenyon ließ einen tiefen Graben ausheben, der den östlichen Abhang hinunter direkt zum Grund des Kidrontals führte. Die Ausgrabungen begannen gleich unterhalb des Palasts der HASMONÄER nahe der Bergkuppe. Je mehr Schutt der Jahrhunderte entfernt wurde, desto deutlicher erschien eine tiefer gelegene, massivere bauliche Struktur, die aus einer weit zurückliegenden Epoche stammte. Die Archäologin war auf eine riesige Steinterrassenanlage gestoßen, die sich am östlichen Steilhang der Altstadt entlangzog. Schätzungen zufolge fügte diese »Erweiterung« des Stadtberges dem bewohnbaren Gebiet des frühen Jerusalem mindestens sechstausend Quadratmeter hinzu.[12] Kenyon war davon überzeugt, den Millo Salomos ausgegraben zu haben und publizierte ihre Entdeckung sogleich in einer Nummer des *Palestine Exploration Quarterly*.[13] Allerdings gab es wiederum ein Problem. Wie sich herausstellte, stammten die in dem Füllmaterial gefundenen Töpferwaren aus der Späten Bronzezeit:

> Die Funde in der Auffüllung waren nicht sehr zahlreich, doch es gab genug Töpferwaren, darunter Scherben mykenischer Herkunft und weißgeschlämmte Milchschalen, die eine Datierung auf das 14. Jahrhundert v. Chr. erlaubten.[14]

216 Detail der von Kenyon freigelegten Steinterrasse (mit Feldsteinauffüllung), die am Osthang des alten Jerusalem verläuft.

Die Herkunft der SPÄTHELLADISCHEN (Kenyons »mykenischen«) Töpferwaren der Periode III A2, die in der Terrassenfüllung gefunden wurden, ist in der Folgezeit genauer auf etwa 1370 bis 1310 v. Chr. datiert worden – in der traditionellen Chronologie die Zeit von Amenophis III. (späte Herrschaftsperiode) bis Haremhab.[15]

Hier lag also Kathleen Kenyons Problem: nach den Töpferwaren zu urteilen, waren die von ihr freigelegten Terrassen mehrere Jahrhunderte vor Salomos Thronbesteigung gebaut worden (tatsächlich noch bevor die Israeliten aus Ägypten in das Gelobte Land aufgebrochen sein sollen!). Die Archäologin half sich dadurch aus dem Dilemma, daß sie die Steinterrassen weiterhin als den biblischen Millo betrachtete, doch die Aussage von 1 Könige 9,15, die sich auf die Bautätigkeit Salomos bezieht, neu interpretierte. Sie brachte die These ins Spiel, daß Salomo den Millo nicht »erbaut« habe, wie es im Alten Testament heißt, sondern ihn »umgebaut« oder ausgebessert habe. Eine andere Interpretation schien nicht möglich, da die Ausgrabungen eindeutig gezeigt hatten, daß der Millo ursprünglich etwa dreihundertsechzig Jahre vor Salomos Herrschaft erbaut wurde.[16]

Kenyons Schwierigkeiten entsprangen direkt ihrem Festhalten an der traditionellen Datierung der mykenischen (späthelladischen III A2) Töpferwaren – die an-

HASMONÄER-DYNASTIE (bibl.: Makkabäer): jüdisches Königsgeschlecht, regierte von 152 bis 37 v. Chr.

SPÄTHELLADISCH: Keramikperiode in Griechenland und der Ägäis in der Späten Bronzezeit.

217 Opfertisch im *Hotep*-Stil, entdeckt im Jahr 1882 bei Ausgrabungen auf dem Baugrund von St. Stephan.

hand vergleichbarer Funde in Tell el-Amarna auf das 14. Jahrhundert datiert worden waren. Wenn wir die Daten der neuen Chronologie für die Amarnazeit anwenden, wie im vorigen Kapitel ausgeführt, erhalten wir eine Zeitspanne von etwa 1030 bis 970 v. Chr. für SH (= späthelladische) III A2. Der biblischen Chronologie gemäß trat Salomo 970 v. Chr. die Nachfolge Davids an. Es wäre deshalb kaum überraschend, wenn man Töpferwaren, die mindestens noch 970 v. Chr. in Gebrauch waren, im Zusammenhang mit dem Millo finden würde, den Salomo um 950 v. Chr. erbauen ließ. So kann die Neue Chronologie Salomo als den Erbauer des Millo von Jerusalem bestätigen, und Kenyons wenig plausible »Ausbesserungsthese« wird überflüssig.

> **11** Die spätbronzezeitliche massive Steinterrassenanlage, die entlang der östlichen Steilhänge der Davidsstadt gebaut wurde, ist mit dem Millo von Jerusalem gleichzusetzen, der während der Herrschaft Salomos errichtet wurde, wie in 1 Könige 9,15 berichtet wird.

Die Tochter des Pharao

Und Salomo führte die Tochter des Pharao herauf aus der Stadt Davids in das Haus, das er für sie gebaut hatte. Denn er sprach: Eine Frau soll mir nicht wohnen im Hause Davids, des Königs von Israel; denn es ist geheiligt, weil die Lade des Herrn hineingekommen ist. (2 Chronik 8,11)

Dieser Abschnitt aus dem Zweiten Buch der Chronik berichtet von Salomos Bau einer Residenz für seine Hauptgemahlin – die Tochter eines nicht genannten

218 Rechts: Im Boden des Gartengrabs gefundenes ägyptisches Palmkapitell.

DAS ZEITALTER SALOMOS

ägyptischen Pharaos. Ich habe oben schon die These aufgestellt, daß es der Pharao Haremhab war, der während der frühen Jahre König Salomos in Ägypten herrschte. Als ich Mitte der siebziger Jahre mit der Forschungsarbeit begann, waren meine Erwartungen nicht gerade hoch, die theoretischen Grundlagen der Neuen Chronologie durch die laufenden Ausgrabungen in Ägypten und Palästina bestätigt zu sehen. Fast zwei Jahrhunderte lang hatten Archäologen im Heiligen Land gegraben – »biblisch« gesehen mit wenig Erfolg. Sie hatten es immer schwer, Gebäude und gefertigte Gegenstände mit den Schilderungen des Alten Testaments in Verbindung zu bringen. Von daher konnte ich kaum erwarten, daß sofort Beweise zur Stützung der noch nicht verifizierten neuen Theorie auftauchen würden – doch genau dies ist geschehen.

In den achtziger Jahren legte Professor Gabriel Barkay von der Universität Tel Aviv eine vielversprechende Belegsammlung vor. Er reihte unvollständig dokumentierte Ausgrabungsfunde aus dem vergangenen Jahrhundert aneinander und stellte sie in den Zusammenhang mit eigenen archäologischen Forschungen. Das Ergebnis bestätigte, daß sich einst nördlich des Damaskustors, unmittelbar vor den Mauern Jerusalems zur Zeit des Herodes, eine ägyptische Enklave befunden hatte. Barkay hatte in den Magazinen der École Biblique de Jérusalem (Französisches Archäologisches Bibelinstitut) eine Sammlung kleiner Gerätschaften aus Grabungen der Jahre 1882/83 wiederentdeckt, zusammen mit Berichten über größere Funde am ursprünglichen Ausgrabungsort, über dem sich nun die Basilika St. Stephan erhebt. Unter den größeren Objekten befand sich das Fragment einer ägyptischen Stele mit Hieroglypheninschrift; ein großer steinerner Opfertisch der *Hotep*-Klasse; zwei ägyptische Alabastergefäße; die kopflose Statuette einer sitzenden Frau in typisch ägyptischem Stil; und ein aus Kalkstein gemeißeltes Säulenkapitell des Palmwedeltyps, das Barkay auf dem Gelände des berühmten »Gartengrabs« situierte, das manche für das Grab halten, in dem Christus nach seiner Kreuzigung bestattet wurde.

Professor Barkay schloß, das in ägyptischem Stil gehaltene Gebäude oder Anwesen habe sich einst hier befunden, vermutlich nahe der alten Straße nach Nablus (dem

219 Oben links: Unterer Teil der in ägyptischem Stil gehaltenen Statuette einer Frau oder Göttin, vom Gelände der École Biblique.

220 Oben Mitte: Erste ägyptische Alabastervase.

221 Oben rechts: Zweite ägyptische Alabastervase.

222 Bei Ausgrabungen auf dem Gelände der École Biblique entdeckte Begräbnisstele.

223 Professor Gabriel Barkay untersucht das Fragment einer ägyptischen Stele, die auf dem Gelände der École Biblique gefunden wurde.

biblischen Sichem). Die ägyptischen Alabaster, die auf diesem Gelände gefunden wurden, stammen aus der 18. Dynastie (d. h. SB II A), und von daher hat Barkay das Gebäude vorläufig auf die späte 18. bis frühe 19. Dynastie datiert.[17]

Die bisher gefundenen Gegenstände lassen keine Rückschlüsse darauf zu, um welchen Gebäudetyp es sich genau handelte – es könnte ein kleiner Tempel auf dem Anwesen eines vornehmen Ägypters gewesen sein oder, wahrscheinlicher, dessen Grab (was die Steinarchitektur, eine Grabstele und ein Opfertisch nahelegen[18]). Rückt man diesen Befund in den Rahmen der im vorliegenden Buch vertretenen Neuen Chronologie, eröffnen sich interessante Perspektiven. Die Tatsachen lauten schlicht, daß (a) dies der einzige jemals in Jerusalem gefundene Bau mit Zügen ägyptischer Architektur ist und (b) daß das (unseres Wissens) einzige Gebäude, welches für Menschen aus Ägypten in Israel gebaut wurde, (dem Alten Testament zufolge) von Salomo für die Pharaonentochter errichtet wurde. Im Rahmen der traditionellen Chronologie sind Barkays Funde aus der Späten Bronzezeit viel zu früh, um noch mit Salomo in Verbindung gebracht werden zu können. Hingegen passen sie recht gut zu unserer Neuen Chronologie. Wenn sie also zu Recht als Überreste der Residenz der ägyptischen Gemahlin König Salomos gelten dürfen, könnte sich eine passende Erklärung für die rätselhafte Feststellung in 2 Chronik 8,11 finden. Dort heißt es [zitiert nach der Lutherübersetzung; A. d. Ü.]: »Und Salomo führte die Tochter des Pharao *herauf aus der Stadt Davids* in das Haus, das er für sie gebaut hatte ...« Wir wissen jetzt, daß der biblische Geschichtsschreiber die Residenz der ägyptischen Königin sehr genau lokalisiert hat. Salomo baute ihren Palast auf einem Berg, der die Stadt Jerusalem überragte.

224 Eingang zur berühmten École Biblique in Jerusalem (links) mit der Basilika St. Stephan auf der rechten Seite. Die ägyptischen Funde wurden 1882 bei der Räumung und Ausschachtung des Baugrunds für den Bau der Kirche gemacht. Die Überreste der ägyptischen Residenz und/oder des Grabes liegen nun unter dem Kirchenschiff.

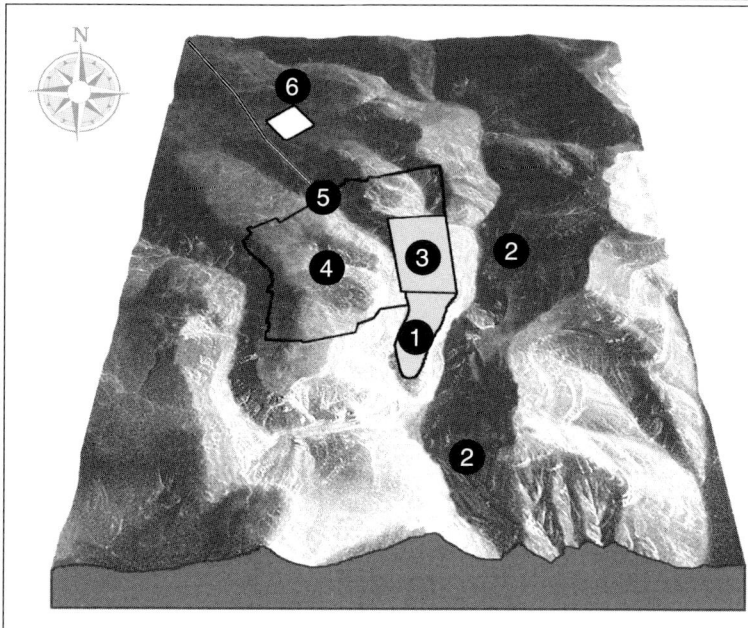

Lage eines ägypt. Hauses, bzw. Grabes

225 Reliefmodell des alten Jerusalem zur Zeit Salomos. Die Davidsstadt (1) liegt auf einem schmalen Felssporn, der im Osten ins Kidrontal (2) abfällt. Höher gelegen, schließt sich die in Salomonischer Zeit betriebene nördliche Stadterweiterung (3) auf dem Tempelberg an. In späterer Zeit markierte die Herodianische Stadtmauer die weiteste Ausdehnung der Stadt (4) nach Westen und Norden. Noch höher verläuft vom Damaskustor (5) die Straße nach Nablus über den Kamm des zentralen Berglands ins biblische Sichem und weiter. Östlich dieser alten Straße wurde ein ägyptisches Anwesen in Jerusalem auf dem Grundstück des Klosters St. Stephan (6) entdeckt. Von dort hat man einen Blick hinunter auf den Tempelberg und die Davidsstadt.

Als die Tochter des Pharao aus der Davidsstadt in ihr Haus hinaufgezogen war, das Salomo für sie gebaut hatte, baute er den Millo aus. (Könige 9,24).

12 Die einzigen Überreste ägyptischer Architektur, die jemals in Jerusalem gefunden wurden, können dem Palast der Tochter des Pharao zugeschrieben werden, der von Salomo nach der Fertigstellung des Jahwe-Tempels in seinem 11. Regierungsjahr errichtet wurde (1 Könige 6,37–38). Diese Überreste gehen auf die Späte Bronzezeit II A-B zurück und entsprechen der Ära der ägyptischen Pharaonen Haremhab (Spätzeit) und Sethos I.

Es ging also von der alten Stadt und ihrem neuen heiligen Bezirk auf dem Tempelberg aus gesehen wirklich »hinauf«.

Da gemäß der hier entwickelten Chronologie Haremhab der Pharao ist, welcher seine Tochter Salomo zur Frau gab, sollten wir nun einen Blick auf diesen ägyptischen König werfen und prüfen, ob die Verhältnisse während seiner Herrschaft mit der politischen Lage übereinstimmen, wie sie die biblische Überlieferung für die Zeit Salomos schildert.

Haremhab selbst stammte nicht direkt aus dem Geschlecht der Könige der 18. Dynastie. Man hat es hier mit einem praktischen Mann zu tun – einem Edelmann zwar, doch nicht königlicher Abstammung –, der Karriere im Militär gemacht hatte und in der Regierungszeit des jugendlichen Königs Tutanchamun zum Oberbefehlshaber der ägyptischen Armee aufgestiegen war (ägypt. *imyr mescha wer*). Wir dürfen also vermuten, daß er durch die Vorstellung der dynastischen Reinheit kaum belastet war, im Gegensatz zu seinen Vorgängern in der 18. Dynastie, bei denen dieser Drang zu einer entscheidenden Schwächung des königlichen Blutes geführt hatte. Der König von MITANNI hatte einst Amenophis II. (Tutanchamuns Urgroßvater) gebeten, ihm zur Besiegelung eines Bündnisses eine seiner Töchter

MITANNI: In den ägyptischen Texten auch als Naharin bekannt – das Land zwischen den beiden Flüssen Euphrat und Chabur im heutigen Syrien und Irak.

226 Haremhab in seiner Grabstätte in Memphis, dargestellt als Befehlshaber der ägyptischen Armee während der Herrschaft Tutanchamuns. Soweit bekannt, entstammte er nicht dem Geschlecht der Könige der 18. Dynastie, sondern einer Familie von Militärs.

zu geben. Der Pharao hatte dies hochmütig abgelehnt und behauptet, keiner ägyptischen Prinzessin sei jemals die Schmach zugemutet worden, an einen fremden Herrscher verheiratet zu werden. Zur Zeit Haremhabs hatten sich die Verhältnisse durchaus gewandelt. Eine Dame mit dem Namen »Scharelli« vom Hof des Pharaos (gewiß eine Prinzessin) war mit einem der mächtigsten Stadtfürsten Kleinasiens verheiratet – was durch eine Hieroglypheninschrift und eine Heiratsdarstellung auf einer Alabastervase belegt wird, die 1952 bei Ausgrabungen auf dem Palastgelände des Königs Nikmaddu in der nordsyrischen Küstenstadt Ugarit (Ras Schamra) geborgen wurden.[19]

Wenn es also jemals eine Periode in der Geschichte des Neuen Reichs gab, in der eine Pharaonentochter einem fremden Herrscher zur Gemahlin angeboten wurde, dann war es diese Zeit. Die Könige der späten 18. Dynastie mögen es für vorteilhaft gehalten haben, mächtige Herrscher levantinischer Stadtstaaten durch Heiratsallianzen an den ägyptischen Thron zu binden, weil Ägypten damals nicht mehr in der Lage war, diese Region mit Waffengewalt zurückzuerobern. Erst als die militaristische 19. Dynastie den Thron an sich riß, wurde Ägypten wieder zu einer ernstzunehmenden Macht.

Wir wissen über Haremhab, daß er als Herrscher die meiste Zeit damit verbrachte, die staatliche Verwaltung umzugestalten und die Tempel nach den Zerstörungen und Ketzereien der Amarnazeit wiederaufzubauen. Er erließ neue Gesetze und vollendete die Restauration des Amun-Kultes in Theben, die schon in der Zeit Tutanchamuns eingeleitet worden war. Über militärische Unternehmungen während Haremhabs Zeit als Pharao ist kaum etwas bekannt. Allerdings gibt es auf bildlichen Darstellungen Hinweise auf einen Feldzug nach Palästina während seiner Jahre als Befehlshaber der ägyptischen Armee unter Tutanchamun. Bilder in der Grabstätte des Generals Haremhab in Sakkara (deren Bau vor seiner Zeit als Pharao begonnen wurde) zeigen ihn, wie er dem jungen König Gefangene aus Kanaan vorführt. Eine gewichtige wissenschaftliche Autorität für die Amarnazeit hat die These aufgestellt, daß es sich dabei um einen Feldzug gegen die Stadt Geser handele.[20]

Die allgemeine politische Lage in Palästina zur Zeit der Thronbesteigung Haremhabs paßt also durchaus zu den im Alten Testament beschriebenen Verhältnissen. In der Bibel heißt es, David habe nach der Einnahme Jerusalems seinem Sohn Salomo ein mächtiges Königreich im Bergland Kanaans hinterlassen. Haremhab unternahm einen kurzen Feldzug in die Küstenebene, als er Armeebefehlshaber unter Tutanchamun war, bestieg dann den Thron und machte sich daran, die inneren Angelegenheiten Ägyptens neu zu ordnen. Er mochte versucht haben, mit diplomatischen Mitteln den Schaden zu beheben, den Echnaton mit seiner Nachlässigkeit dem nördlichen Reich zugefügt hatte. In diesem Licht wäre eine Heiratsallianz mit dem stärksten Herrscher der südlichen Levante ein umsichtiger Zug des neuen Pharaos gewesen. Vielleicht war es seine Absicht, aus einem solchen Bündnis eine Handelspartnerschaft zu beiderseitigem Nutzen aufzubauen – und ein solches Handelsabkommen zwischen Ägypten (mit seinen afrikanischen Ressourcen) und Israel schreiben die biblischen Autoren Salomos Herrschaft zu.

13 König Haremhab darf als jener Pharao betrachtet werden, der seine Tochter Salomo zur Gemahlin gab. Haremhabs Brautgeschenk war die Stadt Geser, die er kurz zuvor angegriffen und niedergebrannt hatte.

Farbtafeln

Seite 225:   Zauber der Hieroglyphen. Museum Kairo.

Seite 226:   Oben links: Eines der herrlichen Reliefs im Kalksteinschrein Sesostris' I. in Karnak. Freilicht-museum.
Oben rechts: Der »Schalem-Block« auf der Spitze des nördlichen Turms des Pylontors im Rames-seum. Theben-West.
Unten: Umgestürzte Statue des Osymandias mit der auf dem linken Arm eingravierten Kartusche Ramses' II., »Herrscher aller Herrscher« (ägypt. *Heka-hekau*).

Seite 227:   Oben: Imposante Fassade des Haupttempels von Abu Simbel.
Unten: Die Große Halle des Haupttempels von Abu Simbel mit Blick auf das Allerheiligste.

Seite 228:   Oben links: Detail des Tores von Megiddo aus Stratum VII mit den drei Lagen gesägter Steine und einer Entlastungsschicht aus Zedernbalken.
Oben rechts: Der Rücken des Thronsessels aus dem Begräbnismobiliar des jugendlichen Königs Tutanchamun. Dargestellt ist der Pharao auf dem Thron, während ihm seine Gemahlin ein Trinkgefäß anbietet. Museum Kairo.
Unten: Detail des berühmten Elfenbeintäfelchens, das im Königspalast von Megiddo gefunden wurde. Die Darstellung zeigt den König auf dem Thron, während seine Gemahlin ihm eine Papyruspflanze und ein Trinkgefäß reicht – ein typisch ägyptisches Motiv. Rockefeller-Museum, Jerusalem.

Seite 229:   Oben: Luftbild des Ruinenhügels des alten Megiddo in der Jesreel-Ebene – das Harmageddon der Bibel.
Unten links: Ein typischer Amarna-Brief – EA 245 des Biridiya von Megiddo. British Museum.
Unten rechts: Das markante Profil einer Statue des häretischen Pharaos Echnaton. Luxor, Museum.

Seite 230:   Kolossalstatue Sachmets, Göttin der Krankheiten und Seuchen. In der Amarnazeit litt die Levante unter einer schrecklichen Seuche. Amenophis III. versuchte die Göttin zu besänftigen und ließ 730 Statuen von ihr anfertigen (zwei für jeden Tag des Jahres), um das Eindringen der Seuche nach Ägypten zu verhindern. Während der Herrschaft Davids brach eine furchtbare Seuche aus, der 20000 Israeliten zum Opfer fielen. Tempel der Göttin Mut, Karnak.

Seite 231:   Oben: Die Kulthöhe bei Jeba, möglicherweise der Ort von Gibeat-Elohim bei König Sauls Gibea.
Unten: Die Jesreel-Ebene, Sicht von den nördlichen Höhen der Gilboa-Bergkette.

Seite 232:   Oben: Bet Schean, wo Saul und Jonathan nach ihrem Tod auf dem Berg Gilboa mit abgeschlagenen Köpfen an der Stadtmauer aufgehängt wurden.
Unten: Die Davidsstadt (Mitte) auf der Anhöhe unterhalb des Tempelbergs.

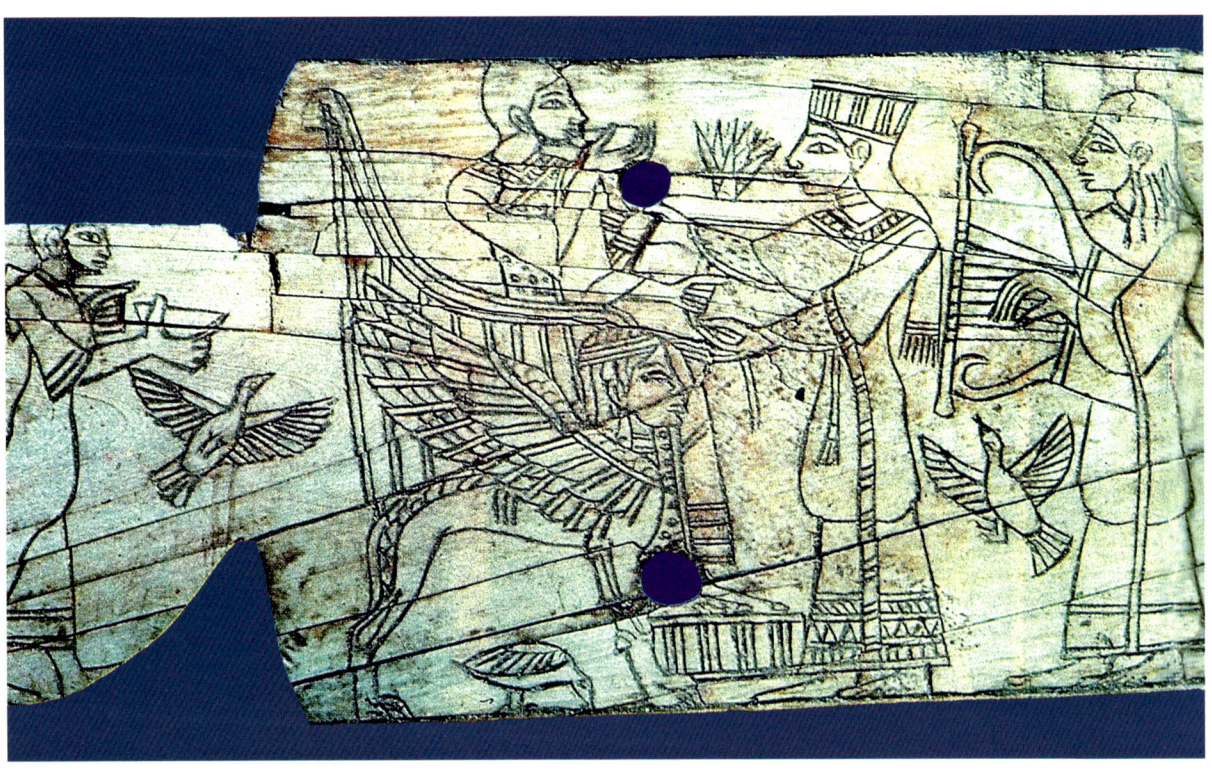

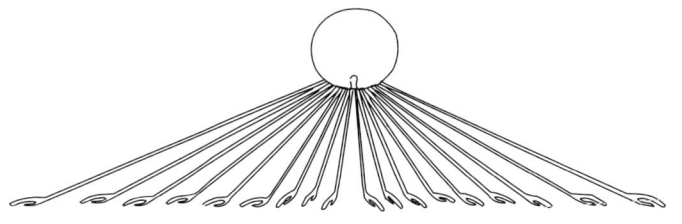

9

Der Große Löwe

Auf unserer langen Reise in die Geschichte gelangen wir nun in die Epoche der Könige Saul und David, die nach biblischer Chronologie in der Zeit zwischen 1010 und 971 v. Chr. regiert haben. In dieser Epoche finden die Ereignisse statt, von denen in den beiden Büchern Samuel berichtet wird. Nach der Neuen Chronologie sind die ägyptischen Zeitgenossen der beiden israelitischen Herrscher die Amarna-Pharaonen Amenophis III. (während seiner letzten Jahre), Echnaton, Neferneferuaten (Königin Nofretete als Mitregentin Echnatons), Semenchkare, Tutanchamun, Eje und Haremhab (die ersten Jahre).

Wir tauchen nun ein in die erstaunliche Ära der Amarna-Häresie, als die traditionellen Götter zugunsten monotheistischer Sonnenanbetung aufgegeben wurden. Hier bietet sich uns eine günstige Gelegenheit, den Wert der Neuen Chronologie einer Prüfung zu unterziehen. Dank der archäologischen Forschung steht uns ein faszinierendes Archiv zur Verfügung, das die Korrespondenz zwischen den ägyptischen Königen und den Herrschern der Stadtstaaten von Palästina enthält. Wenn Saul und David nach der Neuen Chronologie zu Recht in die Amarnazeit einzuordnen sind, dann müßte die damalige politische Lage in Palästina – wie sie sich in den Amarnabriefen spiegelt – eng mit der Geschichte Israels zu Beginn des israelitischen Königreichs verwoben sein, wie wir sie aus dem Ersten und Zweiten Buch Samuel kennen. Mit ein wenig Glück könnten wir in den Amarnabriefen sogar einige Hauptakteure der Bücher Samuel ausfindig machen. Sollten unsere Erwartungen enttäuscht werden, stünde die Revision der Chronologie, wie sie in diesem Buch dargelegt und verteidigt wird, auf recht wackligen Füßen. Wenn umgekehrt der detaillierte Vergleich beider (archäologischer und biblischer) Quellen unsere Erwartungen bestätigt, könnten wir mit guten Gründen behaupten, daß die Neue Chronologie historisch zutrifft.[1]

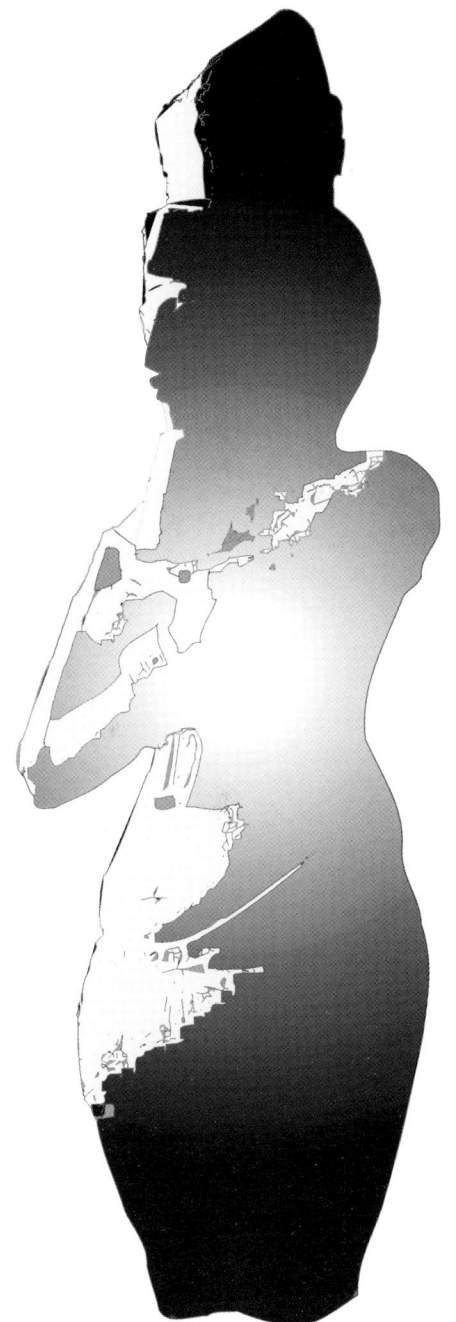

227 Eine zweite, besser erhaltene Statue von Amenophis IV. – dem Sonnenkönig. Museum Kairo.

228 Ein typischer Amarnabrief mit den keilförmigen Zeichen, die in die Oberfläche der kleinen Tontafel gedrückt sind.

AKKADISCH: Nach der alten Stadt Akkad oder Agade in Mesopotamien benannte Schrift.

229 Die Ruinen des Briefbüros des Pharaos in Tell el-Amarna (Vordergrund).

Im Jahr 1887 stieß eine Bäuerin aus dem Fellachendorf Tell el-Amarna auf eine Anzahl kleiner Tontafeln, die unter den Ruinen eines alten Schlammziegelbaus in der Wüste hinter dem Dorf begraben lagen. Damit hatte sie das »Briefbüro des Pharaos« entdeckt, und jener Pharao war kein anderer als der staunenswerte Echnaton, der Pharao, der die Sonne anbetete.

Bald darauf machten sich die Archäologen an die Arbeit, und Museumskuratoren aus aller Welt sicherten sich die ersten Funde aus heimlichen Grabungen. Am Ende wurden aus dem Amarna-Archiv über dreihundertachtzig Tafeln geborgen.[2] Diese interessanten Dokumente sind zumeist auf AKKADISCH geschrieben, mit den kleinen, keilförmigen Zeichengruppen, die wir als Keilschrift bezeichnen. Die akkadische Sprache war die lingua franca jener Zeit und die offizielle Korrespondenzsprache zwischen dem Pharao und den Herrschern der levantinischen Stadtstaaten. Die Mehrheit der in Amarna gefundenen Tafeln waren Briefe, die von diesen Stadtfürsten nach Ägypten geschickt wurden, oder die archivierten Abschriften der Antworten des Pharaos (EA 45 bis EA 382[3]). Doch es fand sich auch Korrespondenz der »Großen Könige« mächtiger Reiche im Norden, wie Mitanni, Chatti (Türkei), Alaschia (Zypern), Karduniasch (Babylonien) und Assyrien (EA 1 bis EA 45). Die in Ägypten empfangenen Briefe wurden per Kurier nach Amarna geschickt und von den Schreibern (wahrscheinlich Ägyptern und Semiten) ins Ägyptische übersetzt, damit der Pharao und seine Berater sie zur Kenntnis nehmen konnten. Diese in HIERATISCHER Schrift abgefaßten Tafeln wurden dann im Brief-

büro des Pharaos archiviert. Dort wurden sie etwa dreitausend Jahre später gefunden, versteckt unter dem Fußboden des Gebäudes – vermutlich als die Stadt im zweiten oder dritten Regierungsjahr Tutanchamuns verlassen wurde.

Die »Amarnabriefe« geben uns einen einzigartigen Einblick in die politische Welt zu Zeiten Echnatons. Vor allem sagen sie uns viel über die Außenpolitik des Königs – oder, genauer gesagt, über das Fehlen einer entschiedenen Außenpolitik in der zweiten Hälfte seiner Regierungszeit, die unter keinem guten Stern stand.

Bevor wir die Ereignisse in Palästina, die in diesen Briefen so lebendig geschildert werden, im einzelnen betrachten, wollen wir uns zuerst der außergewöhnlichen Gestalt des Pharaos Echnaton zuwenden und die wichtigsten Ereignisse seiner Ära skizzieren.

Ein Sonnenkönig und sein Gott

Geboren als zweiter Sohn des Königs Amenophis III. und dessen Gemahlin Teje, trug Prinz Amenophis (wie er ursprünglich hieß) nach dem Tod seines älteren Bruders, Kronprinz Thutmosis, als NEFERCHEPRURE-WAENRE Amenophis (IV.) die Doppelkrone Ober- und Unterägyptens. Ich bin Anhänger jener ägyptologischen Schule, der zufolge er den Thron bestieg, als sein Vater noch am Leben war. (Die Frage der Mitregentschaft muß noch geklärt werden, doch mir scheint, daß man entweder eine Mitregentschaft ausschließen oder eine von elf oder zwölf Jahren annehmen muß.[4])

Wenige Jahre nach seiner Thronbesteigung änderte Amenophis IV. seinen Namen

231 Kolossales Haupt einer in Karnak entdeckten Sandsteinstatue Amenophis' IV. (Echnaton). Luxor-Museum.

232 In Tell el-Amarna gefundene Übungsbüste eines Bildhauers von einer Amarna-Prinzessin. Museum Kairo.

233 Die Ruinenhügel der Hauptstadt Echnatons in der Morgendämmerung.

in Echnaton (»Aton wohlgefällig«) und leitete die religiöse und kulturelle Revolution ein, die ihn zu einer legendären, tragischen Gestalt in der Geschichte des Alten Orients werden ließ.[5]

Echnaton war wahrhaftig ein rätselhafter Mensch – ein König, der die Züge des Chaosgottes Seth trug. Er ist sowohl als Humanist wie auch als despotischer Theokrat beschrieben worden; als liebevoller Familienvater wie als Tempelschänder; als inspirierter Visionär wie als bösartiger Ikonoklast. Er verwandelte den recht steifen Formalismus der ägyptischen Kunst der 18. Dynastie (die unter der Herrschaft seines Vaters zu einem abstrakteren Stil angesetzt hatte) in etwas verblüffend Neues, indem er (vielleicht aufgrund ausländischer Einflüsse) eine naturalistische Bilderwelt einführte. Aus dieser neuen Philosophie der Kunst entstanden wunderbare Schätze, die nun als »Amarna-Kunst« bezeichnet werden und über die großen Museen der Welt verstreut sind. Auf der anderen Seite nahm die Ikonographie des Königtums eine Wendung zum Grotesken. Der junge Echnaton wies die Künstler Ägyptens an, von ihrem neuen Pharao, seiner Gemahlin – der schönen Nofretete – und den königlichen Prinzessinnen Reliefporträts anzufertigen, die an wenig schmeichelhafte Karikaturen gemahnen. Doch manche der kleineren Skulpturen, die in Amarna ausgegraben wurden, sind exquisite Kunstwerke. Offenbar war Echnaton ein Mann voller Widersprüche!

Während diese künstlerische Revolution weiterwirkte, tat Echnaton einen noch erstaunlicheren Schritt und erhob Aton, die Sonnenscheibe, an die Spitze des

234 Relief aus einem Amarna-Grab, das Echnatons Soldaten bei der Parade im Geschwindschritt zeigt. Unter ihnen sind libysche und asiatische Söldner.

ägyptischen Pantheons und verwies viele mächtige alte Gottheiten, wie Amun von Theben, auf untergeordnete Ränge. Dieser Statusverlust hatte die Verarmung der bisherigen Priesterschaft zur Folge. Den großen Kultstätten Ägyptens wurden zunächst die Mittel entzogen, und später, als der religiöse Tumult auf seinen fanatischen und zerstörerischen Höhepunkt zulief, wurden sie ihrer enormen Reichtümer beraubt. Gegen Ende seiner Herrschaft befahl Echnaton den rituellen Gottesmord an Amun, dem »König der Götter« – damit »niemand seinen Namen mehr ausspreche«. In ganz Ägypten erhielten die Steinmetzen Anweisung, die Hieroglyphen abzuschlagen, die das Eponym des einst großen Gottes der 18. Dynastie darstellten.

Was im Kern der Beweggrund für diesen außerordentlichen Schritt war, wird wohl für immer im dunkeln bleiben. Allerdings ist klar, daß Echnatons Revolution aus einem ägyptischen Hof hervorbrach, der stark kosmopolitischen Charakter hatte. Womöglich führte dies zu Konflikten mit der konservativen ägyptischen Priesterschaft.

Mochte Echnatons religiöses Experiment auch eine glanzvolle erste Blüte erleben, am Ende brachte es das ägyptische Reich fast zu Fall. Der politische Preis, der für diese Gottesherrschaft bezahlt wurde, war ein Palästina, das für fast ein halbes Jahrhundert der politischen Kontrolle Ägyptens entglitt. In Ägypten selbst bedeutete sie das schmachvolle Ende der reichsten und mächtigsten Herrscherdynastie, die das Schwarze Land je hervorgebracht hatte.

Die Amarnarevolution kam kurz nach der Thronbesteigung Tutanchatons, Echnatons Nachfolger, zu einem abrupten Ende. Während der ersten Jahre regierte der jugendliche König noch in der Stadt Echnatons, dann verlegte er den königlichen Hof zurück in die alte Hauptstadt Memphis. Der Pharao änderte seinen Namen in Tutanchamun, und bekräftigte damit die Rehabilitierung des verfolgten »Götterkönigs« Amun. Der Amunkult in Theben wurde wiederbelebt, und Ägypten begann nach den katastrophalen Jahren der Amarnazeit den langen Aufstieg zurück zu stabilen Verhältnissen. Das Aton-Experiment war schließlich beendet – doch um welchen Preis!

235 Die Kartusche Tutanchatons an seinem goldenen Thron, der für den jugendlichen König angefertigt wurde, bevor er seinen Namen in Tutanchamun änderte. Museum Kairo.

Während Echnatons Herrschaft und noch Jahrzehnte danach war Ägypten militärisch schwach, was fast ausschließlich der politisch naiven Herrschaft des Häretikers und seines speichelleckerischen Hofes zuzuschreiben war. Das florierende nördliche Reich, das von Thutmosis und seinen Vorgängern in der 18. Dynastie aufgebaut worden war, hatte sich mangels einer starken Außenpolitik rasch aufgelöst. Das politische Chaos dieser Ära, in dem es nach anfänglichem Murren schließlich zu Aufständen im Schwarzen Land selbst kam, bot die Gelegenheit für die Entfaltung eines neuen Staates in Kanaan – und genau dies ist auch geschehen.

In der Neuen Chronologie entspricht die Amarnazeit der Epoche des Aufstiegs des israelitischen Königreichs. Wie wir später noch sehen werden, verzeichnen die Amarnabriefe die ganze Entwicklung, vom hebräischen Aufstand im zentralen Bergland Palästinas zu Beginn der Herrschaft König Sauls bis zum Angriff auf Jerusalem im 8. Regierungsjahr König Davids.

Während der neunjährigen Herrschaft Tutanchamuns kam es zu einem halbherzigen Versuch, die Macht über das vorderasiatische Reich wiederzugewinnen, doch die Überlieferungen zu den Feldzügen der 19. Dynastie lassen vermuten, daß die Pharaonen der späten 18. Dynastie militärisch weiterhin meist keine Erfolge hatten. Daher blieben Palästina und Syrien zwei Generationen lang von Ägypten unabhängig. Die militärischen Unternehmungen Tutanchamuns wurden von General Haremhab geführt, dessen Grabstätte in Memphis geschmückt ist mit Reliefs gefangener vorderasiatischer Aufstandsführer, die nach Ägypten verbracht wurden. Leider ist der ursprüngliche Begleittext der Darstellungen verlorengegangen, weshalb unklar bleibt, welches Ziel Haremhab mit seinem Feldzug verfolgte.

Nach dem Tod Tutanchamuns im neunten Regierungsjahr (NC – 993 v. Chr.) folgte ihm sein gealterter Wesir Eje auf den Thron (der unter Echnaton den Titel eines »Pferdevorstehers« innehatte). Etwa vier Jahre später war auch er tot und hinterließ den ägyptischen Thron dem mächtigsten Mann im Land – General Haremhab –, der die Konsolidierung des Landes vollendete. Die späteren Pharaonen der 19. Dynastie betrachteten diesen letzten Vertreter der 18. Dynastie als den ersten seit Amenophis III., dessen Ruf durch die Aton-Häresie nicht beschädigt war. Während Haremhabs etwa neunundzwanzigjähriger Herrschaft unternahm Ägypten, soweit wir wissen, keine militärischen Vorstöße in die Levante – diese Aufgabe blieb Sethos I. und seinem Sohn Ramses II. überlassen, den letzten wirklich großen Pharaonen der Späten Bronzezeit.

Wir haben in diesem Buch Ramses II. schon als den biblischen Schischak identifiziert, den Plünderer des Tempels Salomos, und Haremhab als den Pharao, der seine Tochter Salomo zur Gemahlin gab. Kehren wir nun zur Geschichte Israels zurück und wenden uns Saul und David zu.

Die Habiru von Amarna

In den Amarnabriefen der Stadtfürsten Palästinas und Syriens (Phönizien eingeschlossen) an den Pharao finden sich zahlreiche Verweise auf eine Volksgruppe, die HABIRU genannt werden (oder, in der sumerischen LOGOGRAMM-Form, »SA.GAZ«). Aus den Amarnabriefen geht hervor, daß die Habiru-Gruppen aus staatenlosen Personen bestanden, die nicht den üblichen Schutz durch das Recht der Stadtstaaten genossen.[6] Die erwachsenen Männer waren häufig Krieger, die sich bei den Lokalherrschern als Söldner verdingten. In den frühesten Briefen ist davon die Rede, daß eine Reihe von Stadtfürsten Habiru-Truppen unterhielten, um ihre Territorien zu verteidigen und gelegentlich Fehden um Gebietsansprüche auszutragen. Die Ägyptologen haben schon lange erkannt, daß der Ausdruck Habiru das Äquivalent für die Bezeichnung *Apiru* ist, die sich in ägyptischen Texten aus dem Mittleren und Neuen Reich findet. Gleichzeitig kam eine Reihe von Bibelwissenschaftlern zu dem Schluß, daß die Bezeichung Habiru/Apiru ebenfalls dasselbe meint wie der biblische Ausdruck *Ibrim* (der Plural von *Ibri*, d. h. Hebräer, Personen, die von dem namensgebenden Vorfahren Eber abstammen).

Diese Gleichsetzungen brachten die Bibelhistoriker immer in einige Verlegenheit, denn es ist schwer zu erklären, wie Hebräer dazu kommen sollten, ein Jahrhundert vor dem Exodus in ganz Palästina zu marodieren. Wenn die Hebräer im Ägypten des Neuen Reiches Unfreie waren, wie konnten sie dann gleichzeitig im Gelobten Land umherziehen? Das Problem wurde von dem großen Bibelwissenschaftler Albrecht ALT aufgezeigt, und er kam zu dem Schluß, daß die Habiru der Amarnazeit in der Tat Hebräer waren – doch nicht die des Moses oder Josua. Es handelte sich um eine Gruppe, die Ägypten mehrere Generationen vor dem letzten Exodus unter Mose verlassen hatte. Die Landnahme der Israeliten unter Führung Josuas war ein eher unbedeutender Vorstoß in ein Land gewesen, das schon von den hebräischen Stämmen bewohnt wurde. Diese Darstellung verwässert die biblische Landnahme zu einem Scharmützel, das erst später zu einem epischen Kampf um die Nation wird. Damit hätte die Archäologie (anhand der Amarnabriefe) wieder einmal gezeigt, daß die biblischen Geschichten wenig mit der historischen Wirklichkeit zu tun haben.

Doch sind die Israeliten, wie sie in den Büchern Josua und Richter beschrieben werden, den Habiru der Amarnabriefe in irgendeiner Weise ähnlich? Gewiß, sie könnten sicher als ein nomadisierendes Volk beschrieben werden, doch es gibt keine Bibelstellen, die darauf hindeuten, daß sich die Israeliten vor der Zeit Davids als Söldner verdingten. Andererseits gehören Hebräer zu den Streitkräften König Sauls. (Die hier gemachte Unterscheidung von Israeliten und Hebräern wird weiter unten erklärt.) Sobald allerdings der Rebell David vor König Saul flieht und seine Dienste dem Philisterkönig von Gat anbietet, sehen wir, wie sich allmählich eine Lage herausbildet, die jener im Palästina der Amarnazeit gleicht. Und tatsächlich vermerkten zahlreiche Gelehrte, die sich mit dem Alten Testament beschäftig-

236 Kopf einer Miniaturstatue des Königs Eje. Museum Kairo.

HABIRU: Vermutlich abgeleitet vom akkadischen Verb *habaru,* »umherziehen«.

LOGOGRAMM: Von griech. *logos,* »Wort«. Ein archaisches sumerisches Schriftzeichen, das ein Wort oder einen Begriff darstellt. Tritt häufig in der späteren akkadischen Schrift auf. Nach einer wissenschaftlichen Konvention werden Logogramme in Texten durch Großbuchstaben gekennzeichnet – wie bei unserem Beispiel SA.GAZ, das die meisten Amarnabriefe für »Habiru« verwenden.

Albrecht ALT: 1883–1956.

237 Einer der heutigen Bewacher von
Echnatons Königsstadt.

ten, daß es deutliche Parallelen zwischen der Lebensweise der Amarna-Habiru und
derjenigen des bunt zusammengewürfelten Haufens von Hebräern gibt, der von
dem aufständischen israelitischen Befehlshaber David angeführt wurde.[7] Um diesen Punkt zu verdeutlichen, seien im folgenden drei bedeutende Bibelhistoriker
zitiert.

1. Moshe Greenberg in seiner bahnbrechenden Arbeit über die Habiru:

> In der biblischen Überlieferung treffen wir häufig auf Volksgruppen vom Schla-
> ge der Amarna-GAZ (Habiru). Das beste Beispiel ist die Geschichte Davids. Er
> verlor seine Stellung in der israelitischen Gemeinschaft durch die Flucht, zu
> der ihn die Feindseligkeit des Königs veranlaßte … Andere, die etwa aus
> wirtschaftlichen Gründen geflohen waren, scharten sich um ihn. Sie alle genos-
> sen keinen rechtlichen Schutz und führten als Bande unter Führung Davids ein
> unstetes Leben.[8]

238 Statuettengruppe eines Amarna-
Pharaos und seiner Königin – vermutlich
Echnaton und Nofretete. Louvre.

2. George Mendenhall über die Habiru der Amarnabriefe:

> Die bei weitem verblüffendsten Parallelen finden sich in Davids Lebensge-
> schichte als Geächteter … [Davids Bande] durchstreift das Land und bemüht
> sich um Gunst und Schutz der Städte (Keïla), reicher Einzelpersonen (Nabal)
> und Könige (Nahasch von Ammon, siehe 2 Samuel 10,2). Schließlich bietet
> David die Dienste seiner Bande (600 Mann – eine regelrechte Armee!) Achisch
> an, dem König von Gat. Achisch weist ihnen (»gab« ihnen, wie es in der Bibel

und in den Amarnabriefen heißt) Unterkunft in Ziklag an. Diese Stadt wird zum Ausgangspunkt für ihre Raubzüge.[9]

3. Kyle McCarter über den historischen David:

> Kurz, David wird ein Feldherr der 'apiru (Habiru). Wie die aus der Amarnazeit bekannten 'apiru waren David und seine Männer Söldner, die davon lebten, daß sie anderen ihre Dienste anboten oder auf Raubzüge gingen.[10]

239 Miniaturrelief der Nofretete. Louvre.

Hier ergibt sich also eine ganz ungewöhnliche Situation. Die Bibelwissenschaftler sind zu der Auffassung gelangt, daß die Hebräer unter David eine genaue (allerdings spätere) Widerspiegelung der historischen Amarna-Habiru sind. Das Problem ist, daß nach traditioneller Chronologie David und sein Hebräerhaufen ihre Raubzüge in Palästina im letzten Jahrzehnt des 11. Jahrhunderts durchführten, während die Habiru der Amarnazeit dies im 14. Jahrhundert v. Chr. taten. Mendenhall, Greenberg und McCarter hatten als Bezugsrahmen nur die traditionelle Chronologie. Wenn ihnen die Neue Chronologie zur Verfügung gestanden hätte, wären sie wohl zu einer ganz anderen Schlußfolgerung gelangt: Die Amarna-Habiru sind Davids Hebräern nicht nur verblüffend ähnlich – sie *sind* Davids Hebräer!

---

14 Der Neuen Chronologie zufolge werden die in den Amarnabriefen erwähnten Habiru von Palästina mit den Hebräern (hebr. *Ibrim*) der beiden Bücher Samuel identifiziert. Insbesondere müssen sie als die Anhänger Davids betrachtet werden, die er während seiner Verbannung von Sauls Königshof und während seiner ersten Jahre als König von Hebron vor der Einnahme Jerusalems um sich scharte.

Die ägyptischen Vasallen

Wenn wir nun die politische Topographie von Palästina und Syrien in der Amarnazeit mit der geographischen Region vergleichen, wie sie in den Büchern Samuel beschrieben wird, stoßen wir auf eine Reihe direkter Parallelen. Eine tabellarische Zusammenfassung befindet sich auf der gegenüberliegenden Seite. Im folgenden wird dargestellt, welche wichtigen politischen Gruppierungen miteinander gleichgesetzt werden können.

1. Die Herrscher der westlichen Stadtstaaten der Küstenebene in der Amarnazeit scheinen identisch zu sein mit den fünf SERANIM der Philister aus dem Ersten und Zweiten Buch Samuel. Erstere tragen indoeuropäische Namen und stellen eine herrschende Oberschicht, die sich vermutlich in der zweiten Hälfte der

240 Unvollendete Statuette des Königs Echnaton, der eine seiner Töchter küßt – sie spiegelt den erstaunlichen Charakter der Herrschaft dieses Pharaos wider. Museum Kairo.

Die politische Topographie Palästinas

1 a AMARNAZEIT: In der Küsten- und der Jesreel-Ebene tragen die Herrscher der Stadtstaaten, die mit Amenophis III. und Echnaton korrespondieren, Namen indoeuropäischen Ursprungs. Dazu gehören Schuwardata, der König von Gat, Widia von Aschkelon, Biridiya von Megiddo, Yaschdata (Stadt unbekannt, doch in der Jesreel-Ebene), Indaruta von Achschaf und Schubandu (Stadt unbekannt, doch in Küstennähe).

1 b ALTES TESTAMENT: In der Zeit Sauls wird die Küstenebene von den fünf Seranim (»Fürsten«) der Philister beherrscht, die in den Städten Aschkelon, Gat, Gaza, Aschdod und Ekron residieren. Ihr Anführer ist offenbar der König von Gat. Die Philister sind indoeuropäischen Ursprungs. König Saul herrscht nicht über die Jesreel-Ebene, und deren vier wichtigste Städte (Megiddo, Taanach, Schunem und Bet-Schean) unterliegen nicht seiner Kontrolle.

2 a AMARNAZEIT: Die Stadt Geser ist in den Händen der kanaanitischen Herrscher, die westsemitische Namen tragen (Milkilu und seine Nachfolger Yapuhu und Addadanu).

2 b ALTES TESTAMENT: In der Zeit des frühen Königreichs wird Geser von kanaanitischen Königen regiert, die nicht zum Philisterbündnis gehören (die Bibel nennt ihre Namen nicht). Geser kommt erst unter israelitische Herrschaft, als die Stadt nach ihrer Eroberung und Zerstörung durch den Pharao als Brautgeschenk an Salomo geht (1 Könige 9,16).

3 a AMARNAZEIT: Unter Echnaton ist der Herrscher des unabhängigen Stadtstaates Jerusalem Abdiheba, dessen Name »Diener der Heba« bedeutet – Heba ist eine churritische Göttin.

3 b ALTES TESTAMENT: Auch hier ist Jerusalem in der Zeit Sauls (und während der ersten sieben Regierungsjahre Davids) eine unabhängige Enklave. Sie wird von den Jebusitern beherrscht – einer indoeuropäischen oder churritischen Oberschicht.

4 a AMARNAZEIT: Im Norden wird die syrische Region von Königen amoritischer Herkunft beherrscht – von Abdu-Aschirta und später von seinem Sohn Aziru. Diese Machthaber sorgen für ständige Unruhe in der Region und greifen die benachbarten Stadtstaaten an.

4 b ALTES TESTAMENT: Der Hauptgegner Davids während seiner langen Regierungszeit war Hadad-Eser, der »Sohn Rehobs, [der] König von Zoba« (2 Samuel 8,3), dessen Einflußsphäre sich über ganz Syrien erstreckte. Interessant ist, daß Abraham Malamat die politischen Grenzen des Amoriterstaats von Aziru im 13. Jahrhundert und die des aramäischen Königreichs Hadad-Esers im 10. Jahrhundert für fast identisch hält.[11] Aus seiner Sicht entsprechen die Gebiete, über die Aram-Zoba herrschte, »der Expansion des Königreichs Amurru, das noch im 13. Jahrhundert blühte«. Doch die Chronologie wirft abermals Schwierigkeiten mit der politischen Kontinuität auf:

> Zu fragen ist, ob nicht auch Hadad-Esers Königreich wie das Davids in gewisser Weise auf einem vorhergehenden politischen Gebilde gründete. Es muß allerdings darauf hingewiesen werden, daß es im Falle von Aram-Zoba offenbar keine Kontinuität in der Weitergabe der politischen Macht gab, wie dies in Israel der Fall war, und daß der Einfluß der politischen Tradition, die in die Zeit des Königreichs Amurru zurückreicht, nur indirekter Natur sein konnte.[12]

Malamats »indirekter« Einfluß ist nur ein Trugbild der traditionellen Chronologie. Würde er heute die Neue Chronologie auf seine vergleichenden Forschungen aus dem Jahr 1958 anwenden, könnte er durchaus zum selben Schluß kommen, den ich 1984 zog: Das Königreich Amurru ist ein und dasselbe wie das Königreich Aram (mit Zoba).

Wir können noch weiter gehen. Der in den Amarnabriefen gebräuchliche Name Aziru (König von Amurru) ist die Kurzform eines längeren, offiziellen Namens. Dies ist ein weit verbreitetes Phänomen im Alten Orient, und mehrere Korrespondenten verwenden in den Amarnabriefen Namenskürzel. Professor William Moran, der anerkannte Experte im Zusammenhang mit dem Amarna-Archiv, vertritt die These, daß der Name des Königs von Amurru mit »[N ist der] Helfer« übersetzt werden sollte, wobei »N« für den Namen einer Gottheit steht. Wenn wir den vorrangigen syrischen Wettergott Hadad für »N« einsetzen, erhalten wir »Hadad ist der Helfer« – mit anderen Worten den biblischen Namen Hadad-Eser.

Pierre Bordreuil und Javier Texidor haben gezeigt, daß zumindest ein Herrscher namens Hadad-Eser unter dem Hypokoristikum »Ezra« bekannt war, offensichtlich das direkte Äquivalent für das Amarna-Kürzel »Aziru« (da im Aramäischen die Vokale nicht geschrieben werden). Sie untersuchten die Melkart-Stele von Aleppo und sind zu einer neuen Übersetzung jener entscheidenden Passage gelangt, die in wissenschaftlichen Kreisen schon heftig umstritten war.[13]

> Die Statue, die Barhadad, Sohn Ezras, des Königs, des Rehobiters, des Königs von Aram, für seinen Herrn Melkart errichtete, dem er ein Gelübde ablegte und der seine Stimme hörte.

Hier entspricht Barhadad dem biblischen Namen Ben-Hadad, und Ezra ist offensichtlich das Kürzel des syrischen Dynastienamens Hadad-Ezra. So können wir aus guten Gründen schließen, daß der Aziru aus den Amarnabriefen ein syrischer Herrscher ist, dessen voller Name vermutlich Hadad-Aziru war. Im Rahmen der Neuen Chronologie muß dies König Hadad-Eser sein, der langjährige Gegner König Davids.

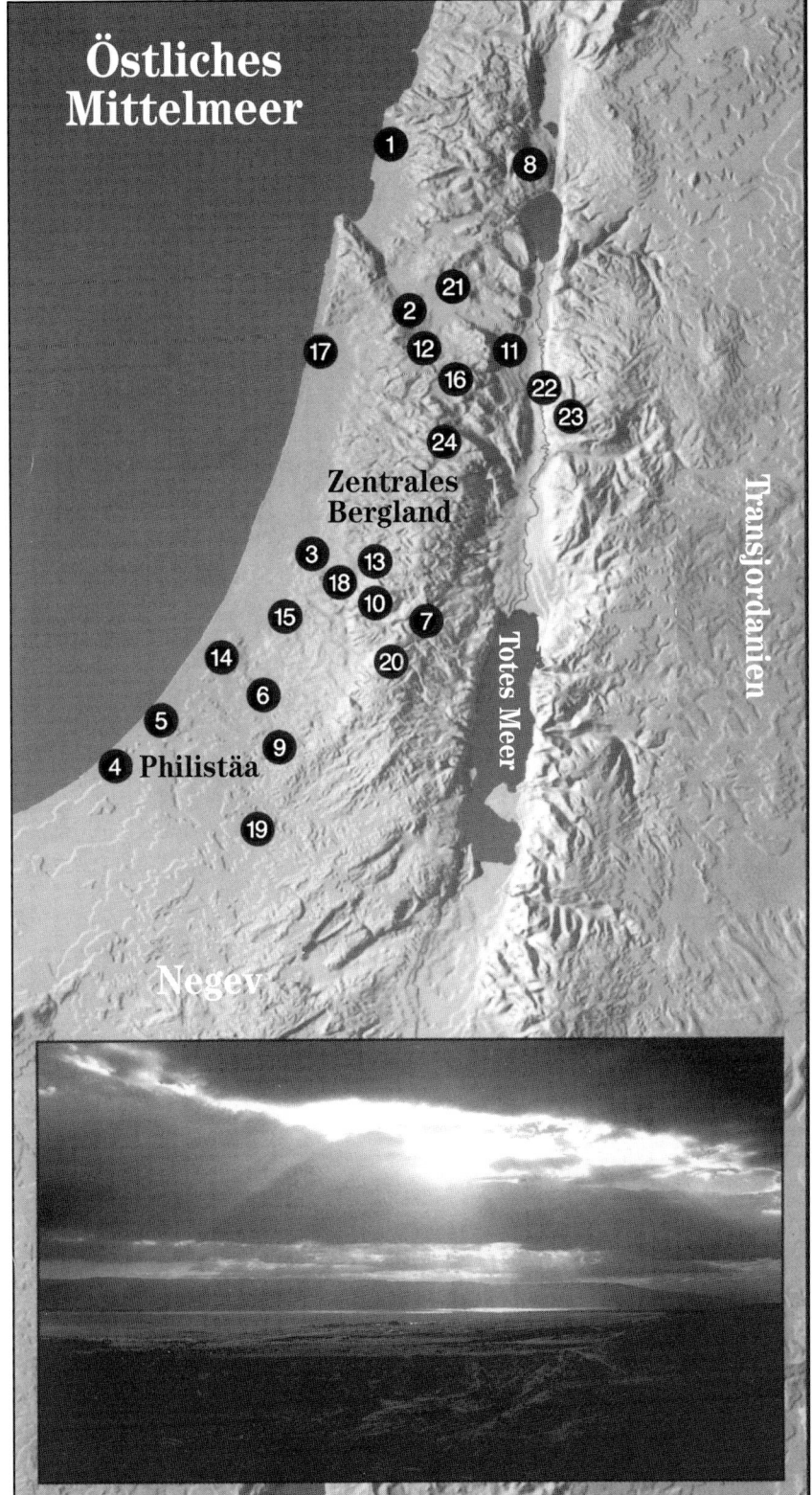

Östliches Mittelmeer

Zentrales Bergland

Transjordanien

Totes Meer

Philistäa

Negev

241 Die Städte Palästinas, die in den beiden Büchern Samuel erwähnt werden, im Vergleich zu den in den Amarnabriefen genannten Stadtstaaten und Städten. Die Stadtstaaten sind fett gedruckt. Dieser Vergleich zeigt, daß sich aus den beiden Quellen ähnliche politische Topographien Palästinas eindeutig erschließen lassen.

1 UND 2 SAMUEL

1. *Akko*	2. *Megiddo*
3. *Geser*	4. *Gaza*
5. *Aschkelon*	6. *Gat*
7. *Jerusalem*	8. *Hazor*
9. Lachisch	10. Ajalon
11. Bet-Schean	12. Taanach
13. Bet-Schemesch	14. *Aschdod*
15. *Ekron*	16. [nicht belegt]
17. Dor	18. [nicht belegt]
19. Ziklag	20. Hebron
21. [nicht belegt]	22. [nicht belegt]
23. Mahanajim	24. [nicht belegt]

AMARNABRIEFE

1. *Akko*	2. *Megiddo*
3. *Geser*	4. *Gaza*
5. *Aschkelon*	6. *Gat*
7. *Jerusalem*	8. *Hazor*
9. *Lachisch*	10. Ajalon
11. Bet-Schean	12. Taanach
13. [nicht belegt]	14. (Schubandus Residenzstadt?)
15. [nicht belegt]	16. Gina
17. [nicht belegt]	18. Sarha (biblisch Zora?)
19. [nicht belegt]	20. [nicht belegt]
21. Schunem	22. Pella
23. [nicht belegt]	24. Sichem

242 Sturmwolken über dem Jordantal bei Jericho. In der Ferne glitzert das Tote Meer.

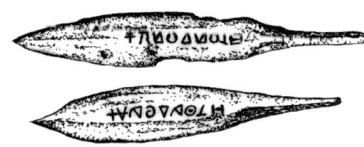

243 Zwei der in el-Khadr gefundenen Pfeilspitzen. Israelisches Nationalmuseum, Jerusalem.

SERANIM: »Fürsten« (hebr.) – die Fürsten der fünf bedeutendsten Städte Palästinas.

Mittleren Bronzezeit in Kanaan herausgebildet hat. Die führende Gestalt des westlichen Fünfstädtebunds ist Schuwardata, der König von Gat.

2. Milkilu, Herrscher von Geser, war ein Zeitgenosse König Sauls. Sein Stadtstaat scheint von den Philistern wie von den Israeliten unabhängig gewesen zu sein; Geser ist kanaanäisch, und seine Herrscher tragen allesamt westsemitische Namen. Nach der hier vertretenen Neuen Chronologie bleibt Geser eine unabhängige Enklave bis zur Einnahme und Zerstörung durch General Haremhab unter Tutanchamun. Die Stadt geht dann als Mitgift für Pharaos Tochter an Salomo.

3. Der Amarna-Korrespondent Abdiheba, König von Jerusalem, wird zum letzten Herrscher von Jebus vor der Eroberung der Stadt durch David.

4. Die Forschung hat gezeigt, daß die Staaten Amurru (trad. Chron. – 13. Jahrhundert) und Aram-Zoba (trad. Chron. – 10. Jahrhundert) auf recht ähnliche Weise politisch expandierten. In der Neuen Chronologie bilden beide Konigreiche eine Einheit – ihre Trennung in der historischen Literatur war nur die Folge der traditionellen Chronologie. Der König Aziru der Amarnabriefe ist ein und derselbe wie Hadad-Eser, der König von Zoba in 2 Samuel.

> **15** Die allgemeine politische Topographie der Levante in der Amarnazeit ähnelt stark den politischen Verhältnissen, wie sie im Zweiten Buch Samuel beschrieben werden. Dort wird eine Darstellung der Anfänge des davidischen Großreichs gegeben.

Der König des Berglandes

Bisher habe ich die vier wichtigsten politischen Elemente beschrieben, die das Palästina der Amarnazeit bildeten: (1) die westlichen Stadtstaaten; (2) die kanaanäische Enklave Geser; (3) die Enklave Jerusalem; und (4) der ausgedehnte Staat Amurru im Norden, zunächst beherrscht von Abdu-Aschirta und später von dessen Sohn Aziru. Es gibt aber noch eine fünfte politische Macht in der Region, der wir uns nun zuwenden wollen.

Das im Norden Jerusalems gelegene Bergland wird von einem König beherrscht, der die ägyptische Vormachtstellung in Palästina kaum respektiert. Sein verkürzter Name ist Labayu – die vollständige Namensform ist unbekannt. Moran ist der Auffassung, daß der Name als »Großer Löwe [von N]« gelesen werden muß, wobei »N« den Namen einer Gottheit darstellt.[14]

Wenn die Neue Chronologie die Amarnazeit zu Recht mit der Zeit des frühen Königreichs verknüpft, dann kann dieser Labayu niemand anderer sein als der erste israelitische König sein – Saul. Freilich hat der Name Saul keine erkennbare Ähnlichkeit mit Labayu, doch das überrascht kaum. »Saul« ist fast sicher nicht der Name, den der israelitische Herrscher zu Lebzeiten trug. Es handelt sich eher um einen »legendären« Namen, den die späteren Verfasser der biblischen Bücher dem König verliehen haben. Das Volk Israel bat den Propheten Samuel, »Saul« zum König zu salben, damit es einen König habe, »wie es bei allen Völkern der Fall ist« (1 Samuel 8,4–5). Sauls Königtum war eigentlich nicht vorgesehen, denn die zwölf Stämme waren in den vergangenen vier Jahrhunderten von »Richtern« regiert worden. Bemerkenswert ist, daß der Name Saul (hebr. *Shaûl*) »der Erbetene« bedeutet, zu verstehen als »[der vom Volk] Erbetene«.[15] Desgleichen bedeutet Salomos Name »Frieden«, wie wir vermerkt haben, weil seine Herrschaft vierzig Jahre Frieden für das Volk Israel brachte. Diese Namen wurden den beiden Königen nicht bei der Geburt verliehen und vermutlich auch nicht zu Lebzeiten. Wir sollten daher nicht erwarten, daß die Amarnabriefe Sauls »legendären« Namen wiedergeben, sondern daß sie seinen historischen Namen enthüllen. Wenn Saul mit Labayu gleichgesetzt werden kann (wie durch den Vergleich ihrer Lebensläufe gezeigt werden soll), dann könnten wir den Namen des Herrschers über das Bergland als »Großer Löwe [von Jahwe]« übersetzen – ein passender Titel für einen großen Krieger und den ersten König der Israeliten.

Höchst interessant ist auch, daß Psalm 57 die Leibwächter König Sauls als *lebaim* bezeichnet (ein Wort, das im Alten Testament einmalig ist und »große Löwen« bedeutet). Im Jahr 1953 wurde eine Sammlung bronzener Pfeil- und Speerspitzen in der Nähe des Dorfes el-Khadr bei Bethlehem ausgegraben. Einige tragen die Inschrift *hiz 'abd leb'at,* »Pfeil des Dieners der großen Löwin«.[16] Professor Benjamin Mazar vertritt die Auffassung, daß die Männer, die diese Pfeile einst gebrauchten, Bogenschützen im Dienst König Sauls waren. Ihr Emblem sei eine kaum bekannte Löwengöttin gewesen.[17] Könnte es eine Verbindung geben zwischen diesen zunächst ganz unterschiedlichen Elementen: (a) dem König, der »Großer Löwe« genannt wird; (b) einer königlichen Leibwache, die sich »große Löwen« nennt; und (c) einer Truppe von Bogenschützen Sauls, die »Diener der großen Löwin« hießen? Wenn ja, gewinnt Davids lebendige Beschreibung der Männer Sauls, vor denen er sich in der Höhle En-Gedi versteckte (wie in 1 Samuel 24 geschildert) eine völlig neue Bedeutung:

> Ich muß mich mitten unter Löwen lagern, die gierig auf Menschen sind. Ihre Zähne sind Spieße und Pfeile, ein scharfes Schwert ihre Zunge. (Psalm 57,5)

Dies könnte der einzige im Alten Testament verbliebene Hinweis auf den wirklichen Namen Sauls sein – ein Überrest der authentischen politischen Geschichte des Großen Löwen und seiner Leibwache, die sich für seinesgleichen hielt.

Wenn wir einen Blick auf den Großen Löwen selbst werfen, wie er in den Amarnabriefen geschildert wird, so stoßen wir auf eine Reihe bemerkenswerter Ähnlichkeiten mit dem König Saul aus 1 Samuel. Dieser war eine wichtige politische Gestalt im Palästina des 11. Jahrhunderts. Er beherrschte den größten Teil des zentralen Berglandes und Teile Transjordaniens. Allerdings blieb Jerusalem bis zu

Sauls Nachfolger David in der Hand der Jebusiter. König Saul kämpfte gegen die Philister, versuchte jedoch nicht, ihre Festungen in der südlichen Küstenebene zu erobern. Er scheint sich mit den Kanaanitern von Geser verbündet zu haben, nachdem zuvor Samuel die Philister bei Mizpa besiegt hatte und auch »zwischen Israel und den Amoritern ... Friede [war]« (1 Samuel 7,14).[18]

Gegen Ende seiner Herrschaft führt Saul in der Jesreel-Ebene Krieg, vermutlich weil er daran interessiert ist, die Stämme Ascher, Sebulon, Naftali und Issachar (nördlich des Jesreel) mit seinem neu geschmiedeten israelitischen Königreich im zentralen Bergland zu verknüpfen. Im Verlauf der Kämpfe findet er schließlich den Tod in der Schlacht am Berg Giboa, wo das Bündnis der Philister den israelitischen Streitkräften eine vernichtende Niederlage beibrachte.

Diese Verhältnisse, die wir aus dem Alten Testament kennen, entsprechen in großen Zügen der politischen Lage in Palästina zur Zeit Labayus. Dessen Stellung wird wie folgt beschrieben:

> Labayu war ein ernstzunehmender Rivale der Könige von Jerusalem und Geser. EA 250 zeigt, daß er zeitweise sogar die ganze SCHARON-EBENE beherrschte, nachdem er Gat-Padalla (Gett im Zentrum der Scharon-Ebene) und Gat-Rimmon (wohl die biblische Stadt gleichen Namens, vielleicht mit Tell Gerise am

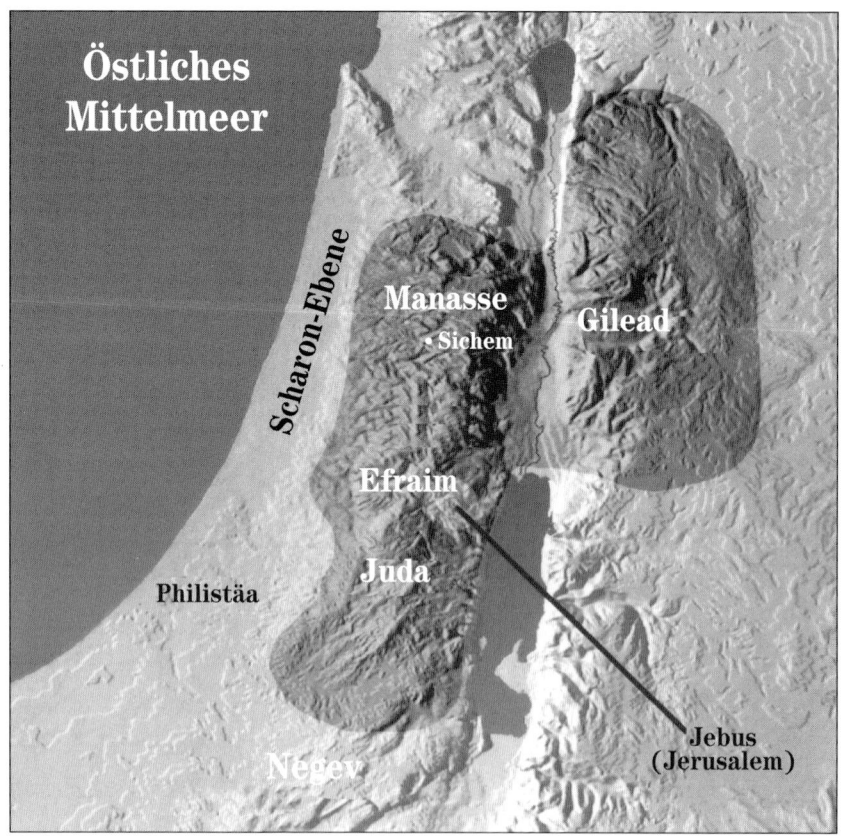

244 Die Karte zeigt das Königreich Sauls nach den Angaben von John Hayes und Maxwell Miller.[19] Aharoni zufolge stellte sich die geopolitische Lage im Hochland während der Amarna-Zeit wie folgt dar: »Im Bergland gab es nur wenige politische Zentren, jedes herrschte über ein recht ausgedehntes Gebiet. Aus dem ganzen Bergland von Juda und Efraim hören wir nur von Jerusalem und Sichem ... Allem Anschein nach regierten zu dieser Zeit die Könige von Jerusalem und Sichem das ganze zentrale Bergland.«[20] Doch bemerkt de Vaux: »Labayu erhielt nicht den Titel eines Königs von Sichem, und es ist zweifelhaft, ob er dies jemals war.«[21] Es scheint einigermaßen klar zu sein, daß Labayu ein Königreich beherrschte, zu dem Sichem gehörte, seine Haupt- oder Heimatstadt jedoch anderswo lag. Aus EA 255 geht hervor, daß Labayu auch den Karawanenverkehr in weiten Gebieten Nordtransjordaniens überwachte, was auf seine politische Kontrolle dieser Region hindeutet.

Jarkon zu identifizieren) erobert hatte. Auch im Norden begnügte sich Labayu nicht mit dem Besitz des Berglands; er versuchte in die Jesreel-Ebene einzudringen und belagerte Megiddo (EA 250).[22]

Zweifellos sehen die Vasallen Ägyptens in Labayu eine Gefahr für die Stabilität der Region, und der Pharao selbst bekommt bald eine Vorstellung von diesem rebellischen, kompromißlosen Geist. In einem Brief (EA 252) an den ägyptischen König (vermutlich Amenophis III.) versucht Labayu, ihn und seine Vasallen von einer Einmischung in seine Angelegenheiten abzuhalten, und gebraucht dabei einen Satz, den man nur als biblischen Spruch bezeichnen kann.

> Wenn eine Ameise angegriffen wird, versucht sie dann nicht, sich zu wehren und die Hand des Mannes zu beißen, der sie angriff?

Könnte es sein, daß wir tatsächlich einen Brief des ersten israelitischen Königs besitzen? Wenn ja, dürfte diese bisher kaum beachtete Tontafel zur weltweit hochgeschätzten Devotionalie avancieren.

Ein ungebildeter Monarch

Im Jahre 1943 bemerkte der amerikanische Bibelgelehrte und Archäologe William ALBRIGHT, daß Labayu in EA 252 das hebräische Wort *nemalah* für »Ameise« gebrauchte, wo doch das akkadische *zirbabu* zu erwarten gewesen wäre.[23]

Tatsächlich geht Albright noch weiter. Seine Interpretation der Briefe Labayus führt ihn zu dem Schluß, daß die Schreiber an dessen Hof die akkadische Sprache, die von allen anderen Amarna-Korrespondenten verwendet wurde, nicht beherrschten.

> Daß … [Labayus] Anfänge unbedeutend waren, geht auch aus einem seiner ersten Briefe an den Pharao hervor. Sein Schreiber, der den Brief verfaßte, war so ungebildet, daß er die zweite Hälfte des Briefes in fast reinem Kanaanäisch schrieb, offensichtlich also das Akkadische nicht einmal ausreichend beherrschte, um den Brief auch nur in die farblose Verkehrssprache zu übersetzen, die an den Schulen gelehrt wurde.[24]

Was meint Albright mit »fast reinem Kanaanäisch«? Die Antwort liefert ein anderer Artikel zur Sprache der Amarnabriefe, den er im selben Jahr veröffentlichte:

> … phonetisch, morphologisch und syntaktisch sprach das Volk, das damals in dem später vom Stamm Manasse besetzten Gebiet (d.h. Labayus Königreich)

SCHARON-EBENE: Die sumpfige Küstenebene Kanaans, nördlich von Philistäa und südlich des Karmelgebirges.

William ALBRIGHT: 1891–1971.

245 EA 252 von Labayu an den Pharao. British Museum.

lebte, einen Dialekt des Hebräischen (Kanaanäisch), der sehr eng mit dem von Ugarit verwandt war. Die von manchen Wissenschaftlern angeführten Unterschiede zwischen dem biblischen Hebräisch und dem Ugaritischen sind in Wahrheit fast alle chronologischer Natur.[25]

Mit anderen Worten, der Grund, warum Albright und andere Wissenschaftler den Begriff Kanaanäisch für die Amarnabriefe verwenden, ist, daß es nach traditioneller Chronologie die hebräische Sprache in Palästina noch nicht gab. Die Israeliten sind immer noch hundert Jahre vom Einzug ins Gelobte Land entfernt. In Wirklichkeit allerdings ist Labayus »Kanaanäisch« einfach frühes Hebräisch. Daran gibt es keinen Zweifel. Zu dem »Sprichwort« äußert sich Albright unzweideutig: »Wie von den Interpreten schon erkannt, ist dieses Idiom reines Hebräisch.«[26]
Wir müssen uns fragen, warum Labayus Schreiber so schlecht mit der lingua franca der anderen Amarna-Korrespondenten vertraut sind. Albright meint, weil Labayu Neuling war im Spiel der internationalen Politik: ein König, dessen »Anfänge unbedeutend waren«. Diese Bemerkung könnte genausogut auf König Saul zutreffen, der nie für den Thron erzogen wurde. Als ihn Samuel zum ersten König Israels erwählt, reagiert Saul überrascht und voller Demut.

> Da antwortete Saul: Bin ich nicht ein Benjaminiter, also aus dem kleinsten Stamm Israels? Ist meine Sippe nicht die geringste von allen Sippen des Stammes Benjamin? Warum sagst du so etwas zu mir? (1 Samuel 9,21)

Tatsächlich war Saul ein Krieger (hebr. *bahur*) und Sohn eines Edelmannes (hebr. *gibbor hayil*), doch handelte es sich eher um eine ländliche Adelsfamilie ohne höfische Tradition. Daß seine Schreiber (falls er überhaupt mehr als einen hatte) fließend Akkadisch sprachen, ist nicht zu vermuten.

Saul war der erste König Israels, und sein Weg zur Königswürde stand in engem Zusammenhang mit einer Aufstandsbewegung der Israeliten gegen die bedrückende Vorherrschaft der philistäischen Stadtstaaten im Westen. Die Philister wiederum schuldeten Ägypten die Treue. Haben wir überhaupt Belege dafür, daß Labayu ein Rebell war?

Einige Amarnabriefe bezeugen die rebellischen Umtriebe dieses Königs des Berglands. Wir hören von der engen Verbindung Labayus mit den Habiru:

247 Ägyptische Beamte reichen Papyrusdokumente im Palastarchiv ein (Szene aus dem Grab General Haremhabs).

> Sollen wir wie Labayu handeln, als er das Land von Sichem (akk. *Sachmu*) den Habiru gab?

Hier, in EA 289, teilt Abdiheba, Herrscher von Jerusalem, dem Pharao mit, daß Labayu einst für seine Habiru-Söldner eine Machtbasis im Gebiet von Sichem geschaffen habe.[27] Wenn Labayu der historische Saul sein sollte, dann hatte er hebräischen Truppen einen Teil seines Territoriums zugewiesen. Was verstehen wir dann unter dem biblischen Ausdruck Hebräer? Die meisten Leser des Alten Testaments sind keine Fachleute und unterscheiden nicht zwischen Hebräern und Israeliten. Diese Gleichsetzung ist freilich eine übermäßige Vereinfachung, da der biblische Bericht den Schluß nahelegt, daß es sich um verschiedene Gruppen handelt. Am besten versteht man deren Verhältnis zueinander, wenn man der einfachen Regel folgt: Alle Israeliten waren einst Hebräer, doch nicht alle Hebräer im Alten Testament sind Israeliten. Die Hebräer, die in der Zeit Jakobs und Josefs nach Ägypten kamen, hatte ein gemeinsames Schicksal – die lange Fronknechtschaft unter den Pharaonen – zusammengeschmiedet. Sie waren die Israeliten. Als sie sich schließlich im Gelobten Land niederließen, bevölkerten schon andere Gruppen mit ähnlichem ethnischen Ursprung und Status die kargeren Landstriche der Levante. Diese staatenlosen Menschen waren »Nomaden« geblieben und also echte Habiru/Hebräer, wohingegen die ihnen herkunftsverwandten Israeliten sich als besondere Einheit betrachteten – als »auserwähltes Volk«. Diese von den israelitischen Stämmen selbst getroffene Unterscheidung war den Philistern und Ägyptern vermutlich gleichgültig. Für sie waren die israelitischen Stammesgruppen immer noch die Habiru.

Interessant ist die Tatsache, daß es im Alten Testament in neunzig Prozent der Fälle Nichtisraeliten sind, die den Ausdruck »Hebräer« verwenden, um die Kinder Israel zu bezeichnen, und nicht die Israeliten selbst. Der Name wird zu einer abwertenden Bezeichnung.[28] Wenn im Alten Testament »Hebräer« zur Benennung der »Israeliten« verwendet wird, dann in der wörtlichen Rede der Ägypter oder Philister (mit anderen Worten, es handelt sich um einen beleidigenden Ausdruck, den die Feinde Israels gebrauchen). Wenn hingegen die Bezeichnung »Hebräer« in den Büchern Samuel im Rahmen einer historischen Schilderung auftaucht, dann

248 Das arabische Dorf Muhmas (das alte Michmas) von Westen her gesehen.

bezieht sie sich nicht auf die Israeliten, sondern auf die Söldnertruppen, die von Saul und den Philisterkönigen angeworben wurden, oder auf die entrechteten Anhänger des Rebellenführers David. So etwa an folgenden Stellen:

(a) Nach der Einnahme des Philisterpostens bei Michmas.

> Auch die Hebräer, die bis zu diesem Zeitpunkt auf seiten der Philister gestanden und mit ihnen in den Krieg gezogen waren, wandten sich nun ab, um auf seiten Israels zu sein, das zu Saul und Jonathan hielt. Als die Israeliten, die sich im Gebirge Efraim versteckt hatten, hörten, daß die Philister auf der Flucht waren, setzten auch sie ihnen im Kampf nach ... (1 Samuel 14,21–22)

(b) Nach dem schweren Gegenangriff der Philister.

> Als aber die Männer Israels sahen, daß das Volk in Gefahr und Bedrängnis war, verkrochen sie sich in die Höhlen und Klüfte und Felsen und Gewölbe und Gruben. Es gingen aber auch Hebräer durch die Furten des Jordan ins Land Gad und Gilead. (1 Samuel 13, 6–7)

Aus diesen beiden Abschnitten geht eindeutig hervor, daß der Autor eine klare Unterscheidung zwischen Hebräern und Israeliten trifft. Joyce Benjamin bestätigt dies:

250

Wenn, wie wir dargelegt haben, diese »Hebräer« jene ungebundenen Söldner waren, die Saul an sich gezogen hatte, ist es verständlich, daß ihr Handeln eigens geschildert wird. Der Text muß nicht richtiggestellt werden. Die Mietlinge ergriffen die Flucht.[29]

Hier findet sich also eine deutliche Parallele zwischen Labayu und seinen Habiru-Söldnern, die in Sichem ihren Stützpunkt haben, und Saul mit seinen hebräischen Söldnern. Deshalb überrascht es kaum, daß Schuwardata, der König von Gat, Labayu als den »Habiru« bezeichnet, der »sich gegen das Land erhob« (EA 366), da eben Saul an der Spitze der israelitischen und hebräischen Aufstandsbewegung gegen die Philister stand.

Der israelitische Aufstand begann mit der Niederlage der Philister bei Michmas, der rasch die Einnahme von Gibea folgte. Dort zerschlug Jonathan, Sauls ältester Sohn, den Steinpfeiler (hebr. *netsib*[30]) den die Philister einige Zeit vorher aufgestellt hatten, um ihre Vorherrschaft über das zentrale Bergland von Benjamin kundzutun.

249 Dieser bei Hazor entdeckte *netsib* ist ein gutes Beispiel für einen Steinpfeiler, wie sie von den Philistern im Gibea Sauls aufgestellt wurden. Die Grundfläche dieses *netsib* hat einen Durchmesser von 25 cm.

> Jonathan [zerschlug den Pfeiler der Philister], der in Geba [stand]; die Philister hörten davon. Saul aber ließ im ganzen Land das Widderhorn blasen und ausrufen: Die Hebräer sollen es hören. Und ganz Israel hörte die Kunde: Saul hat den [Pfeiler der Philister umgestürzt], und dadurch hat sich Israel bei den Philistern verhaßt gemacht. (1 Samuel 13,3–5)

Interessanterweise vermerkt die SEPTUAGINTA, daß der Pfeiler der Philister in Gibea – Sauls Heimatstadt – aufgestellt wurde, wohingegen die masoretische Fassung des Ersten Buch Samuel von »Geba« spricht. Den Fachleuten ist die Verwirrung um diese beiden Namen im biblischen Text schon länger bekannt.

SEPTUAGINTA: Das im 3. Jahrhundert v. Chr. ins Griechische übersetzte Alte Testament.

250 Das Dorf Muhmas (das alte Michmas) von dem Hügel aus gesehen, auf dem das arabische Dorf Jeba (das alte Geba/Gibea) liegt. Von hier aus, so darf man vermuten, hatte Saul Jonathans wagemutigen Angriff auf die Garnison der Philister in Michmas beobachtet, der den israelitischen Aufstand gegen deren Vorherrschaft im Bergland auslöste. Im Vordergrund sind in den Fels geschnittene Sockel für die Steinpfeiler zu sehen. Es könnte sich hier um die Kulthöhe *Gibeat-Elohim* handeln, wo Saul den *netsib* der Philister umstürzte und damit den Beginn des Aufstands verkündete.

251 Eine Reihe gewaltiger Pfeiler im »Tempel der Obelisken« in Byblos. Der *netsib* auf der Kulthöhe von Geba/Gibea war diesen Monumenten vermutlich recht ähnlich.

Sowohl Gibea als auch Geba bedeuten »Hügel«, und Maxwell Miller hat jüngst die Vermutung geäußert, daß es sich tatsächlich um ein und denselben Ort handele.[31] Die Heimat Sauls wäre dann das benjaminische Geba gewesen, an der Südseite des Wadi Suwenit, gegenüber von Michmas. Millers Argumente werfen somit Zweifel auf Tell el-Ful als Ort des alten Gibea. Dies würde mit der Neuen Chronologie übereinstimmen, da die kleine befestigte Residenz dort erst in der Eisenzeit gebaut wurde – lange nach der Amarnazeit, in der Saul, wie wir festgestellt haben, König wurde. Wenn das Geba in Benjamin identisch mit dem Gibea Sauls ist (oder wenn die beiden Orte geographisch eng zusammenhängen – vielleicht eine Stadt und eine Festung auf derselben Anhöhe sind[32]), dann erobert Saul in 1 Samuel 13,3–5 seine Heimatstadt zurück. Wenn daher Jonathan, sein Sohn, den dort von den Philistern errichteten Pfeiler umstürzt, vernichtet er das Symbol der philistäischen Unterdrückung, das vor der Residenz seines Vaters gestanden hatte.

Wie verhält sich dieser Vorfall zu dem, was wir aus der Amarna-Korrespondenz über Labayu wissen? In EA 252 schreibt Labayu nach Ägypten und beklagt, daß ihn seine

Feinde in ihren Briefen an den Pharao verleumdet hätten. Sein Verbrechen sei es schlicht gewesen, die Heimatstadt nach der Besetzung durch einen ungenannten Feind zurückzuerobern.

> Es herrschte Krieg, als die Stadt eingenommen wurde. Ich hatte Frieden geschworen – und bei meinem Schwur tat der (ägyptische) Statthalter es mir gleich –, dann wurde die Stadt, und mit ihr mein Gott, eingenommen. Ich werde verleumdet vor dem König, meinem Herrn. Und wenn eine Ameise angegriffen wird, versucht sie dann nicht, sich zu wehren und die Hand des Mannes zu beißen, der sie angriff? Wie kann ich jetzt Nachgiebigkeit zeigen, nur damit noch eine meiner Städte erobert wird? … Gleichwohl werde ich die Männer schützen, welche die Stadt und meinen Gott einnahmen. Sie sind die Plünderer meiner Vaterstadt, aber ich werde sie schützen.

Der Text ist schwierig zu interpretieren, und die Übersetzungen unterscheiden sich in vielen Einzelheiten. Immerhin lassen sich vier Grundelemente herausschälen.

1. Labayu verliert seine Heimatstadt durch einen Angriff aus heiterem Himmel (vermutlich, als er nicht dort ist, um sie zu verteidigen) – trotz der Tatsache, daß beide Seiten geschworen hatten, Frieden zu halten.
2. In Zusammenhang mit der Residenz Labayus steht ein heiliger Ort, der etwas mit seinem Gott zu tun hat und der mitsamt der Stadt genommen wurde.
3. Er gewinnt die Stadt mit Waffengewalt zurück – doch war dies die Vergeltung für eine vorhergehende Aggression.
4. Die ursprünglichen Angreifer beschwerten sich nach ihrer Niederlage beim Pharao, daß Labayu einige ihrer Männer gefangenhalte. Labayu ist gezwungen, einen seiner seltenen Briefe nach Ägypten zu schreiben, um sein Handeln zu rechtfertigen. Er sei berechtigt, jene gefangenzusetzen, die seine Stadt erobert und das Heiligtum seines Gottes genommen hätten. Trotz allem werde er sie vor dem Zorn seines Volkes schützen.

Wenn wir unser spärliches Wissen über die Heimatstadt Sauls mit den Einzelheiten vergleichen, die wir in EA 252 ausfindig machen, stoßen wir auf eine Reihe deutlicher Ähnlichkeiten.

1. In 1 Samuel 11 ist Saul abwesend, um gegen die Ammoniter Transjordaniens zu kämpfen. Vermutlich ergreifen die Philister zu dieser Zeit die Gelegenheit, Michmas und Geba/Gibea einzunehmen.
2. Sehr nahe bei Samuels Haus ist eine »Kulthöhe«, auf der sich Propheten versammeln. Das erfahren wir aus einem früheren Abschnitt (1 Samuel 10,2–6). Nach Sauls Salbung zum König sagt der Prophet Samuel voraus, was ihm auf dem Rückweg in seine Heimatstadt widerfahren wird.

252 Statue eines ammonitischen Herrschers, die bei den Ausgrabungen im heutigen Amman gefunden wurde. Museum Amman.

Die Kulthöhe von Geba/Gibea

253 Bis in die fünfziger Jahre waren viele Wissenschaftler der Auffassung, daß Gibea an der Stelle des heutigen arabischen Dorfes Jeba im Hügelland nördlich von Jerusalem lag. Als jedoch Albright im nahen Tell el-Ful eine kleine Burg aus der Eisenzeit ausgrub, überzeugte er die meisten seiner Kollegen davon, daß es sich hier um den wahren Ort von Gibea handle. Nach der Neuen Chronologie ist dies unmöglich, da Saul ein König der Bronzezeit ist und in Tell el-Ful keine Überreste aus dieser Zeit gefunden wurden. Patrick Arnold hat das Problem in jüngster Zeit wieder aufgeworfen und ist zu dem Schluß gelangt, daß die ursprüngliche Lokalisierung bei Jeba tatsächlich korrekt ist. Seine Argumente sind sehr überzeugend und können inzwischen durch die Entdeckung einer »Kulthöhe« bei Jeba untermauert werden, die durchaus das Gibeat-Elohim der Bibel sein könnte – der »Hügel Gottes« in oder nahe Sauls Hauptstadt. Obwohl dort noch keine Grabungen vorgenommen wurden, sind Sockel für die Steinpfeiler deutlich zu erkennen. Sie finden sich innerhalb eines in den Fels gehauenen Altars, der genau nach Osten ausgerichtet ist (rechts). In der Ferne, jenseits des Wadi Suwenit, ist die Stadt Muhmas (das alte Michmas) zu sehen.

254 Eine »Rekonstruktion« der Kulthöhe von Jeba/Gibea, die drei der vier Steinpfeiler zeigt sowie die Einbuchtungen, die in die bloßgelegte Felsoberfläche des Altars gehauen wurden. Dahinter sind die Überreste einer Umfriedungsmauer zu erkennen, die einen großen, rechteckigen Platz umschließt. Dort sind bearbeitete Steine und mehrere Gräber, die sich ein gutes Stück den östlichen Abhang hinunter erstrecken.

Wenn du jetzt von mir weggehst … wirst du nach Gibeat-Elohim kommen, wo die Vorposten [oder der »Pfeiler«; A. d. Ü.] der Philister stehen. Wenn du dort in die Stadt hineingehst, wirst du eine Schar von Propheten treffen, die von der Kulthöhe herabkommen, und vor ihnen wird Harfe, Pauke, Flöte und Zither gespielt. Sie selbst sind in prophetischer Verzückung. Dann wird der Geist des Herrn über dich kommen, und du wirst wie sie in Verzückung geraten und in einen anderen Menschen verwandelt werden. Wenn du aber all diese Zeichen erlebst, dann tu, was sich gerade ergibt; denn Gott ist mit dir.

255 Cimas Gemälde des jungen David, der, unter dem bewundernden Blick Jonathans, den abgetrennten Kopf und das Schwert Goliaths zu Saul bringt.

Gibeat-Elohim (hebr. *Gebeath Ha-Elohim*), »Gibea Gottes«, ist ein anderer Name für Sauls Heimatstadt[33], und dies ist der Ort, an dem die Philister einen Pfeiler errichtet haben. Die dortige Kulthöhe ist auch den Israeliten heilig und Jahwe geweiht. Sauls Heimatstadt ist somit ein heiliger Ort, der mit seinem Gott verbunden ist. Wenn Saul den Philistern Gibea/Geba wieder abnimmt und Jonathan ihren dort aufgestellten Pfeiler umstürzt, handelt Saul wie Labayu in EA 252. Die Tatsache, daß der philistäische Pfeiler sowohl in Gibeat-Elohim (1 Samuel 10,5) als auch in Geba (1 Samuel 13,3) situiert wird, bestätigt, daß wir es mit ein und demselben Ort zu tun haben.

3. Aus den beiden Texte (EA 252 und 1 Samuel) lassen sich noch zwei weitere Parallelen ziehen. In der obigen Übersetzung von EA 252 durch Moran lesen wir: »Wie kann ich jetzt Nachgiebigkeit zeigen, nur damit noch eine meiner Städte erobert wird?« Freilich hatte Albright zuvor eine völlig andere Übersetzung dieses Abschnitts geliefert: »Wie könnte ich mich an diesem Tag zurückhalten, da zwei meiner Städte eingenommen wurden?« Was Saul betrifft, so gewann er zwei Städte zurück – Geba/Gibea und Michmas.

Der Sohn des Königs

Aus dem dritten Brief Labayus an den Pharao (EA 245) erfahren wir, daß der (unbenannte) Sohn des Königs in die Unternehmungen der Habiru verwickelt war, ohne daß der Vater davon wußte. Labayu schreibt:

Außerdem schrieb der König wegen meines Sohns. Ich wußte nicht, daß er mit den Habiru verkehrte. Hiermit händige ich ihn an Addaya aus (den ägyptischen Kommissar).

Auch hier ergibt sich eine deutliche Parallele zur Geschichte König Sauls. In 1 Samuel 20,30–31 wirft Saul seinem Sohn Jonathan vor, ein geheimes Bündnis mit David, dem Anführer der Aufständischen, eingegangen zu sein. Die enge Freund-

256 Der große Tell von Bet-Schean. Hier wurden die enthaupteten Leichen König Sauls und seines Sohns Jonathan an den Mauern aufgehängt, um die Überreste der israelitischen Armee zu demütigen und zu demoralisieren. Die versprengten Truppen waren nach der vernichtenden Niederlage am Berg Gilboa auf das wenige Kilometer entfernte andere Ufer des Jordans geflohen.

schaft zwischen David und Jonathan ist Legende, und David ist, wie Mendenhall bemerkt, das »beste Beispiel«[34] für einen Habiru-Führer überhaupt. Voll Zorn klagt Saul seinen ältesten Sohn an:

Du Sohn eines entarteten und aufsässigen Weibes! Ich weiß sehr gut, daß du dich zu deiner eigenen Schande und zur Schande des Schoßes deiner Mutter für den Sohn Isais (David) entschieden hast. Doch solange der Sohn Isais auf Erden lebt, wirst weder du noch dein Königtum Bestand haben.

Der Große Löwe stürzt

Wir kommen nun zum dramatischen Höhepunkt der Geschichte König Sauls – zu seiner letzten großen Schlacht an den Hängen des Bergs Gilboa. Die Bibel berichtet ab 1 Samuel 27 von den Ereignissen, die zum letzten Zusammenstoß zwischen Saul und den Philistern führen. Der Rebellenführer David entzieht sich der Verfolgung durch Saul und schlägt sich auf die Seite Achischs, des Königs von Gat. David bietet seine Männer als Söldnertruppen zur Verstärkung der Armee des Philisterkönigs an. Achisch weist dem hebräischen Anführer und seinen Soldaten die Stadt Ziklag als militärisches Hauptquartier zu. Ein Jahr und vier Monate später, als sich die Krise zuspitzt, ist David im Gegenzug bereit, auf seiten der Philister, die sich in der Jesreel-Ebene auf die Schlacht vorbereiten, gegen seine eigene Sippe, die Israeliten, zu kämpfen. Allerdings trauen die anderen Seranim der Philister den hebräischen Söldnern Achischs und ihrem Führer nicht:

> Was sollen diese Hebräer hier? … Schick den Mann zurück! Er soll an den Ort zurückkehren, den du ihm zugewiesen hast, und nicht mit uns in den Kampf ziehen. Dann kann er sich in der Schlacht nicht gegen uns wenden. (1 Samuel 29,3–4)

Die Streitkräfte des philistäischen Städtebunds rücken in der Jesreel-Ebene vor und sammeln sich bei Schunem (1 Samuel 28,4). Unterdessen haben sich die Kämpfer der Stämme Israels an der Quelle des Jesreel um Saul und seine Söhne geschart (1 Samuel 29,1). Saul unternimmt nun einen strategischen Rückzug auf die Höhen von Gilboa, um den Philistern den Einsatz ihrer Kampfwagen und Kavallerie zu erschweren.[35] Trotz dieses scheinbaren Nachteils verfolgen die Philister die israelitische Armee den Berg hinauf und können ihre zahlenmäßige Überlegenheit zur Geltung bringen. Tausende von Israeliten werden niedergemetzelt, und Sauls Söhne Jonathan, Abinadab und Malkischua werden erschlagen (1 Samuel 31,2). Saul selbst wird von einem Pfeil der Philister tödlich verwundet und nimmt sich das Leben, um nicht in die Hand des Feindes zu fallen (1 Samuel 31,3–4). Als David, fern des Schlachtfelds im Süden Palästinas, von Sauls Tod auf dem Berg Gilboa hört, zerreißt er sein Gewand und singt eine Totenklage auf Saul und Jonathan (2 Samuel 1,19–27).

> Die Edelsten in Israel sind auf deinen Höhen erschlagen. Wie sind die Helden gefallen!
> Sagt's nicht in Gat, verkündet's nicht auf den Gassen in Askalon, daß sich nicht freuen die Töchter der Philister, daß nicht frohlocken die Töchter der Unbeschnittenen.
> Ihr Berge von Gilboa, es soll weder tauen noch regnen auf euch, ihr trügerisches Gefilde; denn daselbst ist der Helden Schild verworfen …

Auch im weiteren Verlauf des Klagelieds stellt David wieder dieselbe Frage. Wie sind die Helden gefallen? Im dritten Vers läßt er den Gedanken an Verrat anklingen (hebr. *sede tarmit*, »trügerisches Gefilde«). Wurden Saul und die Israeliten von ihren Verbündeten auf irgendeine Weise verraten? Wie konnte es den Philistern gelingen, Saul mit ihren Kampfwagen die Berge von Gilboa hinauf zu verfolgen? Die Bibel gibt uns keine Antwort auf diese Fragen – im Gegensatz zu den Amarnabriefen. Nach Labayus Tod in der Schlacht gegen den westlichen Städtebund schicken seine überlebenden Söhne eine Nachricht an einen gewissen Balu-UR.SAG (Stadt unbekannt), der wiederum in seinem Brief EA 250 ihre rebellischen Unternehmungen sofort dem Pharao meldet. Er stellt fest, daß die Söhne Labayus ihn drängten, »Krieg gegen das Volk von Gina zu führen, da es unseren Vater getötet hat«. So

waren die Bewohner von Gina (biblisch Bet-Gan, heute Jenin) irgendwie in den Tod Labayus verwickelt. Brief EA 245 von Biridiya, dem Herrscher von Megiddo, berichtet, daß Labayu im Kampf getötet wurde, bevor er hätte gefangengenommen und zur Hinrichtung nach Ägypten gebracht werden können. Biridiya bittet den Pharao um Verzeihung und schreibt:

> Auch beschwor ich meine Brüder: »Wenn der Gott des Königs, unseres Herrn, uns beisteht und wir Labayu besiegen, dann müssen wir ihn lebend zum König, unserem Herrn, bringen.« Meine Stute jedoch war lahm, und ich setzte mich hinter Yaschdata aufs Pferd. Doch vor meiner Ankunft hatten sie ihn (Labayu) niedergestreckt.

257 EA 245 von Biridiya, dem Herrscher Megiddos, an den Pharao, mit dem Bericht vom Tode Labayus. British Museum.

Das »sie« in »sie hatten ihn (schon) niedergestreckt« läßt vermuten, daß Voraustruppen Labayu erreicht und ihm einen tödlichen Schlag versetzt hatten, bevor das Gros der Armee den Rebellenkönig umzingeln konnte, um ihn lebend zu ergreifen. Oder hatte sich Labayu das Leben genommen, wissend, welches Schicksal ihn erwartete, wenn er sich ergeben würde? Waren »sie« die Männer von Gina, die von den Söhnen Labayus angeklagt werden, ihren Vater getötet zu haben? Am besten sehen wir uns den Ort von Sauls letzter Schlacht auf dem Berg Gilboa genauer an, um herauszufinden, ob wir die Informationen aus beiden Quellen verknüpfen und ein klareres Bild der tragischen Ereignisse um Sauls Tod gewinnen können.

258 Die »trügerischen Gefilde« auf dem Berg Gilboa.

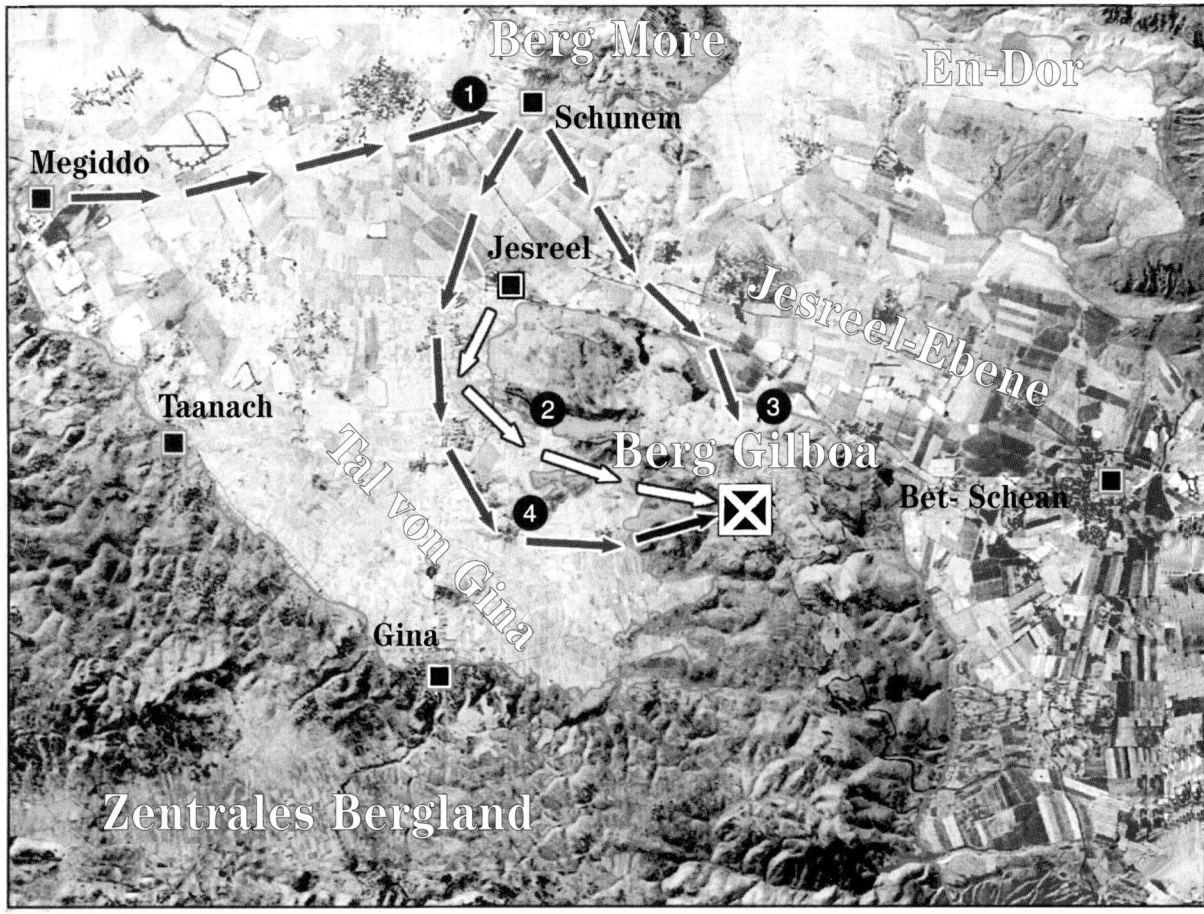

Ein Luftbild der Jesreel-Ebene mit Gilboa in der Mitte zeigt, daß die Stadt Gina unterhalb der südlichen Hänge liegt. Von dieser Seite aus steigt der Berg sanft bis zum Gipfel an. Im Gegensatz dazu fallen die nördlichen und westlichen Abhänge steil, fast senkrecht ab. Hätten die Philister die Erlaubnis erhalten, sich über das Gebiet von Gina Zugang zur Bergspitze zu verschaffen, wäre der strategische Vorteil von Sauls Position verlorengegangen. In diesem Fall hätten sie die israelitischen Kräfte durch einen Flankenangriff außer Gefecht setzen können. In diesem Schlachtenszenario ist vorausgesetzt, daß die Männer von Gina den Auftrag hatten, den Israeliten den Rücken freizuhalten, jedoch Saul verrieten und die Bogenschützen der Philister ohne Widerstand zur Bergspitze vordringen ließen. Sie führten einen Überraschungsangriff gegen Saul und die israelitischen Elitetruppen, und im Pfeilhagel wurden dessen Söhne getötet und der israelitische König selbst tödlich verwundet. Mit dieser neuen, aus den Amarnabriefen gewonnenen Information ist es schließlich möglich, den poetischen Verweis auf die »trügerischen Gefilde« in Davids Totenklage zu verstehen und richtig einzuschätzen. Saul ist von seinen eigenen Leuten verraten worden.

259 Plan der Schlacht zwischen Philistern und Israeliten in der Jesreel--Ebene. (1) Die Streitkräfte des Philisterbündnisses sammeln sich bei Schunem (Biridiya führt seine Truppen aus Megiddo durch die Ebene); (2) Saul und seine Armee unternehmen in Erwartung eines Angriffs aus dem Norden einen strategischen Rückzug auf den Berg Gilboa; (3) das Gros der philistäischen Armee massiert sich in der Jesreel-Ebene, am Fuß der steilen Nordhänge des Bergs Gilboa; (4) eine Elitebrigade aus philistäischen Bogenschützen greift die israelitische Armee über die sanft ansteigenden Südhänge des Bergs Gilboa an. Dies geschieht mit Hilfe der Männer von Gina, die, wie Saul meinte, seinen Truppen Rückendeckung geben sollten.

> Als die Israeliten auf der anderen Seite der (Jesreel-) Ebene … sahen, daß die israelitischen Krieger geflohen und daß Saul und seine Söhne tot waren, verließen sie ihre Städte und flohen. Dann kamen die Philister und besetzten die Städte. (1 Samuel 31,7)

ISCHBAAL: hebr. für »Mann Baals«.

Die Tragödie von Gilboa sollte ernste Folgen für Israel und das Haus Saul haben. Nur der jüngste Sohn des Königs, ISCHBAAL[36], und sein Schwiegersohn David waren noch am Leben, um ihm auf den Thron zu folgen. Ischbaal wurde von Abner, dem Heerführer Sauls, nach Transjordanien gebracht, wo sie für die nächsten sieben Jahre blieben. Im sechsten Jahr nach dem Tod des Vaters wurde Ischbaal von Abner zum König ausgerufen, doch nach zwei Jahren wurde der junge, untaugliche zweite König von Israel in seinem Palast ermordet.[37] David hingegen machte sich zum Herrscher von Hebron, bevor er nach dem Tod von Ischbaal König von ganz Israel wurde.

Unmittelbar im Gefolge der Schlacht von Gilboa wurde die Jesreel-Ebene von den Armeen des westlichen Städtebunds der Philister besetzt. Bet-Schean wurde zur Garnisonsstadt gemacht, um zu verhindern, daß sich die Überreste der israelitischen Armee neu gruppierten. Die Festung Bet-Schean bewacht das östliche Ende der Jesreel-Ebene an dem Punkt, wo sie in das Jordantal übergeht. Der Garnisonsbesatzung entging daher kein Vorstoß der abgeschiedenen nördlichen Stämme von Efraim und der im Osten, jenseits des Jordan angesiedelten Stämme.

Die Amarnabriefe erzählen genau dieselbe Geschichte. In EA 289 schreibt Abdiheba von Jerusalem, daß die Truppen des westlichen Bündnisses in Bet-Schean stationiert seien. Die Briefe berichten auch ansatzweise von den Unternehmungen der »zwei Söhne Labayus«. Die Ereignisse der nächsten acht Jahre sind Gegenstand des folgenden Kapitels, wo vom Aufstieg Davids zum König von ganz Israel und seiner Einnahme von Jerusalem die Rede sein wird. Zum Abschluß der ungewöhnlichen Lebensgeschichte des »Großen Löwen Jahwes« sei hier noch der nüchterne Bericht an den Pharao über den Tod des Rebellenkönigs zitiert. Der Anführer des siegreichen Bündnisses, der Herrscher von Gat, schreibt in EA 366:

> Dem König, meinem Herrn, möchte ich von dem Habiru berichten, der gegen das Land aufgestanden ist; der Gott des Königs, meines Herrn, hat ihn mir in die Hände gegeben, und ich habe ihn erschlagen.[38]

---

16 Labayu, der »Löwe [Jahwes]«, Herrscher über das Bergland in der Amarnazeit, ist die historische Gestalt, die dem Verfasser der Bücher Samuel zum Vorbild für seine Lebensgeschichte Sauls diente, des ersten Königs des Volkes Israel.

»Wie sind die Helden gefallen?«

2 Samuel 1,19

261 Links: Die beiden wichtigsten Wortfolgen in Althebräisch auf dem Stelenfragment von Tell Dan: »König von
Israel« und »Haus David«.

10

Der Liebling Jahwes

Auf die Schilderung der Schlacht von Gilboa folgt im Zweiten Buch Samuel eine ausführliche Darstellung der damaligen politischen Lage, in der mindestens vier Hauptakteure eine Rolle spielen.

Ischbaal, der in Transjordanien residiert, ist der legitime Erbe von Sauls Thron. Allerdings legt aus Sicht der Bibelwissenschaftler Alberto Soggin und Kyle McCarter der Text von 2 Samuel 2,10 den Schluß nahe, daß er erst mehrere Jahre nach dem Tod seines Vaters gesalbt wurde.[1] Dies mag die Folge der politischen Wirren unter den Israeliten nach der katastrophalen Niederlage gegen die Philister gewesen sein. Der untaugliche Ischbaal wird von Abner, der ihn bei Gilboa vor den Philistern gerettet hatte (2 Samuel 2,8–9), am kurzen Zügel geführt. Es kann kaum einen Zweifel daran geben, daß in Wirklichkeit Sauls einstiger Heerführer Abner die politischen Geschicke im transjordanischen Rumpfkönigreich der Israeliten lenkt.

David und seine Habiru-Armee finden wir im zentralen Bergland Kanaans. Er hatte nicht an der Schlacht von Gilboa teilgenommen – weder auf der einen noch auf der anderen Seite –, und nach Sauls Tod gerät er in eine noch zwiespältigere Lage. Er steht immer noch im Sold Achischs, des Königs von Gat, doch die anderen Philisterfürsten trauen ihm nicht. Andererseits ist David der Schwiegersohn des ersten israelitischen Königs und kann daher Ansprüche auf den Thron anmelden. Er kann sich auf die Loyalität des Stammes Juda verlassen, in dem sein Vater Isai eine führende Rolle spielt, doch die anderen elf Stämme bleiben Sauls Sohn Ischbaal treu. Auch hat David in Joab einen mächtigen Heerführer. Die unter Davids Befehl stehenden Israeliten und Habiru lassen sich mit Billigung der Philister in Hebron nieder (südlich von Jerusalem) und rufen ihren Anführer zum König der Stadt aus (2 Samuel 2,1–4).

Das Verhältnis zwischen den beiden israelitischen Lagern ist schwer zu durchschauen. Manchmal scheinen sie Verbündete zu sein, doch ihr Bündnis bleibt prekär und steht mehrmals kurz vor dem Zerbrechen (etwa bei dem Kampf am Teich von Gideon, der in 2 Samuel 2,12–28 geschildert wird). Einige Jahre lang

260 Seite 261: Kopf und Schultern einer
Kolossalstatue Amenophis' IV. (der sich
später Echnaton nannte), die in Karnak
entdeckt wurde. Museum Kairo.

haben sie wohl bei dem Versuch zusammengearbeitet, die politische Kontrolle über die an die Philister verlorenen Gebiete zurückzugewinnen – von daher der Brief der »zwei Söhne Labayus« an Balu-UR.SAG, dessen Inhalt dieser wiederum in EA 250 an den Pharao berichtet. In ihrem Brief an Balu-UR.SAG ermutigen Labayus Söhne den einstigen Verbündeten ihres Vaters, sich gegen die ägyptische/philistäische Hegemonie zu erheben.

> Warum habt Ihr Gat-padalla dem König, Eurem Herrn, übergeben, eine Stadt, die Labayu, unser Vater, eingenommen hatte? … Führt Krieg gegen die Bewohner von Gina, da sie unseren Vater getötet haben … Führt Krieg gegen den König, Euren Herrn, wie unser Vater es tat, als er Schunem, Burkuna und Harabu angriff und die Bösen verbannte, die Treuen erhob. (EA 250)

Das Bündnis der israelitischen Stämme, aus Gegnerschaft entstanden, scheint zu zerbrechen, weil David immer stärker, Ischbaal dagegen an den Rand gedrängt wird. Abner sieht seine Machtbasis gefährdet, läßt seinen königlichen Schützling insgeheim fallen und nimmt Verhandlungen mit David auf.

> Abner schickte in eigener Sache Boten zu David und ließ ihm sagen: Wem gehört das Land? Schließ also einen Vertrag mit mir; dann werde ich dir helfen, um ganz Israel auf deine Seite zu bringen. (2 Samuel 3,12)

Die »Doppelmonarchie« im Land Israel bricht schließlich nach zwei politischen Morden zusammen. Zunächst wird Abner am Tor von Hebron von Joab erstochen (2 Samuel 3,22–39); kurz darauf wird König Ischbaal von zwei seiner eigenen Truppenführer, Baana und Rechab, erschlagen (2 Samuel 4,1–12). Kein Sohn des ersten Königs von Israel, der Davids Anspruch auf den Thron bestreiten könnte, ist jetzt noch am Leben. So wird der Schwiegersohn und Gegner Sauls zum König von ganz Israel gesalbt (2 Samuel 5,1–5).
Das ist die biblische Version der Ereignisse nach der Schlacht von Gilboa. Was können die Amarnabriefe diesem Bild noch hinzufügen?
Wie Labayu (Saul) korrespondiert auch Mutbaal (Ischbaal) mit Ägypten. Er schreibt an Yanhamu, den ägyptischen Kommissar in Gaza. Mutbaal ist angeklagt worden, Ajab Unterschlupf zu bieten, den die ägyptischen Behörden verhaften wollen. In EA 256, abgeschickt aus der Stadt Pella in Transjordanien, beteuert er dem Vertreter Echnatons seine Unschuld.

> Wie kann in Eurer Umgebung behauptet werden: »Mutbaal ist geflohen. Er hat Ajab versteckt«? … Beim Leben des Königs, meines Herrn, beim Leben des Königs, meines Herrn, ich schwöre, daß Ajab nicht in Pella ist.

Wer ist Ajab? Wenn wir den biblischen Bericht mit den Amarnabriefen vergleichen, ist die Antwort klar: Ajab ist Joab, der Befehlshaber der Habiru-Truppen Davids. Der Name Joab (hebr. *Yoab*) bedeutet »Yo ist der Vater« (Yo oder Ya(h) ist die gängige Abkürzung für Yahweh). Wie Peter van der Veen überzeugend nachgewiesen hat[2], ist der Name Ajab in Wirklichkeit der Name Ya-ab mit dem sogenannten »PROSTHETISCHEN Aleph« als Präfix. Er nennt mehrere Beispiele aus dem ONOMASTIKON der Amarnabriefe, um sein Argument zu untermauern, doch zwei mögen hier genügen.[3]

1. Artamanya, der König von Ziri-Baschan (EA 201), ist ein indoeuropäischer Herrscher, dessen Name Manfred Mayrhofer zufolge »in Erinnerung an (den Gott) Rta« bedeutet. Ein prosthetisches Aleph wurde dem Namen dieses Gottes angefügt, um A-Rta-manya zu erhalten.
2. Aaddumi ist der Herrscher einer Stadt im Bekaa-Tal (im heutigen Libanon). Moran übersetzt seinen Namen mit »es ist (der Gott) Haddu« (oft Addu geschrieben). Wiederum wurde das prosthetische Aleph vorangesetzt, um A-Addu-umi zu erhalten.

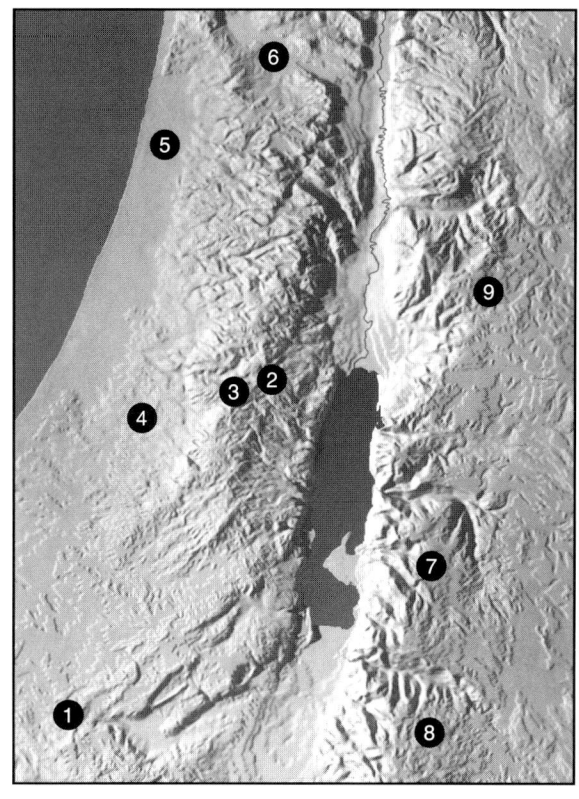

262 Davids entscheidende Feldzüge in den ersten Jahren der politischen Expansion der Israeliten in Palästina und Transjordanien: (1) Sieg über die Negev-Stämme; (2) Einnahme von Jerusalem; (3) Kampf mit den Philistern in der Rafaïter-Ebene; (4) Brechen der philistäischen Vorherrschaft in der Schefela; (5) Annexion der Scharon-Ebene; (6) Einnahme von Megiddo und Annexion der Jesreel-Ebene; (7) Krieg gegen Moab; (8) Unterwerfung Edoms; (9) Feldzug gegen die Aramäer und Ammoniter.

Wie die obigen Beispiele zeigen, sollte auch der Name Ajab als A-Ya-ab gedeutet werden. Ohne das prosthetische Aleph behalten wir »Ya-ab«, was »Ya ist der Vater« bedeutet (akk. *Ya* = hebr. *Yo*). Der Mann, der von den Häschern des Pharaos gesucht wurde, ist kein anderer als Joab, der Befehlshaber der aufständischen Habiru-Truppen unter König David.[4]

Revolution in Juda

Die nächste Aufgabe besteht darin, in den Amarnabriefen David selbst ausfindig zu machen. Das ist nicht einfach, denn die Korrespondenten, die nach dem Tod Labayus an Echnaton schreiben, erwähnen den Habiru-Anführer nicht namentlich. Statt dessen weisen sie beharrlich auf eine wachsende militärische Bedrohung aus den Bergen hin.

Nach der Niederlage Labayus bildet sich zunächst eine Allianz zwischen den Königen von Gat (Schuwardata) und Geser (Milkilu), die mit Hilfe ihrer Habiru-Söldner die Städte und Dörfer des zentralen Berglands einnehmen. Abdiheba, der Herrscher von Jerusalem, sieht dies als Gefahr für seine Sicherheit und schreibt mehrere Beschwerdebriefe an den Pharao.

So vergingen sich Milkilu und Schuwardata gegen das Land: gegen das Land des Königs, meines Herren, befahlen sie Truppen aus Geser, Truppen aus Gat und

PROSTHETISCH: Ein aus dem Griechischen und Lateinischen abgeleiteter philologischer Begriff – *pros* = »hin zu« und *tithenai* = »stellen«, soll heißen »hinzufügen«.

ONOMASTIKON: Von griech. *onomastikos*. Der Korpus der Eigennamen in einer Sprache oder einem Themenbereich.

Truppen aus Keïla. Sie nahmen Rubute ein. Das Land des Königs ist zu den Habiru übergelaufen. (EA 290)

Und in einem weiteren Brief sieht er abermals eine Herausforderung der ägyptischen Autorität in einem Bündnis zwischen dem König von Geser und den beiden überlebenden Söhnen Labayus.

Das ist die Tat Milkilus und die Tat der Söhne Labayus, die das Land des Königs den Habiru überlassen haben. (EA 287)

Vor dem Hintergrund der Tatsache, daß David von Achisch, dem König von Gat, gedungen wurde, scheint Abdiheba in seinem Brief auf den Umstand anzuspielen, daß David seinen Stützpunkt von Ziklag, das ihm ursprünglich von Achisch zugewiesen worden war, nach Hebron verlagerte. Kein Wunder, daß der König von Jerusalem sich bedroht fühlte: Die Habiru ließen sich in Siedlungen an der Grenze seines Territoriums nieder.

David zog also nach Hebron mit seinen beiden Frauen, Ahinoam aus Jesreel und Abigajil, der (früheren) Frau Nabals aus Karmel. Auch die Männer, die bei ihm waren, führte David hinauf, jeden mit seiner Familie, und sie ließen sich in den Städten um Hebron nieder. (2 Samuel 2,2–3)

Bevor wir einen Schritt weitergehen, ist es angebracht, die scheinbare Unvereinbarkeit beider Namen (aus den Amarnabriefen und der Bibel) für den indoeuropäischen/philistäischen Herrscher von Gat zu erörtern. Der Sachverhalt stellt sich wie folgt dar:

Die Bibel gibt den Namen des Philisterkönigs von Gat mit Achisch (hebr. *Akish*) wieder. R. Corney legt dar, daß dieser Name ein churritisches Hypokoristikum der ursprünglichen Aki-[Gottheit N] ist, mit der Bedeutung »[Gottheit N] hat gegeben«. Peter van der Veen hat den Namen Aki-Shimige (»Schimige hat gegeben«) vorgeschlagen – Schimige ist ein churritischer Sonnengott.[5] Der Name Akisch, König von Gat in 2 Samuel, könnte also mit »Die Sonne hat gegeben« übersetzt werden.
Der Name Schuwardata, den der König von Gat in der Amarnazeit trug, zählt nach Manfred Mayrhofer zum indoeuropäischen Onomastikon.[6] Annelies Kammenhuber liefert die Übersetzung »Die Sonne hat gegeben«.[7]
Die beiden Namen haben potentiell dieselbe Bedeutung. Für die Menschen des Alten Orients war es nicht ungewöhnlich, mehr als einen Namen zu tragen – vor allem aufgrund der ständigen Verwendung von Hypokoristika. Die Ägypter besaßen neben ihren Geburtsnamen auch »gute Namen« (was wir Kosenamen nennen würden) – die Könige mit dem Namen Amenophis wurden oft »Huy«

genannt. Wir können daher mit guten Gründen behaupten, daß Schuwardata von Gat ein indoeuropäischer Herrscher war (vielleicht mit zum Teil churritischen Vorfahren), der den Schreibern der Bücher Samuel unter seinem churritischen Namen Akisch[imige] bekannt war.

Doch zurück nach Jerusalem. Dort spricht ständig wachsende Furcht aus den Briefen des Königs Abdiheba. Rasch gerät er in eine isolierte Position.

> Möge der König in Gedanken bei seinem Land sein; das Land des Königs ist verloren. Von allen Seiten werde ich angegriffen. Ich befinde mich im Krieg bis hin nach Seru (Seïr) und bis nach Gat-Karmel. Alle Herrscher leben in Frieden, doch ich bin im Krieg. Ich (selbst) werde wie ein Habiru behandelt. Den König, meinen Herrn, kann ich nicht besuchen, denn ich bin im Krieg. Ich bin wie ein Schiff auf hoher See. Der starke Arm des Königs nahm das Land Naharim (Mitanni) und das Land Kasi (Kusch), doch nun haben die Habiru die Städte des Königs selbst eingenommen. Nicht ein einziger Herrscher verbleibt dem König, meinem Herrn – alle sind verloren ... Seht, Turbazu wurde im Stadttor von Sile (an der Grenze zu Ägypten) erschlagen. Der König tat nichts! Seht, Diener, die mit den Habiru verbündet waren, erschlugen Zimredda von Lachisch, und Yaptihadda wurde im Stadttor von Sile erschlagen. Der König tat (wiederum) nichts! ... Möge der König einen Kommissar schicken, um mich zu holen, mit meinen Brüdern, und dann werden wir nahe dem König, unserem Herrn, sterben. (EA 288)

Diese flehende Bitte um Hilfe scheint ohne Antwort geblieben zu sein. Sie ist das letzte, was wir von Abdiheba hören. Die Neue Chronologie bringt Licht in sein weiteres Schicksal. Um 1003 v. Chr. nahmen David und seine Habiru Jerusalem ein und machten es zur Hauptstadt des Königreichs Israel.

Ein neuer Gegner aus den Bergen

Mit der Einnahme von Jerusalem geraten die gemeinsamen Pläne der Philister in Gat und ihrer Verbündeten in Geser durcheinander. Sie hatten ihre Habiru-Söldner benutzt, um eine alte Rechnung mit den Jebusitern von Jerusalem zu begleichen, doch nun müssen sie erkennen, daß sie sich auf fatale Weise verschätzt haben. David, der Schützling von Achisch/Schuwardata, ist plötzlich mächtiger geworden als sein einstiger Gegner Abdiheba. Der neue israelitische König vergißt seinen Treueschwur gegenüber dem Herrscher von Gat und kehrt seine gut ausgebildete Söldnertruppe gegen seinen früheren Herrn. Andere Habiru, die immer noch in den Armeen der Stadtfürsten dienen, werden nun als rebellische Elemente im Innern

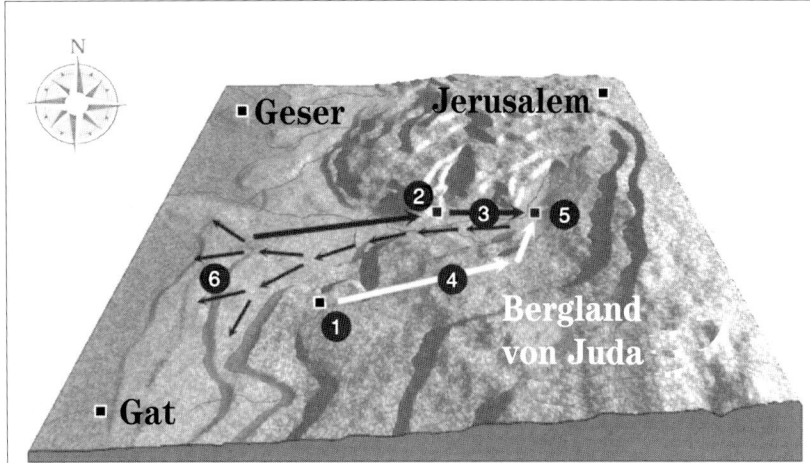

263 Die erste Schlacht zwischen den Israeliten und den Philistern in der Rafaïter-Ebene. (1) David steht mit seinen israelitischen und hebräischen Streitkräften bei Adullam; (2) die Philister ziehen ihre Truppen bei Manahat (das Manhatu der Amarnabriefe) zusammen, wo sie auf der Nordseite der Rafaïter-Ebene nur wenige Kilometer von Jerusalem einen Stützpunkt errichten; (3) die Philister schließen ihre militärischen Vorbereitungen ab und stoßen durch die Ebene nach Jerusalem vor; (4) David und die Israeliten verfolgen die Philister im Schutz der Wälder am südlichen Rand der Ebene; (5) König David überrascht die Philister bei Baal-Perazim mit einem Angriff aus dem Hinterhalt, seine Truppen stürmen die Berge hinab und drängen den Gegner, dessen Reihen sich auflösen, zurück in Richtung Küstenebene (6).

beargwöhnt. Milkilu von Geser sorgt sich wegen dieser Wende des Geschehens und ersucht um militärische Hilfe aus Ägypten.

> Möge der König, mein Herr, wissen, daß der Krieg gegen mich und gegen Schuwardata hart ist. Möge der König, mein Herr, sein Land vor der Macht der Habiru retten. Wenn nicht, möge der König, mein Herr, Kampfwagen schicken und uns holen, denn sonst werden unsere Diener (d.h. die Habiru) uns töten. (EA 271)

Diese bedrohliche Lage durfte man nicht auf sich beruhen oder noch schlimmer werden lassen. Gegen den wetterwendischen David und seine Anhänger mußte etwas unternommen werden, sollte die Vormachtstellung der Philister in der Küstenebene nicht zusammenbrechen.

> Die Philister hörten, daß man David zum König von Israel gesalbt hatte. Da zogen alle herauf, um David gefangenzunehmen. David erfuhr davon und zog sich in eine Bergfestung (Adullam) zurück. Als die Philister herankamen und in der Rafaïter-Ebene umherstreiften … (2 Samuel 5,17–18)

Die Amarnabriefe verweisen ebenfalls auf Kriegsvorbereitungen gegen die neue Macht in den Bergen. Milkilu ist kurz zuvor gestorben (wurde er von seinen Dienern ermordet?), und in Geser herrscht nun sein Sohn Addadanu. In EA 292 schreibt der neue König:

> Man führt Krieg gegen mich aus den Bergen, und so baue ich ein Haus (d.h. eine Festung) – sein Name ist Manhatu –, um Vorbereitungen für die Ankunft der Bogenschützen des Königs, meines Herrn, zu treffen …

Manhatu ist das biblische Manahat in der Rafaïter-Ebene.[8] Baal-Perazim, der Schauplatz von Davids erster siegreicher Schlacht gegen die Philister und ihre Verbündeten, ist nur einen Steinwurf vom heutigen Manahat entfernt.

Der ersten Schlacht folgt eine weitere in derselben Ebene, und sie bringt die Wende. In 2 Samuel 5,22–25 wird geschildert, wie Davids Streitkräfte den Feind bis in sein Land hinein verfolgen.

> Die Philister zogen abermals herauf und breiteten sich (in der Rafaïterebene) aus … David tat, was der Herr ihm befohlen hatte, und er schlug die Philister (im ganzen Gebiet) zwischen Geba und der Gegend von Geser.

Die Habiru stehen praktisch vor den Toren Gesers. Eilmeldungen fliegen zwischen Ägypten und Addadanus belagerter Stadt hin und her. Der kanaanitische Herrscher versichert dem Pharao, er werde verhindern, daß seine Stadt in die Hände des Feindes aus den Bergen fällt:

> Ich habe den Befehl vernommen, den der König, mein Herr, seinem Diener geschrieben hat: »Bewacht den Ort des Königs, wo Ihr seid.« Ich bewache ihn Tag und Nacht! (EA 293)

Geser fällt nicht in die Hände der Israeliten. Wie wir später aus dem Ersten Buch der Könige erfahren, wird Salomo die Stadt Geser als Brautgeschenk von der Pharaonentochter erhalten. Ernest Wright weist auf die Zurückhaltung der israelitischen Streitkräfte bei der Verfolgung des Gegners hin und vermutet, daß David die Städte der Ebene aus Gründen politischer Zweckmäßigkeit nicht einnahm.

> Daraus kann gefolgert werden, daß David Geser absichtlich nicht eroberte, die Stadt aber vom Umland vollständig abgeschnitten ließ … Er nahm diese Städte (d.h. Gaza, Aschkelon und Aschdod) nicht ein, und die Lage bei Geser mag den Schlüssel für seine Beweggründe liefern. David wollte deren Stadtstaatenprivileg aus demselben Grund nicht übernehmen, der ihn davon abhielt, Geser zu erobern, nämlich aus Respekt vor den ägyptischen Ansprüchen. Er wünschte keineswegs, in Konflikt mit Ägypten zu geraten.[9]

Auch bei dieser Episode aus dem Kampf zwischen den etablierten Stadtstaaten und den Habiru-Rebellen stimmen die Amarnabriefe und das Zweite Buch Samuel nahezu überein.

Nennen die Amarnabriefe die Rebellenstadt in den Bergen, die im Krieg mit den Stadtstaaten der Küstenebene liegt? Die Antwort findet sich in Brief EA 298 von Yapahu, dem nächsten Herrscher von Geser.

> Der König, mein Herr, soll wissen, daß mein jüngerer Bruder, der zu meinem

Feind geworden ist, nach Muhazzu ging und sich den Habiru verschrieb. Da Tianna im Krieg mit mir ist, denkt an Euer Land.

Von den vielen Herrschern, die dem Pharao gegenüber beklagen, daß die Habiru ein zu mächtiger Gegner für sie seien, erwähnen auch Schuwardata von Gat (EA 284) und Schubandu (Stadt unbekannt) (EA 306) die Stadt Tianna. Können wir diesen Namen ableiten? Wenn es die Hauptstadt des Königreichs der Habiru ist, dann muß es sich, nach der Eroberung durch David, um Jerusalem handeln. Im Zweiten Buch Samuel wird Davids Ausgangsbasis nicht nur Jerusalem und/oder »Stadt Davids« genannt, sondern auch noch mit einer anderen Bezeichnung belegt.

Dennoch eroberte David die Burg Zion; sie wurde die Stadt Davids. (2 Samuel 5,7)

Zellig Harris [10] und Wilhelm Gesenius [11] haben mit ihren akribischen Untersuchungen der kanaanitischen Dialekte gezeigt, daß das hebräische *ts (tsade)* in anderen westsemitischen Sprachen wie Ugaritisch, Phönizisch und Aramäisch sowie im indoeuropäischen Griechischen häufig durch ein hartes *t (tet)* ersetzt wird. Die folgende Tabelle liefert einige Beispiele für dieses Phänomen.

HEBRÄISCH	UGARITISCH	PHÖNIZISCH	ARAMÄISCH	GRIECHISCH	BEDEUTUNG
hatser	hater	hater			»Hof«
natsar		natar			»bewachen«
qats	qat				»Sommer«
tsabiy			tabaya		»Gazelle«
tsahar			tahara		»vortreten«
Tsor				Turos	(Stadt) Tyrus

Vor dem Hintergrund dieser linguistischen Eigentümlichkeit kann der Stadtname Tian der Amarnabriefe (mit der akkadischen Anfügung »-na«) offenbar als Entsprechung des hebräischen Tsiyon gedeutet werden, das in deutschen Bibelübersetzungen mit Zion wiedergegeben wird. Somit erhalten wir den linguistischen Pfad Zion = Tsiyon = (Tsian [-na]) = Tian [-na].

17 Das politische Geschehen, das in mehreren Amarnabriefen aus Palästina beschrieben wird, spiegelt die Unternehmungen Davids während seiner sieben Jahre als König von Hebron vor der Einnahme Jerusalems wider. Die Festung der gegnerischen Habiru aus den Bergen, die in den späten Amarnabriefen EA 298, 284 und 306 erwähnt wird – dort unter dem Namen Tian-na –, kann mit der »Burg Zion« (hebr. *Tsiyon*) gleichgesetzt werden, die David im 8. Regierungsjahr einnahm – mit anderem Namen Jerusalem.

Weiter oben hieß es, daß der Name David nicht im Onomastikon der Amarnabriefe nachweisbar sei, da der gegnerische Anführer in den Briefen an den Pharao nie namentlich erwähnt wird. Das trifft jedoch nicht ganz zu. Es gibt einen Brief, der den Namen Davids in der Amarnazeit (und damit den ursprünglichen) nennt. Diesen Brief haben wir schon einmal erwähnt, aber nun soll er ausführlicher zitiert werden. Es handelt sich um EA 256, den Mutbaal (Ischbaal), Sohn des Königs Labayu (Saul), von Pella aus schrieb, einem seiner transjordanischen Stützpunkte nach der Schlacht von Gilboa. Es ist derselbe Brief, in dem Mutbaal versichert, daß er nicht wisse, wo sich Ajab (Joab), der Heerführer Davids, aufhalte. Mutbaal hat dem ägyptischen Kommissar in Gaza folgendes mitzuteilen:

264 EA 256. British Museum.

> Sagt Yanhamu, meinem Herrn: Nachricht von Mutbaal, Eurem Diener. Ich falle meinem Herrn zu Füßen. Wie kann in Eurer Umgebung behauptet werden: »Mutbaal ist geflohen. Er hat Ajab versteckt«? Wie kann der König von Pella vor dem Kommissar, dem Vertreter des Königs, seines Herrn, fliehen? Beim Leben des Königs, meines Herrn, beim Leben des Königs, meines Herrn, ich schwöre, daß Ajab nicht in Pella ist. Vielmehr ist er [seit] zwei Monate[n] auf dem Feldzug. Fragt nur Benenima. Fragt nur Dadua. Fragt nur Yishuya …

Hier stoßen wir auf drei neue Personen, die sowohl mit Mutbaal als auch mit Ajab in Verbindung stehen. Es sind Benenima, Dadua und Yishuya. Wir werden ihre Namen in der Reihenfolge ihres Vorkommens erläutern.

Das biblische Äquivalent des Namens Benenima[12] zu entschlüsseln, erfordert einigen Aufwand. Gehen wir dazu von der Identifizierung dieser Person in EA 256 aus, die wir anhand der Neuen Chronologie vornehmen konnten. Die Forschung ist hier zu dem Schluß gekommen, daß der erste Zeuge, den Mutbaal anruft, um seine Unschuld zu beteuern, kein anderer ist als Baana, Truppenführer der israelitischen Stämme und der Mann, der zusammen mit seinem Bruder Rechab König Ischbaal in seinen Gemächern ermordete (2 Samuel 4). Dafür spricht folgendes:

> Der israelische Wissenschaftler Benjamin Mazar vertritt die These, daß der biblische Name Baana als Ba[n]-Ana, »Sohn von (Gott) Ana« (hebr. *Bin-Anah*) gedeutet werden kann.[13]

Das biblische Hebräisch enthält gelegentlich den von Philologen so genannten Pluralis majestatis. Dabei handelt es sich um eine Pluralendung, die dem Namen einer Gottheit angefügt wird, um ihr Status oder Majestät zu verleihen. Das beste Beispiel aus dem Alten Testament ist *Elohim*, was nicht »die Götter« bedeutet, sondern den Gott El mit dem Pluralis majestatis versieht.

Der Benenima aus den Amarnabriefen kann in drei Elemente zerlegt werden:

(a) *Ben* oder *Bin* mit der Bedeutung »Sohn«, (b) *En[a]* oder *An[a]*, der Name des Gottes, und (c) *ima*, die Endung des Pluralis majestatis.

Die Bedeutung von Bin-An[a] ist daher »Sohn von Ana« – genau dieselbe Lesart, wie sie von Mazar für das biblische Ba[n]-Anah vorgeschlagen wird. In EA 256 haben wir damit bisher drei Personen aus den Büchern Samuel – Mutbaal/Ischbaal, Ajab/Joab und Benenima/Baana.

Wir kommen nun zur entscheidenden Identifizierung. Der nächste der drei Zeugen ist Dadua. Wir meinen, daß sich dahinter der authentische Name des Gründers der israelitischen Dynastie verbirgt: David.

In der frühesten hebräischen Form wird der Name David (späthebr. *Dawid*) als *Dwd* geschrieben (siehe 1 Samuel 16,13) und möglicherweise mit Dud oder Dad vokalisiert. Die Septuaginta gibt den Namen mit Dad wieder (siehe 1 Könige 2,33 [ALEXANDRINISCHE ABSCHRIFT] und Jesus Sirach 47,1). Kenneth Kitchen weist darauf hin, daß der Name auch im Ägypten des Mittleren Reiches als *Twtw* auftaucht (vielleicht wurde er »Dadu« ausgesprochen).[14] Wie viele andere Namen des Altertums ist Dadu ein Hypokoristikum mit der Bedeutung »Liebling [der Gottheit N]« oder »Günstling [der Gottheit N]«. Der große Bibelgelehrte Martin Noth hat den Vorschlag gemacht, daß wir in Davids Fall den vollen Namen als »Liebling Jahwes« deuten sollten[15] – also Dudiyah oder Dadiyah oder Daduyah. Andere Wissenschaftler haben festgestellt, daß der hebräische Name Dad/Dud das genaue Äquivalent des akkadischen Dadu ist, welches sich in Namen wie Dadiya, Daduscha oder Dadanu findet.[16]

Wir sehen, alles läuft darauf hinaus, daß Dadua aus EA 256 kein anderer ist als Dad/Dadu – der biblische David. Der Brief wurde wahrscheinlich geschrieben, als David Herrscher von Hebron war und gelegentlicher Verbündeter seines Schwagers Ischbaal (Mutbaal), des Königs von Israel.

Dieses Schreiben eines sonst kaum bekannten Königs von Israel hat uns jetzt nur noch ein Geheimnis zu verraten. Der dritte Zeuge, der seine Unschuld bestätigen soll – Yishua – ist mit Davids Vater Isai (hebr. *Yishay*) gleichzusetzen, dessen Name »[Gottheit N] existiert« bedeutet. Es gilt als gesichert, daß die phonetische Endung *ay* des Hebräischen gleichbedeutend ist mit der akkadischen und westsemitischen hypokoristischen Endung *uya*.[17]

18 Der Amarnabrief EA 256 enthält die Namen von fünf herausragenden Gestalten der Bücher Samuel. Der Brief selbst wurde von Ischbaal verfaßt, dem Sohn Sauls. Dieser beruft sich auf Joab (Davids militärischer Befehlshaber), Baana (ein israelitischer Truppenführer), David (König von Hebron und Schwiegersohn Sauls) und schließlich Isai (Davids Vater).

Der entscheidende Test der Neuen Chronologie bestand darin, die Ereignisse und Gestalten des frühen israelitischen Königreichs mit der detaillierten politischen Geschichte zu vergleichen, welche die Amarnabriefe bieten. Unser neues chronologisches Modell hat sich in diesem Test bewährt. Aber damit sind wir noch nicht ganz am Schluß. Es gibt noch einige politische Akteure in der Amarnakorrespondenz, die mit Gestalten aus der Zeit der frühen Monarchie verknüpft werden können.

Wir haben schon Aziru, den König von Amurru, mit Hadad-Eser, dem König von Aram-Zoba, gleichgesetzt und die These aufgestellt, daß Aziru die hypokoristische Form des Namens Hadad-azru (»Hadad ist der Helfer«) ist. Malamat vermerkt, daß die militärische und politische Expansion der beiden Königreiche auf identische Weise verliefen.

Westlich von Hadad-Esers Machtbereich finden wir einen König Tou, Herrscher von Hamat (2 Samuel 8,10). Tou ist ein Verbündeter Davids in seiner Dauerfehde mit Hadad-Eser. Der König von Hamat wird im masoretischen Text des Alten Testaments Toï genannt, doch in der Septuaginta, der Vulgata und in der samaritanischen Fassung lautet der Name übereinstimmend Tou, was erneut darauf hindeutet, daß die hebräische Fassung womöglich weniger verläßlich ist. Kyle McCarter äußert die Vermutung, daß Tou/Toï die biblische Variante des churritischen Namens Tehu oder Tehi ist – ein weiteres Hypokoristikum, bei dem der Name der Gottheit weggelassen wurde.[18] Allerdings ist es diesmal die Amarnakorrespondenz, die uns den vollständigen Namen von Davids syrischem Verbündeten liefert. Es ist Tehuteshub, der Absender des Briefes EA 58 aus Nordsyrien.

Ebenfalls aus dem Norden stammt Lupakku, der Befehlshaber »der Truppen von Hatti« (EA 170) und, hethitischen Dokumenten zufolge, Anführer eines großen Feldzugs im Land Amku (dem Bekaa-Tal).[19] Zu den »Truppen Hattis« gehörten auch die Armeen der Vasallenstaaten des hethitischen Königs Suppiluliuma I. Lupakku kann mit dem biblischen Schobach (hebr. *Shupak*) identifiziert werden, der nach 1 Chronik 19,16 aus Aram-Maacha (ansonsten als Mitanni bekannt) zurückkehrt, um Syrien gegen Davids Armee zu verteidigen. Wir erfahren aus hethitischen Dokumenten, daß Aziru (Hadad-Eser) einen Vertrag mit Suppiluliuma unterzeichnete. Von daher sollte es nicht überraschen, wenn sein General als Befehlshaber in der großen hethitischen Armee während ihres Feldzugs gegen Mitanni diente. Die politischen Verhältnisse, in denen die beiden Generäle agieren, passen zusammen, und auch ihre Namen weisen eine deutliche Ähnlichkeit auf. Die beste Deutung des Namens Lupakku wäre »Mann von Pakku«, während Schobach »Er von Pak[ku]« bedeutet.

Man könnte noch weitere Gleichsetzungen vornehmen zwischen Personen, die im frühen Königreich und in der Amarnazeit unbedeutendere Rollen spielten – sogar Goliath erscheint in der Amarnakorrespondenz als Gulat (EA 292 und 294).[20] An

dieser Stelle sei jedoch betont, daß diese Namensidentifikationen nicht nötig sind, um die Zeitgenossenschaft von Echnaton und David *nachzuweisen.* Dies war das Resultat einer chronologischen Revision der Dritten Zwischenzeit und der Identifizierung des historischen Ramses II. (Shysha) mit dem biblischen Schischak. Vor diesem Hintergrund können die überzeugenden Parallelen zwischen den Personen der Amarnabriefe und den Hauptgestalten der Bücher Samuel unsere These weiter absichern. Rekapitulieren wir die verschiedenen Ebenen, auf denen wir die beiden historischen Quellen vergleichen konnten.

Zunächst zur ethnischen Ebene. Die politisch-militärische Aktivität der Amarna-Habiru und der Hebräer zur Zeit Davids sind einflußreichen Gelehrten wie Mendenhall oder Greenberg zufolge nicht voneinander zu unterscheiden. In den Städten der Küstenebene stoßen wir in der Amarnazeit auf indoeuropäische Herrscher, desgleichen finden sich in denselben Städten während des frühen Königreichs indoeuropäische *Seranim* (»Herren«) der Philister. Es gibt in beiden Darstellungen ethnische Enklaven um die Städte Jerusalem (Jebusiter) und Geser (Kanaaniter). Schließlich ähneln sich die jeweiligen politischen Verhältnisse. Vor allem haben wir Ereignisse aus der Zeit König Labayus genauer betrachtet, die deutliche Parallelen zu den biblischen Schilderungen des Lebens König Sauls aufweisen. Erstaunlich, daß all das bisher nicht aufgefallen ist – freilich stand vor der Entwicklung der Neuen Chronologie eine solche Parallelität überhaupt nicht zur Debatte.

1. Labayu = Saul (= Shaul) = »der Löwe [von Jahwe]«/»der Erbetene«.
2. Mutbaal = Ischbaal (= Eschbaal/Isch-Boschet) = »Mann Baals«.
3. Dadua = David (= Dadu) = »der Liebling [Jahwes]«.
4. Ajab = Joab (= A-Ya-ab) = »Ya[weh] ist der Vater«.

5. Yishua = Isai (= Yishay) = »[Jahwe] existiert«.
6. Benenima = Baana (= Bin-An[a]-ima) = »Sohn des Ana«.
7. Schuwardata = Achisch (= Aki-Shimige) = »die Sonne hat gegeben«.
8. Aziru = Hadad-Eser (= [Hadad]-ezra) = »Hadad ist der Helfer«.
9. Tehuteshub = Tou/Toï = »Teschub ist rein«.
10. Lupakku = Shopak[ku] = Schobach = »Mann von Pakku«/»Er von Pakku«.

Die Parallelen zwischen der Amarnazeit und dem frühen Königreich sprechen eindeutig dafür, daß die revidierte Chronologie, die wir gemeinsam mit anderen Forscherkollegen in den vergangenen zwanzig Jahren entwickelt haben, der historischen Realität sehr nahekommt. Die Wahrscheinlichkeit, daß so viele direkte Entsprechungen lediglich Zufallstreffer sein sollen – eine seltsame Finte der Geschichte –, ist so gering, daß unsere Hypothese praktisch bestätigt ist. Die Datierung Echnatons auf das späte 11. Jahrhundert ist fundiert!

19 König David, der dynastische Gründer des israelitischen Jerusalem, war ein Zeitgenosse Echnatons, Tutanchamuns, Ejes und Haremhabs (erste Regierungsjahre) in Ägypten und des hethitischen Königs Suppiluliuma I. Er gestaltete sein Königreich in der Epoche, als Ägypten politisch und militärisch schwach war und der nördliche Verbündete der Pharaonen, das Königreich Mitanni, unter dem gleichzeitigen Druck der Hethiter im Westen und der Assyrer im Nordosten zusammenbrach.

266 Folgende Seite: Tontafel EA 256 von König Mutbaal, Herrscher in Transjordanien, an Pharao Echnaton. Nach der Neuen Chronologie können nicht weniger als fünf führende Gestalten aus den Büchern Samuel in diesem kurzen Text identifiziert werden: Joab (Davids Heerführer), Baana (ein israelitischer Stammesführer, der später König Ischbaal in seinem Palast ermordete), Isai (Davids Vater), David (der mit Ischbaal rivalisierende Israelitenführer, der in Hebron residiert) und Ischbaal selbst (der einzige überlebende Sohn König Sauls nach der Schlacht bei Gilboa).

»Beim Leben des Königs, meines Herrn,
beim Leben des Königs,
meines Herrn, ich schwöre,
daß Joab nicht in Pella ist.
Vielmehr ist er seit zwei Monaten auf dem Feldzug.
Fragt nur Baana. Fragt nur David. Fragt nur Isai.«

Amarnabrief 256

Teil vier

Auf den Spuren der Israeliten

Der Aufenthalt in Ägypten und
die Eroberung des Gelobten Landes

Der Boden, auf dem unsere weitere Argumentation steht

An dieser Stelle möchte ich darauf hinweisen, daß der vierte Teil dieses Buchs einen etwas anderen Charakter hat als die vorangegangenen. Die bisherige Argumentation zum Aufbau der Neuen Chronologie und zu den daraus folgenden biblischen Synchronismen stützte sich auf probate Methoden und verläßliche historische Quellen. Tatsächlich habe ich mich von derselben Logik leiten lassen wie die Ägyptologen, die vor mir die traditionelle ägyptische Chronologie konstruiert haben, auch wenn ich einige ihrer Prämissen in Frage gestellt habe – zum Beispiel die Gleichsetzung von Scheschonk mit Schischak und die Annahme, Ramses II. sei der Pharao der Bedrückung und des Exodus gewesen. Ansonsten geht meine Beweisführung durchweg auf die üblichen Quellen zurück: die archäologische Stratigraphie, Ähnlichkeitsbeziehungen bei Töpferwaren, genealogisches Material, königliche Inschriften, Archive und selbstverständlich auch bestimmte »historiographische« Passagen aus dem Alten Testament.

Mit der Epoche, die Teil vier behandelt, betreten wir eine ganz andere Welt. Was aus ihr auf uns gekommen ist – vor allem die schriftlichen Quellen – steht auf einer sehr schmalen Basis. Nach einem kurzen Abschnitt zur Datierung der 18. Dynastie, mit dem ich meine Ausführungen über das Neue Reich beenden möchte, werden wir ein paar Jahrhunderte ägyptischer Geschichte durchqueren, die noch ganz im dunkeln liegen. Danach begeben wir uns in die Zeit des Mittleren Reichs, nämlich in die 12. Dynastie, und damit wieder zurück in eine besser ausgeleuchtete geschichtliche Epoche. Da uns über die dunkle Epoche der ägyptischen Geschichte so wenig zeitgenössisches Quellenmaterial vorliegt, müssen wir nun notgedrungen stärker auf die Überlieferungen zurückgreifen. Unser neuer Schwerpunkt liegt also auf dem Bericht der Bibel, auf Manethos Geschichte von Ägypten und vereinzelten Informationen aus anderen traditionellen Historiographien. Das Terrain, auf dem wir uns nun bewegen, ist also schwieriger. Der Leser sollte sich dessen bewußt sein und die andere Qualität der nun folgenden Kapitel bedenken. Gleichwohl handelt es sich um eine genaue Ergänzung zur bisher rekonstruierten geschichtlichen Chronologie.

Trotz dieses methodologischen Vorbehalts wird der Leser erstaunt sein, was es bei unserer Suche nach den alten Israeliten und ihren großen Führern Moses, Josua und Josef alles zu entdecken gibt.

11

Die Sterne als Orientierungshilfe

I n Kapitel 9 stand die Hypothese, daß die Amarnazeit gegen Ende des 11. Jahrhunderts v. Chr. begann und sich bis ins zweite Jahrzehnt des 10. Jahrhunderts
erstreckte. Diese Angaben lassen sich noch weiter präzisieren.

Die Sonnenfinsternis über Ugarit

Einer Passage aus einem Amarnabrief, die ich nun zitieren möchte, kommt besondere Bedeutung bei der Bestimmung des genauen Todesdatums von Amenophis III.
zu. Damit erhalten wir eine neue Ausgangsbasis, von der aus durch Rückrechnung
und mit Hilfe der politischen Daten, die wir aus Inschriften und anderen offiziellen Quellen kennen, das Anfangsdatum des Neuen Reiches nach der Neuen Chronologie (also das erste Regierungsjahr des Ahmose, des Gründers der 18. Dynastie) ermittelt werden kann. Bei diesem für uns so interessanten Brief (EA 151)
handelt es sich um eine Nachricht Abimilkus, des Herrschers von Tyrus[1], an
Echnaton:

> An den König, meine Sonne, meinen Gott, meine Götter. Botschaft von Eurem
> Diener Abimilku … Feuer zerstörte den Palast in Ugarit; (vielmehr) es zerstör-
> te ihn nicht ganz, nur die Hälfte ist verschwunden.[2]

Aus anderen in diesem Zusammenhang sehr aufschlußreichen Briefen geht hervor,
daß der obige Brief nach dem Tod Amenophis' III. geschrieben wurde, kurz nachdem Echnaton in seinem zwölften Jahr alleiniger Herrscher in Ägypten geworden
war. Zu dieser Zeit war Niqmaddu II. König in Ugarit.[3]
Dank dieser glücklichen Funde, die in der Archäologie so selten sind, läßt sich das
Datum, an dem der Palast Niqmaddus II. niederbrannte, durch astronomische
Rückrechnungen präzise ermitteln. In einem kleinen Raum neben dem Palastein-
gang entdeckten Archäologen eine Tontafel, die das verheerende Feuer im »West-
archiv« hart gebrannt und geschwärzt hatte. Diese kleine Tafel – KTU-1.78 – trägt
auf der Vorderseite folgende Inschrift:

> Der Tag des neuen Mondes von Hiyyaru wurde beschämt, als die Sonne(ngöt-
> tin) unterging, mit Raschp als ihrem Torhüter.[4]

Die Rückseite enthält die Warnung des Priesters und Astronomen vor einem
Unglück, das dem Königreich von Ugarit bevorstünde, denn nach der Opferung

eines Schafs hatte sich bei der anschließenden Leberschau ein unheilverkünden-
des Zeichen ergeben:

Zwei Lebern untersucht: Gefahr!

Dem kurzen Text lassen sich folgende Einzelheiten entnehmen:

1. »Der Tag des neuen Mondes« bedeutet, daß die Beobachtung am ersten Tag
   eines Mondmonats stattfand. Zu einer totalen Sonnenfinsternis kann es nur
   kommen, wenn der Mond zwischen der Sonne und der Erde steht – also bei
   Neumond – und die Bahn des Mondes gleichzeitig die Ekliptik (die scheinbare
   Bahn der Sonne um die Erde) schneidet.
2. »Der Tag (beziehungsweise das Tageslicht) … wurde beschämt« soll heißen,
   daß eine totale Sonnenfinsternis den Tag zur Nacht werden ließ.[5]
3. Die Beobachtung fand im Monat Hiyyaru (hebr. *Iyyar*, babyl. *Aiaru*) statt, also
   zwischen Mitte April und Mitte Mai nach dem Julianischen Kalender.
4. Die Sonnenfinsternis wurde kurz vor Sonnenuntergang beobachtet[6] – in der Tat
   ein ausgesprochen seltenes Ereignis!
5. Die Verfinsterung der untergehenden Sonne (einer Göttin im ugaritischen
   Pantheon) war von einer weiteren Himmelserscheinung begleitet, die die
   Ugariter »Raschp« nannten. Dabei könnte es sich um einen Planeten (oder eine
   Planetenkonjunktion), einen Stern oder irgendeine andere helle Lichterschei-
   nung am Nachthimmel gehandelt haben. Die Priester und Astronomen hielten
   Raschp für den Hüter der Pforte zur Unterwelt, auf die sich die sinkende
   Sonnenscheibe zubewege. Dieser »Gott« sollte im damaligen Verständnis der
   Sonne bei ihrem Abstieg in die Nacht zur Seite stehen.

269 Vorder- und Rückseite der Tontafel
KTU-1.78. Museum Damaskus.

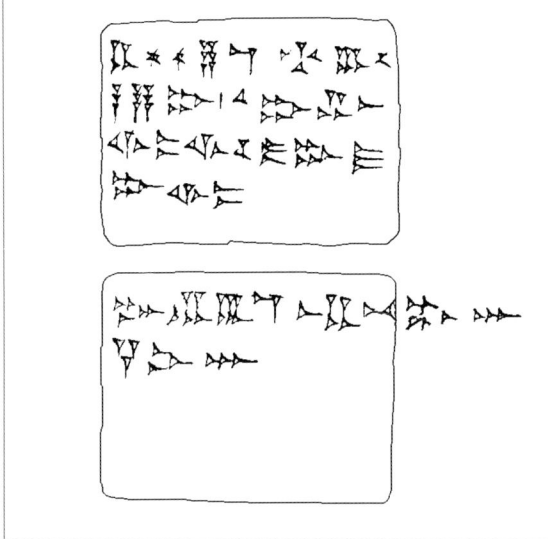

Transkription des Tontafeltexts über
die Sonnenfinsternis in Ugarit

Vorderseite: *btt ym hdt hyr 'rbt sps tgr-h rsp*
Rückseite: *kbdm tbkrn skn*

btt =   (wurde) beschämt
ym hdt =   (der) Tag (des) neuen Mondes (von)
hyr =   (der Monat) Hiyyaru
'rbt[(a)] *sps* =   (beim) Sinken (der) Sonne(ngöttin)
tgr-h rsp =   ihr Torhüter (war) Raschp
kbdm =   zwei Lebern
tbkrn[(b)] =   sie werden untersucht werden
skn[(c)] =   Gefahr

(a) Imperfekt, fem. Form des Verbs *'rb* = eintreten
(b) Futur, 3. Person Plural Mask. des Verbs *bkr* = untersuchen
(c) kann auch »Aufseher, Präfekt« bedeuten.[7]

DIE STERNE ALS ORIENTIERUNGSHILFE

6. Das Ereignis war so außergewöhnlich, daß man eine Leberschau für angezeigt hielt, bei der sich dann ein ominöses Zeichen für drohendes Unheil ergab – ein böses Omen.

Tatsächlich ist eine Sonnenfinsternis kurz vor Sonnenuntergang eine so außergewöhnliche Himmelserscheinung, daß wohl kein Leser dieses Buches je eine mit eigenen Augen gesehen hat, ohne dafür eine lange Reise in Kauf genommen zu haben. Wissenschaftler haben errechnet, daß eine totale Sonnenfinsternis an einem beliebigen Punkt der Erde durchschnittlich nur alle dreihundertsechzig Jahre vorkommt.[8] Und eine totale Sonnenfinsternis im April oder Mai während der letzten Stunde des Tages in Ugarit muß etwas ganz Außerordentliches und in der Geschichte wohl Einzigartiges gewesen sein. Daher läßt sich der Zeitpunkt dieses auf der Tontafel KTU-1.78 beschriebenen Ereignisses (durch astronomische Rückrechnung) genau bestimmen. Da der auf die Weissagung folgende Palastbrand kurz nach dem Tod Amenophis' III. ausbrach, können wir darüber hinaus nicht nur das letzte Regierungsjahr des alten Königs bestimmen, sondern auch das zwölfte Jahr der Herrschaft des Echnaton, als Abimilku ihm die Nachricht von der Zerstörung des Palastes in Tyrus sandte.

Im Jahre 1988 unternahm Wayne Mitchell, ein amerikanischer Wissenschaftler, der auf dem Gebiet der Neuen Chronologie forscht, umfangreiche, computergestützte Berechnungen[9] zur Datierung von Sonnenfinsternissen, die die traditionelle Chronologie nicht berücksichtigt hat. Ziel war es, die von mir aufgestellte Chronologie mit Rückrechnungsprogrammen zu überprüfen[10], die von Professor Peter Huber vom Massachusetts Institute of Technology (MIT) entwickelt worden waren. Er konnte schließlich zeigen, daß es während des 2. Jahrtausends v. Chr. in Ugarit zwischen Mitte April und Mitte Mai nur eine totale Sonnenfinsternis kurz vor Sonnenuntergang gegeben hat.[11] Nach Auswertung seiner Daten gelangte er zu

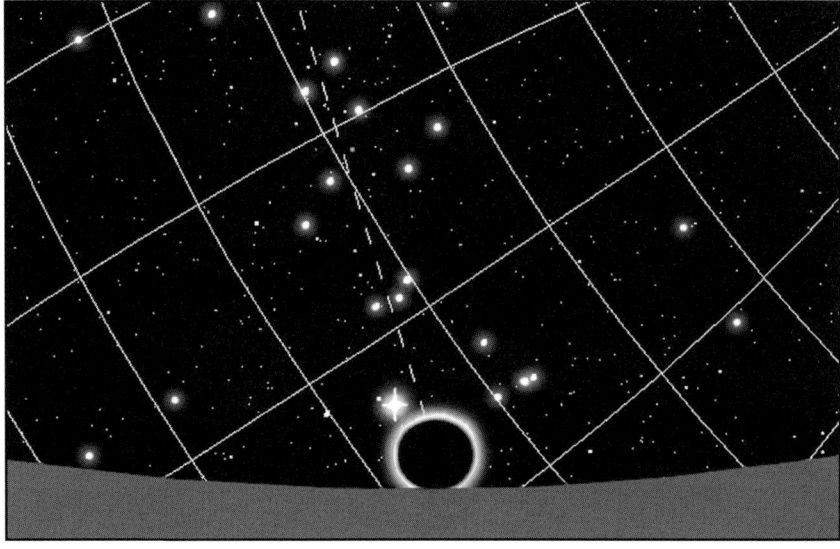

folgender verblüffenden Schlußfolgerung: Was König Niqmaddu II. und die Priester von Ugarit vom Dach des Baaltempels aus mit düsteren Vorahnungen beobachtet hatten, daß nämlich der Tag kurz vor seinem Ende »beschämt« wurde, muß am Abend des 9. Mai 1012 v. Chr. um 18.09 Uhr Ortszeit geschehen sein – nur dreißig Minuten vor Sonnenuntergang! In der Nähe der verdeckten Sonnenscheibe leuchtete ein riesiger Stern, der zweitausend Jahre später mit unvorstellbarer Wucht explodieren sollte. Die Astronomen haben diese spektakuläre Supernova Crab-Nebel genannt. Der Gott Raschp, der der Sonne bei ihrem Eintritt in die Unterwelt zur Seite stand, war also ein gigantischer Stern, der seiner Nemesis entgegenging. So verwundert es nicht, daß wir seine strahlende Gestalt am Himmel nicht entdecken können – sie existiert gar nicht mehr.

Diese neuen astronomischen Daten waren die unabhängige wissenschaftliche Bestätigung der Neuen Chronologie, auf die ich gewartet hatte. Nun konnte ich das zwölfte Jahr des Echnaton (sein erstes Jahr als alleinregierender König nach Amenophis' III. Tod in dessen 37. Regierungsjahr) auf das Jahr 1012 v. Chr. datieren. Die astronomischen Erkenntnisse bestätigten die Daten der Neuen Chronologie für die letzte Phase der 18. Dynastie und ermöglichten ihre auf ein Jahr genaue Einordnung.

20 Die astronomische Rückrechnung ergibt nur ein mögliches Datum für eine Sonnenfinsternis kurz vor Sonnenuntergang in Ugarit, von der die Tontafel KTU-1.78 berichtet. Sie ereignete sich am 9. Mai des Jahres 1012 v. Chr. – nach der internen Chronologie der Amarnabriefe nur wenige Monate nach dem Tod Amenophis' III. Mit dieser unabhängigen Datumsberechnung wird bestätigt, daß die Amarnazeit ins späte 11. Jahrhundert v. Chr. fällt, und nicht, wie bisher angenommen, in die Mitte des 14. Jahrhunderts.

DIE STERNE ALS ORIENTIERUNGSHILFE

Nach der Neuen Chronologie starb Amenophis III. gegen Ende des 11. Regierungsjahres seines Sohnes Echnaton. Ihr zufolge fand die Sonnenfinsternis in Ugarit gegen Ende des elften Jahres statt. Echnaton erhielt die Nachricht vom Palastbrand also Anfang des zwölften Jahres. In jenem Jahr fand in der neugegründeten Hauptstadt Achetaton der DURBAR genannte große Empfang statt, mit dem die Ernennung des Ketzerkönigs zum obersten Herrscher über ganz Ägypten gefeiert wurde. Folglich wäre Echnaton elf Jahre davor, also 1022 v. Chr., Mitregent Amenophis' III. geworden.

Ausgehend von der Krönung Echnatons im Jahr 1022 v. Chr. ergeben sich für die Könige der Amarnazeit folgende Regierungszeiten:

Amenophis III.   – 1050–1012 (starb in Echnatons 11. Jahr)
Echnaton   – 1022–1006 (11 Jahre Amenophis' III. Mitregent)
Nofretete   – 1011–1007 (5 Jahre Echnatons Mitregentin)
Semenchkare   – 1006–1003 (ein Jahr Echnatons Mitregent)
Tutanchamun   – 1003– 995 (9 Jahre Alleinherrscher)
Eje   – 995– 990? (Das genaue Ende seiner
                      Regierungszeit ist nicht bekannt)

Wenn wir noch weiter zurückforschen, erhalten wir auch ein ungefähres Anfangsdatum für das Neue Reich. Ausgehend von Amenophis' Krönung 1050 v. Chr. lassen sich seine Vorgänger aus der 18. Dynastie wie folgt in die Neue Chronologie einordnen (die Angaben zur Dauer ihrer Herrschaft in Jahren entsprechen dem gegenwärtigen Stand der Forschung):

Ahmose (25 Jahre)   – 1194–1170 v. Chr.
Amenophis I. (21 Jahre) – 1170–1150 v. Chr.
Thutmosis I. (12 Jahre) – 1150–1139 v. Chr.
Thutmosis II. (2 Jahre) – 1139–1138 v. Chr.
Thutmosis III. (54 Jahre) – 1138–1085 v. Chr.
Hatschepsut (15 Jahre) – 1131–1116 v. Chr. (Mitregentin)
Amenophis II. (27 Jahre) – 1085–1059 v. Chr.
Thutmosis IV. (10 Jahre) – 1059–1050 v. Chr.
Amenophis III. (37 Jahre) – 1050–1012 v. Chr.

21 Die 18. Dynastie begann nicht, wie von der traditionellen Chronologie veranschlagt, etwa 1570 v. Chr., sondern 377 Jahre später im Jahr 1194 v. Chr.

Selbst wenn wir uns auch weiterhin ausschließlich auf archäologische Beweise und Quellentexte stützen, können wir auf unserer Suche nach den Ursprüngen des Volkes Israel noch ein Stück weiter in die Vergangenheit zurückkreisen. Vor Beginn

DURBAR: Von Hindi *darbar* = »Hof« abgeleiteter Begriff; bezeichnet einen großen feierlichen Empfang, zu dem der König oder Herrscher seine Botschafter und Vasallen einlädt.

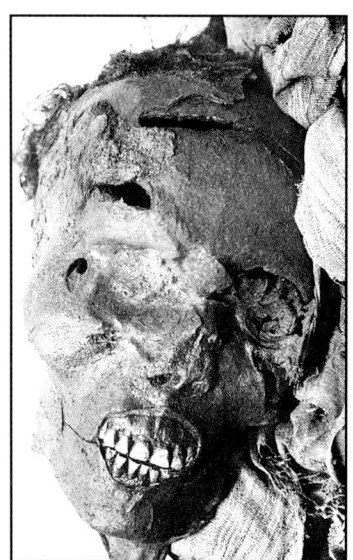

272 Auf dem Gesicht der Mumie von Sekenenre Tao sind zahlreiche Wunden zu erkennen, die vermutlich aus seiner letzten Schlacht gegen die Hyksos stammen. Museum Kairo.

des Neuen Reichs war Ägypten mindestens ein Jahrhundert lang von fremden Mächten besetzt. Damit sind wir bei der Zweiten Zwischenzeit angelangt, die oft auch – etwas irreführend – als die »Hyksoszeit« bezeichnet wird. Das war jene chaotische Zeit, in der nach Manetho Menschen einer unbekannten Rasse das Nildelta eroberten und die Pharaonen in den Süden nach Oberägypten verdrängten. Viele Generationen lang fanden sich die ägyptischen Könige, die nun in Theben residierten, mit der Fremdherrschaft ab. Gewiß kam es vereinzelt zu Scharmützeln, doch für eine ernsthafte militärische Auseinandersetzung gibt es bislang keinerlei Belege. Es dauerte offenbar bis zum Ende der 17. thebanischen Dynastie, bis das Trauma der Hyksosherrschaft sich in offenem Widerstand gegen die Besatzer äußerte. Nach dem ersten entschlossenen Versuch der Ägypter, die Herrschaft über Unterägypten wiederzuerlangen, war ihr unbändiger Drang, die Ketten der Fremdherrschaft abzuschütteln, nicht länger aufzuhalten. Sekenenre Tao (Tao der Tapfere) gilt als der erste Pharao, der mit der Vertreibung der Hyksos begann. Seine im geheimen Königsgrab gefundene Leiche weist gräßliche Verstümmelungen auf, die auf einen gewaltsamen Tod auf dem Schlachtfeld hindeuten. Es wird allgemein angenommen, daß er der Vater der beiden nachfolgenden Könige war. Sein älterer Sohn Kamose führte den Kampf gegen die Hyksosherrscher von Auaris mit größerem Erfolg fort. Er kam bis zu den Festungsmauern ihrer Hauptstadt, ohne sie indes einnehmen zu können. So ging der Krieg weiter. Über Kamoses Schicksal ist nichts bekannt, doch vermutlich fiel auch er im Kampf gegen die Besatzungsmacht, da seine Herrschaft nur drei Jahre dauerte. Sein Nachfolger war sein jüngerer Bruder Ahmose.

Es ist schon seit langem bekannt, daß Ahmose bei seiner Krönung noch ein Kind war, also noch gar nicht das Alter hatte, um die ägyptische Armee in die Schlacht gegen die Fremdherrscher aus dem Norden zu führen. Im ersten Jahrzehnt seiner Amtszeit wurde seine Mutter Ahhotep auf den Denkmälern als große Königin dargestellt. Daher ging man früher allgemein davon aus, daß sie für Ahmose die Regierungsgeschäfte führte, bis dieser erwachsen war, obwohl dafür keine direkten Beweise vorliegen.[12] In seinem elften Jahr als König war Ahmose schließlich kräftig genug, um seine Truppen in die Schlacht gegen Auaris zu führen. Diesmal siegten die Truppen des Pharaos und vertrieben die verhaßten Besatzer aus Unterägypten. Die 15. Dynastie von Auaris ging also ungefähr elf Jahre nach jenem Datum zu Ende, an dem nach der Neuen Chronologie die 18. Dynastie begann (1194 v. Chr.). So können wir das Ende der Hyksosherrschaft in Auaris ungefähr auf das Jahr 1183 v. Chr. festsetzen.

Wir kommen nun zu einem außerordentlich wichtigen Teil unseres historischen Riesenpuzzles, zu einem Dokument, von dem in den folgenden Kapiteln noch des öfteren die Rede sein wird. Der »Turiner Königspapyrus« ist eine schwer beschädigte Papyrusrolle, die während der 19. Dynastie verfaßt wurde. Sie ist für Ägyptologen von unschätzbarem Wert, da sie die bisher genaueste Liste der Herrscher Ägyptens von der Frühzeit bis zum Beginn des Neuen Reiches enthält. Diese

Königsliste, die vermutlich nach Aufzeichnungen aus Palast- oder Tempelarchiven erstellt wurde, gibt nicht nur Aufschluß über die Reihenfolge der Könige, sondern auch über die Dauer ihrer Herrschaft, und zwar fast auf den Tag genau. Teilweise wird auch angegeben, wie viele Jahre eine bestimmte historische Ära dauerte. Was dieses Dokument alles verraten hätte, wenn es die Jahrhunderte unbeschadet überstanden hätte, lassen die noch erhaltenen Fragmente (die im Ägyptischen Museum von Turin zu bewundern sind) leider nur noch erahnen.

Auf einem kleinen Fragment (dessen genauer Platz in der Papyrusrolle bisher noch nicht gefunden wurde) werden jedoch die Fremdherrscher der Zweiten Zwischenzeit erwähnt. Der Text lautet: »[Herrscher aus] fremden Ländern – 6: sie machten 100 + […] Jahre.« Die hieratischen Zeichen, die die Zahl der Jahre angeben, las man früher als 108, doch diese Angabe läßt sich heute nicht mehr nachprüfen, da sich der Zustand des Dokuments seit seiner Entdeckung weiter verschlechtert hat. Wenn wir jedoch davon ausgehen, daß diese Zahl stimmt und daß die sechs fremdländischen Könige mit den von Manetho genannten sechs Herrschern identisch sind (was die meisten Ägyptologen für wahrscheinlich halten), dann können wir errechnen, wann die 15. Dynastie nach der Neuen Chronologie begann. Da die Hyksos 1183 v. Chr. von Ahmose vertrieben wurden, müssen sie sich also 108 Jahre vor diesem Datum in Auaris etabliert haben. Demnach kam Salitis, der erste Herrscher dieser Dynastie, nach der Neuen Chronologie um 1290 v. Chr. an die Macht.

Von hier ab können wir uns bei unseren Nachforschungen nur noch auf astronomische Berechnungen stützen, da uns aus der nun folgenden Zeit so gut wie keine Inschriften erhalten sind. Doch Wayne Mitchells Daten liefern uns auch hier einen roten Faden, mit dem wir einen wichtigen Pharao der 13. Dynastie zeitlich einordnen und so die Verbindung zu Moses, Josua und Josef herstellen können.

273 Fragment des Turiner Königspapyrus, auf dem die gesamte Linie der »Hyksos«-Dynastie verzeichnet ist. Museum Turin.

Ammissaduqa und die Venuslösungen

Schon seit Jahren streiten sich Altertumsforscher und Astronomen über den Wert einer Reihe astronomischer Beobachtungen aus der ALTBABYLONISCHEN PERIODE. Es geht um die »Venus-Tafeln des Ammissaduqa«, die Sir Austen Henry LAYARD 1850 in NINIVE in den Palastarchiven des assyrischen Königs ASSURBANIPAL (7. Jahrhundert v. Chr.) fand. Der Ammissaduqa-Haupttext (K.160) war die dreiundsechzigste Tafel einer von den Assyrern zusammengestellten Sammlung astronomischer Aufzeichnungen mit dem Titel »Enuma Anu Enlil« (»wenn ANU und ENLIL«). Es konnte nachgewiesen werden, daß diese aus der Endphase des assyrischen Reiches stammenden Tafeln exakte Kopien von Tafeln mit astronomischen Aufzeichnungen aus der Zeit des babylonischen Königs Ammissaduqa sind.[13] Die Daten dieses Herrschers der 1. Dynastie von Babylon wurden mit Hilfe astronomischer Rückrechnungen ermittelt, die sich auf Informationen aus diesen Tafeln

ALTBABYLONISCHE PERIODE: Von Sumuabum bis Samsuditana; dauerte nach der trad. Chron. von 1894 bis 1595 v. Chr.

Austen Henry LAYARD: 1817–1894.

NINIVE: Eine der großen Königsstädte Assyriens; am Tigris gelegen (nördlich der Einmündung des Großen Zab in den Tigris).

ASSURBANIPAL: Regierungszeit 669 bis 627 v. Chr.

ANU: Assyrischer Himmelsgott, ehemals die sumerische Gottheit An oder Anum, deren Haupttempel sich in Uruk befand.

ENLIL: »Herr der Luft«, Hauptgott von Nippur.

274 Austen Henry Layard in einer levantinischen Tracht des 19. Jahrhunderts.

stützten. In Anbetracht der bereits erläuterten Tücken der Chronologie überrascht es kaum, daß sich gleich drei Schulen herausbildeten, die drei unterschiedliche Chronologien über die genauen Lebensdaten des Königs vorlegten. Man nennt sie, um sie zu unterscheiden, die »lange«, die »mittlere« und die »kurze« Chronologie. Nach der ersten kam Ammissaduqa 1702 v. Chr. an die Macht, nach der zweiten 1646 und nach der dritten 1582. Wie können astronomische Berechnungen zu so unterschiedlichen Ergebnissen führen, wo die Astronomie doch eine exakte Wissenschaft ist? Um diesen Umstand erklären zu können, müssen die Ammissaduqa-Tafeln näher beschrieben und einige astronomische Grundkonzepte erläutert werden.

Die Ammissaduqa-Texte

Die auf Tontafel K.160 des Londoner British Museum (und deren Ergänzungstafeln K.2321 und K.3032) festgehaltenen Venus-Beobachtungen lassen sich datieren. Aus den Texten geht hervor, daß diese Beobachtungen im »Jahr 8« gemacht wurden. Noch aufschlußreicher ist jedoch, daß vor allen astronomischen Aufzeichnungen die Zeitangabe »Jahr des Goldenen Thrones« steht; aus anderen Tafeln aus der altbabylonischen Periode geht hervor, daß das »Jahr des Goldenen Thrones« dem 8. Regierungsjahr des babylonischen Königs Ammissaduqa I. entspricht.[14]

Wenn man die Informationen, die die drei Tafeln enthalten, miteinander kombiniert, ergibt sich eine beinahe lückenlose Beobachtung der Auf- und Untergänge der Venus über einen Zeitraum von einundzwanzig Jahren. Die Herrschaft Ammissaduqas dauerte nach der babylonischen Königsliste B ebenfalls einundzwanzig Jahre. So schrieb John Weir: »… wir haben allen Grund zu der Annahme, daß die Beobachtungen während Ammissaduqas Regierungszeit gemacht wurden«.[15] Die Beobachtungsjahre fielen dann genau mit den Jahren seiner Herrschaft zusammen. Das »Jahr 1« der Beobachtungen entspricht also dem ersten Regierungsjahr Ammissaduqas.

Der Venuszyklus – das ist der Zeitraum, in dem sich die Beobachtungsdaten für den Auf- und Untergang der Venus exakt wiederholen – beträgt entweder sechsundfünfzig oder vierundsechzig Jahre (daß es zwei Intervalle gibt, hat einen komplizierten Grund, hängt jedoch hauptsächlich mit der synodischen Periode des Planeten im Verhältnis zum Sonnenjahr und den Mondmonaten zusammen[16]). Ein Ausgangsdatum für den einundzwanzigjährigen Beobachtungszeitraum ergäbe sich also, grob gerechnet, nur jedes halbe Jahrhundert – eine Erkenntnis, die uns bei unserem Versuch, Ammissaduqa zu datieren, nicht viel weiterbringt! Da die traditionelle Chronologie aufgrund dieses Spielraums für die Regierungszeit Ammissaduqas eine relativ große Zeitspanne veranschlagt, wurden gleich mehrere »Venuslösungen« zu ihrer Eingrenzung vorgeschlagen. Von den drei Lösungen, die in den letzten Jahren die meiste Beachtung fanden, legt die erste den Beginn der Herrschaft Ammissaduqas auf das

DIE STERNE ALS ORIENTIERUNGSHILFE

Jahr 1702 v. Chr., die zweite auf das Jahr 1646 (−56 Jahre) und die dritte auf das Jahr 1582 (−64 Jahre).

Es kann jedoch ermittelt werden, welche Venuslösung die *wahrscheinlichste* ist, denn es existieren Dokumente aus dieser Zeit (in der Mehrzahl Geschäftsverträge), die Informationen über die Länge der Mondmonate während Ammissaduqas Regierungszeit enthalten. Mit diesen zusätzlichen Daten, die darüber Aufschluß geben, wie viele Tage nach der damaligen Zeitrechnung zwischen zwei Neumonden lagen, müßte sich eigentlich zweifelsfrei bestimmen lassen, welche Venuslösung das erste Jahr Ammissaduqas korrekt angibt. Dazu braucht man nur für jede Venuslösung die Ergebnisse der modernen astronomischen Berechnungen zur Periodizität von Mondmonaten mit den aus den altbabylonischen Texten hervorgehenden Monatslängen zu vergleichen. Wenn die vom Computer errechneten Monatslängen sich relativ genau mit den Beobachtungen der Babylonier decken, dann dürfen wir mit gutem Recht davon ausgehen, daß die überprüfte Venuslösung historisch korrekt ist. Selbstverständlich darf man nicht erwarten, daß die Ergebnisse immer hundertprozentig übereinstimmen, da sich der Augenblick des Aufgangs oder Untergangs der Venus in Nächten mit bewölktem Himmel möglicherweise nicht ganz genau bestimmen ließ. Gelegentlich wurde der Zeitpunkt vielleicht später angegeben, so daß sich beim Vergleich mit dem durch moderne Methoden ermittelten Wert eine Verschiebung um einen Tag ergeben könnte. Dennoch dürften aller Wahrscheinlichkeit nach von ungefähr zwanzig Beobachtungsdaten kaum mehr als zwei oder drei falsch sein.

Altbabylonische Dokumente sind auf den Tag des Mondmonats ausgestellt (der mit Beginn der neuen Lichtphase einsetzte). Es wurden Texte gefunden, die auf den dreißigsten Tag eines genau benannten Mondmonats datiert sind. Wir wissen inzwischen, daß der natürliche Mondmonat 29,5545 Tage umfaßt. Daher hatten nach der altbabylonischen Zeitrechnung einige Monate dreißig Tage und andere wohl nur neunundzwanzig. Entspricht die vom Computer errechnete Monatslänge der sich aus den Quellentexten ergebenden Monatslänge von dreißig Tagen für einen ganz bestimmten Monat, können wir das als Übereinstimmung werten. Wenn sich zwischen der von den Babyloniern beobachteten Monatslänge und dem Computerwert jedoch eine Differenz von einem Tag ergibt (also wenn ein Monat, der nach der altbabylonischen Zeitrechnung dreißig Tage umfaßte, nach der Computerberechnung aber nur neunundzwanzig Tage hatte), müssen wir das als Abweichung vermerken. Den altbabylonischen Verträgen ist zu entnehmen, daß es damals fünfundzwanzig Monate mit dreißig Tagen gab. Da in ihnen nicht nur der Name des jeweiligen Monats, sondern auch das Regierungsjahr angegeben wird, ermöglichen sie uns astronomische Rückrechnungen. Die folgende Tabelle zeigt die Ergebnisse des Monatslängenvergleichs für die drei bekanntesten Venuslösungen:

275 Venusbeobachtungstafel K.160, die die Zeitangabe »Jahr des Goldenen Thrones« enthält. British Museum.

JAHR V. CHR.	ÜBEREINSTIMMUNGEN (MONATSLÄNGE)	ABWEICHUNGEN (MONATSLÄNGE)
1702	20 Monate mit dreißig Tagen	5 Monate mit 29 Tagen
1646	14 Monate mit dreißig Tagen	11 Monate mit 29 Tagen
1582	18 Monate mit dreißig Tagen	7 Monate mit 29 Tagen

Diese Zahlen zeigen, daß die drei gängigen Zeitangaben für Ammissaduqas erstes Regierungsjahr nach ihrer Überprüfung mittels astronomischer Rückrechnung nicht mehr so recht überzeugen. Selbst bei dem Datum, das am besten abschnitt (1702 v. Chr.), gibt es noch fünf Abweichungen von insgesamt fünfundzwanzig Monaten. Und für die beiden anderen Anfangsdaten, an denen sich die Archäologen und die Historiker gerne orientieren (1646 beziehungsweise 1582 v. Chr.), ergeben sich sogar elf beziehungsweise sieben Abweichungen – die Monatslängen stimmen einfach nicht überein!

Bei seinen computergestützten Berechnungen suchte Mitchell 1988 nach einer noch »kürzeren« Venuslösung, die mit der Neuen Chronologie vereinbar wäre, und kam schließlich auf das Jahr 1419 v. Chr. Die Überprüfung dieses neuen Anfangsdatums für die Regierungszeit Ammissaduqas ergab folgendes Zahlenverhältnis:

JAHR V. CHR.	ÜBEREINSTIMMUNGEN (MONATSLÄNGE)	ABWEICHUNGEN (MONATSLÄNGE)
1419	20 Monate mit dreißig Tagen	2 Monate mit 29 Tagen

Dieses erstaunliche Ergebnis – eine neunzigprozentige Übereinstimmung – beweist, daß Mitchells Venuslösung wesentlich wahrscheinlicher ist als alle bisher vorgeschlagenen. Anschließend überprüfte er die verschiedenen Anfangsdaten für die Regierungszeit Ammissaduqas anhand aller belegten Sonnenfinsternisse zwischen 1419 v. Chr. (Ammissaduqa) und 1012 v. Chr. (Ugarit) und stellte zu seiner Verblüffung fest, daß bei seinem neuen Datum für Ammissaduqas erstes Regierungsjahr dreißig von insgesamt einunddreißig Sonnenfinsternis-Beobachtungen genau mit der Neuen Chronologie übereinstimmten. Dagegen ergaben sich für das von Huber veranschlagte Anfangsdatum 1702 v. Chr. nur zwanzig Übereinstimmungen. Das Anfangsdatum 1582 v. Chr., das von den Experten für levantinische Archäologie bevorzugt wird, schnitt mit nur neunzehn Übereinstimmungen sogar noch etwas schlechter ab. Damit lieferte Mitchell eine unabhängige Bestätigung, daß die im vorliegenden Buch aufgestellte Chronologie der historischen Wirklichkeit sehr nahekommt. Mit Hilfe astronomischer Datierungstechniken konnte er aufzeigen, daß die Neue Chronologie sicher fundiert ist.

22 Astronomische Berechnungen ergaben, daß das Jahr 1419 v. Chr. von allen vorgeschlagenen Anfangsdaten für die Regierungszeit Ammissaduqas (einem König der 1. Dynastie von Babylon) eindeutig das wahrscheinlichste ist. Dieses neue Anfangsdatum liegt einhundertsechzig Jahre nach dem der »kurzen« Chronologie (1582 v. Chr.), an dem sich vor allem Levante-Archäologen orientieren, und zweihundertsiebenundzwanzig Jahre nach dem der »mittleren« Chronologie, für die Ammissaduqas erstes Regierungsjahr 1646 v. Chr. beginnt.

DIE STERNE ALS ORIENTIERUNGSHILFE

30-TAGE-MONATE	VENUSLÖSUNG = 1702 v. Chr.	VENUSLÖSUNG = 1582 v. Chr.	VENUSLÖSUNG = 1419 v. Chr.
Jahr 1 Monat I	30 Tage	•• 29 Tage ••	29 + Tage
Jahr 1 Monat VIII	30 Tage	30 Tage	30 Tage
Jahr 1 Monat XII	30 Tage	30 Tage	30 Tage
Jahr 2 Monat XII	•• 29 Tage ••	30 Tage	29 + Tage
Jahr 3 Monat IV	30 Tage	30 Tage	30 Tage
Jahr 3 Monat VI	30 Tage	29 + Tage	30 Tage
Jahr 4 Monat XII b	30 Tage	•• 29 Tage ••	30 Tage
Jahr 5 Monat XII	30 Tage	•• 29 Tage ••	30 Tage
Jahr 6 Monat VI	29 + Tage	29 + Tage	30 Tage
Jahr 7 Monat XII	30 Tage	30 Tage	30 Tage
Jahr 11 Monat II	29 + Tage	30 Tage	30 Tage
Jahr 12 Monat IV	30 Tage	30 Tage	29 + Tage
Jahr 12 Monat VIII	30 Tage	29 + Tage	30 Tage
Jahr 13 Monat II	•• 29 Tage ••	30 Tage	•• 29 Tage ••
Jahr 13 Monat XII	30 Tage	•• 29 Tage ••	30 Tage
Jahr 14 Monat IV	•• 29 Tage ••	29 + Tage	30 Tage
Jahr 14 Monat VI	30 Tage	30 Tage	30 Tage
Jahr 14 Monat VIII	30 Tage	29 + Tage	29 + Tage
Jahr 15 Monat II	30 Tage	29 + Tage	30 Tage
Jahr 15 Monat X	29 + Tage	•• 29 Tage ••	30 Tage
Jahr 15 Monat XII	30 Tage	•• 29 Tage ••	30 Tage
Jahr 16 Monat I	•• 29 Tage ••	•• 29 Tage ••	29 + Tage
Jahr 16 Monat V	30 Tage	30 Tage	30 Tage
Jahr 16 Monat XI	•• 29 Tage ••	30 Tage	•• 29 Tage ••
Jahr 16 Monat XII	30 Tage	29 + Tage	30 Tage

276 Die von Wayne Mitchell erstellte Tabelle faßt die Ergebnisse seiner astronomischen Rückrechnungen zusammen.
Sie gibt die Zahl der Monatslängenabweichungen für die drei bisher favorisierten Venuslösungen an.

277 Grundriß von Zimrilims weitläufigem Königspalast in Mari.

278 Lünette der Gesetzes-Stele Hammurabis. Sie zeigt den König vor dem Gott Enlil stehend. Louvre.

Warum dieser ganze Aufwand, nur um herauszufinden, wann die Regierungszeit Ammissaduqas begann? Inwiefern hilft uns dieses durch komplizierte astronomische Berechnungen ermittelte Anfangsdatum bei der Rekonstruktion der ägyptischen Geschichte und der Datierung des Aufenthalts der Israeliten im Land der Pharaonen? Die Antwort lautet, daß es noch mehr hilfreiche Synchronismen gibt, die uns schließlich zurück nach Ägypten und zu dem Pharao führen, in dessen Palast Moses aufwuchs.

Da wir inzwischen wissen, daß Ammissaduqas Regierungszeit im Jahr 1419 v. Chr. begann, können wir nun mit Hilfe der babylonischen Königsliste B die Regierungszeiten aller Herrscher der 1. Dynastie von Babylon grob eingrenzen.

Sumuabum	circa 1667–1652
Sumulael	circa 1653–1617
Sabium	circa 1617–1603
Apilsin	circa 1603–1585
Sinmuballit	circa 1585–1565
Hammurabi	circa 1565–1522
Samsuiluna	circa 1522–1484
Abieschuch	circa 1484–1456
Ammiditana	circa 1456–1419
Ammissaduqa	1419–1398
Samsuditana	1398–1362

Der berühmteste all dieser Könige ist unstrittig Hammurabi, der große Eroberer und Gesetzgeber des alten Mesopotamien. Seine Regierungszeit beginnt nun circa 1565 v. Chr.

In seinem fünfunddreißigsten Jahr griff Hammurabi die Stadt Mari im Nordosten Syriens an und zerstörte dabei den schönen Palast ihres Königs Zimrilim.[17] Als der französische Archäologe André Parrot 1933 die Überreste dieses Palasts freilegte, entdeckte er ein Archiv mit Keilschrifttafeln (insgesamt 25000), von denen viele eher Verwaltungsakten als Briefe sind. Auf einer sind alle Geschenke an Zimrilim, den König des Stadtstaates Mari, aufgeführt, unter anderem ein goldener Kelch von Yantin-Ammu, dem König des Stadtstaates Byblos.[18]

Daraus läßt sich schließen, daß Yantin-Ammu und Zimrilim Zeitgenossen waren und zur Zeit Hammurabis regierten. Zimrilims Herrschaft endete mit der Zerstörung seines Palasts durch Hammurabi – ein Ereignis, das wir nun auf das Jahr 1531 v. Chr. datieren können. Wenn wir die Regierungszeit von Zimrilim, dem letzten Herrscher von Mari, auf zwanzig Jahre veranschlagen (das entspricht unserem Durchschnittswert), dann muß er ungefähr 1550 v. Chr. an die Macht gekommen sein. Folglich war sein Zeitgenosse Yantin-Ammu ungefähr zwischen 1550 und 1530 König von Byblos.

Und über Byblos können wir nun die Verbindung nach Ägypten herstellen. Seit der Zeit des Alten Reiches bestanden zwischen Byblos und dem Land der Pharaonen enge politische und wirtschaftliche Beziehungen. Das am östlichen Mittelmeer und am Fuße des von Zedernwäldern bedeckten Libanongebirges gelegene Byblos war ein idealer Umschlaghafen für die ägyptische Handelsflotte. Ägypten hatte einen großen Bedarf an hochwertigem Holz und belieferte die Levante dafür mit allerlei Waren aus Afrika.

Im Jahre 1921 begann Pierre Montet die Ruinen von Byblos systematisch freizulegen, und ab 1925 führte dann Maurice DUNAND die Ausgrabungsarbeiten fort. Innerhalb der Stadtmauern entdeckten die beiden Archäologen ägyptische beziehungsweise im ägyptischen Stil gefertigte Gerätschaften und Skulpturen. Ein ganz besonderer Fund Dunands, der sich gegenwärtig im Kellergeschoß des von Granatenbeschuß beschädigten Beiruter Museums befindet, ist ein Flachrelief aus Kalkstein. Da an der linken Seite dieser Steintafel ein großes Stück fehlt, ist die abgebildete Szene nicht vollständig erkennbar. Man sieht nur noch den Rumpf und die Beine eines sitzenden Würdenträgers, bei dem es sich aller Wahrscheinlichkeit nach um einen Herrscher von Byblos handelt. Auf der rechten Seite der Tafel steht ein zweispaltiger Hieroglyphentext:

[Eine Gabe des Königs an[19]] Re-Harachte. Damit möchte er veranlassen, daß Horus und Re jeden Tag verehrt werden. Der Herrscher von Byblos, Yantin, der weiterlebt, Sohn des Gouverneurs [Yakin(?)], so wahr er spricht.

279 Fresko von Zimrilim (zweite Figur von links in der oberen Bildhälfte), das im Haupthof des Palasts in Mari entdeckt wurde. Louvre.

MauriceDUNAND: 1898 – 1987.

280 Das Byblos-Relief von Yantin, dem Sohn Yakins, das die Kartusche des ägyptischen Pharaos Neferhotep enthält.

– Kartusche des Pharaos

– Name und Titel Yantins

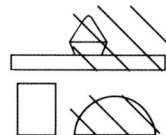

281 Die drei Hieroglyphen für das ägyptische Wort *hotep*, die auf der beschädigten rechten Seite des Yantin-Reliefs erkennbar sind. Oben: Kuchen auf einer Schilfmatte = *hotep;* unten links: eine rechteckige Matte = »p«; rechts daneben: ein Brotlaib = »t«.

282 Der Königsfriedhof von Byblos mit dem Sarkophag König Yantins (Mitte), der von den Archäologen aus der Grabkammer entfernt wurde und nun am Rand des Grabschachts steht.

Die Figur links ist demzufolge der verstorbene König von Byblos, Yantin, der Sohn und Nachfolger Yakins. Albright erkannte als erster, daß dieser Yantin auf Dunands Kalksteinblock mit jenem König von Byblos identisch ist, der auf der in Mari gefundenen Tafel Yantin-Ammu genannt wird.[20]

Da auch am rechten Rand des Byblos-Reliefs Bruchstücke fehlen, ist die rechte Hieroglyphenspalte nur teilweise lesbar. Man erkennt jedoch noch die Kartusche eines Pharaos und das darauffolgende Epitaph »unvergänglich wie Re«. Das letzte Zeichen in der Kartusche stellt eindeutig den Buchstaben »p« dar (eine rechteckige Matte). Darüber sieht man noch die linke Hälfte des Zeichens für *hotep* (ein Kuchen auf einer Schilfmatte), das »zufrieden sein« bedeutet. Das Zeichen für »p« ist daher die konsonantische Endung des Wortes *hotep.* Der Name unseres Pharaos endet also auf … *hotep.* An der Bruchkante rechts oben ist über dem Zeichen für *hotep* noch ein kleines Stück von einer länglichen, unten abgerundeten Hieroglyphe zu sehen.

Die beiden Pharaonen aus dieser Ära, in deren Namen das Element *hotep* vorkommt, sind Sobekhotep und Neferhotep. Der Name »Sobek« wird entweder mit dem Zeichen für Krokodil (das den Gott Sobek repräsentiert) wiedergegeben oder mit den Zeichen *s-b-k* durchbuchstabiert. Das »k« am Ende wird durch das Zeichen für Korb dargestellt, das unten einen breiten Bogen hat. Doch weder das Zeichen für Krokodil noch das für Korb ähneln der von uns gesuchten länglichen Hieroglyphe in der Kartusche, von der nur noch der untere, enge Bogen zu sehen ist.

Schauen wir uns also einmal an, wie der Name unseres zweiten Kandidaten Neferhotep geschrieben wird. Das Zeichen für *nefer* (das »schön« bedeutet) stellt die Lunge und die Luftröhre eines Rinds dar. Es ist länglich (die Luftröhre) und hat unten einen engen Bogen (die Lunge) – genau wie das Hieroglyphenbruchstück aus der Kartusche. Der Name des auf der Yantin-Tafel erwähnten Pharao ist also Neferhotep, und das ist das Nomen (der Geburtsname) für Chasechemre Neferhotep I., den einundzwanzigsten Herrscher der 13. Dynastie Ägyptens. Diese Inschrift berechtigt uns zu der Annahme, daß Yantin(-Ammu) zu jener Zeit König von Byblos war, als in Ägypten Neferhotep regierte, daher muß er auch ein Zeitgenosse Zimrilims und Hammurabis gewesen sein. So können wir nun den Beginn von Neferhoteps Regierungszeit ungefähr auf das Jahr 1540 v. Chr. festsetzen und haben damit ein neues Ausgangsdatum für unsere chronologischen Berechnungen.

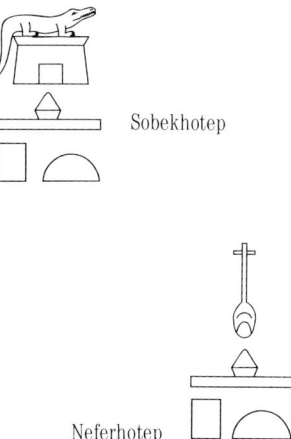

Sobekhotep

Neferhotep

23 Die Regierungszeit von Pharao Neferhotep I. aus der 13. Dynastie Ägyptens fiel also in die zweite Hälfte des 16. Jahrhunderts v. Chr. und nicht, wie von der traditionellen Chronologie angegeben, in die erste Hälfte des 17. Jahrhunderts.

»… tatsächlich kann ohne Moses der Glaube der Juden,
ja selbst die Existenz Israels nicht erklärt werden.
Daher ist denn auch zu Recht gesagt worden:
›Wenn die Überlieferung nichts von Moses berichten würde,
müßten wir ihn erfinden.‹«

Roland de Vaux, 1978

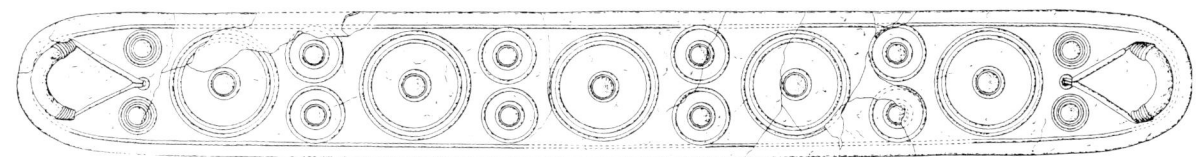

12

Moses und Khenephres

Nach dem Ersten Buch der Könige (6,1) fand der Auszug der Kinder Israel aus Ägypten vierhundertachtzig Jahre vor dem Bau des Tempels in Jerusalem im vierten Regierungsjahr Salomos statt. Laut Thieles Chronologie der israelitischen Könige, an die sich das vorliegende Buch durchgehend hält, wurde Salomo um 931 v. Chr. zum König gesalbt. Das heißt, daß er im Jahr 928 mit dem Bau des Tempels begann und daß Moses die Israeliten vierhundertachtzig Jahre vorher, also um 1447 v. Chr., aus Ägypten führte. Dieses Datum für den Exodus wird im Buch der Richter (11,26) bestätigt, wo es heißt, daß zwischen dem Einzug ins Gelobte Land und dem Jahr, in dem Jiftach Richter war (um 1110 v. Chr.), dreihundert Jahre lagen. Nach Exodus (7,7) soll Moses achtzig Jahre alt gewesen sein, als er aus dem Exil auf der Sinai-Halbinsel zurückkehrte, um den Pharao zu bitten, sein Volk aus dem Frondienst zu entlassen.[1] Die sehr hohen Altersangaben in den frühen Büchern des Alten Testaments lassen sich nur unter Vorbehalt für chronologische Berechnungen verwenden. Wenn Moses tatsächlich gelebt hat und wenn er vor allen anderen Stammesoberhäuptern auserkoren war, die Israeliten aus Ägypten zu führen (falls sie sich je in Ägypten aufgehalten haben), dann dürfte er damals schon recht betagt gewesen sein. Wenn er auch nicht genau achtzig Jahre (eine gute biblische Zahl) alt war, könnte er doch in den Siebzigern und noch recht rüstig gewesen sein. Gehen wir also davon aus, daß der Führer der Israeliten im Jahr des Exodus tatsächlich bereits dieses ehrwürdige Alter hatte und folglich nach der biblischen Tradition um 1527 v. Chr. geboren wurde.

Wir legten bereits fest, daß Neferhotep I., einer der großen Pharaonen der 13. Dynastie, nach der Neuen Chronologie um 1540 v. Chr. an die Macht kam. Nach dem Turiner Königspapyrus (Kolumne VI, Linie 25) dauerte seine Herrschaft elf Jahre (und einen Monat), so daß sein letztes Regierungsjahr in das Jahr 1530 v. Chr. fiel. Wenn wir die biblischen Daten für Moses mit unseren neuen Daten für Neferhotep verbinden, stellen wir fest, daß der bedeutendste von allen Anführern der Israeliten ein paar Jahre nach dem Ende der Regierungszeit Neferhoteps geboren wurde. Gibt es Belege aus der Geschichte oder aus der Textüberlieferung, die diesen theoretisch möglichen Synchronismus stützen? Die Antwort liefern Fragmente aus einem kaum bekannten Geschichtswerk aus hellenistischer Zeit.

284 Oben: Prunkvoller kupferner Gürtel aus der späten 13. Dynastie. Beigabe aus dem Grab eines vorderasiatischen Heerführers, das in einem Palastgarten in Auaris entdeckt wurde (Grab F/l-o/19:8).

283 Seite 296: Überlebensgroße Statue des Königs Chaneferre Sobekhotep IV. aus dem Statuenversteck, das Georges Legrain 1903 in Karnak entdeckte. Heute steht sie zusammen mit anderen Statuen aus der Zweiten Zwischenzeit und der Anfangszeit des Neuen Reiches vor dem Pylon VII.

Der frühchristliche Geschichtsschreiber Eusebius bezieht sich in seinem Werk *Evangelicae Preparationis* (»Vorbereitung auf das Evangelium«) auf die Schriften eines jüdischen Historikers namens Artapanus[2], der eine Geschichte des Volkes Israel mit dem Titel *Peri Ioudaion* (»Über die Juden«) verfaßte. Die Originalschrift ist leider nicht mehr erhalten, doch Eusebius gibt gewisse Passagen daraus mit eigenen Worten wieder[3], und Clemens faßt in seiner *Stromata* ihren Inhalt teilweise zusammen.[4] Der Name Artapanus läßt vermuten, daß es sich bei diesem Autor um einen Juden handelte, dessen Familie ursprünglich in Persien beheimatet war, doch sein Werk *Peri Ioudaion* entstand gegen Ende des 3. Jahrhunderts v. Chr. in Ägypten[5] und stützt sich auf ägyptische Quellen. Wahrscheinlich hatte Artapanus Zugang zu sehr alten Aufzeichnungen aus den Archiven der großen ägyptischen Tempel und vielleicht auch aus der berühmten, von Ptolemaios I. gegründeten Alexandrinischen Bibliothek.

Artapanus schildert zwar recht detailliert die frühen Jahre des Moses als ägyptischer Prinz und seine anschließende Zeit im Exil auf dem Sinai, doch da er seine Erzählung mit viel Phantasie ausschmückt, lassen sich Dichtung und historische Wahrheit nur sehr schwer auseinanderhalten. »Als nächste literarische Verwandtschaft zu Artapanus können historische Balladen gelten; er vermischt nach Belieben Erfindung und überlieferte Stoffe«, schreibt ein Gelehrter über ihn.[6] Die folgenden Grundzüge seiner Darstellung könnten auf historischen Fakten beruhen:

1. Ein Pharao namens »Palmanothes« knechtete die in Ägypten lebenden Israeliten. Er ließ die Stadt Kessan[7] erbauen und dort einen Tempel errichten. Er ließ auch einen Tempel (oder Schrein) in Heliopolis bauen.

2. Dieser Palmanothes hatte eine Tochter namens »Merris«. Sie adoptierte ein hebräisches Kind, das als Prinz Mousos in ihrer Obhut aufwuchs.

3. Merris heiratete einen Pharao namens Khenephres, »der König über die Gebiete jenseits von Memphis war, denn zu jener Zeit gab es viele Könige in Ägypten«.

4. Als Prinz Mousos das Mannesalter erreicht hatte, verwaltete er für Khenephres das Land und war beim ägyptischen Volk bald sehr beliebt. »Früher waren die Volksmassen schwer zu zügeln; bald vertrieben sie ihre Könige, bald setzten sie sie wieder auf den Thron; das taten oft dieselben Leute, doch manchmal auch andere.«

5. Prinz Mousos führte einen Feldzug gegen die Äthiopier, die in Ägypten eingefallen waren. Er belagerte die Stadt Hermopolis. Dieser Krieg dauerte angeblich zehn Jahre.

6. Als Prinz Mousos zurückkehrte, versuchte König Khenephres ihn aus Neid umbringen zu lassen, doch »Mousos floh nach Arabien. Dort lebte er bei Raguel, dem Herrscher jenes Landes, und heiratete schließlich dessen Tochter.«

7. Raguel befahl den Arabern, in Ägypten einzufallen, doch Mousos, der um die

Sicherheit seiner noch im Schwarzen Land lebenden hebräischen Brüder fürchtete, bewog ihn zur Mäßigung. Daraufhin ließ Raguel von dem Plan zu einem großangelegten Raubzug ab.

8. Nach Khenephres' Tod kehrte Mousos schließlich nach Ägypten zurück und stellte sich gegen den neuen Pharao.

9. Ägypten wird von einer Reihe von Plagen heimgesucht, als letztes von Hagelstürmen und Erdbeben. Daraufhin führt Mousos die Israeliten aus Ägypten.

Einige der obigen Punkte stimmen mit der Überlieferung aus dem Buch Exodus überein, doch manche bedürfen einer näheren Erläuterung.

1. Palmanothes, der griechische Name des Pharaos, dessen Tochter Moses großzog, läßt sich nur schwer mit dem Namen irgendeines ägyptischen Königs gleichsetzen. Kessan scheint dem ägyptischen »Kes« zu entsprechen, jenem Gebiet im östlichen Nildelta, das in der Septuaginta ebenfalls »Kessan« und in der MASORA »Goschen« heißt. Dort soll der damalige Pharao die Israeliten angesiedelt haben. Heliopolis ist die ägyptische Stadt On (ägypt. *Iunu*), in der der Haupttempel des ägyptischen Sonnenkults stand. Die Großbaustellen, auf denen die Israeliten Fronarbeit leisten mußten, befanden sich in den Städten Ramses (der in Goschen gelegenen Ramsesstadt Pi-Ramesse) und Pitom (Pi-Atum, dem Sitz des Sonnengottes Atum; Pitom wird manchmal mit On/Heliopolis gleichgesetzt).

2. Möglicherweise besteht eine Verbindung zwischen dem von Artapanus angegebenen Namen Merris und dem im Faijum gelegenen Moeris-See. Bei Josephus heißt die Pharaonentochter Thermuthis – das ist der griechische Name für Tawaret, die nilpferdgestaltige Göttin des Stillens, einer Erscheinungsform der Isis. Vielleicht versuchten beide Autoren eine Verbindung herzustellen zwischen der Muttergöttin Isis, die ihr Kind Horus schützt, indem sie es in den Sümpfen des Nildeltas verbirgt, und der ägyptischen Prinzessin, die den in den Binsen entdeckten Moses in ihre Obhut nimmt und großzieht. Sie setzten also Prinz Moses mit Horus gleich, dem rechtmäßigen ägyptischen Thronfolger.

3. Kehren wir noch einmal zu dem Namen »Khenephres« zurück und fragen wir uns, wo und wann dieser Pharao geherrscht haben könnte. Bei Artapanus heißt es, daß er König über den jenseits von Memphis gelegenen Teil Ägyptens war. Diese Aussage läßt zwei verschiedene Deutungen zu: Khenephres könnte entweder im Delta (nördlich von Memphis) oder aber über das Niltal (südlich von Memphis) geherrscht haben. Angesichts der hellenistischen Perspektive des in Alexandria lebenden Artapanus ist zu vermuten, daß er mit dem »Gebiet jenseits von Memphis« eher Oberägypten meinte. Dann hätte Khenephres' Hauptstadt irgendwo im Niltal gelegen, und sein Schwiegervater Palmanothes wäre einer der Delta-Könige gewesen. Da es nach Artapanus zu jener Zeit im Delta »viele ägyptische Könige« gab, herrschte Khenephres wahrscheinlich

MASORA: Die älteste, noch erhaltene hebräische Fassung der Schriften des Alten Testaments (abgesehen von einigen Fragmenten, die in der Qumran-Sammlung gefunden wurden).

während einer der ägyptischen Zwischenzeiten. Wenn Moses tatsächlich gelebt hat, dann lange vor der Dritten Zwischenzeit (gleichwohl mag diese Epoche noch die Abfassung des Buches Exodus beeinflußt haben, die ins 6. Jahrhundert fällt) und ganz sicher nach der Ersten Zwischenzeit.[8] So kommt eigentlich nur die auf das mächtige Mittlere Reich folgende Zweite Zwischenzeit (13. bis 17. Dynastie) in Betracht. In ihr war das ägyptische Reich tatsächlich politisch zersplittert.

4. Artapanus' Aussage, daß schon mehrere vorangegangene Herrscher vom Volk gestürzt worden waren, könnte die politische Instabilität während der ersten Hälfte der 13. Dynastie widerspiegeln, als Ägypten in viele Kleinstaaten zerfiel und die durchschnittliche Regierungszeit der Könige nur fünf Jahre betrug (siehe Kapitel 15).

5. Der von Moses geführte Feldzug gegen die Äthiopier wird auch von Josephus, dem jüdischen Historiker des 1. Jahrhunderts n. Chr., und in den rabbinischen Schriften geschildert.[9] Artapanus verlegt diesen militärischen Konflikt nach Mittelägypten (in die Gegend von Hermopolis), doch soweit uns bekannt ist, marschierten die Äthiopier zum erstenmal im 8. Jahrhundert v. Chr. in Ägypten ein. Artapanus könnte diese Invasion, die zur Zeit der 25. Dynastie stattfand und in deren Verlauf Pianchi Hermopolis belagerte, irrtümlich oder zur Ausschmückung in seine Moses-Geschichte eingebaut haben. Andererseits unternimmt Moses bei Josephus nach einem Einfall der Äthiopier einen gezielten Feldzug zum Oberlauf des Nils, in dem die »Äthiopier« (das ist eine anachronistische Bezeichnung für Kuschiten) lebten. Außer zur Zeit der 25. Dynastie existierte nur zwischen der 13. und der 15. Dynastie ein mächtiges kuschitisches Königreich, dessen Hauptstadt Kerma in der Nähe des dritten Katarakts lag. Ein zehnjähriger Feldzug erscheint ebenfalls recht unwahrscheinlich. Normalerweise dauerten die militärischen Expeditionen der Ägypter nur wenige Monate. Wenn Moses tatsächlich einen Feldzug nach Kusch/Äthiopien unternommen haben sollte, dann dürfte dieser innerhalb eines Jahres abgeschlossen gewesen sein, und wahrscheinlich ging ihm ein Verteidigungskrieg von unbestimmter Dauer in Ägypten voraus.

6. Der Name des arabischen Anführers Raguel entspricht eindeutig dem im Buch Exodus (2,18) erwähnten Namen des midianitischen Priesters Reguël, doch an anderen Stellen der Bibel wird diese Gestalt auch Jitro (Exodus 3,1; 4,18; 18,1), Hobab, der Sohn des Midianiters Reguël (Numeri 10,29), oder der Keniter Hobab (Richter 1,16; 4,11) genannt. Es wäre denkbar, daß im ursprünglichen Buch Exodus »Hobab, der Sohn des Reguël« stand, in späteren Fassungen dagegen nur noch »Reguël«. Dann hätte der Text, zu dem Artapanus Zugang hatte, diese Auslassung bereits enthalten. Es könnte so gewesen sein, daß Moses Zippora, die Tochter des (auch Jitro genannten) Hobab, geheiratet hat und daß dieser Hobab (oder Jitro) der Sohn des midianitischen Priesters und Stammesoberhaupts Reguël beziehungsweise Raguel war.

MOSES UND KHENEPHRES

7. Raguel war offenbar auch ein Feldherr, der eine große Streitmacht für einen Einmarsch in Ägypten aufstellen konnte. Artapanus' arabische Kriegerscharen sollten wenig später tatsächlich einen Angriff auf das Delta unternehmen – doch da hatten die Israeliten unter Moses' Führung bereits Ägypten verlassen. Im nächsten Kapitel werden wir im Zusammenhang mit der Hyksos-Invasion noch ausführlicher auf diese »Hirtenkönige« zu sprechen kommen.

8. Nach dem Tod des Khenephres mußte Moses einem neuen ägyptischen Herrscher gegenübertreten, jenem Pharao, der durch seine Weigerung, die Israeliten ziehen zu lassen, die schrecklichen Plagen über Ägypten herabbeschwor. Seine Identität läßt sich aus einigen Aussagen Manethos entnehmen, die von Josephus zitiert werden.

9. Wenn bekannt ist, in welcher größeren Stadt die Mehrheit der Israeliten lebte, wird auch das ganze Ausmaß der Plagen für Ägypten deutlich – nämlich an den Massengräbern der Opfer. Artapanus berichtet, daß Jahwe, der Gott des Moses, als letzte Strafe Hagel und ein heftiges nächtliches Erdbeben schickte. Dieses Erdbeben wird im Alten Testament zwar nicht ausdrücklich erwähnt, steht aber auch nicht im Widerspruch zur sonstigen Deutung.

Pharao Khenephres

Chaneferre

Betrachten wir nun noch einmal den griechischen Namen Khenephres, um vielleicht doch eine ägyptische Entsprechung für ihn zu finden. Dazu zerlegen wir die ägyptischen Namen/Wörter in Manethos Königsliste, die auch griechisch vokalisiert wurde, in ihre Bestandteile. Bei Manetho heißt der dritte Herrscher der 5. Dynastie »Nepherkheres« und auf Inschriften »Neferirkare«. Die drei Bestandteile dieses Namens sind auf den ersten Blick zu erkennen: der erste ist Nepher = Nefer[ir], der zweite khe = ka und der dritte res = re. Etliche Beispiele belegen, daß die Endungen »res« und »re« gleichgesetzt werden können und daß »nepher«

285 Die Fragmente des Turiner Königspapyrus, die die Kartusche des Chaneferre Sobekhotep IV. zeigen (letzte Zeile des Textes).

dem ägyptischen »nefer« entspricht. Das Element »khe« ist gleichbedeutend mit »kau«, dem Plural von »ka« (wie in Menkheres = Menkaure = Mykerinos) und nach Ansicht einiger Experten auch mit »kha«.[10] Mit diesen Erkenntnissen läßt sich eine ägyptische Übersetzung für den griechischen Namen Khenephres herleiten. Man zerlegt ihn in seine Bestandteile Khe-neph[er]-res, ersetzt diese durch ihre ägyptischen Entsprechungen und erhält den ägyptischen Königsnamen Kha-nefer-re (oder Chaneferre). Er bedeutet: »die Vollkommenheit Res strahlt am Horizont«.

Nach dem Stand der Forschung gab es in der gesamten ägyptischen Geschichte nur einen einzigen Pharao namens Chaneferre. Nach dem Tod Neferhoteps I. und der anschließenden kurzen Herrschaft seines Sohnes Sihathor bestieg dessen jüngerer Bruder Sobekhotep (»Sobek ist zufrieden«) den Thron. Und dieser 23. Herrscher der 13. Dynastie nahm bei seiner Krönung den Thronnamen »Chaneferre« an. Der große amerikanische Ägyptologe James Henry Breasted gelangte nach seiner Analyse der politischen Verhältnisse in der Zweiten Zwischenzeit zu der Auffassung, daß Sobekhotep der bedeutendste König dieser Ära war.[11] Moses' Geburt fiel also mit der Krönung eines neuen, mächtigen Pharaos namens Chaneferre Sobekhotep IV. zusammen. Während seiner Regierungszeit wuchs Moses im Königspalast als Prinz von Ägypten auf.

Warum gab Artapanus dem Stiefvater des großen Führers der Israeliten keinen berühmten Namen wie »Ramses« oder »Sesostris«, sondern ausgerechnet den ungewöhnlichen Namen Khenephres, der in keiner hellenistischen oder sonstigen antiken Quelle erwähnt wird? Seine Namenswahl läßt darauf schließen, daß er Zugang zu einem sehr alten Dokument hatte, in dem Moses mit Chaneferre Sobekhotep IV., dem 23. Pharao der 13. Dynastie, in Verbindung gebracht wurde.

Was wissen wir über die Regierungszeit Sobekhoteps IV.? Zwei Kolossalstatuen dieses Königs fanden sich in Tanis (das deutet darauf hin, daß sie ursprünglich in Pi-Ramesse/Auaris standen) und eine kleinere Sitzstatue aus Schiefer in Moalla. Auf der Insel Argo, ein Stück stromaufwärts von Kerma, der Hauptstadt des alten Kuschitenkönigreichs (im heutigen Sudan), wurde eine weitere lebensgroße kopflose Statue von ihm ausgegraben. Leider ist nicht bekannt, wie lange Sobekhoteps Herrschaft dauerte. Manetho gibt die jeweiligen Regierungszeiten der Herrscher der 13. Dynastie nicht an, und der Königspapyrus ist gerade an der Stelle, an der Sobekhoteps Regierungszeit in Jahren, Monaten und Tagen vermerkt ist, sehr stark beschädigt. Auf Inschriften kann als höchste Zahl das 8. Regierungsjahr nachgewiesen werden[12], doch die Zweite Zwischenzeit ist eine so wenig erschlossene Epoche, daß dieser relativ niedrige Wert nicht als zuverlässige Angabe über Sobekhoteps Herrschaftsdauer angesehen werden kann. Merneferre Eje, ein späterer Pharao der 13. Dynastie, regierte zum Beispiel nach dem Königspapyrus dreiundzwanzig Jahre; trotzdem wurden nur eine Stele und ein Türsturz mit seinem Namen gefunden. Daher ist eine zwanzigjährige Regierungszeit durchaus vertretbar. Da Neferhotep um 1540 v. Chr. den Thron bestieg, ergeben sich für die tatkräftigen Könige der zweiten Hälfte der 13. Dynastie folgende Regierungszeiten:

286 Schwarze Granitstatue Sobekhoteps IV. Louvre.

MOSES UND KHENEPHRES

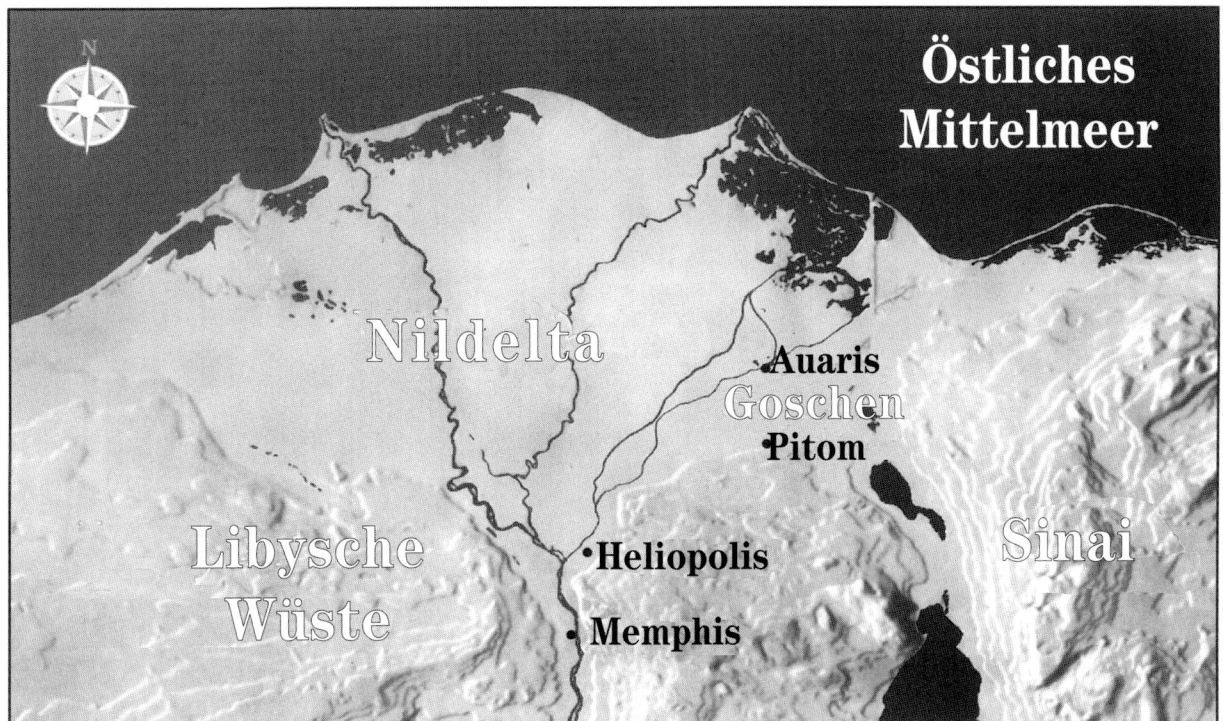

Chasechemre Neferhotep I. (11 Jahre, 1 Monat) ungefähr 1540–1530
Sihathor (3 Monate) ungefähr 1530–1529
Chaneferre Sobekhotep IV. (20 Jahre?) ungefähr 1529–1510
Chahotepre Sobekhotep V. (4 Jahre, 9 Monate) ungefähr 1510–1506
Wahibre Iaib (10 Jahre, 9 Monate) ungefähr 1506–1496
Merneferre Eje (23 Jahre, 8 Monate) ungefähr 1496–1473

287 Das Nildelta mit der Lage von Goschen und Auaris.

Moses, der im dritten Regierungsjahr Chaneferres geboren wurde, wuchs im Königspalast von Itaui (»Eroberer der beiden Länder«) auf, eine vierzig Kilometer nördlich am Eingang des Faijum-Beckens gelegene Stadt, die seit ihrer Gründung durch Amenemhet I., dem ersten Pharao der 12. Dynastie, Ägyptens neue Hauptstadt war. Erst nach der Invasion der Hyksos sollten die ägyptischen Pharaonen sich dann ins stromaufwärts gelegene Theben zurückziehen. Man könnte in Chaneferres Heirat mit der Tochter des Deltaherrschers Palmanothes eine kluge Bündnispolitik sehen, durch die die Hauptlinie der 13. Dynastie die Kontrolle über das kleine Deltakönigreich zurückerlangte. Die Entdeckung von Kolossalstatuen Chaneferres in Tanis bestätigt den Einfluß dieses Königs im östlichen Delta. Die Statuen aus rötlichem Granit wurden wahrscheinlich zusammen mit den meisten der dort gefundenen Obelisken und Statuen aus der späteren Ramsesresidenz in Kantir entfernt, als die neue Hauptstadt der Dritten Zwischenzeit rund zwanzig Kilometer weiter nördlich am tanitischen Nilarm gegründet wurde. Freilich gab es die Stadt Pi-Ramesse zur Zeit Chaneferres noch nicht. Sie wurde erst am Anfang der 19. Dynastie gegründet. Doch daß das südliche Viertel der Ramsesstadt in

Texten aus dieser Dynastie Auaris genannt wird, läßt den Schluß zu, daß diese viel älter Stadt der Zweiten Zwischenzeit später in die neue Ramsesstadt integriert wurde. Dann hätten Chaneferres Statuen ursprünglich auf dem Boden von Auaris gestanden, vielleicht in den Tempel- und Palastanlagen, die dort nachweislich während der 12. Dynastie erbaut und vermutlich auch noch während der 13. Dynastie benutzt wurden.

Das Land Goschen

Können wir ermitteln, in welcher Stadt des östlichen Deltas Moses und die Kinder Israel gelebt haben? Ausgrabungen, die in den letzten Jahren im Ostdelta durchgeführt wurden, bestätigen, daß Pi-Ramesse, die Hauptstadt der 19. und 20. Dynastie, in der Region Khatana/Kantir nahe der Stadt Fakus lag. Außerdem haben die österreichischen Archäologen, die seit den sechziger Jahren intensiv in dieser Region arbeiten, nachweisen können, daß der südliche Sektor des Ausgrabungsgebiets die noch ältere Stadt Auaris umfaßt. Ihr Zentrum bildet heute das kleine Dorf Tell el-Daba, von dem in diesem Buch noch des öfteren die Rede sein wird.

Der hellenistische Geograph Ptolemäus behauptet, daß zwischen dem bubastischen und dem sethroitischen Delta-Gau der Gau Arabia mit seiner Hauptstadt Phacusa lag.[13] Champollion, Ebers und Brugsch erkannten, daß der Name der alten Gauhauptstadt dem der Hauptstadt der heutigen Provinz Scharkijja entspricht. Die Provinzhauptstadt Fakus scheint einst jene altägyptische Stadt gewesen zu sein, die die Griechen Phacusa nannten.[14] Sie liegt nur sieben Kilometer südlich von Khatana/Kantir – dem ehemaligen Auaris/Pi-Ramesse.

Versuchen wir nun, die ursprüngliche ägyptische Form des griechischen Namens Phacusa zu ermitteln. Als vergleichbaren Fall nehmen wir den Namen des Faijum, der westlich des Nils und ungefähr achtzig Kilometer südlich von Kairo gelegenen großen Oase. Dieser alte Name läßt sich leicht vom modernen arabischen Namen ableiten: »Faijum« entspricht dem altägyptischen »Pa-Jam« (»das Meer«). Im Faijum-Becken liegt ein Binnengewässer, das bei Herodot Moeris-See und heute Birket Karun heißt. Das Wort »Jam« findet sich auch in jener Passage des Buches Exodus, wo geschildert wird, wie die Israeliten das Schilfmeer (hebr. *jam suf*) durchqueren. Bei dem Element »Pa« in Pa-Jam handelt es sich schlicht um den ägyptischen bestimmten Artikel. So entspricht »Fa« beziehungsweise »Pha« in Fakus/Phacusa ebenfalls »Pa«. Der bestimmte Artikel steht vor einem Ortsnamen, der »Kus« beziehungsweise »Cusa« heißt, und bei diesem Ort handelt es sich um die im östlichen Delta gelegene ägyptische Stadt Pa-Kes. In der Septuaginta wird die Region, in der die Israeliten lebten, »Kessan« genannt. Nun können wir die Verbindung herstellen. Das Goschen der Masora ist das Kessan der Septuaginta, das eine Ähnlichkeit zur altägyptischen Namensform Pa-Kes aufweist – und Pa-Kes (Fakus) war nur einen Steinwurf vom alten Auaris (Tell el-Daba) entfernt. Auaris muß also in der Region Kessan/Goschen gelegen haben.

Ein interessantes Manuskript, das im italienischen Arezzo gefunden wurde, bestätigt unsere Vermutungen. Es enthält das Tagebuch der Äbtissin Etheria, die im 4. Jahrhundert n. Chr. eine Pilgerreise in die Länder der Bibel unternahm. Während ihres Aufenthalts in Ägypten durchquerte sie das Land Goschen und kam unterwegs an den Ruinen von »Ramses« vorbei, die ihren Aussagen nach nur vier römische Meilen von der Hauptstadt des Gaus Arabia entfernt lagen.

Wir wollten von Clusma aus in das Land Goschen reisen, vielmehr in die Hauptstadt von Arabia [das heißt nach Phacusa/Pa-Kes]. Diese Stadt liegt im Land Goschen, und der Landstrich selbst leitet seinen Namen von ihr ab [er heißt Kessan] …[15]

288 Die in Kantir gefundenen Füße einer Kolossalstatue Ramses' II. In demselben Feld, nur fünfzig Meter weiter östlich, liegt auch noch ein Arm dieser Statue (siehe S.. 316).

Prinz Moses und das Königreich Kusch

Wie bereits erwähnt, berichten Artapanus und Josephus, daß Prinz Moses einen Feldzug gegen die Äthiopier unternahm. Auf Artapanus' Darstellung der Ereignisse sind wir bereits eingegangen, schauen wir nun, was Josephus zu diesem Thema zu sagen hat.

Der jüdische Historiker, der unter dem Namen Josephus bekannt ist, wurde in dem Jahr geboren, als Caligula Kaiser von Rom wurde (37 n. Chr.). Der »Joseph ben Matthias« genannte Sproß einer Priesterfamilie war mütterlicherseits mit der Hasmonäer-Dynastie verwandt, wurde später römischer Bürger und nahm in Anlehnung an den Familiennamen seines Förderers Kaiser Vespasian den Namen

Josephus Flavius an. In Rom schrieb er um das Jahr 93 sein Werk *Jüdische Altertümer*. Jahre vorher hatte er Vespasians Sohn Titus nach Jerusalem begleitet und war Zeuge geworden, wie die römischen Legionen im Jahre 70 die heilige Stadt zerstörten. Für seine »Unterstützung« bei der Unterwerfung des jüdischen Staates bot Titus Josephus verschiedene Belohnungen an. Selbstredend verachtete die jüdische Bevölkerung den zu einem Bürger Roms gewordenen Landsmann dafür, daß er zur Plünderung seiner Heimat Beihilfe geleistet hatte. Die aus unserer Sicht entscheidende »Belohnung« erwähnt Josephus am Ende seiner im folgenden zitierten Ausführungen zu diesem Thema:

> Nach der Eroberung Jerusalems ermunterte mich Titus Caesar oft, mir aus den Ruinen meines Landes zu nehmen, was immer mir beliebte; er gebe seine Erlaubnis dazu. Doch weil es nichts mehr gab, was mir wertvoll schien, nun da mein Land in Trümmern lag, bat ich Titus lediglich um Freiheit für mich und meine Familie, als einzigen Trost, der mir in meinem Elend noch blieb; mit seiner Genehmigung erhielt ich auch die heiligen Bücher.[16]

Mit dieser letzten Aussage haben sich schon etliche Wissenschaftler beschäftigt. Einige legten sie dahingehend aus, daß Josephus gestattet wurde, die heiligen Schriftrollen des zweiten Jerusalemer Tempels mitzunehmen, die bei der Zerstörung des Gotteshauses unversehrt geblieben waren. Das würde bedeuten, daß sich der jüdische Historiker beim Verfassen seines Werkes *Jüdische Altertümer* auf die authentische und wahrscheinlich älteste Fassung der Bücher des Alten Testaments stützen konnte. Andere vertraten die Auffassung, daß er im Besitz der Schriftrollen aus der Bibliothek des NEHEMIA (5. Jahrhundert v. Chr.) war, dessen Sammlung biblischer Schriften wahrscheinlich im Tempel des Herodes aufbewahrt wurde.[17] Wenn uns Josephus also eine Überlieferung aus dem Alten Testament erzählt, die in den kanonischen Schriften nicht zu finden ist, läßt sich das möglicherweise damit erklären, daß diese Geschichte in der Originalsammlung der Tempelschriften noch enthalten war, später jedoch nicht in die kanonische Fassung der hebräischen Bibel aufgenommen wurde. Josephus könnte die Geschichte von Moses' Feldzug gegen die Äthiopier zwar auch direkt aus der jüdischen Geschichte seines Vorgängers Artapanus übernommen haben, doch das ist weniger wahrscheinlich, da Josephus' Darstellung wesentlich detaillierter ist. Es sieht ganz danach aus, als hätte Josephus tatsächlich eine andere Quelle zur Verfügung gestanden. Zum besseren Verständnis seien im folgenden die wichtigsten Passagen aus Josephus' Bericht über den Äthiopienfeldzug des Prinzen Moses wiedergegeben:

> Als nun Moses … groß geworden war, zeigte er bei einer besonderen Gelegenheit [den Ägyptern], daß Tapferkeit ihm in hohem Grade eigen war …

NEHEMIA: Ein Zeitgenosse Esras, der nach seiner Rückkehr aus dem Babylonischen Exil von ungefähr 444 bis 420 v. Chr. Statthalter in Juda war.

… Die Äthiopier … , die den Ägyptern benachbart waren, waren in deren Land eingefallen und hatten geraubt und geplündert …

… Sie rückten bis nach Memphis und ans Meer vor, und keine Stadt konnte ihrem Ansturm standhalten. In dieser Bedrängnis nahmen die Ägypter zu Orakeln und Weissagungen ihre Zuflucht. Und da ihnen Gott den Rat gab, sie sollten einen Hebräer zu Hilfe rufen, verlangte der König von seiner Tochter den Moses, um ihn zum Befehlshaber seiner Truppen zu machen …

… Moses aber unternahm, da Thermutis ebenso wie der König ihn darum baten, bereitwillig den Kriegszug …

Er überfiel unversehens die Äthiopier, schlug sie und nahm ihnen die Hoffnung auf die Eroberung Ägyptens. Auch griff er ihre Städte an, zerstörte dieselben und richtete unter den Äthiopiern ein großes Blutbad an …

… Zuletzt wurden sie nach Saba, der Königsstadt Äthiopiens, zurückgedrängt, die später Kambyses nach seiner Schwester Meroë nannte, und hier belagert. Dieser Platz war aber fast uneinnehmbar, da der Nil rings um ihn floß, und auch noch andere Flüsse, Astapus und Astabora, den Angriff erschwerten. … Außer dem Schutz, den die Flüsse gewährten, hatte die Stadt auch eine starke Ringmauer, und zudem noch große Dämme hinter der Mauer zur Abhaltung von Überschwemmungen, die der Stadt beim Anschwellen der Flüsse drohen …

… Während nun Moses darüber verstimmt war, daß sein Heer hier müßig liege (denn der Feind wagte keinen Kampf), begab sich folgendes: Der König der Äthiopier hatte eine Tochter namens THARBIS. Diese sah, wie Moses sein Heer an die Stadtmauer führte und selbst tapfer kämpfte, … und sie wurde von heftiger Liebe zu ihm ergriffen. Und da ihre Neigung von Tag zu Tag größer wurde, schickte sie ihre vertrautesten Diener zu ihm und ließ ihm die Ehe anbieten. Moses ging hierauf ein unter der Bedingung, daß ihm die Stadt übergeben würde. Und als er einen Eid darauf geleistet, daß er sie zur Ehe nehmen und nach Übergabe der Stadt an dem Vertrage festhalten wolle, schritt man vom Wort zur Tat. Darauf dankte er Gott für den Sieg über die Äthiopier, feierte seine Hochzeit und führte das Heer der Ägypter in die Heimat zurück. (Buch II, Kap. X)

THARBIS: Die Legende, wonach Moses eine äthiopische Prinzessin heiratet, findet sich auch in der talmudischen Literatur.

Wie sollen wir die historische Wahrheit dieser Geschichte veranschlagen? Für einen äthiopischen Einfall in Ägypten während der Zweiten Zwischenzeit gibt es keinerlei Belege. Es ist, wie bereits angedeutet, sehr gut möglich, daß die Geschichte einer Überlieferung entnommen wurde, die den äthiopischen Einmarsch in Ägypten zur Zeit der 25. äthiopischen Dynastie (im späten 8. Jahrhundert

George REISNER: 1867–1942.

TUMULI: Plural von *tumulus* – Grabhügel.

DEFFUFA: Das Wort bedeutet im einheimischen Dongalawi (Arab.) »von Mauern umgebenes Dorf« oder »Fort« und leitet sich wahrscheinlich vom alten nubischen Wort *diffi* ab.

290   Karte mit den wichtigsten Orten am oberen Nil, dem ägyptischen Distrikt Wewet und dem Königreich Kusch.

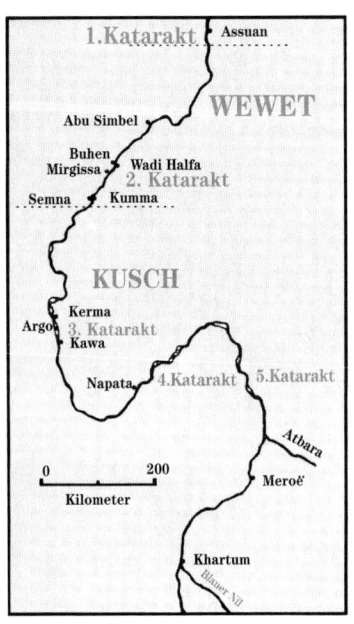

v. Chr.) *und* die Tradition eines Feldzugs des Moses über den zweiten Katarakt hinaus miteinander verknüpft. Andererseits ist die Zweite Zwischenzeit eine recht verworrene und dunkle Epoche, und eine kurze Invasion läßt sich archäologisch nur sehr schwer belegen. Ein kuschitischer (= äthiopischer) Angriff auf Ägypten während der 13. Dynastie scheint durchaus möglich; vielleicht fand er sogar, wie die Neue Chronologie es fordert, im zweiten Jahrzehnt der Herrschaft Sobekhoteps IV. statt. Den einzigen, beachtenswerten Hinweis auf einen Feldzug zu jener Zeit, den die Ägypter ins obere Nubien führten, gibt ein Stelenfragment, das sich heute im British Museum befindet.[18] Der ägyptische König, dessen Kartusche die Stele datiert, ist kein anderer als Sobekhotep IV.

Die von Josephus erwähnte äthiopische Königsstadt an der Einmündung des Flusses Atbara in den Nil ist eindeutig Meroë. Die meroitische Hauptstadt der Spätzeit läßt sich weder mit einem im 15. Jahrhundert lebenden Moses noch mit der 13. Dynastie in Zusammenhang bringen. Doch zweifellos existierte während der Zweiten Zwischenzeit ein mächtiger kuschitischer Staat entlang des Dongola-Beckens, dessen Hauptstadt Kerma ungefähr 250 Kilometer südlich der ägyptischen Grenze bei Semna lag. Falls der historische Moses wirklich ägyptischer Oberbefehlshaber in einem Feldzug gegen die Äthiopier gewesen sein sollte, dann wäre sein Feind das kuschitische Königreich von Kerma gewesen. Reisen wir also stromaufwärts zum dritten Katarakt, um dort nach archäologischen Zeugnissen für eine militärische Besetzung des kuschitischen Königreichs durch die Ägypter während der Zweiten Zwischenzeit zu suchen.

Die Stadt Kerma liegt am Ostufer des Nils im äußersten Norden des Dongola-Bekkens, dem einst fruchtbarsten Landstrich Obernubiens. George REISNER legte den Ort zwischen 1913 und 1916 im Auftrag der Universitäten Harvard und Boston frei. Das markanteste Wahrzeichen der Stadt ist – abgesehen von den TUMULI der Könige, die zusammen mit einem großen Gefolge von Dienern beigesetzt wurden –

die sogenannte westliche DEFFUFA, eine gewaltige, über zwanzig Meter hohe Plattform aus Nilschlammziegeln. Einst stand darauf ein Gebäude, doch dessen Überreste wurden im Lauf der Zeit von der Erosion zerstört oder als Baumaterial abgetragen. Den Zugang zu dieser »Festung« bildete eine breite Treppe, die mitten durch die massive Ziegelplattform nach oben führte. In den Ruinen eines Gebäudekomplexes am Fuße der Westwand der Deffufa entdeckte Reisner zahlreiche ägyptische Artefakte, unter anderem Gefäße aus Alabaster.[19] Ein Heiligtum oder ein Schrein scheint sich dort auch befunden zu haben.

Die Ägyptologen sind sich einig, daß der Charakter des Deffufa-Mauerwerks unverkennbar ägyptisch ist. Der Nubiologe William Adams vertritt die Auffassung, daß die Deffufa »unter ägyptischer Aufsicht entworfen und gebaut« wurde. Für ihn »scheint kein Zweifel daran zu bestehen«, daß damals Ägypter in Kerma lebten. Doch welche Ägypter erbauten diese »Botschaft« oder diesen »Statthalterpalast«? Das Bauwerk läßt sich nicht genau datieren, da keine königlichen Inschriften zutage gefördert wurden, doch es stammt sicherlich aus der Zweiten Zwischenzeit. Könnte es für einen ägyptischen Militärgouverneur errichtet worden sein, den Moses nach der Einnahme der Stadt Kerma dort einsetzte?

291 Die westliche Deffufa, die hinter den archäologischen Resten eines afrikanischen Versammlungshauses Wache steht.

292 Grundriß der westlichen Deffufa.

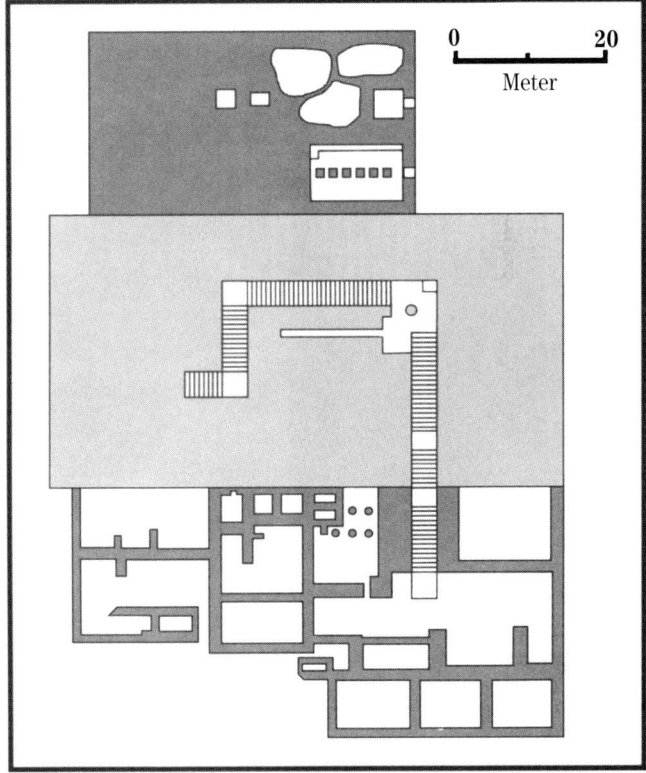

Unweit der westlichen Deffufa legten die Franzosen die Ziegelfundamente eines geräumigen, runden Gebäudes frei, das als Versammlungs- und Zeremonienbau von unverkennbar afrikanischer Bauart gilt.[20] Solche Bauten sind heute noch in den Dörfern einheimischer Stämme zu sehen. Könnte es sich bei diesem Gebäude vielleicht um das königliche Haus des Prinzen von Kusch gehandelt haben, das in unmittelbarer Nähe der Residenz seines Oberherrn, des von Moses eingesetzten ägyptischen Gouverneurs, erbaut wurde?

Ein Hinweis darauf, daß möglicherweise Sobekhoteps erfolgreicher junger General die Deffufa erbauen ließ, könnte die lebensgroße Statue von Chaneferre Sobekhotep IV. sein, die im vergangenen Jahrhundert auf der Insel Argo direkt neben Kerma gefunden wurde. Lange gab es keine Erklärung für die Existenz dieser ägyptischen Königsstatue mitten im Königreich Kusch. Man vermutete, daß die Kuschiten sie als Beute aus einer der ägyptischen Festungen am zweiten Katarakt mitnahmen, nachdem diese gegen Ende der 13. Dynastie von den Ägyptern aufgegeben worden waren.[21] Doch wozu die gewaltige Anstrengung, solch eine schwere Statue in ihre Heimat zu transportieren? Welche Verwendung hätten sie wohl für sie gehabt? Doch selbst wenn ihnen Sobekhoteps Statue diese Mühe wert gewesen sein sollte, warum nahmen sie dann nur eine königliche Trophäe mit? Sir Alan Gardiner hat sich mit diesem Problem beschäftigt und ist zu sehr erhellenden Schlußfolgerungen gekommen:

> … man kann sich nur schwer einen Reim auf die kopflose Statue [des Sobekhotep] machen, die auf der Insel Argo südlich von Kerma gefunden wurde, zumal wir von einer beschädigten Inschrift im British Museum wissen, daß Krieg gegen dieses Land geführt wurde. War der Tatendrang dieses Königs der 13. Dynastie so groß, daß er seine Gefolgsleute oder Soldaten bis hinter den dritten Katarakt hinaus geführt hat?[22]

Eine einleuchtende Erklärung wäre, daß Moses als Oberbefehlshaber der ägyptischen Streitkräfte im Auftrag Sobekhoteps Kusch eroberte und dort zu Ehren seines Stiefvaters dessen Statue aufstellen ließ – wahrscheinlich in einem kleinen Tempel. Tatsächlich wurde Sobekhoteps Statue in einem Tempel späteren Datums gefunden, der möglicherweise über einem älteren, bescheideneren Schrein erbaut wurde. Auch ein früherer ägyptischer König, Sesostris III. aus der 12. Dynastie, hat an der Südgrenze seines Reiches eine Statue von sich aufstellen lassen, die drohend zu den Kuschiten hinüberblickte. Neben ihr ermahnte eine Stele die ägyptische Garnison, für ihn zu kämpfen. Die Inschrift lautet:

> Hier an der Grenze habe ich eine Statue von mir errichten lassen, damit ihr bei ihrem Anblick standhaft seid und um ihretwillen kämpft.

Zur Zeit der 12. Dynastie verlief die Grenze oberhalb des zweiten Katarakts, doch die Insel Argo liegt über 200 Kilometer weiter südlich des dritten Katarakts. Sollte die Statue Sobekhoteps IV. denselben Zweck erfüllen wie die seines Vorgängers? Symbolisierte sie um die Mitte der 13. Dynastie einen dramatischen Vorstoß nach Süden?

Der Hügel der Hyäne

Ich war 1989 zum erstenmal in Tell el-Daba, als ich auf dem Weg nach Tanis der dortigen österreichischen Grabungsmission einen Besuch abstattete. Schon seit Jahren hatte ich die Arbeit von Professor Manfred Bietak und seinen Kollegen mit Interesse verfolgt und wiederholt mit dem Grabungsleiter korrespondiert. Da meine Reise ins östliche Delta in die Grabungssaison im Herbst fiel, wollte ich die Gelegenheit nutzen, um Professor Bietak endlich persönlich kennenzulernen.

Ich reiste damals zusammen mit meiner Frau Ditas und meinem langjährigen Freund und Kollegen Val Pearce. Wir brachen in aller Frühe in Kairo auf, denn wir wollten noch vor Mittag in Tell el-Daba sein. Uns stand eine dreistündige Fahrt im Taxi bevor, und das in einem Wagen ohne Klimaanlage!

Als wir kurz vor Fakus die Hauptverkehrsstraße Ismailias verließen und den Horizont nach Überresten des alten TELL absuchten, sehnten wir uns nach einer Erfrischung und einem schattigen Plätzchen. Von der Straße aus, die dicht am Westufer des Didamun-Kanals entlangführt, erspähte ich in einiger Entfernung die hellweißen Wände des österreichischen Grabungshauses und dahinter die niedrige, langgestreckte Silhouette des größten Tells. Nach 500 Metern kam auch eine kleine Brücke, die das am Ostufer des Kanals gelegene Dorf Ezbet Ruschdi mit der geteerten Straße verband.

TELL: Ein alter Ruinenhügel, der im Laufe der Jahrhunderte aus den Überresten immer wieder zerstörter und neu errichteter Ziegelbauten entstanden ist.

293 Das Dorf Tell el-Daba. Im Vordergrund sind noch die Spuren der Grabungskampagne zu erkennen, die das österreichische Team während der sechziger Jahre hier durchführte.

Bei der Ankunft unseres Kairoer Taxis lief das ganze Dorf zusammen. Vorsichtig lotste unser Fahrer den Wagen durch eine Schar lärmender Dorfbewohner, die aber alle freundliche Gesichter zeigten. Die bunten Galabiyas der Kinder wirbelten um den Wagen, während wir uns auf enger Straße im Schrittempo durch die Ortschaft bewegten und immer wieder Wasserbüffeln, Kamelen und aufgeschreckten Hühnern ausweichen mußten. Als wir das Getümmel schließlich hinter uns gelassen hatten, fanden wir uns in einer kargen Wildnis wieder. Vor uns erstreckten sich weite Flächen sandiger Erde, aus der nur hier und da ein paar kümmerliche Büsche ragten. Die Totenstille dieser Einöde bildete einen starken Kontrast zu dem gerade erlebten Trubel.

Die schmale Straße hatte sich inzwischen buchstäblich in nichts aufgelöst. Da kein Weg mehr zu erkennen war, kurvte unser Fahrer nun um Hügel grauer Sandbänke herum, die oben mit staubigen Stechginsterbüscheln bewachsen waren. Das Herumgekurve schien eine halbe Ewigkeit zu dauern, doch irgendwann standen wir mitten auf einem staubigen Fußballfeld, das mit Schlaglöchern und weggeworfenen Blechdosen übersät war. Zwischen den rostenden Torpfosten auf beiden Seiten des Spielfeldes war kein Hälmchen Gras zu sehen. Hinter der Seitenlinie lag in einiger Entfernung das kleine Dorf Tell el-Daba.

Es erstaunt, daß ein so unscheinbarer kleiner Ort der Schauplatz des größten zeitgenössischen Ausgrabungsprojekts in Ägypten sein soll. Tell el-Daba bedeutet »Hügel der Hyäne«. Man braucht nicht viel Phantasie, um sich vorzustellen, daß diese auch heute noch abgelegene, in die Ruinen einer einstigen Metropole gebettete Siedlung vor ungefähr einem Jahrhundert nachts das Jagdrevier wilder Tiere war. Noch immer spuken die Geister des alten Auaris in den Ruinen, wie Archäologen, die hier gearbeitet haben, verschämt bestätigen. Man spürt das einfach in den Knochen. Wenn nun Kelle um Kelle die Überreste der Stadt zutage gefördert werden, scheint es, als ob die historischen Ereignisse, deren Schauplatz Auaris vom Ende der 12. bis zum Beginn der 18. Dynastie gewesen ist, auch weiterhin auf dem weitläufigen Areal lasten.

Wir ließen unser Taxi samt Chauffeur in der Mitte des Fußballfelds zurück und schritten über den Ruinenhügel auf eine Baumgruppe zu, hinter der sich Professor Bietaks Hauptquartier verbarg. Durch ein kleines Tor betraten wir einen hübschen Hof mit Bougainvilleen, die gerade in voller Blüte standen. In einer Ecke hatten die Österreicher eine kleine, aus der Stadt Pi-Ramesse stammende Kalksteinkapelle aus der Zeit Ramses' II. neu aufgebaut. In jedem schattigen Winkel des Hofs lagen Tischplatten über Böcken, auf denen sich Tonscherben stapelten. Um sie herum saßen Archäologen – Studenten wie Dozenten – und untersuchten die Sammlung. Signifikante Stücke wurden gereinigt und gezeichnet. Es herrschte eine entspannte, aber arbeitsame Atmosphäre.

Ein junger österreichischer Student führte uns um eine Ecke des Hofes zum Haupteingang des Seminargebäudes, wo wir dem großen Professor vorgestellt werden sollten. Im Innern des Gebäudes, auf dem Fußboden und an den Wänden, standen Kartons und Holzregale, die mit Artefakten unterschiedlicher Form und Größe vollgepackt waren, darunter große kanaanäische Vorratsgefäße, kleine lederfarbene Töpfe und zahlreiche Exemplare der berühmten schwarzen TELL EL-JA-HUDIJA-KERAMIK. Es war nicht leicht, sich in der schmalen Gasse zwischen all diesen Fundstücken vorwärts zu bewegen, doch schließlich gelangten wir in einen Raum, der mit großen Landkarten und Lageplänen geradezu tapeziert war. Dort verbrachten wir dann eine ebenso vergnügliche wie lehrreiche Stunde mit dem Professor, der uns alles Wissenswerte über die Grabungsarbeit und die Topographie des Areals erzählte.

TELL EL-JAHUDIJA-KERAMIK: Ein Typus von Töpferware, den Petrie bei seinen Ausgrabungen in Tell el-Jahudija (»Hügel des Juden«) im Ostdelta entdeckte und nach diesem ersten Fundort benannte.

Manfred Bietak ist ein außergewöhnlicher Mensch. Sein Bart verleiht ihm eine Aura strenger Autorität, die ihm wegen seiner großen Erfahrung auch zukommt. Das Funkeln in seinen Augen verrät aber auch, daß ihn seine Lebensaufgabe nach wie vor fasziniert und begeistert. Seit über dreißig Jahren führt er in Ägypten Ausgrabungen durch. Er hat schon viele erstaunliche Funde gemacht. Saison für Saison erregen seine archäologischen Entdeckungen in der ganzen Welt Aufsehen. Außerhalb der beiden Hauptgrabungszeiten verbringt er einen guten Teil des Jahres mit Konferenzen und Vorträgen in Europa und Amerika. Trotzdem findet er noch Zeit, für seine Studenten am Österreichischen Institut für Ägyptologie in Wien Seminare zu veranstalten. Der Mann ist ein Wirbelwind.

Viele Argumente, die ich auf der letzten Etappe unserer Reise durch die Zeit vorbringen werde, stützen sich auf die Forschungsergebnisse Professor Bietaks und seiner Mitarbeiter, von denen ich hier vor allem Josef Dorner, Dieter Eigner, Peter Jánosi, Gilbert Wiplinger, Irmgard Hein, die Konservatorin Lyla Pinch-Brock und die Anthropologen Eike-Meinrad Winkler und Harald Wilfing nennen möchte. Ohne ihre freundliche und selbstlose Unterstützung wäre ich nicht in der Lage gewesen, meine Geschichte zu Ende zu schreiben und der Gestalt des historischen

295   Professor Manfred Bietak.

Josef nachzuspüren. Daher möchte ich im folgenden über den Verlauf der österreichischen Ausgrabungen zusammenfassend berichten.

Bietak und sein Team trafen 1966 in Tell el-Daba ein. Die Umgebung des Ortes – das Gebiet zwischen den Dörfern Kantir im Norden und Khatana im Süden – war bereits 1883 von Achmed Effendi Kamal – dem ägyptischen Inspektor, der Emil Brugsch ein Jahr zuvor zum geheimen Königsgrab begleitet hatte – oberflächlich erkundet worden. Im Jahr 1885 kam dann Edouard NAVILLE und legte einen großen Tempelhof mit Säulen und einem Sphinx frei, auf dem die Kartuschen der Königin Nofrusobek, der letzten Herrscherin der 12. Dynastie, zu erkennen waren.[23]

Im Jahre 1929 grub Machmud HAMZA südlich von Kantir einen großen Ramessiden-Palast aus.[24] Man fand Hunderte farbenprächtiger Fayencekacheln, teilweise mit Einlagen aus Alabaster oder Glas. Bei der anschließenden Rekonstruktion stellte sich heraus, daß sie einst Tor- und Fensterbögen sowie einige Thronaufgänge geziert hatten (ein solcher Thronaufgang ist im Metropolitan-Museum zu bewundern). Auf vielen Kacheln sind Vasallen und Kriegsgefangene aus den von Ägypten eroberten Reichen im Süden und Norden abgebildet. Dieser große Palast Sethis' I. und Ramses' II. muß sich durch überwältigende Farbenpracht und erlesene Exotik ausgezeichnet haben. Hamza gelangte zu dem richtigen Schluß, daß er mit ihm den Königspalast der Ramessidenhauptstadt Pi-Ramesse freigelegt hatte, doch es sollte vierzig Jahre dauern, bis seine Auffassung sich schließlich weitgehend durchsetzte. Noch bis vor kurzem beharrten die meisten Wissenschaftler darauf, daß Tanis die Ramsesstadt gewesen sei. Inzwischen ist jedoch erwiesen, daß Tanis erst am Anfang der Dritten Zwischenzeit gegründet wurde. Heute sind sich die Archäologen einig, daß sie in der Umgebung des Dorfes Kantir nach den Überresten der Stadt Pi-Ramesse (der Ramsesstadt der Bibel) suchen müssen.

Im Jahr 1937 ließ Zaki Sous von der ägyptischen Altertümerverwaltung die drei großen Granitblöcke im Gebiet des kleinen Dorfes Ezbet Helmi wegräumen. Sie hatten einst zum Toreingang des von Amenemhet I. erbauten (und später von Sesostris »renovierten«) Hofes (*djadja*) gehört, der zuvor schon von Naville erforscht worden war.[25]

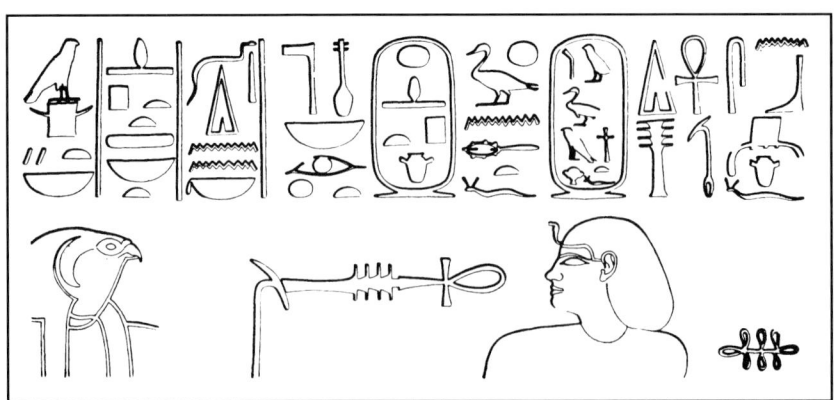

Der nächste Ägyptologe, der in der Region Kantir/Khatana Ausgrabungen durchführte, war der große ägyptische Archäologe Labib HABACHI. Er fand in den vierziger Jahren weitere Statuen der Königin Nofrusobek und andere, die einem unbekannten Pharao der 13. Dynastie namens Amu-Saharnedjherjotef (»der Asiate, Sohn des Harnedjherjotef«) gehört hatten.[26]

Im Jahre 1955 entdeckte ein weiterer ägyptischer Archäologe namens Mohamed Shehata ADAM im Dörfchen Ezbet Ruschdi eine Siedlung aus der Zeit des Mittleren Reiches. Sie umschloß einen großen Tempel, der von Amenemhet I. erbaut und später von Sesostris III. erweitert worden war.[27] Im weiter nördlich gelegenen Kantir förderte er später den Kalksteinsockel einer Statue Ramses' II. zutage, die an den Knöcheln abgebrochen war. Als er daraufhin in der Umgebung die obere Erdschicht abtragen ließ, stieß er auf die Fundamente einer Schlammziegelkonstruktion, bei denen es sich wahrscheinlich um die Überreste eines Tempelpylon handelte, vor dem der Koloß einst gestanden hatte.

Daß diese Monumente aus der 12., der 13. und der 19. Dynastie über ein so großes Gebiet verstreut waren, sprach eindeutig dafür, daß sie alle einmal in einer einzigen großen Stadt gestanden hatten. Um diese These zu erhärten, kamen die österreichischen Archäologen 1966 in die Region.[28] Sie ahnten damals nicht, daß sie dort nicht nur die Stadt Pi-Ramesse, sondern auch die noch viel ältere Stadt Auaris finden würden – und mit ihr archäologische Zeugnisse für den Aufenthalt der Israeliten in Ägypten.

Labib HABACHI: 1906–1984.
Mohamed ADAM: 1917–1986.

297 Diese drei Blöcke aus rötlichem Granit bildeten einst den Torrahmen zur *djadja* Amenemhets I., die später von Sesostris III. restauriert wurde.

298 Der in Kantir (dem einstigen Pi-Ramesse) gefundene Arm einer kolossalen Kalksteinstatue Ramses' II. (siehe S. 305).

Auaris und die Israeliten

Nach ihrer Ankunft in Tell el-Daba erforschten Professor Bietak und sein Team zunächst die Außenbezirke, um das Ausmaß der Grabungsarbeiten besser einschätzen zu können. Aber schon bald konzentrierten sie ihre Aktivitäten auf den niedrigen Hügel im Norden des Dorfes, wo inzwischen ihr Grabungshaus eingerichtet worden war. Sie fanden heraus, daß es sich hierbei um die letzten Überreste der alten Stadt Auaris handelte, die in Dokumenten aus der Zeit des Neuen Reiches mit dem südlichen Viertel von Pi-Ramesse gleichgesetzt wird. Bietak erkannte recht früh, daß vor dem Bau von Pi-Ramesse durch die ersten Pharaonen der 19. Dynastie am östlichen Ufer des Pelusischen Nilarms viele Jahrhunderte früher bereits die Stadt Auaris gegründet worden war. Seit Josef Dorner in dieser Region eine Reihe von Bohrungen durchgeführt und über achthundert Bohrkerne analysiert hat, kennen wir auch ihre damalige Topographie.[29]

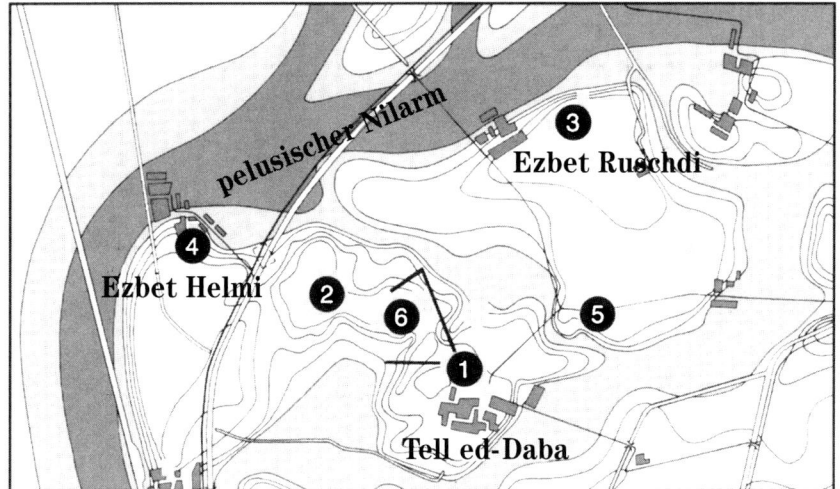

299 Der Plan zeigt die Hauptgrabungsgebiete, die seit 1966 vom österreichischen Archäologenteam erschlossen werden, sowie die Stätten früherer Ausgrabungen in der Region Kantir/Khatana. (1) Haupthügel A in Tell el-Daba (dörfliche Siedlung); (2) Areal F (in der sich ein Palast und ein Garten aus der 13. Dynastie befanden); (3) Der aus dem Mittleren Reich stammende Tempel in Ezbet Ruschdi; (4) Die Granitblöcke vom Eingang der *djadja* aus der 12. Dynastie in Ezbet Helmi; (5) östlicher Vorort von Auaris; (6) Das österreichische Grabungshaus auf dem Areal des Seth-Tempels von Auaris. Aufschluß über die Topographie von Auaris und die ursprüngliche Lage der Stadt am Pelusischen Nilarm geben die von Josef Dorner durchgeführten Bohrkernanalysen.

Auaris wurde auf einer Reihe kleiner sandiger Hügel erbaut, an die im Osten und Süden Sumpfland und im Westen und Norden der Strom grenzte. Auf den höher gelegenen trockenen Flächen standen dicht aneinandergedrängt bescheidene, ganz aus Schlammziegeln erbaute Häuser, zwischen denen sich enge Gassen schlängelten.

An die Häuser schlossen sich die Grabstätten ihrer Bewohner an, die in der Regel in unterirdischen Schlammziegelgrüften innerhalb des Familienanwesens beigesetzt wurden. Bietak machte die erstaunliche Entdeckung, daß die Grabbeigaben aus den meisten Gräbern asiatischen Ursprungs waren. Die Menschen, die die aus den Nähten platzende Stadt Auaris bevölkert hatten, kamen aus Palästina und Syrien! Archäologen bezeichnen die materielle Kultur dieses levantinischen Volkes als Mittlere Bronzezeit II (oder MB II).

Die ersten Einwanderer aus Vorderasien drangen offenbar gegen Ende der 12. Dy-

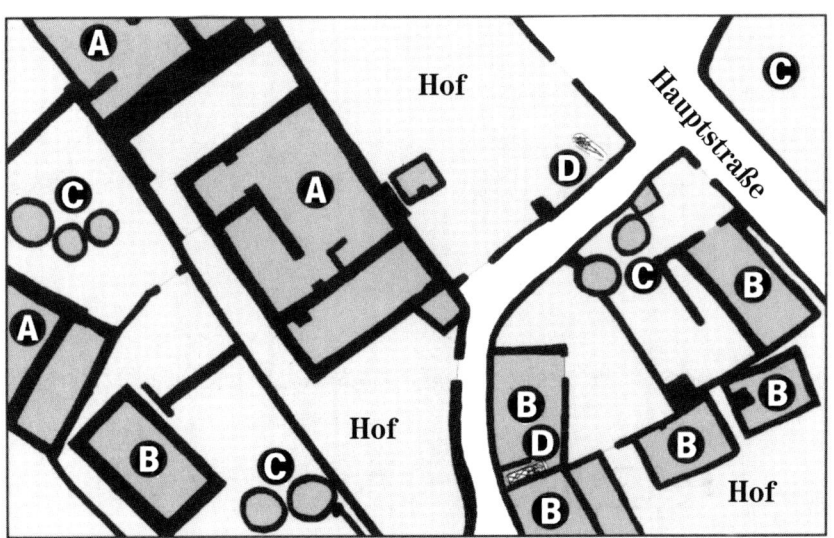

300 Ein Teil des Stadtplans von Auaris zur Zeit der 13. Dynastie (i. e. nach der Neuen Chronologie die Zeit, in der die Israeliten dort siedelten); der Plan, der auf den Ergebnissen der österreichischen Ausgrabungen am Haupthügel (Stratum G/1–2) fußt, zeigt:
(A) Geräumige Schlammziegelhäuser mit mehreren Räumen und einem großen Hof zur Haustierhaltung. Die Höfe sind von einer niedrigen, nur einen Ziegel breiten Mauer umgeben.
(B) Kleinere, nur aus einem Raum bestehende Häuser – wahrscheinlich für die verheirateten Kinder des im Haupthaus wohnenden Familienoberhauptes.
(C) Getrennte Getreidesilos für die einzelnen Familien.
(D) Gräber – in den Hof eingelassen oder direkt neben (manchmal auch in) den Häusern.

	Palastareal F	Hauptruinenhügel A	Periode	Stratigraphie Areal F	Tell A
1193	Vertreibung der Hyksosherrscher der 15. Dynastie durch Ahmose, König der 18. Dynastie.	Dichte vorderasiatische Bevölkerung. Die Stadtbewohner legen ihre Grabstätten in Grüften unter den Häusern an. Die gefundenen Töpferwaren deuten auf eine enge Verbindung mit Zypern – vielleicht eine Folge des ausgedehnten Seehandels, den die in der Festung von Auaris residierenden Handelsfürsten der 15. Dynastie aufbauten.	SB I	freigelegt	D/2
	Ein Eroberervolk indoeuropäischen Ursprungs läßt Auaris befestigen. Der Ort wird zum ägyptischen Hauptstützpunkt ihres weitverzweigten Handelsnetzes in der Levante ausgebaut. Im Osten der Festung entsteht über dem einstigen israelitischen Dorf Rowarty/Auaris die Stadt Auaris.		MB IIB	a/2	D/3
1300					E/1
	Auaris wird Schauplatz einer neuen Besiedlung durch vorderasiatische Krieger, die keine kulturelle Verbindung zu Ägypten haben. Diese neue MB-IIB-Stadt hat einen eigenen Besiedlungsplan und steht in einer anderen Orientierung zur früheren israelitischen Stadt.	Das alte israelitische Dorf wird mit einem Tempelkomplex überbaut. Es werden Tempel im kanaanäischen und im ägyptischen Stil errichtet. Diese Schicht kann als Rest der Hauptstadt von Nehesys kleinem Königreich angesehen werden.		b/1	E/2
					E/3
	Invasion von Schasu-Stämmen aus dem Negev und aus Südpalästina.			b/2	F
1447	Auszug der Israeliten – der Ort wird aufgegeben.			Hiatus	Hiatus
	Gegen Ende der Siedlungsepoche kommt es zu einer Katastrophe, die eine rasche Beerdigung der Opfer in flachen Massengräbern erfordert.	Zeit der Fronknechtschaft der Israeliten. Die Stadt ist dicht mit geräumigen Häusern und Gesindequartieren bebaut. Gegen Ende der Besiedelungsschicht gibt es zahlreiche flache Massengräber. Insgesamt wurden mehr Frauen beigesetzt als Männer, was auf einen geringeren männlichen Bevölkerungsanteil schließen läßt.	MB IIA	c/1	G/1
	Der verlassene Palast wird schließlich überbaut, als das Zentrum der Stadt sich immer weiter nach Westen verlagert. Im Areal F werden neue Häuser errichtet, die ähnliche Grundrisse haben wie die auf dem größten Ruinenhügel.			c/2	G/2
					G/3
1583	Der Palast wird aufgegeben.			Hiatus	
	Josef läßt sich als Ruhesitz einen Palast im ägyptischen Stil über dem einstigen Wohnhaus seines Vaters errichten.	Dichte Besiedlung; Häuser mit zwei Räumen und großen Höfen. Die israelitischen Siedler legen innerhalb des Wohnhausbereichs Familiengräber an.		d/1	G/4
1646	Jakob stirbt und wird in Hebron beigesetzt.				
	Jakob läßt sich in Rowarty nieder, wo er sich ein vornehmes Wohnhaus im syrischen Stil baut.	Offene Höfe mit niedrigen Mauern und kleinen Hütten.		d/2	H
1662					
	Besiedlungspause	Unerschlossen	MB I	Besiedlungspause	unerschlossen
1783	Das Dorf wird aufgegeben.			e	
	Dorf für die Arbeiter, die auf diesem Areal für Amenemhet I. monumentale Bauten errichten.				
1812					

nastie (während der Mittleren Bronzezeit II A) in die Region Kantir/Khatana ein und ließen sich im Umkreis von Tell el-Daba nieder, das später den Kern der Stadt Auaris bilden sollte. Die asiatische Besetzung wurde von Ahmose beendet, der die in Auaris residierenden Hyksosherrscher der 15. Dynastie zu Beginn des Neuen Reiches (während der Übergangsphase von der Mittleren Bronzezeit II B[30] zur Späten Bronzezeit I) vertrieb. Bietak konnte dieser Epoche mehrere Hauptsiedlungsebenen zuordnen, was darauf hindeutet, daß zwischen der Ankunft und dem Abzug der Fremden eine lange Zeitspanne lag.

Nach der Neuen Chronologie muß es sich bei dieser ersten Einwanderungswelle aus Vorderasien um die frühen Israeliten gehandelt haben. Tatsächlich lassen sich die Spuren unserer Israeliten – also jener Stämme, deren historische Existenz die Grundlage für die am Ende des Buches Genesis und im Buch Exodus überlieferte Geschichte bildet – in den Strata H und G/4 bis G/1, den ersten Ebenen der asiatischen Stadt, archäologisch nachweisen. Auch in den späteren Strata F bis D/2 finden sich Belege für eine asiatische Siedlung, doch deren Bewohner verhielten sich trotz gewisser kultureller Ähnlichkeiten ganz anders als ihre Vorgänger, deren Präsenz sich in den früheren Strata H bis G/1 nachweisen läßt. Bietak weist darauf hin, daß diese frühen vorderasiatischen Einwanderer in hohem Maße »ägyptisiert« waren[31], also viel von der ägyptischen Kultur übernommen hatten. Doch die Asiaten, die sich später, nämlich erst gegen Ende der 13. Dynastie, in Ägypten niederließen – und die ich im folgenden mit den Hyksos-Invasoren gleichsetzen werde –, verhielten sich ganz anders. Nach Bietak waren ihre Gräber »rein kanaanäisch … und zeigten kaum ägyptischen Einfluß« – mit anderen Worten, es handelte sich um Neuankömmlinge aus der Levante. Warum übernahmen die ersten vorderasiatischen Einwanderer sehr viel mehr von der ägyptischen Kultur als nachfolgende Stämme? Wenn wir erstere mit Josefs Brüdern gleichsetzen, liegt die Antwort auf der Hand. Aus dem biblischen Bericht geht klar hervor, daß Josef selbst die ägyptische Kultur in sich aufgenommen hatte und die kulturelle Assimilation seines Volkes billigte. Doch obwohl die frühen Israeliten sich in vielerlei Hinsicht der Lebensweise der Ägypter anpaßten, behielten sie die wichtigsten religiösen Riten ihrer eigenen hebräischen Kultur bei – mit anderen Worten ihre Bestattungsbräuche.

Zwischen Stratum G/1 und Stratum F ist eine zeitlich klar abgrenzbare Besiedelungspause zu erkennen. Diese Unterbrechung ist für das in diesem Buch entwickelte historische Modell von einiger Bedeutung, da sie, wie im nächsten Kapitel zu zeigen sein wird, den Zeitpunkt des biblischen Exodus in der Archäologie Tell el-Dabas markiert.

Zunächst wollen wir uns jedoch noch etwas näher mit jenen Bewohnern beschäftigen, die in den früheren Strata H bis G/1 ihre Spuren hinterließen, denn es liegen einige interessante Erkenntnisse über diese frühen Siedler vor. Zunächst stellten Eike-Meinrad Winkler und Harald Wilfing bei einer anthropologischen Analyse der Skelettreste fest, daß in dieser frühen Phase mehr Frauen als Männer begraben

301 Vorhergehende Seite: ein kurzer Abriß der Geschichte von Tell el-Daba/Auaris, wie sie sich nach der Neuen Chronologie darstellt. Veränderungen der kulturellen Besonderheiten der Bewohner wurden den jeweiligen Perioden der Mittleren Bronzezeit zugeordnet.

302 Das Grab eines männlichen vorderasiatischen Siedlers aus Auaris. Charakteristisch ist die Stellung des Bestatteten: die Beine angewinkelt und das Gesicht nach Osten gerichtet.

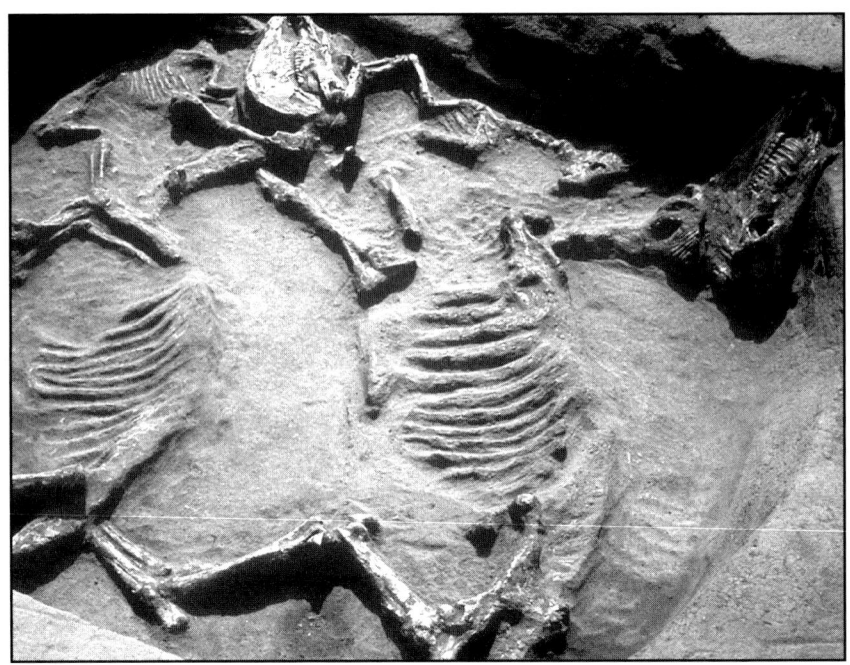

303 Beerdigte Esel vor einem Grab in Tell el-Daba. Unterhalb der Schädel der Reittiere sind die Skelette von Schafen zu erkennen.

304 Fischförmiger kleiner Krug im Tell el-Jahudija-Stil aus Tell el-Daba (F/1–G/24).

305 Kunstvolle Bronzedolche aus der 12. und 13. Dynastie, die einst Stammesoberhäuptern gehörten. Fundort sind zwei Gräber in Tell el-Daba (der obere in Grab F/l-o/2017, der untere in Grab F/l-m/18:3).

wurden.[32] Das könnte einmal bedeuten, daß der weibliche Bevölkerungsanteil in Auaris damals überdurchschnittlich hoch war. Doch im Lichte der biblischen Geschichten über den Aufenthalt der Israeliten in Ägypten könnte man dieses Mißverhältnis auch mit dem Ausmerzen des männlichen Nachwuchses erklären – die Tat eines neuen Pharaos, »der Josef nicht gekannt hatte« (Exodus, 1,8) und der eine große asiatische Minderheit in Ägypten als eine politische Bedrohung empfand.

Im gleichen Zusammenhang wurde auch entdeckt, daß der Anteil der Kindergräber in Tell el-Daba im Vergleich zu anderen archäologischen Stätten des Alten Orients ungewöhnlich hoch war.[33] Fünfundsechzig Prozent der dort bestatteten Toten waren Kinder unter achtzehn Monaten. Nach unseren heutigen statistischen Daten über frühe Gesellschaften würde man eine Sterblichkeitsrate bei Kindern in der Größenordnung von zwanzig bis dreißig Prozent erwarten.[34] Könnte sich diese Differenz ebenfalls mit der Ermordung der männlichen Nachkommen der Israeliten erklären lassen?

In den Gräbern des Stratums G fanden die Österreicher bronzene Ritualdolche mit breiten Klingen, kupferne Ziergürtel, verschiedene Typen von Töpferware sowie zerlegte Schafe, die zweifellos während der Bestattungszeremonie als Opfer dargebracht wurden. Eine Analyse der Schafskadaver ergab, daß es sich um eine langhaarige Rasse handelte. Die vorderasiatischen Einwanderer des frühen Auaris führten das levantinische Langhaarschaf in Ägypten ein, was die Schlußfolgerung erlaubt, daß sie ursprünglich Hirten waren.

Sie [die Israeliten] nahmen ihr Vieh und ihre Habe, die sie in Kanaan erworben

MOSES UND KHENEPHRES

hatten, und gelangten nach Ägypten, Jakob und mit ihm alle seine Nachkommen. (Genesis 46,6)

Es wurden auch kleine Öl- und Parfumgefäße jenes Typs gefunden, der als Tell el-Jahudija-Keramik bekannt ist. Die schwarze oder dunkelgraue Keramik, die eingeritzte und anschließend mit weißer Farbe hervorgehobene Muster aufweist, kommt in drei Grundformen vor: ZOOMORPHISCH (meist fischförmig), birnenförmig und walzenförmig (zylindrisch), wobei der birnenförmige Typ in der Regel älter zu sein scheint als der zylindrische. Dieser feststellbare chronologische Trend wird später bei der Erörterung der Geschehnisse des Buches Josua – der Eroberung und Zerstörung Jerichos – noch eine gewisse Rolle spielen.

Die in den Strata H bis G/1 entdeckten Gräber männlicher Erwachsener enthielten auch eine Reihe von Waffen (hauptsächlich Dolche und Speere mit Tüllen). Diese Männer waren also nicht nur Hirten, sondern auch Krieger. Die Bibel erzählt uns wenig über das Kriegswesen der frühen Hebräer, doch interessanterweise enthalten die rabbinischen Schriften, so phantasievoll sie auch sein mögen, Überlieferungen, in denen die Israeliten Ägyptens Ostgrenze gegen plündernde Nomaden verteidigen – gegen »die Söhne Esaus«, die Ismaeliter und die Edomiter. Einer dieser Abwehrkämpfe fand sogar in Ramses statt. [35]

Was die österreichischen Archäologen in Tell el-Daba entdeckten, ist eine faszinierende vorderasiatische Kultur, die in jeder Hinsicht dem entspricht, was uns das Alte Testament über die frühen Israeliten berichtet. Rund zwei Jahrhunderte lang hatten die Archäologen in Ägypten vergeblich nach Zeugnissen für den Aufenthalt

ZOOMORPHISCH tiergestaltig.

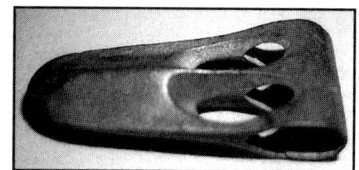

306 Ein in Tell el-Daba gefundenes bronzenes Beilblatt des »Schnabeltier«-Typs aus der späten 12. Dynastie – die typische Waffe eines Stammeskriegers aus der MB II A (Grab F/l-o/19:8).

307 Panorama der Region Kantir/Khatana. Im Vordergrund der Didamun-Kanal, in der Bildmitte die flachen Ruinenfelder von Ezbet Ruschdi und Tell el-Daba.

der Israeliten gesucht. In den Strata der 19. Dynastie, wo ihre Siedlungen nach der traditionellen Chronologie hätten liegen müssen, war keine Spur von ihnen zu entdecken. In jenen Schichten von Pi-Ramesse (der biblischen Ramsesstadt), die dem Neuen Reich zugeordnet werden, fanden sich bisher keinerlei Belege für die traditionelle Hypothese, daß dort in der betreffenden Zeit eine große asiatische Minderheit gelebt haben soll. Doch man brauchte nur etwas tiefer zu graben, um unter der Hauptstadt der 19. Dynastie auf die Stadt Auaris zu stoßen, deren Bevölkerung zum überwiegenden Teil aus Asiaten bestand.

Die einzige Epoche der ägyptischen Geschichte, aus der uns eindeutige archäologische Zeugnisse für die Präsenz einer großen asiatischen Minderheit im östlichen Delta (d. h. in Goschen/Kessan) vorliegen, ist die Zweite Zwischenzeit. In diese Epoche fallen nach der Neuen Chronologie die historischen Ereignisse, die den Kern des biblischen Berichts über den Aufenthalt der Kinder Israel in Ägypten, ihre Knechtschaft und ihren Auszug bilden.

---

24 Der Aufenthalt der Israeliten in Ägypten begann gegen Ende der 12. Dynastie und dauerte fast bis zum Ende der 13. Dynastie. Der archäologische Niederschlag dieser Zeit ist die als Mittlere Bronzezeit II A bekannte vorderasiatische Kultur. Die Israeliten siedelten in Ägypten hauptsächlich in der Stadt Auaris im Land Goschen. Ihre Überreste sind die in den Strata H bis G/1 von Tell el-Daba entdeckten Siedlungsanlagen und Gräber.

»Es war Mitternacht, als der Herr alle Erstgeborenen in Ägypten erschlug,
vom Erstgeborenen des Pharao, der auf dem Thron saß, bis zum
Erstgeborenen des Gefangenen im Kerker, und jede Erstgeburt beim Vieh.
Da standen der Pharao, alle seine Diener und alle Ägypter noch in der
Nacht auf, und großes Wehgeschrei erhob sich bei den Ägyptern;
denn es gab kein Haus, in dem nicht ein Toter war.«

Exodus 12,29–30

13

Der Auszug aus Ägypten

In Kapitel 4 haben wir gesehen, daß die Stadt, die im Buch Exodus 1,11 Ramses genannt wird, zur Zeit des Aufenthalts der Israeliten in Ägypten noch nicht so geheißen haben kann. An späterer Stelle wurde gezeigt, daß der Ort, an dem die Israeliten geknechtet wurden, Auaris war – die noch unter der Hauptstadt der 19. Dynastie, Pi-Ramesse, entdeckte Stadt. Von Auaris aus begannen die Israeliten ihren Marsch ins Gelobte Land. Ehe wir uns den Überlieferungen zuwenden, in denen die unmittelbar zum Exodus führenden Ereignisse und die anschließenden Jahre des Umherirrens im Sinai geschildert werden, wollen wir kurz auf das Thema der vorderasiatischen Fronarbeiter in Ägypten eingehen, die während der 13. Dynastie im Delta und im Niltal tatsächlich sehr zahlreich waren.

Israelitische Sklaven

In Ägypten kam ein neuer König an die Macht, der Josef nicht gekannt hatte. Er sagte zu seinem Volk: Seht nur, das Volk der Israeliten ist größer und stärker als wir. Gebt acht! Wir müssen überlegen, was wir gegen sie tun können, damit sie sich nicht weiter vermehren. Wenn ein Krieg ausbricht, können sie sich unseren Feinden anschließen, gegen uns kämpfen und sich des Landes bemächtigen. Da setzte man Fronvögte über sie ein, um sie durch schwere Arbeit unter Druck zu setzen. … Daher gingen sie [die Ägypter] hart gegen die Israeliten vor und machten sie zu Sklaven. Sie machten ihnen das Leben schwer durch harte Arbeit mit Lehm und Ziegeln und durch alle möglichen Arbeiten auf den Feldern. So wurden die Israeliten zu harter Sklavenarbeit gezwungen. (Exodus 1,8–14)

Das Brooklyn-Museum in New York besitzt eine beschädigte Papyrusrolle, deren nichtssagende Katalognummer Brooklyn 35.1446 lautet.[1] Sie wurde einst von Emil Brugschs unerschrockenem »Geheimagenten« Charles Wilbour erworben, als dieser 1881 mit dem Auftrag nach Theben geschickt wurde, die Grabräuber aufzuspüren, die allem Anschein nach ein intaktes Königsgrab entdeckt hatten. (Wie wir inzwischen wissen, handelte es sich dabei um das berühmte geheime Königsgrab des Der el-Bahri.) Wilbours Papyrusrolle ist datiert. Sie wurde während der Regierungszeit Sobekhoteps III., des Vorgängers von Neferhotep I., verfaßt. Dieser ägyptische König war nach der Neuen Chronologie eine Generation vor Moses' Geburt an der Macht. Die Bibel erzählt, daß das Volk Israel in der Zeit vor Moses' Geburt

308 Seite 323: Detailaufnahme von einem der anonymen Gräber von Auaris.

309 Modell einer Hausdienerin aus dem Grab des Maketre in Theben-West – 12. Dynastie. Das bunte Gewand deutet darauf hin, daß sie vorderasiatischer Herkunft ist. Metropolitan Museum, New York.

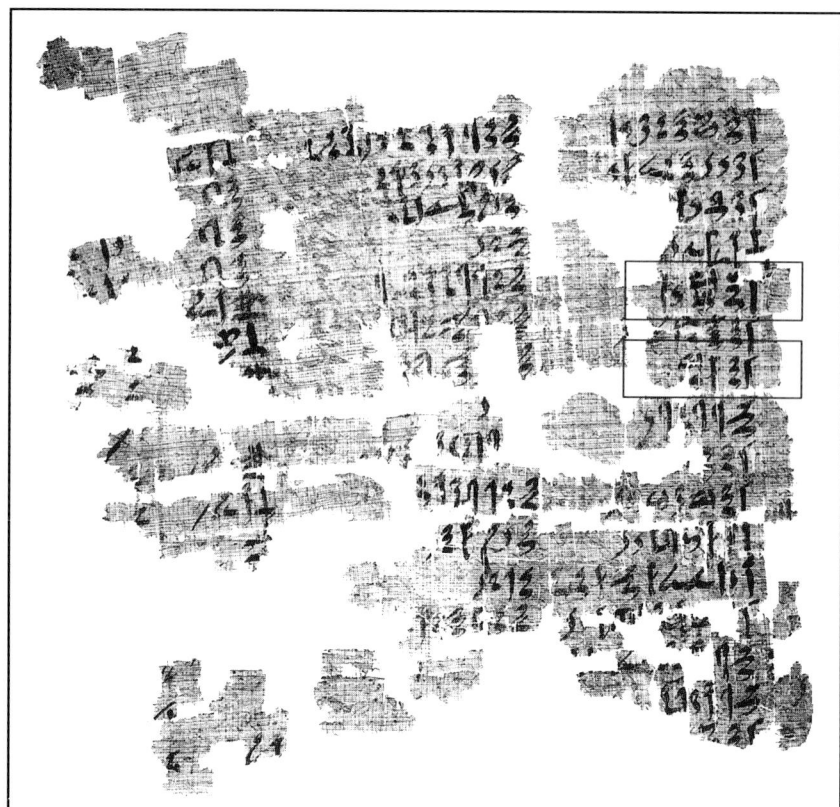

310 Ein Ausschnitt des Papyrus Brooklyn, auf dem die Namen der Dienerschaft eines oberägyptischen Haushalts aufgeführt sind. Zwei der biblischen Namen sind mit Kästchen umrahmt – im oberen steht Schifra und im unteren Ascher.

von den einheimischen Ägyptern unterjocht und zu harter Sklavenarbeit gezwungen wurde.

Die Vorderseite des Papyrus Brooklyn enthält die Abschrift eines Erlasses von König Sobekhotep III., der die Abtretung einer Gruppe von Haussklaven/Dienern (ägypt. *khenmu*) an ein Landgut im Gebiet von Theben genehmigt. Auf der Rückseite sind fast hundert Hausdiener namentlich aufgeführt, bei denen es sich vermutlich um die vorderseitig erwähnte Gruppe von Sklaven handelt. Ein Blick in die Liste lehrt, daß über fünfzig Prozent der insgesamt fünfundneunzig Namen semitischer Herkunft sind. All diese ausländischen Diener sind als *aamu* – der ägyptische Begriff für »Asiate« – ausgewiesen. Die ägyptischen Namen, die ihre Besitzer ihnen gaben, sind gesondert aufgeführt. So lesen wir zum Beispiel: »Der Asiate Dodihuatu, der Anchuemhesut genannt wird«.

Die Hälfte der Haussklaven dieses ägyptischen Landguts waren also Asiaten, denen man ägyptische Namen verliehen hatte. Und bei näherer Untersuchung ihrer ursprünglichen Namen entdecken wir sogar einige, die aus der Bibel bekannt sind.

(a) An elfter Stelle findet sich zum Beispiel der Name Menahem. So hieß später auch der sechzehnte König von Israel (743–738 v. Chr.).

(b) Unter 13, 14, 16, 22 und 67 tauchen Varianten des eponymischen Stammesnamens »Issachar« auf; so nannte Lea den fünften Sohn, den sie Jakob gebar.

(c) Unter 23 steht der Name des Stammes »Ascher«, benannt nach ihrem Ahnen, dem zweiten Sohn, den die Magd Silpa Jakob gebar.

(d) Schließlich ist unter 21 noch der Name »Schifra« zu lesen; so hieß eine der beiden im Buch Exodus 1, 15–21 genannten Hebammen, die die männlichen Neugeborenen der Israeliten töten sollten.

Auch im Papyrus Brooklyn taucht der ägyptische Begriff Apiru auf, auf dessen historische Verwandtschaft mit dem biblischen Begriff »Hebräer« (hebr. Sing. *ibri*, Plural *ibrim*) bereits hingewiesen wurde: An neunter Stelle steht »Apiru-Rischpu«. Wenn diese Liste repräsentativ für ein typisches Landgut um die Mitte der 13. Dynastie ist, dann war im Ägypten jener Zeit zumindest die Hälfte der Dienerschaft syropalästinensischen Ursprungs. Der große amerikanische Philologe William Foxwell Albright erkannte schon vor langer Zeit, daß die Namen dieser »Asiaten« der nordwestsemitischen Sprachgruppe zuzuordnen sind, zu der auch das biblische Hebräisch gehört. Und da auf dem Brooklyn-Papyrus die Haussklaven eines oberägyptischen Landguts aufgeführt sind, können wir vermuten, daß der Bevölkerungsanteil der vorderasiatischen Sklaven im Norden (Unterägypten) – vor allem im nicht weit von der Levante gelegenen Delta – noch wesentlich höher war und wahrscheinlich den überwiegenden Teil der Arbeitskräfte ausmachte. Andere Dokumente bestätigen, daß damals eine große vorderasiatische Minderheit in Ägypten lebte. Diese Erkenntnisse decken sich mit der Aussage im Buch Exodus 1,7:

Aber die Söhne Israels waren fruchtbar, so daß das Land von ihnen wimmelte. Sie vermehrten sich und wurden überaus stark; sie bevölkerten das Land.

Wie im vorigen Kapitel dargelegt, ergab eine Analyse der Gräber in Tell el-Daba, daß in Auaris mehr Frauen als Männer beigesetzt wurden. Als mögliche Erklärung für dieses Mißverhältnis haben wir die Ermordung der männlichen Nachkommen der Israeliten angeführt, von der das Buch Exodus 1,15–22 berichtet. Ein ganz ähnliches Bild ergibt sich aus dem Brooklyn-Papyrus. William Hayes, der Heraus-

311 Ein Holzmodell von Dienern, die Haushaltsgegenstände tragen. Es stammt aus dem Grab des Maketre, das ein Tal weiter südlich vom geheimen Königsgrab (aus dem Mittleren Reich) liegt. Metropolitan Museum, New York.

geber des publizierten Dokuments, äußert sich in seinem Kommentar zur schwer bestimmbaren Herkunft der vorderasiatischer Sklaven und sucht nach Erklärungen für den hohen Anteil weiblichen Sklaven in der Liste.

> Am meisten überrascht im Zusammenhang mit diesen asiatischen Dienern, daß ein oberägyptischer Beamter um die Mitte der dreizehnten Dynastie weit mehr als vierzig in seinem privaten Besitz gehabt haben soll. Wenn jeder größere ägyptische Haushalt über eine vergleichbare Dienerzahl verfügte, *fragt man sich, wie solche Scharen asiatischer Diener damals nach Ägypten gelangten, und wie es kam, daß sie ägyptischen Privatpersonen als Dienstleute zur Verfügung standen. ... Das zahlenmäßige Verhältnis zwischen Frauen und Männern, das hier ungefähr drei zu eins ist,* könnte darauf deuten, daß sie als Kriegsbeute von Feld- oder Raubzügen, an denen sich die meisten einheimischen Männer beteiligten, mitgebracht wurden. Doch zur Zeit des Mittleren Reiches fanden unseres Wissens keine größeren militärischen Operationen der Ägypter in Westasien statt, und mit Sicherheit nicht während der dreizehnten Dynastie.[2]

Mit unserer Neuen Chronologie lassen sich die von Hayes aufgeworfenen Fragen nun beantworten. Der Anteil der männlichen vorderasiatischen Bevölkerung sank nicht durch eine Reihe (nicht belegter) Kriege im Norden, sondern durch eine gezielte politische Maßnahme des ägyptischen Staates. Die israelitische Minderheit wurde als Bedrohung empfunden, weshalb – wie im Buch Exodus 1,15–22 beschrieben – ihre männliche Nachkommenschaft systematisch ermordet wurde. Auch die Herkunft dieser Ausländer läßt sich nun bestimmen: Sie wanderten in den Jahren nach der Ankunft Jakobs und seiner Brüder im Land Goschen nach Ägypten ein. Durch ihr gemeinsames Sklavenschicksal zusammengeschmiedet, verschmolzen im Lauf der 13. Dynastie die verschiedenen vorderasiatischen Gruppen (die mit den Israeliten unter dem Oberbegriff »Hebräer/Habiru/Apiru« zusammengefaßt werden könnten) zu einem großen Volk.

---

25 Die in verschiedenen Dokumenten aus der 13. Dynastie (insbesondere im Papyrus Brooklyn 35.1446) erwähnten vorderasiatischen Sklaven/Diener lassen sich mit dem »Mischvolk« gleichsetzen, das Ägypten schließlich unter der Führung Moses' verließ (Exodus 12,38). Die israelitischen Nachkommen Jakobs machten den größten Teil dieser vorderasiatischen Volksgruppe aus. Daher tauchen in den Dokumenten aus dieser Zeit auch eine ganze Reihe hebräischer/israelitischer Namen auf.

Es war Mitternacht, als der Herr alle Erstgeborenen in Ägypten erschlug, vom Erstgeborenen des Pharao, der auf dem Thron saß, bis zum Erstgeborenen des Gefangenen im Kerker, und jede Erstgeburt beim Vieh. Da standen der Pharao, alle seine Diener und alle Ägypter noch in der Nacht auf, und großes Wehge-schrei erhob sich bei den Ägyptern; denn es gab kein Haus, in dem nicht ein Toter war. (Exodus 12,29–30)

Welche Katastrophe Ägypten in der besagten Nacht auch immer ereilt haben mag, sie war ein schwerer Schlag für den Pharao und seine Untertanen. Ob sie buchstäb-lich über Nacht hereinbrach, wie im Buch Exodus beschrieben, oder etwas länger dauerte – Seuchen erreichen ihr volles Ausmaß nicht innerhalb einer einzigen Nacht –, ihre Spuren, also die Gräber ihrer Opfer, müßten sich archäologisch nachweisen lassen. Nach unserem neuen chronologischen Modell müssen wir sie in der bisher einzigen großen Grabungsstätte suchen, an der systematisch Schich-ten aus der späten 13. Dynastie erforscht wurden. Gibt es archäologische Belege für eine plötzliche Katastrophe in Auaris, die mit dem biblischen Bericht aus dem Buch Exodus übereinstimmen? Diese Frage können wir mit einem klaren Ja beantworten – auch wenn wir in diesem Zusammenhang nochmals betonen, daß wir in Ermangelung zeitgenössischer Berichte, die Ursache und Wirkung dieser Katastrophe beschreiben, nur mit einer *Interpretation* der archäologischen Quel-len aufwarten können.

Professor Bietak und seine Mitarbeiter legten am Ende des Stratums G/1 in Tell

312 Ein Gemeinschaftsgrab für die Kata-strophenopfer, mit denen das Stratum G in Tell el-Daba endet.

313 Ein weiteres Grab aus dem
Stratum G von Tell el-Daba.

el-Daba, das grob datiert in die Mitte der 13. Dynastie fällt, nach und nach eine Stätte des Grauens frei. Überall in Auaris fanden sie flache Gemeinschaftsgräber mit den eilig verscharrten Opfern einer furchtbaren Katastrophe. Die Toten waren nicht nach traditioneller Art in die Gräber gelegt, sondern kreuz und quer und übereinander hineingeworfen. Auch die sonst üblichen Grabbeigaben fehlten. Bietak sieht darin den direkten Beweis für eine Seuche oder eine andere, plötzlich über Auaris hereingebrochene Katastrophe.[3]

Die Archäologen fanden weiterhin heraus, daß die meisten Überlebenden anschließend ihre Häuser aufgaben und Auaris *scharenweise* verließen.[4] Nach einer Besiedelungsunterbrechung von unbekannter Dauer wurde der Ort dann erneut von Vorderasiaten besetzt, die im Gegensatz zu ihren Vorgängern aus Stratum G jedoch nicht »ägyptisiert« waren.

Stratum F markiert einen Neubeginn, eine erneute Besiedelung durch ein rein vorderasiatisches (kanaanitisches) Volk, dessen Kultur stark an die der früheren Siedler von Stratum G erinnert. Die neuen Bewohner des Ortes waren weniger zahlreich, dafür aber reicher als ihre Vorgänger aus Stratum G. Andererseits waren ihre Unterkünfte recht primitiv, was den Schluß erlaubt, daß es sich durchweg um Neuankömmlinge handelte. Die Bewohner von Stratum G hatten den Ort offenbar schon vor dieser neuen Einwanderungswelle verlassen. Die Neuankömmlinge bewohnten den Ort bis zum Beginn des Neuen Reiches.[5]

Das vorderasiatische Volk, das sich später in Auaris niederließ (in Schicht F), wohnte in den Ruinen von Stratum G, doch seine Gräber waren reich mit Edelmetallen und Schmuck versehen.[6] Warum sich die neuen Bewohner von Auaris mit bescheidenen Unterkünften begnügten, obwohl sie so kostbare Schätze besaßen, wird uns noch beschäftigen.

Ist es möglich, die Katastrophe von Auaris, die Aufgabe der Stadt und ihre spätere Neubesiedelung historisch zu datieren?

Wie bereits erwähnt, verfügen wir über einen pseudohistorischen Text aus dem ptolemäischen Ägypten, der diese frühere Epoche abdeckt. Unsere Quelle ist Manetho – oder genauer gesagt Josephus, der Passagen aus Manethos Geschichtswerk zitiert. Zum Untergang der 13. Dynastie und der Besetzung Ägyptens durch fremde Elemente schreibt Manetho nach Josephus folgendes:

Wir hatten einen König Namens *Timaos.* Unter ihm ward *Gott* – warum weiß ich nicht – uns ungnädig; und von den östlichen Gegenden überzogen Menschen unbekannter Herkunft dreist unser Land und nahmen es leicht und *ohne Schwertstreich* in Besitz. Nachdem sie sich der gebietenden Männer bemächtigt, äscherten sie sofort schonungslos die Städte ein und verwüsteten die Heiligtümer der Götter; alle Einwohner behandelten sie aufs feindseligste,

314 Gegenüber: Daten für die 13. Dynastie (bis Dedumose) nach der Neuen Chronologie. Zugrunde gelegt wurden die Angaben im Turiner Königspapyrus und eine durchschnittliche Regierungszeit von fünf Jahren.

DER AUSZUG AUS ÄGYPTEN

indem sie die einen niedermetzelten, den andern ihre Frauen und Kinder in die Sklaverei fortschleppten. *Endlich* machten sie einen aus ihrer Mitte Namens *Salitis* zum König. Dieser ließ sich in Memphis nieder, trieb von dem obern und untern Land schwere Steuern ein und legte Besatzungen in die tauglichsten Plätze. Vornehmlich aber befestigte er die östlichen Teile des Landes, um sich gegen die damals überaus mächtigen *Assyrer* zu schützen, denen er Gelüste zu einem Einfall ins selbe Königreich zutraute. Da er nun in dem Bezirke (Nomos) von Sais [dem sethroitischen Gau] eine östlich vom bubastischen Nilarm sehr günstig gelegene Stadt entdeckte, die von einem Vertreter einer älteren Götterlehre *Auaris* hieß, so erweiterte er sie, versah sie mit starken Befestigungswerken und legte in sie eine Besatzung von beinahe 240000 gutbewaffneten Kriegern. Hierher kam er zur Sommerszeit, teils um die Verteilung von Proviant und Sold vorzunehmen, teils auch, um durch fleißiges Exerzieren der Soldaten Fremden Furcht einzuflößen.

Einige interessante Details dieses Textes verdienen einen kurzen Kommentar:

Es wurde schon vor langer Zeit erkannt, daß der ägyptische König Timaos (die griechische Form seines Namens) mit Pharao Dedumose, einem späteren Herrscher der 13. Dynastie, gleichgesetzt werden kann.[7]

Bei dem Unglück, mit dem ein »ungnädiger Gott« Ägypten schlug, handelte es sich nicht um die Invasoren unbekannter Herkunft. Im publizierten griechischen Text sind die beiden Aussagen durch ein »und« (griech. *kai*) verbunden, doch geht ein Satzzeichen voraus, das die beiden Sätze gegeneinander abhebt. Der Invasion muß eine Katastrophe vorausgegangen sein. Dieser Schluß ergibt sich aus dem dann folgenden Satz, daß die fremden Eindringlinge Ägypten »leicht und ohne Schwertstreich« erobern konnten – denn gerade wegen der soeben erlittenen Katastrophe waren die Ägypter nicht in der Lage, sich zu verteidigen.

Das Wort »endlich« legt nahe, daß nach der ersten Invasion offenbar einige Zeit verstrich, bevor Salitis aus Auaris eine Festung machte. Doch aus dem Text geht nicht hervor, ob zwischen diesen beiden Ereignissen nur ein paar Monate oder mehrere Generationen lagen.

Nach Manethos Chronologie, die über Africanus und Eusebius auf uns gekommen ist, war Salitis der erste Herrscher der 15. Dynastie. Daher muß die Invasion einige (vielleicht sogar lange) Zeit vor der Gründung der 15. Dynastie stattgefunden haben.

Der Begriff »Assyrer« ist ein weiteres Beispiel für einen Anachronismus, denn

13. Dynastie	
1632	Sobekhotep I.
1627	Sechemkare
1622	6 Jahre ohne König
1616	Amenemhet V.
1612	Sehetepibre
1607	Efni
1602	Seanchibre
1597	Semenkare
1592	Sehetepibre
1587	Sewadjkare
1582	Nedjemibre
1577	Sobekhotep II.
1575	Renseneb
1575	Awibre Hor
1570	Sedjef[…]kare
1565	Wegaf
1563	Chendjer
1558	Emramescha
1553	Anjotef
1548	[…]set
1543	Sobekhotep III.
1540	Neferhotep I.
1530	Sihathor
1529	Sobekhotep IV.
1508	Sobekhotep V.
1503	Iaib
1493	Eje
1470	Sobekhotep VI.
1469	Seanchenre Sewadjtu
1467	Ined
1464	Hori
1459	Sobekhotep VII.
1457	[…] – [verloren]
1455	[…] – [verloren]
1452	[…] – [verloren]
1450	[…] – [verloren]
1448	Dedumose
1447	EXODUS

ein mächtiges assyrisches Reich, das den ganzen Alten Orient beherrschte, gab es erst im 9. Jahrhundert v. Chr.

Mit Hilfe des Turiner Königspapyrus läßt sich auch errechnen, wann die Regierungszeit Dedumoses, in die die Katastrophe fällt, nach der Neuen Chronologie in etwa begann. Am Ende von Kolumne VI ist die Kartusche von Chaneferre Sobekhotep IV. zu erkennen. Und Kolumne VII (von oben nach unten gelesen) verrät uns, wie die Herrscherliste für die 13. Dynastie weitergeht:

24. Chahetepre Sobekhotep V.	−4 Jahre 9 Monate
25. Wahibre Iaib	−10 Jahre 9 Monate
26. Merneferre Eje	−23 Jahre 8 Monate
27. Merhetepre Sobekhotep VI.	−2 Jahre 2 Monate
28. Seanchenre Sewadjtu	−3 Jahre 2 Monate
29. Mersechemre Ined	−3 Jahre 1 Monat
30. Sewadjkare Hori	−5 Jahre 8 Monate
31. Merkawre Sobekhotep VII.	−2 Jahre 4 Monate
32. [Name nicht mehr lesbar]	−x Jahre 11 Monate (?)
33. [Name nicht mehr lesbar]	−x Jahre 3 Monate (?)
34. [Name nicht mehr lesbar]	−x Jahre y Monate
35. [Name nicht mehr lesbar]	−x Jahre y Monate
36. [Dedu]mose	−x Jahre y Monate

Zwischen Chaneferre Sobekhotep IV. und Dedumose lagen also zwölf Könige. Im vorhergehenden Kapitel veranschlagten wir die Regierungszeit von Sobekhotep IV. auf ungefähr 1529 bis 1510 v. Chr. Das erste Regierungsjahr von Sobekhotep VII. (dem 31. Herrscher der Dynastie) fiel demnach ungefähr mit dem Jahr 1461 v. Chr. zusammen. Die Namen und Regierungszeiten der vier Pharaonen nach Sobekhotep VII. sind uns wegen der starken Beschädigung des Papyrus nicht bekannt. Doch wenn wir für jeden eine Regierungszeit von mindestens einem Jahr und höchstens fünf Jahren veranschlagen, dann muß Dedumose zwischen 1457 und 1444 v. Chr. den Thron bestiegen haben. Das biblische Datum für den Exodus ist das Jahr 1447 v. Chr. (Thieles Gründungsdatum für den Tempel – 968 v. Chr. – plus 479 Jahre), daher war aller Wahrscheinlichkeit nach Dedumose der Pharao des Exodus.
Im vorherigen Kapitel errechneten wir auch, daß Moses nach der biblischen Tradition im Jahr 1527 v. Chr. geboren wurde. Demnach wäre er bei Dedumoses Thronbesteigung zwischen zweiundsiebzig und fünfundachtzig Jahre alt gewesen. Fassen wir noch einmal die Übereinstimmungen zusammen, die sich aus unseren bisherigen Schlußfolgerungen und Berechnungen ergeben.

Moses wurde nach Artapanus während der Regierungszeit eines Pharaos namens Chaneferre (Khenephres) geboren.

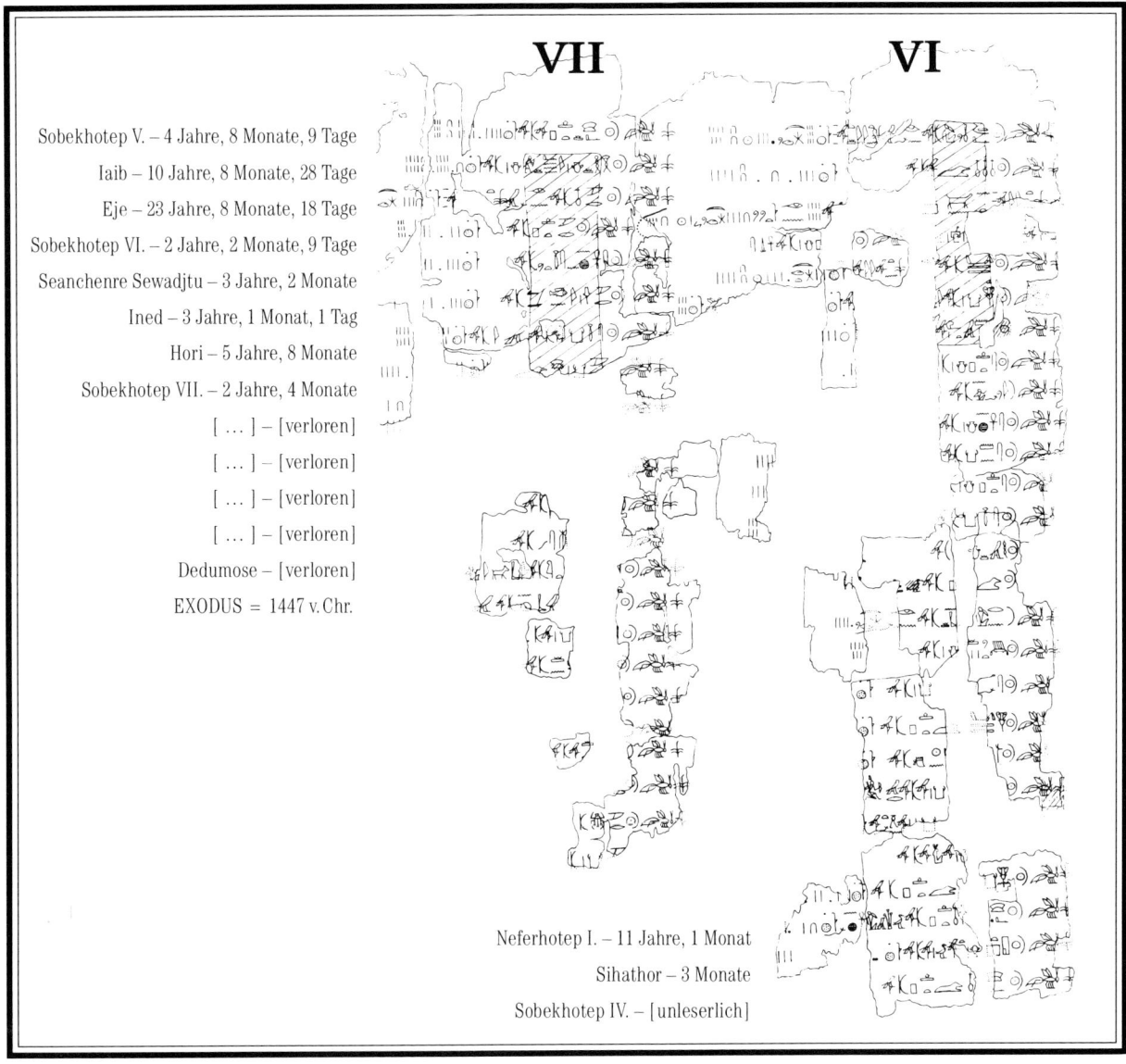

VII

Sobekhotep V. – 4 Jahre, 8 Monate, 9 Tage
Iaib – 10 Jahre, 8 Monate, 28 Tage
Eje – 23 Jahre, 8 Monate, 18 Tage
Sobekhotep VI. – 2 Jahre, 2 Monate, 9 Tage
Seanchenre Sewadjtu – 3 Jahre, 2 Monate
Ined – 3 Jahre, 1 Monat, 1 Tag
Hori – 5 Jahre, 8 Monate
Sobekhotep VII. – 2 Jahre, 4 Monate
[...] – [verloren]
[...] – [verloren]
[...] – [verloren]
[...] – [verloren]
Dedumose – [verloren]
EXODUS = 1447 v. Chr.

VI

Neferhotep I. – 11 Jahre, 1 Monat
Sihathor – 3 Monate
Sobekhotep IV. – [unleserlich]

Nach der bisher »schlüssigsten« astronomischen Rückrechnung zur Datierung der unter Ammissaduqa gemachten Venusbeobachtungen kam Chaneferre Sobekhotep IV. ungefähr 1529 v. Chr. an die Macht. Nach der Bibel wurde Moses 1527 v. Chr. geboren (auch dieses Datum ergibt sich aus Thieles allgemein anerkannter Chronologie für die Könige der getrennten Reiche und aus den chronologischen Daten der Bibel für das Großreich und die Richterzeit). Allerdings sollte dieses Geburtsdatum nur als eine ungefähre Angabe betrachtet werden, denn die Zeiten für den zweiten und den dritten israelitischen König der frühen Monarchie wurden in »runden Zahlen« von vierzig Jahren angegeben; eine ähnliche »runde Zahl« ist auch Moses' Alter beim Exodus (80 Jahre = 2 x 40). Fest steht jedoch, daß die Geburt Moses' nach der Neuen Chronolo-

315 Kolumnen VI und VII des Turiner Königspapyrus, aus denen die Stellung Dedumoses innerhalb der 13. Dynastie ersichtlich ist: er ist der dreizehnte Nachfolger von Chaneferre Sobekhotep IV.

316 Die Pyramidien von Eje (oben) und einem unbekannten Herrscher (unten). Daß sie in der Nähe von Tell el-Daba gefunden wurden, beweist, daß es im östlichen Delta Pyramiden gab, und könnte ein Hinweis darauf sein, daß die Pharaonen aus der Mitte der 13. Dynastie in Auaris beigesetzt wurden und demnach wohl auch dort residierten. Museum Kairo.

gie *und* nach der biblischen Tradition in die Regierungszeit eines Königs namens Chaneferre Sobekhotep IV. fiel. Und dieser König war der einzige ägyptische Pharao mit dem Thronnamen Chaneferre.

Das Alte Testament gibt Moses' Alter zur Zeit des Exodus mit achtzig Jahren an. Demnach spielten sich die dort episch geschilderten Ereignisse nach der Neuen Chronologie während der Regierungszeit eines Pharaos der 13. Dynastie namens Dedumose ab, dessen Daten wir aus den Angaben aus dem Turiner Königspapyrus herleiteten.

Nach Manetho war Gott den Ägyptern während der Herrschaft Dedumoses »ungnädig«, und die Ausgrabungen im Gebiet des einstigen Auaris ergaben, daß sich dort um diese Zeit tatsächlich eine schreckliche Katastrophe ereignet haben muß. Im Buch Exodus wird berichtet, daß Ägypten vor dem Aufbruch der Israeliten ins Gelobte Land von einer Reihe von »Plagen« heimgesucht wurde. Die zehnte und letzte Plage kam ganz plötzlich und verlief dramatisch.

All diese Quellen scheinen ein und dieselbe Geschichte zu erzählen. Obwohl diese Texte völlig unabhängig voneinander entstanden, stimmen sie in den Details verblüffend genau überein. Die biblischen Geschichten, die Moses' Leben und den Auszug der Israeliten aus Ägypten schildern, scheinen sich nahtlos in den neuen chronologischen Rahmen und in das in diesem Buch entworfene historische Gesamtbild einzufügen.

Ich bin nicht der erste, der das Exodusdatum in die späte 13. Dynastie verlegt. Bereits in den fünfziger Jahren entwarf Immanuel Velikovsky in seinem Werk *Zeitalter im Chaos* ein ganz ähnliches Modell.[8] Im Zusammenhang mit seinen Ausführungen zur Exodusgeschichte suchte er auch nach Erklärungen für die zehnte Plage – insbesondere für das Phänomen, daß nur die Erstgeborenen der einheimischen ägyptischen Bevölkerung getroffen sein sollten. Dieser Punkt bereitet auch mir Schwierigkeiten. Eine einfache Erklärung für den Exodus und die grausigen Funde in Stratum G wäre ein verheerendes Ereignis – eine Seuche, ein Erdbeben oder irgendeine andere Naturkatastrophe. Tatsächlich berichtet Artapanus, daß Ägypten in der Nacht vor dem Exodus von einem schweren Hagelsturm und einem heftigen Erdbeben heimgesucht wurde:

Doch als der König weiterhin verstockt blieb, sprach der Herr zu Moses, er solle nachts die Erde beben und Hagel niedergehen lassen, so daß diejenigen, die vor dem Erdbeben flohen, vom Hagel erschlagen, und diejenigen, die vor dem Hagel Schutz suchten, von dem Erdbeben vernichtet wurden. Und zu jener Zeit fielen alle Häuser und die meisten Tempel zusammen.[9]

Doch selbstverständlich kann sich eine solche Naturkatastrophe ihre Opfer nicht ausschließlich unter den ägyptischen Erstgeborenen gesucht haben.

Ein Erdbeben wäre zweifellos eine einleuchtende Erklärung für die Gemeinschaftsgräber am Ende von Stratum G und die anschließende Aufgabe der Stadt. Schwere Erdbeben hatten schon immer drastische Folgen für die Bewohner der betroffenen Regionen; sie beerdigten dann die Opfer in anonymen Gräbern und flüchteten in Scharen aus den zerstörten Städten. Als die Asiaten von Stratum F ins östliche Delta eindrangen, fanden sie von Auaris nur noch Ruinen. Die Neuankömmlinge benutzten die zerfallenen Häuser eine Zeitlang als provisorische Unterkünfte. Erst später bauten sie dann auf die Ruinen der Stadt aus der 13. Dynastie neue Häuser und Tempel.

Doch wie ist die Aussage zu bewerten, daß der Katastrophe nur die »Erstgeborenen« zum Opfer fielen? Velikovsky liefert eine Erklärung.[10] Das hebräische Wort für »Erstgeborener« ist *bekore,* doch es gibt im Hebräischen auch das Wort *bakhur* (das »ausgewählte Jugend« bedeutet). Beide scheinen sich von *bakhar* (»erste/beste Wurzel« oder »erster/bester Sproß«) abzuleiten. In der Bibel besteht eine klare Verbindung zwischen diesen beiden Wörtern. Wenn Gott Israel »mein Volk, mein erwähltes« (Jesaja 43,20) nennt, dann steht dort im Hebräischen entweder *Israel bechiri* oder *Israel bechori;* und Gottes Aussage: »Israel (ist) mein erstgeborener Sohn« (Exodus 4,22), lautet auf Hebräisch *Israel bekhori.* Wir können daher die Passage über den Tod der ägyptischen Erstgeborenen als einen literarischen Topos auffassen, der die Vernichtung der »Erwählten Ägyptens« oder, um einen geläufigeren Ausdruck zu verwenden, »der Blüte Ägyptens« meint. Durch Jahwes Strafe wurde Ägyptens Zukunft zerstört, die vielleicht der getötete Kronprinz, der erstgeborene Sohn von Dedumose, personifizierte.

---

26 Der Pharao des Exodus ist mit Pharao Dedumose, dem sechsunddreißigsten Herrscher der 13. Dynastie, gleichzusetzen. Unter seiner Regierung war »Gott« nach Manethos Bericht den Ägyptern »ungnädig«. Die am Ende der Schicht G/1 von Tell el-Daba entdeckten Gemeinschaftsgräber könnten archäologische Zeugnisse für die Katastrophe darstellen, die im Buch Exodus als die zehnte Plage geschildert wird.

Die Streitwagen des Pharaos

Die Katastrophe hielt noch an, als Moses die Israeliten über Sukkot (ägypt. *Tjeku*) im Wadi Tumilat zum Schilfmeer (hebr. *jam suf*) führte. Doch der König von Ägypten hatte sich inzwischen anders besonnen und verfolgte nun die entflohenen Skaven:

Er ließ seinen Streitwagen anspannen und nahm seine Leute mit. *Sechshundert*

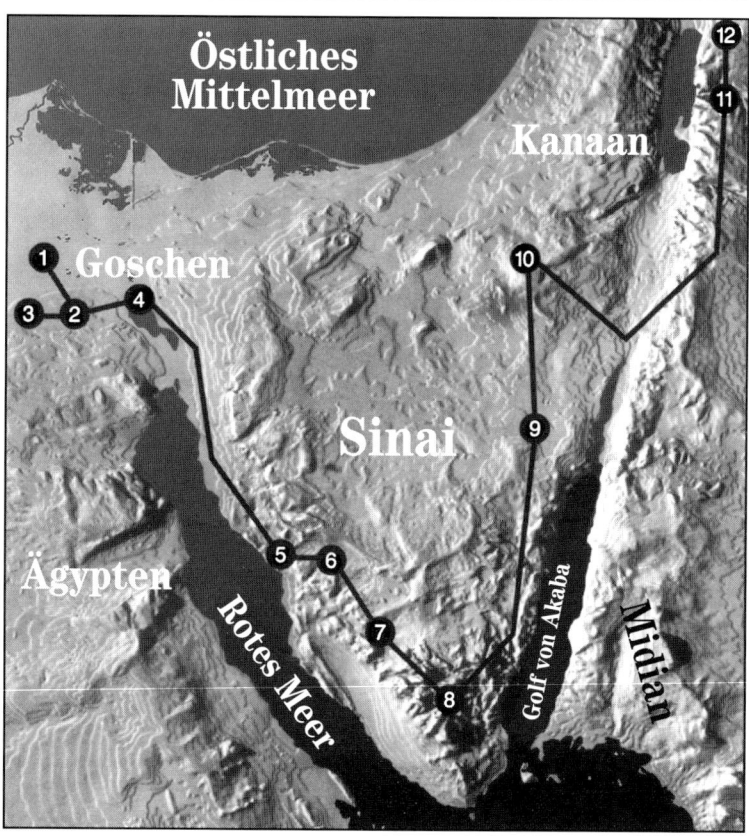

Die Israeliten brachen von *Ramses* nach *Sukkot* auf … So ließ sie Gott einen Umweg machen, der durch die Wüste zum *Schilfmeer* führte … Sie brachen von Sukkot auf und schlugen ihr Lager in *Etam* am Rand der Wüste auf … Der Herr sprach zu Mose: Sag den Israeliten, sie sollen umkehren und vor *Pi-Hahirot* zwischen Migdol und dem Meer ihr Lager aufschlagen, gegenüber von *Baal-Zefon* … Mose streckte seine Hand über das Meer aus, und der Herr trieb die ganze Nacht das Meer durch einen starken Ostwind fort. Er ließ das Meer austrocknen, und das Wasser spaltete sich. Die Israeliten zogen auf trockenem Boden ins Meer hinein, während rechts und links von ihnen das Wasser wie eine Mauer stand.

Diese ausgewählten Passagen aus dem Buch Exodus 12, 13 und 14 beschreiben die Marschroute der Israeliten nach ihrem Aufbruch aus Auaris und ihrer Durchquerung des Schilfmeers. Über die Züge der Wundererzählung, in die das kollektive Abenteuer gekleidet ist, mag sich jeder sein eigenes Urteil bilden. Immerhin scheinen sich einige der genannten Stationen der Wanderung durch den Sinai auf der Landkarte lokalisieren zu lassen.

Die Stadt oder Region Ramses (1) entspricht dem Ausgrabungsgebiet nördlich der heutigen Stadt Fakus – dem einstigen Phacusa/Pa-Gessem/Kessan beziehungsweise dem hebräischen »Goschen«.

Sukkot ist die ägyptische Stadt Tjeku, die wahrscheinlich im Wadi Tumilat im Gebiet von Tell el-Maschuta (2) lag (35 Kilometer von Auaris). Die Stadt Pitom, die ebenfalls mit der israelitischen Fronarbeit in Zusammenhang gebracht wird, könnte im Gebiet von Tell er-Retaba (3) gelegen haben, also nur wenige Kilometer westlich von Maschuta. Wenn Retaba Pitom (»Sitz des Atum«) ist, dann wird Moses die Israeliten aus Auaris ins weiter südlich gelegene Tjeku geführt haben, weil auch die Israeliten aus Pitom auf den Marsch durch das Wadi in den Sinai mitnehmen wollte.

Es ist inzwischen allgemein bekannt, daß der hebräische Begriff *jam suf* mit Schilfmeer zu übersetzen ist, also nicht mit Rotem Meer. Mit Schilfmeer sind zweifellos die heute Bitterseen (4) genannten Salzseen und Marschen gemeint, durch die nun der Suezkanal verläuft.

Etam, Pi-Hahirot, Migdol und Baal-Zefon konnten bisher noch nicht lokalisiert werden.

Nach der Durchquerung des Schilfmeers marschierten die Israeliten nach Süden in den gebirgigen Sinai. Sie folgten drei Tage lang der Küste des Golfs von Suez, bis sie die Quelle von Mara (Lage unbekannt) erreichten. Dann kamen sie nach Elim mit seinen zwölf Quellen, die heute Ain Musa (»Quelle des Moses«) (5) genannt werden. Dort bogen sie ab und wanderten in die Wüste Sin bis nach Refidim (ebenfalls noch nicht eindeutig lokalisiert, möglicherweise Serabit el-Chadim [6]). Wenn wir die wahrscheinlichste Route durch die Wüstentrockentäler des westlichen Sinai weiterverfolgen, dann führte der Weg der Israeliten durch das Wadi el-Homur nach Serabit el-Chadim (wo sich die Türkisminen des Mittleren Reiches befanden), dann das Wadi Maghara hinunter zur Oase Feiran am Fuße des Dschebel Serbal (7) und schließlich ostwärts durch das Wadi el-Sheikh zum Dschebel Musa (8).

Nach dem mythischen Geschehen beim Bundesschluß am Berg Sinai brachen die Israeliten nach Norden auf und wanderten am Golf von Akaba entlang in die Wüste Paran (9) und schließlich zur Oase von Kadesch-Barnea (10) (dem heutigen Ain Qadeis – »Quelle von Kadesch« – im nördlichen Sinai).

Erst nach einem mehrjährigen Aufenthalt zogen die Israeliten schließlich weiter, diesmal nach Osten, wo die Reiche Moab und Ammon lagen. Sie durchquerten die große Schlucht des Flusses Arnon (11), besiegten Sihon, den König der Amoriter, und nahmen seine Städte ein, auch die Hauptstadt Heschbon. Dann marschierten sie in Moab ein, setzten sich gegen den dortigen König Balak durch und schlugen ihr Lager in den Steppen von Moab auf – östlich des Jordans gegenüber Jericho. Schließlich starb Moses und wurde »im Tal, in Moab, gegenüber Bet-Pegor« begraben (Deuteronomium 34,6).[16]

Dynastie gehörten und aus Phönizien stammten. Doch wir wissen ja bereits, daß Alan GARDINER: 1879–1963. Salitis, der erste Pharao dieser Dynastie, Auaris erst einige Zeit nach der ersten Invasion befestigen ließ – Manetho benutzte das Wort »endlich«, um die beiden Ereignisse zeitlich voneinander zu trennen. Sir Alan GARDINER hielt es für möglich, daß dazwischen ein halbes Jahrhundert lag.[17]

Auf die Herkunft der Herrscher der 15. Dynastie werden wir an späterer Stelle zurückkommen. Vorerst wollen wir sie die »Großkönige der Hyksos« nennen und für die Kriegerhorden der ersten Invasion, deren Herrscher unserer Meinung nach mit den einfachen »Hirtenkönigen« von Manethos 16. Dynastie identisch sind, die Bezeichnung »frühe Hyksos« verwenden.

An einer Stelle der Bibel ist möglicherweise von Ägyptens Hyksosherrschern die Rede, und zwar in den Psalmen:

> Er [Gott] ließ die Glut seines Zorns auf sie [die Ägypter] los: Grimm und Wut und Bedrängnis, Boten des Unheils in Scharen. (Psalm 78,49–50)

Der Abschnitt, in dem dieser Vers steht, schildert die letzte Strafe Gottes nach den katastrophalen Ereignissen vor und während des Exodus. Wer sind nun diese »Boten des Unheils«, die Gott schickte, um die Ägypter zu vernichten? Auch zu diesem Thema hat Velikovsky etwas Hochinteressantes herausgefunden.[18] Er schreibt, daß der hebräische Ausdruck, der mit »Boten des Unheils« übersetzt wurde, *malakhei-roim* lautet. Haben wir es hier mit einer Textverfälschung als Folge eines Verständnisfehlers zu tun? Hätte der Psalmist, der diesen Vers wahrscheinlich irgendwann im 10. Jahrhundert v. Chr. verfaßte, nämlich gewußt, wer mit den »Boten des Unheils«, die Gottes Zorn vollstreckten, gemeint war, dann hätte er geschrieben:

> Er ließ die Glut seines Zorns auf sie los: Grimm und Wut und Bedrängnis, Scharen von Hirtenkönigen.

Denn der Ausdruck »Hirtenkönige« lautet in biblischem Hebräisch *malakhei-roim*!

Die Krieger der frühen Hyksos- beziehungsweise Amalekiterfürsten nahmen ihre Familien nach Ägypten mit, denn die Katastrophe, die über Ägypten hereingebrochen war, hatte nach arabischer Überlieferung auch ihre eigene Heimat verwüstet. Sie sahen sich daher gezwungen, ins relativ sichere und obendrein fruchtbare Niltal und Nildelta auszuwandern.[19] Dann wären sie also das asiatische Volk, das Bietak in Stratum F in Auaris nachgewiesen hat. Diese Menschen zeigten »wenig ägyptischen Einfluß«, und ihre kostbaren Grabbeigaben beweisen, daß sie nicht vor Plünderungen der ägyptischen Gräber aus der Zeit des Mittleren Reiches zurückschreckten. Die Gräber der männlichen Bewohner von Stratum F verraten, daß die Amalekiter ein recht kriegerisches Volk waren:

Farbtafeln

Seite 343: Die restaurierte Kultstatue, die nach unserer Meinung den Patriarchen Josef darstellt.

Seite 344: Links oben: Die schwarze Granitstatue Amenemhets III., der nach der Neuen Chronologie der Pharao der siebenjährigen Hungersnot war (Museum Luxor).

Rechts oben: Statue aus rosarotem Granit von Moses' Stiefvater Sobekhotep IV.

Unten: In Ägypten eintreffende Midianiter (aus dem Grab des Chnumhotep).

Seite 345: Oben: Der weitgestreckte Hügel von Tell el-Daba. An diesem Ort lebten nach der Neuen Chronologie die Israeliten während ihres Aufenthalts in Ägypten. Die Aufnahme zeigt das Gebiet, das die österreichischen Archäologen als Tell A bezeichnen. Dort befanden sich zunächst nur die Ställe und Höfe der Bewohner der ersten vorderasiatischen Siedlung von Auaris. Später, als sich die Siedlung immer weiter nach Osten ausdehnte, wurden auch auf diesem Gelände Häuser gebaut. Am Ende der 13. Dynastie errichteten dann neue vorderasiatische Bewohner auf den verlassenen Ruinen mehrere Tempel, die dem Gott Seth geweiht wurden.

Unten: Grab von Katastrophenopfern vom Ende von Stratum G in Auaris.

Seite 346: Vereinfachter Stadtplan von Auaris und Pi-Ramesse, nach der von Josef Dorner durchgeführten Vermessung. Das Zentrum von Auaris liegt auf einem niedrigen Hügel, der im Westen und Norden vom Pelusischen Nilarm und auf den beiden anderen Seiten von Sumpfland umgeben ist. Es leuchtet ein, warum die Ägypter diesen Ort zuerst Rowarti (»Mündung der zwei Wege«) nannten, da sich der Fluß hier in zwei Wasserläufe teilt.

Seite 347: Josuas Bundesstein in Sichem, vor dem die Israeliten nach der erfolgreichen Eroberung des Gelobten Landes ihrem Gott Jahwe die Treue gelobten.

Seite 348: Oben: In Tanis gefundener Sphinx Amenemhets III., der ursprünglich in Auaris stand.

Unten: Die »schwarze Pyramide« Amenemhets III. in Dahschur.

Seite 349: Links oben: Goldener »Hundeanhänger« aus einem Grab im Garten von Josefs Palast (13. Dynastie). Die ikonographischen Parallelen zu minoischem/ägäischem Schmuck wie denen des Ägina-Schatzes (jetzt im British Museum) sind unverkennbar. Auaris scheint eine sehr weltoffene Stadt gewesen zu sein.

Links Mitte: Der Kopf von Josefs Kultstatue (vor der Restaurierung).

Links unten: Der Kopf von Josefs Kultstatue (nach der Restaurierung).

Rechts: Luftaufnahme der Semna-Schlucht am Anfang des zweiten Katarakts. Am oberen Ufer liegt Semna, am unteren Kumma.

Seite 350: Oben: Der »Josefskanal« (Bahr Yusuf) bei Sonnenuntergang.

Unten: Rekonstruktion des Josefspalastes nach einem vom Österreichischen Institut für Ägyptologie angefertigten Modell. Im Vordergrund ist der Eingang mit der vorgelagerten Säulenhalle (Portikus) zu sehen. Dahinter liegen symmetrisch angeordnete Wohnungen und der Innenhof. An diesen schließt sich das Hauptgebäude an, das außer einer zentralen Halle auch das Schlafgemach des Hausherrn enthält. Südlich hinter dem Palast befindet sich der Garten, in dem das Grab Josefs mit seiner unverwechselbaren Pyramide liegt.

345

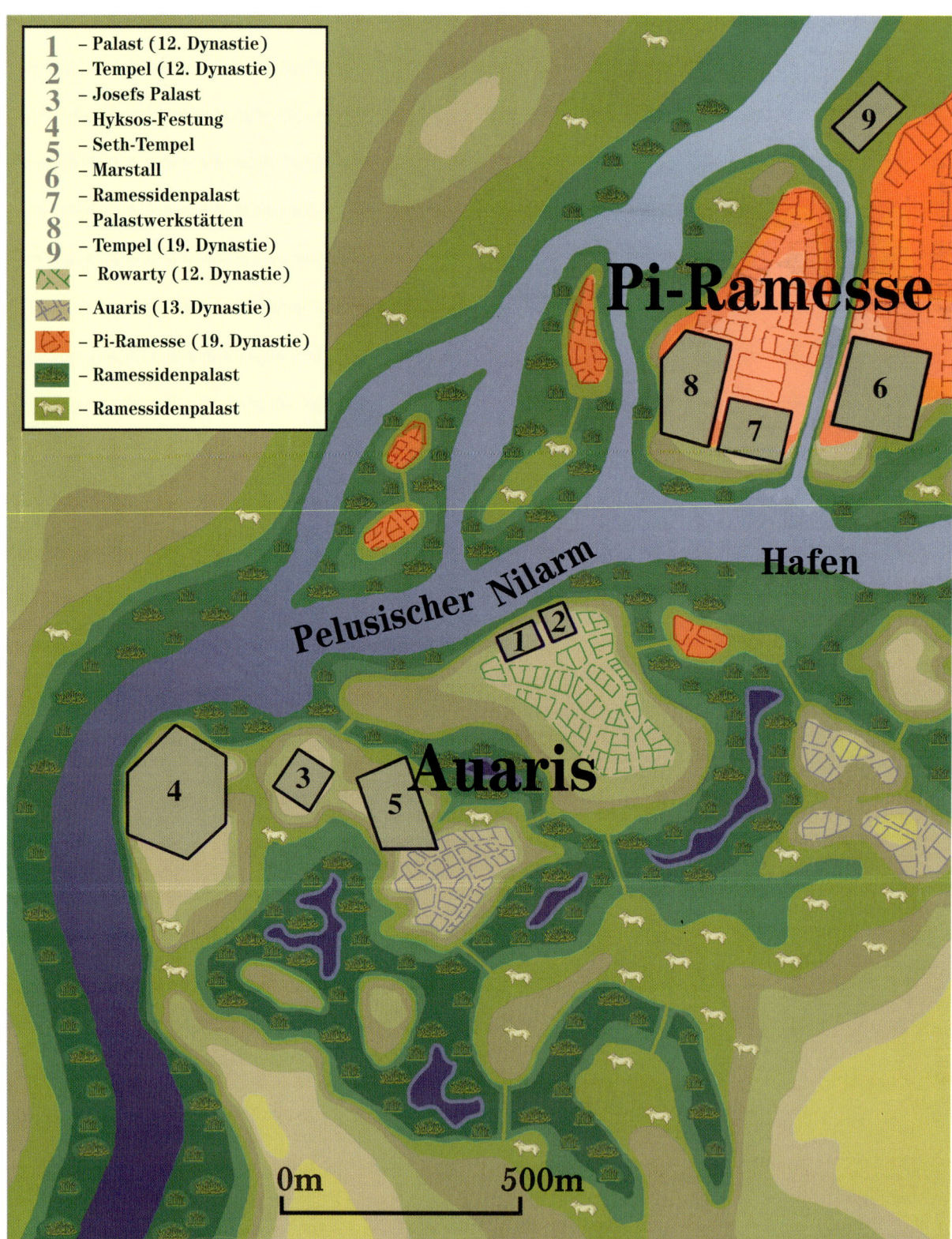

1 – Palast (12. Dynastie)
2 – Tempel (12. Dynastie)
3 – Josefs Palast
4 – Hyksos-Festung
5 – Seth-Tempel
6 – Marstall
7 – Ramessidenpalast
8 – Palastwerkstätten
9 – Tempel (19. Dynastie)
– Rowarty (12. Dynastie)
– Auaris (13. Dynastie)
– Pi-Ramesse (19. Dynastie)
– Ramessidenpalast
– Ramessidenpalast

Pi-Ramesse

Hafen

Pelusischer Nilarm

Auaris

0m   500m

347

348

14

Die Stadtmauer stürzte in sich zusammen …

Das Buch Deuteronomium endet mit dem Tod des Moses auf dem Berg Nebo. Die Geschichte der Israeliten findet ihre Fortsetzung im Buch Josua, das von der Eroberung des Gelobten Landes erzählt. Daß zwischen dem Auszug aus Ägypten und dem Übergang über den Jordan hinein ins Land Kanaan gerade vierzig Jahre liegen sollen, gehört wieder zu jenen runden biblischen Zahlen, die mit Vorbehalt zu betrachten sind. Die Wanderung durch die Halbinsel Sinai mag mehrere Jahrzehnte gedauert haben, aber die Zahl von genau vierzig Jahren wirkt allzu glatt. Wenn wir einen gewissen Spielraum lassen und den Auszug aus Ägypten auf ungefähr 1447 v. Chr. ansetzen, dann können wir den Beginn der Landnahme zwischen etwa 1420 und 1400 datieren. Nehmen wir der Einfachheit halber dafür das Jahr 1410 v. Chr. an. Archäologisch gesehen befinden wir uns noch in der Mittleren Bronzezeit, genaugenommen in MB II B. In der Geschichte Ägyptens sind es damals noch volle zweihundert Jahre bis zum Ende des Zweiten Zwischenreichs, und über hundert Jahre, bis Salitis die 15. Dynastie, die Dynastie der Hyksos-Großkönige, gründet. Wir befinden uns also in der frühen Hyksoszeit.

Die erste militärische Großtat der vorrückenden Israeliten ist die Belagerung und Zerstörung von Jericho am südlichen Ende des Jordantals. Die Stadt liegt strategisch wichtig am Westufer des Jordans neben einer üppigen, von Palmen beschatteten Oase. Sie bewacht den Weg in das Bergland von Palästina, den Josua und seine Krieger nehmen müssen, wenn sie Zugang zum Hochland von Kanaan bekommen wollen.[1]

Wer kennt nicht die biblische Geschichte von den Mauern Jerichos, die unter dem Schall der Posaunen einstürzen, worauf die Israeliten in die Stadt eindringen und unter der Bevölkerung ein Blutbad anrichten. An jenem furchtbaren Tag werden

321 Oben: Der langgestreckte, verlassene Schutthügel des alten Jericho, der auf der Westseite des Jordantals liegt, und dahinter die »Palmenstadt«, die nach der Zerstörung und Aufgabe der berühmten biblischen Stadt der Landnahmezeit erbaut wurde.

Tausende – Männer, Frauen und Kinder – erbarmungslos im Namen Jahwes niedergemacht.

Nach dem Einsturz der Stadtmauer und dem anschließenden Gemetzel an den unschuldigen Bewohnern brannten die Israeliten die Häuser bis auf die Grundmauern nieder. Die Stadt wurde mit einem Fluch belegt, der eine Neubesiedlung auf lange Zeit verhindern sollte.

> Verflucht beim Herrn sei der Mann, der es unternimmt, diese Stadt Jericho wieder aufzubauen. Seinen Erstgeborenen soll es ihn kosten, wenn er sie neu gründet, und seinen Jüngsten, wenn er ihre Tore wieder aufrichtet. (Josua 6,26)

Folgen wir dem biblischen Bericht, erfüllte sich der Fluch, als zur Zeit König Ahabs Hiël aus Bet-El auf dem Schutthügel eine Siedlung errichtete. Zur Strafe für die Mißachtung des Fluches nahm ihm Jahwe zwei seiner Söhne.

> In seinen [Ahabs] Tagen baute Hiël aus Bet-El Jericho wieder auf. Um den Preis seines Erstgeborenen Abiram legte er die Fundamente, und um den Preis seines jüngsten Sohnes Segub setzte er die Tore ein, wie es der Herr durch Josua, den Sohn Nuns, vorausgesagt hatte. (1 Könige 16,34)

Das Problem Jericho

Wir kommen nun zu dem ausschlaggebenden Grund, weshalb sich Bibelwissenschaftler und Fachleute für die Archäologie der Levante von der Auffassung distanzieren, das Alte Testament gebe auch für die Zeit vor dem davidischen Großreich eine historisch korrekte Darstellung. Archäologische Grabungen im Heiligen Land begannen schon um die Jahrhundertwende. Damals bemühte man sich, Belege für den historischen Hintergrund der alttestamentlichen Erzählungen zu finden. So entstand jener Wissenschaftszweig, den man als »biblische Archäologie« bezeichnet und der heute etwas antiquiert wirkt. Wir wissen bereits weshalb: In den letzten neunzig Jahren wurde nur sehr wenig archäologisches Material gefunden, das geeignet gewesen wäre, den biblischen Bericht von einer Landnahme oder einer Zeit des Wohlstandes im geeinten Reich zu bestätigen. Daher nennen heute Archäologen, die im Heiligen Land arbeiten, ihr Fachgebiet lieber »Archäologie der Levante«, um jede unmittelbare Assoziation mit einer im Grunde gescheiterten Disziplin zu vermeiden. Die Schwächen der biblischen Archäologie illustriert am deutlichsten die Geschichte der Ausgrabungen in Jericho. Hier, in Tell es-Sultan, war der archäologische Prüfstein, an dem gezeigt werden konnte, wie es um die Wahrheit der Erzählung von der Landnahme stand. Man wußte schon lange, daß dieser Ruinenhügel der Standort des alten Jericho war, man brauchte es also nur auszugraben und die von Josua niedergebrannte Stadt zu identifizieren.

Umfangreiche Ausgrabungen wurden erstmals von 1907 bis 1909 von einer österreichisch-deutschen Expedition unter der Leitung des angesehenen deutschen Bibelwissenschaftlers Ernst Sellin vorgenommen. Als nächstes grub der Archäologe John Garstang von der Universität Liverpool zwischen 1930 und 1936 dort weiter, und schon bald verkündete er, auf die eingestürzten Mauern von Josuas Jericho gestoßen zu sein. Die dicke, rötliche Stadtmauer aus Lehmziegeln, die er entdeckt hatte, lief rund um die Kuppe von Tell es-Sultan und sah an manchen Stellen tatsächlich so aus, als sei sie eingestürzt.[2] Endlich schien eine biblische Geschichte ihre archäologische Bestätigung gefunden zu haben: Die Stadtmauer von Jericho war wirklich eingestürzt!

Im Laufe der Jahre gruben Archäologen auch an anderen Orten, von denen sie meinten, sie seien von den Israeliten erobert und zerstört worden. Allmählich kristallisierte sich ein Bild heraus, das der Auffassung zu entsprechen schien, die die Gelehrten bereits von Josuas Feldzug hatten. Freilich setzten sie bei ihrer Suche nach den Spuren der militärischen Zerstörungen Josuas einen Zeitrahmen voraus, der Ramses II. weit in die Vergangenheit zurückdatierte, denn dieser ägyptische König galt als der unselige Pharao der Bedrückung und des Exodus. Für die Archäologen bedeutete das, daß sie die Spuren von Josuas großangelegtem Feldzug gegen die Städte Kanaans in den Schichten zu suchen hatten, die das Ende der Späten Bronzezeit markierten (zeitgleich mit der späten 19. und der frühen 20. Dynastie). Für sie fielen folglich die Anfänge der israelitischen Besiedlung Palästinas in die Frühe Eisenzeit (oder EZ I). Tatsächlich wurden in dieser Epoche

322 Das alte Jericho (Tell es-Sultan), umgeben von den modernen Bauten eines palästinensischen Flüchtlingslagers.

323 Kathleen Kenyon bei der Arbeit in Jericho.

324 Einer von Kathleen Kenyons großen Gräben, die einen Schnitt durch den äußeren Festungsgürtel des alten Jericho legen. Ganz oben sind die Reste der Stadtmauer aus der Frühen Bronzezeit zu sehen.

zahlreiche Städte verwüstet, doch mittlerweile hat die Forschung ergeben, daß sich diese Zerstörungen über einen Zeitraum von über hundert Jahren erstreckt haben und daher nicht alle das Werk Josuas und seiner Männer gewesen sein können.

Zu der Zeit, als Garstang in Jericho grub, war die archäologische Epocheneinteilung noch nicht so genau definiert. Erst in neuerer Zeit konnte Kathleen Kenyon vom Institut für Archäologie in London diese irrigen Annahmen korrigieren. Die Ergebnisse ihrer Grabungen in Jericho sollten die am Ende des 20. Jahrhunderts weitverbreitete Auffassung bestimmen, daß es Zeit sei, sich von einer »historischen« Bibel zu verabschieden.

Kathleen Kenyon begann ihre Ausgrabungen in Tell es-Sultan im Jahr 1952. Sie ließ eine Reihe tiefer Gräben ausheben, die den Hang des Ruinenhügels durchschnitten. Bei diesem Verfahren konnte sie die Profilwände der Gräben untersuchen, die gleichsam eine chronologische und stratigraphische Karte vom Leben der Stadt ergaben. Die unterste Schicht eines solchen Ruinenhügels ist die älteste, die oberste die jüngste Schicht. Die Tells des Alten Orients sind dadurch entstanden, daß sich immer neue Siedlungsschichten auf die alten Ablagerungen legten. Ihre Struktur ähnelt daher einer Schichttorte.

Wenn ein Archäologe ein Stück aus dieser Torte herausschneidet, sind die verschiedenen Schichten gut zu erkennen. Bei einem Siedlungshügel bekommt man mit dieser Methode eine gute Vorstellung von der chronologischen Entwicklung des Ortes, erhält jedoch wenig Aufschluß über das Kulturgut einer spezifischen Schicht. Will man dieses erforschen, muß ein größeres Areal freigelegt und Schicht um Schicht abgetragen werden. Die Ausgräber arbeiten sich dann ganz allmählich in die Tiefe des Schutthügels vor. Sie benutzen dabei ein Gitter, das aus fünf bis zehn Quadratmeter großen Quadraten besteht, zwischen denen je eigene Profilstege verlaufen, auf denen das chronologische Profil einer Stadt abgebildet werden kann. Kathleen Kenyon wandte diese Technik für eine kleine Fläche auf der Westseite des Tells an, wo das Hügelprofil vermuten ließ, daß dort vielleicht eine Siedlung aus der Späten Bronzezeit zu finden sei.

Kathleen Kenyons detaillierte stratigraphische Analyse der Siedlungsgeschichte von Jericho zeigte, daß Garstangs Stadtmauer in Wahrheit in die Frühe Bronzezeit gehörte, tausend Jahre vor der Zeit Josuas. Ihr Problem war nun, daß bei ihren Grabungen keine Mauern auftauchten, die in die Späte Bronzezeit oder in die Frühe Eisenzeit gehörten. Ihre Analyse schien vielmehr eindeutig zu zeigen, daß es in der Späten Bronzezeit gar keine Stadt Jericho gab, die die Israeliten bei ihrem

Einzug in das Gelobte Land hätten zerstören können. Es gab Anzeichen für ein kleines spätbronzezeitliches Dorf, aber das hatte keine Befestigungsanlage, von der man sich auch nur entfernt vorstellen konnte, es handle sich um die Mauer, die »in sich zusammengestürzt« war. Nach der traditionellen Chronologie war der Großteil des Hügels von Jericho zu der Zeit, als die israelitischen Stämme den Jordan überschritten haben sollen, bereits seit mehreren Jahrhunderten eine Ruine (mit gelegentlicher, spärlicher Besiedlung). Ende der fünfziger Jahre konnte man aus Kathleen Kenyons Entdeckung nur einen Schluß ziehen: Die Geschichte von Josuas Eroberung der Stadt Jericho war nur Legende.

---

28 Es gab in der Späten Bronzezeit, in der nach der traditionellen Chronologie die Israeliten angeblich die Bevölkerung von Jericho niedermetzelten und die Stadt bis auf die Grundmauern abbrannten, keine von einer Mauer geschützte Stadt Jericho.

Wenn Jericho gegen Ende der Späten Bronzezeit bestenfalls ein kleines, unbefestigtes Dorf war, wann war es dann eine blühende Stadt mit eindrucksvollen Befestigungsanlagen? Wenn wir auf unsere bisherigen Erkenntnisse zurückgreifen, müßte das ungefähr dreihundertfünfzig Jahre früher gewesen sein, in der Mittleren Bronzezeit, in der die Neue Chronologie die Landnahme der Israeliten ansetzt. Wir wollen uns jetzt einmal ansehen, was Kathleen Kenyon im Jericho der Mittleren Bronzezeit gefunden hat.

Bei den Tiefenschnitten durch den Hang des Ruinenhügels konnte eine dünne Oberflächenabdeckung aus Kalkmörtel festgestellt werden, die sich vom oberen Rand des Grabens abwärts zog. Archäologen nennen so etwas ein Glacis. Die Erbauer wollten damit eine schlüpfrige schiefe Ebene unterhalb der mächtigsten,

325 Profilwand eines Grabens von Kathleen Kenyon in Jericho. Die kurz nach der Freilegung gemachte Aufnahme zeigt deutlich die verputzte Oberfläche des mittelbronzezeitlichen Glacis als weißes Band, das sich schräg nach unten durch den Siedlungsschutt zieht.

326 Stützmauer aus MB II in Jericho, freigelegt von John Garstang.

FELDSTEINE: Steine, die zum Bauen gesammelt, aber nicht zurechtgesägt oder bearbeitet wurden.

STÜTZ- ODER FUTTERMAUER: Eine Mauer, die einen Hang oder Erdwall abstützt beziehungsweise einen Graben am Fuß einer mit Glacis versehenen Befestigungsanlage säumt.

oben auf dem Hügel stehenden Stadtmauer schaffen. Ein solches Glacis hat viele Funktionen. Es hindert Streitwagen und Rammböcke, zum Fuß der Stadtmauer vorzudringen; Sappeure können nicht so leicht die Mauer untergraben; bei einem Angriff bildet es eine tückische »Todeszone« für die Angreifer unterhalb der Position der Bogenschützen oben auf der Mauer; schließlich dient sein zehn Zentimeter dicker Kalkmörtelüberzug zur Konsolidierung des Abhangs. Andernfalls könnte bei starkem Regen Geröll abrutschen und die Lehmziegelmauer oben auf dem Hügel auf natürliche Weise untergraben.

Bei den Grabungsarbeiten stellte sich nun heraus, daß das Glacis nahe der Grabensohle plötzlich aufhörte und darunter eine Mauer aus FELDSTEINEN zum Vorschein kam. Vor dieser STÜTZ- ODER FUTTERMAUER war ein tiefer Graben, der ohne Zweifel den Zweck hatte, einen Angriff auf den unteren Hang des Hügels aufzuhalten. Die Kuppe des Ruinenhügels von Jericho ist durch Wind und Wetter im Laufe der Jahrhunderte stark erodiert. Daher gibt es kaum noch nennenswerte Reste der mittelbronzezeitlichen Stadtmauer. Nach dem biblischen Bericht aber sind die Mauern von Josuas Jericho zusammengestürzt. Wohin sollten sie gestürzt sein, wenn nicht den Abhang des Glacis hinunter?

Im Graben am Fuße des Hügels fand Kathleen Kenyon eine dicke Schicht rotbrauner Erde, die sie als Rest der großen mittelbronzezeitlichen Stadtmauer deutete, die eingestürzt und dann in den Verteidigungsgraben gefallen war. Den Angreifern stand nun die Stadt offen, denn die Ziegel hatten den Graben gefüllt, der den unteren Teil der kunstvollen Befestigungsanlage schützte.

Alle Häuser und öffentlichen Gebäude im Inneren der Stadt waren von einer offenbar verheerenden Feuersbrunst geschwärzt. An einigen Stellen waren Schutt und Asche bis zu einem Meter tief.[3]

> Die Stadt aber und alles, was darin war, brannte man nieder; nur das Silber und Gold und die Geräte aus Bronze und Eisen brachte man in den Schatz im Haus des Herrn. (Josua 6,24)

Laut Josua 3,15 fand der Angriff auf Jericho während der Erntezeit im Jordantal statt. Als Garstang die Fußböden der Häuser freilegte, fand er große Vorratskrüge, die bis an den Rand mit verkohltem Getreide gefüllt waren.[4]

In Jerichos Felsengräbern aus derselben Zeit gibt es Hinweise auf Massenbestattungen in der letzten Phase der Existenz der Stadt. Kathleen Kenyon zog daraus den Schluß, daß dort unmittelbar vor der Zerstörung eine Seuche gewütet habe.[5]

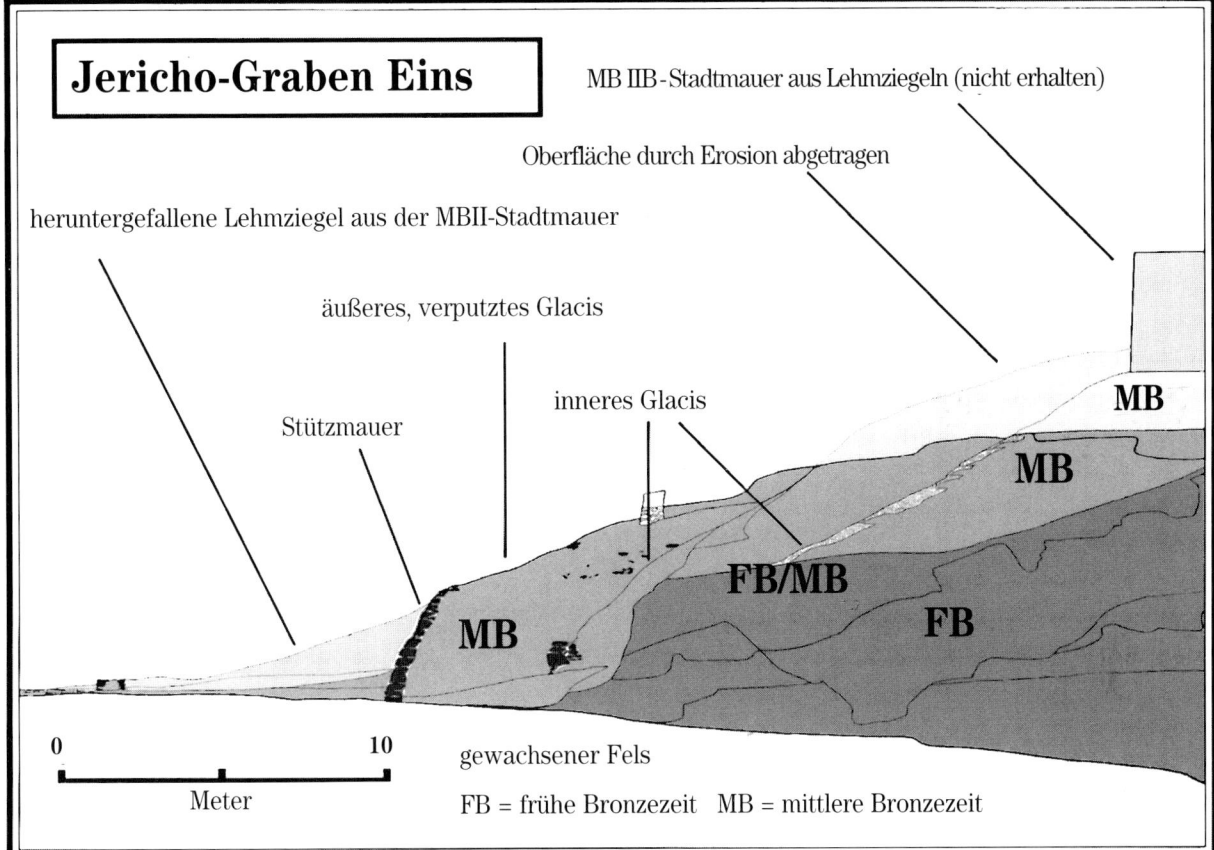

Jericho-Graben Eins

MB IIB-Stadtmauer aus Lehmziegeln (nicht erhalten)

Oberfläche durch Erosion abgetragen

heruntergefallene Lehmziegel aus der MBII-Stadtmauer

äußeres, verputztes Glacis

inneres Glacis

Stützmauer

MB

MB

FB/MB

MB

FB

0   10

Meter

gewachsener Fels

FB = frühe Bronzezeit   MB = mittlere Bronzezeit

Da die Stadt reichlich Vorräte an Nahrungsmitteln besaß, kann eine Hungersnot ausgeschlossen werden. An den ausgegrabenen Skelettresten fanden sich auch keine Anzeichen für Kriegsverletzungen. Die englische Archäologin deutete diese Tatsachen so, daß in Jericho eine Seuche ausgebrochen sein mußte. Ihre Deutung hat eine überraschende Parallele in der biblischen Erzählung. Im Buch Numeri erfahren wir in Kapitel 25, daß die Israeliten selbst von einer Seuche befallen wurden, als sie im transjordanischen Schittim unmittelbar vor ihrem Angriff auf Jericho lagerten. Vierundzwanzigtausend Israeliten fielen der Epidemie zum Opfer. Es wäre immerhin denkbar, daß die Seuche durch Josuas Kundschafter nach Jericho eingeschleppt wurde. Diese fanden bei ihrer Mission, die Befestigungsanlagen der Stadt zu erkunden, Unterschlupf im »verrufenen« Haus der Dirne Rahab. In der Tat ist die Seuche in Schittim damit in Zusammenhang gebracht worden, daß zahlreiche israelitische Männer vor dem Einfall in Palästina Geschlechtsverkehr mit moabitischen Prostituierten hatten.[6]

Der Archäologe Piotr Bienkowski hat Kathleen Kenyons Deutung der schicksalhaften Ereignisse, die Jericho damals ereilten, folgendermaßen zusammengefaßt:

Jericho wurde am Ende der Mittleren Bronzezeit zerstört, wahrscheinlich durch einen feindlichen Angriff und möglicherweise deshalb, weil die Befesti-

327   Vereinfachte Querschnittzeichnung von Kathleen Kenyons Graben Eins in Jericho. Die Stadtmauer aus der MB II B lag ganz oben auf dem Hügel und ist durch Wind und Regen an der aufgegebenen Siedlungsstätte schon lange zerstört und verschwunden. Aber das verputzte Glacis ist in seinen drei Bauphasen noch immer zu sehen, und ebenso die Stützmauer am Fuß des künstlichen Abhanges. Im Graben vor der Stützmauer fand Kathleen Kenyon herabgefallene Lehmziegel aus der ursprünglichen Stadtmauer aus der MB II B, die über die verputzte Oberfläche des Glacis in den Graben gerollt waren.

gungsanlage nicht hielt. Vielleicht steckte ein verhängnisvoller Fehler in der Konstruktion der Anlage … Der Grund für die Zerstörung von Jericho ist unbekannt.[7]

Bienkowskis letzter Satz trifft inzwischen nicht mehr zu. Die Arbeit von Dr. John Bimson, auf die wir gleich zu sprechen kommen, und unsere Neue Chronologie, die ein revidiertes archäologisches Datum für die Zerstörung Jerichos gibt, bieten eine Erklärung. Beide bestätigen, daß Jericho von den vorrückenden Israeliten angegriffen und zerstört wurde.

29 Das biblische Jericho, das von den Kriegern Josuas zerstört wurde, ist gleichzusetzen mit der mittelbronzezeitlichen Stadt in Tell es-Sultan, die durch einen Brand verwüstet wurde und anschließend mehrere hundert Jahre lang eine Ruine blieb.

328 Der untere Teil des Bildes zeigt das freigelegte innere, verputzte Glacis der Befestigungsanlage aus der MB II B in Graben Eins (1). Oben, im Hintergrund, liegt der höchste Punkt des Tells, auf dem die Fundamente der mächtigsten Lehmziegelmauer aus dem Jericho der MB II noch erhalten sind (2).

Die Neudatierung der Archäologie der Landnahme

In den siebziger Jahren unterzog John Bimson in seiner Dissertation (die später überarbeitet als Buch mit dem Titel *Redating the Exodus and Conquest*[8] erschien) die Grabungsbefunde, die für eine Eroberung des Gelobten Landes in der Mittleren Bronzezeit sprechen, einer umfassenden Analyse. Ein Großteil des Materials, das wir nun besprechen werden, stammt aus dieser Untersuchung. Im wesentlichen vertritt Bimson die These, den Einzug der Israeliten nach Kanaan auf die Zeit zu datieren, in der zahlreiche Städte der Kanaaniter zerstört wurden. Nach Ausweis der Brand- und Zerstörungsschichten geschah dies am Ende der Mittleren Bronzezeit. Bimson hat eindeutig gezeigt, daß die Städte, von denen die biblische Ge-

Biblische Stadt	In der SB II B vorhanden?	In der MB II B vorhanden?	Am Ende der MB II B zerstört?
Jericho (Tell es-Sultan)	Nein	Ja	Ja
Ai (Et-Tell?)	Nein	Nein	Nein
Ai (Chirbet Nisya?)	Nein	Ja	Aufgegeben
Gibeon (El-Dschib)	Nein	Ja	Aufgegeben
Hebron (el-Chalil)	Nein	Ja	Ja
Hebron (Tell er-Rumeida)	?	?	?
Horma (Tell el-Meschasch)	Nein	Ja	Unsicher
Arad (Tell Arad)	Nein	Ja	Ja
Debir (Tell Bet-Mirsim)	Ja	Ja	Ja
Lachisch (Tell ed-Duwer)	Ja	Ja	Ja
Hazor (Tell el-Qedah)	Ja	Ja	Ja
Bet-El (Beitin?)	Ja	Ja	Ja
Bet-El (Tell el-Bira?)	?	?	?

schichte berichtet, sie seien von Josua zerstört worden, tatsächlich in dieser Zeit niedergebrannt wurden. Ebenso waren die Städte, die die Israeliten unangetastet ließen, nach den archäologischen Zeugnissen nicht niedergebrannt. Die Bibel und die Archäologie stimmen hier also offenbar überein. Für die Situation am Ende der Späten Bronzezeit gilt das hingegen ganz und gar nicht. Hier herrscht eine deutliche Diskrepanz zwischen der biblischen Erzählung von der Landnahme und den archäologischen Funden. Ein Blick auf die oben abgebildete Tabelle zeigt, daß die Schlüsselorte Jericho, Debir (Tell Bet-Mirsim), Lachisch, Bet-El, Gibeon und Hazor allesamt in der Mittleren Bronzezeit durch Brände zerstört werden. Nur Hazor ereilt dasselbe Schicksal noch einmal in der Späten Bronzezeit. Außerdem haben neuere Ausgrabungen in Hazor gezeigt, daß die spätbronzezeitliche Zerstörung hundert Jahre vor der Zeit der Landnahme nach der traditionellen Chronologie stattfand, so daß wir keine Brandschicht haben, die als das Werk der Israeliten angesehen werden könnte.[9]

Eine umfassende Oberflächenuntersuchung im zentralen Bergland von Palästina hat ergeben, daß sich die neuen Siedlungen der Eisenzeit, die den neuangekommenen israelitischen Stämmen zugeschrieben werden, in den Gebieten von Efraim und Manasse konzentrieren – also nördlich von Jerusalem, aber südlich der Jesreel-Ebene.[10] Die Siedler kamen also offenbar von Norden und Nordosten, während die Israeliten nach der biblischen Erzählung von Südosten (Jericho) her in das Gelobte Land einzogen. Auch hier liegt wieder ein Widerspruch zwischen den

329 Ein Vergleich zwischen dem Ende der MB II B und der SB II in Palästina zeigt, daß die Zerstörungen in der MB II B viel besser zum biblischen Landnahmebericht passen als diejenigen der SB II. Am Ende der MB II paßt nur Ai nicht in die Reihe der Zerstörungen, von denen das Buch Josua berichtet. Et-Tell paßt aber auch in der SB II nicht ins Bild und ist möglicherweise gar nicht der Ort des historischen Ai. Ansonsten gibt es eine 80prozentige Übereinstimmung zwischen den archäologischen Ergebnissen für die MB II B und dem Landnahmebericht im Buch Josua. Hingegen ergibt sich bei den archäologischen Ergebnissen für die SB II eine beträchtliche Abweichung, denn über 60 Prozent der Orte entsprechen nicht der Reihe der Zerstörungen aus dem Buch Josua.

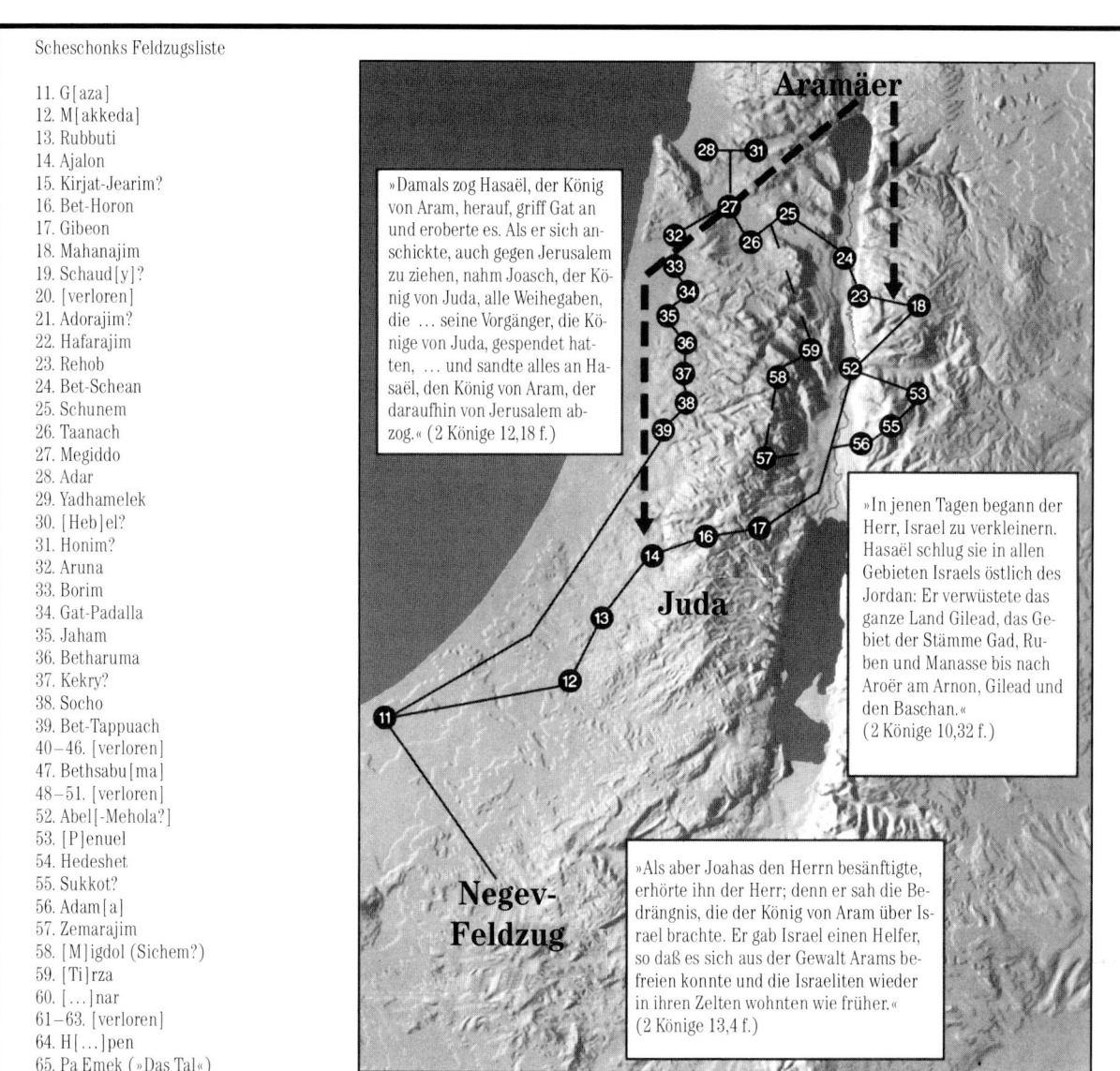

Scheschonks Feldzugsliste

11. G[aza]
12. M[akkeda]
13. Rubbuti
14. Ajalon
15. Kirjat-Jearim?
16. Bet-Horon
17. Gibeon
18. Mahanajim
19. Schaud[y]?
20. [verloren]
21. Adorajim?
22. Hafarajim
23. Rehob
24. Bet-Schean
25. Schunem
26. Taanach
27. Megiddo
28. Adar
29. Yadhamelek
30. [Heb]el?
31. Honim?
32. Aruna
33. Borim
34. Gat-Padalla
35. Jaham
36. Betharuma
37. Kekry?
38. Socho
39. Bet-Tappuach
40–46. [verloren]
47. Bethsabu[ma]
48–51. [verloren]
52. Abel[-Mehola?]
53. [P]enuel
54. Hedeshet
55. Sukkot?
56. Adam[a]
57. Zemarajim
58. [M]igdol (Sichem?)
59. [Ti]rza
60. [...]nar
61–63. [verloren]
64. H[...]pen
65. Pa Emek (»Das Tal«)

Aramäer

»Damals zog Hasaël, der König von Aram, herauf, griff Gat an und eroberte es. Als er sich anschickte, auch gegen Jerusalem zu ziehen, nahm Joasch, der König von Juda, alle Weihegaben, die … seine Vorgänger, die Könige von Juda, gespendet hatten, … und sandte alles an Hasaël, den König von Aram, der daraufhin von Jerusalem abzog.« (2 Könige 12,18 f.)

Juda

»In jenen Tagen begann der Herr, Israel zu verkleinern. Hasaël schlug sie in allen Gebieten Israels östlich des Jordan: Er verwüstete das ganze Land Gilead, das Gebiet der Stämme Gad, Ruben und Manasse bis nach Aroër am Arnon, Gilead und den Baschan.« (2 Könige 10,32 f.)

Negev-Feldzug

»Als aber Joahas den Herrn besänftigte, erhörte ihn der Herr; denn er sah die Bedrängnis, die der König von Aram über Israel brachte. Er gab Israel einen Helfer, so daß es sich aus der Gewalt Arams befreien konnte und die Israeliten wieder in ihren Zelten wohnten wie früher.« (2 Könige 13,4 f.)

330 Karte von Palästina, die den Verlauf des Feldzuges Scheschonks I. in einem neuen Kontext zeigt – als Vergeltungsschlag gegen die Raubzüge der Aramäer in Transjordanien, in der Jesreel- und der Küstenebene um etwa 800 v. Chr.

archäologischen Zeugnissen und der Bibel vor. Anhand der Neuen Chronologie findet sich jedoch leicht eine Erklärung für die verarmten eisenzeitlichen Siedlungen.

In der Zeit der getrennten Reiche unternahmen die Aramäer Raubzüge in das Königreich Israel, bei denen sie die Städte in Galiläa, in der Jesreel-Ebene und in Gilead (in Transjordanien) angriffen und niederbrannten. Dieser Abschnitt der israelitischen Geschichte wird oft als Zeit der aramäischen Vormachtstellung bezeichnet und auf etwa 841 bis 798 v. Chr. datiert – also nach der Neuen Chronologie auf die Eisenzeit I. Die Aramäer werden erst zurückgeschlagen, als den Israeliten ein »Helfer« erwächst (2 Könige 13,5), und zwar in Gestalt des Pharaos Scheschonk I. und seiner ägyptischen Streitmacht. Wie wir gesehen haben, richtete sich

Scheschonks Feldzug hauptsächlich auf Gebiete östlich des Jordans und auf die Jesreel-Ebene. Wir wissen nun auch, warum. Sein Ziel war es, die Verbündeten Ägyptens in dessen altem Einflußgebiet zu beschützen und den Eindringling aus dem Norden, Hasaël von Damaskus, zurückzuschlagen. Die neuen Siedlungen, die plötzlich in der Eisenzeit I A auftauchen, sind eine direkte Folge der militärischen Ausfälle der Aramäer in das Territorium von Israel zur Zeit der Herrschaft von JEHU und JOAHAS. Die Bevölkerungszunahme im zentralen Bergland ist das Ergebnis von Flüchtlingsströmen aus den Randgebieten des Königreiches in das Kernland von Israel, wo es mehr Schutz gab. Daß sich die Siedlungen in Efraim und Manasse konzentrierten, leuchtet ein, denn dieses Gebiet war, von Gilead aus gesehen, die nächstliegende Zufluchtsstätte südlich der Jesreel-Ebene, wo die Aramäer wüteten. Auch hier läßt sich wieder eine Übereinstimmung von archäologischem Befund und biblischer Geschichte erreichen, wenn man die Neue Chronologie anwendet.

30 Die Siedlungen der Frühen Eisenzeit im zentralen Bergland von Palästina sind keine Anzeichen für frühe israelitische Siedlungen im Gelobten Land, sondern die Siedlungen von Menschen, die vor den Einfällen der Aramäer flüchteten. Deren Hegemonialstreben stürzte das Königreich Israel gegen Ende des 9. Jahrhunderts v. Chr. in eine Krise. Israels »Helfer« in der Not war Pharao Scheschonk I., der einen Feldzug nach Transjordanien und in die Jesreel-Ebene durchführte, um dem Eindringen der Aramäer in den ägyptischen Einflußbereich ein Ende zu setzen.

Die Argumente der relativen Stratigraphie sind komplex und lassen Raum für Kontroversen. Dennoch spricht vieles für Bimsons Auffassung, daß das traditionelle Datum für Landnahme und Besiedlung mit Blick auf den archäologischen Befund kein konsistentes Bild ergibt, während die Datierung auf die Mittlere Bronzezeit ein hohes Maß an Übereinstimmung zwischen den archäologischen Zeugnissen und der biblischen Überlieferung zeigt.

Bimson hat zwar mit dem traditionellen Datierungsschema gearbeitet, aber das frühe Exodusdatum von 1447 v. Chr. angenommen und nicht das am häufigsten verwendete späte Datum von ungefähr 1250 v. Chr. Dadurch sah er sich genötigt, den Auszug in die Mitte der 18. Dynastie zu legen. Die meisten Wissenschaftler würden sagen, daß zu diesem Zeitpunkt die Späte Bronzezeit schon lange begonnen hatte. Bimson trat daher dafür ein, die Reihe der mittelbronzezeitlichen Städtezerstörungen vom Beginn des Neuen Reiches (um 1550 v. Chr.) auf die Regierungszeit von Thutmosis III. (um 1447 v. Chr.) zu verschieben. Daraus folgte, daß sich entweder die Mittlere Bronzezeit und die Späte Bronzezeit hundert Jahre lang überschneiden mußten oder daß die Dauer der ersten Phase der SB I radikal gekürzt wurde. Keiner der beiden Vorschläge fand viel Zustimmung, selbst wenn kürzlich auch Bietak, gestützt auf Funde in Tell ed-Daba, für eine Überschneidung von MB II B und SB I eingetreten ist. Für diese Hypothese spricht einiges. Allem

JEHU: König von Israel, Regierungszeit 841–814 v. Chr.

JOAHAS: König von Israel, Regierungszeit 814–798 v. Chr.

Anschein nach hat die Bergbevölkerung von Kanaan in der Zeit der frühen 18. Dynastie (SB I) weiterhin Töpferware gebraucht, die nicht von derjenigen zu unterscheiden ist, die gegen Ende der Mittleren Bronzezeit benutzt wurde.

Die Neue Chronologie postuliert, daß der Exodus während der 13. Dynastie stattfand (also am Ende der archäologischen Epoche, die als MB II A bekannt ist). Die Landnahme hätte dann während der MB II B stattgefunden. Außerdem situiert unsere neue Datierung für die Hyksoszeit die Landnahme weit vor der Gründung der 15. Dynastie der »Großen Hyksoskönige«. Belege für diese Auffassungen liefern Funde aus mittelbronzezeitlichen Gräbern in Jericho.

Ein Hyksoskönig namens Scheschi

Kathleen Kenyon grub nicht nur am Ruinenhügel von Tell es-Sultan, sie öffnete auch eine Reihe von Felsengräbern, die zum mittelbronzezeitlichen Friedhof von Jericho gehörten. Dort kam eine erstaunliche Vielfalt von Grabbeigaben zum Vorschein, unter anderem hölzerne Betten und Tische, Körbe aus Schilfrohr, viele Töpferwaren und einige schöne Schmuckgegenstände. Beim Betreten jeder Grabkammer empfing sie der gleiche Anblick: ein heilloses Durcheinander! Bei den Felsgräbern handelte es sich um Familiengrüfte, die mehr als hundert Jahre lang benutzt worden waren. Starb ein Familienmitglied, wurde die Gruft wieder geöffnet und der jüngst Verstorbene bei seinen Vorfahren beigesetzt. Dabei war es üblich, die Reste der letzten Bestattung (einschließlich der Gebeine) zur Seite zu schieben und so in der Mitte einen freien Platz für die neue Beisetzung zu schaffen. Das machte die genaue Datierung der Funde schwierig. Aber Kathleen Kenyon war eine kreative Archäologin und entwickelte eine Methode zur Datierung der Gegenstände, die sich die Verbindung mit einer spezifischen Keramik-SERIATION zunutze macht.

Wie wir bei den Ausgrabungen von Tell ed-Daba gesehen haben, wurde in der Mittleren Bronzezeit eine sehr charakteristische Art von Töpferware hergestellt, die als »Tell el-Jahudija-Keramik« bezeichnet wird. Die Form dieser kleinen, schwarzen Gefäße hat ein typisches Entwicklungsmuster durchlaufen, nämlich von der Birnenform zum Zylinder. Kathleen Kenyon ermittelte bei jedem Grab, welchen Anteil die birnenförmigen und welchen die zylindrischen Gefäße hatten, und konnte dadurch die Grabstätten in fünf chronologische Kategorien einordnen, die sie von Gruppe I (die älteste) bis Gruppe V (die jüngste) durchnumerierte. Seit ihrer Pionierarbeit in Jericho ist dieses Schema von anderen Wissenschaftlern, wie etwa dem israelischen Archäologen Aaron Kempinski, leicht modifiziert worden; mittlerweile gelten die Gruppen II und III als ungefähr gleichzeitig, ebenso die Gruppen IV und V.[11] Obwohl Kathleen Kenyons Einteilung der Grabstätten einige Mängel aufweist, benutzen Archäologen ihr Fünf-Phasen-Modell weiterhin als Bezugsrahmen für die Datierung des historischen Lebens im mittelbronzezeitlichen Jericho.

331 Ein birnenförmiges Kännchen aus Tell ed-Daba.

Auch wir folgen dieser gängigen Praxis. Anhand der folgenden Schlüsselfunde können wir die Gräbergruppen den Epochen der ägyptischen Geschichte zuordnen.

1. Babylonische Rollsiegel, deren Stil für die Zeit Hammurabis oder die Zeit kurz vor ihm typisch ist, tauchen in Gräbern auf, die als Gruppe II klassifiziert werden. Da Hammurabi ein Zeitgenosse von Neferhotep I., dem einundzwanzigsten Pharao der 13. Dynastie, war, können wir die Gruppe II der ersten Hälfte der 13. Dynastie zuordnen.

2. In einem Grab der Gruppe III fand sich ein Skarabäus mit dem Namen von Kahotepre Sobekhotep V., dem vierundzwanzigsten Pharao der 13. Dynastie und unmittelbarem Nachfolger von Chaneferre Sobekhotep IV. Sobekhotep V. regierte weniger als fünf Jahre, der Skarabäus ist daher wohl kaum als kostbares Erbstück eines Königs aus legendären Zeiten gehegt worden. Wenn er hier zusammen mit anderen Grabbeigaben auftaucht, so legt das die Vermutung nahe, daß die entsprechende Beisetzung in der Regierungszeit Sobekhoteps V. stattfand oder nicht viel später. Folglich fallen Gräber der Gruppe III chronologisch in Moses' Exil auf dem Sinai, also in die Zeit, die auf seine Flucht aus Ägypten unter der Herrschaft Chaneferre Sobekhoteps IV. folgte.

3. In Grab H13, das zur letzten Phase der Grabstätten gehört (Gruppe V), haben wir den außerordentlich bedeutsamen Fund eines Skarabäus, der den Namen des Hyksoskönigs Scheschi trägt. Aufgrund des archäologischen Kontextes – andere Skarabäen dieses Herrschers sind in Palästina und Ägypten gefunden worden – und aufgrund der Entwicklung der Skarabäusformen haben Aaron Kempinski[12] und William Ward[13] die Regierungszeit Scheschis in die Anfangszeit der 15. Dynastie gelegt. Petrie fand zahlreiche Scheschi-Skarabäen in Tell el-Adschul in der frühesten Phase der Stadt II. Wie wir gesehen haben, wird die Stadt II inzwischen mit der Hyksosfestung Scharuhen identifiziert, da die Trümmerschicht aus der Zeit des Untergangs der 15. Dynastie stammt. Scheschi kann daher nicht auf das Ende der 15. Dynastie datiert werden, sondern muß viel früher gelebt haben, nämlich in der Frühzeit der Hyksosfestung Scharuhen. Es ist wichtig, sich vor Augen zu halten, daß Kempinski und ebenso Ward von der Prämisse ausgingen, die 15. Dynastie habe bald nach der Regierungszeit des Pharaos Dedumose begonnen. Für sie gab es keine Frühe Hyksosdynastie, in die sie Scheschi hätten einreihen können, weil die traditionelle Chronologie der Zweiten Zwischenzeit notgedrungen eine viel kürzere Zeitspanne zugestehen konnte, als es nun mit der Neuen Chronologie möglich ist. (Bietak und andere Spezialisten für die Mittlere Bronzezeit haben vielfach geäußert, daß der archäologische Befund dieser Epoche eine Chronologie mit längeren Zeiträumen verlangt, als das auf Sotisdaten beruhende traditionelle Schema derzeit erlaubt.) Wir vertreten die Auffassung, daß Scheschi ein Herrscher der Frühen Hyksoszeit war und daß die Gruppe V in Jericho auf diesen Zeitraum datiert werden muß und nicht auf die Große Hyksosdynastie, die auf sie folgte.

332 Ein großes zweifarbiges Tongefäß aus der Späten Bronzezeit, das in der Schicht der frühen 18. Dynastie in Tell ed-Daba (Auaris) gefunden wurde.

333 Der Verfasser inspiziert eine Profilwand von Kathleen Kenyons Graben Eins.

4. Auch wenn es ein Argument ex silentio ist, soll an dieser Stelle festgehalten werden, daß keine zweifarbige Töpferware in den Felsgräbern des Friedhofs von Jericho gefunden wurde – sie »fehlt vollständig« bei den Keramikfunden.[14] Das deutet darauf hin, daß die Bestattungen dort aufhörten, ehe dieser Typ von Keramik in Palästina eingeführt wurde. Diese Feststellung ist nicht neu; John Bartlett schreibt dazu:

… der für unsere Zwecke entscheidende Punkt ist, daß es in Jericho, ebenso wie in anderen Grabungsorten in Südpalästina und Zentralpalästina (Tell Bet-Mirsim, Tell Geser, Schilo, Bet-El und Gibeon), keinerlei Anzeichen für den Gebrauch von zweifarbiger Töpferware und importierter zyprischer Keramik gibt. Das bedeutet aber nicht einfach, daß Jericho eine rückständige Provinzstadt im Jordantal war, in die die zweifarbige Töpferware, die sich von der Küste her ausbreitete, eben nicht gelangte, denn das erklärt nicht, warum sie auch nicht in Orten wie Bet-Mirsim vorkam. Abgesehen davon fehlt in Jericho nicht nur die zweifarbige Töpferware, sondern ein ganzes Spektrum von Keramik dieser Zeit. Die Erklärung dafür ist ganz offenkundig, daß es eine Unterbrechung in der Besiedlung des Tells gab, nachdem die mittelbronzezeitliche Stadt zerstört worden war.[15]

Wie schon erwähnt, wurde zweifarbige Töpferware sowohl in Tell ed-Daba als auch in der gesamten Levante in Schichten gefunden, die auf die späte 15. Dynastie in Ägypten datierbar sind. Alle Gräber der Gruppe V in Jericho müssen daher auf einen Zeitraum vor dem Ende der Hyksoszeit datiert werden.

Die Einteilung in Gräbergruppen nach Kathleen Kenyon läßt sich im Verhältnis zur ägyptischen Geschichte folgendermaßen datieren:

> Gruppe I – Späte 12. Dynastie (NC – 1650–1600 v. Chr.)
> Gruppe II – Frühe 13. Dynastie (NC – 1600–1530 v. Chr.)
> Gruppe III – Mittlere 13. Dynastie (NC – 1530–1490 v. Chr.)
> Gruppe IV – Späte 13. Dynastie (NC – 1490–1450 v. Chr.)
> Gruppe V – Späte 13. Dynastie/Frühe Hyksoszeit (NC – 1450–1410 v. Chr.)

In archäologischen Begriffen ausgedrückt entspricht der Gruppe I die MB II A, den Gruppen II und III (unter Berücksichtigung von Kempinskis Aussage, daß die Gruppe III nicht von der Gruppe II zu unterscheiden sei) entspricht faktisch die Übergangsphase zwischen MB II A und MB II B, während die Gruppen IV und V den Anfang von MB II B abdecken.

Es geht aus Kathleen Kenyons Arbeit eindeutig hervor, daß die letzte Phase der Gräbergruppe V in die Zeit der Verwüstung des mittelbronzezeitlichen Jericho fällt. Im Grab H13, das den Scheschi-Skarabäus enthielt, dürfte sogar eine der letzten

Bestattungen überhaupt stattgefunden haben. Wie schon erwähnt, war es kurz vor dem Untergang der Stadt zu Massenbeisetzungen gekommen, und das Grab H13 gehört zu den Felskammern, die dafür genutzt wurden. Kempinski hat die Auffassung vertreten, daß Jericho bald nach oder während der Regierungszeit König Scheschis gefallen ist, also eine ganze Weile vor dem Ende der Mittleren Bronzezeit.[16] Er traf auch eine andere, sehr interessante Feststellung über diesen schattenhaften Hyksosherrscher, die nun von eminenter Bedeutung für unsere Datierung der Landnahme ist. Kempinski bemerkte, daß der Name Scheschi sogar in den biblischen Erzählungen erscheint, die von der Landverteilung unter die siegreichen israelitischen Stämme berichten. Insbesondere erscheint sein Name in der Geschichte der Vertreibung der drei Anakiterherrscher aus dem Königreich Hebron.

> Kaleb aber, dem Sohn Jefunnes, gab Josua einen Anteil mitten unter den Judäern, nach der Anweisung des Herrn an Josua (und zwar) Kirjat-Arba – Arba war der Vater Anaks –, das heißt Hebron. Kaleb vertrieb von dort die drei Anakiter Scheschai, Ahiman und Talmai, die Söhne Anaks. Von dort zog er hinauf zu den Einwohnern von Debir. Debir hieß früher Kirjat-Sefer. (Josua 15,13–15)

Dieselben Stammesfürsten hatten schon im Gebiet von Hebron regiert, als Moses sein Volk aus dem Sinai führte.

> Der Herr sprach zu Moses: Schick einige Männer aus, die das Land Kanaan erkunden, das ich den Israeliten geben will. Aus jedem Väterstamm sollt ihr einen Mann aussenden, und zwar jeweils einen der führenden Männer. Da schickte Moses von der Wüste Paran die Männer aus, wie es der Herr befohlen hatte. ... Sie durchzogen zuerst den Negev und kamen bis Hebron. Dort lebten Ahiman, Scheschai und Talmai, Söhne des Anak. (Numeri 13,1–3 und 22)

Der biblische Name eines Anaksohnes von Kirjat-Arba/Hebron – Scheschai – ist identisch mit dem Namen Scheschi, der auf vielen der in Südpalästina gefundenen Skarabäen aus der Mittleren Bronzezeit II B zu lesen ist. Könnte es sein, daß der Scheschi-Skarabäus aus dem Grab H13 in Jericho mit diesem biblischen Scheschai aus Hebron zusammenhängt? Es wird allgemein angenommen, daß die Hyksosherrscher von Palästina ihre Verwandten im ägyptischen Delta darin nachahmten, daß sie die Skarabäusform für ihre Siegelringe benutzten. Ihr Namenszug erscheint in einer vereinfachten Hieroglyphenschrift auf der Unterseite des drehbaren Skarabäus. Die beschriftete Fläche wurde dann in ein feuchtes Lehmsiegel gedrückt, um den Eigentümer eines Dokuments oder den Inhalt eines Tonkruges zu identifizieren. Nicht alle Skarabäen waren also in Ägypten gefertigt.

Es ist gut möglich, daß Scheschi, dessen Skarabäen in Südpalästina wohl weitverbreitet waren, (anfänglich) nicht direkt von Ägypten aus regiert hat, sondern eher von den Hyksosgebieten nördlich der Halbinsel Sinai. Der Angriff Kalebs und seiner Streitmacht könnte den Hyksoskleinkönig in die Sicherheit von Scharuhen oder sogar nach Ägypten hinein getrieben haben. Einer der bestbezeugten frühen Hyksosherrscher war also vielleicht ein Flüchtling, der sich vor dem israelitischen Angriff auf das Gelobte Land gerettet hatte.

Kempinski erkannte die Möglichkeit, daß Scheschai aus Hebron und der Hyksoskleinkönig Scheschi ein und derselbe sein könnten – aber nur in dem Sinne, daß irgendwie ein Stück Hyksosgeschichte aus Hebron in die biblische Tradition von Kalebs Vertreibung der Anaksöhne aus Hebron hinübergewandert war, »ungefähr 500 Jahre, nachdem er [Scheschi] tatsächlich regierte«:

> Sowohl in Josua 15,14 als auch in Richter 1,10 heißt es, daß Kaleb »Scheschai, Ahiman und Talmai«, die drei Anaksöhne aus Hebron, schlug und vertrieb, als hätten die drei in der Zeit Kalebs gelebt und nicht in der Hyksoszeit. Wir haben hier ein hervorragendes Beispiel dafür, wie die Verfasser der Bibel Überlieferungen verarbeiteten.[17]

Wieder steht die traditionelle Chronologie einer direkten historischen Gleichzeitigkeit im Wege. Bei der Neuen Chronologie gibt es dieses Problem nicht: Der biblische Scheschai aus Hebron und der historische Scheschi sind in der Tat identisch – gerade weil die Ereignisse um die Landnahme und der stratigraphische Horizont, der die sogenannten Hyksos-Skarabäen enthält, zeitgleich sind.

---

31 Der Hyksosherrscher Scheschi, dessen Name auf zahlreichen mittelbronzezeitlichen Skarabäen aus Südpalästina erscheint (und im Grab H13 in Jericho), muß als identisch mit dem biblischen König Scheschai aus Hebron angesehen werden, der wegen der Invasion der israelitischen Stämme um etwa 1410 v. Chr. aus seiner Heimat fliehen mußte. Die archäologische Konzentration von Scheschi-Skarabäen in Tell el-Adschul weist darauf hin, daß er nach Scharuhen floh. Dort baute er wahrscheinlich Stadt II und eine neue Königsresidenz (Palast II) für die Frühe Hyksosdynastie des südlichen Palästina, deren Gründer er war.

Die Wiederbesiedlung von Jericho

Ehe wir Jericho verlassen, seien noch einige Punkte erwähnt, die die Übereinstimmung von Neuer Chronologie und archäologischen Zeugnissen untermauern. Garstang hat bei seinen Ausgrabungen in Tell es-Sultan ein größeres Gebäude am Kamm des Hügels ausgegraben. Die archäologische Datierung dieser Gebäudereste ist außerordentlich schwierig, doch allgemein gehen die Auffassungen dahin, daß sie am ehesten aus der Späten Bronzezeit II A stammen könnten.[18]

334 Eine Luftaufnahme von Tell es-Sultan (dem alten Jericho) von Norden her. Einer der tiefen Gräben von Kathleen Kenyon ist unten in der Mitte des Bildes zu sehen.

In der Neuen Chronologie ist das Ende der Späten Bronzezeit II A die Zeit, in der in Israel David und Salomo herrschten (etwa 1010 bis 931 v. Chr.). Interessanterweise wird Jericho nach der Zerstörung durch Josua erstmals wieder in der Regierungszeit Davids erwähnt. In 2 Samuel 10 schickt der König seine Gesandten zu Hanun, dem Sohn des Nahasch, König der Ammoniter. Aber Hanun beleidigt David dadurch, daß er den israelitischen Gesandten die Bärte zur Hälfte abschneiden läßt, ehe er sie nach Hause schickt. Das gilt als solche Schande für den Hof Davids, daß die Gesandten auf Befehl des Königs vorerst in Jericho bleiben müssen. Angesichts dieser seltsamen Erzählung ist es durchaus vorstellbar, daß eine kleine Gruppe von Davids Hofleuten den Ruinenhügel von Jericho für die Dauer einiger Jahre bewohnte. Das paßt gut zu Garstangs »Middle Building«, ein wegen seiner chronologischen Mittellage so benanntes großes Wohnhaus, das kurze Zeit nach seiner Erbauung wieder verlassen wurde.

Die nächste Besiedlungsphase Jerichos liegt in der Späten Bronzezeit II B. Für diese Zeit gibt es einige Hinweise darauf, daß Häuser auf dem Hügel errichtet wurden, unter anderem möglicherweise ein kleiner Palast. Das Dorf – denn mehr kann es nicht gewesen sein – blieb unbefestigt. Allerdings hatte es vielleicht an der Peripherie einen Ring von Häusern, wie einige andere Siedlungen aus der Späten Bronzezeit auch. In diesem Zusammenhang sei an 1 Könige 16,34 erinnert, in dem wir davon hören, daß Jericho zur Regierungszeit König Ahabs wieder aufgebaut wurde:

> In seinen Tagen baute Hiël aus Bet-El Jericho wieder auf. Um den Preis seines Erstgeborenen Abiram legte er die Fundamente, und um den Preis seines jüngsten Sohnes Segub setzte er die Tore ein, wie es der Herr durch Josua, den Sohn Nuns, vorausgesagt hatte.

Ahabs Regierungszeit wird in der Neuen Chronologie auf die Zeit am Ende der 19. Dynastie in Ägypten datiert – mit anderen Worten ganz auf das Ende der Späten Bronzezeit.

---

32 Garstangs »Middle Building« in Jericho ist als Wohnhaus der Gesandten Davids nach dem Scheitern ihrer Mission bei den Ammonitern in Transjordanien anzusehen. Das spätere Dorf aus der Späten Bronzezeit II B stellt den Wiederaufbau von Jericho durch Hiël (um 850 v. Chr.) in der Regierungszeit Ahabs dar.

Jabin, König von Hazor

Im Jahr 1992 entdeckte ein israelisch-spanisches Archäologenteam in Hazor (Tell el-Qedah) ein Tontafelfragment, das unsere chronologische Einordnung der Landnahme in die Mittlere Bronzezeit weiter untermauert. Der Grabungsleiter, Professor Amnon Ben-Tor von der Hebräischen Universität in Jerusalem, legte bei den Grabungen das Hauptgewicht auf die »obere Stadt«, wo durch die ganze Geschichte die Paläste der Könige von Hazor lagen. Zusammengenommen machen die (königliche) Oberstadt und die rechteckige Anlage der »unteren Stadt« das mittelbronzezeitliche Hazor zu einem der bevölkerungsreichsten Orte der Levante. Korrespondenzen (die über zwanzig Briefe umfassen) in den königlichen Archiven der Stadt Mari aus der Zeit des Königs Zimri-Lim belegen die wirtschaftliche Bedeutung der Stadt als wichtiger Handelspartner von Mesopotamien (besonders von Babylon). Die mittelbronzezeitlichen Könige von Hazor waren ohne Zweifel die mächtigsten Stadtstaatenherrscher in Kanaan.

Obwohl im Buch Josua von der Zerschlagung der Koalition der nördlichen Stadtstaaten weniger die Rede ist als von der Eroberung der Städte Jericho und Ai, kann kein Zweifel daran bestehen, daß dieser Sieg der Israeliten bei der Besiedlung des Gelobten Landes ein sehr bedeutsames Ereignis war. Der Schwerpunkt der Militäraktion lag auf Hazor. Im Gegensatz zu den meisten anderen Feldzügen, bei denen die Herrscher anonym bleiben (ausgenommen die drei Herrscher von Hebron sowie Horam von Geser), erfahren wir hier den Namen des Königs von Hazor – Jabin – und seines Verbündeten, des Herrschers von Merom – Jobab.

Auf die Nachricht vom erfolgreichen israelitischen Angriff auf den Süden Kanaans

ruft Jabin die Nordkönige auf, ihre Kräfte zu vereinen, um die vordringenden Israeliten aufzuhalten und zu vernichten. Die Truppen von Hazor, Merom, Schimron, Achschaf und einigen kleineren Städten massieren sich bei den Wassern von Merom. Das Heer ist »so groß und zahlreich wie der Sand am Ufer des Meeres, dazu mit einer großen Menge von Pferden und Wagen«. In Josua 11,10 heißt es: »Hazor hatte früher die Oberherrschaft über alle diese Königreiche«, und diese große Stadt zahlt den Preis der Zerstörung durch Josuas Krieger. Mit einem Überraschungsangriff bei Merom vertreiben die Israeliten das Heer der kanaanitischen Koalition. Dann rückt Josua auf Hazor vor und nimmt es ein. Er erschlägt Jabin mit dem Schwert, und wieder verlangt Jahwe ein Blutopfer als Garantie für den Sieg der Israeliten:

> Die Israeliten erschlugen alles, was in der Stadt lebte, mit scharfem Schwert und weihten es dem Untergang. Nichts Lebendiges blieb übrig. Die Stadt selbst steckte man in Brand. (Josua 11,11)

Aber wie verhält sich der biblische Bericht von der Zerstörung Hazors zu den Ergebnissen der Grabung, die Professor Ben-Tor derzeit in der Oberstadt durchführt? Seit Garstangs ersten Sondierungen im Jahr 1928 weiß man, daß es in Tell

335 Eine Luftaufnahme des Areals A in Hazor: (1) Tor aus Stratum X mit seinen sechs Kammern; (2) Kasemattenmauer aus derselben Schicht der Eisenzeit; (3) Eingang des neuentdeckten Palastes aus der Späten Bronzezeit; (4) nordöstliche Ecke des mittelbronzezeitlichen Palastes.

336 Die Reste der nordöstlichen Ecke des mittelbronzezeitlichen Palastes, der bereits von den Archäologen der Hebräischen Universität (Jerusalem) ausgegraben wurde.

337 Professor Amnon Ben-Tor (rechts) mit dem Organisator der Ausgrabungsstätte von Hazor, Alheib Hussein.

el-Qedah mehrere Brandschichten gibt. Bei der großen Zerstörung, die am Ende von Stratum XVI sichtbar wird, muß es eine gewaltige Feuersbrunst gegeben haben, die eine ein Meter dicke Schicht von Schutt und Asche hinterließ – und diese fand sich auch im entsprechenden stratigraphischen Horizont der Unterstadt. Das Stratum XVI zeigt das Ende der mittelbronzezeitlichen Stadt an und wäre nach der Neuen Chronologie die Stadt, die Josua zerstört hat.

Im Jahr 1955 begann der wohl berühmteste Archäologe Israels, Yigael Yadin, seine mehrjährigen Ausgrabungen in Hazor. Der Grabungsort wurde zur Ausbildungsstätte der gesamten modernen israelischen Archäologie. Im Laufe von fünf Arbeitsperioden gehörten zu Yadins Team unter anderem Aharoni, Amiran, M. Dothan, T. Dothan, Dunayevsky, Epstein, Perrot, Shiloh, Mazar und auch Ben-Tor – Namen, die zu den berühmtesten in der jüngsten biblischen Archäologie zählen. Yadins Team machte viele bedeutende Entdeckungen, aber eine von ihnen interessierte Yadin selbst vor allen anderen und sollte ihn die letzten zehn Jahre seines Lebens beschäftigen. Leider konnte er wegen seiner schlechten Gesundheit nicht mehr selber die Ausgrabungen vorantreiben. So blieb es Ben-Tor überlassen, Yadins großes Ziel zu verwirklichen – die Freilegung des mächtigen mittelbronzezeitlichen Palastes der Könige von Hazor.

Die noch nicht abgeschlossene Expedition konzentriert sich in Areal A auf den oberen Tell. Hier legte Yadin das Tor zum großen königlichen Bezirk aus der Eisenzeit und die berühmte Pfeilerhalle frei, die so oft in Reiseführern zur Illustration der archäologischen Arbeiten in Hazor zu sehen sind. Weniger bekannt ist, daß Yadin eine begrenzte Probegrabung auf der Nordseite der Pfeilerhalle durchführte, um festzustellen, was darunter liegt. Dort fanden die Israelis die Ecke eines großen Bauwerks mit sehr dicken Mauern aus Lehmziegeln, die auf Steinfundamenten ruhten.[19] Jahre nach Abschluß dieses Ausgrabungsprojekts stieß ein Junge im Ausgrabungsschutt auf das Fragment einer Tontafel. Die Tafel schien aus einem

DIE STADTMAUER STÜRZTE IN SICH ZUSAMMEN

Archiv zu stammen, und die Entzifferung des Keilschrifttextes ergab, daß dieses zum mittelbronzezeitlichen Verwaltungskomplex von Hazor gehört haben mußte. Yadin erkannte rasch, daß die dicken Mauern, die fast vollständig unter der späteren Pfeilerhalle und den umgebenden eisenzeitlichen Gebäuden liegen, zum Palast der mittelbronzezeitlichen Könige von Hazor gehören mußten. Neue Ausgrabungen, so vermutete er, würden sicherlich eines der bedeutendsten Archive der antiken Welt ans Tageslicht bringen.

Yadin starb 1984, ehe er seine Hypothese hätte belegen können, aber das israelisch-spanische Grabungsteam ist nach drei Grabungskampagnen in der Oberstadt bis zu dem archäologischen Horizont knapp über dem mittelbronzezeitlichen Palast vorgedrungen. Dabei mußten sie die Pfeilerhalle von ihrem ursprünglichen Standort entfernen und an einer anderen Stelle des Grabungsortes wieder aufbauen – eine schwierige und zeitraubende Aufgabe. Als Lohn für ihre Mühen konnten sie 1992 die ersten mittelbronzezeitlichen Fundstücke präsentieren. Für unsere Fragestellung kommt nun ein neues Tontafelfragment ins Spiel, das in jenem Jahr entdeckt wurde. Es gehört offenbar zum Palast des Stratums XVI, der in der Mittleren Bronzezeit durch einen Brand zerstört wurde. Das Textfragment lautet wie folgt:

338   Tafel A2/3423/92/17-23086, die in Hazor entdeckt wurde und einen König Ibni (den biblischen Jabin) erwähnt. Dem Text ist zu entnehmen, daß die Tontafel aus einem Archiv des mittelbronzezeitlichen Palastes stammt.

> An Ibni-[Addu] … So [sagt] Irpa … Zu der Frage, die junge Frau in die Obhut von … zu geben. Eine gewisse Frau, Aba … hat Einwände [dagegen] erhoben … So [sagte] sie: »Bis …[20]

Ben-Tor erkannte, daß der Name des Adressaten, Ibni-Addu, der Name des Königs war, der zur Zeit des Briefes in Hazor herrschte. Der Name »Ibni« ist gleichzusetzen mit dem hebräischen »Yabin« – dem biblischen Namen »Jabin«. Also ist der Herrschername auf der Tontafel, die aus dem Schutt des zerstörten mittelbronzezeitlichen Palasts stammt, derselbe wie der des Königs von Hazor, der von Josua getötet wurde. Josua aber war es, der die Stadt in Schutt und Asche legte.[21]

33 Die Stadt, die von Josuas Heer zerstört wurde, war das Hazor der Mittleren Bronzezeit II B, das am Ende von Stratum XVI niedergebrannt wurde. Der mittelbronzezeitliche Herrscher von Hazor, Ibni, dessen Name auf der Tafel A2/3423/92/17-23086 erscheint, kann daher mit König Jabin von Hazor identifiziert werden, der in Josua 11,10 von den Israeliten mit dem Schwert erschlagen wird.

Eine hervorragende Möglichkeit, die Datierung der Neuen Chronologie für die israelische Besiedlung Kanaans in der Mittleren Bronzezeit II B zu überprüfen, bietet die Analyse der Ausgrabungen auf dem heiligen Berg Schilo, dreißig Kilometer nördlich von Jerusalem. Schilo war der Ort, den die israelitischen Stämme unmittelbar nach der Landnahme als Standort der Bundeslade auswählten. Dort stellten sie das große Zeltheiligtum auf, das den Kasten mit den Gesetzestafeln Mose enthielt.

CHIRBET: Arab. »Ruine«, gleichbedeutend mit dem hebräischen Wort *Horvat*.

In Schilo (CHIRBET Seilun) wurden die ersten Ausgrabungen 1922 von den Dänen vorgenommen, die dann von 1926 bis 1932 noch einmal weiterarbeiteten.[22] Eine dritte Grabungsserie begannen 1981 die Israelis unter der Leitung von Professor Israel Finkelstein von der Universität Tel Aviv.[23] Wir werden nun die Grabungsergebnisse mit dem vergleichen, was uns die Bibel über die Geschichte dieses Ortes berichtet. Bei dieser Gelegenheit lassen wir den Archäologen Finkelstein mit seinen Worten die Funde kommentieren.[24]

TEMENOS: Von griech. *temnein*, das heißt »absondern« oder »trennen« – ein eingefriedeter heiliger Bezirk.

- (a) »Schilo wurde erstmals in der Zeit besiedelt, die die Archäologen als Mittlere Bronzezeit II B bezeichnen.«(b) Nach der Neuen Chronologie zogen die Israeliten in der Mittleren Bronzezeit II B in das Gelobte Land ein.

- (a) »Der faszinierendste Aspekt der Funde aus der Mittleren Bronzezeit ist vielleicht, daß es offenbar schon zu dieser Zeit ein Heiligtum an diesem Ort gab.« (b) Sicherlich gab es das, denn das war gerade die Zeit, als die Israeliten den heiligen TEMENOS der Bundeslade in Schilo einrichteten.

- (a) »Schilo gehört damit zu mehreren anderen heiligen Orten der Israeliten, an denen seit der Mittleren Bronzezeit eine ununterbrochene kultische Tradition existiert hat – lange vor der israelitischen Besiedlung im 12. bis 11. Jahrhundert v. Chr.« (b) Diese »heiligen Orte« gingen der israelitischen Besiedlung nicht voraus – sie gehören vielmehr zur Kultur der Israeliten. Diese waren es, die ihre mittelbronzezeitliche Kultur aus dem zentralen Bergland mitbrachten.

- (a) »… Menschen aus der gesamten Region müssen an den Bauarbeiten in Schilo beteiligt gewesen sein – eine Möglichkeit, die ein interessantes Licht auf die Bedeutung der Stadt wirft, die vielleicht schon in der Mittelbronzezeit eine Kultstätte war.« (b) Die israelitischen Stämme kamen aus ganz Israel zusammen, um sich um das Zentralheiligtum mit der Bundeslade zu versammeln. Sicherlich haben sie gemeinsam ihre Arbeitskraft dafür eingesetzt, den Temenos und seine große Umfassungsmauer zu errichten.

- (a) »Schilo wurde am Ende der Mittleren Bronzezeit zerstört … im Inneren der Befestigungsmauer und auch auf ihr gab es eine fast ein Meter fünfzig dicke Schicht aus Erde, Asche und Steinen.« (b) Finkelsteins Datum für die Zerstörung von Schilo ist ein TERMINUS POST QUEM für die Aufgabe des Ortes: Eine Tonscherbe vom Keramiktyp »schokoladenbraun auf weißem Grund« – der mit der Späten Bronzezeit I assoziiert wird – wurde in einem Vorratsraum gefunden. Der Ort dürfte also zumindest bis einige Zeit nach dem Beginn der Späten Bronzezeit nicht zerstört worden sein. Wenn man der hier vertretenen Auffassung folgt, wonach die von den Stämmen geprägte Kultur der Mittleren Bronzezeit II B im Bergland gleichzeitig mit der städtischen Kultur der Späten Bronzezeit I in den umliegenden Gegenden existierte, könnte man die Zerstörung von Schilo sogar erst auf die Späte Bronzezeit II A datieren. In 1 Samuel 4 erfahren wir, wie die Philister in der Schlacht von Eben-Eser die Bundeslade erbeuten und verschleppen – etwa zwölf Jahre vor der Herrschaft Sauls, die nach der Neuen Chronologie in die Späte Bronzezeit II A fällt. Professor Finkelsteins Trümmerschicht aus der Periode nach der Mittleren Bronzezeit würde

340 Israel Finkelsteins archäologischer Graben, der die Stützmauer aus Steinen (unten) und die Mauer des Temenos (oben) zeigt, von der aus sich ein verputztes Glacis den Hang hinabzog.

339 Gegenüber: Der Gipfel des Berges Schilo, auf dem wahrscheinlich die Bundeslade in der Richterzeit in einem eigenen, kleinen Tempel stand. Jeder greifbare Hinweis auf diesen Tempel ist spurlos verschwunden, denn später wurde an diesem Ort in großem Umfang neu gebaut, wobei man die früheren Gebäude bis auf den gewachsenen Felsen beseitigte. Schon eine flüchtige Besichtigung lehrt jedoch, daß der Gipfel des Berges geebnet wurde, um eine rechteckige Plattform zu erhalten. Diese ebene Fläche stammt vielleicht aus der Zeit, in der die Bundeslade in Schilo aufbewahrt wurde.

TERMINUS POST QUEM: Das Datum, nach dem ein Ereignis stattgefunden haben muß, aber nicht unbedingt das Datum des Ereignisses selbst.

dann der Zerstörung entsprechen, die die Philister bald nach der Schlacht von Eben-Eser als Strafmaßnahme verübten.

- (a) »Die israelitische Besiedlung von Schilo begann im 12. Jahrhundert v. Chr., zu Anfang der Eisenzeit I, nachdem der Ruinenhügel einige Zeit verlassen gewesen war. Wir fanden praktisch überall, wo wir gruben, Reste aus der Eisenzeit I.« (b) Es handelt sich nicht um die frühe israelitische Siedlung, sondern um den Neuaufbau des Ortes, der in der Regierungszeit Jerobeams beginnt (1 Könige 14,2–4) und die Zeit der getrennten Reiche hindurch anhält.

> **34** Ausgrabungen im heiligen Bezirk von Schilo zeigen, daß die Israeliten diese Stätte als Standort für die Bundeslade in der Mittleren Bronzezeit und nicht in der Frühen Eisenzeit ausbauten. Die Kultur der MB II B des zentralen Berglandes von Palästina stellt damit in der Geschichte Israels die authentischen archäologischen Überreste der Richterzeit dar.

Migdol Sichem

Josua versammelte alle Stämme Israels in Sichem; er rief die Ältesten Israels, seine Oberhäupter, Richter und Listenführer zusammen, und sie traten vor Gott hin. (Josua 24,1)

So schloß Josua an jenem Tag einen Bund für das Volk und gab dem Volk Gesetz und Recht in Sichem. Josua schrieb alle diese Worte in das Buch des Gesetzes Gottes, und er nahm einen großen Stein und stellte ihn in Sichem unter der Eiche auf, die im Heiligtum des Herrn steht. (Josua 24,25–26)

Das war Josuas letzte Tat vor seinem Tod. Die Geschichte des Bundes mit Israel führt uns nach Sichem (dem heutigen Nablus) und zum Ruinenhügel Tell Balata. Kommen uns die Ergebnisse der archäologischen Erforschung dieser Stätte bei unseren Bemühungen entgegen, Belege für die frühe Anwesenheit der Israeliten in Kanaan zu finden? Wir werden sehen, ob die Geschichte der Architektur des mittelbronzezeitlichen Sichem zur alttestamentlichen Überlieferung paßt, nun, da die Bibel und die archäologischen Zeugnisse wieder synchronisiert werden konnten.

Der Bibelwissenschaftler Ernst Sellin begann 1913 seine Grabungen in Tell Balata und führte bis zum Kriegsausbruch zwei Kampagnen durch. Später, in den Jahren 1926 und 1927, machte er weiter, wo er hatte abbrechen müssen. Am Ende hatte er eine gewaltige Befestigungsmauer, eine sogenannte ZYKLOPENMAUER (Mauer A) samt Eingangstor freigelegt, und innerhalb dieses eindrucksvollen Walls stieß er auf eine großflächige Terrassenauffüllung, auf der einmal ein großer Tempel

ZYKLOPENMAUER: Ein Begriff, der aus der Archäologie Griechenlands entlehnt ist und eine Mauer bezeichnet, die aus großen, unregelmäßigen Steinblöcken gebaut ist (»von Riesen [Zyklopen] erbaut«).

341 Ansicht des heiligen Bezirks in Sichem: (1) der »Millo« (Terrassenplatt-
form), auf dem der große Migdol-Tempel
der MB II B und der SB I errichtet worden war (2). Vor dem Tempel der große,
weiße Stein (3), der hier wieder aufgestellt wurde. Unter dem Vorhof des Tempels ein freigelegter früherer Komplex
von Tempelanlagen aus der MB II A (4)
im Areal zwischen dem Tempel und der
massiven Stützmauer 900 (5).

gestanden hatte. Dessen Ausmaße waren imposant: fünf Meter dicke Mauern, eine große, offene Cella (13,5 Meter lang und 11 Meter breit), darüber ein auf sechs Säulen ruhendes Dach. Zwei hohe Türme flankierten den Eingang und gaben dem ganzen Gebäude das Aussehen eines Festungsturmes. Sellin identifizierte dieses Bauwerk sofort als den Tempel des Baal-Berit (Tempel des »Bundesgottes«) oder El-Berit und datierte seine Erbauung auf den Beginn der Späten Bronzezeit. Dieser eindrucksvolle Tempel von Sichem war auch unter den Namen Migdol Sichem (wörtlich »Turm von Sichem«, in Richter 9,46 »Burg von Sichem«) und Bet-Millo (Richter 9,6 und 20) bekannt. Die biblischen Bezeichnungen passen also genau zum Migdol- oder Festungstempel von Tell Balata, der ebenfalls auf einer Terrassenauffüllung steht. Viele Wissenschaftler waren jedoch anderer Meinung als Sellin, weil das Bauwerk allem Anschein nach in der Späten Bronzezeit I errichtet worden war – viel zu früh, als daß es mit den Ereignissen im Buch Richter etwas zu tun haben könnte, die nach der traditionellen Chronologie in die Eisenzeit I fallen. Sellin fiel bei den Förderern der Grabungsexpedition in Ungnade und wurde entlassen.

Im Jahr 1956 übernahmen Amerikaner unter der Leitung von George Ernest Wright die Ausgrabungen in Tell Balata und führten dort fünf weitere Kampagnen durch. Diese Arbeiten klärten die komplexe Stratigraphie von Sichem und trugen zu unserem Verständnis des religiösen Lebens in der Stadt bei. Wright entdeckte einen Tempel mit Innenhof in einer Schicht unter und vor Sellins Festungstempel. Dieses kleinere Gebäude lag außerhalb der ursprünglichen inneren Stadtmauer (Mauer D) und schien aus der Mittleren Bronzezeit II A zu stammen. Wright kam auch zu dem Schluß, daß der spätere Festungstempel in der Mittleren Bronzezeit II B erbaut worden sei, daß er aber wahrscheinlich bis in die Späte Bronzezeit I hinein weiter genutzt und dann durch ein gewaltiges Feuer zerstört wurde. Mit

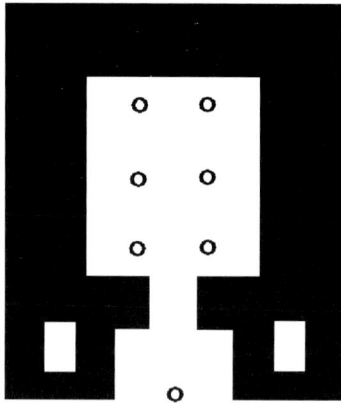
342 Grundriß des großen Migdol-Tempels in Sichem.

diesem Hintergrundwissen können wir nun die Rolle Sichems in der israelitischen Geschichte beschreiben.

Als Abraham nach Kanaan kam, zog er bis zur »Stätte von Sichem, bis zur Eiche More«. (Genesis 12,6) Sein Sohn Jakob vergrub die fremden Götter, die seine Familie gehabt und die sie ihm gegeben hatte, unter derselben Eiche – aber diesmal heißt es in der Bibel, der Baum sei »bei« Sichem (Genesis 35,4). Weiter vorn heißt es:

> Jakob gelangte, als er aus Paddan-Aram kam, wohlbehalten bis Sichem in Kanaan und schlug vor der Stadt sein Lager auf. Das Grundstück, auf dem er sein Zelt aufspannte, erwarb er von den Söhnen Hamors, des Vaters von Sichem, für hundert Kesita. Dort errichtete er einen Altar und nannte ihn: Gott, der Gott Israels. (Genesis 33,18–20)

Wir sind der Auffasssung, daß die Tempelanlage mit dem von Wright freigelegten Innenhof an der Stelle steht, an der Jakob seinen Altar El widmete, gleich neben der altehrwürdigen Eiche More, unter der Vater Abraham einst geruht hatte. Die Innenhofanlage des heiligen Bezirks entspricht dem Kult im Freien, den die Erzählung des Buches Genesis andeutet. Die Gebäude der Anlage sind offenbar in der Mittleren Bronzezeit II A um den Innenhof herum errichtet worden, als Jakob in der Stadt Sichem wohnte.

35 Der Tempel mit Innenhof aus der Mittleren Bronzezeit II A darf als Standort der Eiche More gelten, bei der Jakob einen Altar für den Gott Israels errichtete. Jahrhunderte später war er der Ort, an dem Josua einen Bund für das Volk schloß und die heilige *Massebe* aufstellte.

Der Tempel mit Innenhof wurde in dem Zeitraum, der dem Aufenthalt der Israeliten in Ägypten entspricht (NC – 1662–1447 v. Chr.), weiter genutzt. In der Mittleren Bronzezeit II B überdeckte ihn jedoch der Millo, auf dem der neue Tempel errichtet wurde. In dem offenen Hof, der vor dem gewaltigen neuen Festungstempel angelegt wurde (und über dem alten Innenhoftempel), hatte man einen großen weißen Stein aufgestellt, der eineinhalb Meter breit und etwa zwei Meter hoch war. Sellin identifizierte ihn als eine *Massebe*, ein heiliges Steinmal. Hierzu sei noch einmal die Passage aus dem Buch Josua zitiert, die die Volksversammlung in Sichem und ihren Bund mit Jahwe beschwört und die wir archäologisch in der Mittleren Bronzezeit II B ansiedeln.

> So schloß Josua an jenem Tag einen Bund für das Volk … und er nahm einen großen Stein und stellte ihn in Sichem unter der Eiche auf, die im Heiligtum des Herrn steht. (Josua 24,25–26)

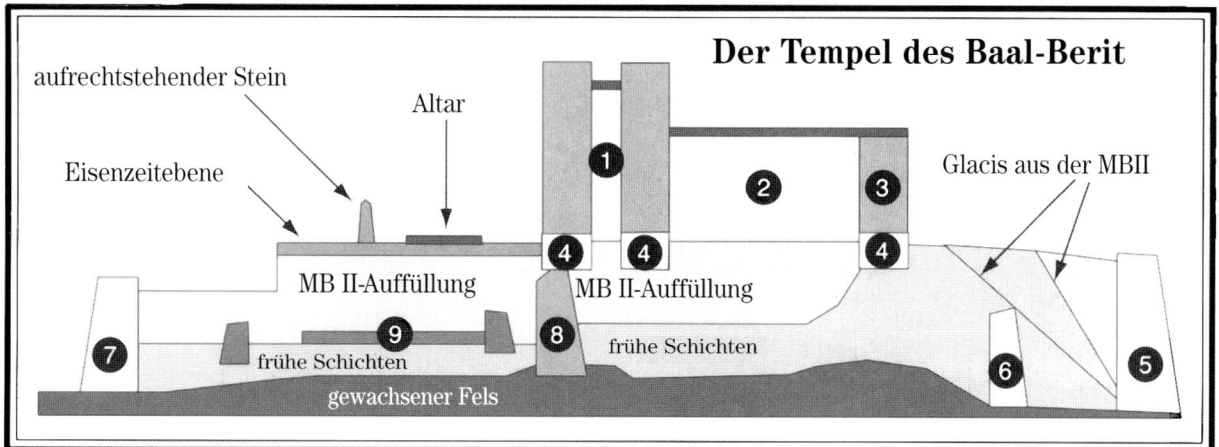

Der Tempel des Baal-Berit

aufrechtstehender Stein

Altar

Eisenzeitebene

Glacis aus der MBII

① ② ③

④ ④ ④

MB II-Auffüllung   MB II-Auffüllung

⑦ ⑨ ⑧   frühe Schichten   ⑥ ⑤

frühe Schichten

gewachsener Fels

Sellin stellte seinerseits den großen Monolithen wieder auf, weil er glaubte, es sei der Bundesstein Josuas. Später wurde er deswegen kritisiert, denn, so hieß es, der Tempel und das Steinmal stammten aus einer zu frühen Zeit, um mit der Stätte Josuas identisch zu sein. Inzwischen wissen wir, daß Sellin von Anfang an recht hatte. Der Stein Josuas steht noch heute an derselben Stelle, an der er ihn aufgerichtet hat – ein greifbares Stück der frühen israelitischen Geschichte –, völlig vernachlässigt, bedeckt mit politischen Graffiti der Palästinenser. Das ist gewiß das betrüblichste Zeugnis für die verlorengegangene Geschichte der Landnahme – an dem einfach ein Fehler in der Chronologie schuld ist.

343 Querschnitt durch den heiligen Bezirk in Sichem: (1) Cella des Migdol-Tempels; (2) Eingang zum Turm; (3) Rückwand des Tempels; (4) Fundamente der Kalksteinmauer; (5) Zyklopenmauer A; (6) Stützmauer C; (7) Mauer 900; (8) frühbronzezeitliche Lehmziegelmauer; (9) Tempel mit Innenhof aus der MB II A.

344 Ein Teil der Zyklopenmauer, die den Stadtkern von Sichem umgibt und wahrscheinlich von den Israeliten erbaut wurde.

345 Gesamtansicht des Stadtkerns von Sichem mit seinem heiligen Bezirk (Vordergrund) am Fuß des Berges Garizim. (1) Die Befestigungsmauer; (2) das nördliche Tor zum eingefriedeten Bereich; (3) der Migdol-Tempel aus der MB II B; (4) der aufrechtstehende Stein; (5) der Tempel mit Innenhof aus der MB II A.

Das nächste Mal hören wir von Sichem wieder in der Geschichte von Abimelech, dem Sohn des Richters Gideon und seiner sichemitischen Konkubine.

> Als Gideon tot war, trieben die Israeliten wieder Abgötterei mit den Baalen … Da versammelten sich alle Bürger von Sichem und Bet-Millo, zogen zu der Eiche, die bei Sichem steht, und machten Abimelech zum König. (Richter 8,33 und 9,6)

Mit der Wahl Abimelechs zum König von Sichem erreichen wir eine weitere blutige Etappe in der Geschichte der israelitischen Besiedlung Kanaans. Das Geschehen, um das es geht, hat sich über zweihundert Jahre nach dem Tod Josuas ereignet. Nach der Neuen Chronologie befinden wir uns ungefähr im Jahr 1170 v. Chr. – im letzten Regierungsjahr des Ahmose, des Gründers des Neuen Reiches in Ägypten. In den Städten an der Küste und in den Tiefebenen ist bereits die Kultur der Späten Bronzezeit I angebrochen, aber im zentralen Bergland leben die Menschen noch auf der Stufe der Mittleren Bronzezeit II B. Der große Tempel des Baal-Berit ist an der Stelle errichtet worden, an der Israel einst den Bund mit Gott geschlossen

»So schloß Josua an jenem Tag einen Bund für das Volk
und gab dem Volk Gesetz und Recht in Sichem.
Josua schrieb alle diese Worte in das Buch des Gesetzes Gottes,
und er nahm einen großen Stein und stellte ihn in Sichem unter der Eiche auf,
die im Heiligtum des Herrn steht. Dabei sagte er zu dem ganzen Volk:
Seht her, dieser Stein wird ein Zeuge sein gegen uns;
denn er hat alle Worte des Herrn gehört, die er zu uns gesprochen hat.
Er soll ein Zeuge sein gegen euch, damit ihr euren Gott nicht verleugnet.
Dann entließ Josua das Volk, einen jeden in seinen Erbbesitz.«

Josua 24,25–28

346 Vorhergehende Seite: Die große, weiße *Massebe* von Sichem, in der nun der Stein von Josuas Bund gesehen werden darf.

hatte. Auch die Zyklopenmauer um die Stadt herum steht bereits und schützt eine der heiligsten Stätten der Israeliten.

Abimelech zeichnete sich in seiner dreijährigen Herrschaft durch große Brutalität aus, bis die Sichemiter schließlich gegen ihren König aufbegehrten. Die Rebellion endete jedoch nur in einem neuen Gemetzel. Der größte Teil der Einwohner von Sichem war schon von Abimelechs Kriegern ermordet. Die überlebenden tausend Sichemiten suchten Zuflucht im großen Festungstempel mit seinen dicken Mauern, den sie nicht nur für sicher, sondern auch für sakrosankt hielten. Aber Abimelech hatte keine religiösen Skrupel.

> Abimelech wurde gemeldet, daß sich die ganze Besatzung der Burg von Sichem dort versammelt hatte. Daraufhin stieg Abimelech mit all seinen Leuten den Berg Zalmon hinauf. Abimelech nahm seine Axt in die Hand, hieb einen Busch ab, hob ihn auf, legte ihn auf seine Schulter und sagte zu seinen Leuten: Macht mir nach, was ihr gesehen habt, aber schnell! Da hieben auch alle seine Leute einen Busch ab und zogen hinter Abimelech her. Sie legten die Zweige auf das Gewölbe und zündeten sie an und steckten das Gewölbe über der Besatzung in Brand. So kam auch die ganze Besatzung der Burg von Sichem um, etwa tausend Männer und Frauen. (Richter 9,47–49)

Auch hier haben wir wieder eine erstaunliche Parallele zwischen der frühen biblischen Erzählung und dem archäologischen Befund. Der mittelbronzezeitliche Festungstempel, den Sellin entdeckt hatte, wurde durch einen Brand zerstört, und Kathleen Kenyon erklärt dazu: »Die darauffolgende Besiedlung war spärlich, und vielleicht gab es sogar überhaupt eine Lücke.«[25] Der einzige Bibelabschnitt, der von einer Aufgabe Sichems berichtet, findet sich in Richter 9,45, wo es heißt, Abimelech »eroberte sie [die Stadt] und tötete ihre Einwohner. Dann zerstörte er die Stadt und streute Salz über sie.«

---

37 Der zerstörte mittelbronzezeitliche Festungstempel in Sichem ist identisch mit dem Migdol Sichem, der laut biblischem Bericht von Abimelech in Schutt und Asche gelegt wurde. Dabei kamen auch die tausend Sichemiten um, die dort Zuflucht gesucht hatten. Daß der Ort anschließend aufgegeben wurde, entspricht ebenfalls der Geschichte von Abimelech, denn es heißt, er habe die Stadt zerstört und Salz über sie gestreut.

»Dann sagte der Pharao zu Josef: Nachdem dich Gott all das hat wissen lassen,
gibt es niemand, der so klug und weise wäre wie du.
Du sollst über meinem Hause stehen, und deinem Wort soll sich mein ganzes Volk beugen.
Nur um den Thron will ich höher sein als du.«

Genesis 41,39–40

15

Der Wesir Josef

Wir haben nun das letzte Kapitel unserer Reise durch die Vergangenheit erreicht und wollen innehalten, um uns nochmals die Etappen unseres Weges zu vergegenwärtigen.

Als erstes sahen wir, daß die Gelehrten des vergangenen Jahrhunderts gleich zu Beginn ihrer Entdeckungsreise in die Irre gingen. Der Wegweiser, der auf »Ramses/Pi-Ramesse« und »Schischak« zeigte, führte die Archäologie in einen Wirrwarr von Ungereimtheiten über die Chronologie und Archäologie der frühen Großreiche. Obwohl wir unsere Reise an derselben Kreuzung mit derselben Karte begannen (d. h. mit den verfügbaren Quellen), folgten wir einem anderen Wegweiser – der »Archäologie der Dritten Zwischenzeit«. Schon bald gelangten wir in eine ganz andere Alte Welt, die ungeahnte Möglichkeiten für eine Synthese von Bibelwissenschaft und archäologischer Forschung bot. Die Ironie der Geschichte wollte es, daß die traditionelle Chronologie zwar von zwei Schlüsselsynchronismen der Bibel ihren Ausgang nahm, doch die Gelehrten konnten die Ergebnisse immer neuer Ausgrabungen nicht mit der biblischen Überlieferung in einen plausiblen Zusammenhang bringen. Wir dagegen stellten uns von Anfang an auf den Boden der archäologischen Forschung und bauten von dort her ein chronologisches Gerüst auf, das eindeutige Beziehungen zwischen Bibel und archäologischen Funden herzustellen erlaubt.

Unsere Neue Chronologie beruht auf archäologischen Quellen der Dritten Zwischenzeit und einer Reihe alter Genealogien, die durch gewissenhafte antike Beamte auf uns gekommen sind. So enthüllte sich uns die reale Person, die sich hinter dem biblischen »Schischak« verbarg: Es war kein anderer als Ramses der Große – der Osymandias aus Shelleys berühmtem Gedicht, der von den Ägyptologen als Ramses II. bezeichnete König. Er war es, der im Jahre 925 v. Chr. Salomos Tempel plündern ließ, aber er war nicht, wie gemeinhin angenommen, der Pharao der Bedrückung und des Exodus.

348 Oben: Sonnenuntergang in Dahschur: Rechts die Knickpyramide Snofrus (4. Dynastie) und links die Schwarze Pyramide Amenemhets III. (12. Dynastie).

347 Seite 381: Der »Alabastersphinx« von Memphis. Freilichtmuseum Mit--Rahina.

Nach dieser Schlußfolgerung suchten wir nach Zeugnissen für das Wirken Salomos in Palästina während des Übergangs von der späten 18. zur frühen 19. Pharaonendynastie. Dabei stießen wir in Jerusalem auf die Überreste eines Bauwerks im ägyptischen Stil, die zum Palast der Pharaonentochter, der Hauptgemahlin König Salomos, gehört haben könnten. Wir konnten auch den geheimnisvollen, von Salomo erbauten Millo mit den gewaltigen Terrassenanlagen an den Osthängen der Davidsstadt vergleichen. Dem großen Handelsfürsten Salomo wiesen wir einen Platz in der Späten Bronzezeit zu – das passende kulturelle Umfeld für den reichsten Herrscher Israels mit seinen weitgespannten Handelsbeziehungen. Die Situierung in der Späten Bronzezeit II A – B brachte den Vorteil, daß der bauliche Befund – das exakte Quaderwerk der Städte und königlichen Residenzen Salomos – ebenfalls mit der biblischen Überlieferung der Bücher der Könige und der Chronik, die von phönizischer Tradition spricht, übereinstimmt. Ferner gehört die literarische Tradition der Psalmen nun in eine Epoche großer hymnischer und epischer Dichtung, die in der ugaritischen Literatur der Späten Bronzezeit nachweisbar ist. Echnatons »Hymne an den Aton«, die so oft mit Psalm 104 verglichen wurde[1], ist also in der Epoche entstanden, als der König und Psalmendichter David in Israel herrschte. Zweifellos entspricht die Späte Bronzezeit kulturell und geschichtlich am besten jener Epoche, in der Israel zum Großreich aufstieg und auch in kultureller Hinsicht einen Höhepunkt erreichte.

Unser nächster Orientierungspunkt war »Tell el-Amarna«. Hier wurde unsere Neue Chronologie einer harten Prüfung unterzogen, denn die dort gefundenen zeitgenössischen Schriftstücke waren weniger für Mißdeutungen anfällig als die stummen Zeugen der Architektur. Beim Lesen der Briefwechsel von Herrschern der palästinensischen Stadtstaaten entdeckten wir eine politische Situation, die bis in Einzelheiten der frühen Monarchie in Israel entsprach. Die Habiru der Amarnabriefe waren die Hebräer, die unter Saul und David lebten. Die uns vorliegenden Tontafeln waren einmal vom ersten König Israels seinem Schreiber diktiert worden. Viele Personen, deren Heldentaten in den Büchern Samuel beschrieben werden, tauchten in den Briefen auf. In die Sprache des alten Kanaan gekleidet, waren ihre Namen nicht mehr zu erkennen, doch einmal richtig übersetzt, entsprachen sie genau den Hebräern aus dem Alten Testament. Über Jahrtausende hinweg sprachen Saul und Ischbaal mit den Worten zu uns, die auch dem Pharao in seinem königlichen Palast vorgelesen worden waren. Wir verfolgten dann, wie König David die Macht über das zentrale Bergland an sich riß und die Philister in die Küstenebene zurückdrängte. Wieder andere, die Davids Aufstieg beobachteten, schrieben an Echnaton, beispielsweise Hada-Eser von Zoba und Achisch von Gat. Zahlreiche andere Personen tauchten in den Briefen auf, darunter Isai (Davids Vater), Joab (Davids General), König Toï von Hamat und der syrische Heereskommandeur Schopak. Wir lasen Berichte über Sauls Tod in der Jesreel-Ebene, und wir erfuhren von der Isolierung des jebusitischen Jerusalem und vom Aufstieg der Stadtfeste Zion – der Hauptstadt von Davids Königreich Israel.

Zur Überprüfung unserer Neuen Chronologie zogen wir auch astronomische Daten heran. Wir entdeckten, daß das sehr seltene Schauspiel einer Sonnenfinsternis kurz vor Sonnenuntergang in Ugarit nur im Jahre 1012 v. Chr. stattgefunden haben konnte. Im selben Jahr brannte der Palast von Ugarit ab, und König Echnaton wurde von dem Unglück benachrichtigt. Folglich muß die Amarnazeit in die letzten Jahre des 11. Jahrhunderts v. Chr. fallen und nicht in die Mitte des 14. Jahrhunderts wie nach der traditionellen Chronologie. Das erste Regierungsjahr König Davids liegt nach Angaben der Bibel um 1010 v. Chr.; insofern bestätigten die astronomischen Rückrechnungen die Neue Chronologie, nach der Echnaton und Tutanchamun Zeitgenossen des ersten Königs des israelitischen Großreichs sind.
Dann gingen wir den Spuren der Eroberung des Gelobten Landes unter Josua nach. Wir verfolgten, wie Josua in der Mittleren Bronzezeit (nach der Neuen Chronologie etwa 1410 v. Chr.) Jericho zerstörte.
Wir entdeckten einen Brief des Königs Jabin von Hazor, der von den Israeliten getötet wurde, als sie seine mächtige Stadt zerstörten. Wir orteten auf dem Berg Schilo den heiligen Bezirk mit der Bundeslade und anderen Kultgegenständen. Am Tempel des Baal-Berit in Sichem standen wir vor dem mächtigen Monolithen, den Josua aufgestellt hatte. Hier verpflichteten sich die israelitischen Stämme zur Treue gegenüber Jahwe. Ein Jahrhundert später kamen in Sichem tausend Flüchtlinge um, als König Abimelech den großen Migdol-Tempel, in dem sie Zuflucht gesucht hatten, in Flammen aufgehen ließ.
Schließlich gelangten wir in die Zeit des Moses, der unter der Herrschaft eines Pharaos zum Prinzen von Ägypten aufstieg. Den Pharao identifizierten wir als den Herrscher der 13. Dynastie Neferhotep I., der in der Mitte des 16. Jahrhunderts v. Chr. lebte. Auch hierbei gingen wir von astronomischen Rückrechnungen aus – diesmal den Venusbeobachtungen und Angaben zu Monatslängen in den *Enuma Anu Enlil*-Texten aus Mesopotamien. Wir hörten dem Zeugnis des Artapanus zu, der uns von Prinz Moses und dem Pharao Khenephres berichtete, in dem wir Chaneferre Sobekhotep IV., den Bruder und Nachfolger Neferhoteps ausmachten. Er herrschte in Ägypten, als Moses in den Sinai floh. Jahrzehnte später kehrte der schon gealterte Moses unter der Herrschaft des Pharaos Dedumose (Manethos Tutimaos) nach Ägypten zurück, weil ihn sein Gott Jahwe angewiesen hatte, sein Volk aus Ägypten zu führen.
Wir erkannten, daß mit der von den Israeliten erbauten Lagerstadt das weiträumige Zentrum von Auaris aus der Mittleren Bronzezeit II A gemeint ist, auf dessen Ruinen die spätere Ramessidenhauptstadt Pi-Ramesse erbaut wurde. Wir sahen Gruben, in denen viele Menschen in großer Eile beerdigt worden waren. Bestand hier ein Zusammenhang mit den im Buch Exodus überlieferten Plagen? Dafür sprach auch die Tatsache, daß gleich danach die *gesamte* damals in Auaris lebende vorderasiatische Bevölkerung geflohen war. Wir überlegten auch, ob es sich bei dem Zustrom nichtägyptisierter Asiaten, die in der Folge in Auaris lebten, um Manethos »Volk unbekannter Rasse« handele, das aus Vorderasien kam und Ägyp-

ten »ohne einen Schwertstreich« besetzen konnte. Waren diese Invasoren die biblischen Amalekiter, mit denen sich die Israeliten bei ihrer Wanderung durch die Wüste Kämpfe lieferten?[2]

Wir sind nun fast an der letzten Etappe unserer Reise angekommen. Was uns jetzt noch zu entdecken bleibt, sind die Palastgärten des Wesirs Josef an den Ufern des Nils und das Dorf der ersten israelitischen Siedler im Land von Goschen. Wie weit müssen wir dafür auf unserem Weg in die Zeit zurückgehen?

Die Dauer des Aufenthaltes der Israeliten in Ägypten

In den meisten Kommentaren und allgemeinverständlichen Büchern zum Alten Testament ist zu lesen, die Israeliten seien vierhundertdreißig Jahre in Ägypten geblieben. Diese Angabe ist keineswegs sicher. Tatsächlich gibt es eindeutige Belege dafür, daß der Aufenthalt nicht länger als zweihundertfünfzehn Jahre gedauert hat.

In der masoretischen Fassung des Alten Testaments lautet die entsprechende Passage in Exodus 12,40 folgendermaßen:

> Der Aufenthalt der Israeliten in Ägypten dauerte vierhundertdreißig Jahre.

In Josephus' *Jüdische Altertümer* (Zweites Buch, Kapitel XV, 2) wird dieses Ereignis aus der Geschichte Israels ganz anders wiedergegeben:

> Sie verließen aber Ägypten im Monat Xanthikos um die Zeit des Vollmondes am fünfzehnten Tage, im vierhundertdreißigsten Jahre nach der Ankunft unseres Vaters Abraham in Kanaan und im zweihundertfünfzehnten nach dem Zuge Jakobs gen Ägypten.

Josephus standen nach eigenen Angaben sehr alte Texte zur Verfügung, die früher im Tempel von Jerusalem aufbewahrt wurden. Sie bildeten die Grundlage für seine Darstellung der frühen israelitischen Geschichte. Josephus lebte im 1. Jahrhundert n. Chr.; seine Schriften entstanden also mehrere Jahrhunderte vor der Kompilierung der masoretischen Textfassung des Alten Testaments im 4. Jahrhundert n. Chr. Wenn diese Quellen authentisch waren, stammen Josephus' Angaben zur Dauer des Aufenthaltes in Ägypten aus wesentlich früheren Überlieferungen als jene, aus denen die Masoreten für ihre Fassung der Geschichte Israels schöpften. Sie sind sogar einige Jahrhunderte früher als die ersten erhaltenen Kopien des masoretischen Textes.

Was ist nun zwischen der Zeit des Josephus und jener der Masoreten mit dem Text geschehen? Beim Abschreiben der Schriftrollen war im Lauf der Jahrhunderte in der Passage vom Aufenthalt in Ägypten der Zusatz »und im Land von Kanaan« weggefallen (oder war herausgestrichen worden). Dies wird durch die griechische

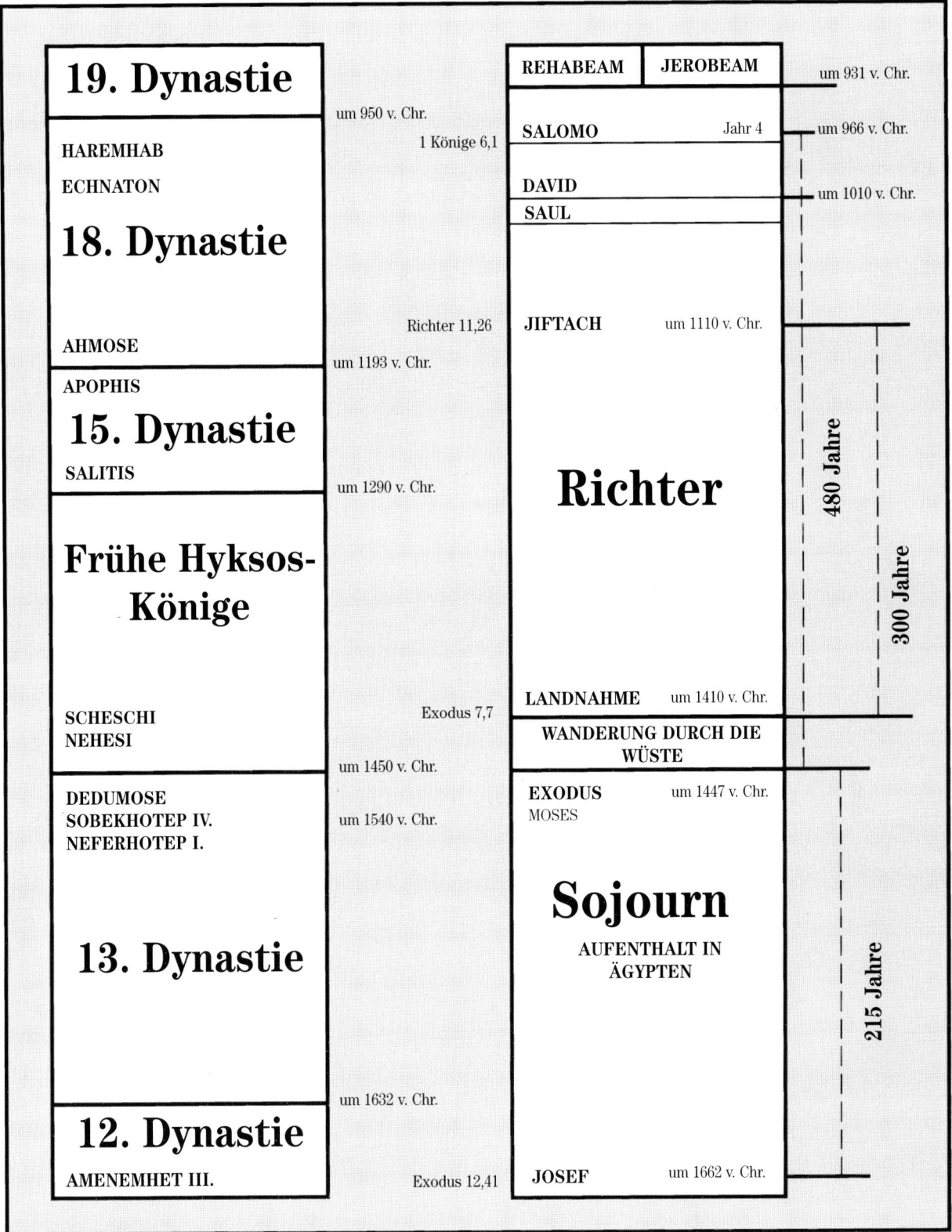

19. Dynastie			REHABEAM	JEROBEAM		um 931 v. Chr.
		um 950 v. Chr.	SALOMO		Jahr 4	um 966 v. Chr.
HAREMHAB		1 Könige 6,1				
ECHNATON			DAVID			um 1010 v. Chr.
18. Dynastie			SAUL			
AHMOSE		Richter 11,26	JIFTACH		um 1110 v. Chr.	
APOPHIS		um 1193 v. Chr.				
15. Dynastie			Richter			
SALITIS		um 1290 v. Chr.				
Frühe Hyksos-Könige						
SCHESCHI NEHESI		Exodus 7,7	LANDNAHME		um 1410 v. Chr.	
		um 1450 v. Chr.	WANDERUNG DURCH DIE WÜSTE			
DEDUMOSE SOBEKHOTEP IV. NEFERHOTEP I.		um 1540 v. Chr.	EXODUS MOSES		um 1447 v. Chr.	
13. Dynastie			Sojourn AUFENTHALT IN ÄGYPTEN			
		um 1632 v. Chr.				
12. Dynastie						
AMENEMHET III.		Exodus 12,41	JOSEF		um 1662 v. Chr.	

480 Jahre

300 Jahre

215 Jahre

DIE DAUER DES AUFENTHALTES DER ISRAELITEN IN ÄGYPTEN

349 Vorhergehende Seite: Übersicht über die neue Beziehung zwischen ägyptischer und biblischer Geschichte. Linke Spalte: Neue Chronologie Ägyptens; rechte Spalte: biblische Chronologie nach den Angaben aus 1 Könige, Richter und Exodus.

350 Die Genealogie Josuas aus 1 Chronik 7,23–27, die die annähernde Dauer des Aufenthaltes in Ägypten von 215 Jahren bestätigt (um 1667 - um 1447 = 220 Jahre).

Josef – 1667 v. Chr.

Efraim – 1647 v. Chr.

Beria – 1627 v. Chr.

Refach – 1607 v. Chr.

Reschef – 1587 v. Chr.

Telach – 1567 v. Chr.

Tahan – 1547 v. Chr.

Ladan – 1527 v. Chr.

Ammihud – 1507 v. Chr.

Elischama – 1487 v. Chr.

Nun – 1467 v. Chr.

Josua – 1447 v. Chr.

Übersetzung des Alten Testaments (die Septuaginta) bestätigt, in der die Passage noch vollständig enthalten ist:

Und der Aufenthalt der Kinder Israel, das heißt die Zeit, die sie im Land Ägypten und im Land von Kanaan lebten, dauerte vierhundertdreißig Jahre. (Exodus 12,40)

Die Septuaginta wurde zur Zeit der Herrschaft Ptolemaios' I. im 3. Jahrhundert v. Chr. niedergeschrieben; ihre ersten erhaltenen Abschriften sind um einiges älter als die ersten erhaltenen masoretischen Abschriften. Die samaritanische Fassung der ersten fünf Bücher des Alten Testaments (des Pentateuchs) ist auch wesentlich älter als die masoretischen Schriften und enthält die längere Fassung der genannten Passage. Folglich sind in drei von vier Quellen zum Buch des Exodus die vierhundertdreißig Jahre der gesamte Zeitraum von Abrahams Wanderung nach Kanaan bis zum Auszug der Israeliten unter der Führung des Moses. Aufgrund einiger Passagen im Buch Genesis nehmen Wissenschaftler an, daß von Abrahams Wanderung bis zu Jakobs Ankunft im Land von Goschen zweihundertfünfzehn Jahre vergingen. Folglich dauerte der Aufenthalt in Ägypten (von Jakobs Ankunft bis zum Exodus) ungefähr genauso lange – also rund zweihundertfünfzehn Jahre. Dieser Zeitraum wird durch die Genealogie des Josua in 1 Chronik 7,22–27 bestätigt. Dort werden Josuas Vorfahren (der zur Zeit des Exodus ein Mann im Kampfesalter war) bis zu Josefs Sohn Efraim (der bei Jakobs Ankunft in Ägypten wohl ungefähr fünf Jahre alt war[3]) überliefert. Wenn wir wieder von einer Generation von zwanzig Jahren ausgehen, entsprechen die zehn Generationen zweihundert Jahren – was den zweihundertfünfzehn Jahren aus Exodus 12,40 (in der Fassung der Septuaginta) recht nahekommt.[4]

Nach biblischen Angaben fand der Exodus ungefähr 1447 v. Chr. (4. Regierungsjahr von Salomo = um 967 + 480 Jahre aus 1 Könige 6,1–2 = 1447) statt. Wenn wir die zweihundertfünfzehn Jahre des Aufenthalts hinzuzählen, ergibt sich etwa 1662 v. Chr. als Jahr der Ankunft Jakobs und der Israeliten in Ägypten.

Am Anfang

Der Aufenthalt der Israeliten in Ägypten begann also etwa 1662 v. Chr. – was nach Genesis 45,6 dem zweiten Jahr der großen Hungersnot entspricht. Acht Jahre zuvor, 1670, wurde Josef im Alter von dreißig Jahren zum Wesir von Ägypten ernannt (Genesis 41,46). Dreizehn Jahre vor seiner unerwarteten Berufung in das höchste Amt im Schwarzen Land war der damals siebzehnjährige Hebräer von midianitischen Händlern als Sklave gekauft worden (Genesis 37, 28). Josef kam also ungefähr 1683 v. Chr. nach Ägypten. Wer herrschte dort nach der Neuen Chronologie in den Jahren 1683 bis 1662? Zur Klärung dieser Frage müssen wir zu den astronomisch abgeleiteten Regierungszeiten von Neferhotep I. aus der

13. Dynastie zurückkehren und dann anhand der Listen aus dem Königspapyrus zurückrechnen.

Obwohl Kolumne VI des Königspapyrus sehr bruchstückhaft ist, können wir feststellen, daß Neferhotep nach dem letzten Herrscher der 12. Dynastie – der Königin Nofrusobek – der einundzwanzigste König ist. Auf dem beschädigten Papyrus sind nur noch rund die Hälfte der Regierungszeiten der frühen 13. Dynastie zu lesen. Aus diesen fünfzehn (von sechsunddreißig) können wir für den relevanten Zeitraum eine Regierungszeit von fünf Jahren errechnen. Wir bemessen also die fünfzehn Regierungszeiten vor Neferhotep, deren Dauer im Papyrus nicht angegeben wurde, mit jeweils fünf Jahren. Dazu addieren wir die vorhandenen fünf Regierungszeiten plus die sechs Jahre in Kolumne VI,4, in denen kein König in Ägypten herrschte, und kommen somit auf rund zweiundneunzig Jahre zwischen dem Ende der 12. Dynastie und dem ersten Regierungsjahr Neferhoteps ($15 \times 5 = 75 + 3 + 0,3 + 2 + 3 + 2,3 = 85,6 + 6 = 91,6$). Dessen erstes Regierungsjahr fällt nach der Neuen Chronologie ungefähr auf das Jahr 1540 v. Chr.; folglich begann die 13. Dynastie ungefähr 1632 v. Chr. Da Josef 1670 zum Wesir ernannt wurde, gehörte er der 12. Dynastie an. Doch unter welchem König? Das ist ein bißchen kompliziert, denn die Praxis der Mitregentschaft, die im Mittleren Reich üblich gewesen zu sein scheint, wirkt sich auf die Chronologie aus.

Einiges spricht dafür, daß ein Großteil der Regierungszeit der beiden letzten Herrscher der 12. Dynastie mit der langen Herrschaft von Amenemhet III. zusammenfiel.[5] Mit anderen Worten, König Amenemhet IV. und Königin Nofrusobek –

351 Ausschnitt aus der berühmten Darstellung der Handelskarawane der siebenunddreißig Midianiter aus dem Grab des Chnumhotep in Beni Hassan. Einige Männer tragen »bunte Röcke«.

352 Folgende Seite: Die Angaben des Turiner Königspapyrus zu den Königen der 12. und 13. Dynastie. In der rechten Kolumne ist ein Überblick über die biblische Geschichte dieser Zeit, wie sie nach der Neuen Chronologie einzuordnen ist.

12. Dynastie

1 [Sehetepibre Amenemhet I. – nicht im Königspapyrus aufgeführt]
2 Cheperkare Sesostris I. – 45 Jahre [verloren]
3 Nubkaure Amenemhet II. – 10 + Jahre [verloren]
4 Chacheperre Sesostris II. – 19 Jahre [verloren]
5 Chakaure Sesostris III. – 30 + Jahre [verloren]
6 Nimaatre Amenemhet III. – 40 + Jahre [verloren]
7 Maacherure Amenemhet IV. – 9 Jahre 3 Mon. 27 Tage
8 Sobekkare Nofrusobek – 3 Jahre 10 Mon. 24 Tage

13. Dynastie (Teil)

1 Chutauire (Wegaf) – 2 Jahre 3 Mon. 24 Tage
2 Sechemkare – [verloren] – danach 6 Jahre ohne König
3 [A]menemhet V. – 3 Jahre [verloren]
4 Sehetepibre – [verloren]
5 Iufni – [verloren]
6 Sanchibre – [verloren]
7 Smenchkare – [verloren]
8 Sehetepibre – [verloren]
9 Sewadjkare – [verloren]
10 Nedjemib[…]re – [verloren]
11 Sobek[hote]pre – 2 Jahre [verloren]
12 Renseneb – 4 Mon.
13 Awibre (Hor) – [verloren]
14 Sedjef[…]kare – [verloren]
15 ** Sechemre-chutawy Sobekhotep – [verloren]
16 User[ka]re Chendjer – [verloren]
17 [Smench]kare Mermescha – [verloren]
18 […]ka[re] Injotef – [verloren]
19 […]set – [verloren]
20 Sechemkare Sobekhotep (III.) – 3 Jahre 2 Mon. [verloren]
21 Chasechemre Neferhotep (I.) – 11 Jahre 1 Mon. [verloren]
22 Sihathor – 3 Mon.
23 Chaneferre Sobekhotep (IV.) – [verloren]
24 Chahotepre (Sobekhotep V.) – 4 Jahre 8 Mon. 29 Tage
25 Wahibre Iaib – 10 Jahre 8 Mon. 28 Tage
26 Merneferre (Eje) – 23 Jahre 8 Mon. 18 Tage
27 Merhotepre (Sobekhotep VI.) – 2 Jahre 2 Mon. 9 Tage
28 Sanchrenesewadjtu – 3 Jahre 2 Mon. [verloren]
29 Mersechemre Ined – 3 Jahre 1 Mon. 1 Tag
30 Sewadjkare Hori – 5 Jahre 8 Mon. [verloren]
31 Merkaure Sobek[hotep] (VII.) – 2 Jahre 4 Mon. [verloren]
32 […] – [verloren]
33 […] – [verloren]
34 […] – [verloren]
35 […] – [verloren]
36 [Dedu]mose – [verloren]

Positionen 1 u. 15 vertauscht?

** Sonst als Amenemhet Sobekhotep bezeichnet

Biblische Ereignisse

Geburt Jakobs

Wesir Josef

Aufenthalt
in Ägypten

Geburt Moses'

Exodus

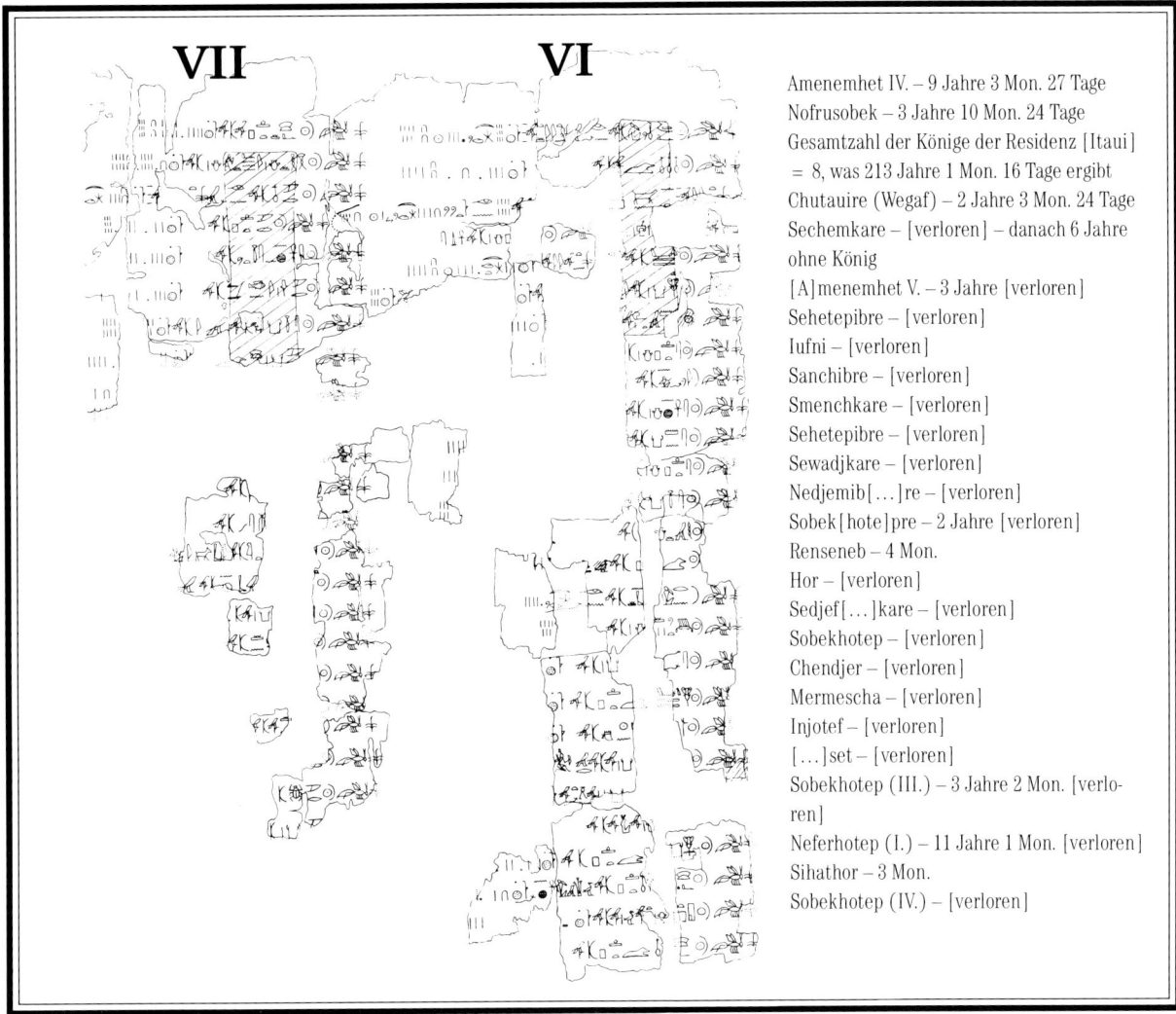

VII	VI

Amenemhet IV. – 9 Jahre 3 Mon. 27 Tage
Nofrusobek – 3 Jahre 10 Mon. 24 Tage
Gesamtzahl der Könige der Residenz [Itaui]
= 8, was 213 Jahre 1 Mon. 16 Tage ergibt
Chutauire (Wegaf) – 2 Jahre 3 Mon. 24 Tage
Sechemkare – [verloren] – danach 6 Jahre
ohne König
[A]menemhet V. – 3 Jahre [verloren]
Sehetepibre – [verloren]
Iufni – [verloren]
Sanchibre – [verloren]
Smenchkare – [verloren]
Sehetepibre – [verloren]
Sewadjkare – [verloren]
Nedjemib[…]re – [verloren]
Sobek[hote]pre – 2 Jahre [verloren]
Renseneb – 4 Mon.
Hor – [verloren]
Sedjef[…]kare – [verloren]
Sobekhotep – [verloren]
Chendjer – [verloren]
Mermescha – [verloren]
Injotef – [verloren]
[…]set – [verloren]
Sobekhotep (III.) – 3 Jahre 2 Mon. [verloren]
Neferhotep (I.) – 11 Jahre 1 Mon. [verloren]
Sihathor – 3 Mon.
Sobekhotep (IV.) – [verloren]

beide Nachkommen Amenemhets III. – waren jüngere Mitregenten ihres Vaters. Königin Nofrusobek überlebte ihren Vater möglicherweise nur um zwei oder drei Jahre. Amenemhet III. regierte wahrscheinlich insgesamt siebenundvierzig Jahre, so daß seine Herrschaft ungefähr fünfzig Jahre vor dem Ende der Dynastie begann. Er bestieg den Thron etwa 1682 v. Chr. Da Josef ungefähr im Jahre 1670 v. Chr. Wesir wurde, muß Amenemhet III. den hebräischen Sklaven in das höchste Amt erhoben haben.

353 Kolumnen VI und VII des Königspapyrus, die die 12. und 13. Dynastie enthalten.

38 Josef, der Sohn Jakobs, wurde Wesir von Ägypten unter der Herrschaft Amenemhets III. – dem mächtigsten Pharao des Mittleren Reichs – und blieb auch unter der Herrschaft der ersten Könige der 13. Dynastie im Amt.

354 König Amenemhet III. mit einer
außergewöhnlich schweren Perücke.
Sie erinnert an die Symbolik der her-
maphroditischen Nilgötter und somit an
die Fruchtbarkeit der Überschwemmung.

Nach der Schilderung des Buches Genesis folgten auf Josefs Ernennung in Ägypten
sieben Jahre des Überflusses (1670 bis 1664), während deren im Niltal Rekordern-
ten eingebracht wurden. Dann aber brach eine schreckliche Hungersnot herein,
die 1663 v. Chr. begonnen haben muß – also im 20. Regierungsjahr Amenemhets III.
nach der Neuen Chronologie. Die Israeliten kamen ein Jahr später, 1662 v. Chr.,
nach Ägypten. Gibt es Zeugnisse für diese sieben Jahre dauernde Hungersnot
während der Herrschaft des Königs Amenemhet?

Überschwemmungen und Hungersnot

Während des Mittleren Reiches ließen die Pharaonen im Süden Nubiens auf der
Höhe des zweiten Katarakts Festungen errichten, um die neue südliche Landes-
grenze zu sichern und Feldzüge und Handelsexpeditionen nach Afrika zu unternehmen. Stromaufwärts lag das Königreich Kusch, mit dem die Ägypter ständig im
Krieg lagen. Viele Herrscher der 12. Dynastie führten Feldzüge über die Festungen
am zweiten Katarakt hinaus in Feindesland.

Die am weitesten südlich gelegenen Festungen befanden sich an einer Stelle, wo
sich das Wüstengebirge auf beiden Seiten bis an die Ufer des Nils schiebt, so daß
nur eine schmale, felsige Pforte bleibt. Auf dem westlichen Kamm stand die
Zitadelle Semna, auf dem östlichen die Doppelfestung Kumma. In der engen
Schlucht dazwischen (die jetzt vom Nassersee überflutet ist) stürzten die weißen
Wasser des Nils durch die Felsenpforte Richtung Norden nach Ägypten. Zur som-
merlichen Nilschwelle wurde der Fluß zu einem reißenden Strom, dessen Stand
um einiges höher war als bei gewöhnlichem Niedrigwasser. Die enge Stelle bei
Semna und Kumma eignete sich gut zum Markieren der Pegelstände bei Überschwemmung. Rund sechzig Jahre lang, vom Beginn der Regierung Amenemhets III. bis zur frühen 13. Dynastie, wurde der Höchststand eines jeden Jahres
durch eine Hieroglypheninschrift auf dem Felsen festgehalten. Notiert wurden
Königsname und Regierungsjahr zum Zeitpunkt des hohen Nilstands. Die Aufzeichnungen wurden 1844 vom großen deutschen Ägyptologen Karl Richard Lepsius
entdeckt und lösten eine Kontroverse aus, die bis heute nicht beendet ist. Die
Archäologen konnten in dem besagten Zeitraum nicht für jedes Jahr eine Inschrift
finden – entweder wurden nicht alle Hochwasserstände aufgezeichnet, oder die
Inschriften lösten sich aus ihrer Einfassung und wurden weggewaschen. Tatsächlich hat man Felsstücke mit Inschriften am Fuß der Klippe gefunden; sie waren von
ihrem ursprünglichen Platz heruntergefallen (können also nicht mehr gemessen
werden). Doch rund fünfzehn wurden noch an Ort und Stelle gefunden und geben
den Ägyptologen einen Eindruck von der Höhe des Nilpegels während des späten
Mittleren Reichs.

Die entscheidende Frage für die Wissenschaftler war, wozu diese Inschriften in
erster Linie dienten. Wodurch zeichneten sich die Überschwemmungen des späten
Mittleren Reichs aus, daß sie so genau erfaßt werden mußten? Warum wurde nur

355 Die Festungen am zweiten Katarakt.

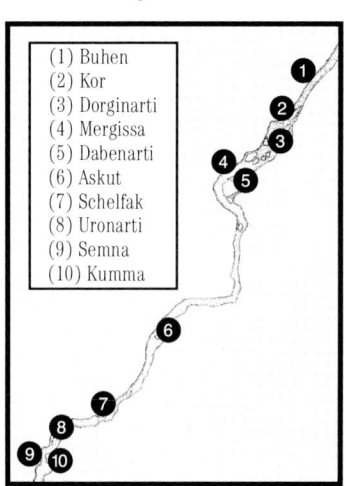

(1) Buhen
(2) Kor
(3) Dorginarti
(4) Mergissa
(5) Dabenarti
(6) Askut
(7) Schelfak
(8) Uronarti
(9) Semna
(10) Kumma

392

356 Schwarze Granitstatue Amenemhets III. – Josefs Pharao. Der feierlich-ernste Gesichtsausdruck war typisch für seine eigene Herrschaft und die seines Vaters, Sesostris III., mit dem er wahrscheinlich einige Jahre
gemeinsam regierte. Museum Luxor.

Festung Semna

Inschriften zu
hohen Nilpegelständen

Festung Kumma

rund ein Drittel der Überschwemmungen dieser Zeit aufgezeichnet? Selbst wenn man annimmt, daß einige Texte verlorengingen oder zerstört wurden, scheinen die Ägypter nicht jedes Jahr festgehalten zu haben. Warum wurden gerade in den Jahren nach dem 8. Regierungsjahr Sesostris' III., in dem die Festungen in Garnison gelegt wurden, keine Inschriften angebracht? Wir müssen nun herausfinden, was während des Mittleren Reichs unter einer »guten Überschwemmung« verstanden wurde, und sie dann mit den Pegelständen in der Semnaschlucht vergleichen. Dann wird deutlich, warum in der Forschung allgemein die Auffassung herrscht, daß diese Daten nicht dem gewohnten Maß entsprachen.

Quellen belegen, daß zur Zeit Sesostris' I. (zu Beginn der 12. Dynastie) auf der Insel Elephantine (ägypt. *Abu*, heute Assuan) eine »gute Überschwemmung« eine

Höhe von einundzwanzigeinhalb Ellen (11,3 Metern) hatte. Dies entspricht den Überschwemmungen der Neuzeit (vor dem Bau des ASSUAN-STAUDAMMS). Lepsius hat festgehalten, daß der Hochwasserstand bei Semna in den vierziger Jahren des 19. Jahrhunderts ungefähr zwölf Meter über dem Niedrigwasserstand lag. Mit anderen Worten: der Wasserspiegel stieg im Monat der höchsten Überschwemmung (August) in der Schlucht um zwölf Meter. Der Vergleich mit den Nilständen des späten Mittleren Reichs, die am Felsen aufgezeichnet wurden, ist erschreckend. Der durchschnittliche Hochwasserstand des Nils lag damals bei *neunzehn* Metern über der gewöhnlichen Marke! Während der Herrschaft Amenemhets III. waren die Pegelstände also wesentlich höher als im frühen Mittleren Reich und in der Neuzeit.[6]

Die Inschriften aus Semna belegen, daß die Ägypter während der ersten beiden Jahrzehnte von Amenemhets Herrschaft einen Hochwasseranstieg bis zur Siebzehn-Meter-Marke festhielten (wahrscheinlich begannen sie im 3. Regierungsjahr[7]). Das waren rund fünf Meter mehr als in früheren Jahren. Vermutlich war das für die Landwirtschaft im Niltal noch kein Problem; ja es wurde wahrscheinlich sogar als »sehr gute Überschwemmung« betrachtet, die zusätzlichen Schlamm brachte und das Anbaugebiet maximal ausdehnte. Dennoch war eine Überschwemmung von siebzehn Metern Höhe sicher schon bedenklich.[8]

Im 20. Regierungsjahr Amenemhets ändert sich das Bild drastisch: In den folgen-

ASSUAN-STAUDAMM: Der britische Staudamm wurde 1902 gebaut und in den Jahren 1912 und 1923 weiter aufgeschüttet und verbreitert. Der Hochdamm (mit sowjetischer Hilfe erbaut) wurde 1971 fertiggestellt.

359 Hieroglypheninschrift vom Barkenschrein Sesostris' I. in Karnak. Als eine »gute Überschwemmung« galten in Abu (Assuan) 21 Ellen, 3 Palmen und 3 Finger. Freilichtmuseum.

360 Der schöne Barkenschrein Sesostris' I., der wahrscheinlich einmal mitten im Tempel von Karnak stand und heute im Freilichtmuseum von Karnak wiederaufgebaut wurde.

361 Rechts: Die Daten für das Ende der
12. Dynastie nach der Neuen Chronologie: Die Regierungszeiten der Könige
sind in Bezug zum Leben Josefs (nach
Genesis) gesetzt.

13. Dynastie

1632	Wegaf
1630	Sechemkare
1625	6 Jahre ohne König
1619	Amenemhet V.
1616	Sehetepibre
1611	Iufni
1606	Sanchibre
1601	Smenchkare
1596	Sehetepibre
1591	Sewadjkare
1586	Nedjemib[…]re
1581	Sobekhotep I.
1579	Renseneb
1578	Awibre Hor
1573	Sedjef[…]kare
1568	Sobekhotep II.
1563	Chendjer
1558	Mermescha
1553	Injotef
1548	[…]set
1543	Sobekhotep III.
1540	Neferhotep I.
1530	Sihathor
1529	Sobekhotep IV.
1508	Sobekhotep V.
1503	Iaib
1493	Eje
1470	Sobekhotep VI.
1469	Sanchre-ensewadjtu
1467	Ined
1464	Hori
1459	Sobekhotep VII.
1457	[…] – [verloren]
1455	[…] – [verloren]
1452	[…] – [verloren]
1450	[…] – [verloren]
1448	[Dedu]mose
1447	EXODUS

362 Die Daten der 13. Dynastie bis zu
Dedumose nach der Neuen Chronologie.
Die Daten basieren auf dem Königspapy-
rus und der für diese Epoche durch-
schnittlichen Regierungszeit von fünf
Jahren.

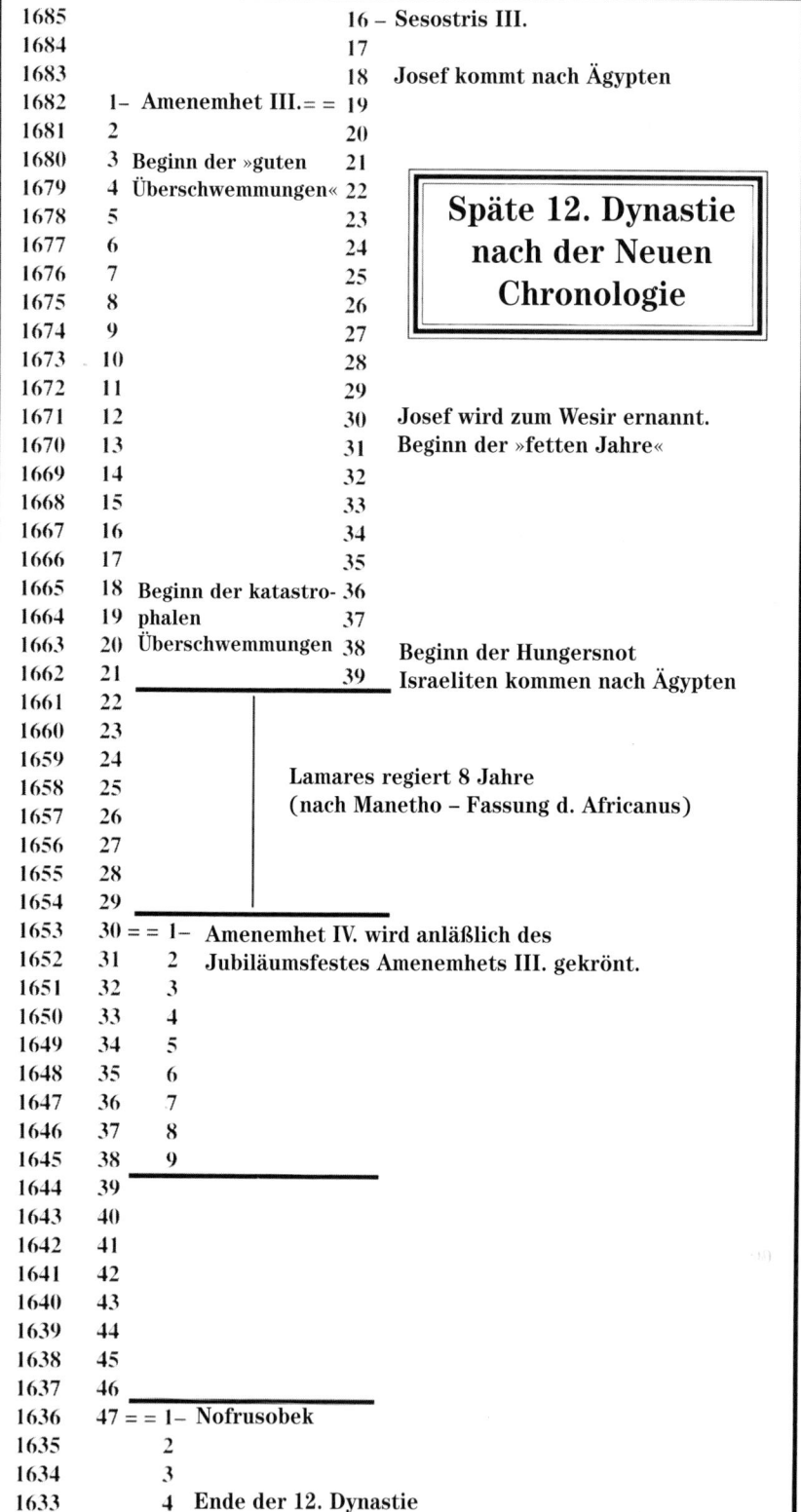

1685		16	– Sesostris III.
1684		17	
1683		18	Josef kommt nach Ägypten
1682	1–	Amenemhet III.= = 19	
1681	2	20	
1680	3	Beginn der »guten 21	
1679	4	Überschwemmungen« 22	
1678	5	23	
1677	6	24	
1676	7	25	
1675	8	26	
1674	9	27	
1673	10	28	
1672	11	29	
1671	12	30	Josef wird zum Wesir ernannt.
1670	13	31	Beginn der »fetten Jahre«
1669	14	32	
1668	15	33	
1667	16	34	
1666	17	35	
1665	18	Beginn der katastro- 36	
1664	19	phalen 37	
1663	20	Überschwemmungen 38	Beginn der Hungersnot
1662	21	39	Israeliten kommen nach Ägypten
1661	22		
1660	23		
1659	24		
1658	25		Lamares regiert 8 Jahre
1657	26		(nach Manetho – Fassung d. Africanus)
1656	27		
1655	28		
1654	29		
1653	30 = =	1– Amenemhet IV. wird anläßlich des	
1652	31	2 Jubiläumsfestes Amenemhets III. gekrönt.	
1651	32	3	
1650	33	4	
1649	34	5	
1648	35	6	
1647	36	7	
1646	37	8	
1645	38	9	
1644	39		
1643	40		
1642	41		
1641	42		
1640	43		
1639	44		
1638	45		
1637	46		
1636	47 = =	1– Nofrusobek	
1635		2	
1634		3	
1633		4 Ende der 12. Dynastie	

Späte 12. Dynastie nach der Neuen Chronologie

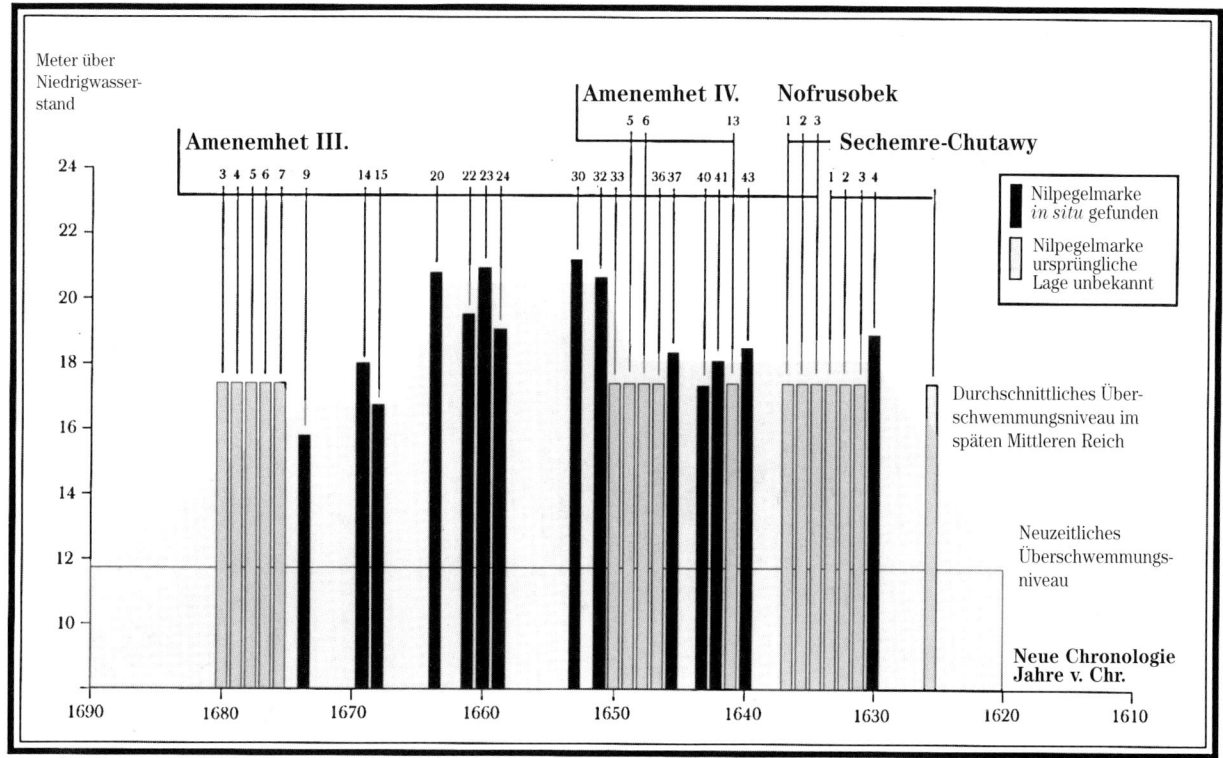

Meter über
Niedrigwasser-
stand

Amenemhet IV. **Nofrusobek**

5 6   13   1 2 3

Amenemhet III.   **Sechemre-Chutawy**

3 4 5 6 7   9   14 15   20   22 23 24   30 32 33   36 37   40 41   43   1 2 3 4

Nilpegelmarke
in situ gefunden

Nilpegelmarke
ursprüngliche
Lage unbekannt

Durchschnittliches Über-
schwemmungsniveau im
späten Mittleren Reich

Neuzeitliches
Überschwemmungs-
niveau

**Neue Chronologie
Jahre v. Chr.**

1690   1680   1670   1660   1650   1640   1630   1620   1610

---

den rund zwölf Jahren steigt das Hochwasser bei Semna auf durchschnittlich einundzwanzig Meter an – das sind neun Meter mehr als bei einer »guten Überschwemmung« unter Sesostris I. und immer noch vier Meter mehr als bei den schon hohen Nilständen in den ersten beiden Jahrzehnten unter Amenemhet. Mit diesen vier Metern war wohl der kritische Punkt erreicht. Die Amerikanerin Barbara Bell, eine Expertin für das Klima in der Antike, argumentiert überzeugend, daß diese starken Überschwemmungen – deren Wasservolumen drei- bis viermal so hoch war wie bei den normalen – mit großer Wahrscheinlichkeit zu einer Hungersnot führten.[9] Wenn das Hochwasser ein bestimmtes Niveau übersteigt, kann es Dörfer wegschwemmen, Deiche und Dämme durchbrechen und Tempel, Gräber und Paläste überfluten. Am schlimmsten ist jedoch, daß das Hochwasser, wie bei einer normalen Überschwemmung auch, stehenbleibt; das Wasser braucht wesentlich länger zum Abfließen, daher können die Felder nicht mehr bepflanzt werden.

Bell führt einige Aspekte der Geschichte und Kultur des späten Mittleren Reichs an, die zeigen, daß Ägypten tatsächlich unter schweren Schicksalsschlägen zu leiden hatte:

• Die Gesichtszüge der Statuen von Sesostris III. und Amenemhet III. gelten allgemein als streng und sorgenvoll. Der Ägyptologe und Kunsthistoriker William SMITH schreibt dazu:

363 Schaubild mit den hohen Nilpegelständen der späten 12. Dynastie, das den abrupten Anstieg der Überschwemmungen im 20. Regierungsjahr Amenemhets III. verdeutlicht. Die grauen Balken stehen für Hochwasser-Inschriften, die von ihrer ursprünglichen Position heruntergefallen waren; sie werden mit einem Durchschnittswert von 17,5 Metern berücksichtigt. Die schwarzen Balken stehen für Pegelstände, die noch im Fels markiert sind, so daß ihre Höhe genau abgelesen werden kann.

William SMITH: 1907–1969.

364 Porträtbüste Sesostris' III. British Museum.

365 Porträtbüste des jungen Amenemhet III., des Mitregenten seines Vaters (oben). Metropolitan Museum, New York.

Was die (Statuen-)Köpfe vor allem auszeichnet, ist das Bewußtsein der Verantwortung, die ein Herrscher trägt, und das Wissen, wie sehr diese Verantwortung belasten kann ... Auch das Gesicht des jungen Amenemhet III. zeugt von einem bedrückenden Ernst ... Offensichtlich lebte dieser Mann in einer ganz anderen Zeit als die Menschen des Alten Reichs, die sich durch Zuversicht und Gelassenheit auszeichneten.[10]

Pierre Montet hat über den Ausdruck der Trauer in diesen Porträts spekuliert und darin eine Vorahnung des drohenden Zusammenbruchs der Pharaonenmacht und des Endes einer glanzvollen Dynastie sehen wollen.

> Vielleicht ahnte Amenemhet III., daß Unglück über seine Familie und ganz Ägypten kommen würde, und die Bildhauer von Karnak haben solche Vorahnungen eingefangen.[11]

Barbara Bell geht jedoch davon aus, daß das »unberechenbare Verhalten des Nils, das durch die Inschriften von Semna belegt wird«, der wahre Grund für die ernste Sorge war, die den Pharaonen ins Gesicht geschrieben steht.[12] Nach der Neuen Chronologie fiel das zweite Jahrzehnt der Herrschaft Amenemhets III. (das gleichzeitig mit dem vierten Jahrzehnt Sesostris' III. verlief[13]) in die Zeit, da Josef eine nahende Hungersnot prophezeite – Grund genug, daß sich beide Pharaonen Sorgen machten.

- Während der Zeit der überdurchschnittlich hohen Nilüberschwemmungen (die bis in die frühe 13. Dynastie andauern) taucht in den Pharaonennamen zum erstenmal der Krokodilgott Sobek auf. Die Tochter und Mitregentin Amenemhets III. heißt Sobekkare Sobeknofru (»Sobek ist die Seele des Re« und »Sobek ist die Schöne des Re«). In der folgenden Dynastie ist der häufigste Name Sobekhotep (»Sobek ist zufrieden«); ihn tragen sechs Herrscher. Der große Krokodilgott stand in engem Zusammenhang zum Nil. Daß der Kult für die Könige eine so große Rolle spielte, berechtigt zu der Annahme, daß sie sich wegen der ungewöhnlich hohen Nilpegel schwere Sorgen machten. Vielleicht spiegeln sie, mit Barbara Bells Worten, »den Wunsch (von seiten der Pharaonen) wider, diesen Wassergott günstig zu stimmen«.[14]

- Barbara Bell zieht auch die politische Geschichte der frühen 13. Dynastie heran. Die lange Phase sehr kurzer Regierungszeiten, die auf die Herrschaft Amenemhets III. folgen, zeugt von der instabilen Lage, die durch die katastrophalen Überschwemmungen hervorgerufen wurde.

Wenn wir diese Erkenntnisse in den historischen Rahmen setzen, der von der Neuen Chronologie bereitgestellt wird, ergibt sich ein sehr stimmiges Bild.

DER WESIR JOSEF

Nach der Schilderung des Buches Genesis kam Josef als Gefangener midianitischer Kaufleute nach Ägypten und wurde als Sklave verkauft. Nach unserer Neuen Chronologie geschah dies während der Herrschaft Sesostris' III. Während Josef bei Potifar (laut Bibel der Oberst der Leibwache) diente, wurde Amenemhet III., der Sohn Sesostris' III., zum Mitregenten gekrönt. Später wurde der junge hebräische Sklave einige Jahre lang ins Gefängnis gesteckt, weil er angeblich die Frau seines ägyptischen Herrn sexuell belästigt hatte. In Amenemhets 13. Regierungsjahr wurde Josef zum Dank für seine Deutung der Träume des Pharaos aus dem Gefängnis entlassen und zum Wesir ernannt.

Josef der Seher hatte für Ägypten zuerst eine siebenjährige Zeit des Überflusses vorausgesagt. Die Zahl sieben ist sicherlich wieder eine dieser biblischen Zahlen (wie die vierzig), die in der Überlieferung symbolische Bedeutung hatten. Die Zeit des Überflusses (die nach den Aufzeichnungen der hohen Nilpegel wahrscheinlich schon begonnen hatte, bevor Josef zum Wesir ernannt wurde, und dann *weitere* sieben Jahre andauerte) entspricht den Jahren der Siebzehn-Meter-Pegel bei Semna. War man einmal auf sie eingerichtet, konnten im Niltal sehr gute Erträge erzielt werden.

Am Ende des zweiten Jahrzehnts von Amenemhets Herrschaft stiegen die Pegelstände zur jährlichen Nilschwelle bei Semna plötzlich auf einundzwanzig Meter an. Das Land war einige Wochen länger als sonst überflutet (unter der Voraussetzung, daß die Zeit des Wasseranstiegs genauso lange dauerte wie sonst). Die Saat konnte nicht in den Boden gebracht werden. Wenn Josef den König nicht im voraus überzeugt hätte, in den Jahren des Überflusses große Mengen Getreide zu speichern, wäre schnell eine Hungersnot riesigen Ausmaßes ausgebrochen. Die Gaufürsten hatten Josefs Warnung nicht ernst genommen: Ihre Getreidevorräte waren schnell erschöpft. Wie Genesis 47,20 berichtet, waren diese örtlichen Machthaber gezwungen, ihre Ländereien dem Pharao zu verkaufen. Die Selbstherrlichkeit der Gaufürsten hatte ein Ende, die gesamte Macht im Schwarzen Land war nur noch in der Hand der königlichen Hofverwaltung.

Diese tiefgreifende politische Umwälzung wird schon im späten Mittleren Reich sichtbar. Während der Herrschaft Sesostris' III. wurden die großen Gräber der Gaufürsten in Mittelägypten nicht mehr erbaut. Bisher gingen die Ägyptologen davon aus, daß der teilweise unabhängige Adel an Macht verloren hatte und die politische Macht wieder an den König übergegangen war. In Übereinstimmung mit der hier dargestellten Situation möchten wir diese Phase als politisch entscheidend bezeichnen. Josefs Agrarpolitik hatte hierbei einen direkten und tiefgreifenden Einfluß. Dadurch daß der vorderasiatische Wesir die ägyptische Getreideversorgung monopolisierte, trieb er die adlige Führungsschicht in die Hände der Zentralverwaltung. Von nun an führten die Könige der 12. Dynastie, Sesostris III. und Amenemhet III., die mächtigen Gaufürsten am Zügel.

Die Herrschaft König Amenemhets III. wird als eine Blütezeit der Pharaonenkultur bezeichnet; seine lange Regierungszeit und die außergewöhnlichen Bau-

39 Die extrem hohen Nilpegel, die in der Semna-Schlucht ab dem 20. Regierungsjahr von Amenemhet III. aufgezeichnet wurden, waren die Hauptursache für die schwere Hungersnot in Ägypten, die in der Josefserzählung eine so wichtige Rolle spielt (Genesis 40–41).

projekte zeugen vom Erfolg seiner Politik. Wir wissen nun, warum. Der Mann im Hintergrund – der Siegelbewahrer und intime Ratgeber des Pharaos – war niemand anderes als der biblische Patriarch Josef, der Sohn Jakobs.

König Moiris und das Labyrinth

Zwei Jahre später hatte der Pharao einen Traum: Er stand am Nil. Aus dem Nil stiegen sieben gutaussehende, wohlgenährte Kühe und weideten im Riedgras. Nach ihnen stiegen sieben andere Kühe aus dem Nil; sie sahen häßlich aus und waren mager. Sie stellten sich neben die schon am Nilufer stehenden Kühe, und die häßlichen, mageren Kühe fraßen die sieben gutaussehenden und wohlgenährten Kühe auf. Dann erwachte der Pharao. (Genesis 41,1–4)

Aus unseren Erkenntnissen über den Zusammenhang von Hungersnot und Überschwemmungen können wir in des Pharaos Traum eine weitere Anspielung erkennen. Josef deutet die sieben fetten Kühe als »sehr gute Überschwemmungen«, die *aus dem Wasser emporstiegen*, und die mageren Kühe als sieben »katastrophale Überschwemmungen«, die den Hungertod bringen. Die Tatsache, daß der Nil sowohl Überfluß als auch Hunger verursachen kann, war schon länger bekannt; doch daß ein Element aus Josefs Traumdeutung (das Emporkommen der Kühe aus dem Wasser) und das Ansteigen der Überschwemmungen in signifikantem Zusammenhang stehen, wird erst durch die Einbindung der Erzählung in die Neue Chronologie klar. Wir können nun genau bestimmen, daß die guten und die darauffolgenden schlechten Überschwemmungen im 13. Regierungsjahr Amenemhets III. begannen und bis zum 32. Regierungsjahr andauerten. Dann erreichte die Flut die 21-Meter-Marke nicht mehr und fiel auf die durchschnittliche Höhe von siebzehn Metern zurück. Während der Herrschaft von Sechemkare Amenemhet-senbuef (dem zweiten König der 13. Dynastie) werden die Aufzeichnungen der Überschwemmungen eingestellt.

Hat Amenemhet also aufgrund von Josefs Prophezeiung Vorkehrungen getroffen? Die archäologischen Funde und historischen Überlieferungen von Manetho, Herodot und Diodorus Siculus (und dem Geographen STRABO) belegen dies. Ausgrabungen dokumentieren, daß Amenemhet wie kein anderer Pharao als Bauherr im Faijumbecken Spuren hinterlassen hat. Er ließ sich seine Pyramide bei Hawara errichten, mit Sicht auf die Wasserstraße, die vom Nil in den heute Birket Karun genannten See führt. Außerdem ließ er ein weitläufiges Gebäude erstellen, das von den hellenistischen Schriftstellern als Ägyptisches Labyrinth bezeichnet wurde.

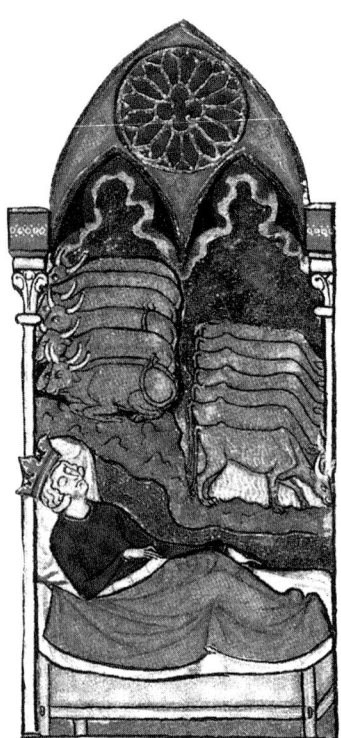

366 Mittelalterliche Buchmalerei: Der Pharao träumt von den sieben fetten Kühen, die aus dem Nil steigen und dann von den sieben mageren gefressen werden.

STRABO: »der Schielende« (griech.). Er reiste im Jahre 24 v. Chr. nach Ägypten. Sein Werk *Geographica* besteht aus siebzehn Büchern; Buch XVII handelt von Ägypten und Afrika.

Das seltsam anmutende Bauwerk bestand aus einer großen Anzahl von Räumen, die ein Dutzend offene Höfe umgaben. Nach Auffassung der Priester aus hellenistischer Zeit stand jede Einheit für einen ägyptischen Gau. Herodot berichtet von seinem Besuch des Labyrinths mit großer Bewunderung und einer gewissen Ehrfurcht, wovon die folgende Passage aus seinen Historien einen Eindruck vermittelt:

> Ich habe es noch gesehen; es übersteigt alle Worte. … Gewiß übertrafen schon die Pyramiden jede Beschreibung, und jede von ihnen wog viele große Werke der Griechen auf; das Labyrinth aber überbietet sogar die Pyramiden. Es hat zwölf überdachte Höfe, deren Tore einander gegenüber liegen, sechs im Norden, sechs im Süden, alle dicht nebeneinander. Rings um alle läuft eine einzige Mauer. Zwei Arten von Kammern sind in diesem Gebäude, unterirdische und darüber oberirdische, zusammen 3000, je 1500 von beiden Arten. … Die Ausgänge durch die Säle und die Kreuz- und Quergänge durch die Höfe mit ihren bunten Farben boten Wunder über Wunder. Da kommt man aus dem Hof in die Säle, aus den Sälen in die Säulenhallen, aus den Hallen wieder in andere Kammern und aus ihnen wieder in andere Höfe. (Buch II, 148)

Manetho schreibt den Bau des Labyrinths dem König Moiris zu. Nach ihm ist auch der große See des Faijumbeckens benannt, der nach der Überlieferung auch von ihm angelegt wurde.[15]

Wir können nun folgende Fragen stellen: Stand das Labyrinth in einem Zusammenhang mit Josefs Verwaltung des Landes und der Verteilung von Getreidelieferungen? Hatte Josef den Bau dieses »Miniaturägyptens« angeordnet als Modell seines Verwaltungszentrums? Die Antwort auf beide Fragen scheint zunächst einmal nein zu lauten, da das Labyrinth des Amenemhet in engem Zusammenhang zu seinem Totenkult stehen dürfte. Dennoch wäre es möglich, daß mit dem Totentempel ein Gebäudekomplex, den der König zu Lebzeiten verwendet hatte, nachgeahmt wurde, wie dies auch bei der großen Grabanlage von Djosers Stufenpyramide bei Sakkara der Fall war. Djosers Bauleiter Imhotep verewigte in Stein die Schreine und Höfe des *Heb Sed* oder Jubiläumsfestes des Königs. Dieses »fiktive« Gebäude war mit großem Aufwand errichtet worden, damit der verstorbene Pharao in seinem Leben nach dem Tode dort die Zeremonien seiner göttlichen Verjüngung vollziehen konnte. Ebenso kann Amenemhets Labyrinth als steingewordene Nachbildung der Verwaltungsstrukturen des Schwarzen Landes betrachtet werden. Vielleicht sollte der Pharao mit diesem »fiktiven« Nachbau seine göttliche Verwaltung des Schwarzen Landes über den Tod hinaus fortführen können.

Die Vorstellung vom »fürsorgenden Monarchen« spielte sowohl unter Sesostris III. als auch unter seinem Sohn Amenemhet III. eine wichtige Rolle (was auch an der Literatur von Sesostris' Vater, Sesostris II. deutlich wird). Das Bauwerk, das in Zusammenhang mit Amenemhets Totentempel stand, sollte vielleicht die Sorge des Pharaos um das Wohlergehen seines Volkes ausdrücken; eventuell hatte es ein

367 Diese schön verzierte Säulenbasis, die aus Sand und Bruchsteinen der Ruine des sogenannten Labyrinths herausragt, gibt eine Ahnung von dem Bauwerk, das auf die frühen Reisenden einen solchen Eindruck gemacht hat.

damals vorhandenes, aber heute unbekanntes Verwaltungsgebäude (aus Schlamm-ziegeln) zum Vorbild, das in der Hauptstadt, Itaui, einige Kilometer nördlich stand. Ein solches Gebäude wird in zeitgenössischen Berichten erwähnt. Es wird *khenret* genannt und steht in engem Zusammenhang mit der Organisation der Landwirt-schaft und der »Behörde zur Verteilung der Leute« (ägypt. *kha en ded remetj*).[16] Grabungen in neuester Zeit haben nun andere Deutungsmöglichkeiten eröffnet. König Amenemhet hatte eigentlich zwei Pyramiden errichten lassen. Die zuerst erbaute – bei Dahschur – zeigte Anzeichen von Instabilität und drohte in einem späteren Baustadium einzustürzen. Deshalb ließ der König bei Hawara eine Ersatz-pyramide erbauen, in der er vermutlich auch bestattet wurde. Die Arbeiten an der Pyramide von Hawara begannen folglich erst gegen Ende der langen Regierungs-zeit des Königs.

368 Die »Schwarze Pyramide« des Königs Amenemhet III. bei Dahschur.

Ein Archäologenteam vom Metropolitan Museum unter Leitung von Dieter Arnold, das gegenwärtig in Lischt, wo die Pyramiden von Amenemhet I. und Sesostris I. stehen, tätig ist, hat die Hypothese aufgestellt, daß das Labyrinth vor den Pyrami-den bei Hawara erbaut wurde – also noch während Amenemhet beabsichtigte, sich in Dahschur bestatten zu lassen. In diesem Fall wäre das Labyrinth ursprünglich nicht als Teil eines Grabkomplexes geplant worden, sondern als davon unabhängi-ges Gebäude mit unbekannter Funktion. Die weiträumige Anlage aus Höfen und Hallen wäre ein echtes Verwaltungsgebäude, von dem aus die Geschicke des Niltals geleitet werden sollten, nach Möglichkeit einige Jahrhunderte lang.

Unter Ägyptologen ist überlegt worden, ob der arabische Name Hawara für den Ort des Labyrinths nicht ägyptischen Ursprungs sein könnte. Auch wir sind der Vermu-tung nachgegangen, ob hier nicht der Name Auaris (oder Avaris) vorliegt. Dann wäre der Gebäudekomplex das südliche Gegenstück zum »Auaris des Deltas«, das in der Inschrift der Königin Hatschepsut vom SPEOS ARTEMIDOS erwähnt wird – also

SPEOS ARTEMIDOS: In den Stein ge-hauener Tempel südlich von Beni Has-san, der der löwengestaltigen Göttin Pachet geweiht ist.

DER WESIR JOSEF

der späteren Hyksoshauptstadt. Die Ägyptologen sprechen von »Hut-waret«. Ursprünglich wurde der Name sicher *Haware* ausgesprochen (das »t« der weiblichen Endungen wurde nicht artikuliert), das bedeutet »Siedlung« oder »Haus des Verwaltungsbezirks«. Wie wir sehen werden, spielt dieser »Verwaltungsbezirk« in der historischen Erzählung vom Wesir Josef eine wichtige Rolle.

Unter Amenemhets Herrschaft wurden auch weitreichende Kanalprojekte im Faijum realisiert. Eine breite natürliche Wasserstraße wurde verwendet, um das überschüssige Wasser der Überschwemmung in den MOIRISSEE zu leiten. Dadurch sollte (a) Unterägypten vor übermäßiger Überflutung geschützt und (b) Wasser für Zeiten mit niedriger Überschwemmung gespeichert werden. Diodorus Siculus erklärt, welches Ziel König Moiris mit seinen Plänen verfolgte:

> Denn da die Höhe der Nilschwelle sich nie genau berechnen ließ, die Fruchtbarkeit aber von einer bestimmten Wasserhöhe abhing, ließ der König [Moiris] diesen See gerade zu diesem Zweck anlegen, das überschüssige Wasser aufzunehmen, um zu verhindern, daß der Fluß zu unpasser Zeit das Land überschwemme und Seen oder Sümpfe bilde, oder aber, wenn er weniger Wasser führte als notwendig, durch diesen Mangel die Erde schädigte. Auch zog er vom Fluß bis zum See einen Graben, 80 Stadien [14 km] lang und 3 Plethren

369 Die Ruinen des Labyrinths bei Sonnenuntergang – Blick von der Pyramide Amenemhets III. bei Hawara. Durch die Ruinen verläuft heute ein moderner Kanal. Der Bahr Yussef fließt durch eine flache Senke in der Wüstenebene zwischen den fernen Palmenhainen.

MOIRISSEE: Die antiken Schriftsteller gaben dem Binnensee, der heute Birket Karun heißt, diesen Namen. Der klassische Name ist entweder vom ägyptischen *mer wer,* »großes Wasser«, oder von *Nimaatre,* dem Vornamen Amenemhets III., der wahrscheinlich »Nimuaria« ausgesprochen wurde, abgeleitet.

370 Zwei Krokodile als Verzierung an einem Steinblock aus dem Labyrinth Amenemhets III. Der Kult des Krokodilgottes Sobek war eng mit dem Nil und seinen Überschwemmungen verbunden.

371 Karte der Faijumsenke mit dem Bahr Yussef (1); der Pyramide und dem Labyrinth Amenemhets III. bei Hawara (2); der Pyramide und Pyramidenstadt Sesostris' II. bei Illahun (3); dem Statuensockel Amenemhets III. bei Biahmu (4); der Pyramide Amenemhets I. bei Lischt und dem Ruinenfeld der Hauptstadt des Mittleren Reiches Itaui (5); der Pyramide aus dem Alten Reich bei Medum (6); der wichtigen antiken Stadt Herakleopolis (heute Ihnasya el-Medina) (7). In der Antike war der Moirissee (dunkelgrau) ungefähr dreimal so groß wie der heutige Birket Karun (hellgrau).

[90 m] breit: Durch ihn ließ sich der Fluß im See bald aufnehmen, bald wieder ableiten; und so gab er den Landleuten die Möglichkeit, das Wasser zu benutzen, wie es gerade nötig schien. Dabei war das Öffnen und Verschließen der Schleuse ebenso kompliziert wie teuer … (Buch I, 52)

Der von Diodorus erwähnte Kanal verlief durch einen natürlichen Einschnitt im niedrigen Bergrücken, der das Faijumbecken vom Niltal trennt. Der Kanal verband jedoch nicht den Moirissee direkt mit dem Nil, sondern bildete die letzten neun Kilometer einer natürlichen Wasserstraße, die südlich von Tell el-Amarna vom Strom abzweigt. Wahrscheinlich hatte ein ursprünglicher Nebenarm den großen See gebildet, dann wären die Erdarbeiten für den Kanal, von denen Diodorus spricht, eher ein Ausbaggern und Erweitern gewesen, das den Abfluß in und aus dem See beschleunigen sollte. Auch heute fließt dieser Kanal noch über zweihundert Kilometer lang parallel zum Nil, bevor er an Amenemhets Labyrinth vorbei in den Birket Karun mündet. Der traditionelle Name dieses »zweiten Nils« lautet bezeichnenderweise *Bahr Yussef* (»Josefskanal«).

Wir haben gesehen, daß das Labyrinth in unmittelbarer Nähe des Kanals lag, ein Projekt, das von der Verwaltung des Pharaos erdacht wurde. Von daher scheint der Gedanke nicht abwegig, daß das Labyrinth von Hawara einst ein voll funktionsfähiges Gebäude (keine spirituelle Nachahmung) zur Verwaltung des Niltals (Oberägyptens) war; sein Pendant für die Verwaltung Unterägyptens befand sich im »nördlichen Auaris« (bei Tell ed-Daba). Was uns noch fehlt, ist der Beweis dafür, daß der heutige Name Hawara altägyptischen Ursprungs (Ha[t]-ware[t]) ist. Ein solcher Beweis ist tatsächlich geführt worden.

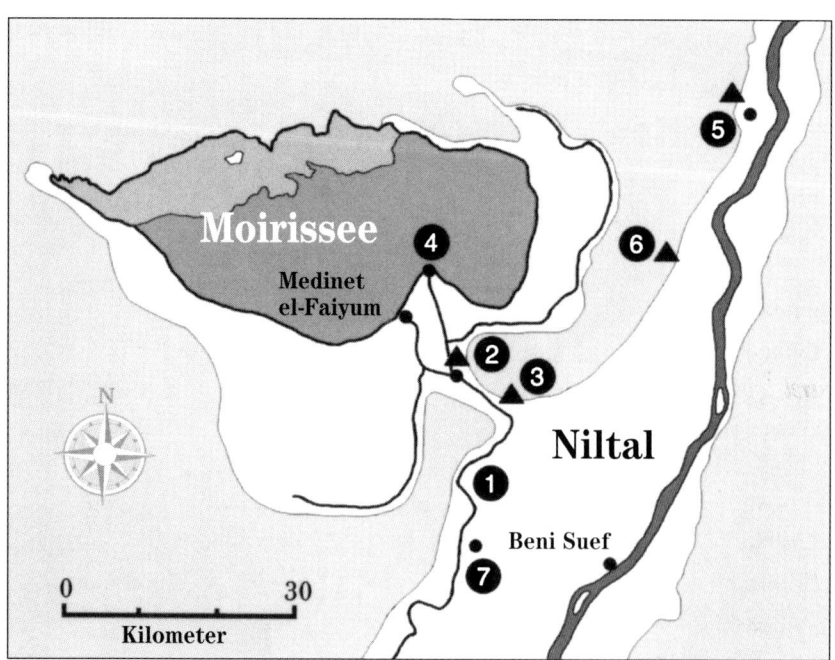

DER WESIR JOSEF

Bereits in den späten achtziger Jahren des vergangenen Jahrhunderts hatte Petrie in Hawara gegraben und dort den nördlich von Amenemhets Pyramide gelegenen hellenistischen und römischen Friedhof freigelegt. Er fand Papyrusfragmente eines griechischen Dokuments, das aus dem Archiv eines Balsamierers stammte. Das Material wurde erst 1973 vom Ashmolean Museum in Oxford (in dessen Bestand die Texte heute sind) veröffentlicht.[17] In diesem Spezialverzeichnis ist der Namen des Ortes angegeben, an dem sich das Labyrinth von Hawara befindet. Einer der Texte lautet folgendermaßen:

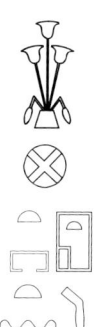

372 Hieroglyphen von »Hat-waret des Deltas« (d. h. Verwaltungsbezirk des Nordens).

> Jahr 10, 29. (Tag des Monats von) Mesore: eingetragen in das Register des Ptolemaios (III.) Euergetes: Verkauf und Zession von sechs Fünfzehnteln eines Hauses und Hofes samt Realrechten, gemeinsam und alleinig, in Aueris, im Außenbezirk der geteilten Gaue der Herakleiden; Verkäufer Marres, Sohn des Paios ...[18]

Die Übersetzerin Eve Reymond äußert sich hierzu folgendermaßen:

> Zweifellos sind *Aueris* aus den griechischen Aufzeichnungen und der ägyptische Name *Hwt-wrt,* Hawara, identisch, so wie das F. Ll. Griffith[19] zunächst erklärt hatte, dem später griechische Papyrusforscher widersprachen. Der Inhalt der Balsamiererarchive beseitigt alle Zweifel an dieser Frage.

Unsere Vermutung hat damit ihre Bestätigung gefunden: Der alte Name für den Ort des Labyrinths war tatsächlich Auaris; also gab es neben dem bekannten »Auaris des Nordens« in Tell ed-Daba ein »Auaris des Südens«. Beide »Häuser des Verwaltungsbezirks« wurden, nach den archäologischen Funden zu urteilen, während der Regierungszeit Amenemhets III. eingerichtet. Vermutlich wurde also unter seiner Herrschaft die staatliche Verwaltung grundlegend umstrukturiert. Bisher wurde angenommen, daß diese politischen Veränderungen unter Sesostris III., dem Vorgänger Amenemhets, stattfanden, doch die *Gebäude,* die mit dieser Entwicklung in Verbindung stehen, können jetzt eindeutig dem späteren Pharao zugeordnet werden.

Mit der Verwaltungsreform war auch die Bildung von drei regionalen Behörden verbunden. Die wohl wichtigste war die »Behörde des Kopfes des Südens« (ägypt. *waret tep-resy*), die für das Niltal vom ersten Katarakt (bei Assuan) bis nach Achmim (nördlich von Theben) zuständig war. Diese regionale Behörde war für die Beschaffung exotischer Waren aus Nubien und Punt zuständig. Das übrige Ägypten war zwischen der »Behörde des Südens« (nördlich von Achmim bis nach Itaui) und der »Behörde des Nordens« (die für das Gebiet nördlich von Itaui und das Delta zuständig war) aufgeteilt. Zwei weitere Ämter verwalteten ganz Ägypten: die »Behörde zur Verteilung der Leute« (ägypt. *kha en ded remetj*) und das »Schatzhaus« (ägypt. *per hedj*).

373 Karte mit den drei wichtigen Verwaltungsbezirken des Staates.

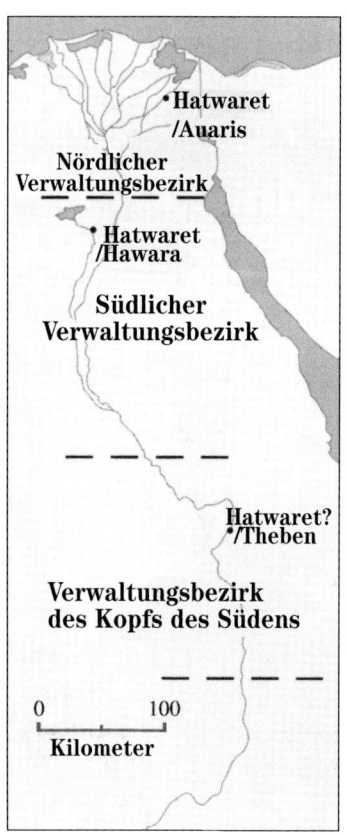

Folgen wir unserer Chronologie, wonach Josef zur Zeit Amenemhets III. gelebt hat, dann dürfte der grundlegende Umbau der ägyptischen Verwaltung auch das Werk des Wesirs Josef gewesen sein. Die Behörde zur Verteilung der Leute war für die landwirtschaftliche FRONARBEIT und die Vorratshaltung für Hungerszeiten zuständig. Dort wurden die Frondienste für den Pharaonenstaat festgelegt und das Getreide an das Volk verteilt, wenn es gebraucht wurde. Die Einrichtung dieser Behörde paßt also zusammen mit Josefs Landreform und der Entmachtung der Gaufürsten genau in das historische Bild, das wir von Amenemhets Herrschaft und von den Vorbereitungen der ägyptischen Regierung in Zeiten hoher Nilpegelstände gezeichnet haben. Wir können sogar vermuten, daß Josef selbst die beiden Behörden an den zwei Orten mit Namen Auaris (dem Nördlichen und Südlichen Verwaltungsbezirk) eingerichtet hat; auch der Bau des großen Kanals in der Regierungszeit Amenemhets III. könnte sich seiner Initiative verdanken.

Die Beschreibung, die uns Herodot von dem Labyrinth gibt, unterstützt unsere Annahme, daß es sich hierbei um die Zentralbehörde des südlichen Verwaltungsbezirks handelt. Das Labyrinth bestand aus zwölf Haupthöfen, die alle von zahlreichen Räumen umgeben waren. Tatsache ist, daß das Büro des Südens für zwölf Gaue zuständig war (vom Gau 10, dem ersten nördlich von Achmim, bis zum Gau 21, dem ersten südlich von Itaui).

Josefs ägyptischer Name

> Der Pharao verlieh Josef den Namen Zaphenat-Pa'aneah und gab ihm Asenat, die Tochter Potiferas, des Priesters von On, zur Frau. (Genesis 41,45)

Wenn wir Josef unter den Wesiren der späten 12. und frühen 13. Dynastie erkennen wollen, müssen wir klären, wie der im Alten Testament verballhornte Name des vorderasiatischen Wesirs wirklich ausgesprochen wurde. Die überzeugendste Lösung der Aufgabe stammt von niemand anderem als Kenneth Kitchen, der sie 1993 fand.[20] Sein Lösungsweg lautet so:

(a) Im ersten Teil des Namens »Zaphenat« finden wir ein Beispiel von METATHESE; die beiden Buchstaben »t« und »p« wurden vertauscht. Dies passiert häufig (aber unabsichtlich), wenn schwierige Wörter oder Namen von einer Sprache in eine andere übernommen werden. Der hebräische Schreiber muß in die ihm bekannte semitische Wurzel »zaphan« hineingerutscht sein, als er »Zaphenat« anstelle der unbekannten Aussprache von Josefs ägyptischem Namen schrieb. Kitchen folgert, daß der Name ursprünglich »zat-en-aph« lautete, also Djed(u)-en-ef (auf ägyptisch), was »genannt« bedeutet – eine Wendung, die jeder Ägyptologe kennt. Wahrscheinlich wurde sie »Zatenaf« ausgesprochen. Also sind wir mit unserer Übersetzung des ersten Satzes von Genesis 41,45 einen Schritt weiter: »Der Pharao verlieh Josef den Namen ›Der genannt wird Pa'aneah‹.«

(b) Der zweite Teil von Josefs ägyptischem Namen – Pa'aneah – bereitet weniger Schwierigkeiten. Es wurde schon lange angenommen, daß »aneah« dem ägyptischen Wort *ankh* (»Leben«) oder *ankhu* (»der lebt«) entspricht. Kitchen schlägt vor, daß die erste Silbe »Pa« oder »Pi« für das ägyptische *Ipi* oder *Ipu* steht. Der Wesir trug also den Namen »Josef, der Ipiankh(u) genannt wird«. Zu dieser Zeit wurden Ausländern häufig ägyptische Namen gegeben. Dies wird vor allem im Papyrus Brooklyn 35.1446 deutlich, wo asiatische Sklaven ägyptische Namen erhielten, die alle mit der Wendung »er/sie, die genannt wird« beginnen.

Der Name Ipiankhu (und seine Varianten) ist im Mittleren Reich weit verbreitet, doch, wie Kitchen betont, »später nicht mehr« – ein weiteres Argument dafür, den historischen Josef in dieser Epoche zu suchen. Auch Asenat wäre nach Kitchen ein typischer Name des Mittleren Reichs, den er als *Ius-en-at* (»sie gehört zu dir«) angibt.[21] Interessanterweise ist das Hypokoristikum Ankhu zu dieser Zeit sehr gebräuchlich; möglicherweise können wir den historischen Josef unter diesem Namen finden. Wir sollten also etwas weitläufiger nach einem Wesir namens Ankhu suchen als nach einem mit der langen Form Ipiankhu.

Leider kennen wir bisher keine Namen, die mit dem Wesirat während der Regierungszeiten von Amenemhet III., Amenemhet IV., Nofrusobek, Amenemhet-Sobek-

374 Die Überreste zweier riesiger Statuensockel, die in der Nähe des kleinen Dorfes Biahmu im Faijum entdeckt wurden.

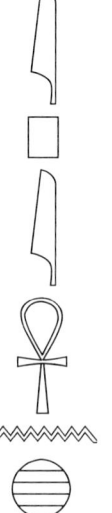

375 Der Name Ipiankhu in Hieroglyphenschrift.

KAHUN-PAPYRI: Sammlung von Papyri, die von Petrie gefunden wurden und sich heute in den Sammlungen des Berliner Museums und des Petrie-Museums befinden. Die Dokumente stammen aus der Pyramidenstadt Sesostris' II. und beziehen sich auf den Tempel und Verwaltungsangelegenheiten in der Siedlung bis in die 13. Dynastie hinein.

hotep und Amencmhet-Senbuef in Verbindung gebracht werden können, doch mit Sicherheit bestand das Wesiramt auch damals noch. Die politische Organisation Ägyptens scheint sogar weiterhin fest in den Händen dieses höchsten Beamten geblieben zu sein. Der Sitz des Wesirs (der leider nie beim Namen genannt wird) wird in den KAHUN-PAPYRI– einer Sammlung von Verwaltungsdokumenten aus der späten 12. Dynastie – regelmäßig erwähnt. Zu Beginn der 13. Dynastie gab es einen berühmten Wesir namens Ankhu, doch die Forschung konnte bisher seinen Werdegang nicht rekonstruieren oder zumindest zeitlich genauer einordnen. Interessant ist auch die Erwähnung eines »Lagerhauses des Ankhu« in einem Dokument aus dieser Zeit (Papyrus Bulak 18, kleineres Fragment). Handelt es sich hier um einen der Getreidespeicher, die vom Wesir wegen der drohenden siebenjährigen Hungersnot gebaut wurden? Auch wenn unser »Josef, der Ipiankhu genannt wird« einmal gefunden werden sollte, im jetzigen Stadium ist er nur ein Phantom mit unklarer Identität.

40 Die wichtigen Reformen im Bereich von Verwaltung und Landwirtschaft der späten 12. Dynastie waren das Werk des größten ägyptischen Wesirs im Mittleren Reich, der jetzt mit dem Patriarchen Josef gleichgesetzt werden kann.

Ein Fluch auf dem Hause Josef

In Ägypten kam ein neuer König an die Macht, der Josef nicht gekannt hatte. Er sagte zu seinem Volk: Seht nur, das Volk der Israeliten ist größer und stärker als wir. Gebt acht! Wir müssen überlegen, was wir gegen sie tun können, damit sie sich nicht weiter vermehren. Wenn ein Krieg ausbricht, könnten sie sich unseren Feinden anschließen, gegen uns kämpfen und sich des Landes bemächtigen. Da setzte man Fronvögte über sie ein, um sie durch schwere Arbeit unter Druck zu setzen. (Exodus 1,8–11)

Wir haben vorgeschlagen, daß der neue Pharao, der »Josef nicht gekannt hatte«, Neferhotep I. oder sein direkter Nachfolger Sobekhotep III. gewesen ist. Neferhotep war der erste eines neuen, mächtigeren Königsgeschlechts, das auf die schwachen Herrscher der frühen 13. Dynastie folgte. Er kam rund siebzig Jahre nach Josefs Tod auf den Thron, als die Erinnerung an den vorderasiatischen Wesir schon verblaßt war. Möglicherweise bedeutet die Wendung »der Josef nicht gekannt hatte« in diesem Fall auch eher, daß er »Josef (zu seinen Lebzeiten) nicht gekannt hatte«, nicht aber, daß der Pharao nichts mehr vom Ansehen des Wesirs wußte. Die wachsende Bedrohung, die in des Pharaos Augen von den sich rasch vermehrenden Israeliten ausging, war sicher nicht dazu angetan, die Erinnerung an Josef zu vergolden, denn das neue Herrschergeschlecht hatte nun mit dem »Israelitenproblem« zu kämpfen.

Aus dieser Zeit stammen Sammlungen von magischen Formeln auf Tonfiguren und Töpfen. Die Tonwaren wurden anschließend zerschlagen, wodurch ein Fluch auf die Feinde Ägyptens übergehen sollte. Bisher wurden zwei Folgen von sogenannten ÄCHTUNGSTEXTEN gefunden, von denen die zweite mit Sicherheit aus der 13. Dynastie stammt. Die früheren Texte (die sich heute in Berlin befinden) wurden von dem Ägyptologen Kurt Sethe zunächst auf die 11. Dynastie datiert.[22] Pierre Montet hat jedoch nachgewiesen, daß die Texte wegen ihrer Ausprägung der hieratischen Schrift frühestens gegen Ende der 12. Dynastie entstanden sein konnten. Folglich könnten diese Flüche auch wie das zweite Korpus (das in Brüssel aufbewahrt wird) zur 13. Dynastie gehören.[23]

Wenn wir die Städte und Völker der Ächtungstexte im Licht unserer Neuen Chronologie lesen, fallen zwei Einträge besonders auf. Zum einen wird der Name Yakkub aufgeführt, mit dem offensichtlich der biblische Jakob, Josefs Vater, der Anführer der Kinder Israel gemeint ist. Der zweite ist, durchaus überraschend, Josefs nicht-ägyptischer Name.

Beide Namen scheinen mit Städten in Palästina in Verbindung gebracht worden zu sein, die von den levantinischen Nachfahren die Namen der Patriarchen erhalten hatten (zu deren Lebzeiten oder später). Im Alten Orient wurden häufig Ansiedlungen nach Eponymen benannt. Die Fachleute erkannten sofort, daß sich hinter »Ishpi« aus den Ächtungstexten der Name »Yaseph« (Josef/Yussef) verbirgt.[24] Im Bann der traditionellen Chronologie taten sie aber nicht den naheliegenden Schritt, diesen Namen mit dem biblischen Josef gleichzusetzen. In der Neuen Chronologie hat Josef/Ishpi schon seinen Einfluß auf die westsemitische Kultur ausgeübt, daher kann an ihn gut durch eine neue hebräische Siedlung in Kanaan erinnert worden sein. Insofern ist es nicht mehr überraschend, diesen Ort unter

376 Figur mit einem Ächtungstext, die bei Sakkara gefunden wurde und heute im Museum von Brüssel aufbewahrt wird.

ÄCHTUNGSTEXTE: Namen von Städten oder Herrschern, die gewöhnlich auf Töpferwaren oder andere keramische Erzeugnisse geschrieben wurden. Man zerschmetterte sie und wünschte den Feinden Ägyptens Verderben – ein Ritual, das an die Wachspuppen des Wodukultes erinnert.

377 Elisabethanischer Holzschnitt: Josef wird von seinen Brüdern aus der Zisterne gezogen, damit sie ihn an die midianitischen Kaufleute, die auf dem Weg nach Ägypten waren, verkaufen konnten.

den geächteten Städten in der Levante zu finden, da der ägyptische Staat unter Neferhotep und seinen direkten Nachfolgern sich durch die Präsenz der Israeliten bedroht fühlte.

Auch wenn wir eine historische Verbindung des Namens Ishpi mit dem Patriarchen nicht belegen können, zeigt das Vorkommen des Namens doch (wie der ägyptische Name des Wesirs), daß die Ereignisse um Josef und der Aufenthalt der Kinder Israel in Ägypten in diese historische Epoche (die Mittlere Bronzezeit II A) gehören und nicht in die spätere Hyksoszeit (Mittlere Bronzezeit II B) und das Neue Reich (Späte Bronzezeit I) wie nach der traditionellen Chronologie.

Noch eine weitere Hypothese sei erwähnt. Wenn »Ishpi« die ägyptische Schreibweise des westsemitischen Namens »Josef« ist, dann wäre es durchaus möglich, daß »Pa'aneah« nicht (I)piankhu, sondern eher (Ish)piankhu bedeutet – »Josef lebt«. Ein Name, der Jakobs totgeglaubtem Lieblingssohn, der noch dazu einige Jahre im Gefängnis des Pharaos zubringen mußte, tatsächlich würdig wäre!

378 Viktorianische Zeichnung des Josef. Er empfängt als Wesir von Ägypten seine zerknirschten Brüder, die im Nildelta verzweifelt Zuflucht suchen.

Die Ursprünge von Auaris

Im zwölften Kapitel hatten wir uns mit der Stadt Auaris befaßt und gesehen, daß sich dort die versklavten Israeliten während der Jahre der Knechtschaft in der asiatischen Siedlung aus der Mittleren Bronzezeit konzentrierten. Wir erfuhren auch, daß Auaris sich im Land Goschen befand. Spricht nicht vieles dafür, daß die erste israelitische Siedlung gerade an diesem Ort gegründet wurde? Was wissen wir heute über die frühe Geschichte von Auaris?[25]

Die Topographie der Stadt, die sich in der Nähe des heutigen Dorfes Tell ed-Daba befand, ist recht ungewöhnlich: mehrere Siedlungszentren liegen isoliert auf Geländeerhebungen im flachen Marschland, das während der Überschwemmungszeit immer wieder überflutet wurde.[26] Die Stadt entwickelte sich auf solchen Inseln (oder »Schildkrötenrücken«, wie Archäologen diese Sandhügel nennen). Auf einer dieser Inseln befand sich im Mittleren Reich eine Siedlung, die sich um einen von Sesostris III. erbauten Tempel gruppierte. Nach den Grabungsfunden und Inschriften kann der Tempel auf die frühe Regierungszeit Amenemhets I. datiert werden (Neue Chronologie etwa 1812 v. Chr.).[27] Auf der südlichen Hauptinsel wurde planvoll eine Arbeitersiedlung angelegt, die Bietak auf die ganz frühe 12. Dynastie datiert; er nimmt an, daß in der Umgebung auch Denkmäler aus dem frühen Mittleren Reich standen.[28] Diese Arbeitersiedlung wurde jedoch kurz nach dem Ende der Herrschaft Amenemhets I. aufgegeben; rund hundertvierzig Jahre blieb der Ort unbewohnt.

Gegen Ende der 12. Dynastie siedelten sich andere Menschen an, die aus Vorderasien in die verlassene Arbeiterstadt gekommen waren. Anfangs errichteten sie ihre schlichten Behausungen um ein zentrales großes Haus in syrischem Stil. Östlich davon befanden sich Tiergehege und einfache Stallungen. Die provisorischen Bauten wurden bald durch rund ein Dutzend feste Häuser mit eigenen Gärten (wahrscheinlich weiterhin auch für die Tierhaltung) ersetzt. Im Laufe der Jahre entwickelte sich das Dorf stetig zum Stadtkern von Auaris.

Wer waren diese Asiaten? Lesen wir im Buch Genesis nach, was dort zur Ansiedlung der Israeliten im östlichen Delta berichtet wird.

- Als Josef Wesir geworden war, erlaubte ihm der Pharao, seinen Vater Jakob und die Familien seiner elf Brüder in Ägypten anzusiedeln. So wurden sie vor der Hungersnot geschützt, die in der gesamten Levante herrschte (Genesis 47,1-6). Wir haben festgelegt, daß die Hungersnot Ägypten im 20. Regierungsjahr Amenemhets III. traf, was nach der Neuen Chronologie ungefähr 1663 v. Chr. entspricht.

- Jakob und die Familien kamen im zweiten Jahr der Hungersnot nach Ägypten (1662 v. Chr.) Sie siedelten in der »Landschaft Goschen« (Genesis 47,27), die auch als »Gebiet von Ramses« (Genesis 47,11) bezeichnet wird. Die spätere Stadt Pi-Ramesse wurde auf den Ruinen des alten Auaris erbaut. Der biblische Redaktor hatte also nicht unrecht, wenn er behauptete, die ersten Israeliten hätten in Ramses gesiedelt – doch er bezog sich auf den zeitgenössischen Namen des Ortes und nicht auf die älteren Bezeichnungen Rowarty (»Mündung der beiden Wege«, d.h. die Stelle, an der sich der Pelusische Nilarm in zwei Kanäle aufteilt), den frühesten Namen der Stätte, und Auaris (Siedlung oder Haus des Verwaltungsbezirks), die Bezeichnung aus der Zweiten Zwischenzeit.

- Josefs Brüder waren Hirten, die ihre Schafherden mitbrachten (Genesis 47, 3-4). Im Bereich der Gehege wurden Tierskelette gefunden, die belegen, daß die vorderasiatischen Siedler damals das Langhaarschaf im Delta einführten.

- In Genesis 46 werden die Männer, Frauen und Kinder von Jakobs großer Familie, die mit ihm 1662 v. Chr. nach Ägypten kam, aufgezählt. Insgesamt ist von siebzig Personen (mit Josefs beiden Söhnen) die Rede, die zu zwölf Häusern gehörten (darunter auch Jakobs eigenes Wohnhaus). Bei den Ausgrabungen am Haupthügel bei Tell ed-Daba wurde im Stratum G/4 ein kleines Dorf freigelegt (die früheste ständige Ansiedlung auf dem größten Tell). Auf den Ruinen der Arbeiterstadt befand sich dort im Westen des Tells eine Häusergemeinschaft mit einer großen syrischen Villa als Zentrum.

- Winkler und Wilfing haben die menschlichen Skelettreste aus Tell ed-Daba untersucht und dabei zweierlei festgestellt: (a) die männliche Bevölkerung kam nicht aus Ägypten, sondern vermutlich aus Syrien/Palästina; (b) die Frauen gehörten zu einer anderen anthropologischen Gruppe, wahrscheinlich kamen sie aus dem ägyptischen Delta.[29] Der geschlechtliche Dimorphismus der Bevölkerung von Rowarty kommt der Vorstellung entgegen, daß sich fremdländische Männer im östlichen Delta angesiedelt und sich durch die Heirat mit ansässigen ägyptischen Frauen teilweise »ägyptisiert« haben.

- Jakob starb siebzehn Jahre nach seiner Ankunft in Ägypten (1662 – 17 = 1645 v. Chr.), und »Josef blieb in Ägypten, er und das Haus seines Vaters« (Genesis 50,22). Der Wesir war also in Goschen ansässig (worauf auch schon Genesis 45,10 hinweist). Wahrscheinlich ließ er sich dort einen Wohnpalast von bescheidenen Ausmaßen errichten, der das Zentrum der israelitischen Ansiedlung bildete. Solange Josef als Wesir tätig war, bereiste er sicherlich das Land oder lebte in der Residenz in Amenemhets Hauptstadt Itaui. Dann besuchte er wohl auch Rowarty und wohnte bei seinem Vater Jakob. Nach dessen Tod kam eine Zeit, da Josef die Pflichten gegenüber dem Pharao weniger drückten. Er hatte die Muße und die Mittel, sich seine eigene Residenz in Rowarty bauen zu lassen, wo er nun zum Haupt der Gemeinschaft geworden war. Haben die Ausgrabungen des österreichischen Archäologenteams irgendwelche Funde zutage gefördert, die diesen Teil der biblischen Überlieferung bestätigen?

Wir sollten uns nun genauer mit dem Grabungsort in Tell ed-Daba befassen, den Bietak als Areal F bezeichnet hat. Auf den Ruinen der Arbeiterstadt legten die Österreicher einen großen Palast im ägyptischen Stil frei, zu dem auch ein Garten gehörte.[30] Aus den Töpferwaren und dem stratigraphischen Befund geht hervor, daß der Palast während der frühen 13. Dynastie erbaut wurde. Die schöne Residenz gehörte offensichtlich entweder einem örtlichen Herrscher des östlichen Deltas, oder sie war der Privatbesitz eines sehr hohen Beamten.

Nach der Freilegung der Palastanlage entdeckten die Archäologen direkt unter dem Zentrum aus der 13. Dynastie eine wesentlich kleinere Villa. Das ältere Gebäude war dem Stil nach syrisch und wurde von den Archäologen als »Mittelsaalhaus« eingestuft. Die bescheidene Villa war die erste »Residenz«, die in Rowarty auf dem südlichen Schildkrötenrücken erbaut worden war. In den Gräbern, die sich im Garten des Mittelsaalhauses befanden, wurden vorderasiatische Grabbeigaben gefunden. Die Bewohner kamen also auch aus der Levante. Die syrische Villa wurde von Bietak auf die späte 12. Dynastie datiert – mit anderen Worten auf die Zeit, in der Jakob nach der Neuen Chronologie nach Ägypten kam. So fügt sich eins ins andere. Es muß sich hierbei um das Wohnhaus Jakobs handeln, das noch nach der Tradition seines Heimatlandes erbaut worden war.

Der wesentlich größere, über Jakobs Haus erbaute Palast kann der Zeit nach

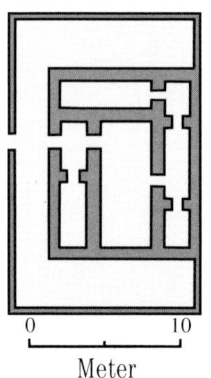

379 Plan der »Mittelsaal«-Residenz, die bei Tell ed-Daba gefunden wurde. Sie zeigt typische Merkmale der Residenzen wohlhabender Familien im nördlichen Syrien in der Mittleren Bronzezeit.

0   10

Meter

Jakobs Tod zugeschrieben werden, als Josef schon reiferen Alters war (vielleicht um die Fünfzig). Er befaßte sich damals sicherlich mit der Verwaltung seines großen Besitzes, der ihm von den dankbaren Pharaonen der späten 12. und frühen 13. Dynastie vermacht worden war.

Damit haben wir auch den historischen Rahmen für den außergewöhnlichen Palast, der zugleich Licht auf den Ursprung des Namens Auaris wirft. Wie schon ausgeführt, ist der ägyptische Name, den Manetho später als Auaris oder Avaris wiedergibt, von *Ha(t)-ware(t)* oder »Hawara« abgeleitet, was »Haus des Verwaltungsbezirks« bedeutet. Wir behaupten, daß Josef die neue Verwaltungsstruktur schuf, in deren Zentrum die Einteilung des Schwarzen Landes in drei Verwaltungsbezirke mit eigenen Behörden stand. Wir haben die Behörde des Südens in Hawara im Faijum lokalisiert; in Auaris (Tell ed-Daba) befand sich offensichtlich die Behörde des Nordens. Insofern ist es nicht unlogisch anzunehmen, daß Josef/Ankhu, der Leiter der Behörde, seinen Privatbesitz in die Nähe eines dieser Verwaltungszentren legte. Umgekehrt kann man auch argumentieren, Josef habe das Verwaltungszentrum des nördlichen Bezirks deshalb nach Auaris gelegt, weil er in der Region Goschen sein wollte, die ihm und seiner Familie vom Pharao zugesprochen worden war.

Nach dem erfolgreichen Umbau der Landesverwaltung und der Vollendung des Kanalprojekts im Faijum, war Josef nicht mehr so in Pflichten eingespannt. Er hatte deshalb mehr Zeit für sein Volk und siedelte sich wahrscheinlich in dessen

380 Das Areal F, in dem der Palast und Garten des vorderasiatischen Gründers von Auaris freigelegt wurden.

Mitte an. Dort konnte er weiterhin als Vorsteher des »nördlichen Verwaltungsbezirks« – im Auaris des Delta – arbeiten. Dort bauten ägyptische Handwerker für ihn einen neuen Palast.

Josefs Palast

Machen wir zunächst einen Rundgang durch den Palast, den sich Josef als Altersruhesitz erbauen ließ. Die Vorderfront bildet ein beeindruckender Portikus mit neun Säulen. Zwei Eingänge führen zu zwei identisch angeordneten Wohnungen. Dort wurden entweder Gäste einquartiert, oder es handelte sich um Audienzzimmer (obwohl das wegen der doppelten Anordnung unwahrscheinlich scheint). Geht man davon aus, daß Josef der Besitzer des Palastes war, könnten in diesen Räumen auch seine beiden Söhne Manasse und Efraim gewohnt haben. Als sie im heiratsfähigen Alter waren, brauchten sie für sich und ihre Familien Wohnraum. Möglicherweise wurden diese Wohnungen eigens für sie gebaut und dem ursprünglichen Gebäude hinzugefügt.

Am westlichen und östlichen Ende des Eingangsportikus führen zwei Korridore um die beiden Wohnungen herum in einen Innenhof vor dem eigentlichen Hauptge-

Der Palast des Wesirs

381 Der zentrale und älteste Bereich des Palastkomplexes aus der MB II A bei Tell ed-Daba (Areal F).

(1) Eingangsportikus zum Palast, der später zugemauert wurde, so daß ein Korridor entstand. (2) Zwei identisch angeordnete Wohnungen (die vielleicht von den beiden Söhnen Josefs und ihren Familien bewohnt wurden). Zwischen ihnen führt eine Treppe auf das Dach. (3) Seitenkorridore, die um die beiden Wohnungen herum zum zentralen Hof führen. (4) Großer rechteckiger Innenhof, der von einem Säulengang umgeben wird. In der Mitte befindet sich ein steinernes Becken, das durch eine Wasserleitung gespeist wird. (5) Portikus mit zwölf großen Säulen (die die zwölf Söhne Jakobs symbolisieren?). (6) Die große Säulenhalle, in der Josef Gäste empfing und in der seine Familie einen Großteil ihrer Zeit verbrachte. (7) Josefs Schlafkammer. (8) Die Plattform aus Schlammziegeln, die als Sockel für Josefs Schlafstatt diente – die größte, die je in Ägypten gefunden wurde, die aus den königlichen Palästen eingeschlossen. (9) Der Ankleideraum. (10) Josefs Garderobe, in der er seine bunten Röcke und seine ägyptische Staatstracht aufbewahrte. (11) Vorratskammer oder zweites Schlafgemach? (12) Treppe, die auf das Dach des Palastes führt.

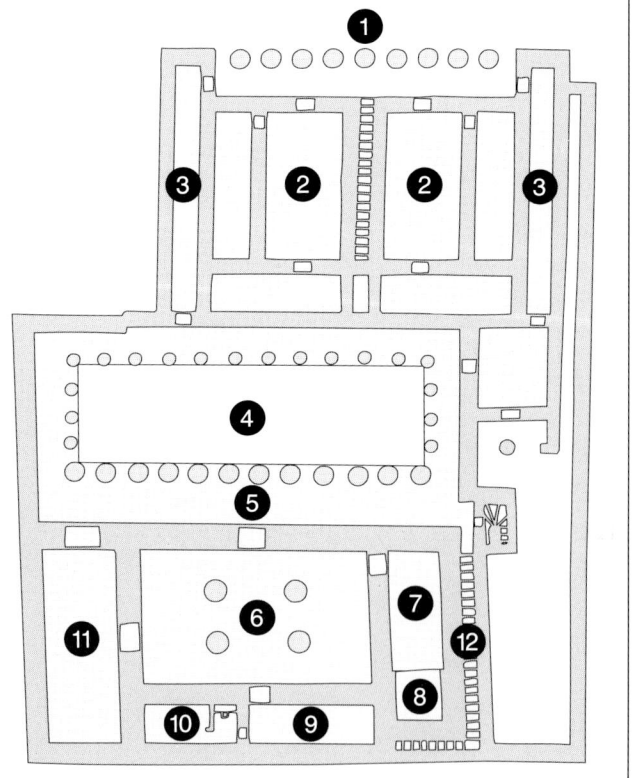

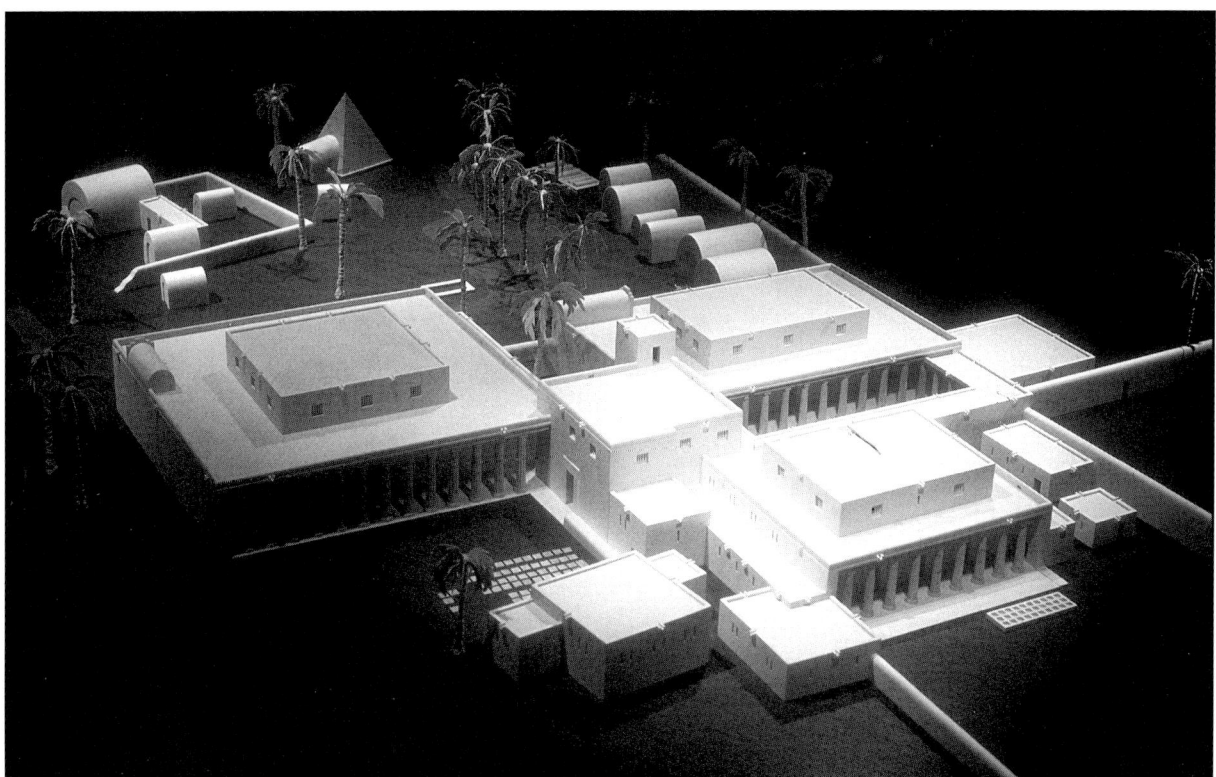

bäude. Dieser bezaubernde private Hof ist an drei Seiten von schlanken Säulen umgeben, die das Dach eines Säulengangs stützen. An der vierten, der Hauptseite des Hofes, steht ein zweiter Portikus aus zwölf stämmigen Säulen (die die zwölf Söhne Jakobs symbolisieren?). Von hier gelangt man in den großen Saal des Palastes. Der Architekt Dieter Eigner hat festgestellt, daß der Hof sicherlich nach den beiden Wohnungen errichtet wurde, aber auch nach dem Palasthauptgebäude. Unserer Auffassung nach wurde als erstes die Große Halle erbaut, dann die beiden Wohnungen und abschließend der Hof, der die beiden ursprünglichen Teile miteinander verbindet.

In der Halle spiegelt sich das vom Innenhof indirekt einfallende Sonnenlicht in den feinen Blau- und Grüntönen des farbigen Ziegelsteinbodens. Die kühlen Farben spielen in die dunkleren Partien des Raumes hinein und sorgen für eine entspannte Atmosphäre. In der Mitte der Halle stützen vier mächtige Säulen das Dach ab. Hier empfingen Josef und seine Familie Besucher, und Bittsteller baten um eine Audienz bei dem großen Wesir.

Das Schlafgemach des Wesirs und seiner Frau Asenat liegt direkt neben der großen Halle; man erreicht es über einen Eingang in der nordöstlichen Wand. Am Ende eines großen schmalen Raumes haben die Archäologen den Sockel ausgegraben, auf dem einst Josefs Schlafstatt eingerichtet war. Die Ausmaße des Sockels waren außerordentlich und eines »Traumdeuters« würdig. An der Rückwand des Saals

382 Ein Modell von Josefs Palast, gebaut nach Plänen und Aufrissen der österreichischen Ausgrabungen und eingebettet in die Landschaft des östlichen Deltas mit dem Pelusischen Nilarm, der rund einen Kilometer westlich verläuft. Das Pyramidengrab des Wesirs steht im Garten auf der Rückseite des Palastkomplexes.

führt ein weiterer Eingang zu zwei anderen Räumen, von denen einer mit Sicherheit der Ankleideraum des Wesirs war. In diesem kleinen Raum bewahrte Josef seine bunten Röcke auf!

Josefs Palast ist keine Prunkarchitektur, sondern die geschmackvolle Villa eines Mannes, der in seinem Berufsleben zu Ansehen und Wohlstand gekommen ist. Südlich des Hauses befand sich ein ruhiger Garten mit einem Zierteich, schattigen Bäumen und Blumenbeeten. Dort verbrachte Josef die ihm verbliebenen Jahre mit seinen Söhnen, deren Frauen, seinen Enkeln und Urenkeln. Schließlich wurde er nach einem langen erfüllten Leben in seinem Grab bestattet, das schon seit langem, in dem von ihm geliebten Garten, vorbereitet war. Er wurde dort bestattet, wo seine Familie lebte, im Zentrum der israelitischen Ansiedlung. Um das Gartengrab herum befanden sich schon die Gräber seiner älteren Brüder. Die Eingangstüren zum Schlafgemach und Ankleideraum des Wesirs wurden versiegelt; der Saal wurde zu einem Schrein für den großen Führer der Israeliten. Der Totenkult des Josef wurde während der folgenden schweren Jahre aufrechterhalten; dann aber verließen die Israeliten Ägypten, geführt von ihrem nächsten großen Führer – Moses.

41 Der elegante Palast, den die österreichische Grabungsexpedition bei Tell ed-Daba, Areal F, freilegte, wurde ursprünglich als Residenz des Wesirs Josef in der Bezirkshauptstadt Auaris erbaut. Dort war der Sitz der Deltaverwaltung, die unter dem Namen Behörde des Nordens bekannt ist.

Die midianitischen Kaufleute

Bevor wir zum Höhepunkt unserer Suche nach dem biblischen Josef kommen, wollen wir uns noch kurz die historischen Verhältnisse vergegenwärtigen, die in Ägypten herrschten, als unser junger Held im zarten Alter von siebzehn Jahren das Land der Pharaonen betrat.

Aus Genesis 37 geht hervor, daß Josef der Lieblingssohn Jakobs ist und daß seine älteren Brüder ihn darum beneiden. Sie beschließen daher, ihn loszuwerden, und verkaufen ihn an eine Karawane midianitischer/ismaelitischer Kaufleute, die auf dem Weg nach Ägypten sind. Josef wird nach seiner Ankunft im Schwarzen Land als Sklave an Potiphar, den Obersten der Leibwache, verkauft; er wird dessen getreuer Diener. In Genesis 39 wird von den Annäherungsversuchen der Frau des Hauses gegenüber dem jungen hebräischen Sklaven berichtet. Die delikate Situation endet mit falschen Anschuldigungen seitens der Frau, und Josef kommt wegen sexueller Belästigung ins Gefängnis.

Uns interessiert an dieser Erzählung, wie Josef ins Nildelta gelangt. Wir haben gesagt, daß Josefs Ernennung zum Wesir ungefähr im 30. Regierungsjahr König Amenemhets III. stattgefunden hat, was dem 41. Regierungsjahr von dessen Vater

Sesostris III. entspricht. Die Bibel liefert mit dem Jahr 1670 v. Chr. ein absolutes Datum für dieses Ereignis – ein Datum, das von der Neuen Chronologie bestätigt wurde. Josef war bei seiner Ernennung dreißig Jahre alt, und als er von den Midianitern nach Ägypten gebracht wurde, war er siebzehn (Genesis 37,2). Er kam also im 18. Regierungsjahr Sesostris' III. (1683 v. Chr.) ins Schwarze Land. Zwei Jahrhunderte früher, während der Herrschaft Sesostris' II., können wir eine bemerkenswerte Parallele zu Josefs Ankunft in Ägypten finden.

In Mittelägypten gibt es bei dem Dorf Beni Hassan hoch oben im Fels eine Nekropole aus neununddreißig nebeneinanderliegenden Hallengräbern. Die acht größten wurden für die »Großen Oberhäupter im Gazellengau« erbaut, die im Mittleren Reich über diese Region herrschten. Die Größe und Pracht dieser Gräber zeugen von der Macht und dem Reichtum der damaligen Gaufürsten. Wir hatten schon festgestellt, daß die Errichtung von »königlichen« Grabstätten für die Gaufürsten während der Herrschaft Sesostris' III. (vermutlich spätestens während der ersten Jahre der gemeinsamen Herrschaft mit Amenemhet III.) abrupt beendet wird. Die Adligen Mittelägyptens mußten also empfindliche Einbußen ihres Wohlstands erlitten haben; wir brachten dies in Zusammenhang mit Josefs Landreform, die der Zentralregierung des Pharaos mehr politische Macht gab. Die Gesellschaftsordnung der lokalen Fürstentümer wurde damit aufgelöst; für die Gaufürsten gab es keine »königlichen« Gräber mehr. Das letzte große Grab von Beni Hassan wurde zur Zeit Sesostris' II. eingerichtet; sein Besitzer wurde vermutlich unter Sesostris III. bestattet.

Das berühmteste dieser in den Fels gehauenen Mausoleen ist das zuletzt erbaute;

383 Der große Eingang zum Grab Chnumhoteps III. bei Beni Hassan.

384 Der »Herrscher des Berglandes, Abischai« – der Führer der Karawane von siebenunddreißig Asiaten, deren Ankunft in Ägypten im Grab des Gaufürsten Chnumhotep dargestellt ist. Abischai trägt einen bunten Rock wie die anderen Männer des Stammes, allerdings in einer besonders kunstvollen Ausführung.

es gehörte Chnumhotep III. Er lebte zur Zeit Sesostris' II. – also rund ein oder zwei Jahrzehnte, bevor Josef von den midianitischen Kaufleuten nach Ägypten gebracht wurde. Auf der nördlichen Innenwand von Chnumhoteps großer Kapelle ist die berühmte Darstellung der Asiaten, die nach Ägypten kommen, um Augenschminke (Kajal) zu verkaufen. Die kurze Erläuterung zur Darstellung gibt an, daß es insgesamt dreiundsiebzig Menschen waren (Männer, Frauen und Kinder) und daß der Anführer der Gruppe »Herrscher des Berglandes *(heka-khaset),* Abischai« hieß – ein guter biblischer Name!

Man beachte, daß diese Menschen buntgestreifte Kleidung tragen, die viele Kommentatoren mit Josefs »buntem Rock« verglichen haben. Fast scheint es so, als hätten sich die midianitischen Kaufleute aus Genesis 37,28 zur Erinnerung an ihre erfolgreiche Reise nach Ägypten hier abbilden lassen. Sie selbst waren vorderasiatische Habiru und trugen die gleiche Kleidung wie Jakobs hebräische Söhne; deshalb sind sie in Chnumhoteps Grab mit ihren prächtigen buntgewebten Röcken dargestellt. Die Kaufleute von Beni Hassan sind zwar ein bißchen zu früh, um *jene* Kaufleute zu sein, die Josef nach Ägypten brachten, doch der Hintergrund der Erzählung in Genesis 37 entspricht nicht nur genau der Szene aus Chnumhoteps Grab, er stammt auch aus derselben Zeit.

Josefs Grab

Josef blieb in Ägypten, er und das Haus seines Vaters. Josef wurde hundertzehn Jahre alt. Er sah auch noch Efraims Söhne und Enkel. Auch die Söhne Machirs, des Sohnes Manasses, kamen auf Josefs Knien zur Welt. Dann sprach Josef zu seinen Brüdern: Ich muß sterben. Gott wird sich eurer annehmen, er wird euch aus diesem Land heraus- und in jenes Land hinaufführen, das er Abraham, Isaak und Jakob mit einem Eid zugesichert hat. Josef ließ die Söhne Israels schwören: Wenn Gott sich eurer annimmt, dann nehmt meine Gebeine von hier mit hinauf! Josef starb im Alter von hundertzehn Jahren. Man balsamierte ihn ein und legte ihn in Ägypten in einen Sarg (Genesis 50, 22 – 26).

Aus dieser »historischen« Schilderung des Alten Testaments erfahren wir folgendes:

- Josef erreichte das ungewöhnliche Alter von hundertzehn Jahren. Was immer man davon halten mag, wir entnehmen daraus lediglich, daß Josef in einem gesegneten Alter starb, nachdem er seinen Pharao Amenemhet III. überlebt hatte.

- Josef hatte verlangt, man möge seinen balsamierten Leichnam beim Auszug der Israeliten ins Gelobte Land mitnehmen. Deshalb wurde er in einem Sarg im eigenen Grab bestattet, wahrscheinlich in der Nähe des Palastes, in dem er die letzten vierzig Jahre seines Lebens verbrachte.

Aus Exodus 13,19 erfahren wir, daß Moses den letzten Wunsch des Patriarchen erfüllte: Er nahm die Gebeine Josefs mit, als die Israeliten Ramses (d. h. Auaris) verließen. Josefs ursprüngliche Begräbnisstätte muß also folgende Kriterien erfüllen:

1. Sofern der archäologische Rahmen noch intakt ist, müßte ersichtlich sein, daß der Leichnam noch im Altertum weggebracht worden war, jedoch ohne Anzeichen von Plünderung.

2. Wenn man Josefs Ägyptisierung voraussetzt, müßte das Grab ein typisch ägyptisches sein.

3. Obwohl Josef in hohem Maße ägyptisiert war, könnten im Grab noch Hinweise auf seine vorderasiatische Abstammung zu finden sein.

4. Wegen seines Ansehens und seines hohen Rangs innerhalb der ägyptischen Hierarchie ist anzunehmen, daß das Grab ein beeindruckendes Bauwerk war. Wir sollten deshalb nach einem großen Denkmal suchen.

Schauen wir uns an, was in Auaris, vor allem innerhalb des Friedhofs, der sich im Garten von Josefs Palast befand, zum Vorschein gekommen ist.

Im Frühjahr 1987 entdeckte Bietaks Ausgrabungsteam im südlichen Teil des Palastgartens im Stratum d/1 ein sehr großes Grab (es erhielt die Nummer F/1-p/19:1). Die Grundmauern des Bauwerks maßen zwölf auf sieben Meter – womit unsere vierte Anforderung, was die Größe betrifft, erfüllt ist. In Auaris wurde bisher keine so große Grabstätte gefunden; mit Sicherheit ist es das wichtigste Grab des Gartenbereichs. Leider wurde das Bauwerk größtenteils in der Antike abgetragen. Dennoch konnten die österreichischen Archäologen aufgrund der Grundmauern (und eines Vergleichs mit anderen besser erhaltenen Gebäuden ähnlichen Typs) feststellen, daß es einst von einer eleganten steilen Pyramide überragt wurde. Das entspricht unseren Erwartungen bei einem hochgeachteten Wesir des Schwarzen Landes. Das Bauwerk kommt also als Josefs Grab durchaus in Frage – zumindest was den letzten der vier Punkte betrifft. Wie sieht nun das Grab F/1-p/19:1 von innen aus?

Leider steht das Gebäude selber nicht mehr, denn die Archäologen mußten es abräumen, um das darunterliegende frühere Stratum (d. h. die Arbeiterstadt) freizulegen. Die archäologische Forschung ist eigentlich ein zerstörerischer Prozeß; man kann sie nur akzeptieren, wenn die Ausgräber ausführliche Grabungsberichte, Pläne und Fotografien veröffentlichen. Wenn man auch keinem Archäolo-

385 Grab F/1-p/19:1 zu Beginn seiner Freilegung. Im Hintergrund sieht man deutlich den rechteckigen Sockel, der wahrscheinlich eine Pyramide aus Schlammziegeln stützte; im Vordergrund der Kapellenboden aus Schlammziegeln.

386 Grab F/1-p/19:1; das Ausgrabungsteam hat die Grabkammer erreicht. Der
Kopf einer Kultstatue ist rechts im Vordergrund (neben dem Mann in der weißen Galabia) zu sehen; er befindet sich
noch an seinem Platz in dem Raubstollen, der zwischen der Kapelle und der
Kammer gegraben wurde.

gen die gute Absicht absprechen mag, über seine Arbeit vollständig zu publizieren,
geschieht es doch häufig, daß die Informationen zu den Funden am Ende in alten
Schuhschachteln und zerschlissenen Notizbüchern verschwinden. Bei Bietaks Arbeit können wir uns in dieser Hinsicht glücklich schätzen, denn der Leiter der
österreichischen Mission in Tell ed-Daba hat ein gut organisiertes Veröffentli-
chungsprogramm, in dem schon viele Bände mit ausführlichen Ausgrabungsberich-
ten erschienen sind. Im Fall von Grab F/1-p/19:1 muß noch die endgültige Veröffentlichung abgewartet werden, doch Bietak hat in der Zwischenzeit eine Reihe
von Artikeln veröffentlicht, die einen Überblick über die Entdeckungen aus dem
Jahre 1987 geben. Aus den Kurzberichten entnehmen wir die folgenden entscheidenden Punkte.

Das Innere der Pyramide bestand aus zwei Teilen: einer Grabkammer und einer
Totenkapelle. Zunächst zu letzterer.

Die Kapelle aus Schlammziegeln war mit der Ostseite des Pyramidenaufbaus
verbunden und maß rund dreieinhalb Quadratmeter. Grab F/1-p/19:1 ist das einzige
Grab des Palastkomplexes mit einer Totenkapelle, was seine besondere Stellung
bezeugt. Mit Sicherheit spielte der Besitzer des Grabes eine herausragende gesell-
schaftliche Rolle. Die Größe und die stratigraphische Lage des Grabes weisen
darauf hin, daß es eines der ersten großen Grabmale an dieser Stelle war. Die

Vermutung drängt sich auf, daß der Besitzer auch der Bauherr des Palastes (und damit der Ansiedlung) war. Mit dem Inneren der Kapelle werden wir uns noch befassen; werfen wir jetzt einen Blick in die Grabkammer selbst.

Die Ausgräber legten das Sockelfundament frei, auf dem die Pyramide ruhte. Sie stießen auf eine rechteckige Kammer, über der sich eine fast runde Kuppel wölbte; Kammer und Kuppel waren aus Schlammziegeln. Die Kammer lag unterhalb des Fundaments der Pyramide und der Kapelle. Als der Boden der Gruft freigelegt war, stellte Bietak zu seinem Erstaunen fest, daß das Grab fast leer war: Nur einige winzige Knochenstücke (die möglicherweise nicht einmal menschlich waren) und einige kleine Brocken Kalkstein wurden gefunden. In allen anderen Gräbern des Friedhofs wurden, allem Grabfrevel zum Trotz, zerbrochene Überreste von zahlreichen Grabbeigaben gefunden, samt der versteinerten Skelette der Verstorbenen. Doch in Grab F/1-p/19:1 wurden weder ein Leichnam noch Beigaben gefunden. Die Grabkammer war ordentlich geräumt worden (siehe Punkt 1 oben).

Man entdeckte bald, daß von der Kapelle nach unten zur Ostwand der Grabkammer ein Raubstollen gegraben worden war, durch den Leichnam und Beigaben entfernt werden konnten. Das Grab war geöffnet worden, als die Kapelle noch im Gebrauch war und bevor spätere Siedlungsschichten das Grab bedeckten. Noch ehe die Siedlung in Auaris aufgegeben wurde oder beim Zeitpunkt des Aufbruchs hatte man den Leichnam entfernt, also am Ende von Stratum G (Mitte 13. Dynastie). Die neuen Siedler von Stratum F bauten ihre Häuser auf dem Friedhof von Stratum G und zerstörten dabei wahrscheinlich die Pyramide und ihre Kapelle.

Sobald ich von dem imposanten Pyramidengrab im Palastgarten von Tell ed-Daba gehört hatte, war mir instinktiv klar, was Bietak und sein Team entdeckt hatten. Ohne es zu wissen, hatten sie das ägyptische Grab des Patriarchen Josef freigelegt, aus dem Moses später die sterblichen Überreste seines Vorfahren geholt hatte, um sie ins Gelobte Land mitzunehmen. Ich sah meine frühe Intuition bestätigt, als ich die letzte der beeindruckenden Entdeckungen der österreichischen Frühjahrskampagne des Jahres 1987 zum erstenmal mit eigenen Augen sah.

Bietak räumte den Schutt aus dem Zugangstunnel von der Kapelle zur Grabkammer und stieß dabei auf große Brocken weißen Kalksteins. Rasch wurde deutlich, daß diese zerbrochenen Steinblöcke Überreste einer kolossalen Sitzstatue waren. Das meiste von der Statue in doppelter Lebensgröße war verschwunden; zweifellos war es als Baumaterial verwendet worden. Kopf, Hals und Schultern waren jedoch noch vorhanden. Die Statue stellte mit Sicherheit den Besitzer von Grab F/1-p/19:1 dar. Sie muß in der Kapelle gestanden haben, wo sie den Mittelpunkt der

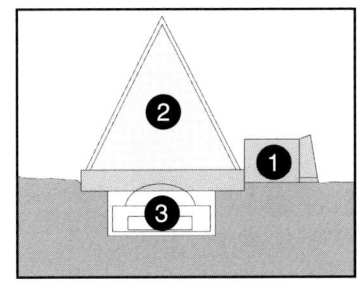

387 Querschnitt durch das Pyramidengrab F/1-p/19:1, der die Kapelle (1), die Pyramide aus Schlammziegeln (2) und die tiefer liegende gewölbte Grabkammer (3) zeigt.

388 Grab eines Prinzen Amenemhet aus der 18. Dynastie in Nubien. Das Grab F/1-p/19:1 könnte ähnlich ausgesehen haben.

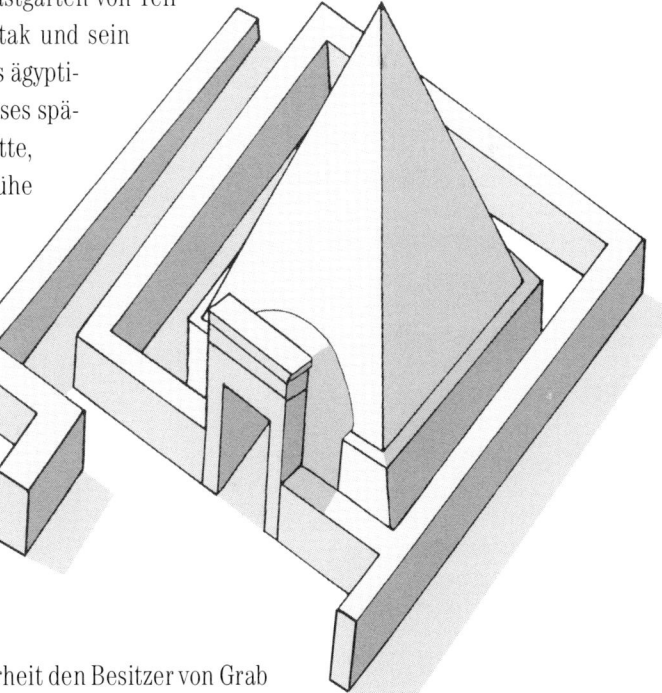

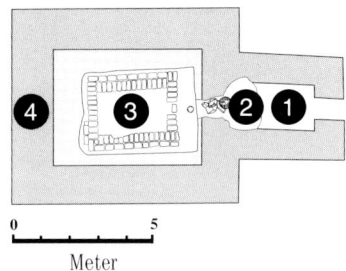

389 Skizze von Grab F/1-p/19:1 mit der Kapelle (1), dem Raubstollen (2), der leeren Grabkammer (3) und dem Pyramidensockel (4).

390 Rückansicht des Kopfes der Kultstatue mit der tiefen Furche am Scheitel.

391 Die Grabkammer von Grab F/1-p/19:1 im Profil mit der Kuppel aus Schlammziegeln und dem Raubstollen, der von der Grabkapelle in die Grabkammer gegraben wurde.

Opfer und Gebete der Nachkommen des Verstorbenen bildete. Wenn das Grab Josef gehörte, sind diese wenigen Steinblöcke alles, was von der Kultstatue des großen Patriarchen übriggeblieben ist.

Der Kopf war in einem hoffnungslosen Zustand. Rachsüchtige Unbekannte hatten im Altertum versucht, den Kopf in zwei Stücke zu spalten; die Spuren ihrer brutalen Schläge sind noch deutlich am Scheitel zu sehen. Auch das Gesicht ist zerstört. Die Nase ist abgeschlagen, die eingelegten Augen sind ausgedrückt. Wer auch immer für die Zerstörung der Statue des Grabbesitzers verantwortlich war, er hatte Rache genommen am steinernen Andenken des Verstorbenen. Wir können vermuten, wer diese Eindringlinge waren. Als Josefs Leichnam aus seinem ägyptischen Grab herausgeholt wurde, hatte das Schwarze Land kurz zuvor den Zorn Jahwes zu spüren bekommen – der Pharao, die Verkörperung des Gottes der Ägypter, wurde erniedrigt und beugte sich. Die Siedlungen der Israeliten waren nach dem Exodus aus dem Land Goschen im wesentlichen entvölkert – wie auch bei Auaris am Ende von Stratum G. Nur die Ägypter, die in diesen Städten lebten, blieben zurück. Exodus 12,35–36 berichtet, daß die unglückseligen Nachbarn der Israeliten, ihre früheren Aufseher, all ihre wertvollen Besitztümer durch Plünderung verloren und dennoch weiterhin unter den verheerenden Folgen der göttlichen Plagen leiden mußten. Man kann sich leicht vorstellen, daß die Bewohner der Stadt später in Josefs Grab hinabstiegen und an der bekannten Kultstatue des israelitischen Ahnen ihre Wut ausließen.

Wenn wir an dieser Stelle innehalten und uns fragen, welche Erkenntnisse uns die Neue Chronologie über die ägyptische und israelitische Geschichte gebracht hat, so muß vor allem festgestellt werden, wieviel reale Geschichte sich hinter den Mythen und Legenden des Alten Testaments verbirgt. Wir hatten Kontakt zu wirklichen Menschen, deren Taten später zum Stoff von Legenden wurden. In der

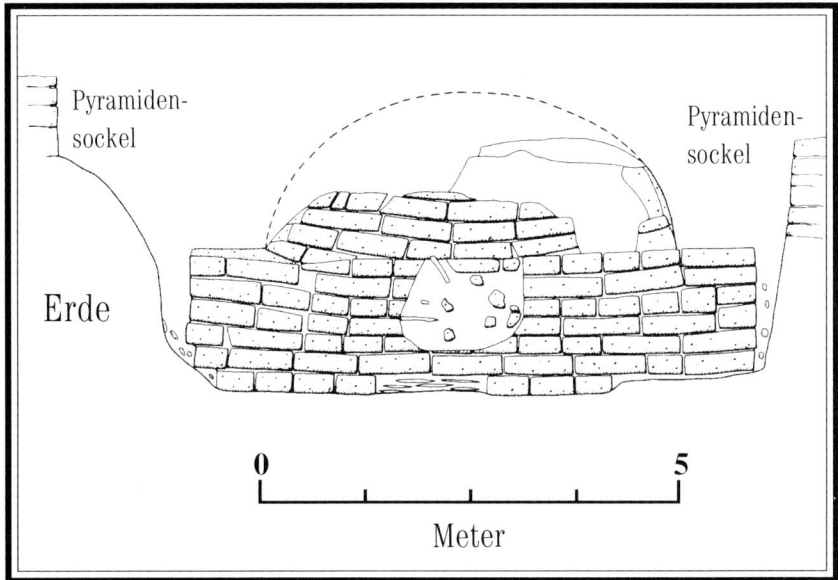

Bibel geht die Geschichte der Habiru auf die Zeit vor Josef zurück, doch die wirklichen historischen Anfänge des israelitischen Volkes können in Auaris gefunden werden, wo die Volksgemeinschaft in der Not der Fronknechtschaft zusammengeschmiedet wurde. In diesem Sinne liegt in Ägypten der Ursprung unserer jahrtausendealten jüdisch-christlichen Tradition und die Geburtsstätte der historischen Bibel. Der siebzehnjährige Jüngling, dem wir, neben anderen, dieses Erbe verdanken, wurde gegen seinen Willen ins Schwarze Land gebracht. Dennoch konnte er dank seiner außergewöhnlichen Fähigkeiten das Vertrauen und die Hochachtung eines der größten Pharaonen des Mittleren Reichs gewinnen. Der einfache Habiru-Hirte wurde zum Wesir Ägyptens ernannt und konnte in dieser mächtigen Stellung umwälzende Reformen in Landwirtschaft und Verwaltung durchführen. Diese veränderten das Land und die politischen Verhältnisse im Niltal. Für seine Verdienste um den Pharaonenstaat wurde der frühere Sklave mit einer Kultstatue von wahrhaft »königlicher« Größe geehrt. Welcher andere Mann aus der ägyptischen Geschichte wurde (abgesehen von den Pharaonen selbst[31]) vom Volk so hoch geschätzt, daß zu seinen Lebzeiten eine kolossale Statue errichtet wurde?

392 Blick auf die freigelegte Grabkammer von F/1-p/19:1; im Hintergrund die Kapelle.

Daß der Pharao dies zuließ, ist um so erstaunlicher, als dieser Mann nicht einmal Ägypter war. Die Josefserzählung und die Entdeckung der großen Kultstatue eines Beamten des Mittleren Reichs treffen im Palastgarten von Auaris aufeinander. Bietak konnte nur schwer akzeptieren, daß eine so große Statue für eine Person, die nicht zum Königshaus gehörte, in Auftrag gegeben worden sein sollte. Dies scheint ihm »für die Zeit der 12. Dynastie undenkbar«. Doch beim Schreiben war er sich der außergewöhnlichen Möglichkeiten, die die Neue Chronologie bietet, nicht bewußt. Er hat natürlich recht: der ägyptische Staat, auf dem Höhepunkt seiner Macht, hätte einem Nichtadligen nie und nimmer solche Ehre erwiesen – außer man war Josef, der Retter Ägyptens!

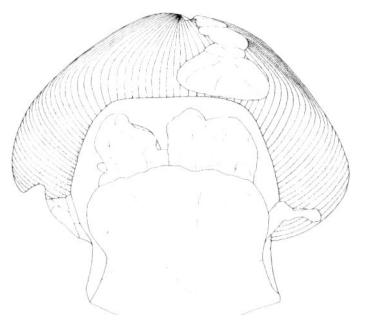

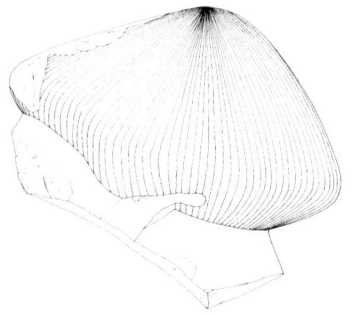

393 Frontal- und Profilansichten der Kultstatue aus Grab F/1-p/19:1. Die Zeichnung verdeutlicht die ungewöhnliche pilzförmige Frisur des Mannes, der hier bestattet und verehrt wurde.

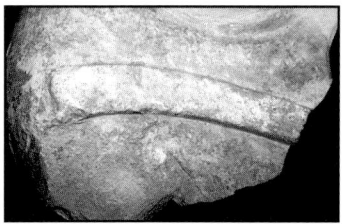

394 Fragment des Wurfholzes auf der rechten Schulter der Statue von Tell ed-Daba.

395 Ein erhaltenes Auge, das ursprünglich in den Statuenkopf eingelegt war und unweit des Grabes gefunden wurde.

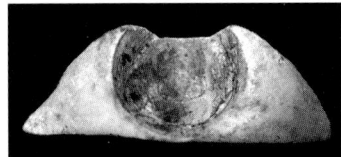

Zu Beginn unserer Reise in die Vergangenheit hatte ich versprochen, daß wir am Ende vor Josefs Kultstatue stehen und das Antlitz dieser legendären Gestalt der Vergangenheit schauen würden. Mit Hilfe moderner Computertechnologie kann ich mein Versprechen einlösen. Aus den Überresten der zerschmetterten Statue können wir die Gestalt Josefs in ihrer ganzen Pracht rekonstruieren und ihr wieder ihren Platz in der verdunkelten Kapelle zuweisen. Wenn die Augen sich an die Dunkelheit gewöhnt haben, sieht man als erstes die eingelegten weiß glänzenden Augen der Statue. Sie schauen zuversichtlich nach Osten in Richtung des Gelobten Landes. Mit der Zeit kann man sogar Josefs freundlich lächelndes Antlitz erkennen. Der Bildhauer hat ihn in der Blüte seiner Jahre dargestellt, seine aufrechte Haltung zeugt von Würde und Sicherheit, wie das dem höchsten Beamten des Schwarzen Landes entspricht. Die Gesichtsfarbe des Wesirs ist ein helles Ocker – das Pigment, das die ägyptischen Künstler immer verwendeten, um die Hautfarbe eines Bewohners aus dem Norden, der Levante, anzudeuten. Obwohl Josef vorderasiatischer Abstammung ist, trägt er nicht den üblichen Bart. Er ist glatt rasiert.

> Da schickte der Pharao hin und ließ Josef rufen. Man holte ihn schnell aus dem Gefängnis, schor ihm die Haare, er zog andere Kleider an und kam zum Pharao (Genesis 41,14).

Eines der frappierendsten Merkmale dieser außergewöhnlichen Statue ist die Haartracht oder Perücke. Josefs Haare sind flammenrot und pilzförmig. Sie wurden akkurat zurechtgelegt und rollen sich an der Seite und hinten nach innen ein. Über der Brust hält der Wesir seine Amtsinsignien. Der Pharao trägt gewöhnlich Krummstab und Geißel, Josef trägt sein »Wurfholz« – das ägyptische hieroglyphische Symbol für einen Ausländer. Die Kultstatue stellt also einen Mann ausländischer Herkunft dar, der allerdings in die einflußreichsten Kreise der ägyptischen Zivilisation aufgestiegen war.

Vor allem an einem Merkmal der Statue läßt sich jedoch genau ablesen, um wen es sich handelt. Der asiatische Beamte ist, abgesehen von Kopf, Hals, Armen und Füßen, in einen wundersamen bunten Rock gehüllt. Die satten Rot- und Blautöne ergeben zusammen mit Schwarz und Weiß ein einfaches, aber wirkungsvolles Muster aus Streifen und Rechtecken, das an die Kleidung der Asiaten, die im Grab von Chnumhotep bei Beni Hassan dargestellt wurden, erinnert. Die Wirkung ist verblüffend (siehe Seite 427).

Josef war für seinen bunten Rock berühmt. Dieses herrliche Gewand in all seiner Pracht mag ein Symbol dafür sein, wie Legende und Geschichte in einer dunklen Kapelle, in einem Palastgarten, an einem Ort namens Auaris, am Ufer des Nils miteinander verschmelzen.

Dank der archäologischen Entdeckungen des letzten Jahrhunderts konnte die Wahrheit, die hinter den Legenden vom goldenen Troja und dem Labyrinth des König Minos steckt, mit topographischen Orten und historischen Ereignissen in Verbindung gebracht werden. Auch unsere Suche nach archäologischen Funden in Ägypten und der Levante hat neue Erkenntnisse gebracht.

396 Der geschändete Kopf der Kultstatue des ägyptischen Wesirs und hebräischen Patriarchen Josef.

42 Das Pyramidengrab, das von Manfred Bietak und seinem Team im Areal F bei Tell ed-Daba entdeckt wurde, war der ursprüngliche Bestattungsort des Patriarchen und Wesirs Josef (später wurde sein Leichnam von Moses entfernt, damit er im Gelobten Land bestattet werden konnte). Der zerbrochene Kopf und die Schultern aus Kalkstein, die im Grab gefunden wurden, bildeten den oberen Teil von Josefs Kultstatue, mit der Amenemhet III. den hebräischen Wesir für seine außergewöhnlichen Verdienste um das ägyptische Volk in Zeiten schwerer Not und Heimsuchungen geehrt hatte.

Dieses Buch sollte zeigen, wie jahrtausendealte Überlieferungen das Wissen über unsere Vergangenheit entscheidend bereichern können. An Mythen und Traditionen ist nicht alles wahr, doch meine Untersuchung konnte hoffentlich zeigen, daß bei der wissenschaftlichen Erforschung der Geschichte der alten Kulturen die Bedeutung und Stichhaltigkeit unserer legendären Vergangenheit nicht unterschätzt werden darf. Obgleich ich ursprünglich nicht beabsichtigt habe, den historischen Gehalt der Bibel aufzudecken, bin ich doch zu dem Schluß gekommen, daß viele Erzählungen des Alten Testaments reale Geschichte wiedergeben. Für mich als Ägyptologen war es eine faszinierende Erfahrung, mich auf der Suche nach der authentischen Geschichte in viele unbekannte Gebiete der Altertumswissenschaft zu begeben. Die Zeit wird lehren, ob die hier vorgeschlagene Neue Chronologie in ihren Hauptzügen stimmt. Bis dahin hoffe ich, daß ich wenigstens die Frage nach der Historizität des Alten Testaments wieder in den Brennpunkt des Interesses rücken konnte. Ob mir das gelungen ist, wird der Leser entscheiden.

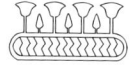

397 Gegenüber: die rekonstruierte Kultstatue des Patriarchen Josef.

Teil fünf
Weitere Forschungsergebnisse

Addenda A bis E

Addendum A

Zur Datierung Scheschonks I.

Wir haben in Kapitel fünf gesehen, was die Ägyptologen bewogen hat, in König Scheschonk I. den biblischen Schischak zu sehen und so die ägyptische und israelitische Geschichte zu synchronisieren. Sie stellten eine ägyptische Chronologie nicht aus historischen Zeugnissen aus dem Niltal auf, sondern griffen auf biblische Angaben zurück. So machten sie das Jahr 925 v. Chr. als 20. Regierungsjahr Scheschonks I. zu einem Eckdatum der ägyptischen Chronologie. Davon ausgehend, benutzten sie das erhaltene historische Material der Dritten Zwischenzeit, um den Zeitraum zwischen 925 und 664, dem Beginn der Spätzeit, »auszufüllen«. Gemeinsam mit John Bimson[1] habe ich[2] schon seit einigen Jahren immer wieder darauf hingewiesen, daß die Belege für die Gleichsetzung von Scheschonk I. mit Schischak in sich widersprüchlich sind. Unserer Meinung nach kann Scheschonk nicht *sicher* mit Schischak identifiziert werden. Daher sollte das Datum 925 v. Chr. nicht mit diesem König in Zusammenhang gebracht werden. Wann regierte dann aber Scheschonk I.?

398 Oberer Teil der Statue Osorkons I. aus Byblos mit dem Thronnamen (Sechemcheperre) auf der Brust des Pharaos und dem phönizischen Weihetext des Elibaal um die Kartusche herum.

Das Quellenmaterial aus Byblos

Eine interessante Möglichkeit, die Regierungszeit Scheschonks I. zumindest annäherungsweise zu datieren, ergibt sich aus einer Untersuchung phönizischer Inschriften, die in Byblos gefunden wurden. Der erste Beleg, den wir für unsere Hypothese heranziehen, ist die berühmte Statue des Pharaos Osorkon I., die in den neunziger Jahren des letzten Jahrhunderts gefunden wurde und sich heute im Louvre befindet.[3] Auf der Brust der Statue sind zwei Inschriften zu lesen: (a) der Thronname Osorkons (Sechemcheperre-setepenre) in einer Kartusche und (b) ein phönizischer Weihetext, der lautet:

> Die Statue, die Elibaal, König von Byblos, Sohn des Jehimilk, [König von Byblos, für] Baalat-Gebel, seine Herrin, gemacht hat. Möge Baalat[-Gebel] Elibaal ein langes Leben gewähren und seine Herrschaft über [Byblos] schützen.

Albright[4] geht davon aus, daß König Elibaal von Byblos »wohl ungefähr ein Zeitgenosse« Osorkons I. gewesen sei, weil die Weihung einer ägyptischen Königsstatue an eine fremde Gottheit – in diesem Fall an die Schutzgöttin von Byblos – wohl eher für die Regierungszeit des Pharaos als für die Zeit nach seinem Tod anzunehmen

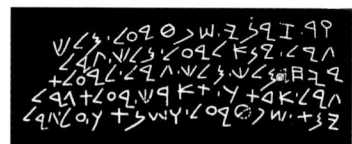

399 Text der von Schipitbaal stammenden Inschrift, die auf einer Stützmauer des zur Stadt Byblos gehörenden Wasserreservoirs gefunden wurde.

400 Seitenteil einer in Byblos gefundenen Thronbasis, die einmal den unteren Teil einer Statue Scheschonks I. bildete. Auch hier sind die Kartuschen des Pharaos von einem phönizischen Weihetext umgeben. In diesem Fall ist König Abibaal von Byblos der Verfasser. Museum Beirut.

sei. Die Statue sei ein Geschenk an den dortigen Herrscher gewesen und von Ägypten nach Byblos geschickt worden. Schon vorher war in der Regierungszeit Abibaals, des Vorgängers von Elibaals Vater Jehimilk, eine Statue Scheschonks I., des Vorgängers Osorkons, in den Libanon gebracht worden. Die 1894 gefundene Scheschonk-Statue trägt einen phönizischen Text, der besagt, daß das Geschenk aus Ägypten für den Tempel der Baalat-Gebel von König Abibaal selbst dargebracht wurde. Wir können also diese Herrscherfolge annehmen:[5]

Abibaal   gleichzeitig mit Scheschonk I.
Jehimilk   (gleichzeitig mit Scheschonk I./Osorkon I.)
Elibaal   gleichzeitig mit Osorkon I.

Der nächste Beleg ist ein Kalksteinblock, der 1935 in Byblos gefunden wurde und ebenfalls einen Weihetext in phönizischer Schrift trägt.

Diese Mauer wurde von Schipitbaal, dem König von Byblos, Sohn des Elibaal, König von Byblos, für Baalat-Gebel, seine Herrin, erbaut. [Möge] Baalat-Gebel Schipitbaal ein langes Leben schenken und seine Herrschaft über Byblos schützen.[6]

Dieser kurze Text gibt uns die Auskunft, daß König Elibaals Sohn und Nachfolger ein gewisser König Schipitbaal war. Interessanterweise taucht ein König dieses Namens in einer assyrischen Inschrift des 8. Jahrhunderts v. Chr. auf.[7] Der Text stammt aus den Kriegsannalen Tiglatpilesers III. und kann mit Hilfe der überlieferten assyrischen Eponymenliste mit Sicherheit auf das Jahr 738 v. Chr. datiert werden.[8]

[Ich (Tiglatpileser) erhielt] den Tribut des Kuschtaschpi von Kummu, des Urik von Que, des Sibittibael von Byblos, … des Enil von Hammat, des Panammu von Samaal, … des Matanbael von Arvad, des Sanipu von Bit-Ammon, des Salamanu von Moab, … des Mitinti von Aschkelon, des Jehoahas von Juda, des Kauschmalaku von Edom, …[9]

Tiglatpilesers »Sibittibael« entspricht dem phönizischen Namen »Schipitbaal«, und dieser Schipitbaal war ein Zeitgenosse des »Jehoahas« (Akkad. *Ia-u-ha-zi*) von Juda (Akkad. *Ia-u-da-a-a*). Dieser Jehoahas kann weder der judäische König gewesen sein, der drei Monate im Jahr 609 v. Chr. regierte, noch kann es sich bei ihm um König Joasch (834 bis 794 v. Chr.) handeln, da dieser Jahrzehnte vor Tiglatpilesers Thronbesteigung im Jahre 744 v. Chr. herrschte. Es kann nur König Ahas (741 bis 725 v. Chr.) gemeint sein, was wieder einmal beweist, daß im biblischen Text Kurznamen verwendet wurden. Ahas hieß mit vollem Namen »Jeho-ahas«. Eine frühere Inschrift Tiglatpilesers III. erwähnt, daß »Asriau von

432

Juda«, also Asarja von Juda (790 bis 738 v. Chr.), und »Menahem von Samaria« (d. h. von Israel, 752 bis 743 v. Chr.) ihm Tribute schickten, und bestätigt so die zeitliche Einordnung des assyrischen Königs in bezug auf die dynastische Herrscherfolge in Israel und Juda.

Der Schipitbaal, der in Byblos um 738 v. Chr. regierte, bekommt normalerweise die Ordinalzahl »II.« hinter seinen Namen, weil er nach dem traditionellen Schema unmöglich der Schipitbaal, Sohn des Elibaal, sein kann, der gleichzeitig mit Osorkon I. (O C – 924 bis 889 v. Chr.) regierte. Schipitbaal »I.« hätte demnach in der ersten Hälfte des 9. Jahrhunderts in Byblos regiert. Wir wissen allerdings jetzt, daß dieses Datum für Schipitbaal »I.« auf der sehr unsicheren Datierung von Scheschonk I. auf das Jahr 925 beruht. Wenn wir Tiglatpilesers Schipitbaal »II.« mit Schipitbaal »I.« identifizieren, also von nur einem bezeugten Schipitbaal von Byblos ausgehen[10], können wir mit Hilfe der aus den Inschriften von Byblos gewonnenen Genealogie Richtdaten für Osorkon I. wie auch für seinen Vorgänger Scheschonk I. gewinnen.

Abibaal	gleichzeitig mit Scheschonk I. = um 798 v. Chr.
Jehimilk	(gleichzeitig mit Scheschonk I./Osorkon I.) = um 778 v. Chr.
Elibaal	gleichzeitig mit Osorkon I. = um 758 v. Chr.
Schipitbaal	gleichzeitig mit Tiglatpileser III. = um 738 v. Chr.

Die angegebenen Daten für Osorkon I. und Scheschonk I. basieren auf einer durchschnittlichen Regierungszeit von zwanzig Jahren und sind natürlich nur grobe Anhaltspunkte, aber aus ihnen ergibt sich, daß die ersten beiden Herrscher der 22. Dynastie im späten 9. und frühen 8. Jahrhundert statt im späten 10. Jahrhundert regierten, wie es die traditionelle Chronologie will. Dazu sollte man auch wissen, daß Ronald Wallenfels in einer Untersuchung der hier diskutierten phönizischen Texte zu dem Ergebnis kommt, daß sie eher ins 8. als ins 10. Jahrhundert v. Chr. zu datieren seien.[11] In einem nächsten Schritt muß jetzt geprüft werden, ob das Jahr 798 v. Chr. als ein geschätztes Datum für Scheschonk I. innerhalb einer neukonstruierten Chronologie der Dritten Zwischenzeit plausibel ist.

Der Tempel des Osiris Hekadjet

Auch andere Zeugnisse legen eine Datierung Scheschonks I. in diesen Zeitabschnitt nahe. In der nordöstlichen Ecke des großen Tempelbezirks von Karnak liegt ein kleiner Tempel der späten Dritten Zwischenzeit, der Osiris Hekadjet, dem »Herrscher der Ewigkeit«, geweiht ist. Das Heiligtum im Inneren ist mit Szenen ausgestaltet, die die Götter und die Familienmitglieder Osorkons III. zeigen. Hier findet man die Kartuschen Osorkons III., seines Mitregenten Takelot III., seines Sohnes Rudamun und der Gottesgemahlin. Auf der Fassade der beiden inneren Räume ist neben der Gottesgemahlin Schepenwepet auch eine zweite (»adoptier

KASCHTA: Regierungszeit etwa 760–747 v. Chr.

401 Der Tempel des Osiris Hekadjet in der nordöstlichen Ecke der großen Umfassungsmauer des Tempelbezirks von Karnak.

te«) Gottesgemahlin zu sehen. Dabei handelt es sich um Amenirdis, Tochter des Königs KASCHTA aus der Familie, die später die 25. Dynastie bildet, und Schwester des Königs Pianchi.

Auf den Wänden des kleinen Hofes direkt vor dem Allerheiligsten ist Amenirdis in weiteren Szenen dargestellt, diesmal jedoch zusammen mit König Schibitko, dem dritten Herrscher der kuschitischen 25. Dynastie, dessen Bild auch an der Außenfassade des Tempels in einer großen Szene zu sehen ist.

Es handelt sich hier um einen kleinen Tempel, dessen Bau nur wenige Jahre gedauert haben dürfte, während man zwischen der Herrschaft Osorkons III. und seines Mitregenten Takelots III. (OC – um 750 v. Chr.) und der Regierung Schabatakas (OC – um 700 v. Chr.) mit einer Zeitspanne von fünfzig Jahren gerechnet hat. So lange können die Bauarbeiten kaum gedauert haben, wenn sie nicht zwischendurch für längere Zeit unterbrochen wurden. Das ist natürlich möglich, aber ebenso wahrscheinlich ist, daß das Bauwerk in fünf Jahren fertiggestellt wurde und daß demzufolge Schibitko dem Takelot sehr bald als anerkannter Pharao in Theben folgte.

Von dieser zweiten Annahme ausgehend, kann man in der Chronologie zurückrechnen durch die ganze 22. Dynastie, bis man einen Näherungswert für die Lebensdaten ihres Gründers Scheschonk I. erhält.

1. Schibitko war der direkte Vorgänger Taharkas; von ihm wissen wir, daß seine Regierung 664 v. Chr. endete. Taharka herrschte 26 Jahre als Pharao, sein erstes Regierungsjahr war also das Jahr 690 v. Chr. Unklar ist, ob Schibitko in diesem Jahr starb oder sechs Jahre lang zusammen mit seinem Neffen regierte. Unserer Ansicht nach spricht vieles für eine Mitregentschaft, so daß wir die vierzehnjährige Regierungszeit Schibitkos im Jahr 698 v. Chr. beginnen lassen würden. Schibitko ist in seinem 3. Herrschaftsjahr (696 v. Chr.) erstmals in Theben

402 Ein gut gearbeitetes Relief an der Innenfront des Tempelhofes, das Pharao Schibitko aus der 25. Dynastie darstellt. Die Kartuschen (oben rechts) sind auf Befehl eines Herrschers der 26. Dynastie ausgekratzt worden, aber schwache »Schatten« der Hieroglyphen sind immer noch erkennbar.

bezeugt. Damals wurde er anscheinend zum Pharao von Ägypten gekrönt. (Wahrscheinlich war er zuvor schon König von Napata in Kusch gewesen.)[12] Der Tempel des Osiris Hekadjet wäre demnach zwischen 696 und 690 fertiggestellt worden.

2. Wenn die Bauarbeiten unter den Königen Osorkon III. und Takelot III. unmittelbar vor Schibitkos Ankunft in Theben stattfanden, können wir ihre fünfjährige Mitregentschaft ungefähr auf die Jahre 700 bis 696 v. Chr. datieren.

3. Die Mitregentschaft begann in Osorkons III. 24. Regierungsjahr, das jetzt ungefähr auf das Jahr 700 v. Chr. zu datieren wäre. Er hätte demnach etwa im Jahr 723 den Thron bestiegen.

Im folgenden muß nun die Identität dieses Königs Osorkon III. geklärt werden, um ihn historisch und chronologisch in die 22. Dynastie einfügen zu können.

Prinz Osorkon

Auf der Innenseite der westlichen Seitenwand des Bubastiden-Portals in Karnak befindet sich eine lange Inschrift, die als die Chronik des Prinzen Osorkon bekannt geworden ist.[13] Sie beschreibt die Laufbahn des Hohenpriesters des Amun und Kronprinzen Osorkon, der ein Sohn des Königs Takelot II. und ein Urenkel Osorkons II. war. Es wird schon lange darüber diskutiert, ob es sich bei diesem Kronprinzen um den späteren Pharao Osorkon III. handelt. Kitchen sprach sich dagegen aus, weil Prinz Osorkon bei seiner Krönung viel zu alt gewesen sei, um dann noch 28 Jahre als Osorkon III. zu regieren. Wir haben dieses Argument nie akzeptiert, weil es auf einer sehr seltsamen Deutung der Chronik basiert. Unsere Interpretation des Textes wurde erstmals 1982 publiziert[14]; später ist David Aston mit anderen Begründungen zu genau demselben Ergebnis gekommen.[15] In der Chronik des Prinzen Osorkon findet sich folgendes chronologische Material:

- Prinz Osorkon ist im 11. Regierungsjahr seines Vaters Takelot II. erstmals als Hoherpriester in Karnak bezeugt. Er reist von seiner Residenz in EL-HIBA aus stromaufwärts nach Theben – Anlaß ist wahrscheinlich seine Einsetzung ins Priesteramt. Im Niltal scheint es zu dieser Zeit politische Unruhen gegeben zu haben. Ansätze einer Revolte werden schnell niedergeschlagen. Osorkon ist im 12. Regierungsjahr Takelots wieder in Karnak und leitet die Zeremonie bei den Tempelfeierlichkeiten.
- Im 15. Regierungsjahr bricht ein Bürgerkrieg aus, der sich an einem Aufstand in Theben entzündet. Dieser Konflikt zieht sich wohl rund ein Jahrzehnt lang hin.
- Im 24. Regierungsjahr schließen die erschöpften Kriegsparteien einen politischen Kompromiß. Der Hohepriester Osorkon kehrt beladen mit Geschenken für Amun nach Theben zurück.
- Der Friede währt nur kurz. Im 26. Regierungsjahr brechen die alten Konflikte wieder auf, und Osorkon wird noch einmal aus Theben vertrieben. (König

EL-HIBA: Ein großer Tell am Ostufer des Nils gegenüber der Stadt el-Faschn in Mittelägypten. Von der Zeit der 18. Dynastie bis in die römische Zeit wurde dieser Berg bewohnt. In der Dritten Zwischenzeit befanden sich dort ein Militärstützpunkt und der Hauptsitz des Hohenpriesters des Amun, der häufig zugleich Oberbefehlshaber der Truppen war.

Takelot II. stirbt in seinem 26. Regierungsjahr. Sein Tod war vielleicht der Auslöser der zweiten Erhebung.)

- Der Hohepriester Osorkon bringt in den 14 Jahren zwischen dem 11. und dem 24. Regierungsjahr seines Vaters Opfer in den Tempeln von Karnak dar.
- Die letzten Daten, die in der Chronik genannt werden, gehören zu einer Opferliste des Hohenpriesters Osorkon an Amun aus dem 22. bis 29. Regierungsjahr König Scheschonks III.
- Schließlich nennt eine Nilpegelmarke an der westlichen Kaianlage in Karnak Osorkon als Hohenpriester im 39. Regierungsjahr Scheschonks III.

Kitchen ist bemüht, den Zeitraum von 405 Jahren, auf den er die Dritte Zwischenzeit veranschlagt hat, »aufzufüllen«, und hält es für möglich, daß Scheschonk III. nach dem Tode Takelots II. gekrönt wurde. Demnach diente Prinz Osorkon vom 11. bis zum 26. Regierungsjahr Takelots II. und vom 1. bis zum 39. Regierungsjahr Scheschonks III. als Hoherpriester. Nach Kitchens Rechnung wäre Osorkon 53 Jahre lang Hoherpriester gewesen, ehe er zum König Osorkon III. gekrönt worden wäre. Wenn man etwa 20 Jahre hinzuzählt, bevor Osorkon sein Priesteramt antrat (schließlich war er im 11. Regierungsjahr Takelots nicht nur Hoherpriester des Amun, sondern auch Kommandeur der Armee) und seine Regierungszeit von 28 Jahren als Osorkon III. dazu addiert, kommt man auf ein Lebensalter von 101 Jahren! Es ist also verständlich, daß Kitchen eine Gleichsetzung des Hohenpriesters Osorkon mit König Osorkon III. ablehnt. Er geht bei seiner Rechnung allerdings von einer Annahme aus, die fast eine Grundvoraussetzung seiner Chronologie einer langen Dritten Zwischenzeit ist: Er nimmt an, daß Scheschonk III. seine Regierung in dem Jahr antrat, in dem Takelot II. starb. Doch aus der Chronik des Prinzen Osorkon läßt sich das nicht zweifelsfrei ablesen: Sie bezeugt lediglich, daß der Hohepriester dem Tempel des Amun in Karnak vom 11. bis zum 24. Regierungsjahr Takelots II. und vom 22. bis zum 29. Regierungsjahr Scheschonks III. Geschenke zukommen ließ. Für die Zeit zwischen dem 1. und dem 21. Regierungsjahr Scheschonks sind keine Opfer erwähnt. Daraus kann man schließen, daß das 22. Regierungsjahr Scheschonks III. sich direkt an das 24. Jahr Takelots II. anschloß (vielleicht im selben Kalenderjahr). Die beiden Könige können demnach 21 Jahre lang gemeinsam regiert haben.

Das späteste für Scheschonk bezeugte Herrschaftsdatum ist das 39. Regierungsjahr nach dem Wortlaut der Nilpegelmarke, in der auch der Hohepriester Osorkon zum letztenmal erwähnt wird. Wir haben keine Belege dafür, daß Scheschonk über sein 39. Regierungsjahr hinaus auf dem Thron geblieben wäre. Wenn wir annehmen, daß seine Herrschaft im 40. Jahr endete und Scheschonks 1. Jahr mit dem 3. Regierungsjahr Takelots II. zusammenfiel, erhalten wir ein völlig anderes Ergebnis für das Lebensalter König Osorkons III., des früheren Hohenpriesters Osorkon. Er übte sein Priesteramt danach 31 Jahre lang aus, und wenn man dazu die 20 Jahre vor seinem Amtsantritt und die 28 Jahre als König zählt, kommt man auf ein Lebens-

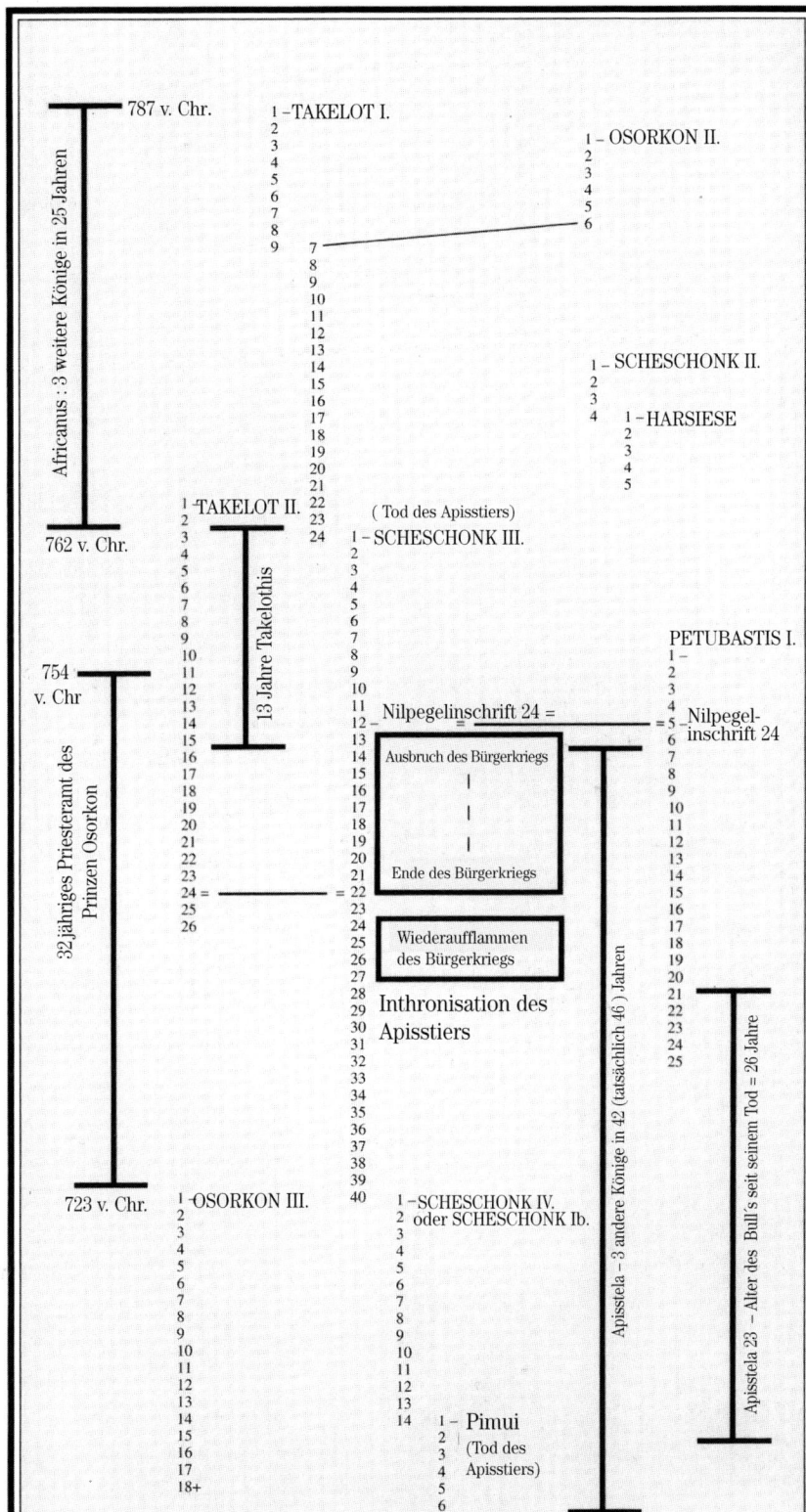

ZUR DATIERUNG SCHESCHONKS I.   437

alter von 79 Jahren – ein annehmbares Alter für einen König, der vorher Hoherpriester war.

Zwei weitere Belege könnten die Gleichsetzung des Hohenpriesters Osorkon mit dem späteren König Osorkon III. untermauern. Die Mutter des Hohenpriesters Osorkon hieß Karomama Merytmut[16], während König Osorkons III. Mutter als Kamama Merytmut belegt ist. Beide Namensformen gehen wahrscheinlich auf denselben Namen zurück, die zweite ist lediglich eine verkürzte Form. Ein weiterer, überzeugenderer Beleg stammt aus dem Jahre 1982; ein japanisches Grabungsteam stieß in Tehna, dem antiken Akoris, auf eine Weihestele, die »Hoherpriester des Amun« als einen Titel Osorkons III. ausweist.[17] Es kann jetzt kaum noch ein Zweifel daran bestehen, daß Osorkon III. und der Hohepriester Kronprinz Osorkon, Sohn Takelots II., ein und dieselbe Person sind.

Zwei Pharaonen namens Hedjcheperre Takelot

Oben haben wir das Datum für den Regierungsantritt Osorkons III. auf die Zeit um 723 v. Chr. festgesetzt. Wenn wir jetzt zu dieser Zahl die 32 Jahre seines Priesteramts hinzurechnen, erreichen wir etwa das Jahr 754 v. Chr. als das 11. Regierungsjahr Takelots II., in dem Osorkon Hoherpriester wurde. Demnach wurde Takelot II. 764 v. Chr. gekrönt. David Aston hat überzeugende Argumente dafür geliefert, daß Hedjcheperre Takelot II. kein tanitischer Herrscher war, sondern ein König von Oberägypten, der seine Machtbasis wahrscheinlich in Herakleopolis und Theben hatte.[18] Er kann nicht mit dem Hedjcheperre Takelot I. identifiziert werden, der im Grabkomplex seines Sohnes Osorkon II. in Tanis bestattet liegt. Takelot II. war, wie die Chronik des Prinzen Osorkon belegt, ein Enkel Osorkons II. und gehört damit zu einer Seitenlinie der 22. Dynastie. Sein Vater war Nimlot, Kommandant von Herakleopolis, der in der Regierungszeit Osorkons II. zum Hohenpriester in Karnak ernannt wurde. Schon oft ist vermutet worden, daß Takelot II. nach dem Tode Nimlots zum Mitregenten seines Großvaters aufstieg, doch für diese Hypothese gibt es keine direkten Beweise. Dennoch bleibt die Möglichkeit bestehen. Interessant ist, daß Scheschonk III. (der tatsächlich in Tanis begraben wurde) der Nachfolger des alten Königs Osorkon II. gewesen zu sein scheint, während wir doch aus der Chronik des Osorkon wissen, daß Takelot II. vor Scheschonk als Pharao regierte. Aston geht davon aus, daß Takelot II. in Oberägypten an die Macht kam, bevor Scheschonk drei Jahre später Osorkon in Tanis auf den Thron folgte. Osorkon II. wäre demnach im 3. Regierungsjahr Takelots II. (also 762 v. Chr.) gestorben, und sein Sohn Scheschonk III. wäre ihm im selben Jahr auf den Thron gefolgt. Es ist schon allgemein akzeptiert, daß der Hohepriester des Amun Harsiese gegen Ende der Regierungszeit Osorkons II. in Theben als König anerkannt wurde. Unserer Meinung nach wurde Takelot II. in Theben als Harsieses Nachfolger inthronisiert, damit Osorkon die Herrschaft über Oberägypten mit Hilfe seines Enkels festigen konnte. Durch diesen Schachzug entstand eine explosive Situation, als fünfzehn

Jahre später die Nachkommen des Harsiese, vor allem sein Sohn, der Hohepriester des Amun [Pe]tu[bastis], der spätere Petubastis I., gegen ihren im Norden residierenden Oberherrn Scheschonk III. und seinen Neffen Takelot II., der von Tanis beziehungsweise von Herakleopolis aus regierte, zu den Waffen griffen.

Im Zusammenhang mit all diesen politischen Manövern gibt es eine sehr interessante Verlautbarung Osorkons II. in einer Inschrift auf einer schönen Statue, die ursprünglich im Amuntempel in Tanis stand.[19]

[Du wirst] meinen Nachkommen [gewogen sein], dem Samen, der aus meinem Leib stammt, daß sie große [Herrscher] Ägyptens [sein werden], Fürsten, Hohepriester des Amenresonter, Großfürsten des Ma, [Großfürsten der] Fremden und Propheten des Arsaphes ... Du wirst ihre Herzen zum Sohn des Re, Osorkon II., wenden und wirst sie dazu bringen, auf meinem Pfad [zu wandeln]. Du wirst meine Kinder in den [Ämtern, die] ich ihnen gegeben habe, bestätigen, so daß der Bruder nicht eifersüchtig ist auf den Bruder.[20]

Israels Helfer

Die höchste für Osorkon II. überlieferte Anzahl an Regierungsjahren ist die Zahl 23, die auf einer im Serapeum gefundenen Apisstele bezeugt ist. Einige Wissenschaftler glauben allerdings, daß er bis zu 30 Jahre lang regiert habe. Ohne weitere Belege können wir ihm jedoch nur eine Regierungszeit von etwa 24 Jahren zusprechen. Takelot II. wäre demnach im 22. Regierungsjahr seines Großvaters (764 v. Chr.) Herrscher von Theben und Herakleopolis geworden. Daraus würde sich eine Datierung für Takelot II. und Scheschonk III. ergeben, wie sie auch in der Chronik des Prinzen Osorkon zu finden ist. Osorkons II. erstes Regierungsjahr fiele dann auf das Jahr 785 v. Chr. Manetho schreibt Takelot I. eine Regierungszeit von 13 Jahren zu, aber in den verschiedenen Redaktionen seiner Königsliste der 22. Dynastie herrscht ein ziemliches Durcheinander. Eusebius bietet die folgende Liste:

Sesonchosis	21 Regierungsjahre
Osorthon	15 Regierungsjahre
Takelothis	13 Regierungsjahre

Insgesamt	49 Regierungsjahre

Africanus dagegen führt die Könige zwar in derselben Reihenfolge auf, fügt aber einige Informationen hinzu, die unsere Identifikationen und Berechnungen der Regierungszeiten völlig über den Haufen werfen:

Sesonchosis	21 Regierungsjahre
Osorthon	15 Regierungsjahre

Drei andere Könige	25 Regierungsjahre
Takelothis	13 Regierungsjahre
Drei andere Könige	42 Regierungsjahre

Insgesamt	120 Regierungsjahre

Die Version des Africanus wird verständlich, wenn man annimmt, daß sein Takelothis nicht Takelot I., Sohn Osorkons I., sondern Takelot II. ist, und daß die »drei anderen Könige für 25 oder 29 Jahre« die Regierungen Takelots I., Osorkons II. und Scheschonks II. (eines Sohnes und früheren Mitregenten Osorkons II. in der Neuen Chronologie) umfassen. Danach würden wir für die Herrscher der mittleren 22. Dynastie zu den folgenden Daten und Regierungsorten kommen:

Takelot I. (Bubastis)	789–781 v. Chr.
Osorkon II. (Tanis und später Bubastis)	785–762 v. Chr.
Scheschonk II. (Theben und Herakleopolis)	772–769 v. Chr.
Harsiese (Theben und Herakleopolis)	769–764 v. Chr.
Takelot II. (Theben und Herakleopolis)	764–739 v. Chr.
Scheschonk III. (Bubastis und später Tanis)	762–723 v. Chr.

Es bleiben nur noch zwei Herrscher übrig, die wir in diesen Modellentwurf der 22. Dynastie einordnen müssen. Vor Takelothis führt Manetho den Osorthon mit 15 und den Sesonch[os]is mit 21 Regierungsjahren auf. In der Forschung gelten diese beiden Könige als Sechemcheperre Osorkon I. und Hedjcheperre Scheschonk I. Nach unseren Berechnungen anhand der in Byblos gefundenen Statue Osorkons I. regierte dieser Pharao ab etwa 775 v. Chr. Unsere zweite Datierungsmethode, bei der wir vom Baudatum des Tempels für Osiris Hekadjet aus zurückrechnen, ergibt, daß Osorkon I. 803 v. Chr. sein Amt angetreten haben müßte. Anhand des Fundes in Byblos wird das 1. Regierungsjahr seines Vorgängers auf das Jahr 798 v. Chr. datiert, während er nach der zweiten Datierungsmethode den Thron 823 v. Chr. bestiegen haben müßte. Beide Methoden weisen allerdings beträchtliche Unsicherheitsfaktoren auf, die man in die Berechnungen mit einbeziehen muß. Zu beachten sind unter anderem (a) der Ansatz durchschnittlicher Regierungszeiten von 20 Jahren als Berechnungshilfe, der, über einige Generationen hin angewendet, nur in einer Schwankungsbreite von { + –} 20 Jahren genau sein kann; (b) zahlreiche Regierungen ohne genaue Angabe der Herrschaftsdauer (z.B. bei Osorkon II.); (c) die Unsicherheit, ob in dieser Dynastie Mitregentschaften die Regel waren (Könnte Osorkon II. der jüngere Mitregent Scheschonks I. gewesen sein?); und (d) das Fehlen eines direkten Beleges für die richtige Reihenfolge der frühesten Herrscher der Dynastie. (Wie soll man sich erklären, daß die innere Halle des Tempels in Bubastis von Usermaatre Osorkon [II.] gebaut wurde, während Sechemcheperre Osorkon [I.] den Ersten [äußeren] Hof errichten ließ? Die Reihen-

404 Eine großartige Kolossalstatue der Göttin Sachmet aus schwarzem Granit, die der König Hedjcheperre Scheschonk I. dem Tempel der Mut in Karnak weihte.

folge der Bauten ist mit der angenommenen Abfolge der beiden Könige nicht in Einklang zu bringen.) Man kann daher vermuten, daß Scheschonk I., der Gründer der 22. Dynastie, sein Amt irgendwann zwischen 830 und 790 v.Chr. angetreten hat – eine weite Zeitspanne, aber die einzig annehmbare Möglichkeit, überhaupt ein Datum für den Beginn der Dynastie anzugeben. Für unsere weiteren Rechnungen können wir allerdings mit einem so weitgefaßten Datum nichts anfangen. Daher gehe ich bei den folgenden Überlegungen von einem Regierungsantritt Scheschonks I. im Jahr 823 und Osorkons I. im Jahr 803 v. Chr. aus. Durch dieses Näherungsdatum für Scheschonk ergibt sich ein neuer Synchronismus mit den Erzählungen des Alten Testaments. Unter der Regierung des Joahas von Israel (814 bis 798 v. Chr.) wurde das Nordreich vom aramäischen König Hasaël und später von seinem Nachfolger Ben-Hadad bedrängt. Die Aramäer wollten Teile Transjordaniens und der Jesreel-Ebene erobern.

Im dreiundzwanzigsten Jahr des Joasch, des Sohnes Ahasjas, des Königs von Juda, wurde Joahas, der Sohn Jehus, König von Israel. Er regierte siebzehn Jahre in Samaria und tat, was dem Herrn mißfiel; er hielt an der Sünde fest, zu der Jerobeam (I.), der Sohn Nebats, Israel verführt hatte … Deswegen entbrannte der Zorn des Herrn gegen Israel. Er gab sie in die Gewalt Hasaëls, des Königs von Aram, und seines Sohnes Ben-Hadad, die ganze Zeit hindurch. Als aber Joahas den Herrn besänftigte, erhörte ihn der Herr; denn er sah die Bedrängnis, die der König von Aram über Israel brachte. *Er gab Israel einen Helfer, so daß es sich aus der Gewalt Arams befreien konnte* und die Israeliten wieder in ihren Zelten wohnten wie früher. … Der Herr ließ vom Heer des Joahas nur fünfzig Wagenkämpfer, zehn Wagen und zehntausend Mann Fußtruppen übrig. Alles andere hatte der König von Aram vernichtet und dem Staub gleichgemacht, auf den man tritt. (2 Könige 13,1–7)

Seit den Anfängen der Bibelwissenschaft ist es ein Rätsel geblieben, wer dieser »Helfer« war, der Israel von den Aramäern befreite. Mit dem Datum 823 v. Chr. für die Thronbesteigung Scheschonks I. bekommt sein Feldzug nach Israel eine völlig neue Bedeutung. Er wird jetzt zu dem in 2 Könige 13 erwähnten Helfer Israels. Die ägyptische Militärexpedition, die üblicherweise in die Zeit gegen Ende von Scheschonks Regierung datiert wird, findet so ihre Erklärung: Der Feldzug war gegen die Besetzung des ägyptischen Vasallenstaates Israel durch die syrischen Invasoren gerichtet, die während der Regierung des Königs Joahas in das ferne Territorium des Nordreichs eingedrungen waren.

Eine weitere Komplikation kann unsere vorläufige Datierung für die frühe 22. Dynastie noch beeinflussen. Im Jahr 1985 konnte ich zum erstenmal auf bestechende Belege verweisen, die für die Existenz zweier Scheschonks mit dem Thronnamen Hedjcheperre sprechen.[21] Die Argumente für diese Annahme legte ich 1990 in einem Aufsatz ausführlicher dar.[22] Falls sie der historischen Realität entspricht, würde das bedeuten, daß einige Regierungsdaten, die heute Hedjcheperre Scheschonk (I.) zugeschrieben werden, vielleicht seinem späteren Namensvetter zuzuweisen sind. Diese Feststellung hat zwar keinen direkten Einfluß auf die Datierung des ersten Hedjcheperre Scheschonk, aber die Argumente für den zweiten Hedjcheperre Scheschonk und damit einhergehende Implikationen sind des Nachdenkens wert.

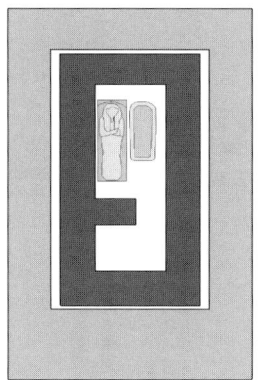

405   Das Grab Scheschonks III. in Tanis, in dem neben zwei Sarkophagen auch Kanopenkrüge Hedjcheperre Scheschonks Ib. gefunden wurden.

406   Der Kanopenschrein König Hedjcheperre Scheschonks Ia. Museum Berlin.

- Im Grab Scheschonks III. in Tanis (Grab V) entdeckte Montet einen Sarkophag für Scheschonk selbst und einen zweiten ohne jede Inschrift. In der Kammer fanden sich auch Fragmente zweier Kanopenkrüge (praktisch vollständig), von denen einer die Namen und Titel Hedjcheperre-setepenre Scheschonk-sibast merjamun-netjerhekaiunu (I.) trug.[23]
- Im Staatlichen Museum in Berlin steht ein Kanopenschrein Hedjcheperre Scheschonks I.[24] Soweit wir wissen, wurden Kanopenschreine seit dem Ende des Neuen Reiches nicht mehr als Behältnisse für die königlichen Eingeweide benutzt.[25] Dieser Schrein ist das einzige Beispiel für einen steinernen Kanopenschrein aus der Dritten Zwischenzeit und damit nach der traditionellen Chronologie eine absolute Ausnahme. Nach der Neuen Chronologie regierte Scheschonk I. in einer Zeit politischer Wirren gegen Ende der 20. Dynastie, als die Verwendung von Kanopenschreinen nichts Ungewöhnliches war.
- Wichtiger ist allerdings, daß die Kanopenkrüge, die in Tanis gefunden wurden, zu groß sind, um in den in Berlin aufbewahrten Schrein zu passen. Sie müssen folglich zu einer anderen Bestattung gehören. Also muß es zwei Hedjcheperre Scheschonks gegeben haben.
- Im Museum von St. Petersburg befindet sich eine Stele des Niumateped, eines Anführers der Libu.[26] Sie ist auf das 10. Regierungsjahr des Hedjcheperre Scheschonk I. datiert. Allerdings ist Niumateped durch andere Quellen auch für das 8. Regierungsjahr Scheschonks V. belegt. Die politische Rolle des Anführers der Libu ist nicht vor der Herrschaft Scheschonks III. (14. Regierungsjahr) belegt – 113 Jahre nach dem Tod des bekannten Scheschonk I. Um dieses Problem zu lösen, mußte Kitchen die Existenz eines früheren Niumateped annehmen, der über ein Jahrhundert vor seinen belegten Vorgängern lebte. Kitchens Hypothese klingt wenig plausibel, denn Niumateped war ganz sicher ein sehr seltener Name. In Anbetracht der beiden Bestattungen von Königen namens Hedjcheperre Scheschonk sollte man eher die Möglichkeit erwägen, daß vielleicht ein

zweiter Hedjcheperre Scheschonk kurz nach dem Tod Scheschonks III. regiert haben könnte, was die zweite Beisetzung in Grab V in Tanis erklären würde. Dann wäre der Nachfolger Scheschonks III. dieser Hedjcheperre Scheschonk – ein neuer Herrscher in Tanis, der die Lücke von zwölf Jahren zwischen dem 40. Regierungsjahr Scheschonks II. und der Thronbesteigung Pimuis genau füllen würde.

Da es nur zu Problemen und einem völligen Durcheinander führen würde, wenn man die Könige der Dritten Zwischenzeit namens Scheschonk neu durchnumerieren und den neuen Hedjcheperre Scheschonk zu Scheschonk IV., Scheschonk IV. zu Scheschonk V. und Scheschonk V. zu Scheschonk VI. machen würde, werden wir diesen neu identifizierten König als Scheschonk Ib. und den früheren Hedjcheperre Scheschonk als Scheschonk Ia. bezeichnen.

Addendum B

Genealogien der Dritten Zwischenzeit (Fortsetzung)

U m das sechste Kapitel nicht über das Notwendige hinaus mit Detailuntersuchungen zu belasten, haben wir die beiden anderen Genealogien, die das aus der Genealogie der königlichen Bauleiter abgelesene Ergebnis bestätigen können, hier angeschlossen. Sowohl die Nespaherenhat- als auch die Memphis-Genealogie beweisen, daß der Zeitraum zwischen der späten 19. Dynastie und der frühen Dritten Zwischenzeit stark gekürzt werden muß.

Die Berechnung einer Durchschnittsgeneration

Mit welcher durchschnittlichen Generationslänge ist in der Antike zu rechnen? Zur Beantwortung dieser Frage haben wir über dreihundert Regierungsfolgen antiker Königsdynastien ausgewertet, deren Daten gesichert sind. Obwohl Regierungszeiten nicht mit biologischen Generationen gleichgesetzt werden können, bieten sie die einzige Datenbasis, über die wir verfügen, und im Großteil der Fälle wird die Herrschaft vom Vater auf den Sohn übertragen.

Die Tabelle auf der folgenden Seite zeigt, daß die durchschnittliche Regierungsdauer bei 16,75 Jahren lag. Dabei wurde die Amtszeit von 329 Königen in insgesamt 5511 Jahren ausgewertet. Wir haben diese Zahl auf zwanzig Jahre aufgerundet, um eventuelle Usurpationen oder die Thronfolge von Brüdern zu berücksichtigen, und gelangen so zu der durchschnittlichen Generationslänge, die auch andere Forscher wie Kitchen oder Bierbrier bei ihren Berechnungen benutzen. Allerdings ist diese Zahl möglicherweise doch etwas zu hoch angesetzt. Vom vorhandenen Datenmaterial ausgehend, wäre ein Durchschnitt von 18 Jahren wohl angemessener, so daß die Länge der beiden hier vorgestellten Genealogien wie auch die im sechsten Kapitel erörterte Chnemibre-Genealogie um wenigstens zwanzig Jahre gekürzt werden könnte.

Die Generationenfolge des Nespaherenhat

Die Statue 42189 des Museums in Kairo stellt einen Mann namens Nespaherenhat dar und wurde von seinem Sohn Anchefenchons gestiftet. Der genealogische Text listet neun Generationen auf, die von Nespaherenhat zurück bis zu einem Zweiten Propheten des Amun namens Roma, Vater des Ipui, reichen. Dieser Ipui aus der achten Generation trägt den Titel »Sem-Priester des Tempels des Baenre« und

Königsdynastie	Zahl der Könige und Dauer der Herrschaft	Durchschnittliche Regierungszeit
18. Dynastie (Ägypten)	10 Könige in 225 Jahren (Ahmose bis Haremhab)	22,5 Jahre
19. Dynastie (Ägypten)	6 Könige in 104 Jahren (Ramses I. bis Siptah)	17,3 Jahre
20. Dynastie (Ägypten)	8 Könige in 106 Jahren (Setnacht bis Ramses XI.)	13,3 Jahre
26. Dynastie (Ägypten)	7 Könige in 147 Jahren (Necho I. bis Psammetich III.)	21,0 Jahre
Frühe Könige Assyriens	37 Könige in 638 Jahren (Assur-nirari I. bis Assur-dan II.)	17,2 Jahre
Spätere Könige Assyriens	19 Könige in 305 Jahren (Adad-nirari II. bis Assuruballit)	16,0 Jahre
Könige von Israel (Palästina)	20 Könige in 209 Jahren (Jerobeam I. bis Hoschea)	10,5 Jahre
Könige von Juda (Palästina)	20 Könige in 345 Jahren (Rehabeam bis Zidkija)	17,3 Jahre
Babylonier (Mesopotamien)	88 Könige in 1476 Jahren (Sumuabum bis Sennacherib)	16,8 Jahre
Agiaden (Sparta)	14 Könige in 275 Jahren (Leonidas I. bis Agesipolis III.)	19,6 Jahre
Eurypontiden (Sparta)	14 Könige in 279 Jahren (Leotychidas II. bis Lykurgos)	19,9 Jahre
Könige von Persien (Iran)	11 Könige in 228 Jahren (Kyros bis Dareios III.)	20,7 Jahre
Makedonier (Nordgriechenland)	9 Könige in 90 Jahren (Archelaos bis Alexander d. Gr.)	10,0 Jahre
Ptolemäer (Ägypten)	13 Könige in 274 Jahren (Ptolemaios I. bis Kleopatra VII.)	21,2 Jahre
Seleukiden (Mesopotamien)	23 Könige in 259 Jahren (Philippos Arrhidaios bis Philippos II.)	11,3 Jahre
Antigoniden (Nordgriechenland)	6 Könige in 138 Jahren (Antigonos I. bis Perseus)	23,0 Jahre
Attaliden (Türkei)	7 Könige in 154 Jahren (Philetairos bis Eumenes III.)	22,0 Jahre
Könige von Parthien (Iran)	8 Könige in 144 Jahren (Vologaeses II. bis Vologaeses VI.)	18,0 Jahre
Hasmonäer (Judäa)	9 Könige in 115 Jahren (Jonathan bis Antigonos)	12,8 Jahre
Insgesamt 329 Könige in 5511 Jahren. Durchschnittliche Regierungszeit 16,75 Jahre		

muß demnach in der Regierungszeit des dreizehnten Sohnes und Nachfolgers Ramses' II., Baenre Merenptah, oder kurze Zeit später gelebt haben.[1] Roma ist aller Wahrscheinlichkeit nach identisch mit Rama, dem Zweiten Propheten des Amun und Vater des Bakenchons, Hoherpriester des Amun, der seinerseits für das 46. Regierungsjahr Ramses' II. bezeugt ist. Sein Vater hat demnach wohl in den Anfängen von Ramses' Regierung gelebt.

Die Statue des Nespaherenhat stammt aus der Regierungszeit Sechemcheperre Osorkons I. (NC – etwa 803 bis 789 v. Chr. – vgl. Addendum A), Nachfolger Sche-

407 Tabelle der durchschnittlichen Regierungslänge der Dynastien mit bekannter Herrschaftsdauer in vorchristlicher Zeit.

schonks Ia., des Gründers der 22. Dynastie (NC – etwa 823 bis 803 v. Chr.). Anchefenchons, der die Statue seinem verstorbenen Vater gewidmet hat, läßt sich nach der Neuen Chronologie auf die Zeit um 790 v. Chr. datieren. Nespaherenhat war ebenfalls ein Zeitgenosse Osorkons I. und starb in seiner Regierungszeit. Damit kann man das Ende von Nespaherenhats Karriere auf das Jahr 790 v. Chr. als spätestmögliches Datum festlegen.

Von dieser Berechnung ausgehend, können für die neun Generationen der auf der Statue 42189 bezeugten Familie bei einer Generationslänge von zwanzig Jahren die im folgenden angegebenen Jahreszahlen angesetzt werden. Zu beachten ist allerdings, daß wir in diesem Fall vom Ende der Laufbahn Nespaherenhats bis zum Ende der Karriere des Roma, seines frühesten aufgeführten Vorfahren, rechnen und daß wir davon ausgehen können, daß Roma und sein Sohn Ipui unter Ramses II. bzw. Merenptah tätig waren.

Die Genealogie des Nespaherenhat – NC

790 – Nespaherenhat – gleichz. mit Osorkon I. (OC – um 900 v. Chr.)
810 – Nespatitawi (b)
830 – Chonschu
850 – Nespatitawi (a)
870 – Anchef
890 – Nesamun
910 – Ipui (b)
930 – Iufenamun – gleichz. mit Ramses II./Merenptah(?)
950 – Ipui (a) – gleichz. mit Ramses II.(?)/Merenptah
970 – Roma – gleichz. mit dem frühen Ramses II. (OC – um 1270 v. Chr.)

Das errechnete Datum für Ipui, den Totenpriester des Merenptah, ist damit etwa das Jahr 950 v. Chr., während sich sein Vater, ein Zeitgenosse Ramses' II., auf die Zeit um 970 v. Chr. datieren läßt. Allerdings ist die Genealogie nur neun Generationen lang, so daß sie ziemlich großen Raum für Berechnungsfehler bietet. Wenn man außerdem von der realistischeren Generationslänge von durchschnittlich 18 Jahren ausgeht, kommt man für die Amtszeit Romas auf die Zeit etwa zwischen 970 und 952 v. Chr. Wichtiger ist jedoch, daß Ipui wahrscheinlich starb, kurz nachdem er sein höchstes Amt erreicht hatte. Das ergibt sich aus der Tatsache, daß sein Bruder Bakenchons die Nachfolge des Roma (wahrscheinlich nach dessen Tod) als Zweiter Prophet des Amun antrat, bevor er später, im 46. Regierungsjahr Ramses' II., Hoherpriester des Amun wurde. Ipui war wahrscheinlich zu dieser Zeit schon in seinen mittleren Jahren. Bei der Thronbesteigung Merenptahs etwa zwanzig Jahre später war er demzufolge sicher schon ein alter Mann. Wir können also durchaus annehmen, daß Ipui schon einen erwachsenen Sohn (Iufenamum) und vielleicht sogar einen erwachsenen Enkel (Ipui) hatte, als die Regierung Ramses' II. zu Ende ging. Bei der Berechnung muß also mindestens eine Generation (die des Ipui selbst) aus der Genealogie gestrichen werden, weil er sein Amt als Totenpriester des Merenptah zu einer Zeit ausübte, in der auch sein Sohn und vielleicht sein Enkel in einer Karriere waren. Dadurch rückt Roma noch weiter auf die Zeit zwischen 952 und 934 v. Chr. vor – eine Verschiebung, die genau in der bei genealogischen Berechnungen üblichen Streubreite von { + −} 20 Jahren liegt. Wenn wir dieselbe Technik anwenden und ebenfalls 20-Jahres-Generationen ansetzen, aber von Osorkons I. traditioneller Datierung (924 bis 889 v. Chr.) ausgehen, kommen wir zu folgenden Ergebnissen:

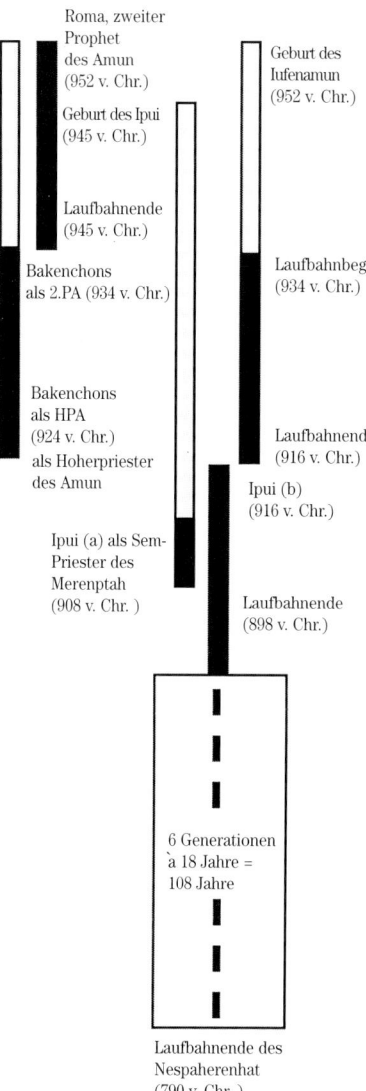

Die Genealogie des Nespaherenhat – OC

  920 – Nespaherenhat – gleichz. mit Osorkon I.

  940 – Nespatitawi (b)

  960 – Chonschu

  980 – Nespatitawi (a)

1000 – Anchef

1020 – Nesamun

1040 – Ipui (b)

1060 – Iufenamun – gleichz. mit Ramses II./Merenptah(?)

1080 – Ipui (a) – gleichz. mit Merenptah (OC – um 1200 v. Chr.)

1100 – Roma – gleichz. mit dem frühen Ramses II. (OC – um 1270 v. Chr.)

Für Roma kommt man so auf das Jahr 1100 v. Chr. statt auf 1270 v. Chr. Es fehlen somit 170 Jahre zwischen dem mit Hilfe der Nespaherenhat-Genealogie berechneten und dem traditionellen Datum für Ramses II. – ein starkes Indiz dafür, daß der Zeitraum zwischen der 19. und der 22. Dynastie in Übereinstimmung mit unseren Feststellungen in Teil eins dieses Buches radikal verkürzt werden muß.

Die Memphis-Genealogie

Schließlich sollten wir noch einen Blick auf die Generationenfolge der Memphis-Genealogie werfen. Diese Genealogie ist in Form von vier Bilderreihen überliefert, die eine Abstammungslinie priesterlicher Verwalter des Ptah-Tempels in Memphis aus der Zeit der 19. bis 22. Dynastie darstellen. Häufig sind auch die Kartuschen der Herrscher, unter denen sie ihr Amt ausübten, angegeben. Am linken Rand der Reihe I finden wir den Eintrag »GRÖSSTER DER HANDWERKER Aschachet« und die Kartusche des Amenemnesut (Reihe I,15). »Größter der Handwerker« war ein Titel des Hohenpriesters des Ptah in Memphis. Da wir hier nicht in bustrophedonischer Reihenfolge lesen, sondern der Text in jeder Reihe wieder rechts beginnt, finden wir den nächsten Hohenpriester von Memphis, Ptahemachet, ganz vorn in Reihe II. Bei dem Eintrag für Ptahemachet fehlt die Pharaonenkartusche. In Reihe II,2 ist der »Größte der Handwerker Neferrenpet« aufgeführt, daneben die Kartusche »Usermaatre-setepenre« – der Krönungsname Ramses' II. Die Positionen II,3, II,4

408 Diagramm der Nespaherenhat-Genealogie bei einer durchschnittlichen Generationslänge von 18 Jahren. Wie zu ersehen, überschneidet sich die Laufbahn des Sem-Priesters Ipui mit der der folgenden zwei Generationen. Letztendlich ergibt sich, daß sein Vater Roma, der Zweite Prophet des Amun, sich auf etwa ein Jahrzehnt der Zeit nähert, in der nach der Neuen Chronologie sein historischer Platz wäre – also den Anfangsjahren Ramses' II. (um 932 v. Chr.).

409 Der linke (abgebrochene) Rand des
Blocks mit der Memphis-Genealogie.
Museum Berlin.

und II,5 weisen die gleiche Kartusche auf und decken damit die 67 Jahre lange
Regierungszeit Ramses' des Großen ab. Der Zeitraum zwischen dem Herrschafts-
ende Ramses' II. und der vierjährigen Regierung Amenemnesuts ist also repräsentiert durch die Generationen der Memphis-Priester zwischen Neferrenpet (II,2),
dem letzten der insgesamt vier unter Ramses amtierenden Hohenpriester, und
Aschachet (I,15), dem unter Amenemnesut eingesetzten Amtsträger.[2]

Dieser Zeitraum wird, wie man auf den ersten Blick sieht, mit nur zwei Generationen überbrückt. Dabei ist jedoch zu beachten, daß die linke Seite des großen
Blocks, auf dem die Memphis-Genealogie verzeichnet ist, weggebrochen ist, so daß
die Namen einiger Priester am Ende der ersten Reihe verlorengegangen sein
könnten. Man kann die Anzahl der fehlenden Namen feststellen, indem man die
Angaben der zweiten und dritten Reihe genau untersucht.

Auf der Position II,14 finden wir die Kartusche Thutmosis' III. Position II,15 fehlt,
doch wir wissen, daß es sie gegeben haben muß, da Reihe I 15 Figuren aufweist
und so das Minimum angibt. Position III,1 enthält keine Kartusche. Im nächsten

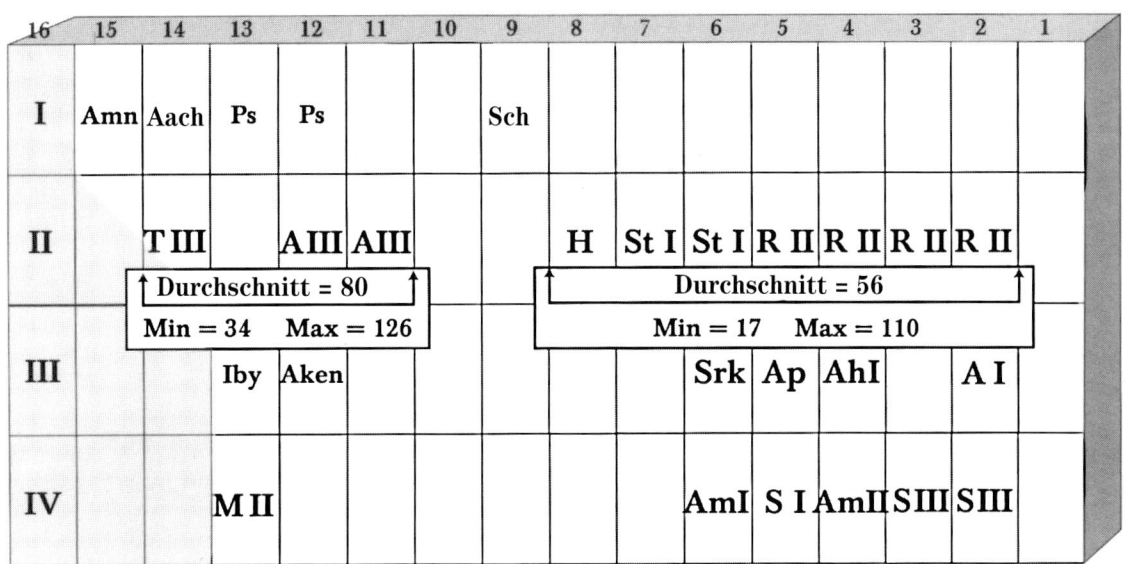

410 Diagramm der gesamten Memphis-Genealogie: 4 Reihen mit je 15 Feldern. Jedes Feld enthält die Figur eines Hohenpriesters (oder eines anderen Priesters, da nicht alle als »Größter der Handwerker« bezeichnet sind) mit Namen und Titeln des Trägers. In etwa einem Drittel der Felder findet sich auch die Kartusche eines Königs, die anzeigt, in wessen Regierungszeit der Priester in sein Amt eingesetzt wurde. Am unteren Rand jedes Feldes verbindet die Hieroglyphe für »Sohn des« den Priester mit seinem Vorgänger. Der ägyptische Begriff *sa* kann auch »Vorgänger« bedeuten. Daß nicht alle Dargestellten die gleichen Titel innehaben, könnte darauf deuten, daß alle 64 Priestergenerationen am Ptah-Tempel in Memphis jeweils von ihren Vorgängern abstammten oder zumindest in die Priesterfamilie hineinheirateten. Die Memphis-Genealogie ist also eine Genealogie im eigentlichen Sinne und sollte als verläßliche Quelle für chronologische Berechnungen auf der Grundlage einer 20-Jahres-Generation betrachtet werden.

Die Schattierung an der linken Seite zeigt das fehlende Stück des Steins an. Da die Zeitspanne zwischen den in Reihe II,14 und III,2 dargestellten Priestern sehr kurz ist, fehlt wahrscheinlich nur ein 16. Feld am linken Rand.

Abkürzungsschlüssel
Sch – Hedjcheperre Scheschonk (Ib.)   Ah – Ahmose
Ps – Psusennes (III.?)   Ap – Apophis
Aach – Titcheprure (Psusennes II.)   Srk – Scharek
Amn – Amenemnesut   Aken – Aken[enre]?
R II – Ramses II.   Iby – Iby
St I – Sethos I.   S I – Sesostris III.
H – Haremhab   Am II – Amenemhet II.
A III – Amenophis III.   S I – Sesostris I.
T III – Thutmosis III.   Am I – Amenemhet I.
A I – Amenophis I.   M II – Mentuhotep II.

Eintrag (III,2), der also zeitlich weiter zurückliegt, finden wir die Kartusche Amenophis' I. Wir wissen genau, daß zwischen diesen beiden Einträgen unter Amenophis I. und Thutmosis III. 14 bis 89 Jahre liegen können. 14 Jahre sind der Zeitraum zwischen dem Tod Amenophis' I. (OC – 1493 v. Chr.) und der Krönung Thutmosis' III. (OC – 1479 v. Chr.), 89 Jahre dagegen der zwischen der Krönung Amenophis' (OC – 1514 v. Chr.) und dem Tod Thutmosis' (OC – 1425 v. Chr.). Da uns für diese Zeit sehr gut bezeugte Regierungsdaten zur Verfügung stehen, ist es sehr unwahrscheinlich, daß der Zeitraum aus dieser ziemlich breiten Spanne herausfällt. Wenn wir den kürzestmöglichen Zeitraum von 14 Jahren annehmen, brauchen wir die Möglichkeit eines Eintrags auf Position II,16 nicht weiter zu erwägen. Falls dagegen die längere Zeitspanne von 89 Jahren der Realität entspricht, müssen wir davon ausgehen, daß es eine Position II,16 gegeben hat. Jede der fünf Positionen zwischen III,2 und II,14 (inklusive) würde dann eine durchschnittlich zwanzigjährige Amtszeit repräsentieren, so daß der Gesamtzeitraum zwischen dem Hohenpriester unter Amenophis und dem Hohenpriester unter Thutmosis insgesamt 100 Jahre betragen würde – passend zu dem nach Ausweis der Quellen längsten historisch möglichen Zeitraum. Wir können also sagen, daß die Memphis-Genealogie einmal sechzehn Einträge in jeder der vier Reihen gehabt haben kann, wahrscheinlich jedoch nicht mehr als diese sechzehn. Es ist sogar sehr gut möglich, daß am linken Rand von Reihe I überhaupt kein Eintrag fehlt, daß also nur fünfzehn Generationen pro Reihe verzeichnet waren.

Wenn man diese Erkenntnisse auf die Lücke zwischen I,15 (Amenemnesut) und II,2 (Ramses II.) anwendet, kommt man zu dem Ergebnis, daß der Zeitraum zwei oder drei Generationen, also zwischen 40 und 60 Jahre, umfassen muß.[3]

Damit haben wir eine grobe Angabe über die Zeitspanne zwischen den späteren Regierungsjahren Ramses' II. und der frühen 21. Dynastie (unter der Annahme, daß Amenemnesut der Mitregent des Psusennes I. in den Anfangsjahren von dessen Regierung oder aber sein Vorgänger war). Diese Zeitspanne entspricht in etwa der Dauer der 20. Dynastie – mit einer Streubreite von zwei Regierungen hin oder her, die die Dauer der Dynastie auf etwa 50 Jahre verkürzen könnte. Die traditionelle Chronologie schreibt der 20. Dynastie allerdings 117 Jahre, also mehr als das Doppelte, zu. Auch dieses Problem wird gemeinhin mit einer Haplographie erklärt, doch die Memphis-Genealogie steht völlig im Einklang mit der Neuen Chronologie, die eine stark verkürzte Zeitspanne zwischen der späten 19. Dynastie und dem Beginn der Dritten Zwischenzeit voraussetzt.

Addendum C

Datierung nach der Radiokarbonmethode

In den letzten Jahren wurde eine neue Datierungsmethode entwickelt, die auf naturwissenschaftlichen Techniken aufbaut und deshalb völlig unabhängig von Datierungen auf archäologischer oder historischer Basis ist. Diese neue Technik, die Radiokarbonmethode, hängt eng mit der DENDROCHRONOLOGIE zusammen. Die interessierte Öffentlichkeit hat den Eindruck bekommen, daß diese naturwissenschaftliche Methode die traditionelle Chronologie stützt, doch das ist nicht der Fall. Im vorliegenden Buch wurde eine Chronologie aufgestellt, die im direkten Widerspruch zu heute anerkannten, KALIBRIERTEN Radiokarbondaten steht. Daher seien kurz die Gründe dargelegt, weshalb unserer Meinung nach zum jetzigen Zeitpunkt kalibrierte C-14-Untersuchungen als Datierungsmethode abzulehnen sind.[1]

Zwar herrscht keine einhellige Meinung in dieser Frage, aber auch viele Historiker mit einer traditionellen Einstellung sind nicht ganz glücklich darüber, daß die Radiokarbonmethode bei archäologischen Materialien angewandt wird. Manchen Wissenschaftlern sind die Probleme stärker bewußt als anderen, weil ihre Forschungsgebiete direkt betroffen sind. Sie greifen oft zu eigenwilligen Maßnahmen, um mit den entstehenden Widersprüchen in der Datierung zurechtzukommen, während andere nur ein kleines Maßstabsproblem feststellen und die Folgen dieses Problems als sehr gering einschätzen. Tatsächlich erlegt eine auf der Radiokarbonmethode basierende Chronologie den Historikern so viele Zwänge auf, daß (a) nur wenige freiwillig ein historisch belegtes Modell zugunsten eines auf der C-14-Methode basierenden aufgeben würden und daß sie (b) infolgedessen die C-14-Daten nur selektiv benutzen. R. Hedges beschreibt das so:

> … oft wird Material zur Datierung eingesandt, um die schon vorher feststehenden Überzeugungen der Archäologen mit naturwissenschaftlicher Genauigkeit zu belegen.[2]

Die Probleme bei der Anwendung der Radiokarbonmethode
auf die Frühzeit

In den späten siebziger Jahren, als man die C-14-Daten mit Hilfe von Kalibrationskurven korrigierte, die aus den Jahresringen von jahrtausendealten Grannenkiefern errechnet worden waren, ergab sich bald ein »Problem« in bezug auf das 3. Jahrtausend v. Chr. und noch frühere Zeiten. 1976 untersuchte R. D. Long die

DENDROCHRONOLOGIE: Datierungsmethode, die die Beschaffenheit und Struktur von Jahresringen in Bäumen und alten Hölzern zur Grundlage nimmt.

KALIBRIEREN: Meßinstrumente eichen, nach Größenklassen sieben.

veröffentlichten Radiokarbondaten und stellte fest, daß sie generell früher lagen als die auf historischen Quellen basierende Chronologie. Seiner Meinung nach war die aus den Jahresringen amerikanischer Bäume abgeleitete Kalibration der C-14-Daten für Ägypten nicht anwendbar. Heute stehen neue Chronologien zur Verfügung, die aus dem Alter europäischer Eichen errechnet wurden, daher scheint diese Meinung kaum noch haltbar. Ein Jahr später erarbeiteten J. Callaway und J. Weinstein eine Chronologie für das Palästina der Frühen Bronzezeit, die auf den veröffentlichten C-14-Daten basierte.[3] Sie erwies sich als sehr unbefriedigend, weil

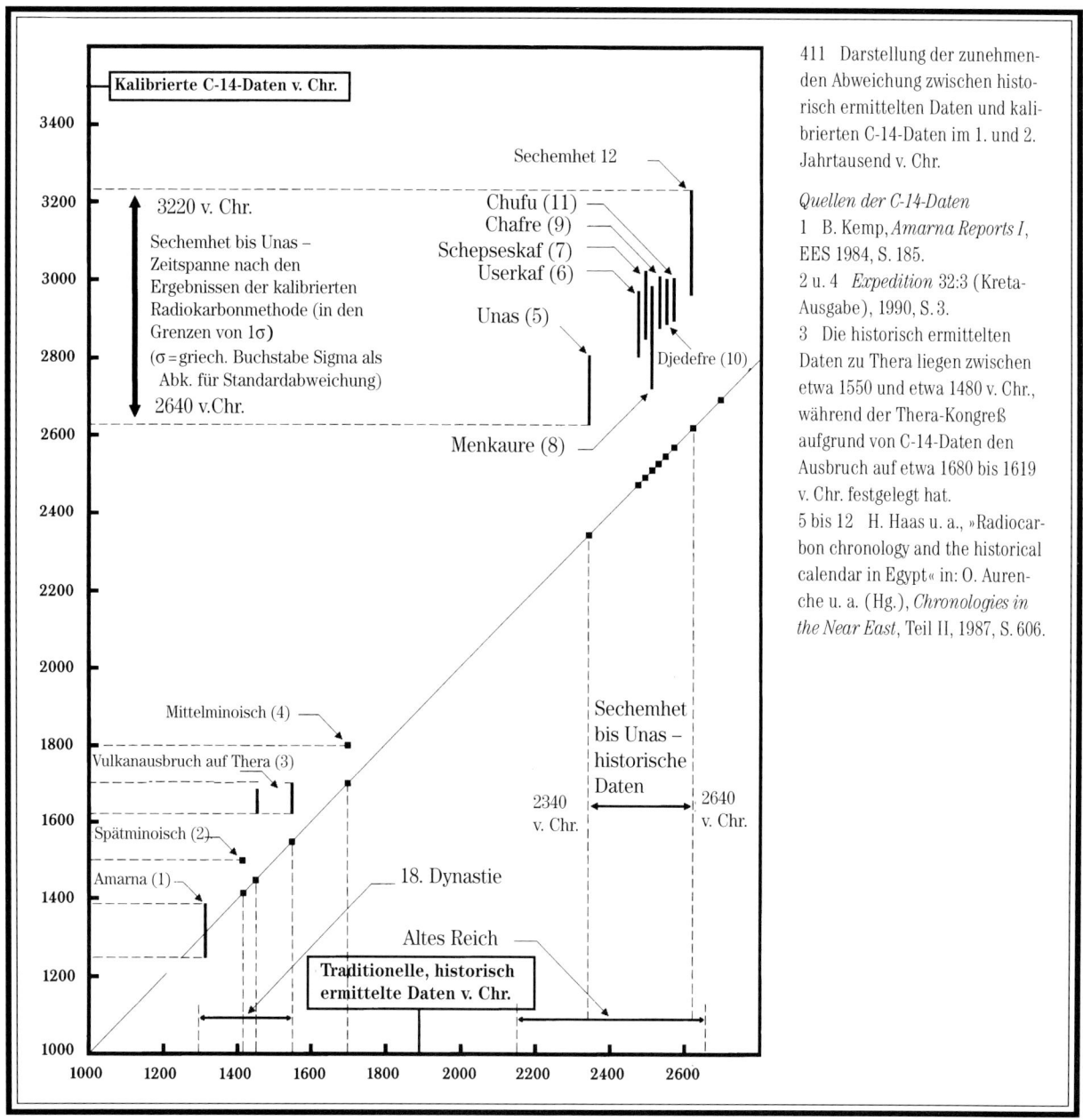

411 Darstellung der zunehmenden Abweichung zwischen historisch ermittelten Daten und kalibrierten C-14-Daten im 1. und 2. Jahrtausend v. Chr.

Quellen der C-14-Daten
1 B. Kemp, *Amarna Reports I*, EES 1984, S. 185.
2 u. 4 *Expedition* 32:3 (Kreta-Ausgabe), 1990, S. 3.
3 Die historisch ermittelten Daten zu Thera liegen zwischen etwa 1550 und etwa 1480 v. Chr., während der Thera-Kongreß aufgrund von C-14-Daten den Ausbruch auf etwa 1680 bis 1619 v. Chr. festgelegt hat.
5 bis 12 H. Haas u. a., »Radiocarbon chronology and the historical calendar in Egypt« in: O. Aurenche u. a. (Hg.), *Chronologies in the Near East*, Teil II, 1987, S. 606.

die Autoren 25 von 55 verfügbaren Daten aussortieren mußten. 45 Prozent der Daten wurden also als falsch zurückgewiesen, eine Rate, die Callaway und Weinstein selbst als »enttäuschend« bezeichneten – und ein sprechendes Beispiel dafür, wie willkürlich Historiker ihre Daten auswählen. 1979 veröffentlichte J. Mellaart eine gedehnte Chronologie, die den neuen Radiokarbondaten angepaßt war.[4] Er wurde von seinen Archäologenkollegen vehement kritisiert und gezwungen, seinen Vorschlag zurückzuziehen.[5] Die Probleme der Datierung nach der Radiokarbonmethode sind auch heute nicht ausgeräumt. So weigert sich zum Beispiel der israelische Archäologe A. Mazar, die C-14-Methode auf archäologische Funde aus dem Palästina des 4. und 3. Jahrtausends v. Chr. anzuwenden.[6]

Die Größenordnung des Problems wird deutlich, wenn man die Graphiken der Seiten 452 und 454 betrachtet.

1987 faßte F. Hole die Probleme zusammen, die sich für die Archäologie Mesopotamiens vor 6000 bis 8000 Jahren bei der Anwendung der Radiokarbonmethode ergeben:

> In Anbetracht der Tatsache, daß wir kaum Fundstätten besitzen, die dieser Phase zugeschrieben werden, ganz zu schweigen vom Fehlen stratigraphischer Belege für eine beträchtliche Zeit, können wir mit der Situation kaum zufrieden sein: Wir haben eine chronologische »Verwerfung«, die auf beiden Seiten genügend Fundstätten aufweist, für deren tatsächlichen Verlauf aber so gut wie keine Belege vorhanden sind. Die Kalibration der Daten hat zwar einige Schwierigkeiten beseitigt, aber auch ein enormes Problem geschaffen. Es gibt verschiedene Möglichkeiten, es zu lösen: (1) Die Kalibrationskurve ist falsch, (2) die Datierung nach historischen schriftlichen Quellen ist falsch, (3) die archäologische Aufnahme der Schichten ist völlig falsch gedeutet worden, (4) die Region war für 1000 Jahre völlig menschenleer oder (5) die Keramik, die in dieser Zeit benutzt wurde, ist nicht signifikant. Da keine dieser Erklärungen akzeptabel scheint, bleibt das Problem ungelöst.[7]

Im Jahre 1987 stellten H. Haas und seine Mitarbeiter mit Hilfe modernster, sehr präziser Methoden fest, daß die C-14-Daten aus Ägypten für das Alte Reich im Durchschnitt 374 Jahre früher lagen als die in der *Cambridge Ancient History* angegebenen Daten, die mit historischen Methoden für die entsprechenden archäologischen Schichten erarbeitet worden waren.[8] Offensichtlich stimmen die traditionell auf geschichtswissenschaftlichem Wege gefundenen Datierungen im 3. und 4. Jahrtausend v. Chr. nicht mit der Radiokarbondatierung überein.

Die Probleme bei der Anwendung der Radiokarbonmethode
auf die Zeit der 18. Dynastie

Weit weniger bekannt ist, daß die Anwendung der C-14-Methode auch bei der 18. Dynastie der ägyptischen Pharaonen problematisch ist. Für die Zeit gegen Ende der Dynastie haben wir eine Sammlung von kalibrierten Radiokarbondaten aus Tell el-Amarna, die sich einigermaßen mit der traditionellen Chronologie in Einklang bringen läßt.[9] Andererseits haben wir zu Beginn der Dynastie den Ausbruch des Vulkans auf Thera, dessen Aschenregen in der spätminoischen Zeit I A (nach der Terminologie der ägäischen Archäologie) niederging. Viele Jahre lang hatten die Archäologen diese Epoche aufgrund ihrer nach den Keramikfunden erarbeiteten Chronologie eng mit der frühen 18. Dynastie verbunden.[10] Damit wurde der Vulkanausbruch in die Regierungszeit des Ahmose oder später datiert. Diese archäologische Datierung des Ausbruchs hat vor kurzem erst auf aufsehenerregende Weise Bestätigung gefunden, als M. Bietak in Tell ed-Daba (Esbet Helmi) Bimsstein in einer Schicht entdeckte, die der Zeit von Ahmose bis Thutmosis III. zuzuschreiben ist (OC – 1539–1425 v. Chr.).[11] Andererseits wird der Vulkanausbruch auf Thera durch die C-14-Daten für kurzlebige Materialien in die Zeit

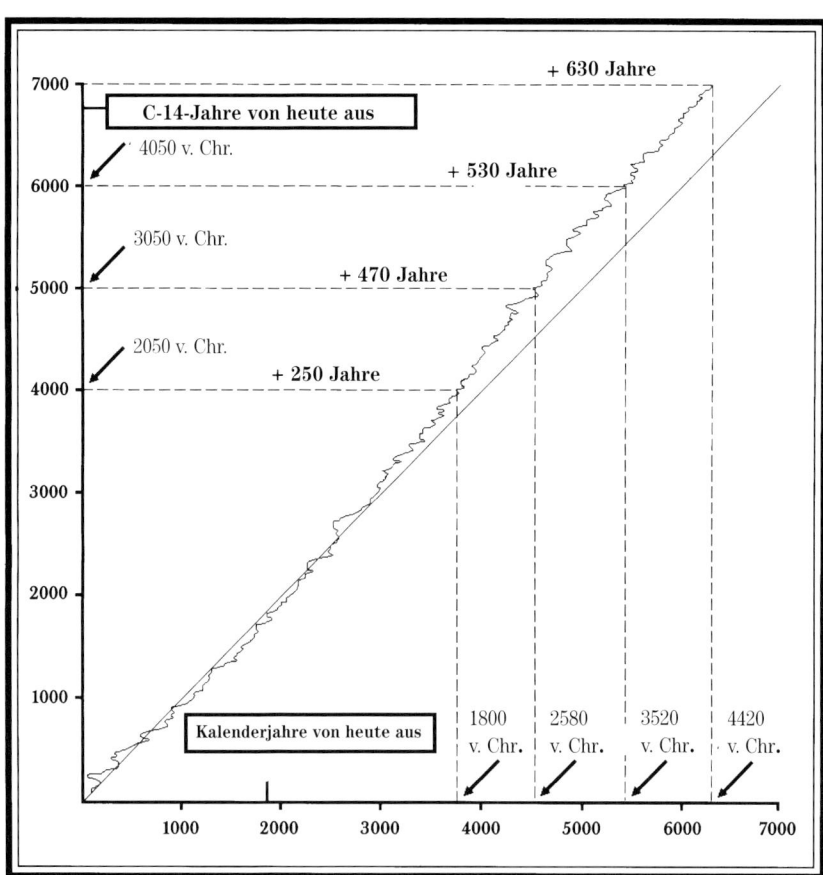

412 Abweichung der C-14-Kalibrations-kurve (Dendrochronologie) von der Standard-Zerfallskurve des radioaktiven Kohlenstoffs (unkalibriert).

Nach: G. W. Pearson u. a., »High Precision 14C Measurement of Irish Oaks to Show the Natural 14C Variation from AD 1840 to 5210 BC« in: *Radiocarbon* 28,2B, 1986, S. 911–934 (mit Zusätzen).

zwischen 1760 und 1540 v. Chr. datiert, wobei die Masse der Daten in den früheren Teil dieser Zeitspanne fällt. Daher trat der Dritte Internationale Thera-Kongreß 1989 für eine Datierung des Ausbruchs in die Zeit zwischen etwa 1680 und 1619 v. Chr ein. Natürlich war das vor der Entdeckung des Bimssteins in einem datierbaren ägyptischen Kontext. Nach der traditionellen Chronologie Ägyptens kann Ahmose frühestens um 1550 v. Chr. regiert haben, also mindestens 120 Jahre nach der mit Hilfe der Radiokarbonmethode errechneten Zeit des Vulkanausbruchs. Wenn der Ausbruch erst nach der Regierung des Ahmose stattfand, wird die chronologische Lücke zwischen den Daten der ägyptischen Archäologie und den Radiokarbondatierungen sogar noch größer.

Die Historiker haben schon Probleme, mit einer Lücke von nur 120 Jahren zurechtzukommen. Ist es möglich, die Geschichte der 18. Dynastie um über ein Jahrhundert zu verlängern, um sie den C-14-Daten anzupassen, die Anfang und Ende der Epoche (den Vulkanausbruch auf Thera und die Amarnazeit) chronologisch festlegen? Damit würde die Regierungszeit von etwa sechs Pharaonen fehlen, von deren Denkmälern, Inschriften, Priestern und Beamten und so weiter wir nichts wüßten.

Aus der Sicht der Naturwissenschaftler, die die Radiokarbonmethode anwenden, ist sie ein beträchtlicher Fortschritt im Vergleich zu den verschiedenen archäologischen und historischen Datierungsmöglichkeiten. M. Baillie, ein führender Dendrochronologe, schreibt dazu:

> In bezug auf die absolute Chronologie *ist* die Wissenschaft der Dendrochronologie den Fachdisziplinen der Archäologen und Historiker überlegen. Die Methode basiert auf einer natürlichen Uhr, die auch heute noch funktioniert. Im Vergleich dazu liefern die Archäologie und die Alte Geschichte relative Datierungssysteme ohne unstrittige Fixpunkte vor der Mitte des 1. Jahrtausends v. Chr. Daher ist und bleibt die Dendrochronologie der verläßlichste chronologische Maßstab.[12]

Baillie vertritt eine extreme Position, gegründet auf jahrelange akribische Arbeit in Großbritannien und Kontinentaleuropa, wo er Jahresringe alter Bäume untersuchte und so verschiedene Chronologien erstellte, die sich allem Anschein nach sehr ähneln. Überzeugt von der Zuverlässigkeit der angewandten Methode, behauptet er, daß, falls es signifikante Unterschiede zwischen der Radiokarbondatierung und den historisch erschlossenen Daten geben sollte, die letzteren revidiert werden müßten, um sie der ersteren anzupassen. Diese Forderung leuchtet Historikern nicht unbedingt ein.

Wie wir gesehen haben, besteht für die Zeit des 3. Jahrtausends v. Chr. und früher in der Tat eine so große Differenz zwischen den Radiokarbon- und den historischen Daten, daß für Historiker diese Position nicht annehmbar ist. Zudem sind die Konsequenzen der C-14-Datierung für den Anfang und das Ende der 18. Dynastie nicht akzeptabel: Die Historiker müßten zusätzlich 120 Jahre ägyptische »Geschichte« erfinden, für die es keine archäologischen Belege gibt. Freilich wäre es inkonsistent, die C-14-Methode zu benutzen, um ein absolutes Datum für nur ein Ende der Dynastie festzulegen. Man muß sich also für »alles oder nichts« entscheiden: Entweder man akzeptiert die Radiokarbonmethode zur Datierung mit allen ihren Konsequenzen oder man lehnt sie auch dort ab, wo die Daten mit der historischen Chronologie übereinstimmen.

Die Problemlage

Bei einer genauen Betrachtung der Radiokarbon-Kalibrationskurve, die die Dendrochronologie liefert, stellt sich heraus, daß die Standardverfallskurve von C-14 und die Dendrokalibration für die letzten zweieinhalbtausend Jahre fast übereinstimmen, um 500 v. Chr. jedoch auseinanderzudriften beginnen. Wenn wir weiter zurückgehen bis ans Ende der Dritten Zwischenzeit, sehen wir, daß die kalibrierten Daten immer früher angesetzt sind als die Daten der Standardverfallskurve. So ergibt sich nach 4000 Jahren (vor der Jetztzeit) eine Lücke von 250 Jahren, die nach 7000 Jahren auf 630 Jahre angewachsen ist. Seit Longs Untersuchung hat man daher erkannt, daß das Problem, vor dem die Historiker stehen, eng mit der Kalibrationskurve zusammenhängt. Mazars Weigerung, kalibrierte Daten zu benutzen, ist gleichbedeutend mit einer Ablehnung der Kurve, die die Dendrochronologie erarbeitet hat. Bis dieses Problem gelöst ist, können wir nur für die Benutzung von *un*kalibrierten Daten eintreten, um eine relative, jedoch keine *absolute* Chronologie zu sichern.

Wir wissen nicht genau, warum bei den verschiedenen dendrochronologischen Kalibrationskurven dieses Problem entsteht. Anders als die Dendrochronologien der Sequoia und der Grannenkiefer, bei denen die Jahresringe einzelner Bäume über einige Jahrtausende hinweg analysiert werden konnten, mußten die europäischen und die vor kurzem entwickelten türkischen Dendrochronologien mit Hilfe vieler kurzlebigerer Bäume konstruiert werden, deren Jahresringe nach Überein-

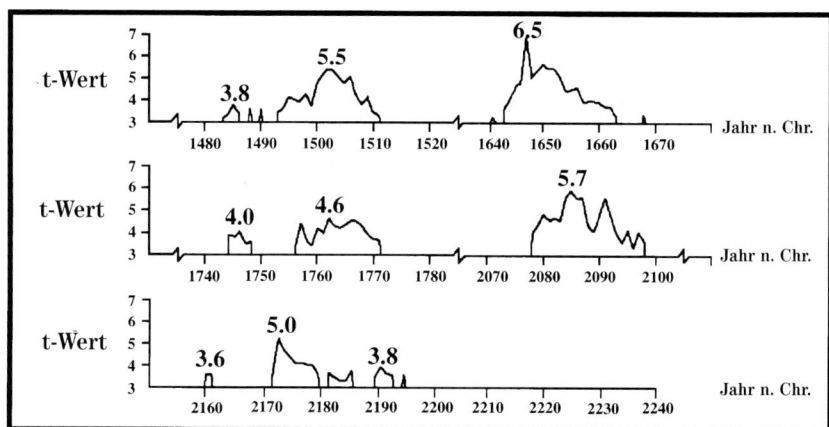

413 Yamaguchis Tests ergaben bei ein und demselben Holzstück hohe t-Werte für verschiedene Stellen der chronologischen Sequenz in nachchristlicher Zeit. Sein Computerprogramm sagte sogar für die Zukunft einige hohe t-Wert-Übereinstimmungen mit Bäumen voraus, die heute noch gar nicht existieren!

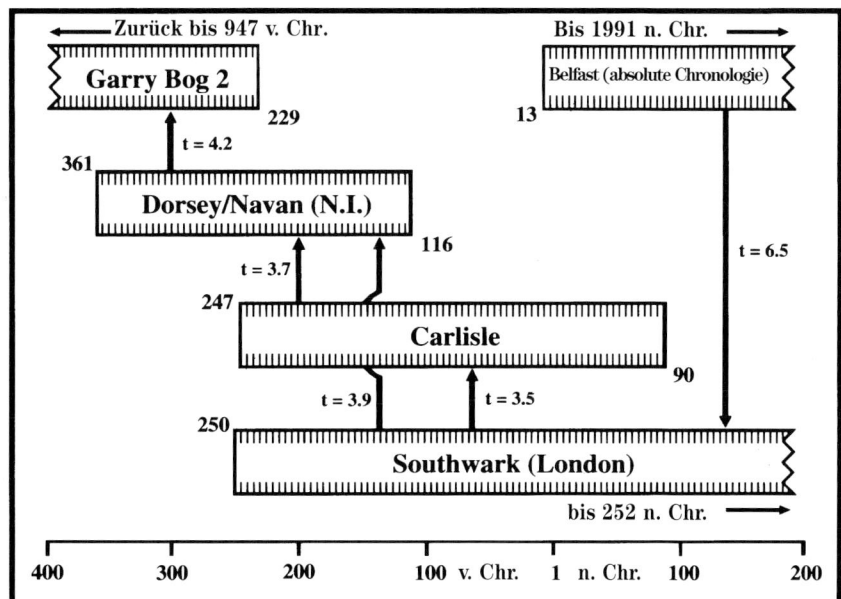

414 Baillies Diagramm zeigt, wie die absolute Belfast-Jahresringchronologie mit der Belfast-Langzeitchronologie verknüpft wurde. Die absolute Chronologie, die von heute aus zurückgeht, wird mit der Jahresringsequenz von Southwark (t = 6,5) verbunden, diese mit der von Carlisle (t = 3,5), diese wiederum mit der von Dorsey/Navan (t = 3,9) und von Garry Bog 2 (t = 4,2). Garry Bog 2 wird dann über die Swan-Carr-Sequenz (t = 6,3) mit der Belfast-Langzeitchronologie für die vorchristliche Zeit verknüpft. Diese Kette wurde aufgrund von t-Wert-Wahrscheinlichkeiten gebildet, die, wie wir gesehen haben, nicht aussagekräftig sind.

stimmungen abgesucht wurden. Indem man die Abfolge von breiten und schmalen Wachstumsringen bei verschiedenen Holzstücken miteinander vergleicht, stellt man eine sich überschneidende Sequenz von Bäumen zusammen und erhält so eine Chronologie, die weit in die Vergangenheit zurückreicht. Diese einfache Technik sollte eigentlich sehr leicht anzuwenden sein, doch in letzter Zeit sind immer mehr Schwierigkeiten zutage getreten. Einige veröffentlichte Chronologien mußten zurückgezogen werden, so zum Beispiel die Sweet-Track-Chronologie aus Südwestengland, die »neu bemessen« werden mußte, da sie nicht mit der schon publizierten Dendrochronologie von Nordirland (Belfast) übereinstimmte[13], und die süddeutsche Sequenz, deren sehr sorgfältiger Aufbau zugunsten einer anderen Struktur, die auf der Belfast-Chronologie basiert, fallengelassen wurde, obwohl die Autoren ursprünglich von der Genauigkeit ihres Ansatzes überzeugt waren.[14]

Auch die Benutzung von Statistiken ist eine Schwäche bei der Konstruktion von Chronologien anhand der europäischen Eiche. Im Jahre 1991 machte J. Lasken auf das Problem überhöhter t-Werte aufmerksam.[15] Diese t-Werte werden auf der Basis einer statistischen Analyse der Übereinstimmung zweier Holzstücke errechnet. Die statistische Bewertung wird mit Hilfe des Computers durchgeführt, der hohe t-Werte (3 und höher) für gut übereinstimmende und niedrige (unter 3) für weniger gut übereinstimmende Jahresringstrukturen vergibt. 1986 fand D. Yamaguchi heraus, daß manche Bäume an verschiedenen Stellen der Jahresringabfolge miteinander übereinstimmen. Anhand eines Stückes Douglasfichtenholz, das nachweisbar aus der Zeit zwischen 1482 und 1668 n. Chr. stammte, zeigte er, daß es mit verschiedenen Jahresringsequenzen so weit übereinstimmte, daß es für das Jahr 1504 einen t-Wert um 5, für 1647 einen um 7 und für 1763 einen um 4,5 lieferte. Insgesamt fand er sogar 113 signifikante mögliche Übereinstimmungen in der ganzen nachchristlichen Jahresringfolge.[16] Man muß also wissen, daß einige wichtige dendrochronologische Sequenzen – zum Beispiel die Abfolge der Garry-Bog-2- und der Southwark-Sequenz, die die absolute Belfast-Chronologie (also die Zeit nach Christus) mit der »schwimmenden« langen Belfast-Chronologie (also der Zeit vor Christus) verbinden und die schließlich benutzt wurden, um die süddeutsche Chronologie umzudatieren – t-Werte um 4 herum haben. Diese Werte sind beträchtlich niedriger als diejenigen, die Yamaguchi in seinem Experiment für eindeutig historisch falsche Daten erhielt. Die Frage ist also gerechtfertigt, ob die wichtigen Querverbindungen, die die »schwimmenden« Abfolgen der Belfast-Chronologie wie der deutschen Chronologie verknüpfen, vielleicht auf falschen Übereinstimmungen beruhen. Daraus ergibt sich eine zweite, grundsätzliche Frage: Können wir, wie Lasken feststellte, überhaupt *erwarten*, daß die Wachstumsstrukturen der Jahresringe zur gleichen historischen Zeit wirklich übereinstimmen, wenn das Klima (und vor allem das Mikroklima) in Irland, England und Deutschland so verschieden ist?

Als ein letztes Beispiel für die Probleme, mit denen die Radiokarbonmethode und die Dendrochronologie zur Zeit zu kämpfen haben, möchte ich einige bemerkenswerte Statistiken anführen, die P. Kuniholm vor kurzem veröffentlicht hat. Kuniholm hat eine neue türkische Dendrochronologie entwickelt und versucht, mit ihrer Hilfe Holz eines Stadttores in Tille Höyük zu datieren.[17] Dabei stieß er auf das Problem, daß der Computer beim Abgleich der t-Werte nicht nur ein, sondern gleich drei Ergebnisse lieferte – 1258, 1140 und 981 v. Chr. Jedes Jahr hatte einen t-Wert über 4, also waren nach Aussagen der Dendrochronologen alle drei Ergebnisse mit 99,9prozentiger Wahrscheinlichkeit richtig! Wie R. M. Porter 1994 feststellte, verwarf Kuniholm schließlich das Datum mit dem höchsten t-Wert 5 (981 v. Chr.) zugunsten des Jahres 1140 v. Chr., wahrscheinlich, weil das letztere besser zum historisch erschlossenen Datum für die Zerstörung des Tores paßte.[18] Kuniholms Schwierigkeiten ähneln den oben beschriebenen Problemen mit der statistischen Analyse der t-Werte. Man muß prüfen, ob sich dieses von Yamaguchi beschriebene Phänomen nicht erheblich auf den Aufbau aller Dendrochronologien auswirkt, die heute verwendet werden, um archäologische Artefakte zu datieren.

Addendum D

Die Sothis-Chronologie

Im fünften Kapitel haben wir die Techniken der Sothisdatierung dargelegt, die man kennen muß, um die Probleme des sogenannten Sothisdatums zu Beginn der 18. Dynastie (im 9. Regierungsjahr Amenophis' I.) zu verstehen. Es ist klargeworden, daß die Ägyptologen bei ihrer Interpretation des Kalenders auf dem Papyrus Ebers mit so vielen Schwierigkeiten zu kämpfen haben, daß viele von ihnen es ablehnen, diesen Kalender für die Datierung des Beginns des Neuen Reiches heranzuziehen.

Es gibt allerdings ein weiteres Dokument mit einer angeblichen Sothisbeobachtung, das die Wissenschaftler immer noch benutzen, um die späte 12. Dynastie zu datieren. Unserer Meinung nach ist dieses »Sothisdatum« ebenso suspekt, weshalb auch dieser Text aus dem Mittleren Reich nicht mehr für Berechnungen einer absoluten Chronologie herangezogen werden sollte.

Papyrus Berlin 10012

Die Pyramide Sesostris' II. liegt auf dem Wüstenplateau nahe dem Dorf el-Lahun im Faijum. Nur einen Kilometer südlich hat Petrie die »Pyramidenstadt« ausgegraben, die, wie die Archäologie gezeigt hat, noch lange nach der Beisetzung des Pharaos der 12. Dynastie benutzt wurde. Bei den Grabungen wurden zahlreiche Papyrusfragmente gefunden, in denen es um die Verwaltung der Stadt, den Kult am dortigen Tempel und das Ausrichten religiöser Feste geht. Ein Dokument, das heute als Papyrus Berlin 10012 bezeichnet wird, enthält den folgenden Text:

> Du sollst wissen, daß der Aufgang der Sopdet im vierten Monat des Peret am 16. Tag geschehen wird.

Auf den ersten Blick scheint hier ein klarer Bezug auf den heliakischen Aufgang der Sothis vorzuliegen, der sich auf das absolute Datum 1871 v. Chr. zurückrechnen läßt.[1] Datiert ist der Papyrus auf das 7. Regierungsjahr, der Name des Königs fehlt jedoch. Anhand des Schreibstils der priesterlichen Schrift, die mit anderen Texten der Fundstätte verglichen wurde, haben die Forscher dieses 7. Regierungsjahr Sesostris III. zugeordnet. Damit hätte seine Regierung im Jahr 1877 v. Chr. begonnen. In der Neuen Chronologie ist das 1. Regierungsjahr Sesostris' III. auf die Zeit um 1700 v. Chr. datiert, die 12. Dynastie endet um 1633 v. Chr. Das »Sothisdatum«

für die 12. Dynastie würde also die in diesem Buch vorgeschlagene Chronologie widerlegen. Aus einer Reihe von Gründen bestehen jedoch Zweifel an diesem zweiten mit Hilfe der Sothis berechneten Schlüsseldatum.

- Erstens ist der Text eindeutig eine *Voraussage* und kein Bericht über ein wie auch immer geartetes Geschehen.
- Zweitens ist unklar, ob wir es hier überhaupt mit dem heliakischen Aufgang der Sothis zu tun haben. Im Ebers-Kalender hat der Begriff *peret Sepdet* offensichtlich nichts mit dem jährlichen ersten Erscheinen des Hundssterns in der Morgendämmerung zu tun – aus dem einfachen Grund, weil der Ausdruck *peret Sepdet* in jeder Monatszeile des Kalenders auftaucht! Außerdem wird im Kanopos-Dekret von 239 v. Chr., das unzweifelhaft vom heliakischen Aufgang des Hundssterns berichtet, der Ausdruck *cha Sepdet* – »Die Erscheinung der Sothis« – benutzt. *Peret* wird regelmäßig verwendet, um die Prozession der Götterstatuen an Festtagen zu beschreiben. So gehörten zum Beispiel zum Osirisfest in Abydos *peret neferet* – »die schöne Prozession (des Wepwawet)« – und *peret aat* – »die große Prozession (des Osiris)«. Könnte der Ausdruck *peret Sepdet* sich nicht ebenso darauf beziehen, daß eine Statue der Gottheit für ein Fest herausgetragen wird? In diesem Zusammenhang ist wichtig, daß der Papyrus Berlin 10012 zu einer Gruppe von Texten gehört, in denen es um religiöse Feste geht. Wir könnten also die fragliche Zeile auch so verstehen:

> (Anleitung für die Priester:) Ihr sollt wissen, daß das Heraustragen der Statue der Sopdet im vierten Monat des Peret am 16. Tag zu geschehen hat – (also an dem Tag, an dem ihr Fest stattfindet).

- Die überzeugendsten Argumente gegen das Sothisdatum 1871 v. Chr. stammen von Professor Lynn Rose von der State University of New York in Buffalo. Mit den Venuslösungen des Ammissaduqa in Babylon besitzen wir eine Serie von Aufzeichnungen über Monatslängen für das späte Mittlere Reich, mit denen man das vorgeschlagene Sothisdatum überprüfen kann. Rose hat gezeigt, daß alle Versuche, die Monatslängen mit dem Datum 1871 v. Chr. (oder anderen Daten, die sich bei anderen heliakischen Beobachtungspunkten außerhalb von Memphis ergeben) zu vereinbaren, fehlgeschlagen sind, weil die heutigen Berechnungen der Monatslängen nur selten mit den antiken Aufzeichnungen übereinstimmen. Im Durchschnitt verfehlt beinahe die Hälfte der Berechnungen das Zieldatum um mindestens einen Tag. Rose schließt daraus: »Anscheinend ist es bisher niemandem gelungen, eine Chronologie des frühen 2. Jahrtausends für die 12. Dynastie zu erstellen, die von der exakten Berechnung des Sothisdatums und den Angaben zur Monatslängenberechnung von el-Lahun ausgeht.«[2] Doch auch wenn wir zwischen den errechneten Monatslängen und den darüber exi-

stierenden antiken Aufzeichnungen ein hohes Maß an Übereinstimmung erreichen, weist alles darauf hin, daß das 7. Regierungsjahr Sesostris' III. nicht in das
Jahr 1871 v. Chr. gefallen sein kann und daß also das vermeintliche Sothisdatum
überhaupt kein wirkliches astronomisches Datum ist.

In Anbetracht dieser Einwände ist die Frage berechtigt, ob dieses sogenannte
Sothisdatum als Beleg stark genug ist, um das späte Mittlere Reich zu datieren.
Außerdem ist zu bedenken, daß es auch innerhalb der Sothis-Chronologie eine
Unstimmigkeit gibt, die Grund genug dafür ist, die traditionelle Datierung für das
Ende der 12. Dynastie und dementsprechend auch für die folgende 13. Dynastie um
eine beträchtliche Zahl von Jahren zu verschieben.

Die Überschwemmungsstele des Sobekhotep

Im Jahre 1956 wurden Fragmente einer Königsstele in der Füllung des dritten
Pylon in Karnak entdeckt. Die Stele gehörte einem sonst fast unbekannten König
der Zweiten Zwischenzeit, dem Sechemre-seusertawi Sobekhotep. Auf einer Seite
ist der König vor dem Gott Hapi, der Personifikation der Nilschwelle, dargestellt.
Der Hieroglyphentext unter dieser Szene ist zu einem Großteil zerstört, aber
glücklicherweise blieb auf der Rückseite der Stele eine zweite Fassung der Inschrift mit leicht abweichendem Wortlaut erhalten:

> Es lebe der Sohn des Re, Sobekhotep, Geliebter des großen Hapi, der ewiges Le-
> ben geben möge. *Im vierten Jahr, im vierten Monat des Schemu, am fünften
> Tag* führte der König eine Prozession zu der Säulenhalle dieses Tempels, um die
> große Überschwemmung zu sehen. *Er kam gerade, als die Säulenhalle mit Was-
> ser überschwemmt war.* Dann watete er hinein zusammen mit [dem Hof …].

Aus diesem kurzen Text lassen sich einige interessante Aussagen ableiten:

- Die Stele ist datiert auf das 4. Regierungsjahr, den vierten Monat des Sommers
  (Schemu) und die Zeit während der fünf Ergänzungstage, die das Ende des
  ägyptischen Jahres bilden – also auf die Zeit kurz vor Beginn des neuen Jahres
  am ersten Tag des ersten Monats von Achet, der Zeit der Nilschwelle.
- Es ist möglich, die Zeit innerhalb der Überschwemmungsphase, von der die
  Stele berichtet, einzugrenzen. Es geht wahrscheinlich entweder (1) um den
  Moment, an dem der Nil so gestiegen war, daß er (ungewöhnlicherweise?) eine
  Säulenhalle in Karnak überschwemmte, oder (2) um den Höchststand des Nil
  innerhalb des normalen Zyklus – daher die Anwesenheit des Königs bei einer
  Zeremonie. Der Zeitpunkt (2) kann irgendwann im August oder Anfang Septem-
  ber liegen, sobald der Nil über die Ufer getreten ist. (Der Nil beginnt normaler-
  weise kurz nach dem heliakischen Aufgang der Sothis am 19. Juli zu steigen und

415 Zeichnung eines Teils des Bild-
schmucks, der die »Überschwemmungs-
stele« Sobekhoteps VIII. krönt. Die Inschrift lautet: »Der vollkommene Gott,
Herr der beiden Länder, Herr des Zere-
moniells. Sechemre-seusertawi, Geliebter des Großen Hapi für alle Zeiten, der
Leben, Dauer und Herrschaft wie Re für
alle Zeiten geben möge.«

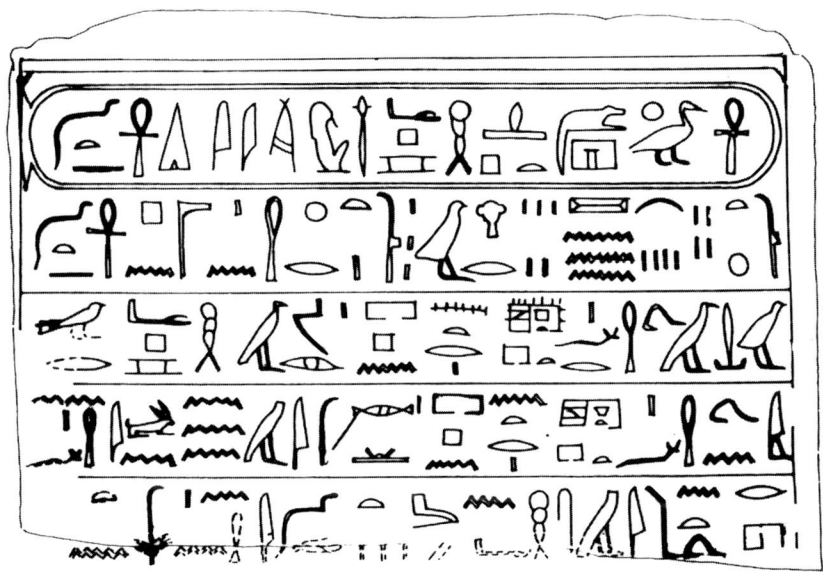

tritt Mitte August über die Ufer. Ab Mitte September fällt er wieder auf seinen Normalpegel zurück.) Der Zeitpunkt (2) kann nicht vor der ersten Septemberwoche liegen, in der die Flut normalerweise ihren Höhepunkt erreicht. Allerdings müssen wir vielleicht eine »Beobachtungszeit« annehmen, in der die Priester sich davon überzeugten, daß der Nil wirklich nicht weiter stieg. (Diese letzte Annahme würde zumindest sicherstellen, daß die »hohe« Datierung wirklich die höchstmögliche ist.)

Von diesen Annahmen ausgehend, können wir anhand des Sothiszyklus die Zeitspanne festlegen, in die das 4. Regierungsjahr des Sobekhotep gefallen sein muß.

Datierungsminimum

In diesem Fall ist (a) die Stele auf den fünften und letzten Ergänzungstag, also auf den Tag vor dem Beginn des neuen bürgerlichen Jahres datiert, und (b) das Nilhochwasser, auf das sich der Text der Stele bezieht, lag außergewöhnlich früh und überflutete den Tempel Mitte August – nehmen wir an, am 15. August. Der fünfte Ergänzungstag wäre also im betreffenden Jahr auf den 15. August gefallen. Dieser fünfte Ergänzungstag wäre der 18. Juli gewesen, wenn der ägyptische (bürgerliche) Kalender sich nicht um einen Vierteltag jedes Jahr gegen den natürlichen Kalender verschoben hätte. (Das neue Jahr begann jeweils am 19. Juli.) Der Unterschied beläuft sich auf 28 Tage (die 13 letzten Tage im Juli und die 15 ersten Tage im August). Da sich das ägyptische (bürgerliche) Jahr um einen Tag alle vier Jahre verschob, hätte demnach das 4. Regierungsjahr Sobekhoteps 112 Jahre vor dem Anfang des nächsten großen Sothiszyklus gelegen. Dieser begann 1320 v. Chr. Also hätte Sobekhotep den Thron 1435 v. Chr. bestiegen. Nach der traditionellen Chronologie liegt dieses Datum etwa in der Mitte der 18. Dynastie, Jahrhunderte

462

nach der Zeit, die normalerweise dem Sechemre-seusertawi Sobekhotep zugeschrieben wird (OC – um 1650 v. Chr.).

Datierungsmaximum

Unter dieser Voraussetzung ist (a) die Stele auf den ersten Ergänzungstag datiert, also fünf Tage vor Beginn des neuen bürgerlichen Jahres, und (b) der Besuch des Königs fand statt, nachdem der Nil seinen Höchststand erreicht hatte und dieser bis zu einer Woche lang beobachtet worden war – nehmen wir an, am 15. September. Also wäre der erste Ergänzungstag im betreffenden Jahr auf den 15. September gefallen. Der Unterschied zum natürlichen Kalender, bei dem der erste Ergänzungstag der 14. Juli gewesen wäre, beläuft sich auf 63 Tage (die 17 restlichen Tage im Juli + die 31 Tage im August + die 15 ersten Tage im September). Das 4. Regierungsjahr Sobekhoteps hätte demnach 252 Jahre vor dem Anfang des nächsten großen Sothiszyklus (1320 v. Chr.) gelegen, und Sobekhotep hätte den Thron 1572 v. Chr. bestiegen. Nach der traditionellen Chronologie lag dieser Zeitpunkt ganz am Ende der 15. Dynastie der Hyksoskönige und zugleich in der späten 17. Dynastie in Theben, unter deren Herrschern es keinen König namens Sobekhotep gab. Auch wenn man vom Datierungsmaximum für diese Überschwemmung ausgeht, lebte Sechemre-seusertawi Sobekhotep also nicht Mitte des 17. Jahrhunderts v. Chr., wie gemeinhin angenommen wird, sondern erst etwa hundert Jahre später. Wenn man das Geschehen etwa in der Mitte der Zeitspanne ansiedelt, kommt man auf ein Datum um 1500 v. Chr. und nach der Rechnung der Neuen Chronologie genau in die späte 13. Dynastie, wo ein König mit den Namen Sechemre und Sobekhotep auch zu erwarten wäre. Falls man allerdings für ein dem Datierungsminimum näheres Datum eintritt, was der Text selbst nahelegt, kann man diesen König Sobekhotep auf einem der vier fehlenden Plätze in der Kolumne VII des Turiner Königspapyrus zwischen Sobekhotep VII. (NC – um 1459 v. Chr.) und Dedumose (NC – um 1447 v. Chr.) einordnen. Das wäre eine sehr gute chronologische Position für den König, der dann als Sobekhotep VIII. bezeichnet werden könnte. Dabei ist wichtig, daß Sobekhotep VIII. in der Neuen Chronologie nicht aufgrund irgendwelcher Sothisberechnungen datiert wird. Falls man die oben angestellten Berechnungen akzeptiert, basiert die Datierung vielmehr auf klar umrissenen Phänomenen im beobachteten landwirtschaftlichen Jahresablauf Ägyptens statt auf einem zweifelhaften Bezug zu einer angeblichen astronomischen Beobachtung.

Addendum E

Die assyrische Chronologie

Die größte Bewährungsprobe für die Neue Chronologie Ägyptens ist zweifellos ein Vergleich mit dem zweiten Pfeiler der Geschichte des Alten Orients – die traditionelle Chronologie Mesopotamiens. Diese beruht im wesentlichen auf den Königslisten von Assyrien und Babylon und den Eponymenlisten der Stadt Assur. Allem Anschein nach stützen die assyrischen und babylonischen Quellen die traditionelle Chronologie Ägyptens. Nun ist allerdings die ägyptische Geschichte so komplex, daß es eine einschüchternde Aufgabe ist, auf diesem Forschungsgebiet auch nur einigermaßen mit den immer wieder neu auftauchenden Themen Schritt zu halten. Unser Anliegen war vor allem die ägyptische Chronologie; wir geben daher gern zu, daß die mesopotamische Chronologie nicht in unsere Kompetenz fällt. Wir wollen auch keine »zweite Front« in der Chronologiedebatte eröffnen. Die Revision der mesopotamischen Chronologie wird noch eine Weile auf sich warten lassen, aber wenn sie kommt, wird sie die Erarbeitung eines neuen Modells und die Kenntnisse anderer, kompetenterer Wissenschaftler verlangen. Allerdings haben wir in den frühen achtziger Jahren einige Zeit auf dieses Thema verwandt und einige Gedanken entwickelt, die vielleicht fruchtbare Forschungswege eröffnen und so zu einer verbesserten assyrischen Chronologie führen können.

Vorweg sollten wir aber kurz die Grundlagen der heute gängigen mesopotamischen Chronologie erläutern, damit ersichtlich wird, inwiefern diese die traditionelle ägyptische Chronologie zu stützen scheint.

Die Grundlagen der heute verwendeten Chronologie

Wie bei der ägyptischen Chronologie beginnen wir auch hier mit dem Schlüsseldatum des Überfalls der Truppen Assurbanipals auf Theben im Jahre 664 v. Chr. Schon dessen Vater Assarhaddon war im Jahre 671 in Ägypten eingefallen. Und einige Jahrzehnte zuvor, im Jahre 716 v. Chr., war König Sargon II., der Großvater Assarhaddons, nach Süden bis an die Nordgrenze Ägyptens gelangt. Dort hatte er Tribute von einem »König Schilkanni von Ägypten« erhalten. Die Forschung hat überzeugend dargelegt, daß die assyrische Vokalisation »Schilkanni« den ägyptischen Namen »[O]sorkon« (mit ausgefallenem »O« und austauschbarem »r«/»l«) wiedergibt, der vielleicht wie »Osilkan« oder ähnlich ausgesprochen wurde.[1] Allerdings gibt es kaum Hinweise darauf, welcher Pharao namens Osorkon gemeint sein könnte. Vor dieser Epoche sind bis zurück in die Amarnazeit (OC – um 1350 v. Chr.)

keine zeitgenössischen Dokumente erhalten, die Ägypten und Assyrien miteinander verbinden würden. In unseren Quellen zu den Kontakten zwischen den beiden Staaten klafft also im traditionellen chronologischen Modell eine Lücke von etwa 650 Jahren.

Der Synchronismus in der Amarnazeit ist allerdings wichtig, um Echnaton mit Hilfe der assyrischen Chronologie zu datieren. Im Archiv von Amarna gibt es zwei Briefe (EA 15 und EA 16), die ein König namens Assuruballit von Assyrien nach Ägypten geschrieben hat.[2] Diesen Assuruballit hat man anhand der assyrischen Königsliste identifiziert und auf die Jahre 1362 bis 1327 v. Chr. datiert.[3] Um zu diesem Datum zu gelangen, nahm man an, daß es eine durchgängige Folge von assyrischen Herrschern ohne Paralleldynastien gab, und rechnete einfach die Regierungslängen zusammen, die in der Königsliste verzeichnet waren. Es gibt also allem Anschein nach einen starken externen Beweis dafür, daß Echnaton in der Mitte des 14. Jahrhunderts regierte. Unserer Ansicht nach ist es jedoch fraglich, ob die Grundannahme zutrifft, ob also die assyrischen Monarchen tatsächlich eine einzige durchgängige Herrscherlinie bildeten.

Ansatzpunkte für eine neue assyrische Chronologie

An fünf Beispielen sollen die Probleme dargelegt werden, die die heute allgemein anerkannte assyrische Chronologie aufwirft. Gleichzeitig werden auch einige Ideen vorgestellt, wie die Argumente gegen die Neue Chronologie entkräftet werden könnten.

1. Doppelkönigtum in Assyrien

Die assyrische Königsliste repräsentiert keine durchgehende Thronfolgelinie. Es gibt eindeutige Belege dafür, daß zumindest in einer Epoche mehr als ein König zur gleichen Zeit in Assyrien regierte. Adad-schuma-usur, Herrscher von Karduniasch (d. h. Babylon), adressierte einen seiner Briefe folgendermaßen:

> [An] Assur-nirari und Ili-Had[da ...], Könige von Assyrien, sprecht! [Die Worte des] Adad-schuma-usur, großer König, starker König, [König des Weltalls], König von Karduniasch, ... usw.[4]

Hier richtet der Herrscher von Babylonien also *einen* Brief an zwei Könige von Assyrien. Man nimmt daher an, daß beide mit allgemeiner Zustimmung des großen Rates der Hauptstadt Assur regierten. R. Borger hat vermutet, daß Ili-Hadda König von Hanigalbat im Norden Assyriens gewesen sei.[5] Vielleicht beherrschte eine Königsdynastie den Nordteil Assyriens und eine andere Linie den Süden, während die Verwaltung des Gesamtstaates mit den Regierungseinrichtungen in Assur zentralisiert blieb? Wenn es so war, wann begann diese Doppelherrschaft und wann ging sie zu Ende? Der große Assyriologe A. Poebel war der Ansicht, daß die Ermordung des mächtigen Königs Tukulti-Ninurta I. kurz vor der Zeit Ili-Haddas und Assur-niraris III. zu einem Schisma in Assyrien geführt habe.[6] Vielleicht ist der Assuruballit der Amarnabriefe einer der nichtkanonischen Herrscher dieser Zeit nach dem Tode Tukulti-Ninurtas, die von den Forschern als »assyrisches Dunkles Zeitalter« bezeichnet wird.

2. Synchronismen mit den Hethitern

In den Archiven von Bogazkale, der Hauptstadt des Hethiterreiches, fand man mehrere Briefe von assyrischen Herrschern. Da die hethitische Chronologie über verschiedene Synchronismen mit der ägyptischen verknüpft ist (etwa über die Briefe Suppiluliumas I. an Amenophis III. und den Vertrag zwischen Hattusili III. und Ramses II.), ist es wichtig, die assyrischen Absender dieser Briefe von Bogazkale zu identifizieren.[7]

Die Briefe KBo XVIII,25, KUB III,74 und KUB XXVI,70 sind von einem König Tukulti-Ninurta von Assyrien an Tudhaliya IV. von Hatti adressiert. In der traditionellen Chronologie handelt es sich dabei um Tukulti-Ninurta I. (OC – 1242 bis 1206 v. Chr.), in der Neuen Chronologie käme dagegen Tukulti-Ninurta II. (OC u. NC – 890 bis 884 v. Chr.) in Frage.

Der Brief KBo I,20 wird aufgrund der in ihm beschriebenen Ereignisse in die Regierungszeit Hattusilis III. datiert und stammt von Adad-nirari von Assyrien. Wieder handelt es sich nach der traditionellen Datierung um Adad-nirari I. (OC – 1304 bis 1273 v. Chr.), während die Neue Chronologie den Absender als Adad-nirari II. (OC u. NC – 911 bis 891 v. Chr.) identifizieren würde.

Und schließlich sind KUB XXIII,99 und KUB XXIII,88 von einem König Salmanassar von Assyrien an Tudhaliya IV. adressiert. In der traditionellen Chronologie wird der erstere mit Salmanassar I. (OC – 1272 bis 1243 v. Chr.) gleichgesetzt, in der revidierten dagegen mit Salmanassar III. (OC u. NC – 858 bis 828 v. Chr.). In diesem Zusammenhang ist A. Hagenbuchners Hinweis interessant, daß die in den beiden Briefen verwendete Form des Namens Salmanassar in den mittelassyrischen Inschriften Salmanassars I. nie vorkommt.[8]

3. Eine Anomalie der babylonischen Chronologie

Eine interessante Anomalie der mesopotamischen Chronologie hängt mit der babylonischen Königslinie zusammen. König Nebukadnezzar I. aus der Zweiten Isin-Dynastie wird auf die Zeit zwischen 1126 und 1105 v. Chr. datiert, weil er in der Synchronistischen Geschichte als Zeitgenosse des assyrischen Königs Assur-res-isi I. (OC – 1133 bis 1116 v. Chr.) belegt ist. 140 Jahre nach der Thronbesteigung Nebukadnezzars finden wir nach der traditionellen Chronologie einen König Schirikti-Schukamuna auf dem babylonischen Thron. Er ist der letzte Herrscher der Bazi-Dynastie, deren Daten auch durch die assyrische Chronologie festgelegt sind. Das Problem liegt darin, daß nach einem babylonischen Chroniktext Schirikti-Schukamuna der Bruder des Königs Nebukadnezzar war[9], was natürlich unmöglich ist, wenn zwischen den Regierungszeiten der beiden Könige über ein Jahrhundert liegt. Die einfachste Lösung wäre, die Bazi-Dynastie der Zweiten Isin-Dynastie kurz nach dem Tod Nebukadnezzars folgen zu lassen, so daß die dreimonatige Herrschaft Schirikti-Schukamunas innerhalb von etwa dreißig Jahren nach dem Tode seines älteren Bruders gelegen haben könnte. Wenn man diesen Vorschlag akzeptiert, muß natürlich auch die assyrische Chronologie modifiziert werden, um sie dem geänderten babylonischen Zeitschema anzupassen. Dieses Beispiel zeigt, daß es auch unabhängig von den Erfordernissen der Neuen Chronologie in Ägypten und der Levante gute Gründe gibt, die mesopotamische Chronologie noch einmal zu durchleuchten.

4. Lücken in der Synchronistischen Geschichte

Die Synchronistische Geschichte ist eine wichtige Tontafel aus Babylon, die von den Kontakten zwischen den Königen von Babylonien und den zeitgenössischen Herrschern in Assyrien berichtet. In den meisten Passagen des Dokuments geht es um Konflikte zwischen den beiden Staaten, aber auch politisch motivierte Heiraten und Allianzen kommen vor. Nach Aussage dieses bemerkenswerten Textes scheint es nach der Regierung des Assur-bel-kala (OC – 1073 bis 1056 v. Chr.) lange Zeit keine Kontakte zwischen den beiden Nachbarstaaten gegeben zu haben, wenn man das Fehlen von neun assyrischen Königen in der Darstellung mit dem Fehlen politischer Beziehungen gleichsetzt. Unmittelbar nach Assur-bel-kala folgt in der Synchronistischen Geschichte Adad-nirari II. (911 bis 891 v. Chr.) als nächster assyrischer König, der mit Babylon in Kontakt trat. Anscheinend werden in dem Text also eineinhalb Jahrhunderte ausgeblendet, als ob es sie nicht gegeben hätte. Das gibt Anlaß zu der Frage, ob es einen solchen Bruch wirklich gegeben hat oder ob nicht vielleicht einige oder alle neun fehlenden assyrischen Könige Herrscher im Nordreich von Hanigalbat waren, die im Gegensatz zu den zeitgenössischen Königen des Südreichs, die in der Synchronistischen Geschichte verzeichnet sind, keine direkten Beziehungen zu Babylonien unterhielten. Diese Hypothese würde zu Poebels Vermutung passen, daß es nach der Ermordung Tukulti-Ninurtas I. mehr als ein assyrisches Königreich gegeben habe. Damit würde die in Abschnitt 3 vorgeschlagene Lösung für die babylonische Anomalie gestützt.

5. Zum Problem des Assuruballit

Es gibt einen offenkundigen Unterschied zwischen dem Assuruballit, der den Brief an Echnaton schrieb, und dem Assuruballit der assyrischen Königsliste – sie haben verschiedene Väter. In einem Brief nach Ägypten schreibt Assuruballit:

> Als Assur-nadin-ahhe, mein Vater, nach Ägypten schrieb, schickte man ihm zwanzig Talente Gold. Als der König von Hanigalbat deinem Vater in Ägypten schrieb, schickte man ihm zwanzig Talente Gold. [Jetzt] bin ich […] König von Hanigalbat, aber du schickst mir […] Gold, und das ist nicht genug, um meinen Boten die Reise hin und zurück zu bezahlen. (EA 16)

Ob der dritte Satz zu »Jetzt bin ich der regierende König von Hanigalbat« oder »Jetzt bin ich gleichrangig mit dem König von Hanigalbat« ergänzt werden sollte, ist schwer zu entscheiden. Ersteres würde sehr gut damit übereinstimmen, daß Assuruballit der assyrischen Dynastie von Hanigalbat angehörte, die nach dem Untergang der Herrscher von Mitanni (der ägyptische Name von Hanigalbat) etwa zur Zeit des Todes Amenophis' III. den Thron bestieg (was zum Abschnitt 1 passen würde).

Wenn wir in der assyrischen Königsliste nachsehen, stellen wir fest, daß der Vater des Assuruballit Eriba-Adad hieß, während der in Amarna bezeugte Assuruballit einen Vater namens Assur-nadin-ahhe hatte. Es ist richtig, daß der Ausdruck »Vater« auch die Bedeutung »Vorfahr« haben kann, aber D. D. Luckenbill hat festgestellt, daß »auch damit unsere Schwierigkeiten nicht ganz behoben sind. In den Texten … führt Assuruballit keinen Assur-nadin-ahhe unter seinen Vorfahren auf, obwohl er seine Linie sechs Generationen zurückverfolgt.«[10]

Doch es sind nicht nur diese Schwierigkeiten mit der Abstammung des Assuruballit der Königsliste und desjenigen der Amarnazeit, die die Vermutung nahelegen, daß wir es mit zwei verschiedenen assyrischen Herrschern gleichen Namens zu tun haben. Es gibt ein weiteres irritierendes Beweisstück, durch das die beiden Könige dem 14. beziehungsweise dem 11. Jahrhundert v. Chr. zugeordnet werden können.

Um den Hals der Mumie des Königs Psusennes, die Montet in Tanis fand, lag eine große Kette aus Lapislazulisteinen. Das Faszinierende an dieser Halskette ist, daß ein Stein völlig aus der Reihe fällt. Er ist dunkler und sehr viel reiner als die anderen, und er ist als einziger verziert – mit einer Inschrift in Keilschrift! R. Borger hat diesen kurzen akkadischen Text aufgrund paläographischer wie auch historischer Überlegungen in das 11. Jahrhundert datiert, also in die Zeit des israelitischen Großreichs. Der Beamte, dessen Name in der Inschrift genannt wird, ist jedoch sonst nur aus der Zeit der Pharaonen von Amarna bekannt. Der Text lautet:

> (Eigentum des) Ibaschschi-ilu, des Wesirs. Für die Bewahrung des Lebens seiner ältesten Tochter, die er liebt, hat er (diese Sache) den Göttern Assur, Enlil und Ninlil in der Stadt Assur (geschenkt). Möge niemand es aus Gier stehlen oder es sich durch Schwüre im Namen des Gottes und Königs aneignen.[11]

Wie kam diese Kette zu den Grabbeigaben des Pharaos Psusennes aus der 21. Dynastie? Wir haben dazu ein mögliches Szenario entwickelt:

- Als die Mumien aus dem Tal der Könige entfernt und in das geheime Königsgrab und das zweite Versteck im Grab des Amenophis II. transportiert wurden, ergriffen die damaligen Herrscher über Ägypten die Gelegenheit, sich die Schätze aus den Gräbern des Neuen Reiches anzueignen – vor allem für ihre eigenen Bestattungen.

- Die Leichen des Amenophis III. und der Königin Teje wurden im Grab Amenophis' II. gefunden, das auch als Lager für einige Königsmumien diente. Wahrscheinlich wurde dieses kleine Sammelgrab zuerst benutzt, und die ersten Räumungsarbeiten in den Königsgräbern fanden statt, bevor das geheime Königsgrab angelegt wurde – vielleicht kurz vor der Herrschaft Siamuns. Das heißt, daß das Grab Amenophis' III. (WKV 22) ausgeraubt und die Mumie der Königin Teje aus KV 55 entfernt wurde, während Psusennes an der Macht war. In KV 55 ließen die Priester eine Königsmumie zurück. Sie versuchten, sie unidentifizierbar zu machen, indem sie alle Kartuschen des Königs entfernten. Nach neuesten Forschungen handelt es sich bei diesem mysteriösen Insassen des Grabes KV 55 vermutlich um die Mumie Echnatons. Der Lapislazulistein mit dem Keilschrifttext des Ibaschschi-ilu stammte also höchstwahrscheinlich aus einem der beiden Gräber – WKV 22 oder KV 55 – in Theben, die in die Amarnazeit datiert werden. Der Schmuckstein gehörte demnach wahrscheinlich ursprünglich zu den Grabgeschenken eines Pharaos der Amarnazeit.

- Vielleicht ist uns sogar eine Erwähnung dieses Schmucksteins, den Assuruballit als Geschenk nach Ägypten sandte, überliefert. In EA 15 schreibt der assyrische König: »... heute schreibe ich dir. Ich schicke dir einen schönen Streitwagen, zwei Pferde und *einen Datumsstein aus echtem Lapislazuli* als Begrüßungsgeschenk.«

- J. Lewy unternahm als erster im Jahre 1948 den Versuch, den Text auf dem Schmuckstein zu übersetzen. Er datierte die Inschrift in die Amarnazeit, doch heute bevorzugt man wegen der akkadischen Sprache, in der die Inschrift abgefaßt ist, das 11. Jahrhundert als Entstehungszeit. Können beide Deutungen richtig sein? In der Neuen Chronologie liegt die Epoche der Amarnakönige zeitgleich mit der Epoche des israelitischen Großreichs, also im 11. Jahrhundert. Der assyrische Wesir der Amarnazeit, Ibaschschi-ilu, würde dementsprechend auch das Akkadisch des 11. Jahrhunderts benutzt haben.

- Wir wissen, daß zur Zeit der Amarnakönige in Assyrien ein Monarch namens Assuruballit herrschte. Wäre es möglich, daß es im 11. Jahrhundert v. Chr. einen Herrscher dieses Namens gab, wenn wir davon ausgehen, daß wir nicht in der Lage sind, die assyrische Chronologie von diesem Jahrhundert an anhand der erhaltenen Listen der Jahreseponymen zu ordnen?

- Für das Jahr 1007 v. Chr. ist die Tontafel der Synchronistischen Geschichte nur sehr fragmentarisch erhalten. Der Name des Eponymen könnte »Assur[u]ba[lit]« gelautet haben. An verschiedenen Stellen der Eponymenliste und ganz besonders in diesem Abschnitt wird der Titel »König« nicht angegeben, wenn das Jahr nach dem assyrischen Herrscher selbst benannt wird (z. B. Assurnirari IV., Assur-rabi II., Tiglatpileser II., Assur-dan II.). Könnte also dieses Jahr 1007 v. Chr. nach einem zweiten König Assuruballit datiert sein, der sonst unerklärlicherweise nicht in den Königslisten auftaucht? Wie schon erwähnt, gibt es wenigstens einen Monarchen – Ili-Hadda –, der vom babylonischen Herrscher als König von Assur anerkannt wurde, obwohl er in den assyrischen Königslisten nicht direkt belegt ist.

- Falls es tatsächlich einen König Assuruballit im späten 11. Jahrhundert v. Chr. gegeben haben sollte, würde die assyrische Chronologie nicht länger gegen die Neue Chronologie für Ägypten und Palästina sprechen. Das Jahreseponym des (Königs) Assur[u]ba[lit] im Jahr 1007 v. Chr. fällt nach der Neuen Chronologie genau in die Regierungszeit Echnatons, die wiederum durch das Datum der Sonnenfinsternis über Ugarit im Jahre 1012 v. Chr. gestützt wird.

Teil sechs

Anhang

Danksagungen
Abkürzungsverzeichnis
Verzeichnis der Bildquellen
Bibliographie
Anmerkungen
Register

Danksagungen

Bei der Arbeit an diesem Buch habe ich entweder direkt aus Publikationen von Autoren der jeweiligen Fachgebiete zitiert oder auf sie Bezug genommen. Das möchte ich deshalb ausdrücklich betonen, weil die meisten der von mir vorgebrachten Argumente bereits von Experten in ihren Gebieten in viel differenzierterer Form dargelegt wurden. Mein Ansatz unterscheidet sich von ihnen insofern, als ich zum erstenmal den Versuch unternehme, all diese Einzelargumente zu einer möglichst vollständigen, umfassenden Theorie zusammenzustellen, denn eine solche fachübergreifende Gesamtschau fehlte meines Erachtens in der Vergangenheit. Doch da kein Wissenschaftler Experte auf allen Gebieten sein kann, ist ein solcher Ansatz naturgemäß mit gewissen Schwächen behaftet. So war ich in hohem Maße auf bereits erschienene oder noch unveröffentlichte Fachliteratur angewiesen, und meine Kenntnisse auf den jeweiligen Gebieten reichten nicht immer aus, um alle darin gemachten Aussagen bis ins Detail selbst zu überprüfen. Der größte Teil dieses Buches faßt den gemeinsamen Wissensstand vieler qualifizierter Autoren zusammen und stützt sich auf die Erkenntnisse und sachkundigen Ratschläge meiner Forscherkollegen, die sich ebenfalls mit der sogenannten »Neuen Chronologie« beschäftigen. Ohne diese wissenschaftlichen Arbeiten älteren und neueren Datums wäre es gar nicht möglich gewesen, eine Neue Chronologie aufzustellen und die Bibel als historisches Dokument neu zu entdekken.

Wie bereits erwähnt, erleichterte mir Professor Kenneth Kitchen von der Universität Liverpool ganz erheblich den Start in dieses Forschungsabenteuer. Hätte er nicht mit rastloser Energie alle verfügbaren Daten über die Dritte Zwischenzeit gesammelt und zusammengefaßt, wäre jeder Versuch einer grundlegenden Revision der Chronologie dieser komplexen Epoche der ägyptischen Geschichte ein nahezu aussichtsloses Unterfangen gewesen. Wie immer sein Urteil über dieses Buch auch ausfallen mag (voraussichtlich eher kritisch), meiner Hochachtung vor seiner profunden Sachkenntnis auf dem Gebiet der ägyptischen Chronologie wird dies keinen Abbruch tun.

Ich möchte an dieser Stelle auch die Arbeit jener Autoren würdigen, die sich schon vor mir um eine Korrektur der hergebrachten ägyptischen Chronologie bemühten. Der erste Denker, der die Chronologie der Alten Welt zu korrigieren versuchte, war niemand anderer als Isaac NEWTON, der Entdecker der Gesetze der Schwerkraft. Nur wenige wissen, daß sich der große Physiker nebenbei auch als Alchimist und Historiker betätigte. Sein Werk *The Chronology of Ancient Kingdoms Amended*[1] erschien bereits 1728 – also fast ein Jahrhundert vor der Entzifferung der Hieroglyphen im Jahre 1822, und damit lange bevor die ersten Übersetzungen der historischen Quellentexte vorlagen. Newtons einzige Arbeitsgrundlage waren die in der

Isaac NEWTON : 1642–1727.

Jens LIEBLEIN: 1827–1911.
Cecil TORR: 1857–1928.
William M. F. PETRIE: 1853–1942.

417 David Rohl auf dem Ölberg in Jerusalem.

klassischen Literatur Griechenlands und Roms überlieferten antiken Geschichtswerke. Fast könnte man sagen, daß einige kühne Geister sich schon mit einer Revision der Alten Geschichte beschäftigten, noch bevor überhaupt eine umfassende Chronologie der Alten Welt existierte. Newton setzte den legendären Sesostris/Sesoosis mit dem Pharao Schischak der Bibel gleich, der Salomos Tempel plündern ließ. Inzwischen wissen wir, daß Newtons These tatsächlich stimmte, denn Sesoosis war kein anderer als Sysu/Sysa, das heißt Ramses II.

In den achtziger Jahren des letzten Jahrhunderts begann der norwegische Ägyptologe und Professor an der Universität von Christiania Jens LIEBLEIN die in den fünfzig Jahren davor erarbeitete Chronologie des alten Ägypten in Frage zu stellen. Seiner Auffassung nach legte das genealogische Material aus der 21. bis 23. Dynastie den Schluß nahe, daß die Chronologie für die Dritte Zwischenzeit künstlich gedehnt worden war. Als Lösung schlug er vor, die 22. Dynastie nicht auf die 21. Dynastie folgen, sondern gleichzeitig mit ihr verlaufen zu lassen. Wie im ersten Teil dieses Buches dargelegt, bin ich Ende der siebziger Jahre zu genau demselben Schluß gekommen, ohne damals Liebleins 1873 und 1914 veröffentlichte Werke gekannt zu haben.[2]

Der nächste, der sich an einer Revision versuchte, war der exzentrische Altertumsforscher Cecil TORR. Fast das ganze letzte Jahrzehnt des vergangenen Jahrhunderts stritt er mit den Mitgliedern der damals gerade erst gegründeten Britischen Ägyptologischen Vereinigung über verschiedene Punkte der traditionellen Chronologie. Sein erster Angriff auf die herrschende Lehrmeinung richtete sich gegen den »Vater der ägyptischen Archäologie«, Professor William Matthew Flinders PETRIE vom University College London. Die größtenteils recht polemische und öffentlich geführte Debatte wurde in voller Länge in der Zeitschrift *The Academy* abgedruckt.[3] Der erbitterte Schlagabtausch ging über einundzwanzig Runden und zog sich über die ganze zweite Hälfte des Jahres 1892 hin. Erschöpft von den unablässigen Attacken seines gelehrten Gegners warf Petrie schließlich das Handtuch und ließ Torr das letzte gedruckte Wort. Daß Petrie dabei eigentlich von Anfang an recht hatte, gibt zu denken. Seinem Kontrahenten Torr, der einen genau entgegengesetzten Standpunkt vertreten hatte, war es gelungen, Petrie ernsthaft in Bedrängnis zu bringen. Das zeigte einmal mehr, daß logische Argumentation, die sich auf dieselben archäologischen Funde und Textüberlieferungen stützt, zu ganz unterschiedlichen Ergebnissen kommen kann. Mir kam der Gedanke, ob die Schlußfolgerungen, auf denen die traditionelle Chronologie beruhte, vielleicht ebenso anfechtbar waren. Konnte es sein, daß hier mit Hilfe der Logik ein System aufgebaut worden war, das der Wirklichkeit gar nicht entsprach?

Kurz darauf legte Torr sich dann noch mit einem weiteren anerkannten Altertumsforscher seiner Zeit an – mit John Myres, der es gewagt hatte, Torrs abgeänderte Chronologie für die Alte Welt anzuzweifeln. Da bekannt war, wie Torr zuvor mit dem berühmten Ägyptologen Petrie umgesprungen war, hätte Myres eigentlich wissen müssen, worauf er sich dabei einließ. Diesmal wurde der Gelehrtenstreit auf den

Seiten des *Classical Review* ausgetragen, und auch Myres gelang es nicht, Torr zu widerlegen.[4]

Torr hatte seine eigene Version der ägyptischen Chronologie 1896 in einem inzwischen kaum mehr erhältlichen, kleinen Band mit dem Titel *Memphis and Mycenae* veröffentlicht, der unlängst vom Institut für das Studium Interdisziplinärer Wissenschaften (ISIS) nachgedruckt wurde.[5] Darin plädierte er für eine radikale Verkürzung der ägyptischen Chronologie und eine Herabsetzung der Daten für die mykenische Zeit in der Ägäis und eliminierte damit praktisch das Dunkle Zeitalter Griechenlands, das die Ägyptologen eingeführt hatten, nachdem Petrie in Ägypten in datierbaren archäologischen Kontexten mykenische Töpferwaren entdeckt hatte. Eine 1896 im *Guardian* erschienene Rezension von *Memphis and Mycenae* faßt treffend zusammen, wie die Fachwelt Torrs radikale Änderungsvorschläge zur Chronologie der griechischen Mittleren Bronzezeit damals beurteilte: »Mister Torr ist, wenn der Ausdruck erlaubt ist, ein Ketzer auf dem Gebiet der frühen griechischen Archäologie.« Torr war über diese nicht rundum positive Reaktion auf seine revidierte Chronologie dermaßen enttäuscht, daß er sich auf seinen Landsitz in Devonshire zurückzog und kein Wort mehr über Chronologie und Alte Geschichte veröffentlichte.

418 David Rohl und Professor Gabriel Barkay inspizieren das ägyptische Säulenkapitell, das auf dem Gelände des sogenannten Gartengrabs in Jerusalem gefunden wurde.

Danach herrschte ein halbes Jahrhundert lang Ruhe in Sachen Revision der Chronologie. Offenbar verspürte niemand den Drang, die Lebensdaten, die die inzwischen fest etablierte, traditionelle Chronologie den einzelnen Pharaonen zuschrieb, öffentlich in Zweifel zu ziehen. Erst in den fünfziger Jahren begann der damals völlig unbekannte Dr. Immanuel Velikovsky seinen Feldzug gegen die herrschende Lehrmeinung. Velikovsky war kein Ägyptologe (er hatte in Wien bei Jung eine Ausbildung zum Psychologen absolviert), aber ein echter Ketzer – ganz wie sein ägyptischer Held Echnaton. Die Veröffentlichung seiner ersten beiden Bücher *Welten im Zusammenstoß* und *Zeitalter im Chaos* erschütterte die Fundamente der traditionellen Chronologie und veranlaßte etliche aufgebrachte Ägyptologen und Historiker dazu, die akademische Glaubwürdigkeit ihres Autors in polemischen Stellungnahmen vehement in Zweifel zu ziehen. Bereits vor der Veröffentlichung dieser beiden umstrittenen Bücher hatten führende amerikanische Wissenschaftler dem Verlag Macmillan gedroht, ihm in Zukunft ihre Zusammenarbeit zu kündigen, falls die Verlagsleitung sich dazu entschließen sollte, die Theorien dieses eigensinnigen Universalgelehrten zu veröffentlichen. Macmillan gab klein bei und zog seine Zusage zurück, doch glücklicherweise sprang der Verlag Doubleday in die Bresche und half, daß die Freiheit der Lehre gerettet wurde.[6]

Nachdem ihr schändlicher Zensurversuch durch die Veröffentlichung der beiden Bücher vereitelt worden war, starteten die Gegner Velikovskys sogleich eine bösartige Verleumdungskampagne, die allerdings genau das Gegenteil dessen bewirkte, was die »Möchtegern-Rufmörder« mit ihr erreichen wollten. Ihre breitgestreuten Schmähschriften katapultierten *Welten im Zusammenstoß* und *Zeitalter im Chaos* in Amerika und in Europa an die Spitze der Bestsellerlisten. Statt den

419 David Rohl und Peter Parr auf dem Tempelberg in Jerusalem.

Ketzer zum Schweigen zu bringen, verhalfen sie ihm ungewollt zum Status einer Kultfigur.

Velikovskys Theorie läuft, kurz gesagt, auf die Behauptung hinaus, daß die ägyptische Chronologie um volle 500 Jahre zu lang sei! Seiner Auffassung nach fiel der Aufenthalt der Israeliten in Ägypten in die Zeit der 12. und 13. Dynastie, dauerte also nach der biblischen Chronologie vom 19. bis zum 15. Jahrhundert v. Chr. (1877 bis 1447). Nach der traditionellen Chronologie herrschten die 12. und die 13. Dynastie dagegen zwischen dem 20. und dem 17. Jahrhundert v. Chr. (1937 bis 1606). Aus Velikovskys Ausgangsthese hätte sich also nur eine Differenz von 200 Jahren ergeben, wenn er anschließend nicht noch versucht hätte, Königin Hatschepsut aus der 18. Dynastie mit der Königin von Saba (die Salomo in Jerusalem besuchte) und Pharao Thutmosis III. mit dem biblischen König Schischak gleichzusetzen. Die Regierungszeit Salomos wird normalerweise auf 970 bis 930 v. Chr. veranschlagt, und Hatschepsut herrschte nach der traditionellen Chronologie von 1479 bis 1457 – eine Diskrepanz von rund 500 Jahren. Um diesen biblisch-ägyptischen Synchronismus herstellen zu können, mußte Velikovsky die ägyptische Chronologie für die Zweite Zwischenzeit gleich um mehrere Jahrhunderte verlängern. Doch dadurch bekam er immense Probleme mit den Daten der übrigen Pharaonen ab der 18. Dynastie, die er dann in seinen nachfolgenden Werken[7] zu lösen versuchte, indem er sogenannte Alter-ego-Herrscher einführte, das heißt, indem er verschiedene historische Herrscher nach einem recht oberflächlichen und unkritischen Vergleich ihrer Regierungspolitik einfach miteinander gleichsetzte. Sethos I. aus der 19. Dynastie wurde bei ihm zu Psammetich I. aus der 26. Dynastie und Ramses II. zu Neko II. Selbst die tolerantesten Ägyptologen und Historiker fanden dieses Vorgehen methodologisch völlig inakzeptabel, und das archäologische Quellenmaterial sprach ebenfalls eindeutig gegen Velikovskys Gleichsetzungen. In seiner Verzweiflung setzte er daraufhin Ramses III. aus der 20. Dynastie mit Nektanebos I. aus der 30. Dynastie gleich. Am Ende war sein ganzes chronologisches Modell nur noch eine Farce, in der sich die Dynastien in ihrem wilden Galopp ins hellenistische Zeitalter ständig gegenseitig überholten und übersprangen.

420 Peter Parr und Dr. John Bimson in angeregtem Gespräch oberhalb von Kathleen Kenyons Graben Eins in Jericho.

Während der knapp drei Jahrzehnte zwischen dem Erscheinen der englischen Originalausgaben von Velikovskys ersten Werken und seinem Tod im Jahre 1979 hatte der Autor außerhalb der Fachwelt eine zahlreiche Fangemeinde. Diese sogenannten »Velikovskyaner« stürmten in die Buchläden, sobald eine neue Veröffentlichung Velikovskys über seine »revidierte« Chronologie und seine Katastrophentheorien herauskam, und verschlangen diese Lektüre regelrecht. In Nordamerika und Europa schossen Velikovsky-Gesellschaften aus dem Boden. Zwanzig Jahre lang verteidigten Velikovskys Anhänger begeistert und unkritisch seine »revidierte« Chronologie, bis sich die britische *Gesellschaft für Interdisziplinäre Studien* schließlich in den siebziger Jahren ernsthaft mit seinen Thesen auseinandersetzte. Dieser Versuch einer unvoreingenommenen Überprüfung endete im Jahre 1978 mit einer internationalen Konferenz in Glasgow.[8] Die meisten Historiker, die dort die Ergebnisse ihrer Nachforschungen präsentierten, gelangten zu dem Ergebnis, daß Velikovsky zwar eine Reihe von Schwachstellen in der traditionellen Chronologie aufgezeigt und näher beleuchtet habe, daß aber die von ihm aufgestellte Chronologie völlig unhaltbar sei.

So wurde zwar Anfang der siebziger Jahre bei den an Alter Geschichte und Bibelwissenschaft interessierten Laien ein kritisches Bewußtsein für die Probleme der traditionellen Chronologie geweckt, doch leider schlief danach an den Universitäten jedes Interesse ein, die alte Chronologie weiterhin auf ihre Richtigkeit zu überprüfen. Nun, da Velikovsky widerlegt worden war – selbst von einigen anfänglichen Befürwortern seiner »revidierten« Chronologie –, schien das Schreckgespenst ketzerischer Angriffe auf die etablierte Lehrmeinung gebannt. Die lästigen Chronologiedebatten hatten endlich ein Ende gefunden.

So standen die Dinge, als Professor Kitchen 1973 sein Buch über die Chronologie der Dritten Zwischenzeit veröffentlichte. Er sah nicht voraus, daß er damit die Chronologiedebatte von neuem entfachen würde. Sein Werk *The Third Intermediate Period in Egypt* sollte einer neuen Generation junger Wissenschaftler den Weg weisen und ihnen helfen, den von ihren berühmten Vorgängern geflochtenen gordischen Knoten in der Chronologie des Alten Orients zu lösen.

Bedauerlicherweise wird nach wie vor jeder Autor, der die etablierte Chronologie anzweifelt, gleich als »Velikovskyaner« gebrandmarkt. Erst 1991 bezeichnete Professor Kitchen eine Gruppe junger Wissenschaftler in einer Buchbesprechung für eine internationale Zeitung als »Söhne Velikovskys«.[9] Ihr Vergehen bestand darin, in einem Werk mit dem Titel *Centuries of Darkness* zu behaupten, das drei Jahrhunderte währende Dunkle Zeitalter, das nach der herrschenden Lehrmeinung um 1150 v. Chr. über das Altertum hereinbrach, sei in Wirklichkeit nur ein auf eine falsche ägyptische Chronologie aufgebautes, künstliches Konstrukt, also keine historische Tatsache, sondern eine Erfindung der Wissenschaft. Obwohl sich ihre Argumentation auf archäologische Quellen stützte und von manchen Fachkollegen sicher als methodologisch korrekt bezeichnet werden würde, brachte Kitchen sie sogleich mit Velikovsky in Verbindung und gab damit allen, die die »Velikovsky-Affäre« seinerzeit verfolgt hatten, zu erkennen, daß dieser fachfremde Ketzer den Vertretern der universitären Lehre nach wie vor ein Dorn im Auge war. Im Jahre 1983, in dem ich die ersten Ergebnisse meiner eigenen Nachforschungen über die Dritte Zwischenzeit veröffentlichte[10], waren einige Wissenschaftler bereits dabei, die ursprüngliche Theorie weiterzuentwickeln. Peter James, der Hauptautor von *Centuries of Darkness,* kannte schon 1979 die revidierte Chronologie für die Dritte Zwischenzeit und trug in den darauffolgenden vier Jahren viel zur Verbesserung des anfänglichen Chronologiemodells bei. Im Jahre 1984, kurz vor Abschluß der gemeinsamen Forschungsarbeit, waren viele Unstimmigkeiten bereits systematisch erfaßt. James, dessen Fachgebiet eigentlich Alte Geschichte und weniger Ägyptologie ist, entwickelte anschließend zusammen mit anderen seine Thesen über das Dunkle Zeitalter von der Bronze- bis zur Eisenzeit weiter und veröffentlichte sie schließlich 1990 in *Centuries of Darkness*. Ich arbeitete mittlerweile am University College London an meiner Doktorarbeit über das ursprüngliche revidierte Chronologiemodell für die Dritte Zwischenzeit weiter.

In den zwanzig Jahren meiner Forschungsarbeit unterstützten mich viele Wissenschaftler unterschiedlichster Disziplinen, in denen ich kein Experte bin. Ohne ihre hochkarätigen Beiträge würde die Neue Chronologie beim Abschluß dieses Buches sicher auf weniger festem Boden stehen. Selbstverständlich sind die Forschungen mit dem vorliegenden Buch oder mit meiner Doktorarbeit keineswegs abgeschlossen, und ich freue mich schon jetzt auf die künftige Zusammenarbeit mit meinen Kollegen und allen neuen Freunden, die sich unserem Forschungsteam in den nächsten Jahren vielleicht noch anschließen.

Nach diesem Blick in die Vergangenheit wende ich mich nun der Gegenwart zu und komme auf all die Freunde und Kollegen zu sprechen, die mir während meiner Arbeit an diesem Buch mit Rat und Tat beiseite gestanden haben. Dabei möchte ich ausdrücklich betonen, daß nicht alle, die mich ermutigt und unterstützt haben, auch mit meinen Änderungsvorschlägen einverstanden waren. Für die meisten meiner Thesen, wenn nicht für alle, trage ich die alleinige Verantwortung.

Beim Vorbereiten und Schreiben dieses Buchs war ich in hohem Maße auf die Unterstützung und den sachkundigen Rat meiner erfahrenen Kollegen Dr. Bill Manley und Dr. Bernard Newgrosh angewiesen, die den Text kritisch gegengelesen haben. Darüber hinaus brachte Bill bei der Vorbereitung neuer Übersetzungen der Hieroglyphentexte seine profunden Kenntnisse des Altägyptischen ein. Bill und Bernard verliehen meiner Argumentation an etlichen Stellen wesentlich mehr Klarheit; ich möchte beiden nochmals für das Wissen und die große Sorgfalt danken, mit der sie die Arbeit an diesem Buch gefördert haben.

Am University College London habe ich stets freundliche Unterstützung bei meinen akademischen Betreuern Amélie Kuhrt von der historischen Fakultät und Dr. Geoffrey Martin, dem ehemaligen Edwards-Professor für Ägyptologie (inzwischen emeritiert) gefunden. Für ihr Interesse und ihre Hilfsbereitschaft danke ich auch Professor Harry Smith (Edwards-Professor für Ägyptologie, inzwischen emeritiert), Professor Nicolas Coldstream (Institut für Klassische Archäologie, emeritiert), Professor Jac. Janssen (Universität Leiden, emeritiert), Peter Parr (Institut für Archäologie, emeritiert) und Vronwy Hankey (Mitglied ehrenhalber des ägyptologischen Instituts).

Doch auch an anderen Universitäten ließ man mir viel freundliche Unterstützung zuteil werden. Professor Mohamed Ibrahim Aly von der Universität Alexandria lieferte mir viele wichtige Informationen für meine Arbeit über die Apisstiere; unter anderem gewährte er mir Einsicht in seine noch unveröffentlichte Doktorarbeit über das Serapeum. In Wien wurde ich von den Lehrkräften und Studenten des Österreichischen Instituts für Ägyptologie ebenso herzlich aufgenommen wie bei meinen Besuchen in Tell ed-Daba. Professor Manfred Bietak und seine Mitarbeiter sind nicht nur große Archäologen, sondern auch ausgesprochen großzügige Gastgeber. Mein besonderer Dank gilt Dr. Peter Jánosi, der meiner Theorie so viel Interesse entgegenbrachte. In Israel führte ich viele lange und hochinteressante Diskussionen mit den Lehrkräften und Archäologen der Universitäten von Jerusalem und Tel Aviv. Die Professoren Amnon Ben-Tor, Israel Finkelstein, Gabriel Barkay, Amihai Mazar und David Ussishkin sowie der stellvertretende Direktor der British School of Archaeology in Jerusalem, Dr. John Woodhead, hörten mir interessiert zu und übten konstruktive Kritik. Es ist wirklich erfreulich, wie viele aufgeschlossene Menschen heute unter den auf die Levante spezialisierten Archäologen zu finden sind.

Die Zusammenarbeit mit Professor Robert Bianchi, New York, war ein wahres Vergnügen. Bob ist ein echter Enthusiast, und seine konstruktive Kritik und sein lebhaftes Interesse an den materialen Quellen, die ich ihm in Ägypten zeigte, erleichterten mir erheblich die »Feinabstimmung« der Argumente in diesem Buch. Gewichtige Beiträge zur Neuen Chronologie leisteten auch: der Astronom Wayne Mitchell, dem es durch aufwendige Computerberechnungen gelang, beweiskräftige Daten zu Sonnenfinsternissen erstaunlich genau zu ermitteln; Peter van der Veen, der mir den Synchronismus zwischen der Amarnazeit und der Epoche der frühen Monarchie in Israel wesentlich besser verstehen half (zu diesem Thema lieferte auch Bernard Newgrosh wichtige Anregungen), und Dr. John Bimson, der stets mit sachdienlichen Hinweisen und Fachliteratur aufwarten konnte und dessen Arbeit über die Archäologie der Landnahmezeit mich sehr inspirierte. Dank schulde ich auch Edward Rogers, der mir auf dieser Seite des großen Teichs bei der Gegenkontrolle von Waynes astronomischen Rückrechnungen half. Es war ein Erlebnis, die Sonnenfinsternis im Jahre 1012 v. Chr. über Ugarit in strahlendem Technicolor auf meinem Computerbildschirm betrachten zu können – der von Wayne vorhergesagte Zeitpunkt stimmte genau! Studenten des ägyptologischen Instituts des University College London boten mir während des Endspurts kurz vor Abgabe des Manuskripts ihre Hilfe an und ergänzten alle fehlenden bibliographischen Angaben. Vielen Dank Jan, Jackie, Jo und Alison.

Auf einer mehr persönlichen Ebene war mir mein älterer Bruder Professor John Rohl eine unschätzbare Hilfe. Es war ein Segen, daß er mir stets ein offenes Ohr lieh, wenn ich einen guten Rat brauchte. Moralischen Beistand leistete mir auch die libanesische Archäologin Mouna Mounayer. Vor einigen Jahren hatten wir in Kadesch am Orontes unter Leitung von Peter Parr an einem Grabungsprojekt des Instituts für Archäologie, Zweigstelle Tell Nebi Mend, mitgearbeitet. Seitdem hielt sie mir stets die Freundschaft und war mir, zusammen mit ihrer Familie, in Zeiten des Selbstzweifels eine Quelle der Regeneration. Auch enge Freunde wie Peter Allingham, Nesta Caiger und Roy Spence, die ich durch meine Arbeit kennenlernte, zeigten sich stets solidarisch und hilfsbereit. Dasselbe gilt für den gesamten ISIS-Verwaltungsrat, für Jim und Betty Dunn (vielen Dank für die mir zur Verfügung gestellten Fotos, Jim!) und für alle anderen Archäologen, die mein Vorhaben unterstützten.

421 Wayne Mitchell und David Rohl vor dem British Museum.

422 Ditas Rohl mit Nagla, der Tochter unseres guten Freundes Fathi Abd el-Mejid Waffi.

Ausdrücklich würdigen möchte ich an dieser Stelle auch das persönliche Engagement, mit dem sich mein Agent Jonathan Harris von Associated Publicity Holdings für mich einsetzte. Vielen Dank, Jonathan – und auf unser nächstes gemeinsames Projekt!

Der Dank am Schluß gebührt selbstverständlich meiner Frau Ditas, der ich ein volles Jahrzehnt ständiger, intensiver Arbeit an diesem Projekt zugemutet habe. Sie begleitete mich durch dick und dünn und war mir die ganze Zeit über eine große Stütze. Ihre vielfältigen Talente zeigen sich unter anderem in der typographischen Gestaltung dieses Buches. Es wäre für mich undenkbar gewesen, dieses Buch jemand anderem zu widmen als ihr. Danke, Ditas.

Abkürzungsverzeichnis

ÄF = Ägyptologische Forschungen
AJA = American Journal of Archaeology
ANET = Ancient Near Eastern Texts
ASAE = Annales du Service des Antiquités de l'Égypte
BA = Biblical Archaeologist
BAR = Biblical Archaeology Review
BASOR = Bulletin of the American Schools of Oriental Research
BIFAO = Bulletin de l'Institut Français d'Archéologie Orientale
BSFE = Bulletin de la Societé Française d'Égyptologie
BSOAS = Bulletin of the School of Oriental & African Studies
CAH = Cambridge Ancient History
C & C Review = Chronology and Catastrophism Review
GM = Göttinger Miszellen
HML? = P. Astrom (Hg.), *High, Middle or Low?*, Göteborg 1987.
HUCA = Hebrew Union College Annual
JA = Journal Asiatique
JACF = Journal of the Ancient Chronology Forum
JANES = Journal of the Ancient Near Eastern Society
JAOS = Journal of the American Oriental Society
JARCE = Journal of the American Research Center in Egypt
JEA = Journal of Egyptian Archaeology
JHS = Journal of Hellenic Studies
JNES = Journal of Near Eastern Studies
IEJ = Israel Exploration Journal
ISIS = Institute for the Study of Interdisciplinary Sciences
JSOT = Journal for the Study of the Old Testament
MDAIK = Mitteilungen des Deutschen Archäologischen Instituts Abteilung Kairo
PEFQS = Palestine Exploration Fund Quarterly Statement
PEQ = Palestine Exploration Quarterly
PSBA = Proceedings of the Society of Biblical Archaeology
RT = Recueil de Travaux Relatifs à l'Archéologie Egyptiennes et Assyriennes
SAK = Studien zur Altägyptischen Kultur
SIS = Society for Interdisciplinary Studies
SSEA = Journal of the Society for the Study of Egyptian Antiquities
ZÄS = Zeitschrift für Ägyptische Sprache und Altertumskunde
ZDPV = Zeitschrift des Deutschen Palästina-Vereins

Verzeichnis der Bildquellen

Alle Fotos und Illustrationen mit Ausnahme der im folgenden aufgeführten stammen vom Autor.

Einige Bilder sind Werken entnommen, die vor 1945 veröffentlicht wurden und damit nicht mehr dem Copyright unterliegen.

Der Autor dankt den im folgenden genannten Personen und Institutionen für die Erlaubnis, ihre Fotos und Illustrationen zu verwenden (alle Rechte vorbehalten):

Archives Mission Montet – 104; A. Ben-Tor – 338; M. Bietak, Österreichisches Archäologisches Institut, Zweigstelle Kairo – 284, 299 (nach J. Dorner), 300, 303, 308, 312, 313, 320, 379 (nach D. Eigner), 380, 381 (nach D. Eigner), 385, 386, 391, 392, 393; C. Bonnet – 291; T. Copestake – 201 (S. 229 oben), 420, 421; S. Crisp – 333; J. Dunn – 68, 95 (S. 112 oben), (S. 113 oben), (S. 116 oben), 125, 155 (S. 347 unten); I. Hein – 332; M. Ibrahim Aly – 61; Dame Kathleen Kenyon u. The Jericho Excavation Fund – 323; C. Mlinar – 394, 395; Palestine Exploration Fund Archive (Cat. JER/GAR/PN/552) – 326; Pictorial Archive, PO Box 19823, Jerusalem – 334; E. V. Rohl –423; N. Rohl – 409; D. Roth – 150 (S. 231 unten), H. Stierlin – 106 (S. 114 unten links); P. van der Veen – 39, 42, 213, 243, 252.

Dank auch an die École Biblique in Jerusalem für die Erlaubnis, die in St. Stephan ausgegrabenen Fundstücke zu fotografieren und hier wiederzugeben – 218, 219, 220, 221, 222.

Bibliographie

A

Adam, S. (1959): »Report on the Excavations of the Department of Antiquities at Ezbet Rushdi« in: *ASAE* 56, S. 207–226.

Aharoni, Y. (1984): *Das Land der Bibel*, Neukirchen-Vluyn.

Aharoni, Y. (1972): »The Stratification of Israelite Megiddo« in: *JNES* 31, S. 302–311.

Aharoni, Y., und Amiran, R. (1958): »A New Scheme for the Subdivision of the Iron Age in Palestine« in: *IEJ* 8, S. 171–184.

Aharoni, Y., und Avi-Yonah, M. (Hg.) (1977): *McMillan Bible Atlas*, London.

Aharoni, Y., und Avi-Yonah, M. (Hg.) (1981): *Der Bibel-Atlas*, Hamburg.

Albright, W. F. (1937): »The Egyptian Correspondence of Abimilki, Prince of Tyre« in: *JEA* 23, S. 190–203.

Albright, W. F. (1942): »A Votive Stele Erected by Ben Hadad I of Damascus to the God Melcarth« in: *BASOR* 87, S. 23–29.

Albright, W. F. (1943): »An Archaic Hebrew Proverb on an Amarna Letter from Central Palestine« in: *BASOR* 89, S. 29–32.

Albright, W. F. (1943): »Two Little Understood Amarna Letters from the Middle Jordan Valley« in: *BASOR* 89, S. 7–17.

Albright, W. F. (1956): »Further Light on Synchronisms Between Egypt and Asia in the Period 935–685 B.C.« in: *BASOR* 141, S. 23–27.

Albright, W. F. (1964): »The Eighteenth-Century Princes of Byblos and the Chronology of Middle Bronze« in: BASOR 176, S. 38–46.

Albright, W. F. (1965): »Further Light on the History of Middle-Bronze Byblos« in: *BASOR* 179, S. 38–43.

Albright, W. F. (1966): »Remarks on the Chronology of Early Bronze IV-Middle Bronze IIA in Phoenicia and Syria-Palestine« in: *BASOR* 184, S. 27–35.

Albright, W. F. (1973): »The Historical Framework of Palestinian Archaeology Between 2100 and 1600 B.C.« in: *BASOR* 209, S. 12–19.

Albright, W. F. (1975): »The Amarna Letters from Palestine« in: *CAH*, Bd. II.2A, S. 98–116.

Albright, W. F., und Mendenhall, G. E. (Übers.) (1950): »The Amarna Letters« in: *ANET*, S. 483–490.

Aldred, C. (1991): *Akhenaten, King of Egypt*, London.

Aldred, C. (1968): *Echnaton, Gott und Pharao Ägyptens*, Bergisch Gladbach.

Aldred, C. (1975): »Egypt: The Amarna Period and the End of the Eighteenth Dynasty« in: *CAH* II.2A, S. 49–97.

Alliot, M. (1935): *Fouilles de Tell Edfou (1933)*, Kairo.

Amiran, R. (1969): Ancient Pottery of the Holy Land, Jerusalem.

Anati, E. (1986): *The Mountain of God*, New York.

Arnold, D., und Oppenheim, A. (1995): »Reexcavating the Senwosret III Pyramid Complex at Dashur« in: *KMT* 6.2, S. 44–56.

Arnold, F. (1992): »New Evidence for the Length of the Reign of Senwosret III?« in: *GM* 129, S. 27–31.

Arnold, P. M. (1990): *Gibeah: The Search for a Biblical City* (JSOT Supplement Series 79), Sheffield.

Aston, D. A. (1989): »Takeloth II – A King of the ›Theban Twenty-third Dynasty‹« in: *JEA* 75, S. 139–153.

Avigad, N. (1978): In: Avi-Yonah, M. (Hg.), *Encyclopedia of Archaeological Excavations in the Holy Land*, Bd. IV, Oxford.

B

Badre, L., u. a. (1990): »Tell Kazel, Syria: Excavations of the AUB Museum 1985–1987« in: *Berytus* 38, S. 17–22.

Baikie, J. A. (1923): *A Century of Excavations in the Land of the Pharaohs*, London.

Baillie, M. G. L. (1991): »Dendrochronology and Thera: The Scientific Case« in: *JACF* 4, S. 15–28.

Baines, J., und Malek, J. (1980): *Weltatlas der alten Kulturen/Ägypten*, München.

Baldwin, J. (1988): *1 and 2 Samuel: An Introduction and Commentary* (Tyndale Old Testament Commentaries), Leicester.

Barkay, G. (1990): »A Late Bronze Age Egyptian Temple in Jerusalem« in: *Eretz-Israel* 21, S. 94–106.

Barsanti, A. (1908): »Stèle inédite au nom du roi Radadouhotep Doudoumes« in: *ASAE* 9, S. 1 f.

Barta, W. (1988): »Das Kalendarium des Papyrus Ebers mit der Notiz eines Sothisaufgangs« in: *GM* 101, S. 7–12.

Bartlett, J. (1982): *Jericho*, Guildford.

Beckerath, J. v. (1958): »Notes on the Viziers ʼAnkhu and ʼIymeru in the 13th Egyptian Dynasty« in: *JNES* 17, S. 263–268.

Beckerath, J. v. (1966): »The Nile Level Records at Karnak and their Importance for the History of the Libyan Period (Dynasties XXII and XXIII)« in: *JARCE* 6, S. 46 f.

Beckerath, J. v. (1992): »Das Kalendarium des Papyrus Ebers und die Chronologie des Neuen Reiches. Gegenwärtiger Stand der Frage« in: *Ägypten und Levante* 3, S. 23–27.

Bell, B. (1975): »Climate and the History of Egypt: The Middle Kingdom« in: *AJA* 79, S. 223–269.

Ben-Tor, A. (Hg.) (1992): *The Archaeology of Ancient Israel*, New Haven/London.

Bienkowski, P. (1986): *Jericho in the Late Bronze Age*, Warminster.

Bierbrier, M. L. (1975): *The Late New Kingdom in Egypt*, Warminster.

Bietak, M. (1979): *Avaris and Piramesse: Archaeological Exploration of the Eastern Nile Delta*, London.

Bietak, M. (1984): »Problems of Middle Bronze Age Chronology: New Evidence from Egypt« in: *AJA* 88, S. 471–485.

Bietak, M. (1989): »The Middle Bronze Age of the Levant: A New Approach to Relative and Absolute Chronology« in: *HML?*, Teil 3, Göteborg, S. 78–123.

Bietak, M. (1990): »Zur Herkunft des Seth von Avaris« in: *Ägypten und Levante* 1, S. 9–16.

Bietak, M. (1991): »Egypt and Canaan During the Middle Bronze Age« in: *BASOR* 281, S. 27–72.

Bietak, M. (1991): »Der Friedhof in einem Palastgarten aus der Zeit des späten Mittleren Reiches und andere Forschungsergebnisse aus dem östlichen Nildelta (Tell el Dab'a 1984–1987)« in: *Ägypten und Levante* 2, S. 47–109.

Bietak, M. (1991): *Tell el-Dab'a*, Bd. V, Wien.

Bimson, J. J. (1978): *Redating the Exodus and Conquest*, Sheffield.

Bimson, J. J. (1978/79): »A Chronology for the Middle Kingdom and Israel's Egyptian Bondage« in: *SIS Review*, Bd. 3.3, S. 64–69.

Bimson, J. J. (1986): »Shoshenq and Shishak: A Case of Mistaken Identity« in: *SIS Review* 8, S. 36–46.

Bimson, J. J., und Livingston, D. (1987): »Redating the Exodus« in: *BAR* 13.5, S. 40–53.

Bimson, J. J. (1988): »Exodus and Conquest – Myth or Reality? Can Archaeology Provide the Answer?« in: *JACF* 2, S. 27–40.

Biran, A., und Naveh, J. (1993): »An Aramaic Stele Fragment from Tel Dan« in: *IEJ* 43, S. 81–98.

Bonnet, C. (1986): *Kerma: Territoire et métropole*, Kairo.

Borchardt, L. (1935): *Die Mittel zur zeitlichen Festlegung von Punkten der ägyptischen Geschichte und ihre Anwendung*, Kairo.

Borchardt, L. (1897): »Ein Rechnungsbuch des königlichen Hofes aus dem alten Reiche« in: *Aegyptiaca: Festschrift für G. Ebers*, Leipzig, S. 8–15.

Bordreuil, P., und Teixidor, J. (1983): »Nouvel examen de l'inscription de Bar-Hadad« in: *Aula Orientis* 1, S. 271–276.

Bottéro, J. (1954): *Le problème des Habiru à la 4e rencontre assyriologique internationale*, Paris.

Bourriau, J. (1991): »Relations Between Egypt and Kerma During the Middle and New Kingdom« in: W. V. Davies (Hg.), *Egypt and Africa: Nubia from Prehistory to Islam*, London.

Breasted, J. H. (1954³): *Geschichte Ägyptens*, Zürich.

Brissaud, P. (1987): »Les fouilles dans le secteur de la nécropole royale (1984–1986)« in: *Cahiers de Tanis*, Bd. I, Paris, S. 7–43.

Brugsch, H. F. K. (1858): *Geographische Inschriften altägyptischer Denkmäler*, Bd. II, Leipzig.

Brugsch, H. F. K. (1884): *Thesaurus Inscriptionum Aegyptiacarum. Altägyptische Inschriften*, Leipzig.

Brugsch, H. F. K. (1877): *Geschichte Ägyptens unter den Pharaonen*, Leipzig, ND Wiesbaden 1981.

Budge, E. A. W. (1913): *Hieroglyphic Texts from Egyptian Stelae in the British Museum*, Teil IV, London.

C

Callaway, J., und Weinstein, J. (1977): »Radiocarbon Dating of Palestine in the EB Age« in: *BASOR* 225, S. 1–16.

Caminos, R. (1952): »Gebel es-Silsilah No. 100« in: *JEA* 38, S. 46–61.

Caminos, R. (1958): *The Chronicle of Prince Osorkon*, London.

Campbell, E. F. (1964): *The Chronology of the Amarna Letters*, Baltimore.

Campbell, E. F. (1965): »Shechem in the Amarna Archive« in: G. E. Wright (Hg.), *Shechem*, London, S. 191 f.

Ceram, C. W. (Hg.) (1966): *The World of Archaeology*, London.

Cerny, J. (1945): »Studies in the Chronology of the Twenty-First Dynasty« in: *JEA* 32, S. 24–30.

Champollion, J. F. (1868): *Lettres écrites d'Égypte et de Nubie en 1828 et 1829*, 2. Aufl., Paris.

Champollion, J. F. (1835): *Champollion des Jüngeren Briefe aus Ägypten und Nubien, geschrieben in den Jahren 1828 und 1829*, übers. v. E. Freiherr v. Gutschmid, Quedlinburg/Leipzig.

Chassinat, É. (1899): »Textes provenant du Sérapéum de Memphis« in: *RT* 21, S. 56–73.

Clube, V., und Napier, B. (1982): *The Cosmic Serpent*, London.

Cohen, R. (1983): »The Mysterious MB I People« in: *BAR* 9.4, S. 16–29.

Collins, J. J. (1985): »Artapanus« in: J. M. Charlesworth (Hg.), *The Old Testament Pseudepigrapha*, Bd. II, London, S. 889–903.

Corney, R. W. (1962): »Achish« in: K. Crim u. a. (Hg.) *Interpreters' Dictionary of the Bible*, Bd. I, Nashville, S. 27.

Coughenour, R. A. (1979): »A Search for Mahanaim« in: *BASOR* 273, S. 57–66.

Courville, D. (1971): *The Exodus Problem and Its Ramifications*, Loma Linda.

Coutts, H. (Hg.) (1988): *Gold of the Pharaohs: Catalogue of the Exhibition of Treasures from Tanis*, Edinburgh.

Craigie, P. C. (1983): »The Tablets from Ugarit and their Importance for Biblical Studies« in: *BAR* 9.5, S. 62–73.

Cross, F. M. (1972): »The Stele Dedicated to Mecarth by Ben-Hadad of Damascus« in: *BASOR* 205, S. 36–42.

Curtis, A. (1985): *Ugarit* (Cities of the Biblical World), Cambridge.

D

Daressy, G. (1909): *Cercueils des cachettes royales*, Kairo.

Davies, G. I. (1988): »Solomonic Stables at Megiddo After All?« in: *PEQ* 120 (Juli-Dez.), S. 130–141.

Davies, N. de G. (1908): *The Rock Tombs of el-Amarna*, Bd. V u. VI, London.

Davies, N. de G. (1934): »A High Place at Thebes« in: *Mélanges Maspero*, Bd. I, Kairo, S. 241–250.

Diodorus: *Griechische Weltgeschichte*, Buch I–X (Bibliothek d. griech. Literatur, Bd. 34), Stuttgart 1992.

Dirkzwager, A. (1981): »Pharaoh So and the Libyan Dynasty« in: *Catastrophism and Ancient History*, Bd. III.1, S. 23.

Dodson, A. M. (1988): »Enigmatic Cartouche« in: *GM* 106, S. 15–19.

Dodson, A. M. (1993): »A New King Shoshenq Confirmed?« in: *GM* 137, S. 53–58.

Dodson, A. M. (1994): *The Canopic Equipment of the Kings of Egypt*, London.

Dorsey, D. A. (1991): *The Roads and Highways of Ancient Israel*, Baltimore.

Doumas, C. G. (1989): *Thera and the Aegean World III*, Bd. I–III, London.

Doumas, D., und Doumas, A. (1992): *The Wall-paintings of Thera*, Athen.

Doumas, C. (1995): *Die Wandmalereien von Thera*, München.

Dunham, D., und Janssen, J. M. A. (1960): *Semna Kumma*, Boston.

Dussaud, R. (1925): »Dédicace d'une statue d'Osorkon I par Eliba'al, roi de Byblos« in: *Syria* 6, S. 101–117.

Dussaud, R. (1927): »Nouveaux renseignements sur la Palestine et la Syrie vers 2000 avant notre ère« in: *Syria* 8, S. 216–233.

Dussaud, R. (1937): Rezension zu A. Jirku, *Die ägyptischen Listen palästinensischer und syrischer Ortsnamen*, Leipzig, in: *Syria* 18, S. 394 f.

E

Edelman, D. (1985): »The ›Ashurites‹ of Eshbaal's State« in: *PEQ* 117, (Juli-Dez.), S. 85–91.

Edward, A. (1888): *A Thousand Miles Up the Nile*, London, ND 1982.

Eigner, D. (1995): »A Palace of the Early 13th Dynasty at Tell el Dab'a« in: *Ägypten und Levante* V.

Eissfeld, O. (1975): » The Hebrew Kingdom« in: *CAH* II.2B, S. 537–605.

Erman, A., und Grapow, H. (1926): *Wörterbuch der ägyptischen Sprache* I, Leipzig.

F

Fagan, B. M. (1977): *Die Schätze des Nils. Räuber, Feldherren, Archäologen*, München/Zürich.

Fairbridge, R. W. (1963): »Nile Sedimentation Above Wadi Halfa During the Last 20,000 Years« in: *Kush* 11, S. 104–107.

Feigin, S. (1955): »The Date List of the Babylonian King Samsuditana« in: *JNES* 14, S. 137–160.

Finkelstein, I. (Hg.) (1993): *Shiloh: The Archaeology of a Biblical Site*, Tel Aviv.

Finkelstein, I., und Na'aman, N. (Hg.) (1994): *From Nomadism to Monarchy: Archaeological & Historical Aspects of Early Israel*, Jerusalem.

Flanagan, J. W. (1983): »Succession and Genealogy in the Davidic Dynasty« in: H. B. Huffman (Hg.) et al., *The Quest for the Kingdom of God: Studies in Honor of George E. Mendenhall*, Winona Lake, S. 35–55.

Fresnel, F. (Übers.) (1838): »Abu el Faradj: *Kitab-Alaghanity*« in: *JA* 6.

G

Gardiner, A. H. (1842): *Select Papyri in the Hieratic Character from the Collections of the British Museum*, Bd. II, London, Tafel XV-LXII.

Gardiner, A. H. (1914): »New Literary Works from Ancient Egypt« in: *JEA* 1, S. 100–106.

Gardiner, A. H. (1965): *Geschichte des alten Ägypten*, Stuttgart, nachgedr. Augsburg 1993.

Garstang, J. (1930): »Jericho. Sir Charles Marston's Expedition in 1931« in: *PEFQS*, S. 129–132.

Garstang, J., und Garstang, J. B. E. (1940): *The Story of Jericho*, London.

Gauthier, H. (1914): *Le livre des rois d'Égypte*, Bd. I–III, Paris.

Gauthier, H. (1915): *Le livre des rois d'Égypte*, Bd. IV, Paris.

Gesenius, W. (1921): *Hebräisches und Aramäisches Handwörterbuch über das Alte Testament*, Leipzig.

Ginzberg, H. L. (1919): *Legends of the Jews*, Philadelphia.

Ginzberg, H. L. (1950): »The Tale of Aquat« in: *ANET*, S. 149–155.

Gifford, E. H. (Übers.) (1903): *Eusebius Caesariensis: Evangelicae Preparationis Libri XV*, Oxford.

Goedicke, H. (1994): »Exodus: Myth or History?« in: M. Rowland (Hg.), *Exodus: Myth or History. The ISIS Seminar Meeting of 19th October 1933. Held at the Institute of Archaeology, London,* (ISIS Occasional Publications, Bd. II), Basingstoke, S. 1–15.

Goetze, A. (Übers.) (1950): »Hittite Treaty« in: *ANET*, S. 529 f.

Goetze, A. (Übers.) (1950): »Hittite Historical Texts« in: *ANET*, S. 319.

Gottwald, N. K. (1979): *The Tribes of Yahweh*, London.

Grant, M. (1984): *The History of Ancient Israel,* London.

Greenberg, M. (1955): *The Hab/piru,* New Haven.

Griffith, F. Ll. (1891): »The Account Papyrus No. 18 of Boulaq« in: *ZÄS* 29, S. 102–115.

Griffith, F. Ll. (1898): *Hieratic Papyri from Kahun and Gurob,* Bd. II, London.

Griffith, F. Ll. (1909): *Catalogue of the Demiotic Papyri in the Rylands Library at Manchester,* Bd. III, London.

Gröndahl, F. (1967): *Die Personennamen der Texte aus Ugarit,* Rom.

Gunn, B. (1926): »Two Misunderstood Serapeum Inscriptions« in: *ASAE* 26, S. 92 ff.

Gutman, J. (1963): *Ha Sifrut ha-Yehudit ha-Hellenistit,* Bd. II, Jerusalem.

H

Haas, H., u. a. (1987): »Radiocarbon Chronology and the Historical Calendar in Egypt« in: O. Aurenche u. a. (Hg.), *Chronologies in the Near East, British Archaeological Report S379,* Teil 2, S. 585–606.

Habachi, L. (1954): »Khatâ'na – Qantir: Importance« in: *ASAE* 52, S. 443–559.

Hamza, M. (1930): »Excavations of the Department of Antiquities at Qantir (faqûs Distnet), Kampagne 21. Mai–7. Juli 1928« in: *ASAE* 30, S. 31–68.

Hankey, V. (1992): »From Chronos to Chronology« in: *JACF* 5, S. 7–29.

Harris, Z. S. (1978): *Development of the Canaanite Dialects,* Millwood.

Hawkins, J. D. (1988): »Kuzi-Teshub and the ›Great Kings‹ of Karkamish« in: *Anatolian Studies* 38, S. 99–108.

Hayes, J., und Miller, M. (1986): *A History of Ancient Israel and Judah,* Philadelphia.

Hayes, W. C. (1955): *A Papyrus of the Late Middle Kingdom in the Brooklyn Museum,* Brooklyn.

Hedges, R. (1981): Artikel zum ersten Symposium über C-14-Datierung und Archäologie, Groningen, 24.–28. August in: *Nature* 29. 10. 81.

Helck, W. (1961): *Materialien zur Wirtschaftsgeschichte des Neuen Reichs,* Bd. I, Wiesbaden.

Helck, W. (1962): *Die Beziehungen Ägyptens zu Vorderasien im 3. und 2. Jahrtausend v. Chr.,* Wiesbaden.

Helck, W. (1978): »Ein indirekter Beleg für die Benutzung des leichten Streitwagens in Ägypten zu Ende der 13. Dynastie« in: *JNES* 37, S. 337–340.

Helck, W. (1983): »Schwachstellen der Chronologie-Diskussion« in: *GM* 67, S. 43–49.

Helck, W. (1992): »Zur Chronologie-Diskussion über das Neue Reich« in: Akten des Zweiten Internationalen Kolloquiums über absolute Chronologie Schloß Haindorf/Langenlois, 12.–15. August 1990 in: *Ägypten und Levante* 3 (1992), S. 63–67.

Helck, W., und Otto, E. (Hg.) (1975): »Apis« in: *Lexikon der Ägyptologie,* Bd. 1, Sp. 338–348.

Henzberg, H. (1965): *Die Samuelbücher,* Göttingen.

Herzog, C., und Gichon, M. (1978): *Battles of the Bible,* London.

Herodot: *Historien,* griech.-dt., Hg. J. Feix, Bd. 1, München 1980.

Hess, R. S. (1993): *Amarna Personal Names,* Winona Lake.

Hoffman, M. (1984): *Egypt Before The Pharaohs,* New York.

Hole, F. (1987): »Issues in Near Eastern Chronology« in: O. Aurenche et al. (Hg.), *Chronologies in the Near East, British Archaeological Report S379,* Teil 2, S. 562.

Hornung, E. (1987): Diskussion im Rahmen des Kongresses *HML?* an der Universität Göteborg, August 1987 (erschienen in *HML?,* Teil 3).

Horowitz, W., und Shaffer, A. (1992): »A Fragment of a Letter from Hazor« in: *IEJ* 42, S. 165 f.

Hughes, J. (1990): *Secrets of the Times: Myth and History in Biblical Chronology,* Sheffield.

I

Ibrahim, M., und Rohl, D. M. (1988): »Apis and the Serapeum« in: *JACF* 2, S. 6–26.

Ben Isaiah, Rabbi A., und Sharfman, Rabbi B. (Übers.) (1949): *The Pentateuch and Rashi's Commentary,* Bd. I, Philadelphia.

Ishida, T. (1977): *The Royal Dynasties in Ancient Israel,* New York.

J

James, P. u. a. (1991): *Centuries of Darkness,* London.

James, P. (1982/83): »Forum«-Leserbrief in: *SIS Workshop* 5, 3, S.11 f.

Jean, C. F. (1951): *Archives royales de Mari,* Bd. II, Paris.

Jones, A. (1990): *Jones' Dictionary of Old Testament Proper Names,* Grand Rapids (erstmals 1856 veröffentlicht).

Jonsson, C. O. (1987): »The Foundations of the Assyro-Babylonian Chronology« in: *C & C Review* 9, S. 14–23.

Josephus Flavius: *Jüdische Altertümer,* dt. Übers. H. Clementz, nachgedr. Darmstadt 1985.

Josephus Flavius: *Kleinere Schriften (Gegen Apion),* dt. Übers. H.Clementz, nachgedr. Köln 1960.

K

Kammenhuber, A. (1968): *Die Arier im Vorderen Orient,* Heidelberg.

Karouzou, S. (1993): *National Museum: Illustrated Guide to the Museum,* Athen.

Kemp, B. J. (1980): »Egyptian Radiocarbon: A Reply to James Mellaart« in: *Antiquity* 54, S. 25–28.

Kemp, B. J. (1984): *Amarna Reports*, I, London, S. 185.

Kemp, B. J. (1989): *Ancient Egypt: Anatomy of a Civilization*, London.

Kempinski, A. (1974): »Tell el-Ajjul – Beth-Aglyim or Sharuhen?« in: *IEJ* 24, S. 145–152.

Kempinski, A. (1983): *Syrien und Palästina (Kanaan) in der letzten Phase der Mittelbronze II B-Zeit (1650–1570 v. Chr.)*, Wiesbaden.

Kempinski, A. (1988): »Jacob in History« in: *BAR* 14, 1, S. 42–47.

Kenyon, K. M. in: J. W. Crowfoot et al. (1957a), *The Objects from Samaria*, London.

Kenyon, K. M. (1957b): *Digging up Jericho*, London.

Kenyon, K. M. (1967): *Archäologie im Heiligen Land*, Neukirchen-Vlyun.

Kenyon, K. M. (1963): »Excavations in Jerusalem, 1962« in: *PEQ* 95, S. 7–21.

Kenyon, K. M. (1965): »Excavations in Jerusalem, 1964« in: *PEQ* 97, S. 13 f.

Kitchen, K. A. (1973): *The Third Intermediate Period in Egypt*, Warminster.

Kitchen, K. A. (1982): *Pharaoh Triumphant*, Warminster.

Kitchen, K. A. in: P. Aström (Hg.) (1987), »The Basics of Egyptian Chronology in Relation to the Bronze Age« in: *HML?*, Teil 1 (Göteborg), S. 37–55.

Kitchen, K. A. (1990): *The Egyptian Collection, Rio de Janeiro*, Warminster.

Kitchen, K. A. (1991): Rezension von *Centuries of Darkness* in: *Times Literary Supplement* no. 4598 (17. Mai), S. 21.

Kitchen, K. A. (1992): Diskussion des Exodus in: D. N. Freedman (Hg.), *Anchor Bible Dictionary*, Bd. II, New York, S. 702–707.

Kitchen, K. A. (1993): »Genesis 12 to 50 in the Near Eastern World« in: R. S. Hess et al. (Hg.), *He Swore an Oath: Biblical Themes from Genesis 12 to 50*, Cambridge, S. 67–92.

Klostenmann, D. A. (1887): *Die Bücher Samuelis und der Könige*, Nördlingen.

Kline, D. L. (1993): *Thomas Young: Forgotten Genius: An Annotated Narrative Biography*, Ohio.

Knudtzon, J. A. (1915): *Die el-Amarna Tafeln*, Leipzig (2. Ausgabe 1978).

Kuniholm, P. (1993): Appendix in: G. Summers, *Tille Huyuk* 4, S. 179–190.

L

Lacovara, P. (1991): »The Stone Vases at Kerma« in: W. V. Davies (Hg.), *Egypt and Africa: Nubia from Prehistory to Islam*, London, S. 118–128.

Langdon, S., und Fothringham, J. K. (1928): *The Venus Tablets of Ammizaduga*, London.

Lasken, J. (1991): »Should the European Oak Dendrochronologies be Re-examined?« in: *C & C Review* XIII, S. 28–32.

Lasken, J. (1992): »The Radiocarbon Evidence From Thera: An Alternative Interpretation« in: *JACF* 5, S. 68–76.

Lauer, J.-P., und Picard, Ch. (1955): *Les statues ptolémaïques du Sarapieion de Memphis*, Paris.

Lauer, J.-P. (1977): *Saqqara: Die Königsgräber von Memphis*, Bergisch Gladbach.

Leahy, A. (Hg.) (1990): »Abydos in the Libyan Period« in: *Libya and Egypt c. 1300–750 BC*, London, S. 155–200.

Leclant, J., und Yoyotte, J. (1952): »Notes d'histoire et de civilisation éthiopienne« in: *BIFAO* 51, S. 1–39.

Legrain, G. (1897): »Deux stèles trouvées à Karnak en février 1897« in: *ZÄS* 35, S. 13–16.

Legrain, J. (1914): *Catalogue général des antiquités égyptiennes du Musée du Caire: Statues et statuettes*, Bd. III, Kairo.

Lehmann, J. (1975): *Die Hethiter: Volk der tausend Götter*, München.

Lichtheim, M. (1973): *Ancient Egyptian Literature*, Bd. I, London.

Lichtheim, M. (1980): *Ancient Egyptian Literature*, Bd. III, London.

Lieblein, J. (1914): *Recherches sur l'histoire et la civilisation de l'ancienne Égypte*, Leipzig.

Luckenbill, D. D. (1926): *Ancient Records of Assyria and Babylonia*, Bd. I, Chicago.

Luckenbill, D. D. (1927): *Ancient Records of Assyria and Babylonia*, Bd. II, Chicago.

Luft, U. (1986): »Noch einmal zum Ebers-Kalender« in: *GM* 92, S. 69–77.

Luft, U. (1992): »Remarks of a Philologist on Egyptian Chronology« in: *HML?* (= *Ägypten und Levante* 3), S. 109–114.

M

Macadam, M. F. L. (1949): *The Temples of Kawa*, Bd. I, London.

Magnusson, M. (1978): *Auf den Spuren der Bibel: die berühmtesten Überlieferungen des Alten Testaments, von der Archäologie neu entdeckt*, München/Gütersloh/Wien.

Malamat, A. (1958): »The Kingdom of David and Salomon in its Contact with Aram Naharaim« in: *BA* 21,4, S. 96–102.

Málek, J. (1983): »Who was the first to identify the Saqqara Serapeum?« in: *Chronique d'Égypte* 58, S. 69–72.

Malinine, M., Posener, G., und Vercoutter, J. (1968): *Catalogue des stèles du Sérapéum de Memphis*, Paris.

Manley, W. P. (1988): »Tomb 39 and the Sacred Land« in: *JACF* 2, S. 41–57.

Manley, W. P. (1996): »The King of Egypt and his Queen in the Early 18th Dynasty« in: *Trahajos di Egiptologia* 1 (angekündigt).

Mariette, A. (1856): *Choix de monuments*, Paris.

Mariette, A. (1857): *Le Sérapéum de Memphis,* Paris.

Mariette, A. in: Maspero (Hg.) (1882), *Le Sérapéum de Memphis,* Paris.

Mars, K. (Hg.) (1954): *Eusebius Werke Bd. III, Praeparatio evangelica.*

Martin, G. T. (1994): *Auf der Suche nach dem verlorenen Grab. Neue Ausgrabungen verschollener und unbekannter Grabanlagen aus der Zeit des Tutanchamun und Ramses II. in Memphis,* Mainz.

Maspero, G. (1881): »A Hoard of Royal Mummies« in: *Institut Égyptien Bulletin,* Reihe 2, Nr. 2, nachgedr. bei: C. W. Ceram (Hg.), *The World of Archaeology,* London 1966, S. 149–153.

Maspero, G. (1889): *Les momies royales de Deir el-Bahari,* Kairo.

Maspero, G. (1925): *The Struggle of the Nations,* 2. Aufl., London.

Mayrhofer, M. (1966): *Die Indo-Arier im Alten Vorderasien,* Wiesbaden.

Mazar, B. (1963): »The Military Élite of King David« in: *VT* 13, Leiden, S. 310–320.

Mazar, B. (1986): *The Early Biblical Period,* Jerusalem.

Mazar, B. (1990): *Archaeology of the Land of the Bible: 10000–586 BCE,* New York.

McCarter, P. K. (1986): »The Historical David« in: *Interpretation* 40, 2, S. 117–129.

McCarter, P. K. (1984): *II Samuel: A New Translation with Introduction Notes and Commentary,* Anchor Bible, New York.

McGovern, P., u. a. (1993): »The Late Bronze Egyptian Garrison at Beth Shan: Glass and Faience Production and Importation in the Late New Kingdom« in: *BASOR* 290/91, S. 1–28.

Mellaart, J. (1979): »Egyptian and Near Eastern Chronology: A Dilemma?« in: *Antiquity* 53, S. 6–18.

Mellaart, J. (1980): »James Mellaart Replies to his Critics« in: *Antiquity* 54, S. 225 ff.

Mendenhall, G. (1973): *The Tenth Generation,* Baltimore.

Milik, J. T., und Cross, F. M. Jr. (1954): »Inscribed Javelin-heads from the Period of the Judges: A Recent Discovery in Palestine« in: *BASOR* 134, S. 5–15.

Miller, J. M. (1974): »Saul's Rise to Power« in: *Catholic Biblical Quarterly* 36, S. 160–164 u. 173 f.

Miller, J. M. (1975): »Geba/Gibeah of Benjamin« in: *VT* 25, S. 145–166.

Mitchell, W. A. (1990): »Ancient Astronomical Observations and Near Eastern Chronology« in: *JACF* 3, S. 18–20.

Montet, P. (1947): *Les constructions et le tombeau d'Osorkon II à Tanis,* Paris.

Montet, P. (1951): *Les constructions et le tombeau de Psusennes I à Tanis,* Paris.

Montet, P. (1960): *Les constructions et le tombeau de Chechonq III à Tanis,* Paris.

Montet, P. (1970): *Das Leben der Pharaonen,* Frankfurt/M.

Moran, W. L. (1987): *Les lettres d'el-Amarna: Correspondance diplomatique du pharaon,* Paris.

Moran, W. L. (1992): *The Amarna Letters,* John Hopkins, Baltimore.

Morkot, R. (1991): Kapitel 9 in: P. James u. a., *Centuries of Darkness,* London.

Morkot, R.: *Economic and Cultural Exchange Between Kush and Egypt from the New Kingdom to the Meroitic Period,* in Kürze erscheinende Dissertation, University College London.

Moscati, S. (1966): *Die Phöniker: Von 1200 vor Christus bis zum Untergang Karthagos,* Zürich.

Muller, W. M. in: T. K. Cheyne und J. Sutherland Black (Hg.) (1888), *Encyclopaedia Biblica,* Bd. IV, Sp. 4486, Anm. 5, London.

Muller, P. M., und Stephenson, F. R. (1975): »The Acceleration of the Earth and Moon from Early Astronomical Observations« in: G. D. Rosenberg und S. K. Runcorn (Hg.), *Growth Rhythms and the History of the Earth's Rotation,* London, S. 459–533.

Murnane, W. J. (1977): Ancient Egyptian Coregencies, Chicago.

N

Na'aman, N. (1986): »Habiru and Hebrews: the Transfer of a Social Term to the Literary Sphere« in: *JNES* 45, 4, S. 271–288.

Naville, E. (1885): *The Store-City of Pithom and the Route of the Exodus,* London.

Naville, E. (1887): *The Shrine of Saft el-Henneh and the Land of Goshen,* London.

Negev, A. (Hg.) (1991): *Archäologisches Bibellexikon,* neu überarbeitete Auflage, Neuhausen-Stuttgart.

Newberry, P. E. (1943): »Co-regencies of Ammenemes III, IV and Sebeknofru« in: *JEA* 29, S. 74 f.

Newgrosh, B. (1992): »Living with Radiocarbon Dates: A Response to Mike Baillie« in: *JACF* 5, S. 59–67.

Newgrosh, B. et al. (1994): »The el-Amarna Letters and Israelite History« in: *JACF* 6, S. 33–64.

Newton, I. (1728): *The Chronology of Ancient Kingdoms Amended,* London.

Nims, C. F. (Hg.) (1970): *Medinet Habu,* Bd. VIII, Chicago.

Noth, M. (1928): *Israelitische Personennamen,* Stuttgart.

Noth, M. (1938): »Die Wege der Pharaonenheere in Palästina und Syrien; IV. Die Schoschenkliste« in: *ZDPV* 61, S. 277–304.

Noth, M. (1950 ff.): *Geschichte Israels,* Göttingen (*The History of Israel,* London 1958).

O

Odelain, O. und Séguineau, R. (1981): *Dictionary of Proper Names and Places in the Bible,* London (dies. mit Schierse, Franz, *Lexikon der biblischen Eigennamen,* Düsseldorf u. Neukirchen-Vluyn 1981).

P

Pardee, D., und Swerdlow (1993): »Not the Earliest Solar Eclipse« in: *Nature* 363, S. 406.

Parker, R. A. (1950): *The Calendars of Ancient Egypt,* Chicago.

Parker, R. A. (1966): »King Py, a Historical Problem« in: *ZÄS,* S. 111–114.

Parker, R. A., u. a. (1979): *Edifice of Taharqa,* London.

Petrie, W. M. F. (1885): *Tanis,* London.

Petrie, W. M. F. (1904): »Notes on the XIXth an XXth Dynasties« in: *PSBA* 26, S. 36–41.

Petrie, W. M. F. (1894): *A History of Egypt,* Teil 1, London.

Petrie, W. M. F. (1905): *A History of Egypt,* Teil 3, London.

Petrie, W. M. F. (1906): *Researches in Sinai,* London.

Pitard, W. T. (1987): *Ancient Damascus,* Winoan Lake.

Pitard, W. T. (1988): »The Identity of Bir-Hadad of the Melqart Stela« in: *BASOR* 272, S. 3–21.

Poebel, A. (1942): »The Assyrian King List from Khorsabad – Concluded« in: *JNES* 2, S. 56–90.

Porter, B., und Moss, R. L. B. (1981): *Topographical Bibliography of Ancient Egyptian Hieroglyphic Texts, Reliefs, and Paintings,* Bd. III: *Memphis,* Teil 2, Oxford.

Porter, R. M. (1994): »Tree Rings from Tille Hoyuk« in: *C & C Workshop* 1994, Bd. 1, S. 20.

Posener, G. (1939): »Nouveaux textes hiératiques de proscription« in: R. Dussaud: *Mélanges syriens offerts à M. René Dussaud,* Bd. 1, S. 313–317.

Posener, G. (1940): *Princes et pays d'Asie et de Nubie,* Brüssel.

Pritchard, J. B. (1969): *Ancient Near Eastern Texts Relating to the Old Testament,* Princeton.

Pritchard, J. B. (Hg.) (1974): *Solomon and Sheba,* London.

Q

Quibell, J. E. (1898): *The Ramesseum,* London.

Quirke, S. (1990): *The Administration of Egypt in the Late Middle Kingdom,* New Malden.

R

Rainey, A. (1978): *El Amarna Tablets 257–379 – Supplement to J. A. Knudtzon: Die El-Amarna Tafeln,* 2. rev. Aufl., Neukirchen-Vluyn.

Rainey, A. (1965): »The Kingdom of Ugarit« in: *BA* 28, S. 102–128.

Rammant-Peeters, A. (1983): *Les pyramidions égyptiens du nouvel empire,* Löwen.

Ranke, H. (1910): *Keilschriftliches Material zur altägyptischen Vokalisation,* Berlin.

Ranke, H. (1935): *Die ägyptischen Personennamen,* Bd. 1, Glückstadt.

Ray, J. (1991): »The Name of the First: Thomas Young and the Decipherment of Egyptian Writing« in: *JACF* 4, S. 49–55.

Redford, D. B. (1984): *Akhenaten: The Heretic King,* Princeton.

Reeves, C. N. (1990): *Valley of the Kings,* London.

Reymond, E. A. E. (1973): *Catalogue of Demotic Papyri in the Ashmolean Museum,* Bd. 1, Oxford.

Robins, G. (1994): »Women and Children in Peril: Pregnancy, Birth and Infant Mortality in Ancient Egypt« in: *KMT* 5.4, S. 24–35.

Rohl, D. M., und James, P. (1983): »An Alternative to the Velikovskian Chronology of Ancient Egypt: A Preview of Some Recent Work in the Field of Ancient History« in: *SIS Workshop* 5.2, S. 12–21.

Rohl, D. M. (1985): »Forum« in: *SIS Workshop* 6.2, S. 21–26.

Rohl, D. M., und Newgrosh, B. (1988): »The el-Amarna Letters and the New Chronology« in: *C & C Review* 10, S. 33 f.

Rohl, D. M. (1989): »Director's Report« in: *JACF* 4, S. 3 f.

Rohl, D. M. (1990): »The Early Third Intermediate Period: Some Chronological Considerations« in: *JACF* 3, S. 45–69.

Rohl, D. M. (1992): »A Test of Time: The New Chronology of Egypt and its Implications for Biblical Archaeology and History« in: *JACF* 5, S. 30–58.

Rohl, D. M. (1992): »Some Chronological Conundrums of the 21st Dynastie« in: *Ägypten und Levante* 3, S. 137 ff.

Rohl, D. M. (1992): »The Length of Sojourn in Egypt« in: *C & C Workshop* 1992, 1, S. 48 f.

Romer, J. (1981): *Valley of the Kings,* London.

Rose, L. E. (1994): »The Astronomical Evidence for Dating the End of the Middle Kingdom of Ancient Egypt to the Early Second Millennium: A Reassessment« in: *JNES* 53, S. 237–261.

Ross, J. (1967): »Gezer in the Tell el-Amarna Letters« in: *BA* 30, S. 62–70.

Rowley, H. H. (Hg.) (1969): *The New Atlas of the Bible,* London.

S

Sawyer, J. F. A., und Stephenson, F. R. (1970): »Literary and Astronomical Evidence for a Total Eclipse of the Sun in Ancient Ugarit on 3 May 1375 BC« in: *BSOAS* 33, S. 467–489.

Schaeffer, C. F. A. (1948): *Stratigraphie comparée et chronologie de l'Asie occidentale (IIIe et IIe millénaires),* Oxford.

Schley, D. G. (1989): *Shiloh: A Biblical City in Tradition and History,* JSOT Supplement Series 63, Sheffield.

Seligman, C. G. (1934): *Egypt and Negro Africa: A Study in Divine Kingship,* London.

Sethe, K. H. (1904): »Der Name Sesostris« in: *ZÄS* 41, S. 43–57.

Sethe, K. H. (1926): *Die Ächtung feindlicher Fürsten, Völker und Dinge auf altägyptischen Tongefäßscherben des Mittleren Reiches,* Berlin.

Singer, I. (1985): »The Beginning of Philistine Settlement in Canaan and the Northern Boundary of Philistina«, in: *Tel Aviv* 12.2, S. 109–122.

Singer, I. (1994): »Egyptians, Canaanites, and Philistines in the Period of the Emergence of Israel« in: Finkelstein, I., und Na'aman, N. (Hg.) (1994), S. 282–338.

Shaw, I. M. (1985): »Egyptian Chronology and the Irish Oak Calibration« in: *JNES* 44, S. 295–304.

Shiloh, Y. (1979): *The Proto-Aeolic Capital and Israelite Aschlar Masonry* (*Qedem* 11), Jerusalem.

Shiloh, Y. (1981): »The City of David Archaeological Project; The Third Season, 1980« in: *BA* 44, S. 161–170.

Smith, G. A. (1894): *The Historical Geography of the Holy Land,* London.

Smith, H. S. (1972): »Dates of the Obsequies of the Mother of Apis« in: *Revue d'Égyptologie* 24, S. 176–187.

Smith, W. S. (1965): *The Art and Architecture of Ancient Egypt,* Baltimore.

von Soden, W. (1966): *Akkadisches Handwörterbuch,* Wiesbaden.

Soggin, J. A. (1975): *Old Testament and Oriental Studies, Biblica et Orientalia* 29, Rom.

Soggin, J. A. (1984): *A History of Israel,* London.

Spalinger, A. (1979): »The Military Background of the Campaign of Piye (Piankhy)« in: *SaK* 7, S. 273–301.

Stager, L. E. (1982): »The Archaeology of the East Slope of Jerusalem and the Terraces of the Kidron« in: *JNES* 41, S. 111–121.

Stager, L. E. (1990): »Shemer's Estate« in: *BASOR* 277/8, S. 93–107.

Stamm, J. J. (1960): »Der Name David« in: *Supplement to VT 7,* Leiden, S. 175–181.

Steiner, M. L. (1994): »Redating the Terraces of Jerusalem« in: *IEJ* 44, S. 13–20.

Stiebing, W. H. (1989): *Out of the Desert?,* Buffalo.

Stock, H. (1942): *Studien zur Geschichte und Archäologie der 13. bis 17. Dynastie Ägyptens, unter besonderer Berücksichtigung der Scarabäen dieser Zwischenzeit (ÄF* 12*).*

Strabo, *Geographica,* Buch XVII, dt. Übers. (1908–1911), 4 Bde., Berlin.

Strong, J. (1896): *The Exhaustive Concordance of the Bible,* New York.

T

Thiele, E. (1983): *The Mysterious Numbers of the Hebrew Kings,* Grand Rapids.

Thomas, E. (1979): »The Key of Queen Inhapi« in: *JARCE* 16, S. 85–92.

Thompson, T. L. (1992): *Early History of the Israelite People From the Written and Archaeological Sources,* Leiden.

Torr, C. (1896): *Memphis and Mycenae* (Cambridge), nachgedr. in: *ISIS Occasional Publication*, Bd. I (1988).

Tsevat, M. (1954): »The Canaanite God Salah« in: *VT* 4, S. 41–49.

Tsevat, M. (1975): »Ishbosheth and Congeners: The Names and their Study« in: *HUCA* 46, S. 71–87.

U

Ussishkin, D. (1980): »Was the ›Solomonic‹ City Gate at Megiddo Built by King Solomon?« in: *BASOR* 239, S. 1–18.

Ussishkin, D. (1990): »Notes on Megiddo, Gezer, Ashdod, and Tel Batash in the Tenth to Ninth Centuries B.C.« in: *BASOR* 277/278, S. 71–91.

V

Valloggia, M. (1974): »Les Vizirs des XIe et XIIe Dynasties« in: *BIFAO* 74, S. 123–134.

de Vaux, C. (Übers.) (1898): *Masudi: L'abrégé des merveilles*, Paris.

de Vaux, R. (1978): *The Early History of Israel,* Bd. II, London.

de Vaux, R. (1940): Übersicht über die Veröffentlichungen zum Thema Ugarit in: *Revue Biblique* 49, S. 248–258.

van der Veen, P. G. (1989): *I Samuel and the Habiru-Problem* (Löwen); der Evangelischen Theologischen Fakultät von Löwen vorgelegte Arbeit zur Erlangung des Lizentiats in Theologie.

van der Veen, P. G. (1990): »The el-Amama *Habiru* and the Early Monarchy in Israel« in: *JACF* 3, S. 72–78.

van der Veen, P. G. (1993): »The *Habiru* as the *Ibrim* of I Samuel and the Implications for the ›New Chronology‹« in: *C & C Review* 15, S. 33.

Velikovsky, I. (1962): *Zeitalter im Chaos. Vom Exodus zu Echnaton,* Zürich.

Velikovsky, I. (1966): *Oedipus und Echnaton. Mythos und Geschichte,* Zürich.

Velikovsky, I. (1978): *Die Seevölker,* Frankfurt/M.

Velikovsky, I. (1983): *Ramses II. und seine Zeit,* Frankfurt/M.

Vercoutter, J. (1958): »Une épitaphe royale inédite du Sérapéum« in: *MDAIK* 16, S. 340 f.

Vercoutter, J. (1960): »The Napatan Kings and Apis Worship« in: *Kush* 8, S. 62–76.

Vercoutter, J. (1966): »Semna South Fort and the Records of Nile Levels at Kumma« in: *Kush* 14, S. 125–164.

W

Waddell, W. G. (1940): *Manetho,* griech.-engl., London.

Walker, C. B. F. (1989): »Eclipse Seen at Ancient Ugarit« in: *Nature* 338, S. 204 f.

Wallenfels, R. (1983): »Redating the Byblian Inscriptions« in: *JANES* 15, S. 79–118.

Ward, W. A. (1984): in: O. Tufnell, *Studies on Scarab Seals,* Bd. II, Warminster.

Warren, P. und Hankey, V. (1989): *Aegean Bronze Age Chronology,* Bristol.

Warren, P., (1991): »The Minoan Civilisation of Crete and the Volcano of Thera« in: *JACF* 4, S. 29–39.

Weigal, A. (1911): »Miscellaneous Notes« in: *ASAE* 11, S. 5 f.

Weinstein, J. (1980): »Palestinian Radiocarbon Dating: A Reply to James Mellaart« in: *Antiquity* 54, S. 21–24.

Weir, J. D. (1982): »The Venus Tablets: A Fresh Approach« in: *JHA* 13, S. 23–49.

Whiston, W. (engl. Übers.) (1960): *Josephus: Complete Works,* Glasgow.

Wightman, G. J. (1985): »Megiddo VIA-III: Associated Structures and Chronology« in: *Levant* 17, S. 117–129.

Wilkinson, J. G. (1828): *Materia Hieroglyphica,* Malta.

Wilson, E. (1887): Ein Artikel in: *The Century Magazine,* Mai-Ausgabe, London.

Wilson, J. A. (1950): »The Hymn to the Aton« in: *ANET,* S. 369 ff.

Wilson, J. A. (1969): »An Egyptian Letter« in: J. B. Pritchard (Hg.), *ANET,* Princeton, S. 475.

Winkler, E., und Wilfing, H. (1991): *Tell el-Dab'a VI: Anthropologische Untersuchungen an den Skelettresten der Kampagnen 1966–69, 1975–80, 1985,* Wien.

Winlock, H. E. (1931): »The Tomb of Queen Inhapi: An Open Letter to the Editor« in: *JEA* 17, S. 107–110.

Wood, B. G. (1990): »Dating Jericho's Destruction: Bienkowski is Wrong on All Counts« in: *BAR* 16:5, S. 45–49 und 68 f.

Wright, G. E. (1966): »Fresh Evidence for the Philistine Story« in: *BA* 29:3, S. 70–86.

X Y Z

Yadin, Y. (1976): »Hazor« in: Avi-Yonah, M., und Stern, E., (Hg.), *Encyclopedia of Archaeological Excavations in the Holy Land,* Bd. II, London, S. 474–495.

Yadin, Y. (1977): »Megiddo« in: Avi-Yonah, M., und Stern, E. (Hg.), *Encyclopedia of Archaeological Excavations in the Holy Land,* Bd. III, London, S. 830–856.

Yamaguchi, D. K. (1986): »Interpretation of Cross Correlation Between Tree-Ring Series« in: *Tree Ring Bulletin* 46, S. 47–54.

Yoyotte, J. (1961): »Les principautés du Delta au temps de l'anarchie libyenne« in: *Mélanges Maspero* I:4, S. 121–179.

Yurco, F. J. (1986): »Merenptah's Canaanite Campaign« in: *JARCE* 23, S. 189–215.

Einleitung

1 T. L. Thompson, 1992, S. 403 f.

2 E. R. Thiele, 1983, S. 33.

3 K. A. Kitchen, 1973.

4 Auf die Ägäis, Kreta und Zypern fällt der lange Schatten des griechischen Dunklen Zeitalters. Das hethitische Reich in Anatolien verschwindet in einem eigenen neohethitischen Dunklen Zeitalter; die Städte in Kanaan verarmen kulturell oder werden sogar verlassen; und Ägypten verliert sein mächtiges Reich, das sich einst vom Norden Kanaans bis hinunter zum dritten Nil-Katarakt im Herzen des afrikanischen Königreichs von Kusch erstreckte.

5 Siehe zum Beispiel D. A. Aston, 1989, S. 139–153 und P. James, 1991, S. 220–259.

6 Die in diesem Buch angegebenen »orthodoxen« Daten zitiere ich aus drei Publikationen. Für die 21. bis 26. Dynastie benutze ich die Daten aus Kitchens *The Third Intermediate Period in Egypt*, und auch für die 11. bis 20. Dynastie zitiere ich Kitchen, diesmal seine früh ansetzende Chronologie aus dem Beitrag »The Basics of Egyptian Chronology in Relation to the Bronze Age« in: P. Astrom (Hg.), *High, Middle or Low?*, Teil 1, Göteborg 1987, S. 37–55. Für die 1. bis 10. Dynastie habe ich auf die Daten von Baines und Malek, *Weltatlas der alten Kulturen/Ägypten*, S. 36 zurückgegriffen, da Kitchen seine Chronologie für diese frühe Zeit bisher noch nicht veröffentlicht hat. Aus der Verwendung dieser zwei verschiedenen Chronologien (der früh ansetzenden von Kitchen und der Standardchronologie von Baines und Malek) ergibt sich eine Differenz von 60 Jahren für den Beginn der 11. Dynastie (1. Regierungsjahr Antefs I.). Um einen Näherungswert für Kitchens Datierung der 1. bis 10. Dynastie zu gewinnen, sollte der Leser 60 Jahre von den Jahreszahlen abziehen, die in diesem Buch angegeben werden. Ich habe die zusätzlichen 60 Jahre der Ersten Zwischenzeit zugeschlagen, da es mir durch diesen Kunstgriff möglich ist, Daten zu verwenden, die auch in anderen Arbeiten benutzt werden, statt Daten zu interpolieren, die sich sonst nirgends finden.

7 Siehe C. Schaeffer, 1948, S. 534–537.

8 B. Bell, 1975, S. 223–269.

9 Bietak nimmt an, daß der Kult des Seth in Auaris von König Nehsi oder seinem Vater am Anfang der 14. Dynastie ins Leben gerufen wurde; zum Seth-Kult siehe die Diskussion bei M. Bietak, 1990, S. 11–16.

10 Wie sie »wörtlich« bei Josephus (*Contra Apionem* 1,14) überliefert sind. Deutsche Übersetzung in *Des Flavius Josephus kleinere Schriften*. (Selbstbiographie. Gegen Apion. Über die Makkabäer.) Übers. von Heinrich Clementz, Halle 1901, S. 102.

11 Zum Konflikt zwischen Sekenenre und Apophis siehe Papyrus Sallier I (BM 10 185), eine englische Übersetzung findet sich in ANET, S. 231 f.

12 Herodot 2,102–110.

13 Diodorus Siculus 1,53–58 f.

14 E. R. Thiele, 1983, S. 80 f.

15 Ich verwende hier die ältere Namensform statt des modernen »Pije«. Meiner Meinung nach ist die Frage, ob die Namen Pianchi und Pije denselben kuschitischen Pharao bezeichnen, noch nicht abschließend geklärt, und der König, der auf der großen schwarzen Stele von seinen Feldzügen gegen Tefnacht von Sais berichtet, wird dort Pianchi genannt.

16 Siehe Genesis 46,8–27. Jakobs engere Familie hat 70 Mitglieder (laut Bibel Söhne, Töchter und deren Nachkommen), dazu kommen die Ehefrauen von Jakobs Söhnen, deren Zahl nicht genannt wird. Die Septuaginta fügt die fünf Nachkommen Efraims hinzu, so daß sich eine Gesamtzahl von 75 Familienmitgliedern ergibt. Vgl. Apostelgeschichte 7,14.

17 Siehe A. Biran und J. Naveh, 1993, S. 81–98.

18 Die Datierung der »salomonischen« Tore ist seit längerer Zeit ein Streitpunkt. Heute vertreten zahlreiche Archäologen die Ansicht, daß es eine weite Zeitspanne für die Datierung der Tore gibt und daß die meisten auf die nachsalomonische Zeit zu datieren sind. Siehe zum Beispiel D. Ussishkin, 1990, S. 71–91.

Kapitel eins

1 A. Mariette, 1882, S. 4.

2 In einer anderen schon lange geführten Debatte geht es um die Lokalisierung der königlichen Begräbnisstätten der 1. Dynastie. Die Mehrheit der Wissenschaftler plädiert für die Wüstennekropole in Abydos, während andere für Sakkara eintreten.

3 Strabon 17,1,32.

4 J. P. Lauer und Ch. Picard, 1955, S. 108–118.

5 Diese Darstellung der Entdeckung ist die Fassung, die Mariette selbst und spätere Autoren verbreitet haben. Um der historischen Wahrheit willen sollte jedoch festgehalten werden, daß, wie Jaromír Málek (1983, S.69–72) gezeigt hat, die Lage des Serapeums schon einem englischen Reisenden namens A. C. Harris bekannt war, der Sakkara im Jahre 1847 besuchte.

6 Seit dem 23. Regierungsjahr des Amasis wurden Steinsarkophage aufgestellt, während die Sarkophage vom 52. Regierungsjahr Psammetichs an bis zu Amasis wahrscheinlich aus Holz waren, von dem nichts mehr vorhanden ist. Zur Diskussion um das Datum der Einführung von Steinsarkophagen siehe B. Gunn, 1926, S. 92–94.

7 *Mss. Fonds français*, Nouv. acq. Nr. 22948, fo. 105,3.

8 A. Mariette, 1882, S. 57 u. 116.

9 Einige Stelen der ägyptischen Sammlung wurden vom Vizekönig von Ägypten, Said Pascha, an europäische Würdenträger verschenkt. Die meisten dieser Stücke sind heute in den Nationalmuseen Österreichs, Großbritanniens, Dänemarks, Deutschlands und Rußlands zu sehen.

10 Ein kurzer Bericht über die neuen Ausgrabungen findet sich bei M. Ibrahim und D. Rohl, 1988, S. 12–14.

11 Die Existenz dieses *Journal des Fouilles* und sein späteres Schicksal werden durch eine Fußnote in einem Artikel von Émile Chassinat (1899, S. 56, Anm. 3) belegt, in der er feststellt: »Ich konnte weder Mariettes Grabungsbuch noch das Fundbuch, das er zusammengestellt hatte, benutzen. Diese Dokumente wurden vor mehr als fünfzehn Jahren von der Verwaltung des [französischen] Nationalmuseums an M. Grébaut ausgeliehen und sind bis jetzt nicht zurückgegeben worden.«

12 M. Malinine u. a., 1968.

13 Bei dieser Neudatierung müssen vor allem Stil und Inhalt der Texte sowie gewisse noch zu füllende Lücken in der Abfolge der Begräbnisse berücksichtigt werden, weil es kaum Informationen auf den jeweiligen Fundort der Stücke gibt.

14 Die Datierungsprobleme bei nicht nach Regierungsjahren datierten Stelen werden im Vorwort von M. Malinine u. a., 1968, S. VII–XVI, diskutiert.

15 Das hier benutzte Nummernsystem wurde aus dem neuen Katalog übernommen. Es ist das letzte einer verwirrenden Vielzahl von Numerierungen, mit denen diese Stelen bedacht wurden. Ich hielt es für das Beste, die neuen Nummern anzugeben, da der Katalog alle Referenznummern der früheren Nummernsysteme angibt.

16 J. Vercoutter, 1958, S. 340 f.

17 Für die Zuschreibung der Stele aus dem 4. Regierungsjahr an Taharka siehe J. Vercoutter, 1960, S. 67–71.

18 Mündliche Auskunft des jetzigen Grabungsleiters am Serapeum, Mohamed Ibrahim Aly, im September 1991.

19 Alle Gelehrten sind übereinstimmend der Meinung, daß Psammetich I. seine Regierung im Jahre 664/663 v. Chr. nach der Plünderung Thebens durch die assyrische Armee unter Assurbanipal antrat. Diese Datierung wird sowohl durch die Apis-Stelen selbst als auch durch Querverweise in einem Netz von Daten der griechischen Historiker und der Berichte der neubabylonischen Zeit bestätigt. Eine Zusammenfassung der Belege findet sich bei C. O. Jonsson, 1987, S. 14–23.

20 K. A. Kitchen, 1987, Tafel 5, S. 52.

21 Es gibt ein einziges Monument aus der Zeit Scheschonks I., das als Beleg für den Apiskult in der frühen 22. Dynastie angeführt wird. Dabei handelt es sich um einen Kalksteinblock aus dem »Sitz des Apis« in Memphis, der 1878 von Emil Brugsch entdeckt wurde (1878, S. 37–43). Er wird allgemein als ein Einbalsamierungstisch für den Apis gedeutet und deshalb seinem Begräbniskult zugerechnet. Das verbindet Scheschonk I. aber noch nicht mit der Datierung für irgendein Apisbegräbnis und liefert auch keinen Hinweis auf eine Verbindung zwischen der 21. Dynastie und dem Kult. Darüber hinaus ist gezeigt worden, daß dieser Block vom König ursprünglich als Teil eines Gebäudes errichtet wurde und später in einer Pflasterung wiederverwendet wurde, niemals jedoch als Einbalsamierungstisch diente.

22 A. Mariette, 1882, S. 152 f.

Kapitel zwei

1 G. Maspero, 1889, S. 511–520.

2 Zum Beispiel E. Brugsch, 1891, S. 359–363, und G. Maspero selbst, 1925, der dort sehr eingängig von der Entdeckung berichtet.

3 Zum Beispiel J. A. Baikie, 1923, S. 157–161, E. Thomas, 1979, S. 85–92, und besonders J. Romer, 1981, S. 127–152.

4 A. Edwards, 1877, S. 450.

5 So veröffentlicht in J. Baikie, 1923, S. 158 f.

6 Die Aufnahmen, die Maspero bei diesem kurzen Besuch des geheimen Königsgrabes im Jahre 1881 machte, wurden von ihm als Reproduktion veröffentlicht, siehe G. Maspero, 1889, S. 523. Er gab damals als Datum das »Jahr 16« an; 1938 konnte jedoch Jaroslav Cerny die Inschrift einsehen und berichtigte entscheidend zu »Jahr 10«, siehe J. Cerny, 1945, S. 25 f.

7 Siehe W. P. Manley, 1988, S. 41–57.

8 Nach Ansicht von W. P. Manley, 1988, S. 55 f.

9 Nach G. Daressy, 1909.

10 Man könnte argumentieren, die Abd er-Rassuls seien dafür verantwortlich, daß die vier Särge am Eingang gefunden wurden. Sie hätten sie dort hingetragen, um bei ihren Plünderungen mehr Licht zu haben. Doch das scheint recht unwahrscheinlich. Dr. Nicholas Reeves, der führende Spezialist zum Tal der Könige führt folgendes aus (1990, S. 186): »Wenn man das Gewicht der Särge und den geringen Platz, in dem sie bewegt werden können, berücksichtigt – und die Tatsache, daß die Abd er-Rassuls das Versteck angeblich nur dreimal für höchstens ein paar Stunden betraten –, scheint es unwahrscheinlich, daß die ursprüngliche Aufstellung in irgendeiner bedeutsamen Weise verändert wurde. Ich gehe davon aus, daß Brugsch 1881 die Särge so vorfand, wie sie bereits in der Antike aufgestellt worden waren.

Kapitel drei

1 Als Montet nach Ägypten kam, wurde Tanis immer noch für die alte Stadt Ramses gehalten, die von den Kindern Israel während der Fronknechtschaft unter Ramses II. erbaut worden war. Doch es gab auch historische Belege dafür, daß Pi-Ramesse (das biblische Ramses) zu einer früheren Zeit die Hauptstadt der Hyksos-Dynastie Auaris gewesen war. Letztere wurde während der Zweiten Zwischenzeit (die direkt auf das ägyptische Mittlere Reich folgt) von ausländischen Invasoren erbaut, die laut Manetho aus Phönizien kamen. Da Byblos engen Kontakt zu den Pharaonen der 12. Dynastie Sesostris III., Amenemhet III. und Amenemhet IV. hatte, nahm Montet an, die Ausgrabungen in Auaris (San el-Hagar) könnten ihm für seine Untersuchung der phönizischen Beziehungen zum Land der Pharaonen hilfreich sein.

2 Aus einem Brief an Montets Frau, die damals in Frankreich war. Die Briefe sind heute im Besitz von Madame Camille Montet-Beaucour.

3 Siehe D. A. Aston, 1989, S. 143 f.

4 Siehe J. M. Ogden, 1991, S. 6–14.

5 A. Lézine in P. Montet, 1947, S. 46.

6 Siehe P. Montet, 1947, S. 71 ff. und Tafel 22.

7 Daß Kapes die Mutter von König Osorkon Sibast (II.) war, wissen wir von der Genealogie auf der Pasenhor-Stele (Stele 31). Mariette hatte sie in den Kleineren Grüften des Serapeums gefunden. Siehe M. Malinine u. a., 1968, S.30 f.

8 A. Lézine in P. Montet, 1947, Punkte 2 u. 3.

9 P. Brissaud, 1987, S. 22–25.

10 P. Montet, 1951, S. 84, Abb. 31.

11 Während der römischen und islamischen Zeit war es üblich, Kalkstein zu brennen, um daraus Kalk für Zement zu gewinnen. Viele altägyptische Denkmäler waren aus Kalksteinblöcken gemacht, so daß sie sich für die Kalkbrenner als leicht zugängliches Rohmaterial anboten. Die ägyptischen Städte im Delta litten am meisten unter dieser »Abbruch«-Tätigkeit, da sie in Meernähe lagen, was den Transport in andere Mittelmeerländer erleichterte.

Kapitel vier

1 Eine Reihe von Wissenschaftlern hat behauptet, Thomas Young habe Champollion die entscheidenden Hinweise zur Entschlüsselung jener Hieroglyphen geliefert, die er nicht einwandfrei erkennen konnte. Siehe beispielsweise J. Ray, 1991, S. 49–54. Spannende Anregungen zu Thomas Young, dem Universalgelehrten, bietet D. L. Kline, 1993.

2 E. Naville, 1885 und W. M. F. Petrie, 1885.

3 K. A. Kitchen, 1992 S.702–707.

4 Diese Angaben entsprechen der im allgemeinen anerkannten Chronologie des hebräischen Königtums von Edwin Thiele; siehe E. Thiele, 1983.

5 K. A. Kitchen, 1987, S. 52.

6 Zur Verdeutlichung dieses Phänomens zitiere ich aus der *Chambers Encyclopedia* in der Ausgabe von 1904 (Band X, S. 781): »Zahlreiche Kaiser besuchten York (sic!), und dort starb im Jahre 211 Severus und im Jahre 306 Constantius Chlorus. Und von York (sic!) brach sein Sohn Constantin der Große nach Rom auf, nachdem er von den Soldaten proklamiert worden war, den Purpur anzulegen.« Schließen wir aus diesem Text, daß die obengenannten römischen Kaiser in einer Stadt lebten, die sie York nannten?

7 Die Äbtissin Etheria erwähnt, daß sie während ihrer Pilgerreise durch das Heilige Land durch die Gegend Ramses reiste. Das Dokument, das ihre Aufzeichnungen enthält, wurde von Gamurrini in Arezzo entdeckt und in seiner Arbeit *I misteri e gli inni di San Ilario ed una peregrinazione ai luoghi santi nel quarto secolo* abgedruckt; siehe E. Naville, 1987, S. 19.

8 Der Begriff *dôr* ist nicht leicht zu definieren; der Kontext und die Verwendung legen jedoch etwas im Sinne von »Ära« nahe. Albright hat gezeigt, daß das sinnverwandte Wort *duru* aus dem Akkadischen einer Zeitspanne von rund achtzig Jahren entspricht. Dennoch wurde in den meisten Bibelübersetzungen der Begriff *dôr* einfach mit »Generation« übertragen.

9 Siehe M. Rowland (Hg.), 1994, S. 38 f.

10 J. J. Bimson, 1978, S.324.

Kapitel fünf

1 Während Champollion die Ergebnisse seiner Expedition nach Ägypten in den Jahren 1828/29 zur Veröffentlichung vorbereitete, brach er in Paris zusammen; er starb am 4. März 1832.

2 Daß Scheschonks Palästinafeldzug in seinem 20. Regierungsjahr stattgefunden hat, ist nicht dem Bubastiden-Portal selbst zu entnehmen. Man kann es von der Stele 100 ableiten, die in die Sandsteinquader von Dschebel es-Silsila eingemeißelt ist. Dort finden sich Anweisungen des Königs zur Errichtung eines Hofes und Tores in der Tempelanlage von Karnak. Als Datum der Inschrift wird das Jahr 21, 2. Monat von Schemu, angegeben (siehe R. Caminos, 1952, S. 46–61). Dennoch ist zu beachten, daß die Datierung des Feldzugs auf das Jahr vor der Anweisung zum Denkmal auf keinen eindeutigen Beweisen basiert; der Feldzug kann genauso zu einem früheren Zeitpunkt stattgefunden haben. Das 20. Regierungsjahr bietet nur ein passendes Datum für die Berechnungen.

3 J.-F. Champollion, 1868, S. 81

4 E. Thiele, 1983, S.80 f.

5 W. Max-Müller, 1888, Anm. 5.

6 Die Namensringe 26 und 27 (rechts von Nr. 29) stehen für die Städte Taanach und Megiddo; beide Städte befinden sich im Jesreel-Tal, also überhaupt nicht in der Nähe des Bergkönig-

reiches Juda. Wo sich Adar (Ring 28) befand, ist unbekannt. Die Ringe 30 bis 33 ([Heb]el, Honim, Aruna und Borim) links von Nr. 29 liegen im Karmelgebirge in der Nähe von Megiddo.

7 K. A. Kitchen, 1987, S. 37f. »Das früheste, allgemein anerkannte gesicherte Datum im alten Ägypten ist das Jahr 664 v. Chr., in dem die Herrschaft Psammetichs I., des Gründers der 26. Dynastie, beginnt. Die 25. Dynastie wird eindeutig mit der 26 Jahre dauernden Regierungszeit Taharkas von 690 bis 664 v. Chr. beendet; von 674–665 v. Chr. regierte er gleichzeitig mit den assyrischen Königen Assarhaddon und Assurbanipal. Schabako, der erste seiner beiden Vorgänger, regierte das Land laut assyrischen Zeugnissen spätestens 712 v. Chr., jedoch nicht vor 716 v. Chr., da die Assyrer damals noch Beziehungen zu Osorkon IV., (U)schilkanni, dem letzten König der 22. Dynastie, hatten.«

8 K. A. Kitchen, 1987, S.38.

9 K. A. Kitchen, 1973, S.72.

10 Durch den Bau des Staudamms wurde die jährliche Überschwemmung gestoppt. Das überschüssige Wasser wird im Nassersee gestaut und, über das Jahr verteilt, abgelassen. Wir müssen uns den Vorgang jedoch so vorstellen, wie er vor dem Bau des Dammes ablief, um den landwirtschaftlichen Jahreszyklus im alten Ägypten zu verstehen.

11 In der Astronomie gibt es kein Jahr 0 zwischen dem ersten Jahr v. Chr. und dem ersten Jahr n. Chr.

12 Nach Berechnung mit den Angaben von Censorinus ging Sothis am ersten Tag des ersten Monats von Achet im Jahre 2781 v. Chr. auf (zwei Sothisperioden vor 139 n. Chr.). Laut dem Papyrus Ebers ging Sothis im 9. Regierungsjahr Amenophis' I. am neunten Tag des dritten Monats (d. h. des Monats Ipet) der Jahreszeit Schemu auf. In vier aufeinanderfolgenden Jahren wird Sothis am gleichen Tag des bürgerlichen Kalenders aufgehen. Zwischen dem ersten Tag des ersten Monats von Achet und dem neunten Tag des dritten Monats von Schemu liegen 10 Monate (10×30 Tage) plus die ersten Tage des Monats Ipet = 309 Tage. Die Verschiebung um einen Tag entspricht vier Jahren in einer Sothisperiode, also entspricht die Differenz von 309 Tagen 1236 Tagen im sothischen Zyklus (309×4) plusminus 3 Jahre (dabei ist berücksichtigt, daß die Beobachtung vom neunten Tag des dritten Monats von Schemu in jedem der vier möglichen Jahre stattgefunden haben kann). Wenn die Sothisperiode 2781 v. Chr. begann, war das 9. Regierungsjahr Amenophis' I. 1236 { + –} 3 Jahre später – also zwischen 1548 und 1542 v. Chr. Im Jahre 1950 entschied sich Parker für das spätere Jahr 1542, wobei er bei seinen Berechnungen anhand des Papyrus Ebers davon ausging, daß die Beobachtungen des heliakischen Aufgangs in Memphis gemacht wurden. Parkers Datierung wurde allgemein anerkannt, so daß 1550 v. Chr. als das erste Regierungsjahr des Amenophis galt; das Neue Reich begann demnach 1575 v. Chr. – mit der Krönung von König Ahmose.

13 Siehe E. Hornung, 1964, S. 20 f.

14 Die Wissenschaftler schreiben Sethos I. in der Regel eine Regierungszeit von 15 Jahren zu; siehe z. B. A. Gardiner, 1961, S. 249 und K. A. Kitchen, 1987, S.52.

15 U. Luft, 1992, S. 112, und 1986, S. 71.

16 U. Luft, 1992, S. 113.

17 J. von Beckerath, 1992, S. 23: »Das Kalendarium auf der Rückseite des medizinischen Papyrus Ebers … ist jetzt so umstritten, daß sich die Frage erhebt, wieweit wir denn überhaupt noch eine sichere Grundlage für die Chronologie dieser Epoche der ägyptischen Geschichte besitzen, die bekanntlich von größter Bedeutung auch für die zeitliche Festlegung des geschichtlichen Ablaufes in den Nachbarländern ist.«

18 W. Helck, 1992, S. 64: »Daher erscheint es sicherer, zunächst von den überlieferten Regierungsdaten auszugehen als von unseren Interpretationen von realen oder angeblichen Sirius- oder Neumonddaten.«

19 E. Hornung, 1987, S. 35: »… alle diese Daten für das Neue Reich sind stichhaltig ohne die Berechnungen astronomischer Daten. Sie hängen nicht von einer Interpretation des Ebers-Datums ab. Es besteht immer noch Uneinigkeit über seinen Beobachtungspunkt; zudem ist unklar, ob diese Notiz auf dem Papyrus Ebers als Sothis-Datum zu verstehen ist.«

20 U. Luft, 1986, S. 72.

21 W. Barta, 1988, S. 7 ff.

22 J. J. Janssen, persönliche Mitteilung 1989.

23 M. Bietak, 1987, S. 91.

Kapitel sechs

1 Mittlerweile gibt es brauchbare Statistiken zum durchschnittlichen Sterbealter aufgrund von Daten, die von Friedhöfen aus der römischen Zeit Ägyptens und von Stätten aus der Mittleren Bronzezeit wie Tell ed-Daba stammen. Aus diesen Daten kann man schließen, daß die Lebenserwartung eines Menschen, der das Erwachsenenalter erreicht hatte, bei rund dreißig Jahren lag.

2 Beides erhöht die durchschnittliche Länge einer Generation, denn wir würden mit einer angeblichen Zeitspanne von zwei Generationen rechnen, obwohl in Wirklichkeit der Bruder oder Usurpator derselben Generation angehörten wie der vorherige Herrscher. Wenn beispielsweise neun der 88 Könige der babylonischen Königsliste derselben Generation angehörten wie ihre Vorgänger (d.h. rund 10 Prozent), müßten die 1476 Jahre durch 79 und nicht durch 88 geteilt werden – was eine durchschnittliche Generationslänge von 18,68 Jahren ergibt.

3 K. A. Kitchen, 1973, S. 79; M. L. Bierbrier, 1975, S. XVI.

4 Sicherlich waren nicht alle Vorsteher der Arbeiten leibliche Söhne des vorherigen Amtsinhabers. Auch ein Schwiegersohn oder Bruder konnte Nachfolger sein. Der Begriff »sa« aus dem

Alten Ägypten – übersetzt mit »Sohn« – sollte wohl eher als »Nachfolger« oder »Erbe« verstanden werden, denn er steht nicht unbedingt für eine Blutsverwandtschaft. Dennoch trifft eine durchschnittliche Generationslänge von 18 Jahren zu, da die Frage der Nachfolge beim Amt des Vorstehers der Arbeiten ähnlich wie bei den dynastischen Herrschern geregelt wurde. Die Genealogie der Vorsteher der Arbeiten ist daher für die Rückberechnungen ebenso hilfreich wie jede andere natürliche Genealogie wie beispielsweise die der Anchefenchons.

5 Es sei daran erinnert, daß die Beamten in Steinbrüchen arbeiteten und den Bau der Denkmäler aus Stein überwachten – die Staublunge war mit Sicherheit weit verbreitet.

6 R. Caminos, 1952, S. 46–61.

7 1270 (früher Ramses II.) nach trad. Chron. minus 925 (Stele 100 bei Dschebel es-Silsila, die auf den Vorsteher der Arbeiten Haremsaf bezogen wird) nach trad. Chron. = 345 Jahre, geteilt durch 18 (durchschnittliche Generation) = 19,16 Generationen. In der Liste der Bauleiter vom Wadi Hammamat werden zwischen dem frühen Ramses und dem späten Scheschonk aber nur neun Beamte aufgeführt, deshalb würden zehn Generationen fehlen, wenn die traditionelle Chronologie korrekt ist.

8 925 (Datum von Stele 100 = 21. Regierungsjahr Scheschonks I. nach trad. Chron.) minus 495 (26. Regierungsjahr von Darius I.) nach trad. Chron. = 430 Jahre geteilt durch 18 (durchschn. Generation) = 23,8 Generationen. In der Genealogie von Chnemibre sind zwischen Scheschonk I. (Haremsaf A) und Darius I. (Chnemibre) nur 14 Generationen, deshalb fehlen bis zu zehn Generationen, wenn die trad. Chron. korrekt ist.

9 Kitchen, 1973, S. 189.

10 1203 (Tod von Merenptah) nach trad. Chron. minus 900 (Mitte der Herrschaft von Osorkon I.) nach trad. Chron. = 303 Jahre, geteilt durch 18 (durchschn. Gen.) = 16,83 Generationen. In der Genealogie von Nespaherenhat sind zwischen Merenptah (Ipui) und Osorkon (Nespaherenhat) nur neun Generationen, so daß acht Generationen fehlen, wenn die trad. Chron. korrekt ist.

Kapitel sieben

1 Vom Verb *khef,* »plündern« – siehe *JEA* 39, S. 7, Fig. 2,9. Allerdings wird das Wort *khefa* oft mit »eingenommen« oder »gefangengenommen« übersetzt.

2 Siehe A. Jones, 1990, S. 196.

3 Kitchen, 1982, S. 67.

4 Was die Sache noch interessanter macht, ist die Tatsache, daß die Schreiber von Assurbanipal, des assyrischen Königs im 7. Jahrhundert, die gleiche Keilschrift verwendeten und ebenfalls das ägyptische »s« durch das »sch« in Keilschrift wiedergaben und andererseits »sch« als »s«, so daß das Königreich Kusch als Kûs(u) erschien! Zu Kûs(u) und Susink(u) vgl. den Rasam-Zylinder Assurbanipals; eine englische Übersetzung befindet sich in J. B. Pritchard, 1969, S. 294. Die Keilschrift ist eine Silbenschrift mit der Eigenart, daß regelmäßig ein Vokal am Ende angehängt wird, ohne Hinweis darauf, ob dieser auch gelesen werden soll.

5 Siehe J. B. Pritchard, 1969, S. 294 und H. Ranke, 1910, S. 34.

6 Papyrus Leningrad 1116B, auf die 18. Dynastie datiert. Siehe A. Gardiner, 1914, S. 100–106; oder M. Lichtheim, 1973, S. 139–145.

7 Für eine Übersetzung ins Englische siehe J. B. Pritchard, 1969, S. 272.

8 C. F. Nims (Hg.), 1970, Tafel 636.

9 Diese Übersetzung ist umstritten. Es ist möglich, daß durch Beschädigungen Wörter aus diesem Satz entfernt wurden, doch die vorhandenen Spuren weisen darauf hin, daß eine von der Tochter gehaltene Schale den Platz direkt unterhalb der erhaltenen Zeichen einnimmt, der Satz also vollständig ist.

10 Siehe etwa H. Ranke, 1935, S. 297 u. 320. Zu *Ssi* als Kürzel für den Namen einer Privatperson im Neuen Reich, der vollständig Merjamun-Ramses lautete, siehe ebenda, Nr. 11.

11 BM 10247. Siehe Faksimile in A. H. Gardiner, 1842, Tafeln XXXV–LXII; zur Übersetzung siehe J. B. Pritchard, 1969, S. 475–479.

12 Siehe L. Badre u. a., 1990, S. 17–22.

13 K. H. Sethe, 1904, S. 55.

14 W. M. F. Petrie, 1906, Tafel 156.

15 P. McGovern u. a., 1993, S. 18.

16 Wien 209. Veröffentlicht etwa in A. Rammant-Peters, 1983, S. 75 ff. u. Tafel XXXII.

17 Die Masoreten führten die Punktation ein, um in ihren Abschriften der hebräischen Schriften Vokale oder den Unterschied zwischen »s« und »sch« zu markieren. Dies geschah allerdings erst im 7. Jahrhundert n. Chr., mehr als 600 Jahre nach den Qumran-Rollen, deren Texte den Unterschied zwischen *sin* und *schin* nicht anzeigen. Zur Zeit der Masoreter waren daher mehr als 1500 Jahre vergangen zwischen den Ereignissen um die Plünderung von Jerusalem und dem schriftlichen Ausdruck der Vokalisierung des Namens Schischak durch die Punktationen.

18 Auf diese Möglichkeit wurde ich aufmerksam gemacht von Peter van der Veen, persönliche Mitteilung, April 1995.

19 Zuerst veröffentlicht als kurze Zusammenfassung in SSEA Journal VIII:3 (1978), S. 70. Die ausführliche Diskussion seiner Forschungsergebnisse erschien in F. J. Yurco, 1986, S. 189–215.

20 Viele dieser Punkte wurden von Professor Donald Redford in seiner Kritik an Yurcos Ergebnissen aufgeworfen, veröffentlicht in *IEJ* 36 (1986), S. 188–200.

21 J. Yoyotte, persönliche Mitteilung März 1995.

22 Daher der Titel »Bändiger« oder »Zähmer Gesers« der sich in einer Inschrift aus Amada findet.

23 Ich brachte diesen Punkt in einem von der ISIS gesponserten Seminar am Institut für Archäologie in London im Oktober 1993 zur Sprache. Professor Kitchen antwortete mit der Vermutung, die Israeliten hätten sich möglicherweise einige Streitwagen für ihren Eroberungsfeldzug verschafft. Ich glaube nicht, daß dies eine zufriedenstellende Erklärung ist, und sie steht im Widerspruch zu dem, was die biblischen Texte tatsächlich über die Militärtechnik der Israeliten in der Eroberungs- und Richterzeit sagen.

24 Aus der Militärstrategie der Israeliten in der Eroberungs- und Richterzeit geht hervor, daß sie über die Technik der Kampfwagen nicht verfügten. Als sie sich in der Zeit Deboras der Armee von Hazor entgegenstellten, wählten sie sumpfiges Gelände für den Kampf, um einen erfolgreichen Einsatz der feindlichen Kampfwagen zu verhindern (siehe C. Herzog u. M. Gichon, 1978, S. 49 u. 51–53). Insbesondere ist zu vermerken, daß Josua nach dem Sieg über die Kampfwagenverbände Hazors und der nördlichen Verbündeten die Lähmung der gegnerischen Pferde und die Zerstörung der Kampfwagen befahl, da die Israeliten keine Verwendung für sie hatten.

Kapitel acht

1 O. Odelain u. R. Séguineau, 1981, S. 357.

2 J. B. Pritchard, 1974, S. 35.

3 K. M. Kenyon, 1967, S. 244.

4 Y. Shiloh, 1979, S. 84.

5 Jerusalem ist der Ort, an dem wir mit Gewißheit auf salomonische Architektur stoßen könnten, aber leider ist es völlig unmöglich, an die entsprechenden Schichten des Tempelbergs heranzukommen – einfach deshalb, weil die politischen und religiösen Verhältnisse an dieser historischen Stätte jede archäologische Arbeit ausschließen.

6 Der archäologischen Zeitordnung zufolge, die den kulturellen Überresten des Alten Orients aufgestülpt wird, ist die Zeit von Haremhab bis Ramses II. die SB II B. Die frühere Amarnazeit wird als SB II A bezeichnet. Die Grenze zwischen diesen beiden Phasen der Späten Bronzezeit ist nicht klar festgelegt, weil die Gebrauchsdauer gewisser zur Datierung herangezogener Töpferwaren sich von Region zu Region unterscheidet. Im einen Gebiet mochte eine bestimmte Gefäßform oder -dekoration noch einige Jahre verwendet worden sein, nachdem sie in anderen Gebieten außer Gebrauch gekommen war. Da die typologische Grenze so schlecht definiert ist, ordnen wir die Herrschaftszeit Haremhabs am besten im Übergang von SB II A zu SB II B ein.

7 A. Negev, 1986, S. 238.

8 Die in Megiddo eingesetzten Ausgrabungstechniken haben zu beträchtlicher Verwirrung im Hinblick auf die Stratigraphie geführt. So können wir mit dem besten Willen nur sagen, daß der Übergang von Stratum VIII zu Stratum VII B irgendwann in den Zeitraum zwischen Haremhab und Sethos I. fällt.

9 A. Negev, 1986, S. 238.

10 Y. Yadin, 1977, S. 849.

11 Y. Yadin, 1977, S. 846.

12 Yigael Shiloh setzte die Freilegung der Gesteinsschicht 1980 fort; siehe Y. Shiloh, 1981, S. 166–169.

13 Siehe etwa K. Kenyon, 1963, S. 14.

14 K. M. Kenyon, 1963, S. 13.

15 V. Hankey, 1992, S. 26, und P. Warren u. V. Hankey, 1989, S. 148–154, legen das Ende der SH III A2 auf 1330 v. Chr. (d. h. in die Zeit von Tutanchamun). Allerdings wurden SH-III-A2-Gefäße jüngst von Geoffrey Martin in dem für Haremhab gebauten Grab von Sakkara gefunden (das vor seiner Zeit als Pharao begonnen wurde). Dort wurde später die Gemahlin des Königs, Königin Mutnodjmet, im 13. Regierungsjahr ihres Mannes begraben – mindestens 17 Jahre nach dem Tod Tutanchamuns. Der Fund läßt vermuten, daß einige SH-III-A2-Gefäße beträchtliche Zeit über die Herrschaft des jugendlichen Königs hinaus verwendet wurden. Obwohl diese Hinweise in Anbetracht des Fundortes recht unschlüssig sein mögen, können wir zumindest sagen, daß späte Formen aus SH III A2 noch bis ins 9. Regierungsjahr Haremhabs in Gebrauch waren, da Fragmente zweier Abschiedsrunkbecher aus der Übergangszeit SH III A2/III B im Grab Majas gefunden wurden, die aus diesem Herrschaftsjahr Haremhabs stammen – siehe V. Hankey, 1992, S. 22 f.

16 K. M. Kenyon, 1963, S. 14; siehe jedoch M. L. Steiner, 1994, S. 13–20, für Hinweise, wonach zumindest ein Teil der Terrassenanlage während der späten SB II B oder der frühen EZ I gebaut oder ausgebessert wurde.

17 Siehe G. Barkay, 1990, S. 94–106 (hebr.) und 1995, englische Fassung in Vorbereitung.

18 Wie von W. P. Manley vermutet, persönliche Mitteilung Dezember 1994.

19 A. Curtis, 1985, S. 44 f. Eine Reihe von Wissenschaftlern hat die Vermutung geäußert, daß »Scharelli« eine Tochter von Echnaton und Nofretete gewesen sein könnte. Mag diese Möglichkeit auch nicht auszuschließen sein, ist die Hypothese für mich doch schwer annehmbar, da die ägyptische Königsfamilie damals einen halbgöttlichen Status genoß und die meisten Töchter Echnatons mit ihrem Vater, dem Pharao, verheiratet wurden.

20 Leider wurden die Hieroglypheninschriften, die mehr über die besiegten Städte ausgesagt hätten, zerstört oder weggeschlagen. Cyril Aldred äußerte die Vermutung, daß gegen Ende von Echnatons Herrschaft militärische Vorbereitungen für einen Feldzug gegen die Stadt Geser in Gang waren. Ich muß allerdings zugeben, daß ich außerstande bin, diese ohne Beleg aufgestellte These zu bestätigen (C. Aldred,

1988, S. 283). Geser war bekanntlich die Stadt, die der Pharao eroberte, niederbrannte und dann seiner Tochter als Brautgeschenk für ihren Gemahl König Salomo gab (1 Könige 9,16).

Kapitel neun

1 Das Material zur Neuen Chronologie, das in diesem Kapitel vorgestellt wird, geht auf Forschungen zurück, die in den späten achtziger und frühen neunziger Jahren von mir und meinen beiden Kollegen Dr. Bernard Newgrosh und Peter van der Veen durchgeführt wurden. Eine detailliertere Erörterung und Analyse der Amarnabriefe ist publiziert in B. Newgrosh et al. 1994, S. 33–64. Frühere Beiträge derselben Autoren sind u. a. D. M. Rohl und B. Newgrosh, 1988, S. 23–42; P. G. van der Veen, 1989; ebenfalls 1990, S. 72–78.

2 Der größte Teil befindet sich nun in den Sammlungen des Ägyptischen Museums in Berlin (203 Tafeln), des British Museum (95 Tafeln) und des Museums Kairo (50 Tafeln).

3 Mit Ausnahme von EA 372 und EA 377, die nicht Briefe, sondern vermischte Aufzeichnungen sind. Siehe W. L. Moran, 1992, S. xv–xvi.

4 Offenbar residierte Amenophis III. noch zwei oder drei Jahre vor seinem Tod in der neuen Stadt seines Sohnes, und eine Reihe von Briefen könnte aus dieser Zeit stammen. Dies würde erklären, warum manche Briefe der nördlichen Könige an »Nimuaria« (ihre Schreibweise von Nebmaatre – des Thronnamens Amenophis' III.) adressiert sind. Wir können daher den Schluß ziehen, daß das Amarna-Archiv frühestens 1015 v. Chr. angelegt wurde.

5 Die Gleichsetzung von Echnaton mit Ödipus wurde zuerst von Immanuel Velikovsky in seinem unterhaltsamen Buch *Oedipus and Akhnaton* (London 1960), dt. Übers. *Ödipus und Echnaton* (Zürich 1966), vorgeschlagen.

6 Für eine detaillierte Erörterung der politischen und gesellschaftlichen Stellung der Habiru siehe P. G. van der Veen, 1989.

7 Abgesehen von den drei im folgenden zitierten Wissenschaftlern sind hier auch zu nennen: W. Helck, 1971; N. Na'aman, 1986, S. 279 ff.; R. de Vaux, 1971.

8 M. Greenberg, 1955, S. xiii, 99.

9 G. Mendenhall, 1973, S. 135 f.

10 P. K. McCarter, 1986, S. 121.

11 Malamat (1958, S. 100 f.) stellt zu Aram-Zoba fest: »Dieses politische Gebilde, dessen Stärke anhand der fragmentarischen Hinweise in der Bibel nur schwer abzuschätzen ist, dehnte sich unter der Herrschaft des Königs Hadad-Eser, eines Zeitgenossen Davids, über weite Gebiete hinweg aus … Im Süden erreichte es offenbar die Grenze von Ammon, wie aus der Intervention aramäischer Truppen auf seiten der Ammoniter in ihrem Krieg mit David hervorgeht (2 Samuel 10,6 ff.) Im Nordosten erstreckte sich das Königreich Zoba bis

zum Euphrat und sogar darüber hinaus (2 Samuel 8,3,10,16). Im Osten grenzte es an die syrische Wüste, und im Westen schloß es Coelsyria ein. Diese Grenzen entsprechen in etwa der Expansion des Königreichs Amurru, das noch im 13. Jahrhundert blühte. Wir haben keine Informationen zur politischen Organisation in diesem Gebiet im 12. Jahrhundert, nachdem Amurru von den Seevölkern zerstört worden war, ebensowenig zum 11. Jahrhundert, der Periode von der Besiedlung durch die Aramäer bis zur Konsolidierung des aramäischen Staates am Vorabend der Ära Davids.«

12 A. Malamat, 1958, S. 101.

13 P. Bordreuil und J. Teixidor, 1983, S. 271–276; siehe jedoch W. T. Pitard, 1988, S. 3–21, für eine andere Lesart des Namens und eine andere Sicht des historischen Kontexts.

14 Moran, 1987, S. 382; siehe auch R. S. Hess, 1993, S. 102 f.

15 O. Odelain und R. Séguineau, 1981, S. 330.

16 J. T. Milik und 7.11. Cross jr., 1954, S. 5–15.

17 B. Mazar, 1986, S. 87 f.: »Es ist sehr wahrscheinlich, daß Vers 5 von Söldnern spricht, die *leba'im* genannt werden, vermutlich ein Militärkorps, dessen Symbol eine Löwengöttin war.«

18 Itamar Singer (1985, S. 116) vertritt die Auffassung, daß eine große, einheimische amoritische Bevölkerungsgruppe in der Küstenebene lebte, deren Hauptstadt Geser war. Aharoni (1984, S. 291) betrachtet die Israeliten zu Sauls Zeit ebenfalls als natürliche Verbündete der Amoriter, die in dieser Region ansässig waren: »Die Territorien von Gat und besonders Ekron waren offensichtlich auf Kosten der benachbarten israelitischen und amoritischen Schefela-Siedlungen beträchtlich ausgedehnt worden, die sich dann im Widerstand gegen die Philister vereinigten.«

19 Y. Aharoni, 1984, S. 182.

20 J. Hayes und M. Miller, 1986, S. 140 f.

21 Y. Aharoni, 1984, S. 182.

22 R. de Vaux, 1978, S. 801.

23 W. F. Albright, 1943, S. 29–32.

24 W. F. Albright, 1943, S. 30.

25 W. F. Albright, 1943, S. 7 f.

26 W. F. Albright, 1943, S. 11.

27 Es gibt keinen Grund, aus dieser Passage zu schließen, daß Labayu, wie so oft behauptet, der Herrscher von Sichem gewesen sei. Das »Gebiet von Sichem« ist nur ein Teil von Labayus Königreich. R. de Vaux schreibt: »Labayu erhielt nicht den Titel eines Königs von Sichem, und es ist fraglich, ob er dies jemals war. Auch residierte er offenbar gar nicht in Sichem; er übte seine Autorität wahrscheinlich von anderswo aus, über ein Abkommen mit den Einwohnern. Diese kümmerten sich um die interne Verwaltung der Stadt und erkannten Labayus Autorität als eine Art Schutzmacht an. Damit überließen sie ihm die Verantwortung für die Verteidigung und Ausdehnung ihres Territoriums.« (R. de Vaux, 1978, S. 801)

28 Siehe P. van der Veen, 1989.

29 J. Baldwin, 1988, S. 104.

30 Das hebräische Wort *netsib* wird häufig falsch übersetzt. Es bedeutet »Pfeiler«, wird jedoch mit »Vorposten«, »Schildwache« usw. übersetzt. Allerdings scheint es sich um einen leblosen Gegenstand zu handeln. So wird *netsib* etwa für die »Salzsäule« in der Geschichte von Lots Frau gebraucht. Ich habe keine einzige Stelle im Text gefunden, an der ein *netsib* irgend etwas tut – also menschliche Züge trägt, sich bewegt oder spricht. In allen Fällen wird den *netsib* etwas zugefügt – sie werden etwa aufgestellt oder umgestürzt. Auch König David stellt *netsib* in den von ihm eroberten Gebieten auf. Das heißt nicht, daß er dort Statthalter einsetzte, was den Eindruck eines formell gefestigten Reichs der Israeliten vermitteln würde, sondern daß er Steinpfeiler aufstellte – ein Akt, der auf eine eher fließende Hegemonie über die eroberten Gebiete schließen läßt.

31 J. M. Miller, 1975, S. 145–166.

32 So wie etwa das biblische Bet-El bei der kanaanitischen Stadt Lus lag – genaugenommen ist es das Heiligtum von Lus. Siehe M. Noth, 1958, S. 148.

33 Siehe *New Jerusalem Bible*, S. 367, Fn. 10c.

34 G. Mendenhall, 1973, S. 135.

35 Die Reihenfolge der taktischen Manöver scheint durcheinandergeraten zu sein, da der Rückzug auf die Höhen von Gilboa in 1 Samuel 28,4 erwähnt wird, vor der Sammlung der Kräfte Sauls in 1 Samuel 29,1. Da die Schlacht ihren Höhepunkt jedoch auf dem Berg Gilboa erreichte, sind sich die Gelehrten darin einig, daß Saul seine Streitkräfte an den Abhängen des Bergs neu gruppiert haben muß, um das Gelände zu seinem Vorteil zu nutzen.

36 Ischbaal (»Mann Baals«) ist die korrekte Schreibweise des Namens von Sauls Sohn [so auch Einheitsübersetzung, A. d. Ü.]. Die Namensform Eschbaal (ebenfalls »Mann Baals«) ist vermutlich der Irrtum eines Kopisten oder ein Zusatz, da der herabsetzende Name, der diesem Individuum durch den Redaktor verliehen wurde, Isch-Boschet (»Mann der Schande«) lautet; siehe O. Odelain und R. Séguineau, 1981, S. 122, 172 f.

37 Zur Chronologie der Herrschaft Ischbaals siehe J. A. Soggin, 1975, S. 31–49.

38 Ich habe die englische Übersetzung von EA 366 gewählt, die Bernard Newgrosh anhand der ursprünglichen Publikation der Amarnabriefe durch Moran angefertigt hat. Der Grund dafür ist, daß Morans spätere englische Ausgabe von EA 366 grammatisch inakzeptabel ist.

Kapitel zehn

1 J. A. Soggin, 1975, S. 35; P. K. McCarter, 1984, S. 89.

2 In B. Newgroth u. a., 1993, S. 51 f.

3 Zwei weitere Beispiele: (a) Atahmaya ist die akkadische Vokalisierung des ägyptischen Namens Ptahmose (W. L. Moran 1992, S. 384), ein pharaonischer Kommissar in der Amarnazeit. Dieser Name kommt sowohl in EA 265 als auch in EA 303 vor, wo er Tahmaschi geschrieben wird. Im Falle von EA 265 haben wir noch ein Beispiel für die (willkürliche) Anfügung des prosthetischen Aleph, was A-Tah-maya ergibt; (b) Arshappa (EA 31) ist nach Ansicht von Frauke Gröndahl der Name des kanaanitischen Gottes Raschap, gefolgt von dem Genitiv »gehörend«, was »Raschap gehörend« ergibt. So führt das Präfix Aleph wiederum zum Namen A-Rashap-pa.

4 Die Heimatstadt Ajabs wird in den Briefen als Aschtarot in Baschan angegeben. Es wäre nicht ungewöhnlich, wenn David einen Fremden als Führer seiner Streitkräfte eingesetzt hätte. In 2 Samuel werden mehrere nichtisraelitische Krieger erwähnt, darunter Urija der Hethiter (2 Samuel 11). Interessant ist, daß in 1 Chronik 2,54 Joabs Heimatstadt als Atarot angegeben wird!

5 Sowohl Kannenhuber (persönliche Mitteilung an P. van der Veen) als auch Helck (1962, S. 371) haben ebenfalls die Vermutung geäußert, daß Achisch ein Hypokoristikum ist. Als Beispiel für eine solche Namensbildung führen sie Akiteschub (»Teschub hat gegeben«) an.

6 M. Mayrhofer, 1966, S. 30.

7 Persönliche Mitteilung an P. van der Veen, Januar 1993.

8 Identifiziert von Aharoni (1984, S. 256) und Ross (1967, S. 68, unter Berufung auf seinen Artikel in *IEJ* 16, 1966, S. 15).

9 G. E. Wright, 1966, S. 84.

10 Z. S. Harris, 1978, S. 35 u. 40.

11 W. Gesenius, 1921, S. 669–675.

12 Wir haben die ursprüngliche Lesart Bi-en-e-ni-ma-as gewählt, die Knudtzon vorschlägt (1915, S. 816), und nicht Morans Bi-en-e-li-ma (1987, S. 309). Die Silbe »li« ist im Akkadischen mit »ni« austauschbar.

13 B. Mazar, 1986, S. 130, Anm. 20.

14 K. A. Kitchen, 1990, S. 67.

15 M. Noth, 1928, S. 149.

16 Siehe etwa J. J. Stamm, 1960, S. 175–181.

17 F. Gröndahl, 1967, S. 49.

18 P. K. McCarter, 1984, S. 250.

19 J. Lehmann, 1977, S. 225.

20 Allerdings hat der Name in diesem Fall eine weibliche Endung. Dies könnte einfach bedeuten, daß Gulatu ein Familienname ist, und man könnte durchaus vermuten, daß *der* Goliath auf irgendeine Weise mit dieser weiblichen Gulatu verwandt war.

Kapitel elf

1 Zur Datierung der Regierungszeit Niqmaddus II. und der ersten Jahre Echnatons siehe J. F. A. Sawyer und F. R. Stephenson, 1970, S. 469.

2 Übersetzung: W. L. Moran, 1992, S. 238.

3 W. F. Albright, 1937, S. 203, R. de Vaux, 1940, S. 255, A. Rainey, 1965, S. 109 f. und einige andere Autoren ordnen diese Tafel der Regierungszeit Niqmaddus und der Amarnazeit zu.

4 Die hier wiedergegebene Übersetzung von W. Mitchell, 1990, S. 19, stützt sich auf die von Sawyer und Stevenson und die Zusatzbeobachtung von C. B. F. Walker (siehe Anmerkung 6).

5 Es gibt mehrere verschiedene Übersetzungen dieses kleinen Texts. Uneinig ist man sich unter anderem über die Bedeutung von *btt*. Sehr weit hergeholt erscheint mir Van Soldts Vorschlag, *tt* mit »sechs« und *btt* mit »die sechste Stunde« zu übersetzen (*Nature* 338, 1989, S. 239). Nach der wesentlich besseren Übersetzung von Sawyer und Stephenson, 1970, S. 474, ist *btt* eine Form des Verbs *bt* (beschämt werden) und entspricht dem regulären Passiv-L-Stamm *batata* (»wurde beschämt«). Eine neue Übersetzung von Pardi lautet: »Während der sechs Tage des (Rituals des) Neumonds des (Monats) Hiyyaru, ging die Sonne unter, ihr Torhüter (war) Raschp. Die Männer (?) sollen den Präfekten aufsuchen.« (*Nature* 363, 1993, S. 406). Meiner Ansicht nach ist diese Übersetzung ebenfalls unverständlich und unbrauchbar. Natürlich ging die Sonne unter – das tut sie jeden Tag –, doch war diese Tatsache wirklich so bedeutsam, daß man sie ausdrücklich vermerken und sogar den Rat eines Präfekten einholen mußte? Eine Übersetzung ist nur dann als gelungen zu betrachten, wenn sie einen Sinn ergibt.

6 Siehe C. B. F. Walker, 1989, S. 204: »Auf den ersten Blick handelt der Text von einem Ereignis, das bei Sonnenuntergang stattfand.«

7 W. G. E. Watson in einem persönlichen Gespräch mit dem Autor vom November 1994.

8 P. M. Muller und F. R. Stephenson, 1975, S. 462.

9 Rechenzentrum der Rutgers-Universität in Piscataway, New Jersey.

10 Die Software wurde Mitchell von Prof. P. J. Huber vom Massachusetts Institute of Technology in Cambridge, Massachusetts, zur Verfügung gestellt.

11 W. A. Mitchell, 1990, S. 18 ff.

12 Näheres dazu enthält ein Werk von W. P. Manley, das voraussichtlich 1996 erscheinen wird.

13 W. A. Mitchell, 1990, S. 11 f.; zu den Quellentexten siehe: S. Langdon und J. K. Fotheringham, 1928, S. 1–4.

14 Siehe: S. Langdon und J. K. Fotheringham, 1928, S. 7, Fußnote 3.

15 J. D. Weir, 1982, S. 23–49.

16 Nach acht Jahren wiederholt sich der Zyklus der Venus im Sonnenjahr zweieinhalb Tage früher und im Mondmonat vier Tage früher. Daraus ergeben sich unterschiedliche Periodizitätszyklen. Siehe J. D. Weir, 1982, S. 23.

17 Siehe S. Feigin, 1955, S. 159.

18 Siehe M. G. Dossin, 1939, S. 111.

19 Die Rekonstruktion einer einfachen Schenkungsformel stellt kein Problem dar.

20 W.. F. Albright, 1964, S. 39 ff.

Kapitel zwölf

1 Artapanus gibt das Alter des Moses beim Auszug mit 89 Jahren an (Buch 9, Kap. 27,37).

2 Eusebius Pamphilis, Buch 9, Kap. 27,1–37.

3 Eusebius selbst benutzte als Hauptquelle ein Werk von Alexander Polyhistor; der Text von Artapanus ist also auf einem Umweg über mindestens drei antike Autoren (Clemens Alexandrinus mitgerechnet) auf uns gekommen.

4 *Stromata* 1.23.154, 2 f.

5 J. J. Collins, 1985, S. 890 f.

6 J. J. Collins, 1985, S. 891.

7 J. J. Collins, 1985, S. 898, Fußnote c; nach Collins lautet der Name in den Manuskripten »Tessan« und ist mit »te San«, d. h. Tanis, gleichzusetzen.

8 Siehe R. Cohen, 1983, und E. Anati, 1986.

9 Josephus, *Jüdische Altertümer*, Buch II, Kap. X.

10 Zu den Autoren, die Khenephres mit Chaneferre gleichsetzen, zählen auch W. G. Waddell (1940, S. 73, Fußnote 3) und J. Gutman (1963, S. 135).

11 J. H. Breasted, 1905, S. 212.

12 M. Alliot, 1935, S. 33.

13 Ptolemäus, Buch I, Kap. IV, 5,53.

14 Siehe E. Naville, 1887, S. 15.

15 Gamurrini: *I misteri e gli inni di San Ilario ed una peregrinazione ai luoghi santi nel quarto secolo;*

16 So der Wortlaut der Passage in der neuesten englischen Übersetzung W. Whistons von 1960, Dissertation IV, S. 662.

17 Ebenda.

18 E. A. W. Budge, 1913, S. 23.

19 Zu den Alabastervasen siehe P. Lacovara, 1991, S. 118–128.

20 Siehe C. Bonnet, 1986, S. 27–38.

21 Janine Bourriau (1991, S. 130) argumentierte ebenfalls, daß die Statue während der 25. äthiopischen Dynastie nach Kusch gebracht worden sein könnte, doch in diesem Fall würde man erwarten, daß noch andere Statuen viel berühmterer alter Könige mitgenommen wurden. Zudem scheint es auch befremdlich, daß sich die Statue Sobekhoteps nicht in oder bei Napata fand, der kuschitischen Hauptstadt der 25. Dynastie, die viel weiter südlich lag als die aufgegebene Stadt Kerma mit der Insel Argo.

22 A. Gardiner, 1961, S. 155.

23 E. Naville, 1887, S. 21 ff.

24 M. Hamza, 1930, S. 20.

25 L. Habachi, 1954, S. 448–458.

26 Ebenda, S. 458–470.

27 S. Adam, 1959, S. 207–226.

28 M. Bietak gibt in seiner (englischen) Abhandlung von 1979 einen ausführlichen Überblick über die früheren Ausgrabungen in der Region Kantir/Khatana sowie einen vorläufigen Bericht über die Ausgrabungen des Österreichischen Instituts für Ägyptologie.

29 Ein detaillierter Plan von Auaris/Pi-Ramesse, der nach den Bohrkernanalysen von Josef Dorner erstellt wurde, findet sich in M. Bietak, 1991, S. 49.

30 Der Begriff Mittlere Bronzezeit II C, der das Ende dieser Periode bezeichnen sollte, wird seit einiger Zeit von den Archäologen nicht mehr verwendet, da sie sich außerstande sahen, die MB II C auf der Grundlage markanter Veränderungen der Artefakte und der kulturellen Besonderheiten klar von der MB II B abzugrenzen. Wegen des fließenden Übergangs ist es sinnvoller, nur noch von einer »frühen« und einer »späten« MB II B zu sprechen.

31 M. Bietak, 1979, S. 240 f.

32 Eine kurze Zusammenfassung geben E. Winkler und H. Wilfing, 1991.

33 M. Bietak in einem persönlichen Gespräch mit dem Autor von 1994.

34 G. Robins, 1994, S. 27 f.

35 L. Ginzberg, 1919, Bd. II, S. 155 ff. und 163 f.

Kapitel dreizehn

1 Veröffentlicht von W. C. Hayes, 1955.

2 Ebenda, S. 92.

3 M. Bietak, 1979, S. 295.

4 Ebenda.

5 Ebenda, S. 244.

6 Ebenda, S. 241 f.

7 Siehe z. B. W. W. Waddell, 1940 (engl. Übers.), S. 72 f., Fußnote 3.

8 I. Velikovsky, 1962.

9 E. H. Gifford, 1903 (engl. Übers.), S. 466.

10 I. Velikovsky, 1962.

11 Bietak (1979, S. 247) weist auf die Entdeckung von Pferdebackenzähnen im Stratum E/2 von Tell el-Daba hin; Joachim Boessneck ordnet sie in seinem Buch *Tell el-Daba III. Die Tierknochenfunde 1966–1969*, Wien 1976, S. 25, der frühen bis mittleren Hyksoszeit zu. Eindeutigere Beweise für die Haltung von Pferden in der frühen Zweiten Zwischenzeit fanden sich in einem von Ali Hassan entdeckten Grab in Tell el-Kebir. Es enthielt das Skelett eines Pferdes, das Hassan vom archäologischen Kontext her der 13. Dynastie zuordnen

konnte (siehe dazu: *Egyptian Archaeology* 4, 1994, S. 28), und Kanawati entdeckte beim Freilegen eines Grabs aus der 12. Dynastie in el-Rakakna »ein Objekt, in das der Kopf eines Pferdes eingraviert ist« (siehe: *KMT* 1:3, 1990, S. 5).

12 Siehe N. de G. Davies, 1908, Abbildung 30.

13 A. Barsanti, 1908, S. 1 f.

14 W. Helck, 1978, S. 337–340.

15 Meines Wissens war Dr. Velikovsky der erste moderne Autor, der eine Verbindung zwischen den arabischen Überlieferungen über eine amalekitische Invasion in Ägypten und der Levante und der Hyksosinvasion in Ägypten herstellte. Er sah auch einen Zusammenhang zwischen diesem amalekitischen Einfall und der auf den Exodus folgenden Schlacht zwischen den Israeliten und den Amalekitern im Sinai – siehe: I. Velikovsky, 1962.

16 Zur Problematik der Exodusroute siehe: K. A. Kitchen 1992, S. 703–707.

17 A. H. Gardiner, 1965, S. 181.

18 I. Velikovsky, 1962.

19 F. Fresnel, 1838 (engl. Übers.), S. 207.

20 M. Bietak, 1979, S. 244.

Kapitel vierzehn

1 D. A. Dorsey, 1991, S. 204.

2 J. Garstang, 1930, S. 129–132; J. Garstang, und J. B. E. Garstang, 1940, S. 129–150.

3 K. M. Kenyon, 1957 (b), S. 259 f.

4 K. M. Kenyon, 1957 (b), S. 230.

5 K. M. Kenyon, 1957 (b), S. 254 f.

6 Vielleicht ist es übertrieben, einen so engen Zusammenhang zwischen den moabitischen Prostituierten, den israelitischen Kundschaftern und dem Bordell in Jericho zu sehen und daraus eine Verbindung zwischen den beiden Seuchen abzuleiten. Man kann allerdings zu Recht sagen, daß sich bei der überschaubaren Umgebung einer Stadt wie Jericho sehr wahrscheinlich jede durch Geschlechtsverkehr übertragene Krankheit wie ein Buschfeuer unter der Bevölkerung ausgebreitet hätte. Andererseits ist vielleicht der zeitliche Abstand zwischen der Erzählung von Schittim und der Zerstörung von Jericho zu kurz, als daß sich eine derartige Krankheit sogleich in Todesopfern hätte niederschlagen können. Es handelt sich also entweder um eine andere Art von Seuche, wie etwa Cholera, oder die Krankheit grassierte bereits in der ganzen Region, ehe die Israeliten ankamen.

7 P. Bienkowski, 1986, S. 124 und 127.

8 J. J. Bimson, 1978, übersichtlich zusammengefaßt in J. J. Bimson, 1988.

9 Persönliche Mitteilung von José Pérez-Accino im Frühjahr 1995.

10 Eine Zusammenfassung der jüngsten Arbeiten über die Sied-

lungsmuster in Palästina findet sich in I. Finkelstein und N. Na'aman 1994, besonders S. 9–17.

11 A. Kempinski, 1983, S. 150–165.

12 A. Kempinski, 1974, S. 147, und 1983, S. 69–74.

13 W. A. Ward, 1984, S. 162 ff.

14 J. Bartlett, 1982, S. 93.

15 J. Bartlett, 1982, S. 95 f.

16 A. Kempinski, 1983, S. 69–74.

17 A. Kempinski, 1988, S. 47.

18 Brynt Wood (1990, S. 49) schreibt zu dem von Garstang als »Middle Building« bezeichneten Gebäude wegen seiner chronologischen Position zwischen der Zerstörung in der Mittleren Bronzezeit und dem späteren Dorf aus der Späten Bronzezeit folgendes: »Gegen Ende der SB II A (zweite Hälfte des 14. Jahrhunderts v. Chr.) wurde ein großer Palast oder eine Residenz (Garstangs ›Middle Building‹) samt der dazugehörigen Nebengebäude in die Erosionsschicht auf der Ostseite des Tells gebaut. Das ›Middle Building‹ war nur etwa eine Generation lang bewohnt und wurde dann verlassen.«

19 Vgl. Y. Yadin, 1976, S. 482, wo er schreibt: »Obwohl nur ein kleiner Teil dieses Bauwerkes freigelegt wurde, geht aus seiner Größe und Lage eindeutig hervor, daß es entweder ein Palast oder eine Zitadelle war.«

20 W. Horowitz und A. Shaffer, 1992, S. 166.

21 Tontafeln aus dem Archiv von Mari geben den Namen des Herrschers von Hazor ebenfalls mit Ibn-Addad wieder (vgl. C. F. Jean, 1951, Bd. 2, S. 124). Dieses Archiv muß jedoch nach der Neuen Chronologie etwa 130 Jahre früher datiert werden. In Richter 4,2 wird der König von Hazor ebenfalls Jabin genannt. Daher wissen wir nun von mindestens drei Königen von Hazor, die den Namen Jabin/Ibni trugen. Es ist also vernünftig, daraus den Schluß zu ziehen, daß Jabin ein dynastischer Name war, den die mittelbronzezeitlichen Herrscher in Hazor trugen, ebenso wie Hadad-Eser im aramäischen Zoba oder Ramses in der 20. Dynastie in Ägypten.

22 H. Kjaer, 1930, S. 87–174, und 1931, S. 71–88.

23 Vgl. I. Finkelstein (Hg.), 1993 und D. G. Schley 1989.

24 Entnommen aus I. Finkelstein, 1986, S. 22–41.

25 K. M. Kenyon, 1960, S. 177.

Kapitel fünfzehn

1 Siehe beispielsweise D. Redford, 1987, S. 27–28.

2 Diese Gleichsetzung wurde in den 50er Jahren erstmals von Immanuel Velikovsky vorgeschlagen, siehe I. Velikovsky, 1952, S. 52–66.

3 Josef wurde Wesir von Ägypten, als er dreißig Jahre alt war; darauf folgten sieben Jahre des Überflusses. Jakob kam laut Genesis 45,6 im zweiten Jahr der siebenjährigen Hungersnot nach Ägypten. Folglich war Josef zu Beginn des Aufenthaltes 39 Jahre alt (30 + 7 + 2 = 39). Josef heiratete Asenat, die Tochter des Potifera, nach seiner Ernennung zum höchsten Amt, also nach seinem 30. Lebensjahr. Josefs zweiter Sohn Efraim wurde vor Beginn der Hungersnot geboren (Genesis 41,50–52), als Josef etwa 34 Jahre alt war. Das Kind war folglich zu Beginn des Aufenthaltes der Israeliten in Ägypten ungefähr fünf Jahre.

4 Ich habe schon gezeigt, daß die anderen in der Bibel aufgezeichneten Generationen auch einem Aufenthalt von 215 Jahren entsprechen; siehe D. M. Rohl, 1992, S. 48 f.

5 Nach dem Königspapyrus beträgt die Mindestregierungszeit dieses Königs 46 Jahre; der Abschnitt mit den Einerstellen wurde zerstört. Dennoch kann die Gesamtzeit 49 Jahre überschreiten, da nur vier Zehnerstellen aufgezeichnet wurden. Ich habe mich für 48 Jahre entschieden, da dies den verschiedenen Daten von Manetho am besten entspricht.

6 Jean Vercoutter hat die Vermutung geäußert, daß in der Semna-Schlucht ein Damm bestanden habe, wodurch die hohen Pegelstände des Nils erklärt werden könnten (siehe J. Vercoutter, 1966, S. 126–164). Mit dieser Hypothese kann jedoch nicht erklärt werden, warum auch im nördlich gelegenen Askut (das folglich stromabwärts des etwaigen Damms lag) der Pegelstand so hoch war.

7 Die Inschriften des 3. und 5. Jahres befanden sich am Grund des Felsens; sie waren von ihrem ursprünglichen Platz heruntergefallen. Die Markierung aus dem 6. Jahr war noch an Ort und Stelle an der 18,5-Meter-Marke. Es dürfte vertretbar sein, daß auch im 3. und 5. Jahr hohe Pegelstände gemessen wurden. Zwischen dem 6. und 16. Jahr liegen die Überflutungshöhen zwischen 16 und 18,5 Metern; deshalb schlage ich vor, auch das 3. und 5. Jahr mit einzuschließen.

8 Es ist schwierig, genau zu bestimmen, wo die Trennungslinie zwischen »sehr guten Überschwemmungen« und »katastrophalen Überflutungen« zu ziehen ist. Sie hängt von zahlreichen Faktoren ab, nicht zuletzt vom Ort, an dem der Wasserstand gemessen wurde. Der Anstieg an einer schmalen Schlucht wie jener bei Semna wird im weiten, fast ebenen Niltal bei Theben oder weiter stromabwärts im Nildelta niemals zum gleichen Anstieg führen.

9 B. Bell, 1975, S. 223–269.

10 W. S. Smith, 1965, S. 103.

11 P. Montet, 1968, S. 67.

12 B. Bell, 1975, S. 258.

13 Eine gemeinsame Regentschaft dieser beiden Pharaonen wird selten erwogen; dennoch gibt es dafür beachtliche Beweise. Felix Arnold (1992, S. 31) und andere haben eine gemeinsame Regierungszeit von »zehn oder mehr Jahren« vorgeschlagen – ich würde eher von zwanzig ausgehen. Kürzlich hat Dieter Arnold (1995, S. 47 f.) Belege geliefert, die darauf deuten, daß Sesostris III. in seinem 30. Regierungsjahr sein *Heb Sed* feierte. Vieles spricht dafür, daß Amenemhet III. die Führung des

Staates kurz nach dem 19. Regierungsjahr Sesostris' III. übernahm.

14 B. Bell, 1975, S. 260.

15 Der Name Moiris wurde möglicherweise von Nimaatre, dem Vornamen Amenemhets, abgeleitet, der wohl Nimuaria ausgesprochen wurde. Wahrscheinlicher ist jedoch, daß er vom ägyptischen *Mer-wer* (»großes Wasser«) abstammt, was durch den Namen einer Stadt am Ufer des Sees belegt wird.

16 Zur Diskussion um *khenret* siehe S. Quirke, 1990, S. 136 ff.

17 E. A. E. Reymond, 1973.

18 E. A. E. Reymond, 1973, S. 110 f.

19 F. Ll. Griffith, 1990, S. 22, Anm. 14.

20 K. A. Kitchen, 1993, S. 80–84.

21 Bisher konnte Kitchen für den biblischen Namen Potifar noch keine Entsprechung aus dem Mittleren Reich bzw. der Zweiten Zwischenzeit finden. Die Namensform *Padipre* (»Geschenk des Re«) stammt aus der Dritten Zwischenzeit bzw. Spätzeit. In früheren Zeiten gab es den Namen Padipre nicht.

22 K. H. Sethe, 1926.

23 P. Montet, 1928, S. 19–28.

24 Siehe R. Dussaud, 1927, S. 231 und 1937, S. 395.

25 Bis heute wurden zahlreiche Artikel und Vorberichte zu den archäologischen Ausgrabungen in Auaris/Tell ed-Daba veröffentlicht; die wichtigsten sind M. Bietak, 1979, M. Bietak, 1991, S. 27–72, und M. Bietak, 1989, S. 78–123. Der Abschlußbericht zur Siedlung von Stratum G wurde in *Tell ed-Daba V*, Wien 1992, veröffentlicht. Der ausführliche Bericht zur frühesten asiatischen Siedlung (Stratum H) ist noch nicht erschienen.

26 Siehe M. Bietak, 1991, S. 28, wo er zu der ausgezeichneten Arbeit von Josef Dorner Stellung nimmt. Dieser hat eine Vermessung des gesamten Gebietes durchgeführt, die auf 850 Bohrproben basiert.

27 Die Siedlung/Gründung war bekannt als »Haus des Amenemhet, des Gerechtfertigten, an der Mündung der beiden Wege« *(Hat-Amenemhet-maat-heru-Net-Rowarty)*. Die Anspielung auf die »Mündung der beiden Wege« bezieht sich wahrscheinlich auf die Teilung des Pelusischen Flußarms in zwei Kanäle an dieser Stelle.

28 M. Bietak, 1991, S. 31.

29 E.-M. Winkler u. H. Wilfing, 1991.

30 D. Eigner, 1995 (erscheint in Kürze). Ich danke Diethelm Eigner für die Überlassung eines Vorabdrucks seines Artikels zum Gehege von Palast F/1.

31 Meines Wissens nach gibt es zwei weitere nichtkönigliche Personen, für die Kolossalstatuen errichtet wurden: (a) Djehutihotep, ein Gaufürst aus der 12. Dynastie; in seinem Grab bei el-Bersha wird dargestellt, wie die Kolossalstatue des Grabbesitzers aus den Steinbrüchen abtransportiert wird. (b) Amenophis, Sohn des Hapu; er wurde später als Gott verehrt.

Doch die Verhältnisse dieser Personen sind nicht vergleichbar mit Josef. Djehutihotep gehörte zu den mächtigen unabhängigen Lokalfürsten (die kurz darauf von Sesostris III. oder Amenemhet III. entmachtet wurden); als solcher war er in der Lage, die Herstellung einer Statue anzuordnen. Amenophis wurde andererseits erst lange nach seinem Tod und nicht zu Lebzeiten geehrt.

Addendum A

1 J. J. Bimson, 1986, überarbeitet in: *JACF* 6, 1993, S. 19–32.

2 D. M. Rohl, 1990, S. 46–49, und 1992, S. 134–136.

3 Vgl. W. F. Albright, 1947, S. 160, und R. Dussaud, 1925, S. 101–117.

4 W. F. Albright, 1947, S. 153.

5 Es ist natürlich möglich, daß Jehimilk der Vater von Abibaal *und* Elibaal war, dann könnte die Herrscherfolge auch heißen: Jehimilk – Abibaal – Elibaal.

6 S. Moscati, 1973, S. 50.

7 Die Gleichsetzung von Schipitbaal »I.« und Schipitbaal »II.« wurde zuerst von A. Dirkzwager, 1981, S. 23, vorgeschlagen.

8 D. D. Luckenbill, 1926, S. 276.

9 Englische Übersetzung von D. D. Luckenbill in: J. B. Pritchard, 1969, S. 282.

10 Dies hat auch B. Mazar, 1986, S. 244 f., vorgeschlagen.

11 R. Wallenfels, 1983, S. 79–118.

12 So der Text der Nilpegelmarke Nr. 33. Vgl. K. A. Kitchen, 1973, S. 154.

13 R. Caminos, 1958.

14 D. M. Rohl und P. James, 1982, S. 15 f.

15 D. A. Aston, 1989, S. 139–153.

16 Text der Nilpegelmarken Nr. 6 und 7, datiert in die Zeit Usermaatre Osorkons (III.). Vgl. K. A. Kitchen, 1973, S. 154.

17 Archäologisches Grabungsunternehmen des Heian-Museums, *Preliminary Report, Second Season of the Excavations at the Site of Akoris, Egypt, 1982*, Kyoto 1983.

18 D. A. Aston, 1989, S. 143 f.

19 Kat. Kairo 1040.

20 Übersetzung aus K. A. Kitchen, 1973, S. 317.

21 D. M. Rohl, 1985, S. 25. Ich möchte Peter van der Veen danken, der mich auf diese Möglichkeit hingewiesen hat.

22 D. M. Rohl, 1990, S. 66 f. Die Idee ist später von Aidan Dodson aufgegriffen worden, der zahlreiche weitere Argumente anführt, um diese Hypothese zu stützen. Vgl. A. M. Dodson, 1993, S. 53–58.

23 P. Montet, 1960, Tafel XLIX. Der eine Krug befindet sich im Magazin in Tanis, Nr. 270, der andere mit der Inschrift im Museum von Sagasig, SDR II.1235.

24 A. M. Dodson, 1994, S. 78–97.

25 Nach mündlicher Auskunft Dodsons, Mai 1987.

26 Eremitage 5630. Vgl. J. Yoyotte, 1961, S. 142 f.

Addendum B

1 Es gibt Hinweise darauf, daß der Totenkult für Merenptah nach Ende seiner Regierung nur kurze Zeit Bestand hatte. Vgl. dazu W. Helck, 1961, S. 119. Deshalb ist es unwahrscheinlich, daß Ipui sein Amt lange nach dem Tod des Merenptah innehatte.

2 M. L. Bierbrier ist mit mir der Meinung, daß die Kartuschen neben den Hohenpriestern von Memphis nicht den Herrscher angeben, in dessen Regierungszeit der Priester starb, sondern denjenigen, in dessen Regierungszeit er eingesetzt wurde. Vgl. M. L. Bierbrier, 1975, S. 48.

3 Wir können die Generation Aschachets selbst nicht mitzählen, weil er während der sehr kurzen (vierjährigen) Regierungszeit Amenemnesuts in sein Amt eingesetzt wurde (vgl. Bierbrier 1975, S. 48).

Addendum C

1 Der Text dieses Anhangs basiert auf einem *JACF*-Aufsatz von B. Newgrosh aus dem Jahre 1992. Ich möchte Dr. Newgrosh für seine freundliche Erlaubnis danken, die Argumente hier in verkürzter Form noch einmal zu veröffentlichen. Vgl. außerdem J. Lasken, 1991 und 1992.

2 R. Hedges, 1981, S. 700.

3 J. Callaway und J. Weinstein, 1977, S. 1–16.

4 J. Mellaart, 1979, S. 6–18.

5 Zur Kritik vgl. J. Weinstein, 1980, S. 21–24, und B. J. Kemp, 1980, S. 25–28. Zum Rückzug vgl. J. Mellaart, 1980, S. 225–227.

6 A. Mazar, 1990, S. 28.

7 F. Hole, 1987, S. 562.

8 H. Haas u. a., 1987, S. 585–606.

9 B. J. Kemp, 1984, S. 185; I. M. Shaw, 1985.

10 Vgl. P. Warren, 1991.

11 Vgl. die Anmerkung des Herausgebers und das Foto in J. Lasken, 1992, S. 75.

12 M. G. L. Baillie, 1991, S. 26 f.

13 *New Scientist* vom 16. 6. 1990, S. 30.

14 Vgl. J. Lasken, 1991, und B. Newgrosh, 1992.

15 J. Lasken, 1991, S. 30.

16 D. K. Yamaguchi, 1986, S. 48.

17 P. Kuniholm, 1993, S. 179–190.

18 R. M. Porter, 1994, S. 20.

Addendum D

1 Normalerweise wird 1872 v. Chr. angegeben, vgl. jedoch L. E. Rose, 1994, S. 246 f.

2 L. E. Rose, 1994, S. 261.

Addendum E

1 Vgl. z. B. W. F. Albright, 1956, S. 23–27; K. A. Kitchen, 1973, S. 143.

2 Eine englische Übersetzung der Briefe bei W. L. Moran, 1992, S. 37–41.

3 Vgl. z. B. A. Poebel, 1942, S. 86–88.

4 Eine englische Übersetzung und Diskussion bei A. K. Grayson, 1972, Bd. I, S. 137 f.

5 R. Borger, 1961, S. 21 u. 99 (in *EAK* 1).

6 A. Poebel, 1943, S. 56 f.

7 Ein Überblick über die hethitisch-assyrische Korrespondenz bei A. Hagenbuchner, 1989, S. 158–168.

8 A. Hagenbuchner, 1989, S. 159, Anm. 9.

9 Das Dokument, ein babylonischer Chroniktext, wurde von Millard im Jahre 1964, S. 14–35, publiziert und lautet: »Schirikti-Schukamuna, Bruder des Nebukadnezzar, regierte als König von Babylon für drei Monate.«

10 D. D. Luckenbill, 1926, S. 21.

11 H. Coutts (Hg.), 1988, S. 70.

Danksagungen

1 Die 1728 vom Londoner Verlagshaus Tonson, Osborn und Longman zum erstenmal veröffentlichte Schrift wurde kürzlich nachgedruckt: *Histories and Mysteries of Man Ltd*, London 1988.

2 J. Lieblein, *Recherches sur la chronologie égyptienne d'après les listes généalogiques*, Christiania 1873, und *Recherches sur l'histoire et la civilisation de l'ancienne Égypte*, Leipzig 1914.

3 Ausgelöst wurde die Debatte durch einen Artikel Petries mit dem Titel »The Egyptian Bases of Greek History«, der im Oktober 1890 in der Zeitschrift *JHS* (XI, S. 271–277) zu lesen war. Im März 1892 druckte *Classical Review* (VI, S. 127–131) eine Rezension Torrs über Petries 1889/90 erschienenes Werk *Illahun, Kahun and Gurob* ab, in der die von Petrie im oben genannten Artikel veröffentlichten Erkenntnisse und Schlußfolgerungen heftig kritisiert wurden. Die leidenschaftliche Debatte zwischen den beiden Gelehrten begann ein paar Wochen später in *The Academy* vom 14. Mai 1892 (S. 476 f.) und endete auf Seite 442 der Ausgabe vom 12. November 1892. Ihr voller Wortlaut wurde in der zweiten Auflage von Torrs Werk *Memphis and Mycenae* (ISIS Occasional Publication, Bd. 1, Redhill 1988) abgedruckt.

4 Diese zweite Debatte begann in *Classical Review* (X, 1896, S. 447–453) mit einer Rezension von Torrs Buch *Memphis and Mycenae* und wurde etwas später ebenfalls in *Classical Review* (XI, 1897) fortgesetzt; in dieser Ausgabe versuchten die beiden Kontrahenten sich gegenseitig zu widerlegen (Torr mit zwei Beiträgen auf S. 74–82 und S. 224 ff. und Myres mit

einem Beitrag auf S. 128 ff.). Torr behielt auch diesmal das letzte Wort.

5 C. Torr (1988), *Memphis and Mycenae,* Bd. 1.

6 I. Velikovsky, *Welten im Zusammenstoß* (Stuttgart/Zürich 1951 – die englische Originalausgabe erschien 1950) und *Zeitalter im Chaos* (Zürich 1962 – die englische Originalausgabe erschien 1952).

7 Hauptsächlich *Die Seevölker* (Frankfurt/M. 1978) und *Ramses II. und seine Zeit* (Frankfurt/M. 1979).

8 Siehe *Zeitalter im Chaos?* Sitzungsberichte der Glasgow-Konferenz in: *SIS Review* VI:1–3 (Gesellschaft für Interdisziplinäre Studien, 1982).

9 K. A. Kitchens Rezension von *Centuries of Darkness* erschien in der Literaturbeilage Nr. 4598 der *Times* vom 17. Mai 1991, S. 21, und in der Literaturbeilage Nr. 4603 der *Times* vom 21. Juni 1991, S. 13.

10 D. Rohl und P. James, 1983, S. 12–21.

Register

A

Aacheperre Psusennes 108, 122
Aaddumi 265
Abbasiden 132
Abd er-Rassul 87, 89, 93 ff., 103
Abdiheba 267
Abimelech 51, 378, 380, 385
Abimilku 281, 283
Abner 263 f.
Abraham 47, 376
Abu Simbel 108, 179, 181 ff., 187, 198, 224
Achisch 256 f., 266
Adam, Mohamed Shehata, 315
Adams, William 309
Africanus 331, 439 f.
Ahab, König 54, 214, 352, 368
Ahhotep 96
Ahiram 214
Ahmose 37, 96, 169, 281, 285 ff., 340, 378
Ahmose-Nefertari 96
Ajab 264 f., 272
Aki-Shimige 266
Albright, William F. 247 f., 255, 294, 327, 431
Alexander d. Gr. 30, 46
Alexander IV. 46
Alt, Albrecht 239
Aly, Mohamed I. 75
Amalekiter 341
Amarna-Briefe 193, 234, 239, 243, 245, 247 ff., 252, 259 f., 265, 268, 270 ff., 281, 384
Amenemhet I. 303, 315, 402, 404, 410
   III. 342, 389, 391 ff., 397 ff., 401 ff., 406, 411, 417 f.
   IV. 389
Amenemope 123, 129 f.
Amenhotep I. 104
Amenophis I. 96, 98, 102, 162, 165 f., 190, 285

   II. 221, 285, 468
   III. 74, 193, 211, 217, 224, 233 f., 238, 247, 281, 283 ff., 466, 468 f.
   IV. 233 ff., 263
Ammissaduqa 287 ff.
Amun Harsiese 438
Amun-Re 102
Anchefenmut, Prinz 122, 129
Arnold, Dieter 402
Artamanya 265
Artapanus 298 ff., 305, 332
Asenat 48, 415
Assarhaddon 37, 45, 149
Assurbanipal 37, 45, 149 f., 169, 287
Aston, David 435, 438
Auaris 36, 286 f., 297, 302, 304, 316 ff., 325, 327, 330 f., 339 ff., 363, 385, 402, 406, 410 ff., 421 ff.
Awibre Hor 37
Aziru 242

B

Baal-Berit 375, 378
Baana 272
Baines, John 61 f.
Barkay, Gabriel 219 f.
Barlett, John 364
Bekaa-Tal 265, 273
Bell, Barbara 398
Benenima 271 f.
Benjamin, Joyce 250
Ben-Tor, Amnon 368 ff.
Berossos 149
Bet-El 359
Bienkowski, Piotr 357 f.
Bierbrier, Maurice 171
Bietak, Manfred 311, 313 f., 317, 319, 329, 339, 419 ff., 454
Bimson, John 358, 361
Biridiya 258
Bordreuil, Pierre 242

Breasted, James H. 302
Brissaud, Philippe 129
Brugsch, Emil 92 f., 95 f., 98 ff., 103, 105, 304, 325
Byblos 118 f., 210, 214, 293, 295, 431

C

Caligula 305
Campbell, Archibald 91
Carter, Howard 99
Cäsarion 46
Chaemwese 201 f.
Champollion, Jean-F. 11, 140, 142, 150 f., 169, 304
Chaneferre Sobekhotep IV. 297, 301 ff., 310, 332 ff., 363, 385
Chefren 34
Cheops 33
Chnemimbre 172
Chnumhotep III. 417 f.
Chonsemweset 336 f.
Corney, R. 266

D

Dacier, Joseph 140
Dadua 271
Dan 55
Darius I. 173 ff.
   III. 46
David 12, 25 f., 29, 53, 56, 176, 214, 218, 222, 233, 239 ff., 244 ff., 250, 256, 260, 263-275, 367, 384 f.
Debir 359
Dedumose 36, 332, 334 ff., 363, 385
Deffufa 309
Dendrochronologie 451, 456 ff.
Djedptahefanch 101, 105 f., 108

Djoser 34, 66 f., 401
Dorner, Josef 316, 342
Dschebel es-Silsila 176 f.
Duathathor-Henttaui 91, 96
Dunand, Maurice 293

E

Ebers, Georg 161 ff., 165 f., 304
Echnaton 38, 193, 224, 233 ff., 238, 240 f., 263, 265, 274 f., 281 ff., 384 f., 469
Edwards, Amelia 86, 90 f., 140 f.
Eigner, Dieter 415
Eje 36, 38, 233, 238 f., 275, 285, 302, 336
El-Hiba 436
Eusebius 149, 298, 331
Evans, Arthur 139
Ezbet Ruschdi 321
Ezra 242

F

Finkelstein, Israel 372 ff.

G

Gardiner, Sir Alan 23, 339
Garstang, John 353 f., 356, 367 ff.
Gesenius, Wilhelm 270
Geser 210, 212, 223, 244, 246, 265 f., 268 f., 359
Gibea 254
Gideon 378
Gilboa, Berg 256 ff.
Gina 259
Gise, Pyramiden von 65
Gordon, Charles 139
Goschen 304 f., 322, 386, 412
Grébaut, Eugène 78